DIE ELBE – EIN LEBENSLAUF

Die ELBE EIN LEBENSLAUF
ŽIVOT ŘEKY LABE

Deutsches
Historisches
Museum

Nicolai

DIE ELBE – EIN LEBENSLAUF

Eine Ausstellung des
Deutschen Historischen Museums Berlin
(DHMB, Direktor: Christoph Stölzl)
in Zusammenarbeit mit dem
Deutschen Hygiene-Museum Dresden
(DHMD, Direktor: Martin Roth), dem
Altonaer Museum – Norddeutsches Landesmuseum
(AM, Direktor: Gerhard Kaufmann), dem
Museum für Hamburgische Geschichte
(MHG, Direktor: Jörgen Bracker) und dem
Národní muzeum / Nationalmuseum Prag
(NM Prag, Direktor: Milan Stloukal)

Die Ausstellung wird an folgenden Orten gezeigt:

DEUTSCHES HYGIENE-MUSEUM
DRESDEN
27. 6. 1992 – 20. 9. 1992

DEICHTORHALLEN HAMBURG
28. 10. 1992 – 3. 1. 1993

NATIONALMUSEUM PRAG
5. 3. 1993 – 30. 5. 1993

Unterstützt von

ŠKODA
KULTURFÖRDERUNG

Eine Initiative der
Skoda Automobile Deutschland GmbH

Der Transport des Bildes »Pirna von Kopitz aus«
von Bernardo Bellotto, gen. Canaletto,
aus der Staatlichen Ermitage, St. Petersburg,
wurde ermöglicht durch die Unterstützung der
GELIKON GmbH, Berlin

Satz: Mega-Satz-Service, Berlin
Lithographien: O. R. T. Kirchner + Graser GmbH, Berlin
Papier: BVS* matt chlorfrei, weiß, holzfrei, gestrichen
Bilderdruck, 115 g/m² der Papierfabrik Scheufelen,
D-7318 Lenningen
Druck: H. Heenemann GmbH & Co., Berlin
Bindearbeiten: Lüderitz & Bauer GmbH, Berlin

ISBN 3-87584-395-9

Zum Geleit

Anfang 1990, als in Mitteleuropa alles in Fluß geraten war, ist die Idee zur Elbe-Ausstellung entstanden. Ihr eigentliches Ziel lag jenseits des Antiquarischen. Die damals noch existierende innerdeutsche Grenze in ihrer Eigenschaft als kulturelle Hemmschwelle ignorierend, wollten wir mehrere Kulturregionen in Ost und West zusammenführen, um Erinnerung zu ermuntern: Erinnerungen an jahrhundertelange Verbindungen, die der große Strom geschaffen hatte; Erinnerungen an ein Atlantis von selbstverständlicher Nachbarschaft, das in der Sturmflut des Weltbürgerkrieges 1914 bis 1945 untergegangen war und nun langsam wieder sichtbar wurde. Im Frühjahr 1990 siegte auch in der Tschechoslowakei die Freiheit, der Weg für eine europäische Koproduktion war offen. So bietet sich nun unsere Ausstellung als ein Gemeinschaftswerk, das in Berlin, Hamburg, Dresden und Prag erarbeitet wurde und in diesen Städten, mit Ausnahme Berlins, auch gezeigt wird.

An dieser Stelle ist vor allem den Direktoren der koproduzierenden Häuser zu danken, die sich unserem Unternehmen verbunden haben: Jörgen Bracker für das Museum für Hamburgische Geschichte, Gerhard Kaufmann für das Altonaer Museum – Norddeutsches Landesmuseum, Martin Roth für das Deutsche Hygiene-Museum Dresden sowie schließlich Milan Stloukal für das Národní muzeum/Nationalmuseum Prag. Besonders möchten wir all den Menschen und Institutionen danken, die das Unternehmen durch ihre Hilfe ermöglicht haben – wir sind zuversichtlich, daß ihnen die Freude über dieses große Experiment grenzüberschreitender Kulturgeschichte ein wenig die Mühe vergilt, die sie mit uns und der Elbe sich zumuten ließen.

Herzlicher Dank gilt auch dem Sponsor der Ausstellung, der Skoda Automobile Deutschland GmbH. Daß eine Firma, die nicht den Verkehr zu Wasser, sondern zu Lande im Auge hat, sich für das Elbe-Thema hat begeistern lassen, weil es der deutsch-tschechischen und tschechisch-deutschen Verständigung dient, stimmt uns optimistisch: nicht nur für unsere Ausstellung, sondern für den großen Zusammenhang, in den sie gehört – das Öffnen von Grenzen.

Christoph Stölzl

Generaldirektor des
Deutschen Historischen Museums

Zdravice

Letos tomu bude půl tisíce let, kdy se statečný muž v čele jiných mužů vydal za svým snem. Netažme se, zda byl spíše Italem, Portugalcem nebo Španělem, neptejme se, zda ho vedla především touha po poznání, po zisku či dobrodružství. Pro nás dnes platí, že to byl Evropan; a že poté, co nalezl svůj sen a dokázal se vrátit zpět, nebyl svět už nikdy takový, jakým býval před jeho cestou. V dobrém i ve zlém.

Je dozajista opovážlivé uvádět zámořské plavby tohoto muže do souvislosti s naší skromnou řekou Labe. Nechť je však suchozemci dovoleno, aby byl fascinován a přitahován fenomenem řeky jakožto cesty, jako komunikace, jako hledání a nalézání světa a lidí. V Čechách se každé dítě záhy ve škole dozví – a je to jeden z prvních poznatků o »velkém světě«, kterého se mu dostane –, že žije »na střeše« Evropy, na rozvodí, odkud řeky plynou do tří moří. A na mapě mu pak ukážou, že jeho země je kotlina, obklopená ze všech stran horami. Ta země je překrásná, ty hory nádherné. Onu líbeznou kotlinu odedávna chránily, ale také ... uzavíraly. Stavěly se do cesty nepohodě a nepřátelům, zato však nechtěly obyvatele tak snadno pustit ven.

Snad jsou tedy ti, kdo se narodili v zemi bez moře, náchylnější vnímat řeku jako symbol cesty z izolace, cesty do života. Snad máme v genech zachovánu vzpomínku na staletí, kdy pohraniční lesy byly neprostupné, horské průsmyky neschůdné, svět vzdálený a lidé za horama cizí. A kdy to bylo na prvním místě Labe, které nás vyvádělo do světa, které nás spojovalo s lidmi za horami, které nás vybízelo, abychom si od nich něco brali a abychom jim za to něco dávali.

Výstava »Labe – život řeky« bezpochyby poskytne historické, hospodářské, kulturní, dopravní a další pohledy na tuto řeku. Já bych rád vyzdvihl ještě toto: Sama skutečnost, že velké evropské řeky protékaly

Grußwort

In diesem Jahr wird es ein halbes Jahrtausend sein, daß sich ein mutiger Mann an der Spitze anderer Männer auf den Weg begab, seinen Traum zu finden. Fragen wir uns nicht, ob er Italiener, Portugiese oder Spanier gewesen ist, oder ob es nicht die Sehnsucht nach Erkenntnis, Profit oder Abenteuer war, die ihn geführt hat. Für uns zählt heute lediglich, daß er Europäer war und daß die Welt, nachdem er seinem Traum gefolgt war und auch die Rückkehr geschafft hatte, nicht mehr dieselbe war, wie vor seiner Reise – im Guten wie im Bösen.

Ganz gewiß ist es gewagt, die Überseefahrten dieses Mannes im Zusammenhang mit unserem bescheidenen Fluß Elbe zu erwähnen. Es sei jedoch einem Festlandbewohner erlaubt, von dem Phänomen Fluß als Weg, als Kommunikation, als Ort der Begegnung mit der Welt und den Menschen fasziniert und angezogen zu sein.

Jedes Kind in Böhmen erfährt schon in der Schule – und es ist eine der ersten Erkenntnisse über »die große Welt«, die man ihm beibringt –, daß wir »auf dem Dach« Europas leben, an der Wasserscheide, von der aus die Flüsse in drei Meere fließen. Und auf der Landkarte wird ihm dann gezeigt, daß sein Land ein Becken ist, das von allen Seiten von Bergen umgeben ist. Dieses Land ist wunderschön, seine Berge sind herrlich; von jeher haben sie diese liebliche Landschaft geschützt und zugleich eingeschlossen; dem Unwetter und dem Feind haben sie den Weg versperrt, aber auch den Bewohnern haben sie den Durchgang nach draußen nicht leicht gemacht.

Deshalb sind vielleicht diejenigen, die im Land ohne Meer geboren sind, geneigt, den Fluß als das Symbol für den Weg aus der Isolation, den Weg ins Leben zu begreifen. Vielleicht ist ja in unseren Adern die Erinne-

přes území různých států, zcela přirozeně přiměla obyvatele v těchto zemích, aby se spolu domlouvali. Třeba na svobodě říční plavby, třeba na společném využívání řek. Labe pak bylo první řekou, kde se uplatnily zásady svobodné plavby (deklarované Vídeňským kongresem 1815).

Z tohoto hlediska není podstatné, že rozvoj dalších dopravních možností v následujícím století mohl význam Labe jako cesty k lidem a světu prakticky vzato snížit. Pro naši zemi bylo podstatnější a osudové, že musela po dlouhá desítiletí prožívat opačný proces, nežli byl ten, který byl odedávna spojen s řekou Labe. Zrůdné mocenské, politické a vojensko-strategické ambice kolem nás vystavěly hradbu neprostupnější, než do jaké kdysi českou kotlinu uzavřely pohraniční hory.

Teď však nadešel čas bourání hradeb a zprůchodňování cest. Cesta je volná, a my musíme mít odvahu po ní kráčet.

Musíme se tomu zase naučit. Musíme ji vyčistit od kalu a špíny (což zrovna u labské vody není pouze metafora). Musíme zase dokázat hodně si od světa brát, a hodně mu za to poskytovat. Jsem si jist, že toho bude čím dál více.

Praha, v dubnu 1992

Prezident České a
Slovenské Federativní
Republiky

rung an die Jahrhunderte bewahrt geblieben, als die Wälder entlang der Grenzen noch undurchlässig, die Bergpässe unbegehbar, die Welt so weit entrückt und die Menschen hinter den Bergen so fremd waren. Damals führte uns vor allem die Elbe in die Welt hinaus, der Fluß verband uns mit den Menschen hinter den Bergen, er forderte uns auf, von diesen Menschen etwas anzunehmen und ihnen dafür etwas zu geben.

Die Ausstellung »Die Elbe – Ein Lebenslauf« betrachtet diesen Fluß unter anderem aus dem Blickwinkel der Geschichte, der Wirtschaft, der Kultur und des Verkehrs. Ich möchte gern folgendes hervorheben: Allein die Tatsache, daß die großen europäischen Flüsse durch die Gebiete verschiedener Länder fließen, hat die Bewohner dieser Länder ganz natürlich veranlaßt, sich untereinander zu verständigen – sei es auf die Freiheit der Schiffahrt, sei es auf eine gemeinsame Nutzung der Flüsse. Die Elbe war der erste Fluß, auf dem die Grundsätze der freien Schiffahrt (deklariert durch den Wiener Kongreß 1815) galten.

Von diesem Standpunkt aus gesehen ist es unwesentlich, daß die Entwicklung anderer Verkehrsmöglichkeiten im folgenden Jahrhundert die Bedeutung der Elbe als Weg zu den Menschen und in die Welt minderte. Wesentlicher und schicksalhafter war für unser Land die Tatsache, daß es über viele Jahrzehnte hinweg einen Prozeß durchleben mußte, der unserer traditionellen Verbundenheit mit der Elbe widersprach. Ein gewaltiges Streben nach Macht sowie politischer und militärstrategischer Ehrgeiz errichteten um uns eine undurchlässigere Mauer, als es jemals die Grenzgebirge vermochten, die das Böhmische Becken einschließen.

Nun aber ist die Zeit gekommen, die Mauern niederzureißen und die Wege begehbar zu machen. Der Weg ist frei, und wir müssen den Mut haben, ihn zu gehen. Wir müssen ihn von Schlamm und Schmutz befreien (was das Wasser der Elbe betrifft, ist es keine bloße Metapher). Wir müssen es wieder schaffen, vieles von der Welt anzunehmen und ihr vieles zu geben. Ich bin sicher, es wird immer mehr werden.

Prag, im April 1992

Grußwort

»Ist erstlich ein Brünnlein, wird aber kürzlich von zehn anderen vermehret. Daher sie, von den eilf-Brunnen, die Elbe, auf böhmisch die Labe, zu latein albis, heißet.« – so beschreibt der 1626 zu Eger geborene Dichter Siegmund von Birken einen Fluß, der die Tschechoslowaken mit den Deutschen verbindet. Anders als manch anderer europäischer Strom war dieser kein »Schicksalsstrom«, an dem sich nationale Leidenschaften entzünden. Das macht ihn uns heute besonders liebenswert und symbolträchtig. Für die Menschen war er vor allem Heimat und – seine drei Namen machen es deutlich – auch Verbindung zu den Nachbarn und mit der Welt. An seinen Ufern entstand eine reiche europäische Kultur- und Naturlandschaft. Das natürliche Gleichgewicht dieser Landschaft ist in den vergangenen Jahrzehnten durch maßlose Ausbeutung gefährdet worden. Heute, nachdem Demokratie und Freiheit an den Fluß zurückgekehrt sind, können Tschechen und Deutsche Labe und Elbe wieder zu dem machen, was sie seit altersher war: ein Lebenslauf im Herzen Europas.
Böhmen schenkt unseren beiden Völkern dieses Sinnbild der Hoffnung und der Zukunft. Heute verstehen wir es und nehmen es in täglicher Freude und Dankbarkeit an.

Bonn, im April 1992

Der Bundespräsident

Zdravice

»Nejprve jedna studánka, k níž se však brzy dalších deset přidruží. Proto tedy, od eilf-Brunnen (jedenáct studánek), Elbe, česky Labe, latinsky Albis nazývána jest.« – takto popisuje básník Siegmund von Birken, narozený v roce 1626 v Chebu, řeku, spojující Čechoslováky s Němci. Jinak, než tomu bylo u mnoha jiných veletoků, nebyl tento žádným »osudným proudem«, na němž by se vzněcovaly národnostní vášně. Proto se nám dnes jeví obzvláště láskyhodným a symbolickým. Pro člověka byla tato řeka převážně domovem a – její tři jména to jasně dokládají – také spojením se sousedy a světem. Na jejích březích vznikla evropská krajina, bohatá jak svou kulturou, tak také svou přírodou. Přirozená rovnováha této krajiny byla v posledních desetiletích ohrožena bezuzdným vykořisťováním. Dnes, poté, co se demokracie a svoboda k řece navrátily, mohou Češi a Němci Labe a Elbe opět učinit tím, čím tato řeka již od pradávna byla: proudem života v srdci Evropy.
Čechy věnují oběma našim národům tento symbol naděje a budoucnosti. Dnes tomu rozumíme a přijímáme tento dar s každodenním potěšením a vděčností.

Bonn, v dubnu 1992

Inhalt

KATALOG

Planung und Realisierung von Ausstellung und Katalog

IDEE UND AUSSTELLUNGSLEITUNG
Marie-Louise von Plessen (DHMB)

PROJEKTLEITUNG DER ABTEILUNGEN

BÖHMISCHE ELBE (PRAG): Eduard Šimek (NM Prag)

MITTLERE ELBE: Leonore Koschnick (DHMB)

UNTERE ELBE (HAMBURG): Gerhard Kaufmann (AM)

WISSENSCHAFTLICHE BERATUNG
Hubert Glaser (DHMB Sachverständigenkommission)

RECHERCHE UND OBJEKTAUSWAHL

BÖHMISCHE ELBE: Marie-Louise von Plessen (DHMB), Alena Plessingerová (NM Prag), Eduard Šimek (NM Prag), Wolfgang Wischnewski (DHMB)

MITTLERE ELBE: Maria Berger (DHMB), Leonore Koschnick (DHMB), Sieglinde Nickel (Stadtmuseum Dresden)

UNTERE ELBE: Jörgen Bracker (MHG), Tobias von Elsner (MHG), Axel Feuß (AM), Gerhard Kaufmann (AM), Frank Schlichting (AM)

MITARBEIT: Petra Eberl, Catherine Tessmar-Pfohl; Johanna Roos (KAH, Bonn)

PROGRAMM FÜR DIE OBJEKTVERWALTUNG
Monika Hingst

OBJEKTVERWALTUNG
Ilona Haefferer

LEIHVERKEHR
Ilona Haefferer, Sabine Süß

KOORDINATION UND SEKRETARIAT
Eva-Margarethe Baumann

GESTALTUNG
Michael Hoffer ART DESIGN / München
MITARBEIT: Gerhard Frey, Dorothea Lang

PRODUKTION, PRODUKTIONSMANAGEMENT UND KÜNSTLERISCHE DETAILGESTALTUNG
Christian Axt
MITARBEIT: Barbara Haag, Sybille Jans, Anne Müller, Mark Rosinski, Evelyn Simhart, Tanja Sprang
PRODUKTIONSBETREUUNG IN DRESDEN: Ursula Weber (DHMD)

AUSFÜHRUNG
Werkstätten des DHMD – Karl-Heinz Söhnel (Leitung), Peter Krebs (Plexiglas), Jochen Paulick (Tischlerei), Klaus Schramm (Technik)

AUSSTELLUNGSBESCHRIFTUNG
Atelier Haller & Haller, Wien

ÜBERSETZUNGEN AUS DEM TSCHECHISCHEN
Ivonna Balgová; Expressagentura Dr. Reiner, Prag

PRESSE- UND ÖFFENTLICHKEITSARBEIT
Maria Berger (DHMB), Rita Brebaum (DHMB), Axel Feuß (AM), Vlasta Vaňková (NM Prag), Ursula Weber (DHMD)

LOGO, PROSPEKT, PLAKATENTWURF
Nicolaus Ott + Bernard Stein, Berlin

WERBUNG
Frank Trost – Werbeagentur A. von Beyer & Co. GmbH, Hamburg

FÜHRUNGSPROGRAMM
Tobias von Elsner (MHG); Museumspädagogischer Dienst Hamburg

LEHRMATERIAL FÜR SCHÜLER
Freimut Scholz (Museumspädagogisches Zentrum München)

KONSERVATORISCHE BETREUUNG

LEITUNG IN DRESDEN, HAMBURG UND PRAG: Ursula Fuhrer (DHMB)

IN DRESDEN: Matthias Lang (Gemälde, Skulptur); Antje Liebers (Holz); Michaela Brand, Barbara Korbel, Mathes Nützmann (Papier); Josefine Brand (Textil) [alle DHMB]
Sybille Krefft, Werner Müller (Gemälde, Skulptur); Jürgen Knoop (Papier); Beate Richter, Rüdiger Tertel (dreidimensionale Objekte); Sharon Jodjaja (Textil)

IN HAMBURG: Ina Janssen, Hannes Maubach (Gemälde); Cornelia Botha, Irin von Meyer (Möbel, Holzobjekte); Willi Botha (Schiffsmodelle, Metall); Andrea Borck (Keramik, Glas); Gisela Soltkahn (Textil) [alle AM]
Silke Beiner-Büth (Gemälde); Gerhard Ahrens (Möbel, Holzobjekte); Olaf Kaldewey (Papier); Karl-Heinz Budweit (Metall) [alle MHG]
Petra Klier, Werner Müller (Gemälde); Martina Bolda (Rahmen); Caroline Weiss (Möbel, Holzobjekte); Anne-Katrin Francke, Vera Spies (Papier); Hendrik Heidelmann, Regina Schwarzburg (Stein); Bettina Ross (Metall); Corinna Kienzler (Textil)

IN PRAG: Jana Náprstková, Jana Tomšů (Papier); Lucie Holečková, Marie Štěpánková (Textil) [alle NM Prag]
Werner Müller (Gemälde); Beate Richter (dreidimensionale Objekte)

AUSSTELLUNGSINSPIZIENZ IN DRESDEN, HAMBURG UND PRAG
Sabine Süß

PROJEKTBUDGET DHMB
Peter Gabbert

TRANSPORTE
Hasenkamp Internationale Transporte

VERSICHERUNG
HAVAG/Hudig-Langefeldt, Niederlassung Berlin

KATALOG

LEKTORAT
Gesine Asmus

REDAKTION
Gesine Asmus, Leonore Koschnick, Marie-Louise von Plessen; Frank Schlichting (Koordination Untere Elbe)

BEARBEITUNG DER OBJEKTEINTRÄGE
Ilona Haefferer

ÜBERSETZUNGEN AUS DEM TSCHECHISCHEN
Ivonna Balgová; Expressagentura Dr. Reiner, Prag

BILDBESCHAFFUNG
Eva-Margarethe Baumann, Maria Berger

GESTALTUNG
Eberhard Delius

UMSCHLAGENTWURF
Nicolaus Ott + Bernard Stein

HERSTELLUNG
Gesine Asmus, Eberhard Delius

Allen, die die Planung und Realisierung von Ausstellung und Katalog mit Rat und Hilfe unterstützt haben, sprechen wir an dieser Stelle unseren herzlichen Dank aus. Es sind so viele, daß die namentliche Auflistung den Rahmen sprengen würde.

Verzeichnis der Katalogautoren (mit Namenskürzeln)

Dieter Beeger (DB): Dresden, Staatliches Museum für Mineralogie und Geologie
Otto Benecke (OB): Aken, Heimatmuseum
Maria Berger (MB): Berlin, Deutsches Historisches Museum
Naďa Blažíčková-Horová (NBH): Praha, Národní galerie [Nationalgalerie]
Gert Böttcher (GB): Magdeburg, Kulturhistorisches Museum
Jana Brábcová (JaB): Praha, Národní galerie [Nationalgalerie]
Jiří Břeň (JiB): Praha, Národní muzeum [Nationalmuseum]
Pavel Brodský (PB): Praha, Národní muzeum [Nationalmuseum]
Vladimír Brych (VB): Praha, Národní muzeum [Nationalmuseum]
Pavel Bureš (PaB): Praha, Národní muzeum [Nationalmuseum]
Peter Bussler (PeB): Cuxhaven
Bohuslav Čížek (BČ): Praha, Národní muzeum [Nationalmuseum]
Gertrud Duwe (GD): Riesa, Heimatmuseum
Siegfried Eck (SE): Dresden, Staatliches Museum für Tierkunde
Tobias von Elsner (TvE): Hamburg, Museum für Hamburgische Geschichte
Helmut Erfurth (HE): Dessau, Museum für Stadtgeschichte
Alfred Feiler (AlF): Dresden, Staatliches Museum für Tierkunde
Axel Feuß (AF): Hamburg, Altonaer Museum
Jana Fojtíková (JF): Praha, Národní muzeum [Nationalmuseum]
Gisela Haase (GH): Dresden, Staatliche Kunstsammlungen, Kunstgewerbemuseum
Joh. Diederich Hahn-Godeffroy (JHG)
Jarmila Hásková (JH): Praha, Národní muzeum [Nationalmuseum]
Markéta Kabelková (MK): Praha, Národní muzeum [Nationalmuseum]
Gerhard Kaufmann (GK): Hamburg, Altonaer Museum
Reinhard Kölmel (RK): Balje, Natureum Niederelbe
Leonore Koschnick (LK): Berlin, Deutsches Historisches Museum
Oldřich Kotyza (OK): Litoměřice, Okresní vlastivědné muzeum [Bezirksheimatmuseum]
Karel Král (KK): Ústí nad Labem, Muzeum
Rüdiger Krause (RüK): Dresden, Staatliches Museum für Tierkunde
Jiřina Langhammerová (JL): Praha, Národní muzeum [Nationalmuseum]
Friedrich Laux (FL): Hamburg, Helms-Museum
František Ledvinka (FrL): Ústí nad Labem, Muzeum
Heike Linderkamp (HL): Buxtehude, Stadtarchiv
Torsten Lüdecke (TL): Stade, Planungsamt – Stadtarchäologie
Michal Lutovský (ML): Praha, Národní muzeum [Nationalmuseum]
Gerhard Mathé (GM): Dresden, Staatliches Museum für Mineralogie und Geologie
Jiří Matějka (JM): Ústí nad Labem, Muzeum
Sieglinde Nickel (SN): Dresden, Stadtmuseum
Jindra Patková (JiP): Praha, Národní muzeum [Nationalmuseum]
Jana Pechočová (JP): Kutná Hora, Okresní muzeum [Kreismuseum]
Marie-Louise von Plessen (MLP): Berlin, Deutsches Historisches Museum
Alena Plessingerová (AP): Praha, Národní muzeum [Nationalmuseum]
Carsten Prange (CP): Hamburg, Museum für Hamburgische Geschichte
Věra Přenosilová (VP): Praha, Národní muzeum [Nationalmuseum]
Rudolf Prokop (RP): Praha, Národní muzeum [Nationalmuseum]
Gerhard Quaas (GQ): Berlin, Deutsches Historisches Museum
Werner Quellmalz (WQ): Dresden, Staatliches Museum für Mineralogie und Geologie

Frank Schlichting (FS): Hamburg, Altonaer Museum
Katrin Schniebs (KaS): Dresden, Staatliches Museum für Tierkunde
Eduard Šimek (EŠ): Praha, Národní muzeum [Nationalmuseum]
Hana Slavíčková (HS): Děčín, Státní oblastní archiv Litoměřice, pobočka Děčín [Staatliches Regionalarchiv Leitmeritz]
Evženie Šnajdrová (EvŠ): Praha, Národní muzeum [Nationalmuseum]
Jaroslav Špaček (JŠ): Čelákovice, Městské muzeum [Stadtmuseum]
Lubomír Sršeň (LS): Praha, Národní muzeum [Nationalmuseum]
Dagmar Stará (DS): Praha, Národní muzeum [Nationalmuseum]
Květoslava Štursová (KŠ): Praha, Národní muzeum [Nationalmuseum]
Radka Šumberová (RŠ): Kutná Hora, Okresní muzeum [Kreismuseum]
Jiří Tomas (JT): Terezín, Okresní archiv v Litoměřicích [Bezirksarchiv Leitmeritz]
Marek Turnský (MT): Praha, Národní muzeum [Nationalmuseum]
Jarmila Valentová (JV): Kutná Hora, Okresní muzeum [Kreismuseum]
Tomáš Wiesner (TW): Ústí nad Labem, Muzeum
Wolfgang Wischnewski (WW): Berlin, Deutsches Historisches Museum
Christel Wünsch (CW): Dresden, Stadtmuseum
Axel Zarske (AZ): Dresden, Staatliches Museum für Tierkunde

Autoren der Aufsätze, soweit in der vorausgehenden Aufstellung nicht genannt

Manfred Bachmann: Dresden
Karlheinz Blaschke: Leipzig, Kirchliche Hochschule
Jörgen Bracker: Hamburg, Museum für Hamburgische Geschichte
Gerhard Glaser: Dresden, Institut für Denkmalpflege
Hubert Glaser: München, Ludwig-Maximilians-Universität, Phil. Fakultät für Geschichts- und Kulturwissenschaften
Gero Hillmer: Universität Hamburg, Geologisch-Paläontologisches Institut und Museum
Stephan Kempe: Hamburg, Institut für Biogeochemie und Meereschemie
Franklin Kopitzsch: Hamburg, Universität Hamburg, Arbeitsstelle Hamburgische Geschichte
Joachim Menzhausen: Dresden, Staatliche Kunstsammlungen, Grünes Gewölbe
Ilse Möller: Hamburg
Jörg Naumann: Berlin, Greenpeace
Hans-Joachim Neidhardt: Dresden
Gerhard Oberbeck: Hamburg, Universität Hamburg, Institut für Geographie und Wirtschaftsgeographie
Hans-Hartmut Schauer: Halle, Landesamt für Denkmalpflege Sachsen-Anhalt
Karel Sklenář: Praha, Národní muzeum [Nationalmuseum]
Reinhard Spehr: Dresden, Landesamt für Archäologie Sachsen
Gerhard Theuerkauf: Hamburg, Universität Hamburg, Fachbereich Geschichtswissenschaften

Verzeichnis der Leihgeber

Aken/Elbe, Heimatmuseum
Annaburg, Stadt Annaburg
Ascheberg/Holstein, Charlotte Zerelda Hahn-Godeffroy
Bad Schandau, Heimatmuseum
Balje, Natureum Niederelbe, Naturkundemuseum und ökologische Station des Landkreises Stade
Barby, Grundbucharchiv
Bautzen, Bischöfliches Ordinariat des Bistums Dresden-Meißen
Bergen (Norwegen), Bergen Billedgalleri Rasmus Meyers Samlinger
Berlin, Bauhaus-Archiv
Berlin, Deutsches Historisches Museum
Berlin, Geheimes Staatsarchiv Preußischer Kulturbesitz (PK)
Berlin, Institut für Tourismus der Freien Universität Berlin
Berlin, Jürgen Seidel
Berlin, Sender Freies Berlin, Tonarchiv
Berlin, Staatliche Museen zu Berlin Preußischer Kulturbesitz (PK) – Kupferstichkabinett
Berlin, Staatliche Museen zu Berlin Preußischer Kulturbesitz (PK) – Nationalgalerie
Berlin, Staatsbibliothek zu Berlin Preußischer Kulturbesitz (PK), Handschriftenabteilung
Berlin, Staatsbibliothek zu Berlin Preußischer Kulturbesitz (PK), Kartenabteilung
Berlin, Universitätsbibliothek der Freien Universität Berlin
Boizenburg/Elbe, Elbewerft Boizenburg GmbH
Boizenburg/Elbe, Heimatmuseum
Brandýs nad Labem, Okresní muzeum
Bremerhaven, Deutsches Schiffahrtsmuseum
Čelákovice, Městské muzeum
Chemnitz, Städtische Kunstsammlungen Chemnitz
Coswig/Anh., Museum Coswig
Cumlosen, Heimatstube
Cuxhaven, Peter Bussler
Cuxhaven, Wrackmuseum
Děčín, Okresní muzeum
Děčín, Státní oblastní archiv Litoměřice, pobočka Děčín
Dessau, Biosphärenreservatsverwaltung Mittlere Elbe
Dessau, 1. Gymnasium »Philanthropinum«
Dessau, Kulturbund Dessau-Wörlitz e. V.
Dessau, Museum für Stadtgeschichte
Dessau, Privatsammlung Erfurth
Dömitz, Museum Dömitz
Dresden, Dr. Werner Quellmalz
Dresden, Sammlung F. Pappermann
Dresden, Landesamt für Archäologie Sachsen mit Landesmuseum für Vorgeschichte
Dresden, Sächsischer Bergsteiger-Bund im Deutschen Alpenverein
Dresden, Sächsische Landesbibliothek Dresden
Dresden, Sächsische Landesbibliothek Dresden, Deutsche Fotothek
Dresden, Staatliche Kunstsammlungen Dresden, Depot Landesamt für Denkmalpflege Sachsen
Dresden, Staatliche Kunstsammlungen Dresden, Gemäldegalerie Alte Meister
Dresden, Staatliche Kunstsammlungen Dresden, Gemäldegalerie Neue Meister
Dresden, Staatliche Kunstsammlungen Dresden, Kunstgewerbemuseum
Dresden, Staatliches Museum für Mineralogie und Geologie zu Dresden
Dresden, Staatliches Museum für Tierkunde Dresden
Dresden, Staatsarchiv Dresden
Dresden, Stadtarchiv Dresden
Dresden, Stadtmuseum Dresden
Dresden, Verkehrsmuseum Dresden
Drochtersen, Klinkerwerk Rusch
Duisburg-Ruhrort, Museum der Deutschen Binnenschiffahrt
Freiburg/Elbe, Heinrich Hatecke-Werft
Freiburg/Elbe, Sammlung Ilse Meyer
Glückstadt, Detlefsenmuseum
Glückstadt, Rathaus
Greiz, Staatliche Bücher- und Kupferstichsammlung
Grünendeich, Seefahrtschule Grünendeich
Halle, Universitäts- und Landesbibliothek Sachsen-Anhalt in Halle/Saale

Hamburg, Altonaer Museum in Hamburg – Norddeutsches Landesmuseum
Hamburg, Amt für Umweltuntersuchungen
Hamburg, Commerzbibliothek der Handelskammer Hamburg
Hamburg, Deutsches Zollmuseum
Hamburg, Ernst Barlach Haus, Stiftung Hermann F. Reemtsma
Hamburg, Familienarchiv Godeffroy
Hamburg, Geologisch-Paläontologisches Institut und Museum
Hamburg, Hamburger Museum für Archäologie und die Geschichte Harburgs – Helms-Museum
Hamburg, Hamburger Kunsthalle
Hamburg, Hapag-Lloyd AG
Hamburg, Hauptkirche St. Petri
Hamburg, HCCR Hamburger Container- und Chassis-Reparatur GmbH
Hamburg, HTH Hamburger Teehandels GmbH
Hamburg, Kirchengemeinde St. Nicolai Altengamme
Hamburg, Landespolizeidirektion – Wasserschutzpolizei
Hamburg, Lotsenbrüderschaft Elbe
Hamburg, Museum der Elbinsel Wilhelmsburg
Hamburg, Museum für Hamburgische Geschichte
Hamburg, Museum für Kunst und Gewerbe
Hamburg, Senat der Freien und Hansestadt Hamburg (Ratssilberschatz)
Hamburg, Hella Singer
Hamburg, Staatliche Landesbildstelle
Hamburg, Staatsarchiv
Hamburg, Staats- und Universitätsbibliothek Hamburg Carl von Ossietzky
Hamburg, Stadtteilarchiv Ottensen e. V.
Hamburg, Adolf Tiede & Söhne
Hamburg, Wassergütestelle Elbe der Arbeitsgemeinschaft für die Reinhaltung der Elbe
Hamburg, Wirtschaftsbehörde
Hannover, Historisches Museum am Hohen Ufer
Hannover, Niedersächsisches Landesmuseum, Urgeschichts-Abteilung
Haseldorf, Gut Haseldorf
Havelberg, Prignitz-Museum
Hechthausen-Koppel, Dipl.Ing. Ernst Hahn
Hetlingen, Helmuth Koopmann
Hitzacker, Stadt Hitzacker
Hitzacker, Studio Erler
Höhbeck, Heimatmuseum Vietze/Elbe
Hradec Králové, Muzeum východních Čech
Itzehoe, Wenzel-Hablik-Stiftung
Jablonec nad Nisou, Muzeum skla a bižuterie
Jaroměř, Městské muzeum
Jerichow, Klostermuseum
Jičín, Okresní muzeum a galerie
Jork, Gemeinde Jork – Altländer Archiv
Kammer/Kr. Traunstein, Katholisches Pfarramt Johannes d. Täufer
Kiel, Stiftung Pommern
Kopenhagen, Kunstakademiets Bibliotek
Kopenhagen, Nationalmuseet – Oldtid og Middelalder, Antikvarisk-Topografisk Arkiv
Kopenhagen, Rigsarkivet
Königstein, Festung Königstein in Sachsen
Krempe, Deich- und Hauptsielverband Kremper Marsch
Kutná Hora, Okresní muzeum
Lägerdorf, Heimatmuseum
Lauenburg/Elbe, Elbschiffahrtsmuseum
Leipzig, Museum der Bildenden Künste
Leipzig, Musikinstrumenten-Museum der Universität Leipzig
Litoměřice, Galerie výtvarného umění
Litoměřice, Okresní vlastivědné muzeum
Lüneburg, Bezirksregierung Lüneburg
Lüneburg, Ev.-luth. St. Nicolai-Kirchengemeinde Lüneburg
Lüneburg, Museumsverein für das Fürstentum Lüneburg
Lüneburg, Nordost-Bibliothek
Magdeburg, Firma Paul Schuster KG
Magdeburg, Landeshauptarchiv Sachsen-Anhalt
Magdeburg, Magdeburger Museen, Kulturhistorisches Museum
Magdeburg, Stadtarchiv
Magdeburg, Technische Universität »Otto von Guericke«
Magdeburg, Wasser- und Schiffahrtsamt
Marbach a. N., Schiller-Nationalmuseum
Marktoberdorf, Heimatkreis Hohenelbe/Riesengebirge e. V.
Meißen, Albrechtsburg
Meißen, Hochstift Meißen
Meißen, Sächsische Winzergenossenschaft Meißen e. G.
Meißen, Staatliche Porzellan-Manufaktur Meissen GmbH
Meißen, Stadtarchiv
Meißen, Stadtmuseum
Meldorf, Dithmarscher Landesmuseum
Mělník, Okresní muzeum
Mölln, Fa. Heinr. Murjahn KG
Moskau, Kreml Museum
Mühlberg/Elbe, Stadtmuseum
München, Bayerische Staatsbibliothek

München, Deutsches Museum
München, Sudetendeutsches Archiv
Neuhaus/Oste, Ramm's Hotel
Neuhaus/Oste, Fa. Ulex, Inh. Kurt Schlichting
Obříství, Anežka Svobodová
Offenbach am Main, Deutsches Ledermuseum – Deutsches Schuhmuseum
Oslo, Nasjonalgalleriet
Otterndorf, Stadt Otterndorf
Pardubice, Památkový ústav v Pardubicích
Pardubice, Východočeské muzeum
Poděbrady, Polabské muzeum
Potsdam, Stiftung Schlösser und Gärten Potsdam-Sanssouci
Praha, Muzeum hlavního města Prahy
Praha, Národní galerie
Praha, Národní muzeum
Praha, Knihovna národního muzea
Praha, Národní muzeum, Muzeum české hudby
Praha, Národní muzeum, Národopisné oddělení
Praha, Národní muzeum, Oddělení novodobých českých dějin
Praha, Národní technické muzeum
Praha, Národní technické muzeum, Archiv
Praha, Státní ústřední archiv
Praha, Státní židovské muzeum
Praha, Středočeská galerie
Praha, TJ Slavoj vyšehrad – veslařský klub
Praha, Uměleckoprůmyslové muzeum
Praha, Vojenský historický archiv
Prettin, Kreismuseum Jessen – Schloß Lichtenburg
Radebeul, Museum Hoflößnitz
Regensburg, Museum Ostdeutsche Galerie
Riesa, Heimatmuseum
Roudnice nad Labem, TJ Spartak – veslařský oddíl
St. Petersburg, Staatliche Ermitage
Schleswig, Landesarchiv Schleswig-Holstein
Schleswig, Schleswig-Holsteinisches Landesmuseum
Schönebeck, Museum des Landkreises Schönebeck
Schwerin, Mecklenburgisches Landeshauptarchiv
Schwerin, Staatliches Museum Schwerin – Kunstsammlungen, Schlösser und Gärten
Slatiňany, Hippologické muzeum
Stade, Heimatmuseum des Stader Geschichts- und Heimatvereins
Stade, Niedersächsisches Staatsarchiv in Stade
Stade, Schwedenspeicher-Museum
Stade, Stadt Stade, Stadtarchäologie
Stade, Stadtarchiv
Stockholm, Kungliga Biblioteket, De la Gardie Samling
Stockholm, Statens Konstmuseer, Svenska Statens Porträttsamling
Stocksee, Dr. Friedrich Baur
Stolpen, Burg Stolpen
Tangermünde, Heimatmuseum
Tangermünde, Stadt Tangermünde
Teplice, Regionální muzeum
Terezín, Okresní archiv v Litoměřicích
Terezín, Památník Terezín – Národní kulturní památka
Torgau, Kreismuseum
Ummendorf, Börde-Museum Ummendorf – Agrarethnographisches Regionalmuseum
Ústí nad Labem, Archiv města
Ústí nad Labem, Muzeum
Ústí nad Labem, Spolek pro chemickou a hutní výrobu A.S.
Vrchlabí, Krkonošské muzeum
Weimar, Herzogin Anna Amalia Bibliothek, Stiftung Weimarer Klassik
Weimar, Nationale Forschungs- und Gedenkstätten, Goethe- und Schiller-Archiv
Wewelsfleth, Albert Reimers
Wewelsfleth, Schiffswerft Hugo Peters
Wien, Heeresgeschichtliches Museum
Wien, Kunsthistorisches Museum, Hofjagd- und Rüstkammer
Wien, Österreichische Nationalbibliothek, Handschriften- und Inkunabelsammlung
Wien, Österreichische Nationalbibliothek, Kartensammlung
Wiesbaden, Breitkopf & Härtel, Buch- und Musikverlag
Wittenberg, Melanchthonhaus
Wittenberg, Stadtgeschichtliches Zentrum Lutherstadt Wittenberg, Schloß
Wittenberge, Stadtmuseum »Alte Burg«
Wörlitz, Staatliche Schlösser und Gärten – Wörlitz, Oranienbaum und Luisium
Zámrsk, Státní oblastní archiv
Zürich, Semper Archiv – Institut für Geschichte und Theorie der Architektur (gta) – ETH Zürich

Johann Heinrich Müller-Godeffroy

Wir danken allen Leihgebern, auch denen, die nicht namentlich genannt sein wollen.

Zur Konzeption und Gestaltung der Ausstellung »Die Elbe – Ein Lebenslauf«

Kann eine Ausstellung einen Fluß angemessen darstellen? Kann man einen Landschaftsraum zum Gegenstand dinglicher Betrachtung machen? Wir haben uns für die Ordnung nach Orten entschieden und entlassen den Besucher in die Besichtigung der Elbe vom Flußbett aus. Das Landschaftsbild, das die Elbe im kulturgeschichtlichen Schnitt durch die Jahrtausende geformt hat, wird in 190 thematischen Abschnitten unter 88 Ortseinheiten aufgefaltet. Wie Tiefbohrungen setzen die Themengruppen in den Kabinetten, die vom Führungsweg im Flußbett abzweigen, scharfe Akzente und Gegensätze. Trotz aller Unterschiede der drei Kulturlandschaften Böhmen, Sachsen/Sachsen-Anhalt und Untere Elbe untergliedern sich diese Abschnitte wiederum in Leitthemen wie Besiedlungsform, Manufakturwesen, Schiffbau, Industrie, Volkskunst, Territorialherrschaft, Zollstation oder Handel. Besondere, auch durch die Gestaltung hervorgehobene Schwerpunkte ergeben sich natürlich bei Dresden, Magdeburg und Hamburg. Die scharfen Konfrontationen des topographischen Ordnungsmusters vermischen in dieser strengen Zuordnung die Lebensalter des Flusses mit der Überlieferung seiner Kultur, Wirtschaft und Nutzung zu einem Gesamtüberblick.

Die Elbe als *Grenzweg*: Wie Tacitus berichtet, ist es Hermann dem Cherusker gelungen, die römischen Söldner an der Querung der Elbe zu hindern. Den Kolonisatoren war damit der Weg nach Osten für alle Zeiten verwehrt.

Die Elbe als *Handelsweg*: Die Gründungsurkunde des Domkapitels von Leitmeritz aus dem Jahr 1057, zugleich die älteste Zollordnung im Elbbereich, verweist auf den Vorrang des Elbstroms für den kostbaren Salzhandel. Der Warenweg zu Wasser für Luxus- und Gebrauchsgüter wie Glas, Kupfer, Keramik und Porzellan, aber auch Getreide, Holz, Hopfen und Wein, förderte entscheidend die Entwicklung der Geld- und Finanzwirtschaft der Elbstädte und Territorialherrschaften. Die Erlangung des Stapelrechts war Voraussetzung für den Aufstieg vieler Elbstädte. Kaiser Karl IV. gab den Hamburger Kaufleuten 1365 in Prag das Privileg einer Messe und eines Jahrmarkts. Zur Zweitresidenz neben der Prager Burg wählte er die Burg der Hansestadt Tangermünde.

Die Elbe als *Kunstweg*: Nach der Schlacht am Weißen Berg ließ Schwedens König Gustav Adolf erhebliche Kunstbeute über den Fluß nach Norden schaffen, Wallenstein tat es ihm für den Transport der Plattnerwaren aus seinen Eisenhütten in Lobositz nach Dessau und Boizenburg gleich. Selbst das Gedankengut der deutschen Aufklärung nahm in Druckwerken seinen Weg über die Elbe nach Prag und Wien. Die Romantiker ließen sich von der nebelumflorten Farbigkeit des böhmischen Paradieses und des Elbsandsteingebirges bezaubern.

Die Elbe als *Schiffsweg*: Die Schlußakte des Wiener Kongresses begründete 1815 den gezielten Ausbau der Elbe. Alle Uferstaaten verpflichteten sich 1823 mit der Unterzeichnung der »Elbe-Schiffahrts-Acte« zur Freihaltung und Unterhaltung des Fahrwassers und der Leinpfade im gegenseitigen Interesse. Den ersten Dampfer trug die untere Elbe im Jahre 1818, zwanzig Jahre später fuhr der erste sächsische Dampfer »Königin Maria« bis Tetschen. Der Dampfer »Bohemia« legte zuerst 1841 die Strecke der damals schiffbaren Elbe von Melnik nach Dresden zurück. 1863 wurden die ersten Kettendampfer von der Hamburg-Magdeburger Dampfschiffahrt eingesetzt. Sieben Jahre zuvor überquerten die böhmische Grenze in beiden

Richtungen 1050 Personendampfer, 114 Schleppdampfer, 440 Kettendampfer, 6156 Segelschiffe und 1992 Flöße; 82347 Personen und 770935 Tonnen Last, vor allem Kohle und Holz, wurden befördert.
Die Elbe als *Kriegsfluß*: Nicht nur zahlreiche Schlachten der Hussitenkriege, des Dreißigjährigen und der Schlesischen Kriege wurden entlang der Elbe geführt; in den Elbauen bei Königgrätz fand auch der Deutsche Bund am 3. Juni 1866 auf dem »Feld der Ehre« sein Ende. Gefangenen- und Internierungslager, darunter das KZ Theresienstadt, säumten die Elbe. Sie alle dokumentiert die Ausstellung. Bei Torgau begegneten sich schicksalhaft Anfang Mai 1945 russische und amerikanische Einheiten.
Die Elbe als *»deutscher Fluß«*: Bis nach Hřensko/Herrnskretschen an der sächsischen Grenze heißt die Elbe Labe. Ihr deutscher Name ist abgeleitet vom lateinischen Wort »albus«, das in alten Karten den Quellfluß als weißschäumend bezeichnet.
Die Elbe als *Müllkippe*: Wie hat die Zeit das Verhältnis von Wasser und Mensch geprägt, was ist von der Natur erhalten, dem Lebens- und Überlebensraum verschiedenster Berufszweige und Anrainerindustrien trotz zunehmender Flußvergiftung? Im Unterschied zu anderen Sektionen haben wir für Industriezonen, Staustufen und Atomkraftwerke am Elbufer Videoaufnahmen gleichwertig zu Ausstellungsstücken eingesetzt.

In interdisziplinärer Abstimmung mit Fachwissenschaftlern der ČSFR und der Bundesrepublik Deutschland ist die Ausstellung des Deutschen Historischen Museums Berlin das Ergebnis einer engen Zusammenarbeit mit dem Altonaer Museum in Hamburg – Norddeutsches Landesmuseum, dem Museum für Hamburgische Geschichte und dem Nationalmuseum Prag. Aufgeteilt in die Abschnitte der böhmischen Labe/Elbe, der mittleren Elbe und der unteren Elbe erschließt sie einen zentraleuropäischen Landschaftsraum. Demselben Konzept der fächerübergreifenden Durchdringung tragen auch die einführenden Aufsätze im Katalog Rechnung. Die Interessenverknüpfung so verschiedener wissenschaftlicher Disziplinen wie Paläontologie, Geologie, Archäologie, Volkskunde, Kunstgeschichte oder Geschichte, Ökologie, Ichthyologie und Ornithologie geben der Ausstellung bei aller Beschränkung in der Gesamtzahl der Objekte ihren authentischen und eigenen Charakter. Immerhin sieht die Konzeption vor, die Gesamtlänge der Elbe mit 1100 Stromkilometern von der Quelle bei Spindelmühle im Riesengebirge in 1380 Meter Höhe bis zur Mündung in die Nordsee bei Cuxhaven zu porträtieren. Der Besucher spaziert mit vorgegebener Links- und Rechtsordnung im Flußbett von Ort zu Ort gemäß der Ordnung der Topographie, nach der jahrtausendealte Exponate, die modernste Tiefbaubagger aus dem Elbgrund zutage förderten, in scharfen Gegensätzen zu jüngsten Flußfunden in »Seitenkabinette« gruppiert sind. Inmitten dieses fiktiven Flußlaufs begegnet er Objekten, die im Wasser gefunden, benutzt oder als Arbeitsgerät verwendet worden sind. So erwandert er die nach Jahrtausenden zählende Flußbiographie mit kunst-, kultur- und wirtschaftsgeschichtlicher Orientierung.

Vieles ist ungewöhnlich an der Elbe als Wasserstraße von Südost- nach Nordwesteuropa. Wegen des unregelmäßigen Wasserstandes erfolgte mehr Quer- als Längshandel. Noch heute gelten für Schiffe, die auf der Elbe eingesetzt werden sollen, ein Meter Tiefgang und 5,5 Meter Höhe als maximale Abmessungen. Wegen häufigen Niedrigwassers erreichte die Flößerei als billigstes Frachtmittel zu Wasser nie vorrangige Bedeutung, obwohl ganze Wälder des böhmischen Adlergebirges für Berg-, Straßen- und Brückenbau und ganze Steinbrüche sächsischen Elbsandsteins bis nach Hamburg und an die Mündung verbracht wurden. Ein schönes Beispiel für das Ausmaß dieses Kulturraums ist die Tatsache, daß der Dänenkönig Christian VI. zur Ausschmückung der barocken Fassade seiner Christiansborger Residenz zu Kopenhagen die Fürsten der Elbterritorien um zollfreie Passage für Pirnaer Sandstein bat. Die Vorschrift der Schiffahrts- und Strompolizei-Ordnung für die Elbe von Melnik bis an die Landesgrenze des Jahres 1846 verbot das Kuppeln der Prahmen bei unternormalen Wasserstän-

den und setzte die Breite eines Holzfloßes mit zwanzig Wiener Fuß = 6,32 Metern fest: Der Verkehr auf dem ungezähmten Strom war im Interesse aller Nutzer in eine Unzahl von Verordnungen, Ge- und Verboten eingebunden und gab ständig zu Streitigkeiten Anlaß. Auch Leckereien wurden auf der Elbe befördert: Pfefferkuchen aus dem böhmischen Pardubitz gelangten so nach Norden, Schiffer aus dem anhaltinischen Städtchen Aken führten aus Lübeck Marzipan mit Akener Stadtmotiven ein; und von Wittenberge aus wurden Singers Nähmaschinen in die Welt verschifft.
Bedeutende Realien überliefern, wie die Menschen den Flußlauf verändert haben: durch Stromregulierung für Mühlen, Flößerei, Schiffahrt und Fischerei, für Brücken und Wehre; durch Stauungen und Pegelmessungen, durch Deichbauten und Kanalisierungen als Schutz vor Eisgang und Hochwasser. Wirtschafts- und Herrschaftsräume, Stadt- und Bistumsgründungen, Brücken-, Stapel- und Zollrechte haben die Lebens- und Arbeitsformen von ersten Besiedlungsperioden an geprägt.
Wie die thematischen Kabinette der großen Vielfalt des Elbraumes entsprechen, so folgt die gestaltete Führungslinie im Flußbett den weichen Windungen seiner Ufer: mit geologischen, paläontologischen und prähistorischen Funden bis zu Auswirkungen von Flußverschmutzung und Atomkraft oder Bemühungen um Natur-, Arten- und Landschaftsschutz in der Gegenwart, von kunst- und kulturgeschichtlichen, volks- und religionskundlichen Zeugnissen und Gegenständen bis zu gewerblichen und technischen Exponaten. Mit erstrangigen Karten, Gemälden, Schiffsmodellen, Prunkfahnen der Fischergilden, Handwerks- und Brauchtumsgerät, Skulpturen und Glanzstücken aus den Domkirchen von Meißen und Magdeburg, Jerichow und Hamburg wird die Geschichte des Flusses im Gang durch die Zeitalter aus »erster Quelle« lebendig. Der Strom erzählt, wie die Menschen mit ihm verfahren sind, die sich in seine Nähe begaben und seine Kraft nutzten: für Glauben und Herrschaft, Siedlung und Wanderung, Eroberung und Strategie, Gesundheit und Krankheit, Handwerk und Baukunst, Dichtung und Malerei, Energie und Technik, Verkehr und Umwelt, Gewässerschutz und Biotop.
Die in den Essays und Kommentaren des Kataloges verwendeten Ortsnamen sind der besseren Lesbarkeit wegen nur in Deutsch genannt, am Schluß des Kataloges jedoch in einer Konkordanz in gebräuchlicher deutsch-tschechischer bzw. tschechisch-deutscher Namensform aufgeführt. Die topographischen Angaben für Böhmen erscheinen im Kolumnentitel grundsätzlich zuerst tschechisch, dann deutsch.

Marie-Louise von Plessen

Die Elbe – Der geologische Blick

Einleitung

Kräfte des Erdinneren und der Sonne beherrschen die Erdoberfläche: Berge werden an den Rändern der langsam driftenden Erdplatten aufgeworfen und durch Wasser, Wind und Eis wieder abgeschliffen. Ohne die ständige Erneuerung der Gebirge wären die Kontinente längst bis auf den Meeresspiegel abgetragen. Ohne die Energie der Sonne fände keine Erosion statt, und die Berge würden über die Atmosphäre hinauswachsen, bis sie unter ihrem eigenen Gewicht zusammenbrächen.

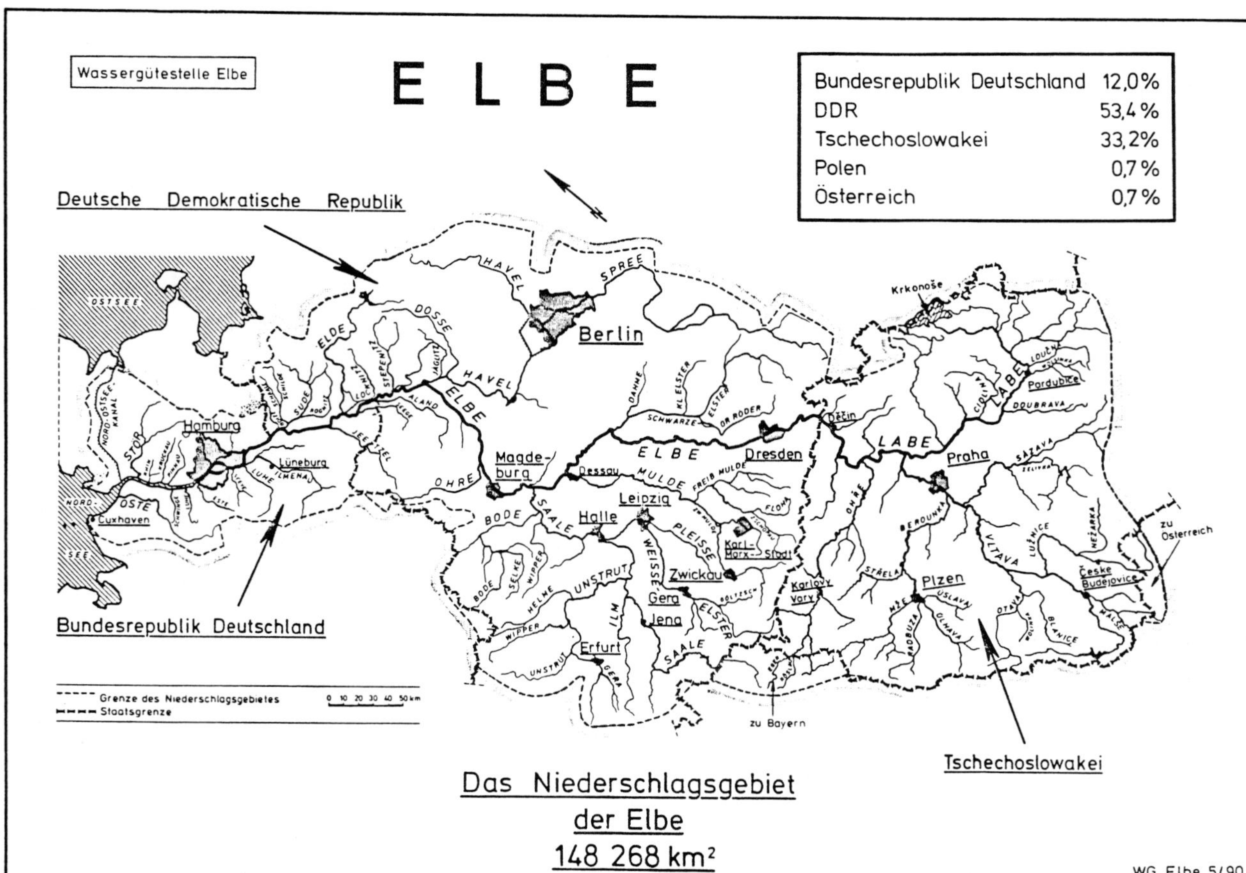

Abb. 1: Die Elbe und ihre Nebenflüsse (ARGE Elbe, 1990)

Europa ist ein Abbild dieses Widerstreites der Urkräfte: Am Südrand des Kontinents hebt die herandriftende afrikanische Platte hohe Gebirge heraus, während im Zentrum und im Norden Europas die älteren Gebirgsrümpfe immer weiter durch Flüsse und Gletscher abgetragen werden. Durch die Heraushebung der Alpen und Karpaten wurde die Entwässerung des Kontinents nach Norden umgelenkt: Garonne, Loire, Seine, Maas, Rhein, Weser, Elbe, Oder und Weichsel fließen zum Atlantik und zur Nord- und Ostsee. Nur zwei Flüsse konnten den alpinen Gebirgsriegel umgehen: Rhône und Donau. Aufstieg und Fall von Gebirgen dauern viele Millionen Jahre und bestimmen das Leben der Flußsysteme. Auch die Elbe ist Millionen Jahre alt. Beweis ist ihr Durchbruch durch das Elbsandsteingebirge, der nur zeitgleich mit dem langsamen Aufstieg dieser Meeressedimente entstanden sein kann.

Für den Geologen ist die Elbe nicht nur der schmale 1100 Kilometer lange Strom zwischen Riesengebirge und Cuxhaven, sondern sie umfaßt das gesamte Einzugsgebiet, aus dem Wasser dem Hauptlauf zufließt (Abb. 1). So betrachtet ist die Elbe ein 148 000 Quadratkilometer großes Becken (Tab. 1). Es umfaßt beinahe die gesamte Tschechische Republik, vier der

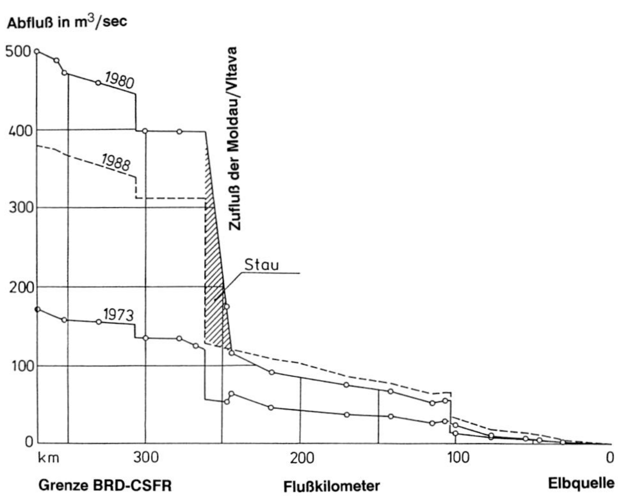

Abb. 2: Wasserführung von Moldau und Elbe bei deren Zusammenfluß (Paluska 1991, unveröffentl.)

Tab. 1: Wichtige Kenndaten der Flußsysteme der Elbe und des Rheins (Kempe et al., 1981)

Parameter	Dimension	Elbe	Rhein
Länge	km	1 100,1	1 320
Einzugsgebiet total	km^2	148 286	224 400
Einzugsgebiet bei Pegel	km^2	131 950 Neu Darchau	159 680 Rees
Abfluß gilt für Jahre	km^3/Jahr	24 1966–73	72 1966–73
Abflußspende	10^3 m^3/km^2/ Jahr	181	450
Suspensionsfracht	10^6 t/Jahr	0.84	3.41
Erosion, partikulär	mm/1000 Jahre	2.5	8.5

neuen Bundesländer, Berlin, Hamburg und Teile Niedersachsens und Schleswig-Holsteins. Die Anteile Polens und Österreichs am Elbeeinzugsgebiet betragen jeweils lediglich 0,7 %. Die Elbe müßte eigentlich Moldau oder tschechisch Vltava heißen, denn die Moldau ist der stärkere und längere Quellfluß gegenüber der Elbe (Abb. 2).

Dies wußten bereits die Römer, wie der Vergleich des Verlaufs des Albis Fluvius auf der Magna Germania-Karte des Ptolemäus (ca. 150 n. Chr.) mit einer heutigen Karte zeigt (Abb. 3; Ptolemäus, 1990). Es ist überhaupt erstaunlich, wie genau der Verlauf der Elbe bereits bekannt war im Vergleich mit der Darstellung anderer Flüsse auf dem Ptolemäischen Kartenwerk. Die Richtungswechsel des Flusses bei Havelberg, Magdeburg und östlich von Wittenberg sind realistisch wiedergegeben. Sogar den Schwenk des Flusses nach Süden im Raum Hamburg kann man mit einiger Phantasie auf der Karte erkennen. Offenbar ist der Fluß ein wichtiger Handelsweg zwischen dem Römerreich und dem feindlichen germanischen Norden gewesen. Obwohl Ptolemäus die Breitenlage des Flusses (zwischen 41 und 47,25°N) zu weit südlich eingetragen hat (richtig ist 48,6-53,9°N), ist die Länge des Flusses mit 6,25 Breitengraden gegenüber 5,3 nur um 20 % überschätzt. Zufall oder eine Meisterleistung der frühen Kartographie?

Geologie

Auf ihrem Lauf von Süd nach Nord durchquert die Elbe fast die gesamte Erdgeschichte (Abb. 4). Je weiter sie nach Norden fließt, desto jünger werden die Gesteine ihres Untergrundes (Tab. 2). Elbe und Moldau entspringen der Böhmischen Masse, einem Krustenblock bestehend aus Granitplutonen, Gneisen und anderen kristallinen Gesteinen. Die Abtragung hat hier den Blick tief hinein in die kontinentale Kruste geöffnet und die Wurzeln des varistischen Gebirges entblößt. Vor 300 Millionen Jahren wurden präkambrische und früh-paläozoische Gesteine zu diesem Gebirge verfaltet, umkristallisiert und von magmatischen Intrusionen durchtränkt. Die eng verfalteten spät-präkambrischen und alt-paläozoischen Sedimente des Barandiums, einer großen tektonischen Muldenstruktur südwestlich von Prag, sind berühmt für ihre Fossilien.

Die Böhmische Masse bildet heute einen starren Block im Herzen Europas, um den selbst der mächtige Gebirgszug der Alpen-Karpaten einen Bogen legen mußte. Das varistische Gebirge wurde zu einer Peneplain abgetragen und in der unteren Kreide, im Cenoman, von einem flachen Meer weiter eingeebnet. Seine Sedimente sind heute in der böhmischen Kreidetafel und im Elbsandsteingebirge erhalten. Mit Beginn der alpiden Faltung im Süden wurde die Böhmische Masse in Blöcke zerschert, und an Verwerfungen hoben sich Erzgebirge und Riesengebirge heraus. Im Inneren bildeten sich Gräben und Becken, in denen Süßwasserseen mächtige Sedimente mit Braunkohlen ablagerten. Die Zerscherung führte entlang von Schwächezonen zur Eruption von basaltischen Vulkanen südlich des Erzgebirges, die bis ins Pleistozän aktiv waren.

All diese Gesteine werden vom Elbe/Moldau-Flußsystem zerschnitten. Die Elbe entspringt auf Graniten

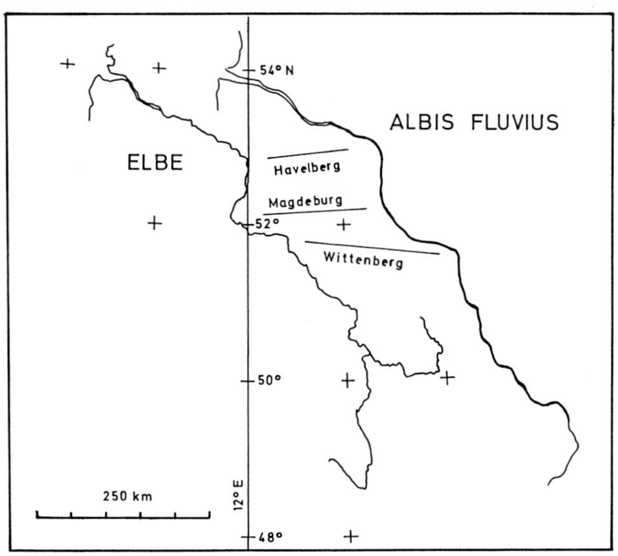

Abb. 3: Vergleich des Verlaufs des Albis Fluvius auf der Magna Germania-Karte des Ptolemäus (ca. 150 n. Chr.) mit einer heutigen Karte

Tab. 2: Verbreitung und Alter der Gesteine im Elbeeinzugsgebiet

	km^2	%	Alter in Mio Jahren
Sedimente			
Holozäne marine Ablagerungen	2450	1.6	< 0.01
Jung- bis mittelpleistozäne Flußablagerungen	6160	4.1	< 0.2
Mittel- bis altpleistozäne Ablagerungen	54320	36.4	0.2–2.0
Neogen	560	0.4	2–24
Ober-Kreide	15910	10.7	66–98
Muschelkalk	7150	4.8	230–240
Buntsandstein	2690	1.8	240–245
Zechstein	440	0.3	245–258
Rotliegend	1410	0.9	258–286
Unter-Karbon	1880	1.3	286–320
Silur bis Ordovizium	3660	2.5	408–505
Gesamte Sedimente	**96630**	**64.7**	
Magmatite (Ausflußgesteine)			
Basische Gesteine des Tertiärvulkanismus	1310	0.9	ca. 30
Saure + intermediäre jungpaläozoische Gesteine	691	0.5	ca. 300
Saure + intermediäre mittelpaläozoische Gesteine	700	0.5	ca. 400
Magmatite (Intrusive)			
Saure + intermediäre paläozoische Gesteine	10180	6.8	ca. 400
Gesamte Magmatite	**12880**	**8.7**	
Metamorphite und Anatexite			
Metamorphe Sedimente	40440	27.8	> 300
Präkambrium (kristallin)	70	0.1	> 570
Gesamte Metamorphite + Anatexite	**40510**	**24.9**	
Gesamteinzugsgebiet	*149419*	*100.0*	

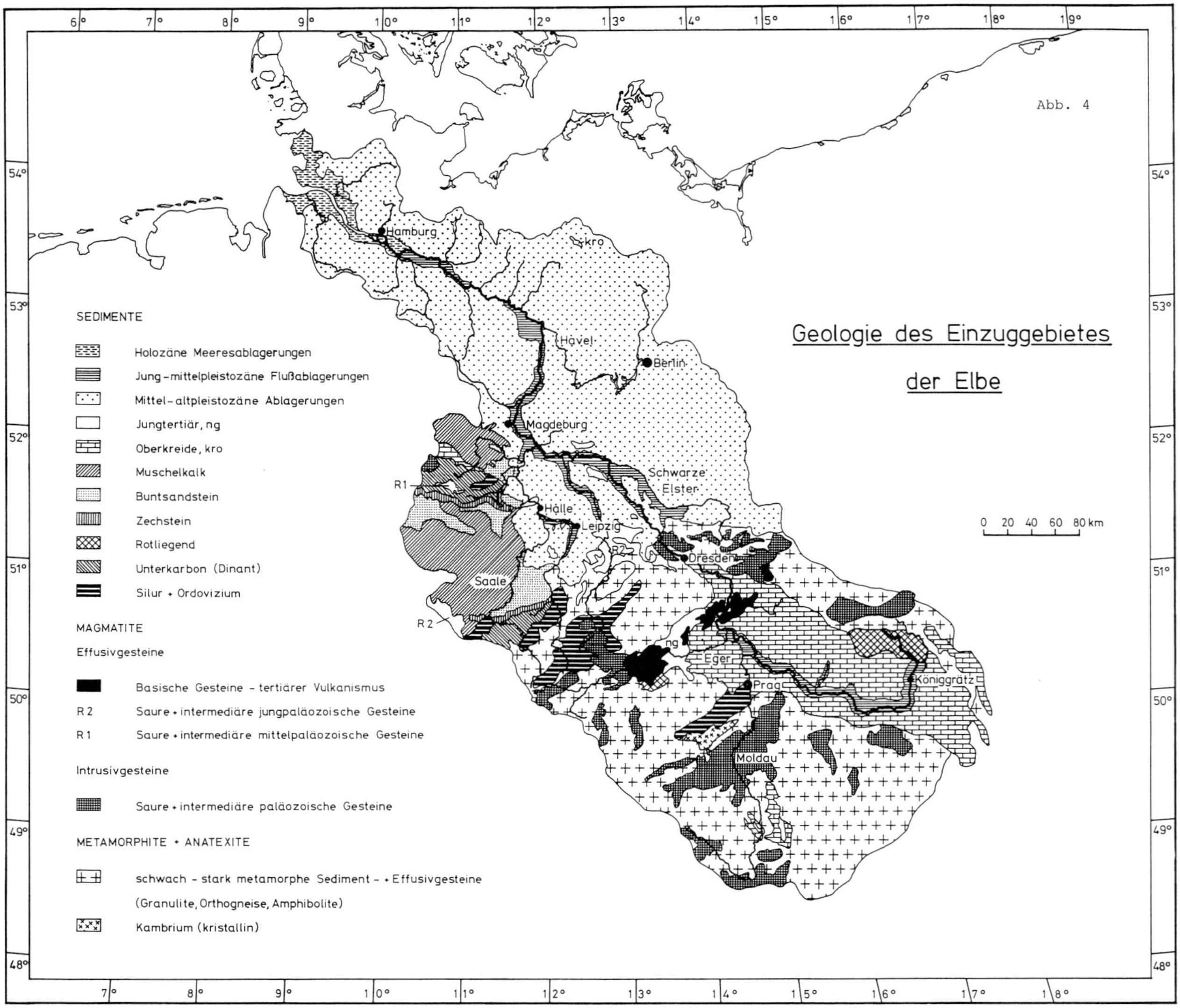

Abb. 4: Das Elbebecken und seine Geologie; die Verteilung der Hauptgesteinsgruppen ist in Tab. 2 wiedergegeben (Kempe, unveröffentl.)

des Riesengebirges, die Moldau auf Gneisen des Böhmerwaldes. Die Elbe fließt nur kurz durch silurische und permische Schichten, bevor sie in das Kreidegebiet eintritt. Die Moldau dagegen fließt hauptsächlich über kristalline Gesteine. Lediglich im südböhmischen Bekken berührt sie kreidezeitliche und tertiäre Sedimente. Unterhalb Prags durchqueren beide Quellströme die böhmische Kreidetafel, bevor sie vereint nordwestlichen Kurs in Richtung Nordsee nehmen.

Der Elbdurchbruch durch das Sandsteingebirge südlich Dresdens ist der spektakulärste Abschnitt der gesamten Elbe. Steht man oben auf der Bastei, so scheint der Fluß direkt unter den Füßen zu fließen. Der Blick geht über 200 Meter und zweieinhalb Millionen Jahre in die Tiefe. Hier hat die Elbe sich durch die Quadersandsteine des gesamten Turons, einer Oberkreidestufe, gefressen. Die von Bergsteigern geschätzten Wände folgen senkrechten Klüften, sind aber, vor allem entlang der Elbe, zum Teil Folge jahrhundertealten Gesteinsabbaus. Fast könnte man sagen, daß das Elbsandsteingebirge nicht in Pirna endet, sondern bis nach Hamburg reicht; denn das Hamburger Rathaus wurde, wie viele andere Gebäude entlang der Elbe, aus Quadersandsteinen aufgetürmt.

Im Osten des Elbsandsteingebirges schiebt sich der Lausitzer Granit über den Quadersandstein. Mehrere Granit- und Granodioritplutone und schmale Lamprophyrintrusionen, die zwischen dem Präkambrium und dem Devon aufgestiegen sind, bauen den Lausitzer Granit auf. Er wird im Tagebau mit bis zu 100 Metern Tiefe, z. B. in Demitz-Thumitz westlich von Bautzen, abgebaut. Die Lausitzer Überschiebung, aus der Lausitz kommend und bis nördlich Meißen Nordwest-Südost streichend, bildet zwischen Pillnitz und Coswig den östlichen, steilen Elbhang und zeigt an, daß hier das Elbtal einen tektonischen Graben bildet (Abb. 5). Das Elbe-Lineament setzt sich weit in den kontinentalen Untergrund nach Nordosten fort und ist vermutlich für den generellen Verlauf der Elbe nach Nordwest verantwortlich.

Nordöstlich an den Lausitzer Granit schließt sich der karbonische Syenodiorit- und Granitpluton von Meißen an. Das Plutondach wurde bereits im Perm abgetragen und erneut von vulkanischen Quarzporphyren überdeckt, die z. T. als dunkle Glase, sogenannte Pechsteine, anstehen. Die tiefgründige Verwitterung dieser Laven in der Kreide und im Tertiär bildete die berühmten Kaolinitlager, die das Meißner Porzellan ermöglichten. Der Durchbruch durch den Meißner Pluton mit seinen Weinbergen und roten Granitwänden ist das letzte Hindernis für die Elbe vor der norddeutschen Tiefebene. Bis auf den kleinen Ausstrich permisch-karbonischer Gesteine der Flechtinger-Roßlauer Scholle bei Magdeburg berührt die Elbe bis Helgoland kein Festgestein mehr.

Die sächsischen, thüringischen und anhaltischen Nebenflüsse der Elbe haben dagegen geologisch sehr komplexe Einzugsgebiete. Sie entwässern die metamorphen Serien des Erzgebirges, die paläozoischen Gesteine Sachsens, des Thüringer Waldes und des Harzes und die mesozoischen Gesteine des Thüringer

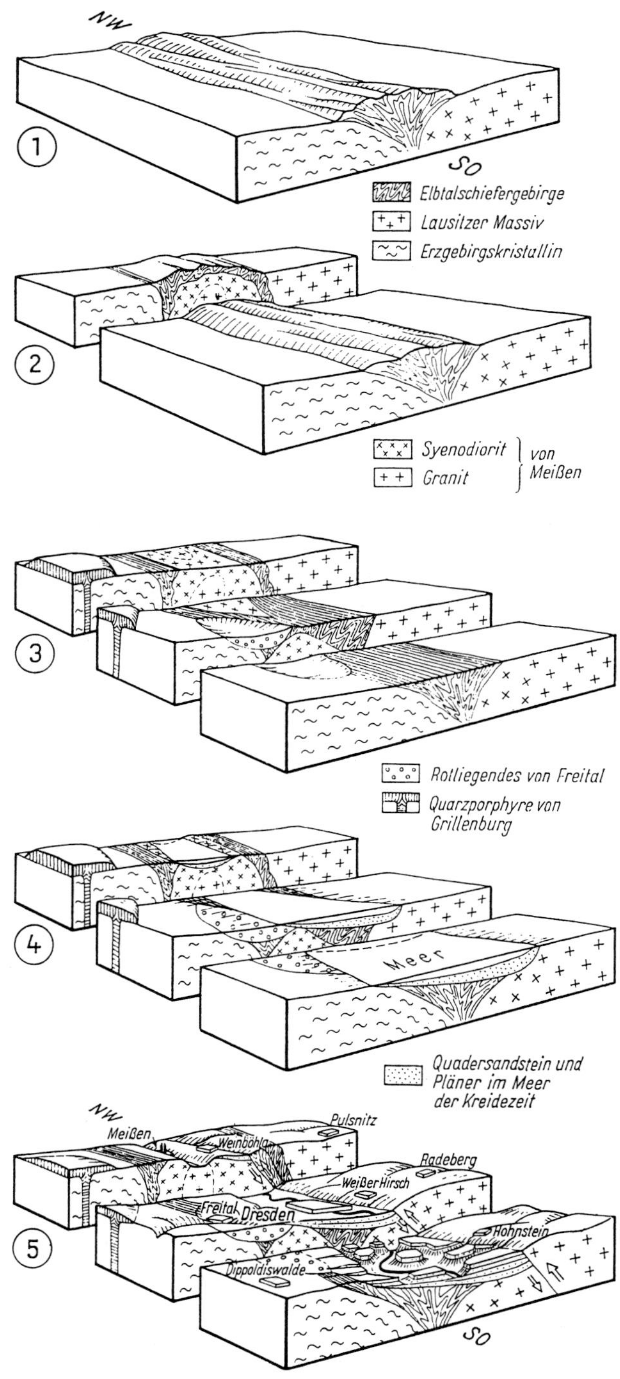

Abb. 5: Blockbild der Entwicklung der Elbtalzone zwischen Meißen und Bad Schandau in vereinfachter Darstellung (aus Wagenbreth und Steiner, 1989)

Abb. 6: Eisrandlagen, Sander und Urstromtäler im Elbgebiet der neuen Bundesländer (aus Wagenbreth und Steiner, 1989)

Beckens. Tertiäre Vulkane und Braunkohlebecken ergänzen die Vielfalt des Untergrundes. Jahrhundertealter Bergbau hat diese Gebiete geprägt, und die Umweltbelastung aus der Uran-, Erz-, Steinkohle-, Braunkohle-, Kalk-, Gips- und Salzgewinnung wird erst jetzt, nach dem Zusammenbruch der DDR, deutlich sichtbar. Saale und Mulde sind mit Abstand die schmutzigsten Flüsse in Europa. Die Saale erhält bei Halle den geheimnisvollsten Nebenfluß der Elbe: einen 32 Kilometer langen unterirdischen Fluß, der das alte Kupferschieferrevier der Mansfelder Mulde am Harz über den sogenannten Schlüsselstollen entwässert. Er muß auch in Zukunft gewartet werden, auch wenn der Bergbau bereits 1969 aufgelassen wurde. Sollte der Stollen verbrechen, würde überall im Mansfeldischen der Grundwasserspiegel ansteigen, würden sich neue Bäche bilden, der Zechsteingips würde verstärkt verkarsten, und riesige Erdfälle könnten unter der Lutherstadt Eisleben und anderen Orten einbrechen.

Unterhalb Meißens tritt die Elbe in die von den Vorstößen skandinavischer Gletscher geprägte Moränenlandschaft Norddeutschlands ein (Abb. 6). Die Elster-Vereisung (ca. 300 000–220 000 Jahre vor heute) konnte noch fast das ganze Elbtal bis kurz vor der tschechischen Grenze überfahren. Die Saale-Vereisung (ca. 180 000–120 000 vor heute) wurde vom Meißner Pluton gestoppt, und die Weichsel-Vereisung (100 000–10 000 vor heute) konnte lediglich bis Brandenburg und südlich von Berlin vorstoßen. Die letzten beiden Vereisungen haben große Südost-Nordwest streichende Moränenwälle hinterlassen. Die Elbe fließt bis Magdeburg am Fuß der Eisrandlagen des Plankener- und des Warthestadiums, die die Höhenzüge des Fläming bilden. Erst bei Magdeburg kann sie die Saale-Moränen durchstoßen und nördlich bis Havelberg entlang der östlichen Moräne des Brandenburger Stadiums aus der Weichsel-Vereisung fließen. Dort schwenkt sie dann ein letztes Mal nach Nordwest.

Das Elbtal ist im gesamten mittleren und unteren Abschnitt sehr breit, viel zu breit für den heutigen Fluß. Es wurde durch Schmelzwasserströme zu Beginn der beiden letzten Warmzeiten (Eem, 120 000–100 000 vor heute, und Holozän, 10 000 vor heute bis heute) angelegt. Diese Urstromtäler führten das gesamte Wasser der abschmelzenden Gletscher aus den Einzugsgebieten der Weichsel, Oder und Elbe zur Nordsee.

Hydrologie und Hydrochemie

Das Elbgebiet ist weit trockener als das des Rheins. Vergleicht man die Meßdaten der beiden Pegelstationen (Tab. 1), so liefert die Elbe nur 33 % des Abflusses aus einem nur 17 % kleineren Gebiet. Pro Fläche erreicht der Rhein eine 2,5-fach höhere Abflußspende (so wird der Abfluß pro Fläche bezeichnet). Sie stammt vor allem aus den Alpen, denn der Rhein erhält bereits 47 % seines Wassers oberhalb Basels. Die Elbe dagegen besitzt kein Regen fangendes Hochgebirge. Sie liegt außerdem weiter östlich als der Rhein und ist den atlantischen Tiefdruckausläufern weniger ausgesetzt. Dieser Unterschied macht sich sogar innerhalb der Elbe bemerkbar. Die Abflußspende der Unterelbe liegt zwischen 5 und 12 Litern pro Sekunde und Quadratkilometer, während die Oberelbe nur 2 bis 6 Liter pro Sekunde und Quadratkilometer beiträgt: 21% des Elbabflusses stammen aus Zuflüssen unterhalb Neu Darchaus. Für die Umweltdiskussion bedeutet die geringe Abflußspende, daß die gleiche Menge pro Fläche freigesetzter Schadstoffe in der Elbe zu 2,5-fach höheren Konzentrationen als im Rhein führen muß und daß die Verschmutzung der Oberelbe mangels Verdünnung mit hohen Konzentrationen zu Buche schlägt.

Der Rhein hat relativ stabile Wasserverhältnisse. Zwischen den Hochwassermitteln im Januar (Spitze der Niederschläge in den Mittelgebirgen) und den trockenen Herbstmonaten schwankt die Wasserführung nur um den Faktor 1,6. Im Sommer liefern die Alpengletscher Schmelzwässer. Im Fall der Elbe erfolgen die Wasserstandsschwankungen kurzfristiger. Saisonale Schwankungen sind nicht deutlich, langfristig wird

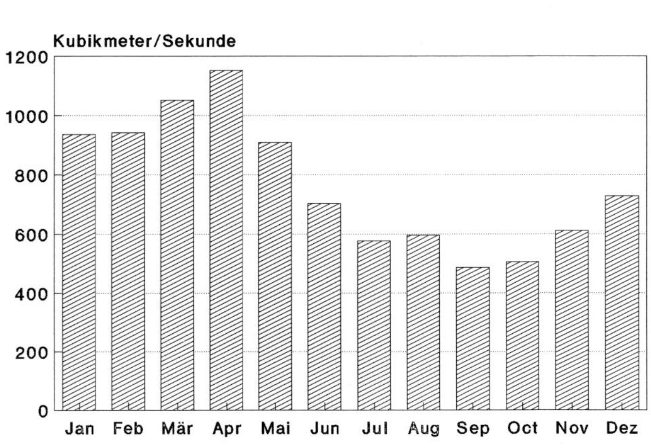

Abb. 7: Langfristige Monatsmittel (1956–1981) des Abflusses der Elbe bei Neu Darchau (Kempe, 1982)

der höchste Wasserstand etwa im April erreicht, wenn der Schnee in den höheren Mittelgebirgen schmilzt (Abb. 7).

Der geringere Abfluß der Elbe bewirkt insgesamt eine geringere Erosion als im Rhein. Vergleicht man die Sedimentfrachten, so liefert der Rhein etwa viermal mehr Schwebstoffe als die Elbe. Umgerechnet auf Abträge beträgt die Erosionsrate in der Elbe nur 30 % der des Rheins, 2,5 mm pro 1000 Jahre verglichen mit 8,5 mm pro 1000 Jahre.

Ein weiterer wichtiger Unterschied zwischen beiden Flüssen sind die großen Seen, die den Alpenzuflüssen des Rheins zwischengeschaltet sind. Sie dämpfen nicht nur Abflußschwankungen, sondern bilden auch effektive Fallen für die Schwebstoffe der Hochalpenflüsse. Die oben zitierten Raten beziehen sich also nur auf die Erosion der Mittelgebirge und schließen die Abtragung der Alpen aus.

Chemisch unterscheiden sich beide Systeme ebenfalls grundsätzlich. Die Rhein-Seen bilden Senken für Nährstoffe, während Nährstoffeinleitungen in der Elbe sich erst in der Nordsee auswirken. Die Schmelzwässer der Rhein-Oberläufe sind arm an organischen Substanzen, die Quellwässer der Elbe stammen aus Mooren und sind reich an gelöstem Humus. Bereits in der ČSFR führt die Elbe 6 bis 7 mg gelösten organischen Kohlenstoff pro Liter, vermutlich meist aus Mooren, und bei Hamburg werden im Mittel 10 mg pro Liter Kohlenstoff gemessen, darin enthalten auch Kohlenstoff aus Abwässern. Im Rhein hat dagegen der Ausbau der Kläranlagen die Kohlenstoffkonzentration auf jetzt 3 bis 5 mg pro Liter herabgedrückt.

Auch die historische Entwicklung der Nährstoffbelastung ist in beiden Flüssen verschieden: Im Rhein konnten wir in den letzten 50 Jahren bis ca. 1973 einen erheblichen Anstieg der Phosphatkonzentration beobachten, und seitdem sind die Werte drastisch gefallen. In der Elbe sind dagegen die Werte seit den frühen fünfziger Jahren insgesamt hoch und ohne langfristigen Trend. Beim Nitrat sind in beiden Flüssen weiterhin steigende Konzentrationen zu verzeichnen (Abb. 8). Die Gesamtfrachten an Phosphor sind, nach der Reduktion der Phosphor-Konzentration im Rhein

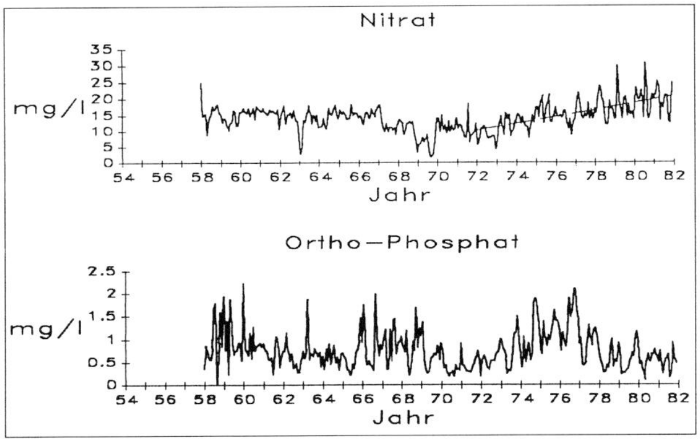

Abb. 8: Die zeitliche Entwicklung der Jahresmittelwerte der Phosphat- und Nitrat-Konzentrationen in der Elbe nach Daten der Hamburger Wasserwerke (Kempe, unveröffentl.)

durch den Einsatz der chemischen Reinigungsstufe in Kläranlagen, heute in beiden Flüssen in etwa gleich (Tab. 3). Unterhalb der Meßstelle Schnackenburg kommen noch einmal 5 300 t aus den neuen Bundesländern und 500 t aus den alten Bundesländern hinzu, so daß theoretisch 18 000 t Phosphor pro Jahr an die Nordsee abgegeben werden müßten. Gemessen werden allerdings bei Cuxhaven nur 10 600 t pro Jahr. Das Elbe-Ästuar ist also in der Lage, einen großen Teil der Phosphorfracht der Elbe (ca. 7400 t pro Jahr) aus dem Wasser zu extrahieren und abzulagern. Es fungiert also wie eine große Kläranlage und bewahrt die Nordsee vor noch höherer Überdüngung.

Die Stickstofffracht ist in der Elbe zwar absolut geringer als im Rhein, bedenkt man jedoch, daß die Elbe nur ein Drittel der Wassermenge des Rheins führt, so sind die Stickstoffkonzentrationen in der Elbe deutlich höher als im Rhein. Sorgfältige Bilanzmessungen der ARGE Elbe zeigen darüber hinaus, daß zusätzlich zu den 143 000 t Stickstoff bei Schnackenburg im Unterlauf der Elbe noch einmal 39 000 t Stickstoff aus den alten Bundesländern und 11 000 t aus den neuen Bundesländern hinzukommen. Gleichzeitig werden aber 25 000 t Stickstoff dem Wasser im Elbe-Ästuar entzogen, so daß die Gesamtbelastung der Nordsee durch die Elbe bei ca. 168 000 t Stickstoff pro Jahr liegt.

Auch bei den gelösten Inhaltsstoffen gibt es in beiden Flüssen Unterschiede. So führt die Elbe einen höheren Sulfat-Gehalt (3,2 meq/l 1975–1977), verglichen mit dem Rhein (1,4 meq/l 1988). Vermutlich stammt diese hohe Sulfatkonzentration aus den Abwässern des Braunkohlebergbaus und stellt das Oxidationsprodukt der in den Kohlen in hoher Konzentration vorkommenden Sulfide dar. Für den Fluß bedeutet dies, daß es in seinen Sedimenten leicht zu anaerober Sulfatreduktion kommen kann. Dies wiederum begünstigt die Fixierung von Schwermetallen als Sulfid, die dann als unlösliche Fraktion im Sediment zwischengespeichert werden. Das bedeutet, daß auch nach einer Sanierung der Schwermetallquellen in der ČSFR und in den neuen Bundesländern Schwermetalle noch jahr-

Tab. 3: Vergleich der Jahrestransportwerte für Nährstoffe und Schwermetalle von Elbe und Rhein; die Werte für die Elbe gelten für das Jahr 1985; die Nährstofftransporte wurden für die Meßstelle Schnackenburg von der ARGE Elbe ermittelt. Die Schwermetalltransporte (gelöste plus suspendierte Formen) wurden von der GKSS für einen Querschnitt oberhalb Hamburgs und für den Zeitraum vom 1. 9. 1984 bis 31. 8. 1985 berechnet (Fanger et al., 1988); für den Rhein wurden Daten der Station Kleve-Bimmen (deutsch-niederländische Grenze) für das Jahr 1990 von der Deutschen Kommission zur Reinhaltung des Rheins zitiert

Stoff	Elbe, 1985 Transport in Tonnen/Jahr	Rhein, 1990 Transport in Tonnen/Jahr
Wasser (km^3/Jahr)	18,7	61
Gesamt Phosphor	12 200	12 600
Gesamt Stickstoff	143 000	230 000
Schwebstoff	493 000	–
Eisen	24 000	84 000
Aluminium	18 800	–
Mangan	6 100	5 000
Zink	1 530	2 200
Titan	1 120	–
Nickel	252	280
Chrom	202	320
Kupfer	170	510
Blei	134	190
Arsen	110	130
Antimon	19	–
Quecksilber	17	6
Selen	9	–
Cadmium	9	6
Scandium	3,6	–

zehntelang an den Fluß abgegeben werden können. Unterschiede existieren auch für die Calcium-Konzentration, die in der Elbe 5,3 meq pro Liter (1975–1977), im Rhein aber nur 3,3 meq pro Liter (1988) beträgt. Dieser hohe Ca-Wert der Elbe kann nicht aus der Kalklösung stammen, sondern muß im Zusammenhang mit den hohen Sulfatkonzentrationen gesehen werden. Lediglich beim Chlorid zeigen beide Flüsse vergleichbare Belastung (Elbe 4,9 meq/l, 1973–1977; Rhein 4,06 meq/l, 1988).

Entscheidend für die Wasserqualität der Nordsee ist aber die Schwermetallfracht der Elbe. Da ein Großteil der Schwermetalle nicht in Lösung, sondern an Partikel adsorbiert transportiert wird, ist die Frachtberechnung ohne eine genaue Messung der Schwebstoffe unmöglich. Die bisher besten Werte lieferte die aufwendige Bilanz-Studie 1984 bis 1985 der GKSS-Forschungsgesellschaft, Geesthacht. Tab. 3 zeigt die damals ermittelten Transportwerte. Allerdings war das hydrologische Jahr September 1984 bis August 1985 abflußarm. Bei verstärktem Abfluß können vermehrt schwermetallbelastete Sedimente ausgeräumt werden. Die Werte in der Tabelle sind daher gegenüber dem langjährigen Mittel eher zu niedrig.

Die Tabelle zeigt deutlich, daß die Elbe absolut mehr Mangan, Quecksilber und Cadmium als der Rhein befördert und daß die Frachtraten von Zink, Nickel, Chrom, Blei und Arsen in der gleichen Größenordnung wie beim Rhein liegen. Lediglich die Frachtraten für Eisen und Kupfer erreichen in der Elbe nur 30 % der Werte des Rheins. Da aber die Wasserführung der Elbe auch nur ein Drittel des Rheins beträgt, sind die Konzentrationen für Eisen und Kupfer in Elbe und Rhein etwa gleich; alle anderen Schwermetalle haben aber deutlich erhöhte Konzentrationen in der Elbe gegenüber dem Rhein, allen voran das hochtoxische Quecksilber. Metalle wie Eisen, Aluminium, Mangan, Titan oder auch Scandium sind natürliche Verwitterungsprodukte und liegen in für Lebewesen ungefährlichen Verbindungen vor. Wirklich gefährlich sind die in nur scheinbar kleiner Menge vorkommenden Metalle wie Zink, Arsen, Nickel, Blei, Cadmium und Quecksilber. Ihre Konzentrationen müssen daher vordringlich bei der Sanierung des Elbsystems in den nächsten Jahren verringert werden, sonst ist die Nordsee akut durch giftige Schwermetalle aus der Elbe gefährdet.

Stephan Kempe

Literatur

Arbeitsgemeinschaft für die Reinhaltung der Elbe: Nährstoffstudie der Elbe von Schnackenburg bis zur See, Hamburg 1990, S. 52 ff.

Deutsche Kommission zur Reinhaltung des Rheins: Zahlentafeln der physikalisch-chemischen Untersuchungen 1990, Düsseldorf 1991, S. 333 ff.

Deutsche Kommission zur Reinhaltung des Rheins: Rheinbericht 1990, Düsseldorf 1991, S. 84 ff.

FANGER, H.–U., W. MICHAELIS, L. J. R. NEUMANN und R.–D. WILKEN: Ermittlung von Transportaten, in: MICHAELIS, W., H.–U. FANGER und A. MÜLLER: Die Bilanzierungsexperimente 1984 und 1985 (BILEX '84 und BILEX '85) auf der oberen Tideelbe, in: GKSS 88/E/22, Forschungszentrum Geesthacht, S. 79–93

KEMPE, S., B. MYCKE und M. SEEGER: Flußfrachten und Erosionsdaten in Mitteleuropa, in: Wasser und Boden, 1981, S. 126–131

KEMPE, S.: Long-term records of CO_2 pressure fluctuations in fresh waters. Habilitationsschrift (Mitteilungen des Geologisch-Paläontologischen Instituts der Universität Hamburg, SCOPE/UNEP Sonderband 52), Hamburg 1982, S. 91–332

Zeugnisse der Erdgeschichte Sachsens, hrsg. von H. Prescher, Leipzig 1987, S. 248 ff.

PTOLEMÄUS, C.: Cosmographia (Reprint), Stuttgart 1990, S. 27 ff.

Regional Geology of Czechosolovakia, Part 1. The Bohemian Massif, hrsg. von J. Svoboda (Geol. Survey of Czechoslovakia), Prag 1966, S. 668 ff.

WAGENBRETH, O. und W. STEINER: Geologische Streifzüge, Landschaft und Erdgeschichte zwischen Kap Arkona und Fichtelberg, Leipzig 1989, S. 204 ff.

WEERS, K. P.: Statistische Auswertung hydrochemischer Daten der Elbe zwischen 1954 und 1981 (Diplomarbeit, Fachbereich Geowissenschaften der Universität Hamburg), Hamburg 1990, S. 198 ff. (unveröffentl.)

Helgoland – Die geologische Geschichte

Wer an die Elbmündung fährt, findet an der Küste fast überall das gleiche Bild: große, grüne, von Deichen eingeschlossene Marschflächen; Ablagerungen der Nacheiszeit. Dann schließt sich das seewärtig schwach geneigte eigentümliche, amphibische Gebiet – das Watt – an. Hier wirken Ebbe und Flut; eine dynamische Landschaft. Mit der Wattlandschaft haben wir jedoch das offene Meer noch nicht erreicht, denn gürtelförmig ist der Küste eine dünenbestandene Inselkette vorgelagert. Die Nord-, Ost- und Westfriesischen Inseln sind größtenteils erdgeschichtlich junge, lokale Sandaufschüttungen vom Boden der Nordsee. Nur einige Inseln Nordfrieslands wie Sylt, Föhr und Amrum bestehen in ihrem Kern aus meist älteren, sandig-kalkigen Lockerablagerungen der Eiszeit mit jüngeren, angelagerten Dünen. Die kleineren, aus Marschland bestehenden Halligen sind durch große Sturmfluten während des Mittelalters vom Festland abgetrennt worden. Sie sind Reste eines ehemals zerschlagenen Festlandes.

Helgoland fällt im Gegensatz zu allen diesen Inseln ganz aus dem Rahmen. Diese eigenartige, rote Felseninsel weit draußen in der See taucht steil als Felsmassiv aus dem Meer auf. Die ältesten im Helgoländer Bereich auftretenden Gesteine sind zugleich diejenigen, die der natürlichen Verwitterung und dem Abtrag am längsten standgehalten haben: die roten Sandsteine der Hauptinsel. Die rote Farbe der Sandsteine, die Wellenrippeln, Trockenrisse und Regentropfeneindrücke, die als sogenannte Marken auf den Schichtflächen der Gesteine gefunden werden, geben uns Anhaltspunkte zu deren Entstehungsgeschichte. Die rote Farbe ist Kennzeichen für trockenes Klima, die Rippelmarken deuten darauf hin, daß der Sand durch fließende Gewässer abgelagert wurde, einzelne Lagen mit Trockenrissen und Regentropfeneindrücken zeugen von zeitweiser Austrocknung und plötzlichen Regenfällen. Die Schichten sind also unter ständig wechselnder Wasserbedeckung abgelagert worden.

Nach dieser sogenannten Buntsandstein-Zeit wurden die nächst jüngeren Schichten wie Muschelkalk, Kreide, Tertiär und Quartär im Helgoländer Raum abgelagert. Eine größere Schichtlücke besteht beispielsweise für die Jurasedimente, die hier nicht zur Ablagerung kamen. Schichten des Buntsandsteins, wie wir sie von Helgoland kennen, treten beispielsweise auch in Franken, dem Solling und Odenwald weitverbreitet an die Oberfläche. Nach Norden hin tauchen diese roten Sandsteine dann unter immer mächtigere jüngere Sedimente ab und liegen im norddeutschen Küstenbereich in ca. 3000 Metern Tiefe. Salzmassen

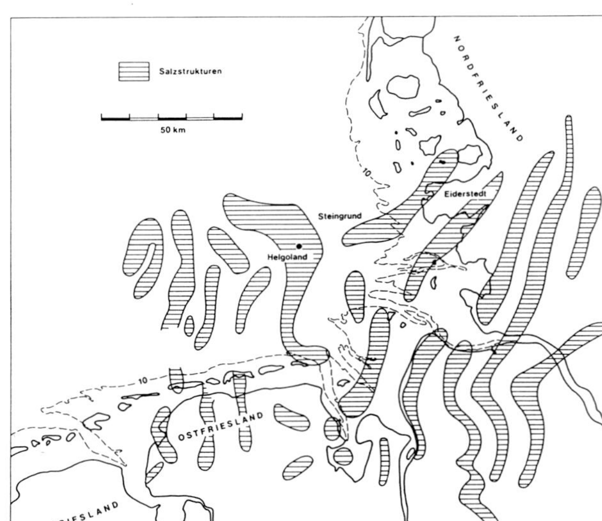

Abb. 1: Salzstrukturen im Untergrund von Nordwest-Deutschland (ergänzt nach Wurster 1962)

Tab. 1: Art und Alter der Helgoländer Gesteine; Übersicht zum geologischen Aufbau Helgolands

Gliederung und Alter			Erdgeschichtliche Ereignisse	Ablagerungen bei Helgoland
QUARTÄR	Holozän		Einwirkung des Menschen Entstehung der Insel in heutiger Gestalt Abtauen des Eises	
	Pleistozän		Mehrmalige Vorstöße und Rückzüge des Inlandeises	»Süßwasser-Töck«
		2 Mio		
TERTIÄR			Heraushebung Helgolands durch die aufsteigenden Salzmassen	keine Ablagerungen
		65 Mio		
KREIDE	Ober-Kreide		Ablagerungen unter Meeresbedeckung	ca. 260 m weiße feste Schreibkreide mit Feuersteinlagen
		100 Mio		
	Unter-Kreide		Ablagerungen unter Meeresbedeckung	ca. 3,5 m graue, gelbe und rote Kalke ca. 40 m dunkle fossilreiche Tone und Mergel
		135 Mio		
		Schichtlücke: Keuper und Jura fehlen!		
TRIAS	Muschelkalk	210 Mio		ca. 10 m Mergel mit festeren Kalken
			Ablagerungen unter Meeresbedeckung	ca. 70 m weiche Mergelkale mit Ton- und Gipseinlagerungen ca. 100 m mergelige Wellenkalke
		210 Mio		
	Buntsandstein		Vordringen des Meeres in das germanische Triasbecken	ca. 250 m Mergel und Tonsteine mit Gips und Salz
		Hauptinsel	Abtragungsmassen der umliegenden Hochgebiete unter aridem Klima	ca. 350 m hell-violett und dunkelrote ± tonige Sandsteine mit hellen, mürben Katersandlagen
		220 Mio	—— Ab hier Schichtfolge nur aus Bohrungen bekannt ——	
		225 Mio		
PERM	Zechstein		Ablagerungen unter Meeresbedeckung Entstehung der später mobilen Salzmassen	mehrere 100 m Steinsalz, Gips und Dolomit
		235 Mio		

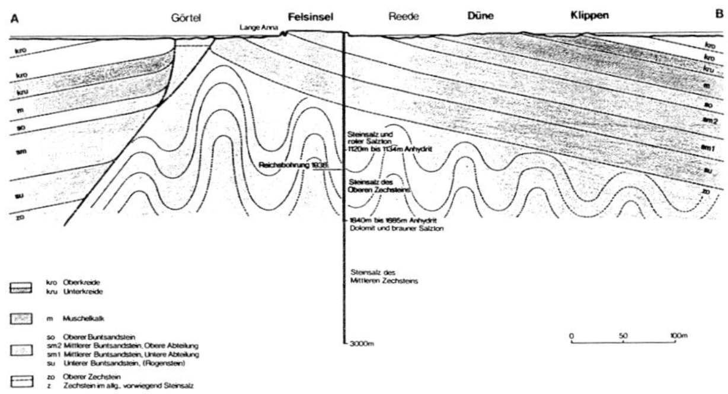

Abb. 2: Stark vereinfachter geologischer Profilschnitt durch die Salzstruktur Helgoland (eingetragen ist die Tiefbohrung von 1938 nach Schmidt-Thomé 1951)

der Perm-Zeit, die noch älter sind als der bunte Sandstein, reagierten im tieferen Untergrund Norddeutschlands durch Bewegungen der Erdkruste plastisch, quollen in Schwächezonen der darüber lagernden Schichten als Salzstöcke nach oben und hoben unter anderem den Helgoländer Buntsandstein als Scholle empor (Abb. 1). Sehr schöne Beispiele für den Aufstieg von Salzstöcken im norddeutschen Raum sind auch die Schreibkreide-Gruben von Lägerdorf und Kronsmoor, die ca. 50 Kilometer nordwestlich von Hamburg und 8 Kilometer südöstlich von Itzehoe liegen. Aus diesen etwa 60 Millionen Jahren alten Schreibkreide-Sedimenten wird im wesentlichen Zement produziert. Die Sedimente der Oberkreide sind hier aus etwa 1000 Metern Tiefe durch Zechstein-Salze der Perm-Zeit an die Oberfläche gehoben worden. Die flachgewölbte Salzstockachse verläuft hier von Itzehoe im Nordwesten nach Hemmoor im Südosten und quert die Elbe etwa bei Hamelwörden.

Eine durch Salzbewegungen verursachte Aufbeulung des Buntsandstein-Felsens von Helgoland hatten die Geologen schon seit langer Zeit angenommen. Den endgültigen Beweis dafür lieferte aber erst eine 1938 auf Helgoland durchgeführte Tiefbohrung, die nach 718 Metern das Steinsalz erreichte und bis zur Endteufe von 3010 Metern darin verblieb. Damit war die Existenz des aufgedrungenen Salzes bewiesen (Abb. 2). Der Vorgang der Aufwölbung begann wohl spätestens zur Zeit der Oberkreide vor ca. 100 Millionen Jahren und war mit dem Ende der Tertiär-Zeit vor ca. 1,8 Millionen Jahren weitgehend abgeschlossen. Helgoland war damals ein leicht geneigtes, zweiteiliges Bergmassiv auf dem Festland. Durch die unterschiedliche Widerstandskraft gegenüber der Verwitterung bildete sich eine in Schichtstufen gegliederte Landschaft aus. Während der Eisvorstöße der letzten 500 000 Jahre war auch der Helgoländer Raum vom skandinavischen Inlandeis bedeckt. Die Buntsandstein-Kuppe wurde abgehobelt. Ein Blick auf die geologische Karte und das Profil der Umgebung Helgolands zeigt uns, daß die heutige Insel mit ihren 0,35 km² Felsmassiv nur noch einen »kümmerlichen« Überrest der ehemals erheblich größeren »Salzstruktur Helgoland« darstellt. Die Entwicklungsgeschichte zur heutigen Insel begann erst in der Nacheiszeit vor ca. 10 000 Jahren. Als sich die Gletscher der Saale-Vereisung, die von Skandinavien bis England reichten, zurückzogen, lag die südliche Nordsee trocken, und die Elbe floß westlich um Helgoland herum in die

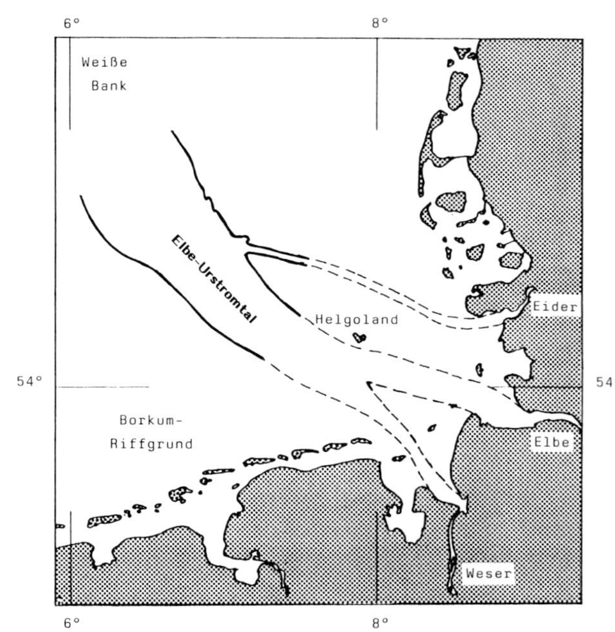

Abb. 3: Das Elbe-Urstromtal nordwestlich von Helgoland und der vermutliche ehemalige Verlauf der Eider und der Elbe und Weser südlich von Helgoland (verändert nach Figge 1980)

Abb. 4: Historische Entwicklung der Insel in der Nacheiszeit vor ca. 10 000 Jahren (nach Pratje 1948)
a) vor 4500 Jahren; eingezeichnet ist die heutige 15-m-Tiefenlinie
b) vor ca. 4000 Jahren; eingezeichnet ist die heutige 13-m-Tiefenlinie
c) vor ca. 3500 Jahren; eingezeichnet ist die heutige 12-m-Tiefenlinie

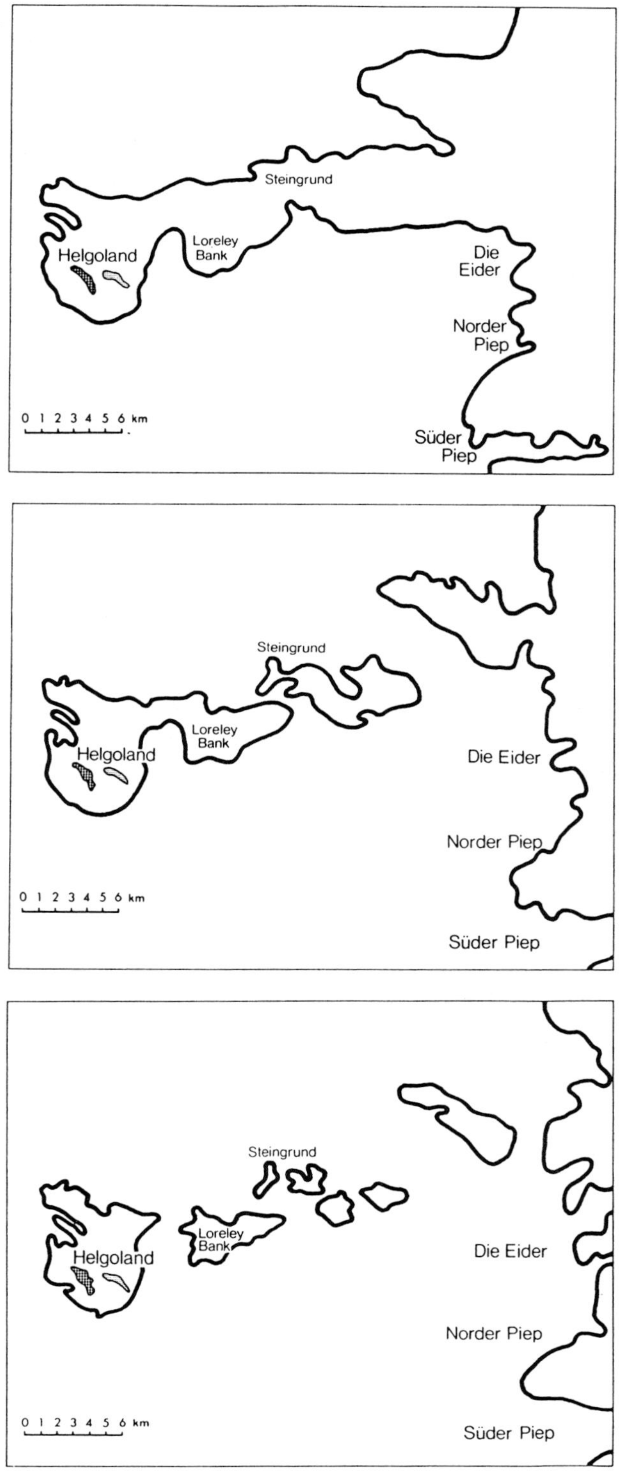

damalige Nordsee (Abb. 3). Aufgrund geologischer und morphologischer Fakten wird im Bereich der Nordsee ein Vorfluter angenommen, in das Elbe, Weser und Eider als Schmelzwasserrinnen entwässerten. Präzisiert wurde diese Annahme aber erstmals durch Figge (1980), der mit Hilfe sedimentologischer Messungen unter dem Holozän eine breite, nach NW verlaufende Rinne nachweisen konnte (Abb. 3). So konnte nordwestlich von Helgoland ein sich von 25 Kilometer auf ca. 40 Kilometer verbreiterndes Flußbett auskartiert werden. Etwa 50 Kilometer nordwestlich von Helgoland mündet eine erheblich schmalere Rinne in das breite Elbestrombett ein. Diese Rinne könnte mit der heutigen Eider in Verbindung gebracht werden. Vieles scheint auch dafür zu sprechen, daß das Weser-Flußbett noch südlich von Helgoland in das Urstromtal mündete. Das Gebiet von Helgoland bestand aus zwei Tafelbergen. Nach weiterem Abschmelzen und Rückzug der Eismassen stieg der Meeresspiegel allmählich weiter an, und die Nordsee rückte nach Süden vor. Die endgültige Lösung Helgolands vom Festland erfolgte vor ca. 4000 Jahren (Abb. 4). Auch dieses Gebiet war noch bedeutend größer als die heutige Insel.

Im Westen hatte das Felsplateau eine Steilküste aus Kreide-Schichten, im Osten war den Kreidefelsen noch ein großes, aus eiszeitlichen Ablagerungen bestehendes Festland vorgelagert. Das weitere Steigen der Fluten bewirkte, daß die weichen Kreide-Schichten im Westen und im Osten nach und nach zerstört wurden, bis sich mit dem Buntsandstein und dem Muschelkalk relativ widerstandsfähige Steilküsten herausbildeten. Das Meer begann außerdem in die Röt-Senke zwischen den roten und weißen Felsen einzudringen, ohne aber die Verbindung ganz zu stören (Abb. 4 c). Dieser

»Woal« und die »Witte Klippe«, wie die Helgoländer den Muschelkalk nannten, existierten noch in historischer Zeit, wie Karten und alte Stiche zeigen (Abb. 5). Während des nun folgenden Stillstandes des Meeresspiegelanstiegs sind aber auch noch große Landverluste zu verzeichnen. Die ständig wirkende Brandung griff praktisch auf einer Ebene an und schuf somit große Brandungsterrassen. Der rote Buntsandstein der Hauptinsel und die weißen Felsen der Dünenklippen wurden immer weiter zerstört und die Steilküsten zurückverlegt. Davon waren die weicheren Kalk- und Gipsfelsen im Osten wesentlich stärker betroffen als der härtere Buntsandstein. Hinzu kam noch die Zerstörung durch den Menschen. Der Kalk und Gips des Muschelkalks war ein begehrter Baustoff in der bausteinarmen Marsch. Schon in historischer Zeit fand ein reger Steinbruch-Betrieb und die Verschiffung des Materials an der Küste statt. Anfang des 18. Jahrhunderts ragten schließlich nur noch zwei Einzelfelsen aus Muschelkalk heraus, die 1711 durch eine Sturmflut vernichtet wurden. In der Neujahrsnacht 1720/21 zerstörte schließlich eine gewaltige Sturmflut den Gesteinswall, der den Nord- und Südhafen voneinander getrennt hatte (Abb. 6). Der immerwährende Gezeitenstrom hat die schmale Lücke dann schnell vergrößert.

Besonders verhängnisvoll wirkt sich der Durchbruch des Walles auf die Düne aus. Von der 51 Hektar großen Sanddüne blieben nach dem Durchbruch bis heute schließlich noch ganze 6 Hektar übrig.

Gero Hillmer

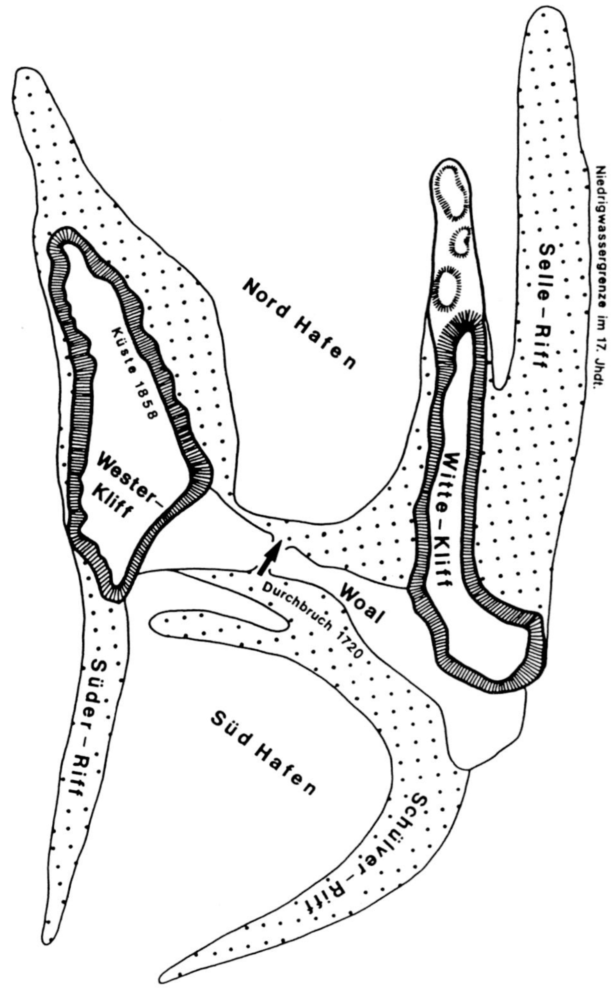

Abb. 6: Die frühere Gestalt Helgolands (umgezeichnet nach Geisse 1928)

Literatur

BINOT, F.: Strukturentwicklung des Salzkissens Helgoland, in: Zeitschrift der deutschen geologischen Gesellschaft, Bd. 139, 1988

BOIK, H.: Ergebnisse und Probleme stratigraphisch-paläogeographischer Untersuchungen im Buntsandstein Nordwest-Deutschlands, in: Geologisches Jahrbuch, Bd. 78, 1961, S. 123–134

Gedenkband E. T. Degens, Mitteilungen des Geologisch-Paläontologischen Instituts, Hamburg, Bd. 69

FIGGE, K.: Das Elbe-Urstromtal im Bereich der Deutschen Bucht (Nordsee), in: Eiszeitalter und Gegenwart, Bd. 30, 1980, S. 203–211

GEISSE, A.: Die Erhaltung Helgolands, in: Jahrbuch der geographischen Gesellschaft Hannover für 1928, Hannover 1928, S. 95–111

HARTUNG, W.: Merkwürdige Insel der Nordsee, in: Naturforsch. Gesellschaft, Heft 105, 1965, S. 35–73

HILLMER, G.: Helgoland – ein geologisches Porträt, in: Rickmers, H. P. (Hrsg.): Helgoland – Naturdenkmal der Nordsee. Deutsche Schicksale, Hamburg 1980, S. 1–142

HILLMER, GERO und ULRICH LEHMANN: Wirbellose Tiere der Vorzeit – Leitfaden der systematischen Paläontologie der Invertebraten, 3. Aufl., Stuttgart 1992

HILLMER, G., CHR. SPAETH und W. WEITSCHAT: Helgoland – Portrait einer Felseninsel. Führer zur Helgoland-Ausstellung des Geologisch-Paläontologischen Instituts der Universität Hamburg, Bramsche 1979, S. 1–40

HILLMER, GERO und WOLFGANG WEITSCHAT: Führer durch die Schausammlung Geologisch-Paläontologisches Institut und Museum, Hamburg 1983

PRATJE, O.: Erdgeschichte Helgolands; in der Sammlung geologischer Führer, Berlin 1923

PRATJE, O.: Die Stadien der Entwicklung von Helgoland, in: Erdkunde, 1948, Heft 2, S. 322–330

PRATJE, O.: Aufbau und Werden der Insel Helgoland, in: Helgoland ruft. Im Auftrag des Helgoland-Ausschusses hrsg. von J. Packross und P. Rickmers, Hamburg 1952

REINHARD, H.: Genese des Nordseeraumes im Quartär, in: Fennia, Bd. 129, 1974, S. 129

SCHMID, F. und CHR. SPAETH: Die Kreide der Nordseeinsel Helgoland, in: Geologisches Jahrbuch, Reihe A, Heft 120, 1981

SCHMIDT-THOMÉ, P.: Der tektonische Bau und die morphologische Gestaltung von Helgoland, in: Abhandlungen des naturwissenschaftlichen Vereins Hamburg, N. F. 1, 1937, S. 215–249

VALENTIN, H.: Die Grenze der letzten Vereisung im Nordseeraum, in: Geographentag Hamburg 1955, Abhandlung 30, Hamburg 1957, S. 359–366

Festband E. Voigt, Mitteilungen des Geologisch-Paläontologischen Instituts, Hamburg, Bd. 69

WURSTER, P.: Geologisches Porträt Helgolands, in: Die Natur, Bd. 70, Heft 7/8, 1962, S. 135–150

Naturgeographische Gegebenheiten im Bereich der Elbe – Ihre Bedeutung für Siedlung, Wirtschaft und Verkehr

Wenn man den heutigen Zustand der Landschaften im Bereich der Elbe, ihre Entwicklung und ihre zukünftige Gestaltung durch die Planung verstehen und beurteilen will, so ist das sachlich fundiert nur möglich unter Berücksichtigung verschiedener, den gegenwärtigen Zustand bedingender kausalgenetischer Gesichtspunkte; es handelt sich dabei um: 1. die Ursachen für die Entwicklung der Landschaft; 2. die entscheidenden Zeitabschnitte, für die im Elberaum insbesondere das Spätmittelalter und da vor allem die zweite Hälfte des 12. und das 13. Jahrhundert sowie das 19. und 20. Jahrhundert zu nennen sind; 3. die Kräfte und Entwicklungsprozesse, die sowohl natürlich als auch anthropogen bedingt sein können. Dies bedeutet: Die aktuelle kulturlandschaftliche Situation ist das Ergebnis einer nicht kontinuierlich verlaufenen, langfristigen Entwicklung; sie ist wiederum die Ausgangsbasis für die weitere Ausformung der Landschaft durch den Menschen und damit dessen Verantwortung in ökologischer und ökonomischer Hinsicht anvertraut.

Unter den Hauptströmen Europas ist die Elbe – was die Flußlänge (1100 Kilometer) und den Einzugsbereich (148 000 km^2) anbelangt – zwar erst an zehnter Stelle zu nennen, im mittel- und westeuropäischen Bereich zählt sie jedoch nächst der Donau und dem Rhein zu den mächtigsten unserer natürlichen Wasserwege. Diese Tatsache und die günstige Verkehrsverbindung zwischen der Nordseeregion und dem mitteldeutschen und böhmischen Raum brachten es mit sich, daß die Elbe von jeher bis zur Gegenwart sowohl wirtschaftliche wie politische Bedeutung gehabt hat.

Hinzu kamen in der Vergangenheit die Ost-West- und West-Ost-Bevölkerungsbewegungen, die sich vor allem in historischer Hinsicht ausgewirkt haben. So waren es z. B. im frühen Mittelalter die Slawen, die seit ca. 600 n. Chr. von Osten gegen die Elbe und stellenweise beträchtlich darüber hinaus vordrangen, bis sich auf diese Gebiete seit dem 12. Jahrhundert – z. B. durch Heinrich den Löwen (1129–1195) – die deutsche Ostkolonisation richtete und die slawischen Bevölkerungsteile im Laufe der Zeit assimiliert wurden. Noch heute spricht man von Westelbien, dem überwiegend altbesiedelten Gebiet, und von Ostelbien, dem Neusiedlungsland, in dem sich infolge der Art der Erschließung vor allem Großgrundbesitz entwickeln konnte, der später (nach 1945) in Genossenschaften oder Staatsgüter umgewandelt wurde und dessen zukünftige Gestaltung noch Rätsel aufgibt.

Ihren Lauf nimmt die Elbe durch die verschiedensten Landschaftsbereiche, die mehr oder weniger von ihr geprägt wurden. Vom böhmischen Riesengebirge, in dem sich zahlreiche Quellbäche bei Spindlermühle zum Elbe-Fluß vereinigen, folgt sie zunächst der Südabdachung des Gebirges und strömt in südöstlicher und südlicher Richtung, quert dann aber von Pardubitz ab das Böhmische Becken in west-nordwestlicher Richtung. Dieses vielfach tiefeingeschnittene Kreideplateau zählt mit dem Flachland der Flußniederung zu den fruchtbarsten Gebieten der Tschechoslowakei (»Goldene Rute«). Nach Aufnahme der Iser, Moldau und Eger durchbricht die Elbe in einem engen, landschaftlich sehr reizvollen Tal das aus basaltischen und phonolithischen Decken bestehende Böhmische Mittelgebirge (835 Meter), dessen zahlreiche Plateaus immer wieder von Kegelbergen – Resten ehemaliger Vulkane – überragt werden. Verschiedenartige Bodenschätze, vor allem aber Braunkohle, baut man im Gebiet von Komotau, Dux und Brüx ab, wo sie überwiegend an Ort und Stelle in den Industriebetrieben

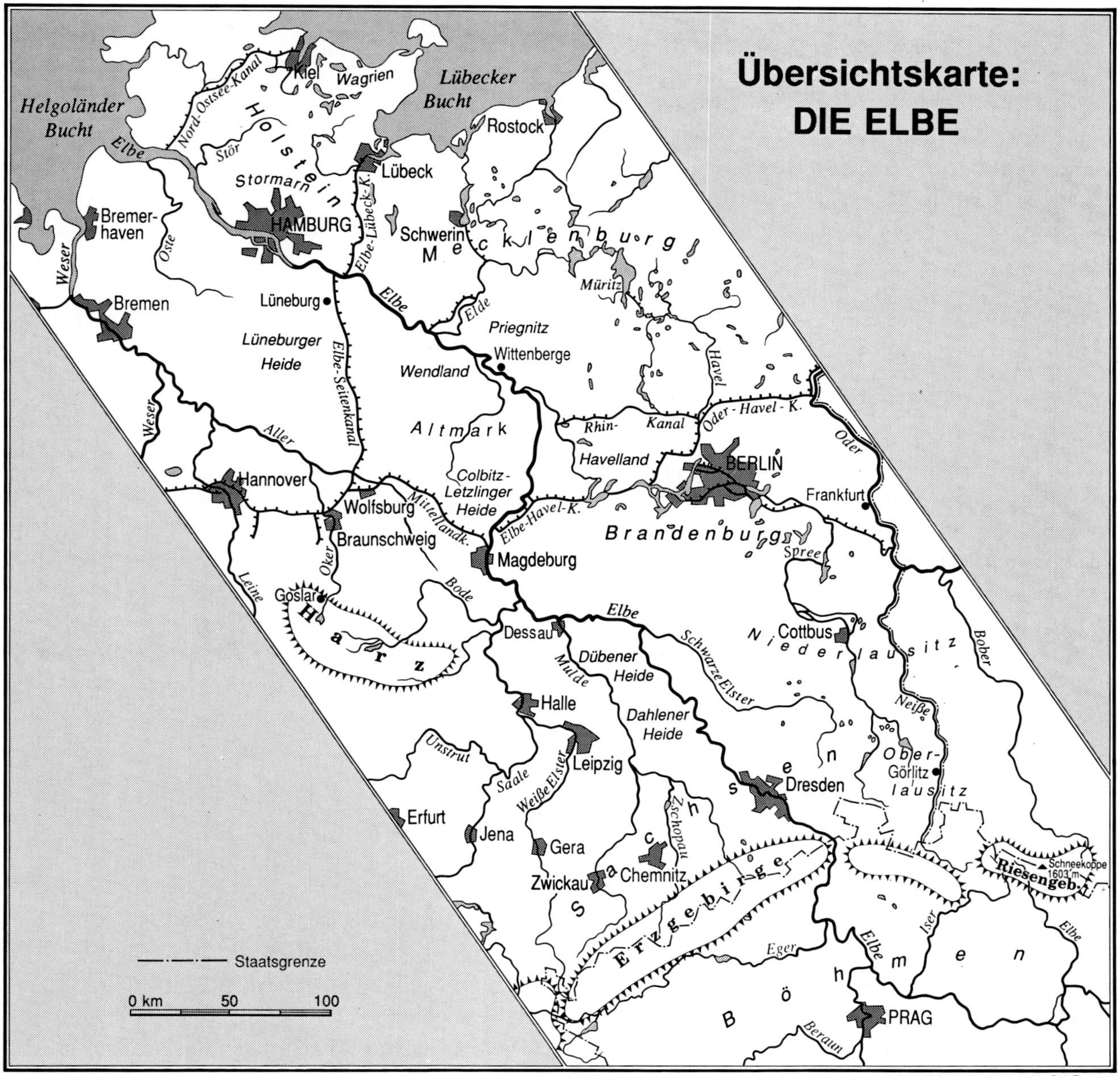

Entwurf: G. Oberbeck · Kartographie: P.U. Thomsen

verwendet wird. Wichtigste zentrale Stadt dieser Wirtschaftszone ist Aussig, das einerseits als Ausfuhrhafen dient, andererseits selbst über eine eigene rege Industrie verfügt.

Mit dem Durchbruch durch das Elbsandsteingebirge (551 Meter), einer der eigenartigsten Partien des tief in Ablagerungsserien der oberen Kreide eingeschnittenen Flußlaufes, verläßt die Elbe (nach 405 Kilometern) das Gebiet der Tschechoslowakei und erreicht bald darauf den Dresdner Kessel. Auf engstem Raum wechselt hier zwischen Pirna und Meißen das Bild der Landschaft; während z. B. auf der linken Seite des Flusses der Boden durch eine glazial bedingte Lößdecke hohe Fruchtbarkeit besitzt, finden sich auf dem rechten Ufer nur Sande, die während der Saale- (Riß-) Vereisung vor dem Eisrand abgelagert worden sind.

Mittelpunkt dieser Region ist die Hauptstadt Sachsens, Dresden. Die 1945 völlig zerstörten Innenbezirke weisen nach dem Wiederaufbau ein wesentlich verändertes Aussehen auf. Das Wirtschaftsleben der heute schon wieder 501 000 Einwohner zählenden Stadt war bisher vornehmlich auf die Außenviertel beschränkt. Dresden war bzw. ist insbesondere eine Produktions- und Umschlagstätte der Maschinen-, Glas- und Holzindustrie sowie von optischen Erzeugnissen. Seine künftige Entwicklung bleibt abzuwarten.

Am Nordende des Dresdner Kessels liegt das von der Albrechtsburg und dem Dom überragte Meißen, das durch seine Porzellanmanufaktur weltberühmt geworden ist.

Nach Durchquerung der Lausitzer Granitplatte erreicht die Elbe die Lutherstadt Wittenberg und anschließend die südlichsten Ausläufer des norddeutschen Tieflandes, das sie dann bis zu ihrer Einmündung in die Nordsee überwiegend in nordwestlicher oder nördlicher Richtung durchzieht. Als wichtigste Nebenflüsse sind hier insbesondere die Schwarze Elster, die Mulde, die Saale und – weiter elbabwärts – die Havel zu nennen. Bei den von ihnen durchzogenen Gebieten handelt es sich um solche, die ihre Oberflächengestalt neben tektonischen Vorgängen (besonders der alpidsaxonischen Gebirgsbildung) vor allem den Auswirkungen der pleistozänen Vereisungen, und zwar hauptsächlich den Saale-(Riß-) und Weichsel-(Würm-)Kaltzeiten verdanken. Dabei rechnet das Elbetal von der Einmündung der Schwarzen Elster bis etwa in die Höhe von Magdeburg zum Breslau-Bremer-Urstromtal, das während des Warthestadiums der Saale-(Riß-)Vereisung in Tätigkeit war und die Schmelzwässer über Ohre-, Aller- und Unterwesertal dem Meer zuführte.

Vielfach wechseln Grund- und Endmoränen sowie Sandermaterialien miteinander ab, und dementsprechend qualitativ unterschiedlich sind auch die Böden dieser in erster Linie landwirtschaftlich genutzten Flächen. Neben sehr ertragreichen Geschiebemergel- und Geschiebelehmböden mit weichsel-eiszeitlicher Lößauflage finden sich auch magere Sandböden, die zum Teil noch heute mit Heide oder Nadelwald bedeckt sind und kaum agrarisch genutzt werden. Als fruchtbarstes Gebiet hat die südwestlich von Magdeburg gelegene »Magdeburger Börde« zu gelten, bei der die pleistozäne Geschiebemergelschicht eine ca. 2 Meter mächtige Lößdecke aufweist, die in beste Schwarzerde verwandelt worden ist. Auf diesen intensiv genutzten Böden erzielt die Landwirtschaft die höchsten Hektarerträge bei dem Anbau von Zuckerrüben, Weizen, Gerste und Hafer. Die gesunde agrarwirtschaftliche Situation wird noch ergänzt durch weiter südlich gelegene reiche Vorkommen an Braunkohle, Stein- und Kalisalzen, die allerdings durch ihre Nutzung große ökologische Probleme aufgegeben haben.

Der wirtschaftlich wichtigste Ort dieses Gebietes ist Magdeburg (288 000 Einwohner), eine Stadt, die bereits im Mittelalter gegenüber den östlich wohnenden Slawen als Handelsplatz, Grenz- und Brückenort diente. Diese Funktion hat sich über viele Jahrhunderte hin erhalten. Eine Blütezeit erlebte die Stadt im ausgehenden Mittelalter durch ihre Verknüpfung mit der Hanse und der deutschen Ostkolonisation; so diente z. B. das Magdeburger Recht bei vielen jungen Stadtgründungen als Vorbild. Heute ist Magdeburg in erster Linie Industriestadt und Umschlagplatz für die aus der Umgebung stammenden Produkte; die vorzügliche verkehrsgeographische Lage (Elbe, Mittellandkanal, Elbe-Seitenkanal, West-Ost-Eisenbahnlinie, Autobahn) konnte sich allerdings infolge der jahrzehntelangen Spaltung Deutschlands nach 1945 nicht voll auswirken.

Unterhalb Magdeburgs nimmt die Elbe ihren Lauf zunächst in nördlicher Richtung. Dabei bildet sie die östliche Begrenzung der flachwelligen Altmark mit ihren zahlreichen Grundmoränen, ihren weitgedehnten Sanderflächen, biegt dann aber nach Nordwesten ab in das breite Urstromtal der Unterelbe, das während der Weichsel-(Würm-)Eiszeit zusammen mit dem

Berlin-Warschauer-Tal die Schmelzwässer des nördlich gelegenen Inlandeises aufnahm. Dementsprechend findet sich nördlich der Elbe die Jungmoränenlandschaft Schleswig-Holsteins und Mecklenburgs mit ihren vielen Seen, den zahlreichen Moränenkuppen, Rundhöckern, Osern und den teilweise recht kräftigen Reliefunterschieden; hingegen ist die Altmoränenlandschaft südlich des Flusses, die vor allem die Geest- und Sandgebiete der Lüneburger Heide und die Altmark umfaßt, durch weite, teilweise fast ebene Sanderflächen und einige Endmoränenzüge des Warthestadiums, Saalevereisung gekennzeichnet, bei denen jedoch die glazialen Seen fehlen und die Oberflächenformen insgesamt sanfter sind.

Das wirtschaftliche und kulturelle Leben des Unterelberaumes und des Küstenbereiches steht unter dem Einfluß Hamburgs, der zweitgrößten Stadt Deutschlands (1 626 000 Einwohner). Diese Stadt, die in ihrem Kern als Hammaburg zuerst unter den Grenzbefestigungen Karls des Großen genannt wird, wuchs in ihrer wechselvollen Geschichte zur größten deutschen Seehandelsstadt, die man mit Recht als »norddeutsche Metropole« bezeichnet. Neben den Reedereien, Import- und Exportfirmen sind es die Schiffswerften sowie andere Zweige der Schwerindustrie, die Hamburg zusammen mit Harburg das wirtschaftliche Gepräge verleihen. Interessant ist, daß die Elbe für die Stadt jahrhundertelang nur als Zubringer diente, als Hafen aber belanglos war. Die Schiffe lagen in den Fleeten, und erst im Laufe der Zeit wurde auch die Elbe selbst stärker zu Hafenzwecken mit herangezogen. Die ersten Hafenbecken in den Elbmarschen wurden ab 1860 angelegt. In seiner heutigen Form als weitverzweigter, gegliederter Umschlagplatz ist der Hafen also noch recht jung.

Während das Flußbett bei Hamburg etwa 500 Meter breit ist, weitet es sich in der 110 Kilometer langen Trichtermündung bis auf 15 Kilometer in der Höhe von Cuxhaven beim Übergang in die Nordsee. Rechts und links des Flusses erstrecken sich die Marschen, die als einzelne Landschaftsabschnitte z. T. unterschiedliche wirtschaftliche Struktur aufweisen; so liegen am Südufer die »Länder« Hadeln und Kehdingen, das »Alte Land« und die Winser Marsch, am Nordufer hingegen Süderdithmarschen, Wilstermarsch, Kremper und Haseldorfer Marsch und die Vierlande. Diese Gebiete wurden zu einem beträchtlichen Teil mit Hilfe der Holländer im 12. bis 14. Jahrhundert trockengelegt und besiedelt. Charakteristisch sind die sich oft über mehrere Kilometer hinziehenden Marschhufendörfer, deren Bewohner heute neben Ackerbau und Viehhaltung in den stadtnahen »Ländern« Obst- und Gemüsebau betreiben. Als Verkehrsweg bildet die Elbe die wichtigste Verbindung zwischen Hamburg und seinem wirtschaftlichen Einflußbereich, der an und für sich den mitteldeutschen und Berliner Raum sowie das Böhmische Becken umfaßt. Leider sind durch die Zonengrenzziehung 1945 bis vor kurzem organische Zusammenhänge zerstört worden, wenngleich für die Tschechoslowakei Hamburg – obwohl später überwiegend durch Lastwagenverkehr versorgt – immer ein wichtiger Umschlagplatz geblieben ist.

Die Elbe kann bis Melnik von 1000-Tonnen-Schiffen befahren werden, da zu Beginn des 20. Jahrhunderts die Strecke Aussig – Melnik kanalisiert wurde. Nicht befriedigend ist häufig die Wasserführung des Flusses, der ja bei einer Länge von 1100 Kilometern eine Fläche von 148 000 km² entwässert. Das entspricht ca. 11 Prozent des Einzugsbereiches der Wolga oder 18 Prozent bzw. 66 Prozent des Stromgebietes von Donau bzw. Rhein. Sehr oft reichen im Sommer die Fahrwassertiefen nicht aus. Versuche einer Besserung gab es mehrfach. So regulierte man z. B. 1934 schon Teile des Flußlaufes und führte durch die Anlage von Talsperren im Thüringer Wald der Elbe über die Saale zusätzlich Wasser zu, so unter anderem durch die Bleilochsperre (215 Millionen m³ Inhalt) und die Hohenwartesperre (198 Millionen m³). Auch im Gebiet der Tschechoslowakei sind mehrere Talsperren, so z. B. im Bereich der Moldau, angelegt worden.

Schwierig sind nach wie vor oftmals die Fahrverhältnisse auf der Unterelbe. So mußte der Fluß seit über 100 Jahren zwischen Hamburg und Cuxhaven ständig ausgebaggert und infolge der immer stärker zunehmenden Abmessungen der Seeschiffe vertieft werden, so daß ein Absinken des Niedrigwasserstandes bei Hamburg um ca. 50 cm eingetreten ist, die Tidebewegungen sich jedoch verstärkten. Bei Geesthacht und Artlenburg ist das Niedrigwasser seit 1880 sogar noch mehr (bis zu 150 cm) abgesunken. Um die dadurch flußaufwärts entstandenen beträchtlichen Strömungen zu vermindern, den Grundwasserstand in den flußnahen Gebieten zu verbessern und die Schwierigkeiten der Schiffahrt zu beheben, hat man die Staustufe bei Geesthacht gebaut, die außerdem durch ein Laufkraftwerk in Verbindung mit einem Pumpspeicherwerk der Elektrizitätsversorgung dient. Eine befriedigende Regulierung und Kanalisierung der Elbe ließe sich aber erst erreichen, wenn zwischen Hamburg und Magdeburg insgesamt zehn und zwischen Magdeburg und der tschechoslowakischen Grenze weitere siebzehn Staustufen gebaut wären. Ein derartiges Projekt wäre jedoch kaum finanzierbar.

Wirtschaftlich ist der Elbe-Schiffahrtsweg vor allem deswegen so wichtig, weil über zahlreiche Kanäle und Flüsse auch entfernter liegende Gebiete an das Verkehrsnetz angeschlossen sind. So besteht mit der Ostsee sowohl eine Verbindung durch den für Seeschiffe befahrbaren Nord-Ostsee-Kanal als auch durch den von Lauenburg bis Lübeck verlaufenden, heute jedoch unwichtigen Elbe-Trave-Kanal. Über die Havel und den Elbe-Havel-Kanal, einen Teil des Mittellandkanals, kann man die Spree und die Seen um Berlin erreichen und von dort wiederum über den Berlin-Stettiner-Großschiffahrtsweg und den Oder-Spree-Kanal die Oder. Unterhalb Magdeburgs zweigt nach Westen der Mittellandkanal ab, der, zusammen mit dem Dortmund-Ems-Kanal, Mitteldeutschland mit dem Rhein und dem Ruhrgebiet verknüpft. Von den Nebenflüssen ist lediglich die Saale als Verkehrsweg von Bedeutung, hingegen kann die Elde, eine Verbindung zu den mecklenburgischen Seen, nur von kleineren Schiffen (bis 250 Tonnen) befahren werden. In jüngerer Zeit (1976) ist das Projekt eines Nord-Süd-Kanals verwirklicht worden, durch den Schiffe bis zu 1000 Tonnen von der Elbe über das Tal der Ilmenau den Mittellandkanal bei Wolfsburg – Fallersleben und damit schließlich das Rhein-Ruhr-Gebiet erreichen können, eine Trassenführung also, die eine von den schwankenden Wasserständen der Mittelelbe unabhängige Verbindung von Hamburg mit dem westdeutschen Industrierevier und dem Großraum Berlin ermöglicht.

Die Freiheit der Schiffahrt auf der Elbe, d.h. ohne jegliche Zollabgabe auf innerdeutschem Gebiet, wurde erst 1870 eingeführt; seit diesem Zeitpunkt hat sich der Verkehr gut zu entwickeln vermocht, und bis 1945 stand er dem Aufkommen nach an zweiter Stelle hinter dem des Rheingebietes. Durch das Kriegsende und die damit verbundene Trennung in die westlichen Besatzungsgebiete (später Bundesrepublik Deutschland) und die sowjetisch besetzte Zone (später DDR) wurde der natürliche Zusammenhang des Elbeschiffahrtsraumes zerrissen, so daß der Verkehr zwischen Hamburg und Mitteldeutschland sowie Berlin stark zurückging.

Die zukünftige Entwicklung verdient eine durchaus positive Beurteilung, zumal durch die Überlastung des Autobahn- und des in schlechtem Zustand befindlichen Schienennetzes der ehemaligen DDR einem vermehrten Personen- und Gütertransport Grenzen gesetzt sind.

So ist die Elbe von 1945 bis 1990 in immer stärkerem Maße von einem geographischen zu einem politischen Faktor geworden. War sie am Ende des Zweiten Weltkrieges der »Schicksalsfluß« für Hunderttausende von Flüchtlingen und deutschen Soldaten, die sie zu überqueren versuchten, um die von westlichen Truppen besetzten Gebiete zu erreichen, so war sie später über Jahrzehnte ein Teil der Grenze zwischen den beiden deutschen Staaten. Heute ist sie wieder das Symbol der Verbindung zwischen Ost- und Westeuropa, zwischen den östlichen und westlichen Bereichen unseres Vaterlandes. Endlich kann die Elbe wieder ihre spezifisch geographische Aufgabe erfüllen, nämlich als Mittler von Verkehr und Wirtschaft, von Kulturraum zu Kulturraum zu dienen – hoffentlich mit Erfolg!

Gerhard Oberbeck

Die Elbe als geschichtlicher Raum

Wenn die Deutschen über geschichtsmächtige Flüsse reden, dann nennen sie sofort den Rhein und die Donau. Zuerst ist es der Glanz der alten Städte, der in der Erinnerung haften bleibt. Basel – Straßburg – Mainz – Köln im Westen, Ulm – Regensburg – Passau – Wien im Süden und Südosten – die türmereichen Silhouetten stehen für eine tausendjährige Geschichte. Alle diese Metropolen sind römische Gründungen, haben im frühen Mittelalter ihre geschichtliche Rolle gefunden und bis tief in die Neuzeit hinein behauptet und auf dieser Basis auch in der modernen Welt einen angemessenen Platz gefunden. In ihnen werden die alten Ordnungen des Reiches und der Kirche manifest; die Salier sind in den großen Domen von Speyer, Worms und Mainz präsent; der Schwerpunkt der staufischen Macht lag am Oberrhein; die rheinischen Erzbischöfe und der Pfalzgraf bei Rhein verkörperten das Reich auch noch, als sich der Schwerpunkt der Kaisermacht in den Osten, nach Böhmen und nach Österreich verlagert hatte. Die Donau, die von Raetien bis nach Moesien der Grenzfluß des Römischen Reiches gewesen war, wurde zur Hauptstraße der südostdeutschen Kolonisation und dann die Lebensader Österreichs, zuerst der babenbergischen, dann der habsburgischen Macht, die in der Zeit der Türkenkriege bis nach Belgrad vorstieß. Das Bild rundet sich, wenn man die Ströme nicht isoliert, sondern das System der Nebenflüsse hinzunimmt: zum Rhein den Neckar, den Main, die Mosel und schließlich die Maas, zur Donau den Lech, die Isar und vor allem den Inn und später die Drau, die Save und die Theiss. So lassen sich große Geschichtsräume erkennen, die auf gemeinsamen topographischen Grundlagen ruhen und auch in Zeiten territorialer Zersplitterung ein eigenständiges, ausgeprägtes kulturelles Profil bewahrten.

Wenn man mit einer solchen topographisch-historischen Sehweise – vom Rhein und von der Donau herkommend und in reichsgeschichtlichen und reichskirchengeschichtlichen Kategorien denkend – auf die Elbe zugeht, dann ist es leicht, sich die Andersartigkeit ihres geschichtlichen Schicksals bewußt zu machen. Zunächst fehlt das römische Element. Nachdem das Weltreich seine Grenze an Rhein und Donau und dazwischen am Limes befestigt hatte, konnten seine kolonisatorischen und fortifikatorischen Normen an der Elbe nicht mehr wirksam werden. Auch die fränkische Großreichsbildung unter den Merowingern bezog den Elbraum nicht ein. Erst Karl der Große drang in der letzten Phase der Sachsenkriege nach Nordalbingien vor, entvölkerte es durch Deportationen, überließ weite Landstriche den slawischen Obotriten, legte befestigte Plätze gegen die Dänen an, trieb die Missionierung und die Kirchenorganisation voran. Noch unter seiner Regierung sind die erste Kirche in Hamburg und eine Burganlage in Magdeburg auszumachen. 831 richtete Kaiser Ludwig der Fromme den ersten Bischofssitz an der Elbe ein.

Die Schwerpunktverlagerung innerhalb der deutschen und der europäischen Geschichte, die mit der Wahl des Sachsenherzogs Heinrich zum deutschen König 919 in Fritzlar eingeleitet wurde, bewirkte auch für den Raum der mittleren und der unteren Elbe eine epochale Zäsur. Mit seinem Vorstoß über den Strom in das Land der slawischen Heveller deutet sich zum ersten Mal das Bemühen an, die Elbe nicht mehr nur als Grenzfluß zu interpretieren, sondern zu einem Rückgrat sächsischer Macht auszubauen. Die Burg von Meißen, die Heinrich 929 anlegen ließ, markiert den Erfolg von Heinrichs Bemühen, das Land der Sorben in den sächsischen Herrschaftsraum einzugliedern und sich für weitere Vorstöße nach Osten und Südosten eine sichere Basis zu schaffen. Was unter Heinrich I. angelegt wurde, hat Otto I. durch Herrschaftsorganisation, Christianisierung und Kirchenorganisation zum Abschluß gebracht. Sowohl die mehrfach umgegliederten Marken wie der 967 errichtete Metropolitanverband von Magdeburg übergriffen den ganzen Elbraum samt den Flußgebieten der Saale, der Elster und der Havel. Im 10. Jahrhundert also sind die Zentren aufgebaut und mit festen Funktionen versehen worden, in denen heute noch die Geschichtlichkeit der Flußlandschaft ihren monumentalen Ausduck findet.

Das hohe und späte Mittelalter hindurch und bis in die frühe Neuzeit hinein ist der untere und mittlere Elbraum von hoher territorialpolitischer Dynamik geprägt gewesen. An der Unterelbe machte der Slawenaufstand von 983 die Weichenstellungen Ottos des Großen zunichte und den Strom noch einmal zur Grenze. Erst Albrecht der Bär konnte seine Macht auf beiden Seiten der Elbe befestigen und damit den Grund des Landes Brandenburg legen. Die Folgen der Reformation haben es vermocht, auch das Erzstift Magdeburg in den Herrschaftsraum der Markgrafen einzubauen. Weiter im Süden, von Wittenberg bis zum Gebirge, wurde die Elbe das Rückgrat der wettinischen Raumpolitik. Die Landesteilung von 1473 hat dann endgültig über den Ausbau der Residenzstädte Dresden und Wittenberg entschieden. Freilich hatten damals die Bürger längst an Einfluß auf die Stadtentwicklung gewonnen und ihren ökonomischen Aufstieg in der Stadtgestalt ablesbar gemacht. Die Anfänge dieser Entwicklung lassen sich in Hamburg und in Magdeburg schon im 10. Jahrhundert greifen; vom 12. bis zum 14. Jahrhundert schreiten die kaiserliche Privilegierung der Bürgerschaften und der Ausbau der Selbstverwaltungsrechte auch in den Elbstädten voran; das bedeutet, daß sie schon in der Stauferzeit den Entwicklungsvorsprung der Kommunen im Westen und Süden des Reiches eingeholt haben.

Diese Betrachtungsweise hat mehrere Mängel. Der entscheidende ist, daß sie dem Fluß als topographischer Einheit nicht gerecht wird, weil sie nur einen Teil, nämlich den zwischen Elbsandsteingebirge und Nordsee umfaßt und den ganzen Oberlauf außer acht läßt. Daraus folgt, daß man nicht nur von den Zusammenhängen der deutschen Geschichte, gewissermaßen von rheinischen Leitbildern her denken darf, wenn man das geschichtliche Profil der Elbe im Vergleich mit dem anderer Flußgebiete nachzeichnen will. Zu den elementaren topographischen Bedingungen, die sich auf die Geschichte des Elbraumes ausgewirkt haben, gehört es auch, daß der Oberlauf des Flusses durch mächtige Gebirgsstöcke, durch das Erzgebirge und durch die Sudeten, vom Mittel- und Unterlauf abgeriegelt wird und der Fluß dadurch die Rolle einer schmalen, aber umso wichtigeren Verbindungsstraße zwischen zwei getrennten Geschichtslandschaften erhält. Dieser Befund ergibt, daß man versuchen muß, die geschichtliche Rolle der Elbe nicht nur von Westen und Nordwesten, sondern auch von Südosten, von Böhmen her, zu verstehen.

In der Tat faßt die Elbe, indem sie die Moldau und die Eger in sich aufnimmt, das ganze Böhmische Becken zu einem einheitlichen Flußgebiet zusammen. Merkwürdig bleibt, daß nicht eigentlich sie, sondern die Moldau sich als der Hauptfluß darstellt; wenn man in Melnik auf den Zusammenfluß von Elbe und Moldau blickt, kann man verstehen, daß es heute noch viele Prager gibt, die behaupten, daß der Strom, der sich in weiten Bögen dem nördlichen Randgebirge nähert, eigentlich den falschen Namen trägt.

Schon in frühgeschichtlicher Zeit hat das Elbtal als Verkehrsweg das Böhmische Becken mit den nördlich und nordöstlich gelegenen Kulturräumen verbunden. Das läßt sich z. B. aus der Ausbreitung der Lausitzer Kultur in der späten Bronzezeit schließen; nicht minder wichtig scheint die Rolle des Flusses ein Jahrtausend später bei der Landnahme der Markomannen und bei der »Reichsbildung« des Marbod gewesen zu sein. Diesen Verschiebungen im Machtgefüge galt der römische Vorstoß unter Drusus im Jahr 9 n. Chr., der bis an die Elbe führte. Dem Fluß entlang sind – wieder ein halbes Jahrtausend später – die Sorben von Böhmen aus nach Nordwesten gezogen und bis zur Magdeburger Börde vorgedrungen.

Selbstverständlich ist auch Böhmen in den Sog der Ostpolitik Karls des Großen gekommen; unter den fränkischen Heeren, die 806 und 807 das Land durchzogen, mag eines durch das Elbtal vorgestoßen sein. In der zweiten Hälfte des 9. Jahrhunderts wird – von Regensburg als dem Machtzentrum des ostfränkischen Reiches aus – der bayerische Einfluß sichtbar. Noch 922 setzte Herzog Arnulf der Böse die Herrschaft des Hl. Wenzel durch; aber schon wenige Jahre später fügte dieser sich in das politische Konzept des deutschen Königs Heinrich I. ein und unterstellte sich dessen Oberhoheit.

Die Elbe behauptete – als natürliche Verbindung zwischen Sachsen und Böhmen – ihre historische Rolle; allerdings wurde sie nie die Hauptachse der böhmischen Außenbeziehungen. Regensburg und Nürnberg, Wien und Krakau überragten die Bedeutung der Elbstädte als Bezugspunkte der böhmischen Geschichte, und die Steige über das Gebirge, darunter der sorbische Steig bei Aussig, konkurrierten als Verkehrswege mit dem Fluß.

Anders als Hamburg, Magdeburg und Meißen gehen die Städte an der oberen Elbe nicht auf zentral gesteuerte herrschaftsgeschichtliche Impulse zurück; eine mit der Burgenpolitik der Karolinger und der Städtepolitik der frühen Ottonen vergleichbare Bewegung hat es an der oberen Elbe im 9. und 10. Jahrhundert nicht gegeben; vielmehr sind die frühen Burgen, um die herum die Städte entstanden, ein Spiegel des Polyzentrismus der frühen böhmischen Geschichte. Erst im Hochmittelalter hat der Landesausbau, den die Przemysliden planmäßig betrieben, den städtischen Siedlungen von Jaromer über Königgrätz, Kolin und Podiebrad, Melnik, Leitmeritz bis nach Aussig und Tetschen mit ihren großen Plätzen mit den Stadttürmen und gotischen Stadtkirchen das eigentümliche Profil gegeben. Auch in Böhmen sind schließlich die Städte die wichtigsten Denkmäler geworden, die die geschichtliche Rolle des Flusses bezeugen. Zwar verdanken sie den ökonomischen Aufstieg und das Recht der Selbstverwaltung der Privilegierung durch den Landesherrn, aber in ihrer Baugestalt spiegeln sie in erster Linie die Grundformen bürgerlicher Lebensgestaltung wider: Markt und Handel, Handwerk und Gewerbe, Ratsverfassung und Stiftungswesen.

Wenn der Historiker über die topographischen Grundlagen der Geschichte nachdenkt, läßt er sich gern faszinieren von der geschichtlichen Rolle von Gebirgszügen, Binnenmeeren, Flußsystemen usw. Sie strukturieren nicht nur wirtschaftliche, sondern auch politische Prozesse wie Kolonisation, Herrschaftsbildung und Territorialisierung. Aber das ist zu eng gegriffen, wenn man ausmessen will, was der Fluß, der Strom für seine Anwohner bedeutet hat. Er hat nicht nur die großen Entscheidungen mitbestimmt, die an seinen Ufern gefallen sind, er hat nicht nur Reichsgeschichte, Territoriengeschichte und Kirchengeschichte gemacht, sondern er ist seit der Urzeit für alle Menschen, die an ihm siedelten, ein Lebenselement gewesen. Sie holten aus ihm einen Teil ihrer Nahrung, sie bewegten sich auf ihm fort, sie machten ihn passierbar, sie schützten sich vor ihm, sie nützten seine Wasserkraft, sie taten ihm Gewalt an, wenn es ihren Zwecken diente, veränderten seinen Lauf, sperrten ihn in Schleusen und Kraftwerke ein, demütigten ihn als Kloake.

Im Lauf der Jahrtausende war die Einwirkung der Menschen auf den Fluß immer durch die gleichen Motive bestimmt, durch Existenzsorgen, durch Furcht, durch Aufstiegswillen und Gewinnstreben. Die Anwohner haben sich einen Zugriff auf den Fluß geschaffen, soweit er selbst und soweit die Natur an seinen Ufern es ihnen erlaubten. So erklärt sich die Geschichte des Flusses aus den geologischen und morphologischen Bedingungen seiner Umwelt: aus den Felsgesteinen, die er durchbrach, aus den fruchtbaren Ackerböden, die er anschwemmte, aus der Gleichmäßigkeit seines Laufes und also aus der Schiffbarkeit, aus dem von ihm eingeschlagenen Weg zum Tiefland und zum Meer. Wenn man sie aus diesem Blickwinkel betrachtet, dann läßt sich die Geschichte des Flusses als ein Nebeneinander des Ungleichzeitigen auffassen, als Spiegel grundlegender menschlicher Bedürfnisse und Tätigkeiten: Der Einbaum kommt neben dem Lastkahn zu stehen, die Schiffsmühle neben dem

Schwimmdock, die Furt neben der Eisenbahnbrücke. Der Blick wandert von den Glasbläsern von Harrachsdorf zu den Porzellanformern von Meißen, von den Pferdezüchtern bei Kladrub zu den Weinbauern von Diesbar-Seußlitz und weiter zu den Walfängern von Glückstadt. In Kukus stößt man auf die Sporcks, in Raudnitz auf die Lobkowitz', in Schönhausen auf die Bismarcks. In Altbunzlau wird man den Hl. Wenzel gewahr, in Meißen den Hl. Benno, in Wittenberg Luther und Melanchthon, in Magdeburg den Hl. Norbert, in Hamburg den Hl. Ansgar. Auch der wirtschaftliche Wandel setzt sich ins Bild: Steinbrüche, Kalköfen, Kohlehalden, Trockendocks ... Die chemische Fabrik Aussig oder das Lauchhammerwerk Riesa stehen für die erste, das Atomkraftwerk Brokdorf steht für die zweite industrielle Revolution. Die Schrecken des Krieges und des Terrors werden bei der Beschießung von Magdeburg 1631 sichtbar, bei den jüdischen Häftlingen des Konzentrationslagers Theresienstadt, bei den Opfern der Dresdner Bombennacht vom 13./14. Februar 1945. Die höfische Kultur, die Kurfürst Johann Friedrich von Sachsen in Torgau, König August der Starke in Pillnitz, Fürst Franz von Anhalt-Dessau in Wörlitz entfaltet haben, kann solche Eindrücke nicht verwischen. Der Blick, der sich vom Fluß aus auf die Geschichte bietet, ist panoramatisch – er umfaßt die Lebenswelt, soweit sie einen sichtbaren Niederschlag gefunden hat.

Die geschichtliche Rolle der Elbe beschränkte sich auch in der Neuzeit nicht nur auf das Alltägliche und auf das Geschäftliche, erschöpfte sich weder in ökonomischen noch in ästhetischen Funktionen.

Selbstverständlich war die Ausbreitung der Reformation viel zu dynamisch, als daß dabei ein Flußsystem hätte richtungweisend wirken können; aber im Ergebnis war es doch so, daß sich an der mittleren und unteren Elbe die Augsburger Konfession auf Dauer behaupten konnte, während an der Donau, soweit der Einfluß der bayerischen Wittelsbacher und der Habsburger reichte, die neue Lehre gewaltsam unterdrückt wurde und am Mittelrhein und Niederrhein die Gegenreformation und der Calvinismus die entscheidenden Positionen besetzten. Karl V. schlug den Schmalkaldischen Bund bei Mühlberg an der Elbe; in Torgau setzte sich Kurfürst Moritz von Sachsen an die Spitze der antikaiserlichen Koalition; der Sieg des ligistischen Heeres über den Winterkönig am Weißen Berg vor Prag bedeutete, daß der Oberlauf der Elbe 250 Jahre lang fest in der Hand des kämpferischen Katholizismus blieb, während die sächsischen Territorien am Luthertum festhielten und der Kurfürst von Brandenburg sich der reformierten Lehre Calvins zuwandte. Das blieb so, weil der Griff der katholischen Liga nach der Elblinie scheiterte: Im Mai 1631 ließ Tilly Magdeburg erstürmen; einen Monat später gingen Sachsen und Schweden zusammen; im September dieses Jahres schlug König Gustav Adolf die Liga aus dem Feld und bahnte sich den Weg nach Süden.

Mühelos läßt sich aufweisen, daß der Elbraum ein bevorzugtes Operationsfeld des deutschen Dualismus gewesen ist. Man braucht nur an seine Bedeutung für die Feldzüge Friedrichs des Großen zu erinnern, an die Einkesselung des sächsischen Heeres bei Pirna, an die Niederlage der österreichischen Entsatztruppen bei Lobositz im Frühherbst 1756, an den für die preußische Armee katastrophalen Ausgang der Schlacht von Kolin im Juni 1757, an die Abwehr des österreichischen Vorstoßes bei Torgau 1760. Auf dem Wiener Kongreß hat Preußen auf Kosten von Sachsen seine Stellung an der mittleren Elbe ausgebaut, im Zollverein hat es im Elbsandsteingebirge eine Handelsschranke aufgerichtet und damit den oberen Elbraum abgekoppelt und die Weichen für die kleindeutsche Reichseinigung gestellt. Auch die endgültige Entscheidung im Kampf der deutschen Großmächte gegeneinander ist an der Elbe gefallen; bei Königgrätz, wo die drei preußischen Armeen, die in Böhmen eingefallen waren (eine davon durch das Elbtal), zu einer Umfassungsschlacht zusammengeführt wurden und die Österreicher unter schweren Verlusten weichen mußten.

Selbst die Ausgangslage im frühen und hohen Mittelalter, als die Elbe ein Grenzfluß und der ostelbische Raum Kolonisationsgebiet war, hat sowohl im Bereich der Sozialgeschichte wie im Bereich der Mentalitätsgeschichte lange Nachwirkungen gehabt. Noch im 19. und 20. Jahrhundert konnten die Westdeutschen und Süddeutschen das Gefühl einer gewissen Fremdheit nicht loswerden, wenn sie sich mit »Ostelbien« konfrontiert sahen. Dafür gibt es viele Belege. Man braucht nur an die Argumente der Rittergutsbesitzer denken, die gegen die Stein-Hardenbergschen Reformen mobilisiert wurden, oder an die politischen Grundsätze, mit denen sich die Rheinländer und Westfalen im preußischen Herrenhaus konfrontiert sahen, oder an die Opposition gegen die liberale Handelspolitik nach 1890 und an den »Bund der Landwirte« als deren Speerspitze. Wie stark der Einfluß der west- und ostpreußischen Standesgenossen auf den greisen Reichspräsidenten Hindenburg war, darüber kann man vielleicht streiten, nicht aber über den beklemmenden Eindruck dieser Konstellation auf die deutsche Öffentlichkeit. Im Kern war es immer die Furcht, daß die Junker mit ihrer Verbindung von speziellem, aus dem Großgrundbesitz resultierendem Wirtschaftsinteresse, ständisch geprägtem Selbstbewußtsein und unkontrolliertem Einfluß auf die Träger der Staatsmacht die soziale Ordnung aus der Balance bringen und die Gesellschaft von einer kleinen Clique abhängig machen würden. Die nationalsozialistische Herrschaft, der Untergang Preußens, die deutsche Teilung und die Verlagerung des Schwerpunkts der deutschen Politik an den Rhein haben diesen Traditionsstrang abgeschnitten; aber es mag zu den mentalen Folgen der frühen Konfrontation gehören, wie problemlos sich viele Deutsche besonders im Westen und Süden damit abgefunden haben, daß nach 1945 die Elbe südöstlich von Hamburg noch einmal Grenzfluß wurde und daß flußaufwärts der Elbraum für mehr als 40 Jahre hinter dem Eisernen Vorhang verschwand.

Hubert Glaser

Besiedlung des Elbgebiets von der Urzeit bis zum Mittelalter

Ist es ein Zufall, daß sich die älteste heute bekannte menschliche Behausung in Europa vor 750 000 Jahren gerade an der Elbe befand? Die gesamte urzeitliche Besiedlungsgeschichte von Böhmen wurde dadurch beeinflußt, daß die Elbe die Achse der nördlichen Hälfte des böhmischen Raumes, des geologischen Ganzen der Böhmischen Kreidetafel bildet. In ihrem Flußgebiet (hauptsächlich im linken Uferbereich) herrschen die besten Lebensbedingungen und das wärmste Klima, gibt es die fruchtbarsten Böden und Wasserreichtum. Vor 3 bis 4 Millionen Jahren, als die Vorgänger des heutigen Menschen auf einer kleinen Insel neben der jetzigen Gemeinde Přezletice bei Prag am Ufer der breit fließenden Ur-Elbe eine zeltartige Hütte bauten, sah die Landschaft ganz anders aus. Das ganze Flußgebiet bedeckten dichte Laubwälder mit reichem Wildbestand, die Flußarme gaben vielen Fischen und Wasservögeln Nahrung, und all dieser Reichtum wurde lediglich von kleinen Jägergruppen genutzt, die in der mittleren Steinzeit (Mesolithikum) hauptsächlich auf Sanddünen lebten. Direkt am Zusammenfluß der Elbe und der Moldau unterhalb von Melnik hat man die Spuren einer solchen Ufersiedlung mit leichter Hütte und Feuerstelle gefunden.

Vor 7000 Jahren, als die ersten seßhaften Bauern die Elbufer besiedelten, folgte der Fluß im Prinzip bereits seinem heutigen Lauf. In dieser Zeit zogen die fruchtbaren Lößböden an den Elbufern künftige Siedler an, die Ackerbau und Viehzucht betreiben wollten. Ihre Vorfahren waren von Nordmähren auf dem Wege der meisten späteren Errungenschaften des urzeitlichen Fortschritts von Südost nach Nordwest, vom östlichen Mittelmeer über das Donaugebiet bis ins Elbgebiet gewandert. Zwischen der Böhmisch-mährischen Senke und dem Hügelland sind die ersten Bauern in die Regionen von Königgrätz und Pardubitz eingedrungen und siedelten von dort aus elbabwärts. Die gesamte nordböhmische Tiefebene wurde zu ihrer Heimat. Schwerpunkte aller weiteren urzeitlichen Besiedlung Böhmens sind an der Elbe und ihren Zuflüssen, hauptsächlich am Unterlauf der Moldau und am Unterlauf der Eger zu suchen. Die lichten, wärmeliebenden Eichenwälder mit reichem Kräuterwuchs eigneten sich zur Weide für die Haustiere, mußten jedoch bald dem Feldanbau weichen; im 5. Jahrtausend v. Chr. kam es zur Trennung der zusammenhängenden Wälder des Elbgebiets; auf Flußterrassen über den überfluteten Wiesen dehnten sich die Flächen des Ackerbaus aus. Die Bauern der jüngeren Steinzeit (Äneolithikum) schufen damals einen zusammenhängenden Streifen von Ansiedlungen von der Königgrätzer Region bis zum Erzgebirge. Bedeutend ist ein Komplex neolithischer Dörfer, die von tschechischen Archäologen seit den fünfziger Jahren in der Umgebung von Bilan bei Kuttenberg untersucht werden. Seit der späteren Steinzeit (Neolithikum), im 4. und 3. Jahrtausend v. Chr., rodeten die Bauern Wälder mit Hilfe von Feuer und bearbeiteten die Äcker mit Holzpflug und Zugtieren.

Die Elbe hatte als nützlicher Naturfaktor jedoch nicht nur indirekte Bedeutung. Jeder Fluß, der Wasserfahrzeuge tragen kann, verbindet die Menschen, die an seinen Ufern leben. In der bewaldeten Landschaft vor der Zeit der Straßen und Verkehrsmittel war der Strom die einfachste Verbindungslinie. Weil wir wissen, daß die Menschen dieser europäischen Zone eher Kähne aus Baumstämmen höhlen als Böden bebauen konnten, müssen wir annehmen, daß es seit der Steinzeit Schifffahrt auf der Elbe gibt. Daran ändert auch die Tatsache nichts, daß Einbäume, die bis in unsere Zeit im

Flußschlamm überdauerten und im Elbgebiet verhältnismäßig oft gefunden werden, zumeist aus dem frühen Mittelalter stammen.

Muß zum Beweis der Elbschiffahrt ein Schiff gefunden werden? Seit je war der Felsenengpaß der Porta Bohemica für die Schiffer der schwierigste Abschnitt: Die Felsen ragten nicht nur seitlich bis ins Flußbett hinein, auch vom Grund drangen riesige Steine und Schwellen empor, die im Verein mit dem starken Strom für manches Wasserfahrzeug das Ende der Fahrt bedeuteten. Bagger haben an diesen Stellen seit dem vergangenen Jahrhundert verschiedene urzeitliche Funde zutage gebracht. Die auffallendste Gruppe bilden an die neunzig bronzene Gegenstände, darunter 22 Schwerter aus der jüngeren und späteren Bronzezeit. Heute ist nicht mehr festzustellen, ob hier unterhalb des Dreikreuzbergs ein Schiff mit Fracht gesunken ist oder ob einer unbekannten Gottheit eine Opfergabe, eine Kriegsbeute als Dank für den Sieg in den Fluß geworfen wurde. Eines steht jedoch fest: Auf der Elbe verkehrten Schiffe spätestens in der Bronzezeit. Es war dies eine der historischen Epochen, in denen die Kontakte zwischen Böhmen und Sachsen nicht nur auf Warenaustausch, sondern wohl auch auf größeren Gruppen von Menschen auf der Wanderung beruhte.

In der jüngeren Eisenzeit, Ende des zweiten Jahrhunderts v. Chr., drangen die ersten Germanen nach Böhmen in keltisches Gebiet ein und siedelten dort. In den Jahrhunderten des Verfalls des Römischen Reiches wurde die Elbe die Achse, auf der die germanischen Stämme, unter anderem die Langobarden, von deutschem Gebiet bis an die Grenzen des römischen Imperiums zogen.

Die Elbe durchbricht als einziger Strom das Bergtor zwischen dem Erzgebirge und dem Lausitzer Gebirge; zwischen Tetschen und Pirna bildet sich ein enges Tal, einem Canyon ähnlich, mit dem Fluß als einzig passierbarer Fernstraße. Auch wenn es möglich war, den Elbepaß auf dem Landwege (durch den Nollendorfer Paß oder auf der sogenannten Sorbischen Straße in Richtung Dohna) zu umgehen, haben diese Umwege nie die Bedeutung des Elbstromes als Verkehrs- und Handelsweg erreicht.

Auf dem Wasser wurden nicht nur Erzeugnisse aus Bronze, sondern spätestens seit der jüngeren Bronzezeit auch Salz aus Sachsen nach Böhmen befördert. Seit der jüngeren Steinzeit wurden am Elbufer des Böhmischen Tores Porphyr zur Herstellung von Handmühlen und später Mühlsteine gebrochen. Direkt unterhalb der Steinbrüche entdeckten Archäologen 1951 Überreste eines Dammes, vielleicht des Hafendammes, von dem aus die Erzeugnisse auf dem Fluß seit Urzeiten bis ins frühe Mittelalter, als die Slawen die Gegend besiedelten, in beide Richtungen transportiert wurden. Der uralte Ortsname der Gemeinde Czernosek an dieser Stelle verweist auf die Mühlsteinherstellung.

Der Berg Říp, fast ein mythologisches Symbol der Anfänge des slawischen Böhmens, erhebt sich bei Raudnitz in Sichtweite der Elbe, und obwohl die Archäologie bis jetzt viele alte Sagen nicht bestätigen konnte, liegt im mittleren Abschnitt des böhmischen Elbgebietes und dem naheliegenden Unterlauf der Moldau der Schwerpunkt der ursprünglichen slawischen Besiedlung des 6. und 7. Jahrhunders v. Chr.

In den folgenden Jahrhunderten reichte das Territorium der Tschechen, des bedeutendsten der slawischen Stämme in dem Land, das später nach ihnen benannt wurde, bis an das linke Elbufer; auf dem gegenüberliegenden Ufer, direkt oberhalb des Zusammenflusses mit der Moldau, stand anstelle des heutigen Melnik die Fürstenburg des Stammes der Pschowanen. Von dort aus brachte im 9. Jahrhundert Bořivoj, der erste christliche Fürst der Tschechen aus dem Fürstengeschlecht der Przemysliden, seine Braut, die Fürstentochter Ludmila, nach Prag. Und ihr Enkel, der Hl. Wenzel, erlitt im Jahre 929 oder 935 in Altbunzlau den Tod durch die Hand der Mörder, die sein Bruder gedungen hatte. Eine Urkunde, von Kaiser Heinrich IV. im Jahre 1086 ausgestellt, erwähnt weitere slawische Stämme wie die Lutomerizen und Děčaner an der Elbe. Trotz der ziemlich späten Quelle steht fest, daß Leitmeritz und Tetschen wie einige weitere geeignete Orte an der Elbe, z. B. die Felsenfestung Hrádek bei Groß-Czernosek – Schlüssel zum Böhmischen Tor – oder der Sumpfburgwall Libitz im Frühmittelalter

wichtige befestigte Machtzentren, aber auch Handwerks- und Handelszentren waren.
Am Ort Libitz, auf einer niedrigen und flachen von Moor und Wiesen umgebenen Terrasseninsel am Zusammenfluß der Elbe und dem rechten Zufluß der Cidlina in der Nähe von Podiebrad, entstand im 10. Jahrhundert ein wichtiger Sitz des slawischen Fürsten Slawnik, der während der schrittweisen Vereinigung des Landes die östliche Hälfte Böhmens beherrschte und zum einzig ernsten Konkurrenten des Prager Przemyslidengeschlechts wurde. Von der fürstlichen Familie der Libitzer Slawnikinger stammte auch Adalbert ab, der später heiliggesprochene Prager Bischof und erste Tscheche von europäischer Bedeutung. Die langjährige archäologische Forschung des Prager Nationalmuseums entdeckte in Libitz Fundamente einer im ottonischen Stil erbauten Kirche und eines Fürstenpalastes. Im Jahre 995 eroberte das Heer der Przemysliden die Burg Libice und rottete die fürstliche Familie aus. Damit wurde am Elbufer ein Prozeß abgeschlossen, der ein Jahrhundert vorher auf gütlichem Weg mit der Heirat Bořivojs und Ludmilas begonnen hatte: die Vereinigung des Landes unter einer Herrschaft, die Entstehung des frühmittelalterlichen böhmischen Staates.

Karel Sklenář

Ur- und frühgeschichtliche Besiedlung am Mittellauf der Elbe (Sachsen und Sachsen-Anhalt)

Die Elbe war jahrhundertelang Orientierungslinie und Rückgrat der Besiedlung in Ost- und Mitteldeutschland: Durch Schluchten des Elbsandsteingebirges führte die Passage aus Böhmen in die nördlichen Fruchtgefilde. In urgeschichtlicher Zeit bildete der Flußlauf bezeichnenderweise niemals eine Grenze zwischen Kulturen; er war vielmehr von Ufer zu Ufer ein Element der Verbindung. Erst den Staatsbildungen der Karolinger und Ottonen war der Strom als Ostgrenze willkommen.

Flüsse sind, wie Meere und Seen, lebensspendende Energieträger ersten Ranges: Umfangreicher Fischfang und intensive Schiffahrt sind Selbstverständlichkeiten – dazu brauchte es nicht den Beweis durch archäologische Funde wie die Einbäume von Greudnitz und Kemberg. In Dresden-Neustadt war eine Talsanddüne am Wasser seit dem 16. Jahrhundert v. Chr. in wellenartigem Rhythmus immer wieder bewohnt. Die charakteristische Lage dieser Flußufersiedlung und die wiederholten Kontakte zu Böhmen zeigen die intensive Nutzung des Stromes als Transportweg für geistige und materielle Güter. Der sorgfältig erforschte Belegungsablauf dieses Platzes veranlaßte eine Untersuchung über die Abhängigkeit menschlicher Siedlung und kultureller Blüte im Elbgebiet von klimatischen Faktoren. Danach waren das 17. und 16. Jahrhundert v. Ch., dann das 13. und 12., das 9., 7., 5., 3. und 1. Jahrhundert v. Chr. trockener und wärmer, somit siedlungsgünstiger; es folgten das 3. sowie das 5. und 6. Jahrhundert n. Chr., im Mittelalter das 8., 10. und 12. Jahrhundert als ausgesprochen warme und trockene Perioden. Zwischen diesen Phasen lagen jeweils feuchtere und (oder) kühlere Zeiten, die siedlungshemmend oder -verschiebend sein konnten. Freilich wirkte gerade das Individualklima des Flußtales etwas ausgleichend. Kraft und Geheimnis des Wassers drängten den Menschen stets, durch Bitt- und Dankopfer sich mit der Flußgöttin oder chthonischen Mächten zu versöhnen. Beispielhaft nennen wir den Fund mesolithischer Hirschgeweih-Harpunen bei Glindenberg (Wolmirstedt), unzählige Stein- und Bronzebeile aus dem ganzen Flußbett, die Nackenscheibenaxt ungarischen Typs mit Stiel aus der Furt unterhalb des Meißner Burgfelsens, die Bronzeschalen-Halbfabrikate aus der Mündung der Döllnitz, das Bronzehängebecken und viele andere Weihegaben der Bronzezeit in Salbke (Magdeburg), die Bronzekette der Kaiserzeit von Niederwartha und den römischen Bronze-Herkules von Schandau. Die paläolithischen Funde aus Elbkiesen bei Magdeburg (Barleben, Salbke, Gerwisch, Fermersleben) lassen keine unmittelbare Beziehung zur durch die Elbe gestalteten eiszeitlichen Landschaft erkennen. Erst die spätpaläolithischen und mesolithischen Fundplätze auf den Hochufern sowie auf Lehmrücken und Talsanddünen am anhaltinischen Elblauf stehen offenbar in ebenso enger Beziehung zum Fluß wie die folgenden Siedlungen der mittleren und späten Jungsteinzeit: Tiefstichkeramik mit Megalithgräbern, Elb-Havel-Kultur, Kugelamphorenkultur, Schönfelder Kultur. Bis in das Magdeburger Schwarzerdegebiet wanderten die ackerbauenden Bandkeramiker im 5. Jahrtausend v. Chr. Ihr Einfallstor aus dem Donauraum und aus Böhmen war der Elbedurchbruch im Sandsteingebirge. Dort hinterließen sie in der Höhensiedlung auf dem Pfaffenstein eine wichtige Wegestation. Diese Kultur war wie keine andere mit den Lößlehmflächen verbunden und hat deshalb den Fluß nach Osten nur ausnahmsweise überschritten. Spätere Kulturstöße aus dem Südosten brachten den Brandritus in die jüngere Bandkeramik, wobei die ufernahe Lage der sächsischen Fundplätze Lockwitz, Kötitz, Leutewitz, Grödel und Gohlis auffällt. Es ist die Leitlinie der Elbe, der diese Einflüsse ebenso folgten wie andere im Süden beheimatete Neolithkulturen.

Entlang der Elbe, wo Gefäßopfer in Höhlen des Sandsteingebirges die Wege aus Böhmen markieren, gelangten Elemente der Aunjetitzer Kultur, vor allem in der jüngeren Phase (Věteřov), bis in die Saalegegend, wo im Spannungsfeld zwischen Kupfer- bzw. Salzabbau, Handwerk, Handel, Ackerbau und Viehzucht eine Adelskultur mit Burgen schemenhaft erkennbar wird. Nicht von ungefähr ist kürzlich am Fuße des Gebirges die älteste Burg an der Elbe (Dohna) nachgewiesen worden, der sich elbabwärts die Befestigungen von Göhrisch und Löbsal anschließen. Die Elbe durchfloß wie in der Jungsteinzeit auch in der Bronzezeit Siedlungsräume mehrerer Kulturgruppen, von denen die wichtigste die Lausitzer Kultur ist. Zu beiden Seiten des Flusses wachten die Wehrsiedlungen auf dem Lilienstein und dem Pfaffenstein über den Eingang ins fruchtbare Becken von Pirna–Dresden. Selten nur kam ein bronzezeitliches Ballungsgebiet mit einem zentralen Handwerks- und Handelszentrum auf einer großen Flußinsel (Dobritz-Laubegast), umrahmt von Burgen (Dohna, Pillnitz, Coschütz), den Lagerstätten von Zinn und Kupfer so nahe wie hier (»Bergbau-Burg« Tharandt). Hoch über dem Wasser auf steilen Bergen bilden die bronzezeitlichen Burgen ein kulturgeschichtliches Charakteristikum der sächsischen Elblandschaft, auch wenn sie hier nicht dichter liegen als sonst im Lande. Es sind imponierende Zeichen stabiler sozialer Ordnung und des Bedürfnisses nach Geborgenheit und Abgrenzung sowie Ausdruck kollektiven oder individuellen Herrschaftsanspruchs. Wer könnte sich dem Zauber des Burgendreiecks um die »Rauhe Furt« mit dem siebzehn Hektar umfassenden »Goldkuppen-Wall« über Seußlitz entziehen! Doch auch weiter flußabwärts im Tieflandgebiet gibt es befestigte Siedlungen (z. B. Kemberg, Roßlau). Gestalt, Struktur und Funktion dieser Burgen der bronze- und früheisenzeitlichen Urnenfelderkulturen sind ebenso unterschiedlich wie die Geschichte ihrer Errichtung und Zerstörung.

Nach einer Kulturblüte im 6./5. Jahrhundert v. Chr. (Burgwälle: Krieschendorf, Coschütz, Meißen, Löbsal, Mehderitzsch, Kemberg, Seegrehna, Roßlau) bemerken wir in der folgenden älteren Latènezeit im sächsischen Elbraum eine zivilisatorische Schwäche der autochthonen Bevölkerung, die aber zu verstärkter Aufgeschlossenheit gegenüber südlichen (keltisch gefärbten), westlichen und nördlichen Einflüssen führte. Seit Ende des 4. Jahrhunderts v. Chr. drangen »Protogermanen« der Jastorfkultur elbaufwärts bis nach Nordböhmen vor, so daß sich auf beiden Seiten des Elbdurchbruchs die »Bodenbacher Kultur« ausbildete. Die Nähe zu den böhmischen Kelten wird mit Drehscheibenkeramik, Glasarmringen, Fibeltypen und Waagebalken in Copitz, Pratzschwitz, Merbitz und anderswo deutlich spürbar. Ob Latènefunde aus einigen älteren Befestigungen einen eigenen Burgneubau an der Elbe andeuten, muß noch geklärt werden. Doch sind die Siedlungen auf dem Meißner Burgberg und in der »Goldkuppe« bei Seußlitz offenbar so bedeutsam, daß uns der Geograph Ptolemäus ihre Namen überliefert: Vermutlich »Lupfurdon«, ganz sicher »Mersovion« (erhalten im nahen »Merschwitz«). Es sind die ältesten Ortsnamen an der Elbe! Mit seinen über 600 hallstatt- und latènezeitlichen Brandgräbern, vor allem wegen der Gruppe von Waffengräbern ostgermanischer Prägung, wird der Friedhof von Liebersee eine wichtige Rolle bei der Diskussion über den religiösen und sozialen Aufbruch im 2. Jahrhundert v. Chr. und der folgenden kriegerischen, sich bis weit nach Südwesten auswirkenden Mobilität des germanischen Stammesverbandes der Sueben spielen.

Seit dem Ende des 1. Jahrhunderts v. Chr. wurde die Elbe zum Rückgrat eines von Niedersachsen bis Böhmen reichenden Formenkreises, den wir als »elbgermanisch« bezeichnen. Die stammliche Zuordnung zu Markomannen, Hermunduren, Semnonen und Langobarden (von Südost nach Nordwest) bedarf noch genauerer Abgrenzungen. Siedlungsschwerpunkte liegen am Mittellauf der Elbe, wobei die linksufrigen schweren Böden der Magdeburger Börde nur gering, die leichten Böden auf dem rechten Ufer samt der durch Auelehme inzwischen erhöhten Flußaue dicht besiedelt waren. Eine Reihe von Gräberfeldern belegt eine Siedlungskontinuität durch die Jahrhunderte mit einem Neben- und Nacheinander verschiedener ethnischer Gruppen. Wir nennen hier das Gräberfeld Liebersee, wo im 3. Jahrhundert n. Chr. eine Gruppe mit Brandgrubengräbern odergermanischer Art, im 4. Jahrhundert aber eine aus dem südosteuropäischen Raum zugezogene Bevölkerung auftritt, deren Körpergrab-Sitte auf ostmediterrane, möglicherweise schon christliche Einflüsse zurückgeht. In der 1. Hälfte des 5. Jahrhunderts verließen die Langobarden ihre altmärkische Heimat und wanderten elbaufwärts nach Böhmen – Mähren – Niederösterreich. Seit der Mitte des 5. Jahrhunderts – vielleicht als Folge der Entstehung des Thüringer Reiches, dessen Adel wohl schon zum arianischen Christentum übergetreten war – kam es an der Mittelelbe zur Ausbildung der Reihengräberfelder. Dieses Königreich strahlte über den Mittellauf der Elbe hinweg bis zur Havel und besaß in der Adelsnekropole von Schönebeck an der Elbe einen nördlichen Schwerpunkt. Im sächsischen Bereich bildete die Elbe die Ostgrenze dieses frühen Staatsgebildes, und nach seinem Untergang verblieben Germanengruppen um Torgau-Riesa (im Verbande des Warnenreiches bis 595) und um Dresden (vielleicht im Verbande eines Nachfolgereiches des Langobarden Wacho in Böhmen). Nach den Awarenkriegen 561 und 566/67 wurde die Ostgrenze des Frankenreiches an unterer Elbe und Saale festgelegt.

Seit der Mitte des 6. Jahrhunderts provozierten die Awarenzüge die slawische Landnahme. Diese erfolgte von Böhmen entlang der Elbe bis zur Havelmündung. Wie an einer Perlenschnur reihen sich die frühen slawischen Brandgräber auf Talsanddünen in der Flußaue: Stetzsch, Nünchritz, Gohlis, Paußnitz, Liebersee, Zwethau, Sausedlitz, Merschwitz, Mosigkau. Eine Besonderheit sind Grabgruben mit Resten verbrannter Pferde (Paußnitz, Liebersee), die wir mit den Kutrigur-Bulgaren aus dem Gefolge der Awaren verbinden müssen. Die sorbischen Einwanderer ließen sich bevorzugt an Plätzen und in Gebieten nieder, die bis dahin verbliebene Germanen kultiviert hatten (unter anderem Dresden-Neustadt, Mosigkau, Grieben, Kehnert). Die Nähe beider Ethnien zueinander führte offenbar bald zu ihrer Vermischung. Für die Altmark ist das Nebeneinander sächsischer und slawischer Kulturkomponenten charakteristisch, wobei es zeitig zur Anlage von Burgen auch am westlichen Elbufer kam (z. B. Grieben). Um etwa 630 bis 660 gründete der Franke Samo ein Reich der Sorben; er siegte 631/32 bei »Wogastisburg« über König Dagobert I. Wir suchen das Zentrum dieses Reiches hypothetisch zwischen unterer Saale und Elbe im ehemaligen Machtbereich des kurz zuvor zerstörten Warnenreiches. Politisch waren die Elbslawen in Stämmen mit zahlreichen Burgen organisiert, von denen die Daleminzer im sächsischen Elbraum und die Coledizer zwischen unterer Saale und Elbe größere historische Bedeutung als ernsthafte Gegner des fränkischen bzw. deutschen Reiches erlangten. Im 9. Jahrhundert wurden von Regensburg aus nach Böhmen und entlang der Elbe weiter nach Ost- und Mitteldeutschland Christianisierungsversuche unternommen, für die im Emmeramkloster ein missionsstrategisches Verzeichnis aufgestellt wurde. Es nennt an der Elbe die sorbischen Stämme der »Besunzane« im Dresdner Becken mit zwei Burgen und der »Daleminzer« um Lommatzsch mit vierzehn Burgen. Die Burgenzahl anderer Stämme (bis auf die bekannten Heveller) wird nur schätzungsweise mit »groß« angegeben. Spuren dieser frühesten bayerischen Mission sind entlang der Elbe möglicherweise die »vordeutschen« Kirchen Dohna, Leubnitz, Hosterwitz, Serkowitz, St. Martin-Meißen/Plossen, Merschwitz und Weßnig. Im Jahre 780 errichtete Kaiser Karl der Große an der Ohre-Einmündung ein Kastell, vielleicht Wolmirstedt; 806 baute sein Sohn ein zweites gegenüber Magdeburg, vielleicht Burg. Der Verlauf der fränkischen Reichsgrenze an Elbe und Saale wurde 805 bestätigt und Magdeburg, das damals bereits eine mit Wall und Spitzgraben befestigte Siedlung war, als Grenzort genannt. Unter Ludwig dem Deutschen wurde die Grenze bis über die Mulde hinaus nach Osten vorgeschoben und eine breite Pufferzone geschaffen (Limes sorabicus – Thüringische Sorbenmark). Um 870/90 scheinen die elbslawischen Stämme innerhalb der Machtsphäre des Großmährischen Reiches gestanden zu haben. Eine Folge dieser Zugehörigkeit war die Herrschaft der böhmischen Przemysliden über das Dresdner Elbtalbecken (seit König Heinrichs Zeiten »Nisan«) von 895 bis 929 und von 935 bis 950. Zwischen 906 und 933 ritten die Ungarn, wie viele Völker vor ihnen, mehrfach durch das Elbtor im Sandsteingebirge nach Norden, wie ihre Pfeilspitzen aus den »böhmischen« Burgen Coschütz und Niederwartha verraten.

Nach der Eroberung der daleminzischen Hauptburg Gana gründete König Heinrich I. 929 hoch über der Elbe in Meißen eine Burg, die er wohl zum politischen und geistig-missionarischen Zentrum für alle hinzugewonnenen Slawengebiete an Elbe und Oder machen wollte: Auf der Synode 932 in Erfurt ließ er offenbar die Errichtung eines von Hersfeld gestützten Missionsbistums in Meißen verkünden. Die Prager Palastrevolte von 935 machte diese großartigen Pläne zunichte, und Kaiser Otto I. baute später seine Missionspläne völlig neu auf dem gefestigteren Magdeburg auf: 968 kam es zur Stiftung des Erzbistums und zur endgültigen Gründung des Bistums Meißen. Als Sicherung von Meißen gründet möglicherweise schon Heinrich I. neben anderen Befestigungen (Zehren-Spitzhäuser, Zadel) auch die Burg Zscheila auf der gegenüberliegenden Elbseite, ebenso das Burgenpaar am wichtigsten Elbübergang, jenem von Merschwitz (Boritz und Leckwitz). Beim Vorstoß gegen die Lusizi und Milzener nahm er 932 das von Osten bis dicht an die Elbe vorgeschobene »Liubusua« (Großburg Kosilenzien und Ringwall Kröbeln) ein, jenen Befestigungskomplex, der im Vorfeld der burgenbewehrten Elbübergänge von Strehla und Belgern erneut in den Polenkriegen am Anfang des 11. Jahrhunderts Bedeutung erhielt. Auch in der ottonischen Burgwardorganisation kam der Elbe eine hervorragende Rolle zu: Loschwitz, Briesnitz, Niederwartha, Zadel, Zehren, Boritz, Leckwitz, Gröba, Strehla, Belgern, Torgau, Elsnig, Dommitzsch, Prettin, Axien, Pretzsch, Klöden, Trebitz, Rackith, Eutzsch, Pratau, Seegrehna, Wörlitz, Seusedlitz, Barby, Frohse liegen nicht zufällig direkt am Flusse, ebenso die hervorragenden Reichsburgen Wolmirstedt, Tangermünde, Arneburg und Werben. Auch nach dem Slawenaufstand von 983 blieben die Burgwarde östlich entlang des Flußtales (Gommern, Pechau, Biederitz, Lostau, Schartau, Burg) in der Hand des Kaisers.

Noch mehr einer Perlenschnur ähnelt die Reihung der früh- und hochmittelalterlichen Flußhandels- und -hafenplätze. Sie liegen meist auf inselartigen Talsanddünen. Einige von ihnen, möglicherweise die ältesten, scheinen an keine nahe Burg gebunden (Copitz, Hosterwitz, Laubegast, Serkowitz, Brockwitz, Keilbusch, Bobersen, Altbelgern), andere stehen in lockerer Beziehung zu Burgen, wobei im 12. Jahrhundert frühstädtische Marktsiedlungen entstehen (Schandau, Königstein-Halbestadt, Rathen, Wehlen, Pirna, Loschwitz, Nisan, Meißen, Diesbar, Boritz, Lorenzkirch, Belgern, Torgau). Berühmt geworden ist die Urkunde Ottos II. von 979, mit welcher er der Meißner Kirche den Elbzoll zwischen Belgern und dem »portus« von Meißen (an der Triebischmündung unterhalb von St. Jacobi) sowie den vom Handelsplatz »Sethleborestorf« (Wüstung in der Elbaue bei Boritz) überweist. Wir vermuten, daß es überwiegend jüdische Kaufleute waren, die den frühesten organisierten Flußhandel auf der Elbe betrieben. Doch allein dieser Handel reichte offensichtlich nicht zur Entfaltung der erwähnten frühen Märkte zu größeren Städten. In der Zeit der Städtegründungen des 12. und 13. Jahrhunderts trat die Bedeutung der Elbe offenbar stark zurück. Dies gilt sowohl für die Macht- und Interessensphären der Markgrafen von Brandenburg um Arneburg als auch für diejenigen der Markgrafen der Lausitz und von Meißen um Torgau. Allein das erzbischöfliche Magdeburg blühte auf. Ganz anders war es am sächsischen Oberlauf. Hier wurden um Strehla-Meißen und im Dresdner Elbtalbecken alte Reichsrechte um königliche Burgen mit Hilfe von Burggrafen und Reichsministerialen konsolidiert. Im Zuge der staufischen Reichslandbildung wurde nach der Entdeckung der Freiberger Silbererze der Gau Nisan dem Böhmenkönige Wladislaw II. 1173 auf dem Hoftage in Hermsdorf (zwischen Nisan–Dresden und Freiberg) abgenommen. In der Folge gründete Kaiser Friedrich I. die Städte Pirna für den Elbhandel, Dresden neben dem alten Hafenplatz Nisan als neues Zentrum für die Ostterritorien des Reiches sowie Meißen. Nach dem Vorbild anderer königlicher Residenzstädte (Paris, London, Prag) ließ er nach 1173 mit dem Bau der gewaltigen, 24bogigen Steinbrücke über die Elbe beginnen, ein Symbol seines imperialen Wollens. Nach ihrer Vollendung errichtete der Burggraf von Dohna als Militärherr und königlicher Hochrichter über Dresden um 1230 am Fuße der Brücke, im Burgviertel der Stadt, ein fünftürmiges Kastell bzw. einen Gerichtshof, der zwischen 1982 und 1986 unter dem Dresdner Schloß ausgegraben wurde.

Reinhard Spehr

Zur Vor- und Frühgeschichte des unteren Elbtales

Geographische Gegebenheiten bedingen, den Unterlauf der Elbe in zwei Bereiche zu gliedern, einmal in den langgezogenen Mündungstrichter, der bis in den Bereich der heutigen Stadt Hamburg reicht, sowie in den flußaufwärts anschließenden Flußbereich bis Schnackenburg. So führten die Abhängigkeiten von Ebbe und Flut, der im Laufe der Jahrtausende immer wieder ansteigende Meeresspiegel und die damit verbundene Überflutung der tieferliegenden Flußmarschen zu besonderen Besiedlungsbedingungen im Mündungsbereich der Elbe. Hinzu kommen die tiefen Ausbaggerungen der Fahrrinne, die zu einem steten Fundanfall führten. Einige der geborgenen Fundstücke können aus älteren, inzwischen vom Flußlauf überlagerten Siedlungen stammen, andere von Siedlungsplätzen oder Gräbern kommen, die durch Unterspülung der Ufer der nahen Geest in das Flußbett gelangten, wieder andere gingen bei der Durchquerung von Furten verloren. Sicherlich muß auch mit Opfern an Flußgötter gerechnet werden. Dennoch bleibt bemerkenswert, daß sich in bestimmten vorgeschichtlichen Zeitepochen die Funde häufen, in anderen dagegen vollständig ausfallen.

Als ältestes Fundstück, etwa 40 000 Jahre alt, muß der Fund eines Stirnbeines angesehen werden, das auf dem Spülfeld bei Hahnöfersand unweit der Ortschaft Cranz geborgen wurde. Wie der Schädelrest, der genetisch zwischen den Vormenschengruppen der Neanderthaler und des Homo sapiens vermittelt, in die Flußsande gelangte, kann ebensowenig ermittelt werden wie bei einem zweiten, zeitlich allerdings jüngeren Fund, der in Hamburg-Altenwerder, bei Teufelsbrück, unter ähnlichen Fundumständen zutage gefördert wurde. Diesen Überresten von altsteinzeitlichen Menschen lassen sich aus dem Flußtal selbst nur einzelne Steinwerkzeuge und eine Anzahl Geweihhacken (Kat. 12/1) zuordnen, die bei Baggerarbeiten gefunden wurden.

Das Elbtal dürfte nach dem Ende der letzten Vereisung für die streifenden Jägertrupps, die hinter den Rentierherden herzogen, kein Hindernis dargestellt haben. Zahlreiche Rinnsale, tote Elbarme, vereinzelte Randmoore und Dünenkuppen füllten den Bereich zwischen den Ufern aus. Auf dem Hochufer der Elbe lagen die Jagdstationen mit Zelt- und Werkplätzen, auf denen die zum täglichen Gebrauch bestimmten Geräte aus Feuerstein gefertigt wurden, wie es Stationen bei Immenbeck, Gem. Buxtehude, Kreis Stade (Kat. 14/1), und Hamburg-Rissen zeigen.

Mit dem Ende der mittleren Steinzeit gewann die Elbe auch als Handelsweg an Bedeutung. Die Jäger- und Sammlergemeinschaften der Ertebølle-Ellerbeck-Kultur kamen immer häufiger in Kontakt mit den Ackerbau und Viehzucht treibenden Bevölkerungsgruppen in Mitteldeutschland. Die kurzfristig bewohnten Sommerstationen auf den Talsandinseln im Urstromtal der Elbe, z. B. im Dünengelände von Hamburg-Boberg, dienten als Plätze, an denen Güter und wohl auch Ideen ausgetauscht wurden. Wie stark diese Kontakte waren, bezeugen die zahlreichen Baggerfunde von polierten Streitäxten mitteldeutscher Herkunft (Kat. 12/2) aus der Fahrrinne der Elbe.

In der Zeit der großen Steingräber spielte die Elbmündung lediglich als Einfallstor für Einflüsse aus dem westlichen Europa eine wichtige Rolle; deutlich wird das in der Bauweise der langgestreckten Hünenbetten mit Holzkammern, die elbaufwärts bis Mähren hin verbreitet sind, und bei den sogenannten Vieleckdolmen. Andererseits bestehen in der Formgebung der Keramik (hochhenklige Tassen) Verbindungen über

Mitteldeutschland und Böhmen hinaus bis nach Ungarn und nach Anatolien.

Funde der spätjungsteinzeitlichen Becherkulturen (Einzelgrab- und Glockenbecher-Kultur) sind dann wieder aus dem Elbtal selbst bekannt (Kat. 12/3), wo wiederum einzelne der Talsandinseln als zeitlich begrenzte Siedlungsplätze gedient haben. Aus Mitteldeutschland drang die Bestattungssitte der Leichenverbrennung Elbe abwärts, wofür der kleine Urnenfriedhof von Hamburg-Bergedorf (Sande) ein bemerkenswertes Beispiel liefert. Nur wenig später gelangten Einflüsse aus dem Bereich der frühbronzezeitlichen Aunjetitzer-Kultur aus der Gegend um Halle in das Hamburger Umland, so die Hortfunde von Hamburg-Rissen (Tinsdahl) und Klein Wesenberg, Kreis Stormarn.

Die Anregungen aus Westeuropa im Bereich beiderseits der unteren Elbe verstärkten sich zu Beginn der älteren Bronzezeit. So kamen nicht nur bronzene Absatzbeile aus der Bretagne und der Normandie (Hortfund von Neukloster-Ilsmoor, Gem. Buxtehude, Kreis Stade, Kat. 14/2), sondern auch lange schmale Rapiere von den Britischen Inseln nach Niedersachsen und Schleswig-Holstein. Aus Westeuropa stammt auch die Sitte, die Verstorbenen in Steinkisten unter Grabhügeln zu bestatten.

Im Verlauf der älteren Bronzezeit bildeten sich beiderseits der mittleren und unteren Elbe eine Anzahl von Lokalgruppen heraus, die untereinander in Verbindung stehen. Besonders deutlich wird dies bei der Schmucktracht der Frauen, die sich bei gleichartiger Zusammensetzung jeweils durch die Verwendung unterschiedlicher Ziermuster voneinander unterscheiden. Dies ermöglicht es, entlang der unteren Elbe Fremdheiraten über den Fluß hinweg zu verfolgen.

Während der jüngeren Bronzezeit und der gesamten vorrömischen Eisenzeit wurde überall die Brandbestattungssitte geübt; die Toten wurden in Tongefäßen (Urnen) beigesetzt. Die neue Sitte gelangte in den Bereich beiderseits der Elbmündung aus dem Gebiet der süddeutschen Urnenfelder-Kulturen, dagegen sind in der Lüneburger Heide, in der Altmark und am jenseitigen Elbufer Einflüsse aus der mitteldeutschen Lausitzer Kultur faßbar. Auf Fernverbindungen elbeaufwärts deuten verschiedene Funde hin, so ein Hortfund mit fünf bronzenen Tassen aus Hitzacker, Kreis Lüchow-Dannenberg, und ein Gerätehort aus Handorf, Kreis Lüneburg (Kat. 11/19), der unter anderem ein Tüllenbeil ungarischer Herkunft enthält.

In einer fortgeschrittenen Phase der vorrömischen Eisenzeit (Jastorf-Kultur), in der späten Ripdorf-Stufe, setzte erneut, wenn auch anfangs nur zögernd, die Besiedlung der Elbmarschen ein. Ein frühes Beispiel dafür ist ein Brunnenfund bei Echem, Kreis Lüneburg, wo mehrere Gefäße geborgen wurden (Kat. 11/20). Die Besiedlung der Elbmarschen erreichte erst in der Zeit um Christi Geburt und danach ihren Höhepunkt (Siedlungen von Hodorf an der Stör, Kreis Steinburg, und Ritsch bei Drochtersen, Kreis Stade). Über diesen Zeitabschnitt berichten römische Geschichtsschreiber von den Kämpfen des römischen Feldherrn Drusus mit dem elbgermanischen Volksstamm der Langobarden, der beiderseits der Elbe zwischen Stade und Boizenburg siedelte. Von den römischen Flottenbewegungen auf der Elbe zeugt noch die befestigte Anlage auf dem Höhbeck im Kreis Lüchow-Dannenberg, unmittelbar über dem Elbufer.

Für die Handelsbeziehungen der Langobarden (Kat. 12/4) Elbe aufwärts bis nach Böhmen und in die römischen Alpenprovinz Noricum und nach Aquileia in Oberitalien sprechen bronzene Eimer, norisches Gürtelzubehör und einzelne Waffen. Weiterhin werden diese Verbindungen in der Übernahme von Einzelheiten der Frauentracht faßbar (Dreifibeltracht, Dreispitzhüte mit Schleiern).

Mit den Markomannenkriegen und der Abwanderung der Langobarden über Böhmen, Mähren und die römischen Donauprovinzen nach Oberitalien spielte die Elbe für die nächsten Jahrhunderte zwar nur eine untergeordnete Rolle, doch fanden Handelsgüter immer wieder ihren Weg Elbe abwärts. Einen erneuten Höhepunkt brachte das frühe Mittelalter. Die fränkisch-sächsischen Auseinandersetzungen zur Zeit Karls des Großen erfaßten seit 795 auch den Bereich beiderseits der unteren Elbe. Den mit den Franken verbündeten slawischen Obotriten wurde 804 von Karl dem Großen nicht nur das nordalbingische Sachsen, sondern wohl auch noch das bei Buxtehude gelegene Tal der Este südlich des Flusses abgetreten, was den Bau der slawischen Burganlage von Hollenstedt, Kreis Harburg, zur Folge hatte. Wenig später wurden zum Schutz gegen die Dänen (Wikinger) die fränkische Anlage von Esesfeld bei Itzehoe und gegen die slawischen Wilzen das fränkische Kastell auf dem Höhbeck im Kreise Lüchow-Dannenberg erbaut. In der Folgezeit zerfiel dann das fränkisch-obotritische Bündnis. Die Slawen wurden ins östliche Holstein zurückgedrängt, ein Vorgang, der mit dem Bau der Burg Delbende irgendwo am Flußufer zwischen Lauenburg und Boizenburg 822 abgeschlossen war. In diese Zeitepoche der Kämpfe mit den Slawen fällt auch die Gründung der Hammaburg, die zur Keimzelle des späteren Hamburg wurde. 845 zerstörten Wikinger den kleinen Ort, einzelne Flußfunde von Schwertern (Kat. 14/16) könnten mit diesem Ereignis in Verbindung stehen.

Trotz der kriegerischen Auseinandersetzungen blühte der Handel entlang der Elbe, der in dieser Zeit in den Händen der Friesen lag. Wie an einer Perlenschnur aufgereiht finden sich einzelne friesische Friedhöfe entlang dem Südufer des Flusses bis nach Magdeburg (Urne von Bardowick, Kreis Lüneburg, Friedhof Ashausen, Gem. Stelle, Kreis Harburg, Schwerter von Buxtehude, Kreis Stade).

Friedrich Laux

Fürsten und Bischöfe im Land an der Elbe – Der Aufbau territorialer Herrschaft und kirchlicher Wirksamkeit

Der Raum der deutschen Geschichte, in dem sie sich während der letzten tausend Jahre ereignet hat, gliedert sich seiner sozialkulturellen Entfaltung nach in drei Teile, deren Grenzen von Flüssen bestimmt werden. Westlich des Rheins und südlich der Donau erstreckt sich die Germania Romana mit ihren zweitausend Jahre alten kulturellen Grundlagen, die aus der Römerzeit bis in unsere Gegenwart reichen. Östlich und nördlich davon bis zur Elbe und Saale liegt die Germania Germanica, die im Blick auf die Römerzeit als das freie Germanien zu bezeichnen ist, während der Osten Deutschlands als die Germania Slavica erst um die Jahrtausendwende in den deutschen Geschichtsraum einbezogen worden ist. Die Elbe ist ein Fluß von schicksalhafter Bedeutung für die deutsche Geschichte, sie hat Landschaften und Herrschaftsgebiete voneinander geschieden und auch wieder verbunden, wie es ja überhaupt die Frage ist, ob im »Leben« eines Flusses das Trennende des Wasserlaufs oder das Verbindende der beiden Ufer sich als stärker erweist.

Als im auseinanderfallenden späten Frankenreich die deutsche Geschichte begann, war die Elbe von Lauenburg bis zur Saalemündung die Ostgrenze des fränkisch-deutschen Reiches. Im Zuge der Völkerwanderung hatten sich die Oder- und Elbgermanen in einer Westbewegung hinter die Elbe-Saale-Linie zurückgezogen, das von ihnen geräumte ostmitteleuropäische Gebiet war seit etwa 600 n. Chr. von slawischen Stämmen in Besitz genommen worden. Da die Sachsen als der an der Elbe wohnende deutsche Stamm unter Karl dem Großen christianisiert worden waren, stellte die Elbe in diesem Bereich außer der deutsch-slawischen Sprachgrenze auch eine Kulturgrenze dar. Wo die christliche Kirche mit ihrer Verkündigung hinkam, begannen sich Formen höherer Kultur mit Schriftlichkeit, Baukunst, bildender Kunst und Musikpflege auszubilden, die der heidnischen Religion der Slawen östlich der Elbe noch unbekannt waren. Als die deutsche Krone im Jahre 919 an den Sachsenherzog Heinrich überging, verlagerte sich das politische Schwergewicht des deutschen Reiches in den Raum westlich der unteren Elbe, wo die Landschaft Ostfalen das Kernland des ottonischen Herzogsgeschlechts war. Auf seinem großen Slawenzug von Herbst 928 bis zum späten Frühjahr 929 überschritt König Heinrich I. die Elbe-Saale-Grenze, eroberte im Havelland die Feste Brandenburg der slawischen Heveller, wandte sich dann nach Süden, um die Daleminzer im heutigen Sachsen zu unterwerfen und dort über der Elbe die deutsche Burg Meißen zu errichten. Anschließend zog er nach Prag weiter, wo ihm der tschechische Herzog den Lehnseid leistete. Man kann hinter diesem Heereszug ein weitausgreifendes strategisches Konzept in Anlehnung an den Lauf der Elbe erblicken.

Seitdem war die Elbe auf ein weiteres Stück zur Ostgrenze des deutschen Reiches geworden und blieb dies im allgemeinen noch zweihundert Jahre lang. Im Norden gelang es nur zeitweilig und im Süden nur an einigen Stellen, die deutsche Herrschaft auf rechtselbischem Gebiet aufzurichten, so daß sich im östlichen Vorfeld des deutschen Reiches die slawischen Stämme selbständig politisch organisieren konnten. Die Obotriten im heutigen Mecklenburg und der Liutizenbund im Havelgebiet bildeten eine Art herzogliche Gewalt aus, während die Sorben im heutigen Sachsen nur in Ansätzen zu einer übergreifenden politischen Organisation gelangten.

Da sich die ottonischen Könige als christliche Herrscher verstanden, fühlten sie sich auch zur Ausbreitung der Kirche durch Mission verpflichtet. Die älteren sächsischen Bistümer reichten nur bis an die Elbe heran: das um 815 gegründete Bistum Verden zwischen Hamburg und der Havelmündung, das 827 errichtete Bistum Halberstadt daran anschließend bis zur unteren Saale. Mit dem 834 gegründeten Erzbistum Hamburg überschritt die Mission erstmals die Elbe in nördlicher Richtung. 940 wurde Oldenburg in Holstein Sitz eines Bischofs, 948 folgten Havelberg und Brandenburg. 968 konnte Kaiser Otto I. sein ostpolitisches Konzept verwirklichen, indem er in Magdeburg ein Erzbistum und in Meißen, Merseburg und Zeitz Bistümer errichtete. Der große Slawenaufstand von 983 zerstörte dieses Werk im Norden, während er im sorbischen Gebiet keine Wirkung zeigte. Der Versuch von 1062, in Ratzeburg und Dorf Mecklenburg Bischöfe einzusetzen, endete mit einem erneuten Slawenaufstand 1066. Erst unter Heinrich dem Löwen konnte das Bistum Ratzeburg 1154 erneuert und jenes in Schwerin 1158 gegründet werden. Havelberg und Brandenburg wurden erst 1160 bzw. 1165 neu besetzt. Seitdem waren die Landschaften an beiden Ufern der Elbe in die Organisation der Kirche einbezogen.

Obwohl Böhmen dem Flußgebiet der Elbe angehört, wurde es nicht von Magdeburg, sondern von Regensburg aus missioniert. Das Bistum Prag entstand bereits im Jahre 973. Eine für die ottonische Ostpolitik höchst bedeutsame Urkunde von 995 wies dem Bistum Meißen den ganzen nördlich der Elbe gelegenen Teil Böhmens und außerdem Schlesien westlich der Oder zu, doch hat sich diese weit ausgreifende Planung nicht durchsetzen können. In den böhmischen Ländern bildete sich ein national-tschechisches Kirchenwesen mit dem Mittelpunkt Prag aus, das 1344 Sitz eines Erzbischofs wurde.

Die volle Ausbildung des Kirchenwesens östlich der Elbe nach 1150 hängt mit der deutschen Kolonisation zusammen, die damals einige hunderttausend deutsche Bauern aus den alten Stammesgebieten über die Elbe und Saale führte, wo sie die von den einheimischen Slawen noch nicht besiedelten Räume urbar machten und mit neugegründeten Dörfern überzogen. Für diese deutsche Ostbewegung des hohen Mittelalters gab es auch eine politische Leitung, die in den Händen der vom deutschen König eingesetzten Fürsten lag.

Schon unter den Ottonen hatte der Raum zu beiden Seiten der Elbe eine politische Organisation erhalten, indem hier Marken unter der Botmäßigkeit von Grafen eingerichtet worden waren. Die von Hermann Billung über die Obotriten und von Gero über die Liutizen-Heveller aufgebaute deutsche Macht brach im Slawenaufstand von 983 zusammen, während die Ostmark in der heutigen Niederlausitz, die Mark Meißen und die Herrschaft über das Land Bautzen beständig in deutscher Hand blieben. Daran konnte König Lothar von Süpplingenburg anknüpfen, als er den Wettiner Konrad 1123 mit der Markgrafschaft Meißen und 1136 mit der Ostmark belehnte, während er die Nordmark, d. h. die heutige Mark Brandenburg, dem Askanier Albrecht dem Bären übergab. Damit war der Grundstein für die Markgrafschaften Meißen und Brandenburg gelegt, die sich in einem jahrhundertelangen Aufstieg zu den beiden mächtigsten Territorien im ganzen Elbegebiet entwickeln sollten. In Mecklenburg behielt das einheimische slawische Fürstengeschlecht der Obotriten die Herrschaft und trat in den deutschen Reichsfürstenstand ein. Nur vorübergehend hatte hier Heinrich der Löwe bis zu seinem Sturz 1180 eine herzogartige Machtstellung behaupten können.

Da Heinrich der Löwe zugleich Herzog von Sachsen war, brachte sein Sturz auch die Auflösung dieses Herzogtums in mehrere selbständige Fürstentümer mit sich. Aus dem Zerfall blieb ein kleines askanisches Herzogtum übrig, das allein den Namen Sachsen weiterführte. Es bestand aus zwei weit voneinander entfernten Gebietsteilen an der Elbe, der eine um Lauenburg, der andere um Wittenberg. Ein anderer Zweig der Askanier begründete damals das Fürstentum Anhalt, das zu beiden Seiten der mittleren Elbe zwischen größere Territorien eingezwängt war und sich niemals zu größerer Bedeutung entfalten konnte. Aus dem Erbe Heinrichs des Löwen ging das Herzogtum Braunschweig-Lüneburg hervor, das auf längeren Strecken bis an die Elbe reichte.

Neben dieser stattlichen Reihe weltlicher Territorialfürstentümer, die am Lauf der Elbe von Hamburg bis zur böhmischen Grenze aus dem Zerfall der Reichsgewalt seit der späten Stauferzeit hervorgingen, gelang es nur einem geistlichen Fürstentum, ein ansehnliches Territorium aufzubauen. Die Erzbischöfe von Magdeburg konnten an königliche Schenkungen aus dem späten 10. Jahrhundert anknüpfen, als sie im Zuge der deutschen Ostbewegung seit der zweiten Hälfte des 12. Jahrhunderts Territorialbesitz östlich der Elbe erwarben, dem bald auch Besitzungen westlich des Flusses folgten. Im späten Mittelalter war das Erzstift Magdeburg ein geschlossenes, von der Elbe durchflossenes Territorium, zu dem noch eine größere Exklave um Jüterbog gehörte. Die Bischöfe von Havelberg blieben dagegen mit ihrem Landbesitz unter brandenburgischer Landesherrschaft, so daß sie sich nicht zu selbständigen Reichsfürsten aufschwingen konnten.

Im Vergleich zu den meisten Landschaften im Westen und Südwesten des deutschen Reiches mit ihrer starken territorialen Zersplitterung fällt es auf, daß sich entlang der Elbe schon im späten Mittelalter größere, flächenhaft ausgebildete Territorien entwickelten. Das rührt daher, daß im Lande östlich der Elbe und Saale im Zuge der deutschen Ostbewegung im bisher herrschaftsfreien Gebiet die dort eingesetzten Reichsfürsten sich ohne Rücksicht auf ältere adlige Gewalten frei entfalten konnten. Die Wettiner haben dann von ihrer Markgrafschaft Meißen aus nach Westen zurückgegriffen und auch westlich der Saale flächenhafte Herrschaft aufzubauen versucht. Die brandenburgischen Askanier gingen von der westelbischen Altmark über den Fluß in die Mittelmark hinüber und verbanden beide Marken zu einem geschlossenen Herrschaftsgebiet. In bezug auf die politische Organisation war die Elbe seit dem 12. Jahrhundert, von wenigen Strecken am Unterlauf abgesehen, keine Grenze mehr, sie floß jetzt mitten durch die neu entstandenen fürstlichen Territorien.

Zwei von diesen Territorien stiegen zum höchsten Rang auf, der im späten Mittelalter innerhalb der Reichsverfassung zu erreichen war. Seit dem frühen 13. Jahrhundert gehörten der Herzog von Sachsen-Wittenberg und der Markgraf von Brandenburg zu den Kurfürsten, die als einzige Reichsfürsten den deutschen König zu wählen hatten. Im Reichsgrundgesetz der Goldenen Bulle von 1356 wurde diese herausragende Rolle festgeschrieben. Damals zählte auch der König von Böhmen zu den sieben Kurfürsten, von denen die drei Erzbischöfe von Mainz, Trier und Köln und der Pfalzgraf bei Rhein im Rheingebiet und die drei ebengenannten im Elbegebiet saßen, zu dem ja auch Böhmen zu zählen ist. Rhein und Elbe erweisen sich somit als bemerkenswerte Linien in der politischen Struktur des deutschen Reiches.

Die politische Gestalt Böhmens wich von jener in Deutschland in stärkerem Maße ab. Die geographischen Verhältnisse mit den deutlich hervortretenden Randgebirgen haben diesem Lande zu allen Zeiten einen festen Rahmen für seine politische Ordnung verschafft, so daß es niemals zu einer territorialen Auflösung in selbständige Fürstentümer gekommen ist. Allerdings war die Grenze gegen das nordwestlich benachbarte deutsche Elbegebiet über längere Zeit im späten Mittelalter beweglich. Ihr allgemeiner Verlauf folgte dem Kamm des Erzgebirges, lag jedoch davon durchweg etwas nach Norden vorverlegt, wie es noch heute der Fall ist. Wo die Elbe das Gebirge durchbricht, hatte sich auch die Herrschaft des böhmischen Königs im 13. Jahrhundert flußabwärts fortbewegt, als wollte sie der Gewalt des strömenden Wassers folgen. Die Burgen Pirna und Königstein waren bis 1404 bzw. 1406 böhmisch, die rechtselbischen, in der Sächsischen Schweiz gelegenen böhmischen Herrschaften Hohnstein und Wildenstein gingen 1443 und 1451 durch Kauf an das Kurfürstentum Sachsen über. Seitdem ist in diesem Gebiet die sächsisch-böhmische Grenze festgeblieben.

Zu jener Zeit war an der mittleren Elbe der tiefe und langwierige Wettstreit um die Vorherrschaft zwischen den mächtigsten Herrscherhäusern dieses Raumes, den Wettinern und den Hohenzollern, ausgebrochen. Im Jahre 1422 starb die in Wittenberg ansässig gewesene Linie der Askanier aus, so daß das Herzogtum Sachsen mit der Kurwürde neu verlehnt werden mußte. Die seit 1415 mit der Markgrafschaft Brandenburg belehnten Hohenzollern als Inhaber der brandenburgischen Kurstimme strebten sogleich auch nach der sächsischen, aber Kaiser Sigmund übertrug das Herzogtum Sachsen-Wittenberg 1423 an den wettinischen Markgrafen von Meißen Friedrich den Streitbaren. Damit dehnte sich die wettinische Herrschaft elbabwärts aus, die Elbe befand sich nun zu einem Drittel ihres Laufes in Deutschland in wettinischer Hand. Da die kurfürstliche Würde dem Range nach höher als die markgräfliche stand, übertrug sich der Name Sachsen auf das gesamte Herrschaftsgebiet der Wettiner zwischen der Werra und der Elbe.

Nach dieser territorialpolitischen Entscheidung verlagerte sich das Ringen zwischen den beiden Herrscherhäusern weiter elbabwärts nach Magdeburg. Diese Stadt hatte sich seit dem hohen Mittelalter zu einer »Hauptstadt des deutschen Ostens« entwickelt, womit ihre Größe und ihre wirtschaftliche und rechtliche Bedeutung für die östlichen Gebiete des deutschen Reiches zum Tragen kamen. Zwischen Hamburg und Prag war sie die bei weitem größte Stadt am Elblauf, ihr Stadtrecht war in Sachsen, Brandenburg, Schlesien und Polen als vorbildlich übernommen worden, sie beherrschte den Elbübergang der wichtigsten Fernstraße von europäischer Bedeutung, die aus dem niederländisch-rheinisch-westfälischen Raum nach Polen und in das Baltikum führte. Die reiche, mächtige Stadt hatte sich von ihrem erzbischöflichen Stadtherrn weitgehend freigemacht und nahezu die Stellung einer freien Reichsstadt erlangt.

Das nicht unbeträchtliche Gebiet des Erzstifts Magdeburg erstreckte sich zwischen der brandenburgischen Altmark und dem Kurfürstentum Sachsen. Beide Territorialgewalten warfen ein Auge darauf, wußten aber wohl, daß ein geistliches Fürstentum mit den üblichen Mitteln der Territorialpolitik, d.h. mit Waffengewalt, Kauf oder Heirat, nicht zu haben war. Für die Hohenzollern im brandenburgischen Raum waren Erzstift und Stadt Magdeburg die Brücke über die Elbe hinüber in den Westen des Reiches, für die Wettiner war Magdeburg der Scheitelpunkt ihres Elbe-Saale-Territoriums, mit dem sie im Laufe einer zielstrebigen Territorialpolitik bis zum 15. Jahrhundert fast das ganze Flußgebiet der Saale und mittleren Elbe ausgefüllt hatten. Alle Gewässer des wettinischen Herrschaftsgebietes flossen nach Magdeburg, das somit im Kreuzungspunkt brandenburgischer und sächsischer Interessen lag.

Der einzige Weg, Macht über ein geistliches Fürstentum zu erlangen, führte über die Wahl des Bischofs aus demjenigen Fürstengeschlecht, das diese Macht anstrebte. Hier war den Wettinern ein Erfolg beschieden, als im Jahre 1476 der sächsische Kurfürst Ernst die Wahl seines gleichnamigen Sohnes zum Erzbischof von Magdeburg durchsetzte. Aber das galt nur für die Lebenszeit des Gewählten. Als Erzbischof Ernst im Jahre 1513 starb, wurde der Hohenzoller Albrecht zu seinem Nachfolger gewählt. Brandenburg legte seine Hand auf das magdeburgische Territorium, das es sich schließlich im Jahre 1680 einverleiben konnte.

So hatte sich bis zum Beginn der Reformationszeit entlang der Elbe ein territoriales Gefüge herausgebildet, das dann für die Neuzeit die Grundlage der weiteren Territorialpolitik darstellte. Innerhalb dieser Ordnung war das Kurfürstentum Sachsen die stärkste Macht, es kann geradezu als das eigentliche Elbe-Territorium bezeichnet werden, weil es sich fast ausschließlich im Flußgebiet der Elbe erstreckte und der Fluß eine Art politisch-strategisches Rückgrat des wettinischen Herrschaftsraumes darstellte. An ihm lagen mit Meißen und Wittenberg die Hauptstädte der beiden Reichsfürstentümer, der Markgrafschaft Meißen und des Herzogtums Sachsen, die 1423 vereinigt worden waren. Seit der Leipziger Teilung der wettinischen Länder von 1485 war Dresden der bevorzugte Residenzort der albertinischen Linie des Hauses Wettin, die seit 1547 das Kurfürstentum Sachsen regierte. Die Ernestiner machten neben Wittenberg die Stadt Torgau mit ihrem damals modernen Schloßbau zu ihrer Residenz. Die nicht an der Elbe gelegenen, früher wichtig gewesenen Residenzen Altenburg, Grimma, Weißenfels und die Wartburg über Eisenach verloren ihre Bedeutung, als sich das Herrschaftsgeschehen im Kurfürstentum Sachsen mehr und mehr auf diese Elbelinie zusammenzog. Warum diese Linie in der angegebenen Weise zu einer so herausgehobenen Stellung kam, obwohl sie am östlichen Rande des kursächsischen Territoriums lag, bleibt eine offene Frage. Die Tatsache unterstreicht aber die Bedeutung der Elbe für die politische Ordnung im östlichen Teil Deutschlands. In politischer Hinsicht konnte am Ende des Mittelalters von einer trennenden Funktion des Flusses, wie es zu Beginn der deutschen Geschichte der Fall gewesen war, nicht mehr die Rede sein. Von der Quelle an erstreckten sich die Territorien Böhmens, Kursachsens, Anhalts, des Erzstifts Magdeburg, Brandenburgs und des Herzogtums Sachsen-Lauenburg an beiden Ufern, so daß von einer verbindenden Wirkung der Elbe in dieser Hinsicht gesprochen werden kann.

Anders verhielt es sich dagegen mit der kirchlichen Gliederung, die ganz allgemein nicht die Beweglichkeit der ständig sich ändernden territorialpolitischen Entwicklung besitzt und alte Ordnungen jahrhundertelang bewahrt. Da die Bistums- und Kirchenorganisation zu beiden Seiten der Elbe in der oben beschriebenen Art zu einer Zeit entstanden war, als der Fluß noch in einschneidender Weise eine Trennungslinie darstellte, blieben diese Regelungen auch ungeachtet aller politischen Veränderungen erhalten. Erst die Reformation löste die im 9. und 10. Jahrhundert entstandene Bistumsgliederung auf. Bis dahin war auch die unterschiedliche Dichte der kirchlichen Einrichtungen im Westen und im Osten eine Tatsache: Während die Verwaltungssprengel der Bistümer westlich von Elbe und Saale klein und ihre Zahl daher groß war, was auch für die Zahl der Klöster und Stifter zutrifft, gab es östlich davon großflächige Kirchenverwaltungsbezirke mit wesentlich dünner gesäten geistlichen Institutionen. Eine vermittelnde Rolle nahm dabei das Gebiet zwischen Saale, Elbe und Erzgebirge ein, das 983 nicht vom Slawenaufstand erfaßt worden war, so daß sich dort das Kirchenwesen ungestört hatte entfalten können.

Die Tatsache, daß die Christianisierung des Landes westlich von Elbe und Saale schon im 9. Jahrhundert, östlich dieser Linie aber erst eigentlich mit der deutschen Ostbewegung des späteren 12. Jahrhunderts erfolgt war, blieb für die sozial-kulturelle Ausrichtung der beiderseitigen Gebiete noch jahrhundertelang bestimmend. Auch die spätere, erst im 12. Jahrhundert einsetzende Erschließung dieses Raumes durch deutsche Bauern trug dazu bei, daß der Unterschied in der jeweils erreichten Stufe der Kultivierung lange Zeit zu bemerken war. Noch Philipp Melanchthon, der 1519 nach Wittenberg kam, schrieb an die Freunde in seiner schwäbischen Heimat, er sei hier an die Grenzen der Kultur geraten, und wenn er noch ein Stück weiterginge, dann käme er in die Barbarei.

Aus dem Gesamtgefüge der sozialen und politischen Verhältnisse in Deutschland wurde im 19. Jahrhundert der Raum östlich der Elbe mit der Bezeichnung »Ostelbien« ausgesondert, womit deutlich wurde, daß der aus dem hohen Mittelalter stammende Unterschied offensichtlich immer noch spürbar war. Die Elbe hat sich in der deutschen Geschichte als eine herausragende Linie erwiesen. An ihr beginnt die Germania Slavica, auf deren Boden die Anwesenheit slawischer Stämme seit dem 7. Jahrhundert ihre Spuren hinterlassen hat.

Karlheinz Blaschke

Geistiges Leben und kulturelle Kontakte im Elberaum von der Reformation zur Aufklärung

Wittenberg, Zürich und Genf waren die Ausgangspunkte und Zentren der Reformation in Europa. In der von Kurfürst Friedrich dem Weisen (1486–1525) zur Residenz der ernestinischen Linie der Wettiner erhobenen Stadt an der Elbe, die seit 1502 auch eine Universität beherbergte, veröffentlichte Martin Luther 1517 seine Thesen gegen den Ablaß, entwarf er seine Theologie, die Lehren von der Rechtfertigung und den zwei Reichen, vollendete er die auf der Wartburg begonnene Bibelübersetzung, prägte er mit Katharina von Bora eines der Muster des evangelischen Pfarrhauses. Mit Luther wirkten Philipp Melanchthon, Justus Jonas und Johannes Bugenhagen für die Sache des Evangeliums. Bugenhagens Werk sind die Kirchenordnungen von Braunschweig (1528), Hamburg (1529), Lübeck (1531), Pommern (1534), Dänemark (1537), Holstein (1542), Braunschweig-Wolfenbüttel (1543) und Hildesheim (1544). Wittenberg wurde zum Mittelpunkt eines reformatorischen Kommunikationsnetzes, das auch Böhmen und Mähren einbezog. Auf diesem Weg erhielt Luther, der von Jan Hus aus den Konstanzer Konzilsakten wußte, weitere Kenntnis über dessen Wirken. Zur Verbreitung der neuen Lehre trugen auch der ältere und der jüngere Lucas Cranach mit ihren Schülern und der Buchdrukker Hans Lufft bei.

Magdeburg und Hamburg wurden zu wichtigen Stützpunkten des Luthertums. Matthias Flacius Illyricus begründete in Magdeburg die lutherische Kirchengeschichtsschreibung. Als nach dem Schmalkaldischen Krieg (1546/47) das Luthertum existentiell bedroht schien, wurde von Magdeburg aus mit Flugblättern, Streitschriften und Liedern für seinen Fortbestand gekämpft, was der Stadt den Ehrentitel »Unseres Herrgotts Kanzlei« einbrachte. Auch Hamburg blieb bis weit ins 18. Jahrhundert ein Vorort der lutherischen Orthodoxie. Mehrere bedeutende Pastoren wurden aus Magdeburg nach Hamburg berufen, der bekannteste unter ihnen war Johan Melchior Goeze, der Gegenspieler Gotthold Ephraim Lessings im Fragmentenstreit. Lessing wiederum war der namhafteste Zögling der 1543 von Herzog Moritz von Sachsen gegründeten Fürstenschule von St. Afra in Meißen. Auch die anderen Fürstenschulen von Pforta bei Naumburg (Schulpforta) und Grimma wurden zu Bildungsstätten von überregionaler Ausstrahlung. In Schulpforta wurde Friedrich Gottlieb Klopstock unterrichtet, der jahrzehntelang Hamburgs geistiges Leben mitprägte.

Bildlichen Ausdruck fand die enge Verbindung zwischen Wittenberg und Hamburg in der Gedenktafel für einen in Wittenberg verstorbenen Hamburger Studenten, die um 1563 in der Werkstatt Lucas Cranachs d. J. entstand. Das Oldehorst-Bildepitaph zeigt »Die Erweckung des Jünglings von Nain« mit stilisierten Bezügen zu Wittenberg, die Elbe und die älteste überlieferte, recht genaue Ansicht Hamburgs.

Die Vertreibung der Juden aus Spanien und Portugal wie die vielen Kämpfe im Gefolge der Glaubensspaltung führten zu Flüchtlingswanderungen. In Hamburg, Stade, Altona und Glückstadt fanden die Vertriebenen Aufnahme. Diese Orte wurden, mit beachtlichen Abstufungen, zu Plätzen der Duldung und Toleranz, vor allem Altona, die Freistatt des Glaubens und der Gewerbe, der erste Freihafen in Nordeuropa. Altona gehörte zunächst zur Grafschaft Holstein-Schaumburg, die neben Gebieten an der oberen und mittleren Weser die Herrschaft Pinneberg umfaßte, und kam 1640 unter dänische Oberhoheit. 1664 erhielt der Flecken Stadtrechte und stieg nach Kopenhagen zur zweitgrößten Stadt im dänischen Gesamtstaat auf. In Altona hatten die Juden weit größere Rechte als anderswo. Zwischen seiner jüdischen Gemeinde und jüdischen Zentren in Ostmitteleuropa bestanden vielfältige Kontakte, auch nach Prag gab es Verbindungen.

Zwar verloren Wittenberg und das ernestinische Sachsen nach dem Schmalkaldischen Krieg, der dem Herzogtum die Kurwürde einbrachte, an politischer Bedeutung, doch blieb die Universität bis weit ins 17. Jahrhundert die meistbesuchte deutsche Hochschule. Dann gab sie ihre führende Stellung an Leipzig und Jena ab. Die 1694 vom Kurfürsten Friedrich III. von Brandenburg gegründete Universität in Halle wurde dank Christian Thomasius und August Hermann Francke zum Zentrum der Frühaufklärung und des Pietismus. Halle/Leipzig und Hamburg waren die ersten Vororte der Aufklärung, der auf Vernunft und Kritik beruhenden, Mündigkeit und Reformen anstrebenden Bewegung. Auch Barthold Hinrich Brockes, Jurist, Ratsherr und bislang der einzige Dichter im Hamburger Senat, hatte in Halle studiert. »Der Patriot«, die 1724 bis 1726 erschienene bedeutendste deutsche »Moralische Wochenschrift«, an der er mitwirkte, war auch in Dresden, Halle, Jena und Leipzig verbreitet. In Brockes' Gedichtsammlung »Irdisches Vergnügen in Gott«, einem Meilenstein auf dem Wege der deutschen Naturpoesie, finden sich auch Schilderungen der Elbe. Im siebten Band spiegelt sich seine Tätigkeit als Amtmann in Ritzebüttel an der Elbmündung in den Jahren von 1735 bis 1741.

Im 18. Jahrhundert kamen zahlreiche Beamte, Geistliche, Journalisten, Lehrer, Musiker, Prinzipale, Schauspieler und Schriftsteller aus Mitteldeutschland in den Norden. Die höfische Kultur Dresdens übte Anziehungskraft in umgekehrter Richtung aus: Der Schriftsteller Johann Ulrich König, der sich dem Kreis um Brockes angeschlossen hatte, wurde Hofdichter und Zeremonienmeister, der aus dem Hamburg und Lübeck gemeinschaftlich gehörenden Städtchen Bergedorf stammende Johann Adolf Hasse war jahrzehntelang für die Hofkapelle und Oper tätig und Christian Ludwig von Hagedorn, der Bruder des Dichters Friedrich von Hagedorn, erwarb sich Verdienste um die Kunstsammlungen und die Akademie.

Hamburg wurde im 18. Jahrhundert zur führenden deutschen Pressestadt, der »Hamburgische unpartheyische Correspondent« zur meistgelesenen Gazette der Zeit. In vielen sächsischen und thüringischen Städten, auch in Wien, sicher auch in Böhmen, wurden die Hamburger Blätter gehalten. Die »Hamburgische Gesellschaft zur Beförderung der Künste und nützlichen Gewerbe«, die »Patriotische Gesellschaft von 1765«, wurde zum Mittelpunkt der aufklärerischen Reformbestrebungen und stand in Kontakt mit zahlreichen Persönlichkeiten und Gesellschaften, die sich für »Verbesserungen« in nahezu allen Lebensbereichen engagierten. Sie hatte Verbindungen zu Reformern in Altona und Stade, in Dresden, Erfurt, Gotha, Suhl, auch in Brünn und Prag. Der Aufklärer und Jurist, »Patriot« und Senator Johann Arnold Günther trug in seiner Bibliothek Materialien über das Armenwesen, eines der wichtigsten Reformfelder des späten 18. Jahrhunderts, zusammen, darunter Schriften und Verordnungen aus mehreren mitteldeutschen Orten und Territorien sowie aus Böhmisch Kamnitz, Prag und Wien. Die Hamburger Armenanstalt von 1788 mit ihren neuen Prinzipien Arbeit statt Almosen, Hilfe zur Selbsthilfe, Zugang zu Bildung, Selbstverwaltung und Mitverantwortung der Bürger wurde zum Vorbild zahlreicher Reformversuche, so auch in Wien. Der Hamburger Aufklärer Caspar Voght wurde für seine Verdienste um die Neuordnung des Wiener Armenwesens 1802 von Kaiser Franz II. mit dem Reichsfreiherrenstand ausgezeichnet.

Zu den aufgeklärten Musterländern des 18. Jahrhunderts gehörte das Fürstentum Anhalt-Dessau. Leopold III. Friedrich Franz und sein Berater Friedrich Wilhelm von Erdmannsdorff ließen den kleinen Staat an der mittleren Elbe zu »Zierde und dem Inbegriff des XVIII. Jahrhunderts« (Christoph Martin Wieland) werden. 1774 wurde in Dessau das »Philanthropinum« eröffnet, eine Reformschule, die trotz manch interner Probleme viele Schulreformen beeinflußte. Gründer war der aus Altona gekommene Johann Bernhard Basedow. Vom »Philanthropinum« nach

Hamburg, später nach Braunschweig ging Joachim Heinrich Campe. Von Dessau wurden wesentliche Impulse für eine kindgerechte Erziehung, für den Unterricht in den »Realien« (Geschichte, Geographie, Naturkunde) und in den Leibesübungen gegeben. Der Dessau-Wörlitzer Kulturkreis mit dem »Gartenreich«, den klassizistischen und neugotischen Bauten wirkte nachhaltig auf Gartenkunst und Architektur. In Altona hat sich oberhalb der Elbe mit der Palmaille ein klassizistischer Straßenzug erhalten, den Christian Frederik Hansen gestaltete. Auch die Landsitz- und Gartenlandschaft westlich von Altona, die reiche Hamburger und Altonaer, darunter auch Caspar von Voght, schufen, ist weitgehend bewahrt worden. Wie in Dessau und Wörlitz verbanden sich hier Aufklärung und Empfindsamkeit, Kultur und Natur. Den Geist jener Jahrzehnte, die Ideale von Humanität und Freundschaft spiegelt Friedrich Schillers Ode »An die Freude«, die während seines Dresdner Aufenthalts in den Jahren 1785 bis 1787 vollendet wurde. In Dresden arbeitete Schiller auch am »Don Carlos«, der am 29. Oktober 1787 von Friedrich Ludwig Schröder in Hamburg mit großem Erfolg uraufgeführt wurde – einer von vielen Kulturkontakten im Elberaum zwischen Reformation und Aufklärung.

Franklin Kopitzsch

Literatur

BLASCHKE, KARLHEINZ: Wittenberg, die Lutherstadt, 2. Aufl. Berlin (Ost) 1979

HIRSCH, ERHARD: Dessau-Wörlitz. »Zierde und Inbegriff des XVIII. Jahrhunderts«, Leipzig 1985 (Lizenzausgabe München 1985)

JUNGHANS, HELMAR: Wittenberg als Lutherstadt, Berlin (Ost) 1979

KOPITZSCH, FRANKLIN: Grundzüge einer Sozialgeschichte der Aufklärung in Hamburg und Altona (Beiträge zur Geschichte Hamburgs, Bd. 21, 2. Aufl. Hamburg 1990

KOPITZSCH, FRANKLIN: Die mitteldeutschen Universitäten und die Aufklärung in Norddeutschland, in: Wissenschafts- und Universitätsgeschichte in Sachsen im 18. und 19. Jahrhundert. Nationale und internationale Wechselwirkung und Ausstrahlung, hrsg. von Karl Czok (Abhandlungen der Sächsischen Akademie der Wissenschaften zu Leipzig, Philologisch-historische Klasse, Bd. 71, Heft 3), Berlin (Ost) 1987, S. 85–99

Auf das Oldehorst-Bildepitaph machte mich Professor Dr. Rainer Wohlfeil (Hamburg) aufmerksam.

Die Handelsschiffahrt auf der Elbe – Von den Zolltarifen des 13. Jahrhunderts zur »Elbe-Schiffahrts-Acte« von 1821

Die Handelsschiffahrt auf der Elbe ist nicht von der Elbregion zu trennen. In handelsgeschichtlicher Sicht ist die Elbregion der Raum, der durch die Elbe, ihre Nebenflüsse und die sie ergänzenden Kanäle für die Binnenschiffahrt erschlossen wird.[1] Die größeren Nebenflüsse mit ihren Einzugsbereichen dehnen die Elbregion weit aus: die Moldau in große Teile Böhmens (zunächst bis Prag), die Mulde und die Saale in das westliche Sachsen und in Teile Thüringens, die Havel in große Teile Brandenburgs (nicht zuletzt nach Berlin).

Durch Kanalbauten wurde seit dem 14. Jahrhundert die Elbregion mit anderen Flußregionen verbunden. Im Bereich der Niederelbe gelang es 1390 bis 1398, durch den Stecknitzkanal, den Vorläufer des Elbe-Lübeck-Kanals, die Verbindung zur Trave herzustellen und damit die Möglichkeit zu eröffnen, den Transport des Lüneburger Salzes von der Ilmenau her nach Lübeck ganz auf dem Wasserwege durchzuführen. Größeren technischen Schwierigkeiten begegnete im 15./16. Jahrhundert der Hamburger Versuch, zu der sachsen-lauenburgischen Route des Stecknitzkanals eine Alternative durch holsteinisches Territorium zu bauen: die Oberalster über die Beste mit der Trave zu verbinden. Schiffahrtslinien, die im 15. Jahrhundert von der Elbe bei Boizenburg zum Schaalsee und im letzten Drittel des 16. Jahrhunderts von der Elbe bei Dömitz durch die Elde und den Schweriner See nach Wismar ausgebaut wurden, dienten den Lüneburger Interessen der Holzversorgung der Saline und des Salzhandels zur Ostsee.[2] Die große Zeit der Kanalbauten begann jedoch erst im 17./18. Jahrhundert. In Brandenburg wurde 1669 die Verbindung zwischen Havel, Spree und Oder vollendet und damit eine Schiffahrtsverbindung geschaffen, die von Hamburg über Berlin bis Breslau reichte. In Schleswig-Holstein wurde der Eiderkanal, der Vorläufer des heutigen Nord-Ostsee-Kanals, 1784 in Betrieb genommen. Erst seit 1899 wurden die Kanalverbindungen von der Elbe zur Weser und weiter zur Ems ausgebaut; 1938 war der Mittellandkanal vollendet, an den sich östlich der Elbe-Havel-Kanal anschloß. Neben den Flüssen und Kanälen sind in der Elbregion jedoch auch die Landstraßen, die parallel und quer zu ihnen laufen, zu bedenken.[3]

Nähere Aufschlüsse über die Handelsschiffahrt auf der Elbe vor der Vereinheitlichung, welche die »Elbe-Schiffahrts-Acte« von 1821 einleitete, gewähren seit dem 13. Jahrhundert nicht zuletzt die Zolltarife. Sie setzen für Transportmittel und Waren Zollsätze oder Zollbefreiungen fest. Ihre normativen Angaben lassen sich nur selten durch Register über die tatsächlich erhobenen Zölle prüfen. Schwierigkeiten bereiten nicht nur die zu erwartenden Ermessensspielräume und Nachlässigkeiten der Zöllner, sondern auch die zahlreichen Privilegierungen, Zollsenkungen oder -befreiungen für Kaufleute bestimmter Städte oder Territorien und die nicht selten zu beobachtende Verteilung der Zollerhebung auf mehrere Zollstätten desselben Landesherrn.

Die technischen Bedingungen der Flußschiffahrt haben sich vom 13. Jahrhundert bis um 1820, bis zu den Anfängen der Dampfschiffahrt und der großen Flußregulierungen, wenig verändert. Die Schiffstypen blieben – trotz schwankender Bezeichnungen – relativ konstant. Der Hamburger Zolltarif von 1262/63 gliedert die Schiffe auf der Elbe oberhalb der Stadt in mehrere Typen und differenziert den Zoll entsprechend der Schiffsform: von einem Prahm, einem breit und flachbödig gebauten Schiff, war 1 Schilling (= 12

Pfennig), von einer »navis linguata«, einem an den Enden spitz (zungenförmig) zulaufenden Schiff, ebenfalls 1 Schilling zu entrichten; ein Kahn mit hohen Bordwänden um das ganze oder um mehr als die Hälfte des Schiffes herum, ein Setzbordschiff, erbrachte 8 Pfennig, eine (Lüneburger) Eiche ebenfalls 8 Pfennig, ein einfacher Kahn aber nur 4 Pfennig Zoll.[4] Der Pirnaer Zolltarif von 1325 unterschied den Prahm (»archa« oder »prom«) von einem Kahn (»cimba«); letzterer kam ohne Bord, als Einbaum, oder als Setzbordkahn mit einfachem und mit doppelt hohem Bord vor. Außerdem gab es als Schiffstyp den kleinen Kahn (»navicula«), das Boot.[5]

Stärkeren Schwankungen war die Zollerhebung entlang den Flüssen unterworfen. Die Zahl der Zollstätten, die Bedeutung, die ihnen zukam, die Art der Waren und Transportmittel, die mit Zoll belegt wurden, und auch die Höhe des Zolls schwankten – entsprechend der politischen Struktur des Raumes und entsprechend der Durchsetzungsfähigkeit eines Zollherrn. So scheint die Zollstätte Eßlingen, solange sie unter sachsen-lauenburgischer Herrschaft stand, eine vergleichsweise geringe Rolle im Verhältnis zu Artlenburg gespielt zu haben. Seitdem Eßlingen der Herrschaft Hamburgs und Lübecks unterstand, wurde der Zoll zu Eßlingen aufgewertet.[6]

Die unterschiedliche Art der Zolltarife entschlüsselt einige Strukturen des Handels und der Schiffahrt auf der Elbe zwischen dem Niederelberaum und Böhmen. Im Dezember 1236 senkte Graf Adolf von Holstein die Zollzahlungen der Kaufleute aus der Mark Brandenburg. Dies ist der erste überlieferte Hamburger Zolltarif. Knapp drei Jahrzehnte später, 1262/63, sind in einem Hamburger Zolltarif für die Kaufleute unter anderem aus der Mark Brandenburg, dem Erzstift Magdeburg, der Mark Meißen und den Herzogtümern Braunschweig-Lüneburg und Sachsen die Handelswaren auf der Elbe teils vollständiger erfaßt, und es werden auch die Handelsrichtungen klarer erkennbar.[7]

Als Waren, die von Hamburg aus elbaufwärts transportiert werden, sind in diesen Zolltarifen unter anderem genannt: Bier und Wein; Gerste und Hafer; Heringe und Heringstran; Vieh (nämlich Pferde, Rinder, Schweine); Blei (mindestens bis Lüneburg); flandrisches Tuch sowie Waid. – Von Hamburg aus elbabwärts transportiert werden: Roggen und Weizen; Kupfer, Zinn und Eisen; Leinwand; Pech, Asche und Wachs. Der Zolltarif von Pirna (1325) erwähnt außerdem Holz aus Böhmen. Erst im späten 15. Jahrhundert (1480) sind in Hamburger Zolltarifen neben den elbabwärts laufenden Kupfer- und Eisenexporten auch Transporte dieser Waren elbaufwärts, also aus Skandinavien, bezeugt. Auch die Holzlieferungen elbabwärts treten nun in den Hamburger Zolltarifen deutlicher hervor.[8] – Durch den Zwischenhandel aus Südosteuropa dürften die meisten Metalle, Kupfer und Zinn, vermittelt sein; dagegen gehörte das Blei vermutlich zu den elbaufwärts beförderten Gütern, es stammte aus England.[9] Blei wurde in Hamburg elbaufwärts, in Pirna aber elbabwärts, aus Böhmen oder Ungarn, befördert. Der Grund ist unter anderem in dem Bedarf der Salinen in Lüneburg und bei Magdeburg zu suchen. Erst nach der Mitte des 14. Jahrhunderts wurde Blei von Böhmen bis Hamburg auch elbabwärts transportiert.[10]

Am 20. April 1325 erneuerte König Johann von Böhmen, der Sohn Heinrichs VII., der Stadt Pirna ihre zerstörten Privilegien. Ein großer Teil dieser erneuerten Privilegien bestand in Zolltarifen.[11] Pirna, zwischen Dresden und dem Erzgebirge an der Elbe gelegen, stand seit 1298 unter böhmischer Herrschaft.

Der Stadt Pirna wurde eine Handelsniederlage, ein Platz für das Aus- und Einladen der Handelswaren, zugestanden. Der Umschlag der Waren in Pirna war in der Regel zollpflichtig. Die Einwohner zahlten teils keinen, teils einen geringeren Zoll als die Auswärtigen. Zwischen Zoll und einer Abgabe für den Umschlag wurde unterschieden. Der Zoll für Salz war zu einem kleineren Teil nicht in Pirna, sondern in der Zollstätte Meißen, unterhalb Dresdens, zu entrichten (auch sie unter böhmischer Herrschaft).

Was die Handelswege anlangt, war für die Zollerhebung als Regelfall angenommen, daß die Transporte zu Schiff abgewickelt wurden, elbaufwärts (als Bergfahrt) oder elbabwärts (als Talfahrt). Orte unterhalb

Pirnas, die hervorgehoben wurden, sind: Magdeburg und Meißen, ebenfalls Zollstätten, ferner Dresden; oberhalb Pirnas: Tetschen. Wagenfahrten sind von Dresden und von Bautzen (Oberlausitz) aus bezeugt.
Die Schiffe, die regelmäßig den Transport der Waren besorgten, waren unter zolltechnischem Aspekt geschieden in voll beladene, nicht voll beladene und nicht beladene, in größere und kleinere, alte und neue. Der Export neu gebauter Schiffe wurde erschwert (oder: ihre Rückkehr, die Bergfahrt, gefördert). Nur, wenn der Schiffer gelobte, mit dem neuen Schiff noch in demselben Jahre zurückzukehren, brauchte er für die Talfahrt des Schiffes keinen Zoll zu entrichten. Neben den Schiffstransporten sind Wagenfuhren mit bis zu vier Zugpferden bezeugt. Schließlich ist von Krämern oder Hausierern die Rede, die ihre Waren selbst trugen oder auf einem Wagen transportierten.
Flöße dienten nicht nur dem talwärts gerichteten Transport der Baumstämme, aus denen sie sich zusammensetzten; es gab auch beladene Flöße, zum Transport vor allem von Holz und Mühlsteinen. Die beladenen Flöße wurden im Pirnaer Zolltarif von 1325 zolltechnisch als Schiffe angesehen. Da sie nicht zurückkehrten, war für beladene Flöße Schiffszoll zu zahlen. Unbeladene Flöße galten als zusammengebundene Hölzer.[12]
Unter den Waren, welche der Pirnaer Zolltarif erwähnt, seien für die Talfahrt hervorgehoben: Steine (Mühlsteine, Steinschalen, Schleifsteine) sowie Hölzer (Schwellen, lange Pfähle, Rundhölzer, Balken, Sparren, Schindeln und Becherholz), Metalle (Zinn, Blei, Kupfer); Metallgeräte (Braupfannen, Messer, Scheren, Pflugscharen, Sicheln, Schwerter), Tiere (besonders Pferde, Rinder, Schweine, Ziegen, Hirsche, Schafe, Esel) sowie Tierhäute und -felle (von Rindern und Pferden, Hirschen und Lämmern, Hasen und Füchsen); für die Bergfahrt: Fisch, besonders Hering, teils auf Wagen befördert, auch als »loser Hering«; Honig und Wachs (auf Wagen transportiert, besonders aus Dresden und dem östlicher, in der Oberlausitz gelegenen Bautzen, zum Weitertransport nach Böhmen), Pfeffer (in Säcken), Salz (aus den Salinen im Mittelelbe-/Saale-Bereich); Tuche von hoher Qualität (vom Niederrhein und aus Flandern), aber auch geringer verzollte Tuche aus Dresden und aus der Umgebung von Pirna, Leinwand und Garn.
In politischer Hinsicht erscheint die Elbregion seit altersher in mehrere Abschnitte zergliedert.[13] Um die Mitte des 14. Jahrhunderts gruppieren sich um die Niederelbe hauptsächlich ein Teil des askanischen Herzogtums Sachsen (Sachsen-Lauenburg), das Herzogtum Braunschweig-Lüneburg und die Grafschaft Holstein sowie einige bäuerliche Landesgemeinden. Zwischen den brandenburgischen und den böhmischen Anteil an der Elbregion schieben sich die Markgrafschaft Meißen, die askanischen Territorien der Herzöge von Sachsen (Sachsen-Wittenberg) und der Grafen von Anhalt sowie das Erzstift Magdeburg. Die Saale und ihre Nebenflüsse öffnen die Elbregion nach Thüringen. Größere territoriale Geschlossenheit erhielt der Raum zwischen Böhmen und Brandenburg erst durch die Vereinigung der Markgrafschaft Meißen mit dem Herzogtum Sachsen-Wittenberg im sächsischen Kurfürstentum der Wettiner (seit 1423). Auch der Aufstieg der Leipziger Messen beginnt erst im 15. Jahrhundert. In der Zeit Kaiser Karls IV., um 1360, stellte sich also die nördlich an Böhmen grenzende Region weniger geschlossen dar und war infolge der labilen Herrschaft der Wittelsbacher in Brandenburg zusätzlich politischen Eingriffen geöffnet.
Vor diesem Hintergrund ist das Aufsehen zu verstehen, welches ein Flottenbauplan Karls IV. in Magdeburg 1365 erregen konnte. Die Magdeburger Schöppenchronik berichtet: Kaiser Karl IV., der König von Böhmen, habe viele Schiffe bauen lassen »und wollte in die Sachsenländer fahren. Einige sprachen, er wolle diese Länder und besonders diese Stadt (Magdeburg) bezwingen; andere Leute sprachen, er wolle eine allgemeine Handelsstraße schaffen die Elbe abwärts von Böhmen bis an das Meer; daraus wurde aber nichts. Jedoch befestigte man diese Stadt (Magdeburg) sehr, und die Bürger bereiteten sich entschlossen auf die Verteidigung dieser Stadt vor.«[14] – Auch nach Süden, zur Adria hin, versuchte Karl IV. damals die Handelsbeziehungen Prags auszubauen, durch Verhandlungen mit den Herzögen Rudolf und Albrecht von Öster-

reich (1364/66) und mit der Stadt Venedig (1365). Auch Karls Plan, die Moldau mit der Donau durch einen Kanal zu verbinden, sollte der Verbesserung der süd- und südosteuropäischen Handelsbeziehungen Prags dienen.[15]

Die Ausrichtung Karls IV. auf eine Förderung des Handels entlang der Elblinie wurde bereits am Ende der 1350er Jahre erkennbar. Im Oktober 1359 erteilte er der Stadt Hamburg das Privileg, in ihrem Territorium Seeräuber und Straßenräuber zu verfolgen.[16] Der Ausdruck »pyrata« meint wahrscheinlich nicht nur Seeräuber im engen Sinne, sondern auch Räuber auf Flüssen. – In demselben Jahre, zu dem die Magdeburger Schöppenchronik von den Flottenbauplänen Kaiser Karls IV. berichtet, 1365, erteilte er im Januar der Stadt Hamburg das Privileg, einen dreiwöchigen Jahrmarkt zu halten, der vierzehn Tage vor Pfingsten beginnen und eine Woche nach diesem Fest enden sollte. Als besondere Begründung wurde genannt: daß die Elbe, die aus dem Königreich Böhmen fließe, zur Beförderung von Handelswaren aus ihm besonders geeignet sei.[17] Aus den Rundschreiben, die der Rat der Stadt Hamburg kurz danach verschickte, geht ein Teil des Einzugsbereiches hervor, den er für diese Messe erhoffte: ausdrücklich genannt sind das Königreich Ungarn, das Herzogtum Österreich, das Herzogtum Bayern und das Königreich Böhmen, schließlich pauschal alle anderen Fürstentümer und Kaufleute auf beiden Seiten der Elbe; Exemplare dieses Rundschreibens gingen auch nach Stralsund, Flandern und Westfalen.[18] Der Einzugsbereich der Messe sollte also nicht nur die binnenländische Elbregion, sondern auch den südlichen Nordsee- und Ostseeraum umfassen. Allerdings verzichtete der Rat der Stadt Hamburg bald nach dem Tode Karls IV., spätestens 1383, auf die Abhaltung dieses Jahrmarktes.[19]

Im 14. und 15. Jahrhundert, besonders in der zweiten Hälfte des 15. Jahrhunderts, wird zunehmend eine Überlastung der Stadt und des Hafengeländes durch Waren erkennbar. Der Hamburger Hafen, während des 13. Jahrhunderts im Unterlauf der Alster, im Nicolaifleet gelegen, wuchs während des 15. Jahrhunderts schnell in den angrenzenden Nordteil des Stromspaltungsgebietes der Elbe hinein.[20] Die Hamburger Kämmereirechnungen lassen erkennen, daß die Zolleinnahmen in Eßlingen, soweit sie Hamburg zustanden, zwischen 1461 und 1500 von 599 auf 962 Mark anwuchsen. Der Anstieg dürfte nur teilweise durch Inflation und durch angehobene Zolltarife erklärbar sein, und auch auf das wachsende Transportvolumen hinweisen. Zum Anwachsen der Handelsschiffahrt auf der Elbe oberhalb Hamburgs während des 15. Jahrhunderts passen die organisatorischen Veränderungen: Schifferämter und -bruderschaften kommen auf, so in Hamburg, bezeugt seit 1429, die Schiffsleute vor dem Winserbaum, in Lauenburg die Elbschiffer, bezeugt seit 1417, in Lüneburg die Eichenschiffer, bezeugt spätestens seit 1424. Auch Hamburgs Bemühungen um das Stapelrecht, besonders für Getreide, die in dem kaiserlichen Privileg von 1482 gipfelten, sind in diesem Zusammenhang zu sehen. Im 16. Jahrhundert suchten Hamburg und Magdeburg ihre Getreidehandels- und Stapelrechtsinteressen vertraglich zu koordinieren.[21]

Spätere Quellen, aus denen Rückschlüsse nur bedingt möglich sind, lassen die Relationen der Schiffs- und Wagentransporte und auch der Schiffahrt elbauf- und -abwärts deutlich erkennen. Ein Zollregister in Bleckede (links der Elbe oberhalb Lauenburgs und Boizenburgs) aus dem Jahre 1503 verzeichnet als geforderten Zoll: 143 Mark 6 1/2 Schilling; davon waren 14,6 Prozent Wagenzoll, 7,3 Prozent Schiffszoll für die Bergfahrt und 78,1 Prozent Schiffszoll für die Talfahrt.[22] Trotz der Ungewißheit über die Modalitäten der Zollerhebung und trotz der zu erwartenden Verzerrungen, die sich aus der Befreiung der Lüneburger Kaufleute von dem Zoll zu Bleckede ergeben, sind aus diesen Zahlen mit Wahrscheinlichkeit zwei Schlüsse zu ziehen: Das Verhältnis des Wagenzolls zum Schiffszoll (etwa 1:7) weist darauf hin, daß bei Bleckede die Schiffstransporte die Wagentransporte nach Quantität und Wert der Waren weitaus überwogen. Und: Das Verhältnis des Schiffszolls, der für die Bergfahrt, zu dem, der für die Talfahrt erhoben wurde (etwa 1:11), läßt erkennen, daß bei Bleckede die Schiffe auf der Talfahrt in der Regel besser mit Fracht ausgelastet waren als auf der Bergfahrt. Dieser Schluß gilt, obwohl die Relation der Zölle für die Bergfahrt und für die Talfahrt wahrscheinlich dadurch verzerrt ist, daß bisweilen für die Bergfahrt günstigere Zoll- und Ungeldsätze bestanden als für die Talfahrt, daß ein nicht geringer Teil der Lüneburger Schiffahrt von der Ilmenaumündung elbaufwärts ging und daß ein Teil der abwärts fahrenden Elbschiffe an der Unterelbe verblieben sein dürfte. Indizien und Vergleiche würden das Übergewicht der Schiffstransporte über die Wagentransporte und die größere Bedeutung der Talfahrt im Verhältnis zur Bergfahrt bestätigen.

Während an der Elbe zwischen Tetschen und Stade im 13. Jahrhundert etwa 22 Zollstätten bestanden, betrug ihre Zahl in den 1670er Jahren etwa 34.[23] Der Vermehrung der Zollstätten entsprach insgesamt – im Zeichen des aufsteigenden Finanzstaates – eine Vermehrung der zu verzollenden Waren und eine Steigerung der Zollsätze. Vier Rechnungen des Pirnaer Schiffsherrn Gottfried Kleeditz von Reisen aus den Jahren 1671 bis 1674 zwischen Pirna und Hamburg lassen die starke Belastung erkennen.[24] Von den Frachteinnahmen (insgesamt 11 589 Talern) entfielen fast 63 Prozent auf Zölle, gut 21 Prozent auf Betriebskosten, als Reingewinn verblieben weniger als 16 Prozent der Frachteinnahmen. Die Relation der auf der Bergfahrt und der auf der Talfahrt entrichteten Zölle betrug 1:1,54; die Differenz war nicht so groß wie am Ende des 15. Jahrhunderts bei Bleckede. Frachtgewinne wurden flußabwärts vor allem mit Mühlsteinen und Brettern erzielt, flußaufwärts mit Fisch und Tran, Wein und Sekt. Auf der Bergfahrt überwogen also rohstoffgebundene gewerbliche Produkte, auf der Talfahrt Nahrungs- und Genußmittel.

Die ältere, durch traditionsgebundene Schiffsformen, durch Schifferämter, -gilden oder -bruderschaften und durch zahlreiche Zollstätten und der Tendenz nach steigende Zölle gekennzeichnete Organisationsform der Elbschiffahrt wandelte sich im 19. Jahrhundert rapide. Auf der Grundlage der Wiener Kongreßakte von 1815, welche die Freiheit der Flußschiffahrt postulierte, kamen in den folgenden Jahrzehnten für die größeren deutschen Flüsse Schiffahrtsakten zustande: für den Rhein, vorbereitet durch den Reichsdeputations-Hauptschluß von 1803 und den Rheinschiffahrts-Oktroi von 1804, in den Jahren 1831 und 1868; für die Donau 1840 und 1857; für die Weser 1823; für die Ems 1843.[25] Die »Elbe-Schiffahrts-Acte« schlossen 1821 »die Staaten, deren Gebiet die Elbe in ihrem schiffbaren Laufe trennt oder durchströmt, beseelt von dem Wunsche, die dadurch dem Handel und der Schiffahrt zugesicherten Vortheile und Erleichterungen baldmöglichst ins Leben zu rufen«, nämlich die Bevollmächtigten des Kaisers von Österreich für Böhmen, des Königs von Preußen, des Königs von Sachsen, des Königs von Großbritannien für Hannover, des Königs von Dänemark als Herzog von Schleswig, Holstein und Lauenburg, des Großherzogs von Mecklenburg-Schwerin, der Herzöge von Anhalt-Bernburg, Anhalt-Köthen und Anhalt-Dessau sowie des Senats der Freien und Hansestadt Hamburg. Das Prinzip der »Elbe-Schiffahrts-Acte« ist in ihrem 1. Artikel verkündet: »Die Schiffahrt auf dem Elbstrome soll von da an, wo dieser Fluß schiffbar wird, bis in die offene See, und umgekehrt, aus der offenen See, (sowohl auf- als abwärts) in Bezug auf den Handel völlig frey seyn.«[26] Schiffergilden und Stapelrechte wurden aufgehoben; statt der Vielzahl der Zölle wurde ein allgemeiner Elbzoll eingeführt, dessen Höhe bei der Fahrt von Melnik bis Hamburg 27 Groschen und 6 Pfennig für einen Zentner Bruttogewicht nicht übersteigen sollte, sowie eine Abgabe von den Fahrzeugen, die je nach Ladungsfähigkeit 3,5 Groschen bis 3 Taler 16 Groschen betragen sollte; diese Summen wurden auf die Anrainerstaaten der Elbe verteilt und von insgesamt 14 (statt bisher 35) Zollämtern erhoben. Das Ziel war, »die innere Industrie und die Ausfuhr der Landes-Producte zu befördern«. Zulässig blieben allerdings zusätzliche Einfuhrzölle auf bestimmte Waren sowie Kran-, Waage- und Niederlagegebühren an Handelsplätzen.

Um 1820 kam auf der Elbe die Dampfschiffahrt auf. 1817 fuhr erstmals ein Dampfschiff von Hamburg bis Magdeburg. Von 1835 an verkehrte ein Dampfschiff zwischen Dresden und Hamburg. 1836 entstanden die »Sächsische Dampfschiffahrtgesellschaft« in Dresden und die »Magdeburger Dampfschiffahrtgesellschaft«. Aus letzterer ging 1840 die »Vereinigte Hamburg-Magdeburger Dampfschiffahrtcompagnie« hervor. Schon 1822 hatte sich die »Prager Schiffahrtgesellschaft« gebildet.[27] Bald nach der Annahme der Additionalakte zur »Elbe-Schiffahrts-Acte« (1844) begannen umfangreiche Arbeiten zum Ausbau der Elbe, zur Regulierung ihres Laufs, zur Befestigung ihrer Ufer, später auch zur Vertiefung der Fahrrinne.

Die so geförderte Einheit der Handelsschiffahrt zwischen Böhmen und der Nordsee in der Zeit des Aufblühens der Dampfschiffahrt mag die etwa 720 Kilometer lange, auf dem Grund der Elbe verlegte, armdicke Kette verdeutlichen, die den Schleppern besonders zwischen 1885 und 1895 die Bergfahrt von Hamburg bis zur Einmündung der Moldau bei Melnik bewältigen half.[28] Diese Kettenschiffahrt ist gewissermaßen eine technische Fortsetzung der wirtschaftspolitischen Entscheidungen, welche die »Elbe-Schiffahrts-Acte« von 1821 enthielt.

Gerhard Theuerkauf

Anmerkungen

1 Zur Elbregion insgesamt vgl. das Literaturverzeichnis am Schluß dieses Buches.

2 Bleeck, Hans: Lüneburgs Salzhandel im Zeitalter des Merkantilismus (16. bis 18. Jahrhundert) (De Sulte 2), Lüneburg 1985, S. 97 ff.

3 Bruns, Friedrich und Hugo Weczerka: Hansische Handelsstraßen, Atlas und Textbd. (Quellen und Darstellungen zur hansischen Geschichte, N.F. 13, Bd. 1 u. 2), Köln 1962 u. 1967

4 Pitz, Ernst: Die Zolltarife der Stadt Hamburg (Deutsche Handelsakten des Mittelalters und der Neuzeit 11 = Deutsche Zolltarife des Mittelalters und der Neuzeit 2, Nr. 13), Wiesbaden 1961, hier S. 13

5 Pirnaer Zolltarif König Johanns von Böhmen von 1325: Codex diplomaticus Saxoniae regiae II 5, Leipzig 1875, S. 337–341, Nr. 15, hier S. 339; zu den Binnenschiffen vgl. Heinsius, Paul: Das Schiff der hansischen Frühzeit (Quellen und Darstellungen zur hansischen Geschichte, N. F. 12), 2. Aufl. Köln 1986, S. 201ff.; Ellmers, Detlev: Frühmittelalterliche Handelsschiffahrt in Mittel- und Nordeuropa, 2. Aufl. Neumünster 1984, S. 76 ff.

6 Theuerkauf, Gerhard: Der Salzhandel in der Elbregion während des Mittelalters, in: Salz – Arbeit und Technik – Produktion und Distribution in Mittelalter und Früher Neuzeit (De Sulte 2), hrsg. von Christian Lamschus

7 Pitz, Ernst: Die Zolltarife der Stadt Hamburg (Deutsche Handelsakten des Mittelalters und der Neuzeit 11 = Deutsche Zolltarife des Mittelalters und der Neuzeit 2), Wiesbaden 1961, S. 3f., Nr. 4; S. 9 ff., Nr. 13

8 Pitz (wie Anm. 7), S. 61 ff. Nr. 86

9 Reincke, Heinrich: Machtpolitik und Weltwirtschaftspläne Kaiser Karls IV., in: Hansische Geschichtsblätter 49, 1924, S. 78–116, hier S. 85

10 Reincke (wie Anm. 9), S. 110; Reincke, Heinrich: Kaiser Karl IV. und die deutsche Hanse (Pfingstblätter des Hansischen Geschichtsvereins 22), Lübeck 1931, S. 27

11 Pirnaer Zolltarif (wie Anm. 5); Mörtzsch, O.: Zur Geschichte der Elbschiffahrt, Dresden 1922, S. 8 ff., bes. S. 10; Schmidt, Gerhard: Pirnas Fernhandel bis zum 16. Jahrhundert, in: Sächsische Heimatblätter 20, 1974, S. 118–120

12 Pirnaer Zolltarif (wie Anm. 5), S. 338

13 Feuerstein, Jörg: Die Territorien an der Elbe. Ein geschichtlicher Überblick, in: Panorama der Elbe. Ansichten des 18. und 19. Jahrhunderts, München 1987, S. 8–15

14 Magdeburger Schöppenchronik, hrsg. von Karl Janicke (Die Chroniken der deutschen Städte 7 = Magdeburg 1), Leipzig 1869, S. 251; zur Elbpolitik Karls IV. vgl. Reincke, Machtpolitik (wie Anm. 9), S.84 ff.; Reincke, Kaiser Karl IV. (wie Anm. 10), S. 21 ff.

15 Reincke, Machtpolitik (wie Anm. 9), S. 104 ff.

16 Hamburgs Weg zum Reich und in die Welt. Urkunden zur 750-Jahr-Feier des Hamburger Hafens, Hamburg 1939, S. 89–92, Nr. 34; Reincke, Kaiser Karl IV. (wie Anm. 10), S. 20 f.

17 Hamburgs Weg (wie Anm. 16), S. 96–102, Nr. 36f. (mit Faks.); Hamburg Commercial Treaties from seven Centuries, Nr. 2, hrsg. von Erich von Lehe (Hamburg Economic Studies 7), Hamburg 1953, S.17–20

18 Hamburgs Weg (wie Anm. 16), S. 102–105, Nr. 38; Hansisches Urkundenbuch 4, Nr. 135; Hamburg Commercial Treaties (wie Anm. 47), S. 21 f., Nr. 3

19 Hamburgische Burspraken 1346 bis 1594, Teil 1 u. 2, hrsg. von Jürgen Bolland (Veröffentlichungen aus dem Staatsarchiv der Freien und Hansestadt Hamburg 6), Hamburg 1960, hier Teil 2, Nr. 8, Art. 1; Erich von Lehe, Hamburgische Quellen für den Elbhandel der Hansezeit und ihre Auswertung, in: Hansische Geschichtsblätter 76, 1958, S. 131–142, hier S. 137

20 Theuerkauf, Gerhard: Hamburg und der Elbhandel im Mittelalter, in: Stadt und Hafen, Hamburger Beiträge zur Geschichte von Handel und Schiffahrt, hrsg. von Jürgen Ellermeyer und Rainer Postel (Arbeitshefte zur Denkmalpflege in Hamburg 8 = Veröffentlichung des Hamburger Arbeitskreises für Regionalgeschichte 2), Hamburg 1986

20 Theuerkauf, Gerhard: Hamburg und der Elbhandel im Mittelalter, in: Stadt und Hafen, Hamburger Beiträge zur Geschichte von Handel und Schiffahrt, hrsg. von Jürgen Ellermeyer und Rainer Postel (Arbeitshefte zur Denkmalpflege in Hamburg 8 = Veröffentlichung des Hamburger Arbeitskreises für Regionalgeschichte 2), Hamburg 1986

21 Vertrag von 1538; Naudé, Wilhelm: Deutsche städtische Getreidehandelspolitik vom 15.–17. Jahrhundert mit besonderer Berücksichtigung Stettins und Hamburgs (Staats- und socialwissenschaftliche Forschungen 8,5), Leipzig 1889, S. 43ff.; Mänß, J.: Geschichte des magdeburgischen Stapelrechts, in: Geschichtsblätter für Stadt und Land Magdeburg 38, 1903, S. 131–191, hier S. 140 ff.

22 Theuerkauf, Hamburg (wie Anm. 20), S. 39

23 Weissenborn, Bernhard: Die Elbzölle und Elbstapelplätze im Mittelalter, Phil. Diss. Halle-Wittenberg 1900; Blaschke, Karlheinz: Elbschiffahrt und Elbzölle im 17. Jahrhundert, in: Hansische Geschichtsblätter 82, 1964, S. 42–54

24 Blaschke (wie Anm. 23); vgl. Mai, Erich: Die Magdeburger Elbschiffahrt im 18. Jahrhundert, in: Magdeburger Wirtschaftsleben in der Vergangenheit, Bd. 1, Magdeburg 1925, S. 653–804, bes. S. 746 ff.; zur Wirtschaft Böhmens: Hroch, Miroslav und Josef Petrán, a) 17. století – krize feudální společnosti?, Prag 1976; deutsch unter dem Titel: Das 17. Jahrhundert – Krise der Feudalgesellschaft? (Historische Perspektiven 17), Hamburg 1981 ; b) Die Länder der böhmischen Krone 1350–1650, in: Handbuch der europäischen Wirtschafts- und Sozialgeschichte, Bd. 3, hrsg. von Hermann Kellenbenz, Stuttgart 1986, S. 968–1005

25 Neusser, G.: [Artikel] Stromschiffahrtsrecht, in: Handwörterbuch zur deutschen Rechtsgeschichte, Lieferung 33, Berlin 1991, Sp. 49–51

26 Elbschiffahrtsakte vom 23.6.1821: Sammlung der Verordnungen der freyen Hanse-Stadt Hamburg, Bd. 7: Verordnungen von 1821 und 1822, bearb. von Christian Daniel Anderson, Hamburg 1821/[1823], S. 190–238; Auszug: Hamburgs Weg (wie Anm. 16), S. 257–267, Nr. 73; vgl. die Additionalakte vom 13.4.1844: Sammlung der Verordnungen (wie oben), Bd. 18: Verordnungen von 1844, bearb. von J.M. Lappenberg, Hamburg 1845, S. 387–496

27 Rohde, Hans: Eine Studie über die Entwicklung der Elbe als Schiffahrtsstraße (Mitteilungen des Franzius-Instituts für Grund- und Wasserbau der Technischen Universität Hannover 36), Hannover 1971, S. 37

28 Hinsch, Werner: Die Kettenschiffahrt auf der Elbe. Eine wichtige Schiffahrtsverbindung zwischen Böhmen und Hamburg, in: Panorama der Elbe. Ansichten des 18. und 19. Jahrhunderts, München 1987, S. 16–21

Im Rhythmus des Gezeitenstroms – Zur Entwicklung des Hamburger Hafens und des Seeschiffsverkehrs auf der Elbe

Die wenigsten wissen, daß die Elbe auf ihrem 1100 Kilometer langen Wege von der Quelle bis zum Meer dreimal ihren Charakter völlig ändert. Den Namen Oberelbe trägt sie, solange sie gleichmäßig in einer Richtung bergab fließt, und zwar bis kurz vor Hamburg. Die Unterelbe von Lauenburg bis Cuxhaven wird ganz vom Tidenwechsel bestimmt, so daß die Stromrichtung sich zweimal täglich umkehrt. Als Außenelbe läßt sich der Fluß mit seiner ihm eigentümlichen, gelb-grauen Farbe noch an Neuwerk und gefährlichen Sandbänken vorbei über 32 Kilometer bis weit in die Deutsche Bucht hinein verfolgen, wenn man das Land schon lange aus den Augen verloren hat.

Für Bedeutung und Umfang der Schiffahrt auf Hamburg ist bis zur Industrialisierung eben diese Lage kurz vor dem Endpunkt des Gezeitenstroms ausschlaggebend gewesen, dessen Flutwelle tatsächlich über 165 Kilometer von der See bis Lauenburg hinauf kraftvoll genug wirkte, um im Rhythmus der Tiden jedes Schiff die Elbe bald aufwärts, bald abwärts zu befördern, sofern nur der Hauch einer Brise die Steuerfähigkeit des Fahrzeugs erhielt. Ob Seeschiff oder Küstensegler, Viermaster oder Ewer – alle waren sie bei Bewältigung des Weges nach Hamburg oder in Richtung See gleich begünstigt, wenn sie ihren Fahrplan je nach Verfügbarkeit dieser Naturkraft einhielten. Die »Hoch- und Niedrigwasserzeiten« ließen sich sogar regional für die »Deutsche Bucht und deren Flußgebiete« berechnen und schließlich in einem Tidenkalender verzeichnen, der zum unentbehrlichen Hilfsmittel für die Ansteuerung aller Landeplätze in diesem Gebiet und natürlich auch des Hamburger Hafens geworden ist. Es versteht sich von allein, daß auch kleinere Häfen an den Nebenflüssen der Unterelbe, so Stade an der Schwinge, Itzehoe an der Stör oder Lüneburg an der Ilmenau in gleicher Weise vom Gezeitenstrom profitiert haben. Nur auf dem Wasserwege waren Massengüter durch die für die Landverkehre die längste Zeit des Jahres undurchdringliche Marsch bis zu den Geestrandflecken wie Uetersen, Elmshorn oder Pinneberg zu transportieren, um dort wieder den Anschluß an die wenigstens trockenen, einigermaßen regelmäßig befahrbaren Elbuferhöhenwege zu gewinnen.

Die Segelfähren und alle anderen Wasserfahrzeuge vermochten die beachtliche Entfernung von Hamburg quer durch das ganze Stromteilungsgebiet bis nach Harburg – d.h. zwischen wichtigen Endpunkten der Landverkehre beiderseits der Elbe – mit Hilfe des auf- und wieder ablaufenden Wassers vergleichsweise schnell zu überwinden. Ließ sich doch die Nord-Südrichtung über den Reiherstieg so gut wie der Köhlbrand und die Süderelbe bei hier allgemein vorherrschenden westlichen Winden unter Segeln als weiterer Vorteil nutzen.

Die durch Abdeichung kleiner Elbhäfen wie Borstel oder Neuenschleuse bewirkte Kanalisierung der Unterelbe macht es heute nahezu unmöglich, sich eine annähernde Vorstellung von der ursprünglichen landschaftlichen Vielfalt und den stark unterschiedlichen Fahrwasserverhältnissen auf den kleinen Nebenflüssen zu bilden. Hier nämlich wären sonst noch die Ursachen für den im Laufe des Mittelalters entwickelten Typenreichtum der Wasserfahrzeuge, ob Ilmenau-Ewer oder Lühejolle, erkennbar, die nicht allein den Güternahverkehr zwischen Lüneburg und Cuxhaven sicherstellten, sondern auch Küstenorte an der Nordsee sowie die Ost- und Nordfriesischen Inseln ansteuerten, also auch Seeverkehr betrieben.

Und dieser Verkehr wirkte sich auf der Elbe und ihren Nebenflüssen aus, so weit ihn die Flutwelle des Gezeitenstroms hinauftrug.
Bis zur Einführung der Dampfbaggerei vor gut 150 Jahren ließen sich die Fahrwasserverhältnisse auf der Elbe und im Hafen allein durch geschickte Lenkung der Räumkraft des Stroms günstig beeinflussen. Diese elementare Veränderung jeder Hafenbautechnik teilt unsere Hafengeschichte geradezu in zwei Zeitalter.
Als älteste Hafenbau-Anlage Hamburgs hat eine 120 Meter lange, 6 Meter breite, aus Klobenhölzern zusammengefügte Schiffslände zu gelten, die sich bereits im 9. Jahrhundert am Nordufer des Reichenstraßenfleets hinzog.[1] Sie gehörte zu einem »vicus«, einer Siedlung hauptsächlich für Schiffskaufleute. Sie hatten diesen Priel gewählt, weil er unmittelbar an die für Haus- und Speicherbau geeignete, hochwasserfreie Geestzunge heranführte. Erzbischof Ansgar, der Missionar des Nordens, gründete seine Klosterburg direkt daneben.
Beinahe als künstlichen Hafen können wir eine zweite Anlage deuten, die um 1061 im Zusammenhang mit der »Neuen Burg« unter Herzog Ordulf in der Alsterschleife gegenüber der Einfahrt ins Reichenstraßenfleet buchstäblich auf einer Sandbank entstand. Die eigentliche Befestigung ist bei Ausgrabungen im Winter 1953/54 auf jener in die Alster hineinragenden Landzunge gefunden worden, die im Osten mit der halbkreisförmig am Ufer des Nicolaifleets belegenen Straße »Neue Burg« abschließt und schon deswegen immer für eine Lokalisierung der Festung Ordulfs an gleicher Stelle im Verdacht war.[2]
Bei späterer Deutung dieser Befunde wurde oder wird meistens eine wesentliche Entdeckung des Ausgräbers H. G. Steffens[3] übersehen: Der gewachsene Boden sei hier 20 bis 30 cm über dem heutigen NN festgestellt worden und nach außen noch bis 60 cm unter NN abgefallen. Und dann: »Schlick- und Sandschichten zeugen von Überschwemmungen des Geländes in der Zeit vor der Anlage der Burg.« Daraus folgt ganz klar, wie beachtlich ein solcher Entschluß gewesen sein muß, durch entsprechende Erdbewegungen hier erst einmal die Voraussetzungen für den dauernden Aufenthalt vieler Menschen zu schaffen. Wie Steffens denn auch weiter beobachtet hat, handelte es sich um eine Ringwallanlage, die in zwei Arbeitsschritten errichtet worden war. Zunächst mußte das Gelände auf der Landzunge vor Überflutungen durch einen inneren Ring von Lehm- und Sandschüttungen gesichert werden. Erst dann begann man, darum herum mit einer aufwendigen Holzkonstruktion ein stabiles Wallskelett zu erstellen, das an der Innenböschung eine besonders intensive Holzversteifung erfuhr. Und was hier entstand, war keineswegs nur eine gewöhnliche Festungsanlage. Sie mußte zugleich als Deich jeder Sturmflut trotzen können. Ein Schnitt durch das Gelände südlich der Nikolaikirche hat erbracht, daß der Wall der alten Befestigung 17 Meter breit und, von seiner Sohle aus gemessen, 5,5 bis 6 Meter hoch war. Am Fuß vor dem steil nach außen abfallenden Wall zeigt das damals veröffentlichte Grabungsprofil einen in den Boden bis zu 60 cm unter NN eingegrabenen Absatz, eine Stufe, die zur Aufnahme parallel zur Flußrichtung aufgeschichteter Langhölzer diente. Es handelte sich hierbei um roh zubehauene Baumstämme, die in ganzen Packungen auf darunter quer liegenden Bohlen auflagen und mit diesen zusammen den Unterbau einer Kaimauer bildeten. Von einem ähnlichen, nicht gar so kompakten System war zuvor schon die Rede, nämlich von der Schiffslände am Reichenstraßenfleet. Anders als dort sind hier die Verbände zumeist auseinandergerissen und wild durcheinandergewirbelt, was mit Gewißheit auf die schwere Sturmflut vom 17. Februar des Jahres 1164 zurückgeführt werden kann, die bei Helmold von Bosau beschrieben wird.[4]
Zurück blieb wohl auch ein zerstörter Hafen mit ehedem seeschifftiefer Kaianlage, ein vollkommen künstliches, allein durch Wasserbautechnik einer Schlicklandschaft abgewonnenes Gebilde, das in seinem ruinierten Zustand niemandem mehr nütze war. Dennoch sollte an gleicher Stelle zu einem späteren Zeitpunkt ein zweiter Versuch mit größerem Erfolg gestartet werden.
Auslöser war das Handelsschiff der Zukunft, die tiefergehende Kogge, für die man spätestens ab Ende des

12. Jahrhunderts neue Kaianlagen benötigte.[5] Grund genug für die Verlegung und Verschiebung ganzer Städte zu geeigneteren Hafenplätzen hin, um den Anschluß an ein bald ganz Nordeuropa umfassendes, punktuell sogar darüber hinausgreifendes Handelsnetz nicht zu verpassen, das einzelne zusammenreisende Gruppen von Schiffskaufleuten, die damals so genannten »hansen«, auf der Grundlage von Verträgen und Privilegien mit allen bereits auf diesem Gebiet existierenden Märkten geknüpft hatten. Als eine der letzten Städte erlebte Hamburg dank der Initiative einer solchen Kaufleutegruppe unter Anführung ihres »Gründungsunternehmers«, Wirad von Boizenburg, eine reguläre Neugründung mit Schaffung eines Handelszentrums und modernster Hafenanlagen in der Alsterschleife, gestützt auf ein in Abschriften sicher rekonstruierbares Privileg Kaiser Friedrichs I. Barbarossa, gegeben am 7. Mai 1189 zu Neuburg an der Donau.[6]

Der Treck Wirads nach Hamburg war nur Teil einer gewaltigen Wanderbewegung gewesen, welche – durch einen Aufruf des Schauenburger Grafen Adolfs II. von Holstein-Stormarn schon um die Mitte des 12. Jahrhunderts ausgelöst – dem angeblich »entvölkerten Wagrien«[7] zustrebte. Mit der Hamburger Neugründung schuf sich der ab 1164, also seit dem Sturmflutjahr regierende Graf Adolf III. einen »Ersatz« für das aufstrebende Lübeck, das der mächtige Heinrich der Löwe 1159 seinem Hause abgetrotzt hatte. Wirad ließ das oval in der Alsterbiege durch einen Deich gegen Hochwasser geschützte Terrain der aufgelassenen Burg der Schauenburger mit Massen von Sand und Lehm aufschütten und zu einem hohen Plateau gleichmäßig einplanieren. Das entstehende 3,2 Hektar große Areal wurde in rund 80 Baulose sektorenmäßig aufgeteilt. Die im Dreiviertelkreis errichteten Häuser gruppierten sich um eine in der Mitte stehende Nicolaikirche. Das älteste Symbol dieser neuen Grafenstadt, die jetzt mit Alt-Hamburg, der weiter östlich am Reichenstraßenfleet seit 834 existierenden Stadt des Erzbischofs, in Konkurrenz trat, war die Torburg. Sie erschien bereits gegen Ende des 12. Jahrhunderts auf den hier geprägten Münzen und wurde offensichtlich zugleich mit den für die Neustadt geltenden Rechten sehr bald auch auf das alte Hamburg übertragen.[8]

Den Siedlern in der Alstermarsch südlich der Neuen Burg und auf den zur Altstadt gehörenden Inseln Cremon und Grimm war die Einpolderung dieser weiterhin hochwassergefährdeten Gebiete zu danken. Als Baumaterial für die Deiche diente der Aushub aus neu angelegten Fleeten, die zur Entwässerung der Marscheninseln notwendig waren und das in der Natur vorhandene Deltasystem des Stromteilungsgebietes noch um einige künstliche Kanäle, die »Wettern«, ergänzten.

Deiche begleiteten die Alster bis hinauf zur Neuen Burg. An ihren Außenseiten waren sie mit Bohlwerken leicht zu Ufermauern oder sogenannten »Vorsetzen« auszubauen. Ferner lag es nahe, das aus zwei Teilen zusammengefügte Hamburg, die auf beiden Seiten des Nicolaifleets sich entwickelnde Hafenstadt, durch eine über die Deichkrone laufende Stadtmauer zu schützen.

Das keilförmige Gesamtgebilde erhielt tatsächlich eine Ziegelmauer. Damit wurde der obere Teil des Alstertiefs als Hafen in die Stadt geholt. Von rechts und links führten die einmal die Neustadt und zum anderen die Cremon-Insel einbeziehenden Mauerteile auf jene Stelle zu, an der die Alster in den später so bezeichneten Binnenhafen mündete, und endeten hüben wie drüben mit einem Turm. So entstand an der Hafeneinfahrt eine achsialsymmetrische, außerordentlich repräsentative Toranlage, mithin das wichtigste Tor der Stadt.

Um den Geschäftsverkehr zwischen Cremon-Insel und Neustadt zu verbessern und auch um im Verteidigungsfalle die Beweglichkeit hinter der Stadtmauer sicherzustellen, überspannte bald nach der Fertigstellung (1240) eine Holzkonstruktion, die »hoge brügge«, den Alsterfluß an diesem Hafentor. Sie mußte, wie der Name schon besagt, sehr hoch sein, um den Verkehr der ein- und ausfahrenden Schiffe nicht zu behindern. Als »altus pons« wurde sie erstmals 1260 erwähnt. Den Charakter des Alsterhafens vermag man sich am leichtesten vorzustellen, wenn man die bogenförmig in die Stader Altstadt hinein- und halb um den Burgberg herumgeführte Schwinge vor Augen hat. Der Alsterhafen war allerdings durchaus weiträumiger und bot einer Vielfalt kleinerer Kauffahrteischiffe Platz und Schutz, so zum Beispiel den Oberelbekähnen der märkischen Kaufleute, deren Transitfrachten hier auf seegehende Schiffe umgeladen werden mußten. Daraus folgt übrigens, daß seit Inbetriebnahme des Alsterhafens auch Speicher zur vorübergehenden Unterbringung des Getreides und anderer Handelswaren vorhanden sein mußten und darüber hinaus die notwendigen Ladevorrichtungen nicht fehlen durften.

Schon am Ende des 13. Jahrhunderts entstand eben hier am Nicolaifleet das neue Stadtzentrum Hamburgs mit einem Rathaus, dem Gericht, der Münze, der Waage und dem gräflichen Zoll. Hamburg zählte damals an die fünftausend Einwohner. Und es entwickelte sich in jenen Tagen zu einer Seestadt, die als solche bald Stade überflügelte und weitreichende Handelsverbindungen aufnahm. In Amsterdam, Stavoren, Utrecht und Dordrecht ließ es seine Kaufleute in den bereits erwähnten, genossenschaftlich verfaßten »hansen«[9] organisiert, ihren Handel treiben. Wichtigster Exportartikel wurde das Bier, von dem Hamburg bald weit mehr als Bremen zu produzieren und zu liefern imstande war. Mit allmählicher Steigerung des Bierexportes fanden zahlreiche Böttcher in Hamburg Arbeit, die sich in der Nähe der Brauereien an den Fleeten niederließen. Das älteste Hamburger Schiffsrecht aus der zweiten Hälfte des 13. Jahrhunderts und aufgeschrieben zwischen 1299 und 1302[10] spiegelt nicht nur die Vielfalt der Importe und Exporte sowie der Schiffahrtsrouten wider, sondern es spricht auch über Hafenverhältnisse, Seenotfälle und die soziale Stellung der Seeleute.[11] Zwischen 300 und 700 hölzerne Tonnen konnte ein jedes Bierschiff laden. Es versteht sich von allein, daß sich mehrere Seebrauer zusammentaten, um gemeinsam ein Schiff zu befrachten. So verließen denn in großen Pulks im Frühjahr unmittelbar nach Eröffnung der Schiffahrt auf der Elbe und dann wieder im Herbst, bevor die Baken und Flußtonnen eingezogen wurden, die Bierschiffe den Hamburger Hafen, um gemeinsam über das Watt nach Westen zu segeln. Nach dem Pfundzollbuch des Jahres 1369 liefen in jenem Jahre 589 Schiffe in Richtung See aus, von denen die meisten, jedenfalls die ersten und die letzten, mit Bier beladen waren. So wurden im Jahre 1369 62 512 Tonnen mit 2263 Hektolitern Gesamtinhalt im Wert von etwa 62 516 1/2 Pfund Silbers exportiert, und zwar das meiste nach Amsterdam und Stavoren.

Zu diesem Zeitpunkt wurden die Enge und Platznot im Stadtzentrum schon längst als hinderlich empfunden, wie das in einer Bursprake von 1460[12] mit dem Verbot »twischen deme richtehuse unde deme krane« Kaufmannswaren wie Kupfergefäße, Wachs, Flachs oder Salz zu lagern, aufzustapeln oder länger liegen zu lassen, ausgedrückt wurde. Zwanzig Jahre später wurde für bestimmtes, dort zugelassenes Kaufmannsgut die Lagerfrist drastisch auf drei Tage und zwei Nächte beschränkt. Salzhändler, die immer wieder versuchten, ihre Ware eben dort anzulanden und feilzubieten, waren bereits 1453 angewiesen worden, ihr Salz direkt aus dem Schiff – in aller Regel ein kleineres Küstenfahrzeug mit Klappmast wie die Ilmenau-Ewer aus Lüneburg – zu verkaufen.

Die größeren Seeschiffe, die Koggen und die gegen Ende des 15. Jahrhunderts aufkommenden Kraweelen, lagen außerhalb der Stadt auf Reede vor Anker, zum mindesten die tiefergehenden Fahrzeuge, während die kleineren im Winkel von 90 Grad nach Werfen eines Heckankers mit dem Bug vor der Stadtmauer an den Kajen und östlich der Hohen Brücke festmachten. Um aber ein Überfahren der Anker oder ein Vertörnen der Ankerleinen beim Schwoien der Fahrzeuge zu vermeiden, mußte der Anker mit einer Boje gekennzeichnet werden. Wer dies vergaß oder versäumte, hatte neben einer Strafe noch die Kosten im Falle der Beschädigungen anderer Fahrzeuge zu tragen.

Sturmfluten, Versandungen, aber auch Verschmutzungen bedrohten in den folgenden Jahrzehnten immer wieder die Benutzbarkeit des Hafens und der Fleete. Deswegen wurde nach 1529 die »Düpe« eingesetzt, eine Kontrollkommission zur Erhaltung der Wassertiefe. Hinzu kamen Strafandrohungen für Gewässerverunreinigung. Mit erstaunlichem Erfindungsreichtum wußten sich die »Wasserbauer«, da es wirkungsvolle Bagger noch nicht gab, die Räumkraft der Elbe dienstbar zu machen, indem sie durch Staks die Stromgeschwindigkeit erhöhten oder die Stromrichtung umlenkten. Für die Norderelbe schuf man 1549 sogar ein neues Flußbett, den »Neuen Graben«, um so den Strom noch dichter an die Stadt heranzuführen und vor allem dessen Räumkraft für die Erhaltung der Wassertiefen im Niederhafen und den Fleeten einsetzen zu können.

Über Jahrhunderte hin funktionierte das stets weiter ausgebaute und verbesserte Wasserstraßensystem so hervorragend, daß die Versorgung der Stadt bis in den letzten Winkel hinein per Schiff abgewickelt werden konnte. Noch bis zur Mitte des 19. Jahrhunderts war das Marktleben durch die Anlieferung von der Wasserseite geprägt. Zur ordnungsgemäßen Abwicklung des Geschäftslebens waren »allgemeine Usancen im Waarenhandel«[13] festgesetzt.

Den Warenverkehr zwischen See- bzw. Flußschiffen wickelten mit ihren Leichtern und »Bollen« (engl. bowl) die Ewerführereien in Reihefahrt[14], sozusagen im Taxibetrieb, ab. Da war schon einige Geschicklichkeit vonnöten, weil vor 1866 noch keine Hafenbassins vorhanden waren und die Seeschiffe entweder auf Reede ankerten oder an den Duckdalbenreihen im Strom festmachten. Das Löschen und Laden geschah von Hand mit dem Geschirr der Schiffe, indem man die Rah oder den Großbaum als Kran benutzte. Besonders harte Arbeit bedeutete hier das Löschen von Kohle in Tragkörben, die in die Schuten ausgeschüttet wurden. Die so beladenen Schuten legte man nebeneinander in den Hafen und betrachtete sie als schwimmendes Kohlenlager. Die Elbschiffer und die Ewerführer manövrierten ihre Fahrzeuge mit virtuoser Geschicklichkeit in die Stadt hinein. Noch in den achtziger Jahren des vorigen Jahrhunderts passierten bis zu 70 000 Einheiten die Alsterschleuse pro Jahr.

Als nach Beendigung der Franzosenzeit und Aufhebung der Kontinentalsperre sich die völlig zum Erliegen gekommene Schiffahrt wieder erholte und nach Verselbständigung der bis dahin spanischen Provinzen in Süd- und Mittelamerika sowie der Loslösung Brasiliens von Portugal (1822) ganz neue Fahrtgebiete von Hamburg aus angesteuert werden konnten, zeigte sich, daß die schwere Vernachlässigung aller Wasserbauarbeiten eine zunehmende Verschlickung zur Folge gehabt und zur erheblichen Minderung der Hafenkapazitäten geführt hatte.

Man behalf sich weiterhin mit dem Aufrühren des Fahrwassergrundes bei ablaufend Wasser mit einer Stromegge, die ein über die Elbe hin- und herpendelnder Ewer hinter sich herschleppte. Man verschloß die Augen vor der Tatsache, daß sich der Schlick nur ein paar hundert Meter stromabwärts wieder absetzte und zu einem neuen Verkehrshindernis auftürmte.

Dieser Zustand dauerte noch bis zu den Beschlüssen von 1832 und 1837, endlich dampfgetriebene Eimerbagger zu beschaffen, an. Im Sinne einer allgemeinen Erleichterung des Hafenverkehrs wurden jetzt die immer zahlreicher aufkreuzenden Dampfschiffe, bisher noch längs außerhalb des Rummelhafens verstreut, schon der Feuersgefahr wegen im westlichen Bereich des Jonashafens zusammengefaßt und bekamen dort einen besonderen Liegeplatz mit Lagervorhaltung für Steinkohle westlich des Hornwerks. Von dort aus wurde ein Weg mit Kaimauer hin zum Johannisbollwerk geführt und davor eine Wassertiefe von 13 Fuß (= 3,72 Meter) ausgebaggert. Die kleineren Seeschiffe wollte man in einem eigenen Hafen im Stadtgraben mit einer neu zu schaffenden Einfahrt von Süden her unterbringen.

Nicht selten, allerdings immer zu Unrecht, werden heutzutage von sicherer Warte aus die vielen ideenreichen Projekte belächelt, die unter der Ägide der Wasserbaudirektoren Woltmann und Hübbe (1803–1871) in der Absicht einer grundlegenden Erneuerung des ganzen Hafensystems in Vorschlag gebracht wurden. In einer so wichtigen Angelegenheit waren natürlich Gutachten von auswärts, möglichst aus England, vonnöten, deren erstes Charles Vignoles 1836 mit einer Empfehlung zum Dockhafenbau lieferte. Wer an die großen Sturmfluten von 1962 und 1976 zurückdenkt, wird Verständnis ebenso für Vignoles Plan wie auch für den des Holländers D. Mentz aufbringen können, der – ja nur wenige Jahre nach der Flutkatastrophe von 1825[15] – die Stadt von der Wasserseite einschließlich des Niederhafens eindeichen und die Einfahrt in diesen von Westen her, dicht unterhalb des Johannisbollwerks, durch Kammerschleusen ermöglichen wollte. Auf diese Weise wäre gleichzeitig der Wasserstand im Niederhafen und allen mit ihm verbundenen Fleeten stets auf gleicher Höhe geblieben und die Zulieferung an den Speichern innerhalb dieses Systems tidenunabhängig geworden.

Dagegen sprachen allerdings folgende Tatsachen: zunächst die nicht ausreichende Wasserfläche des von Mentz einbezogenen Niederhafens; dann die Behinderung des Verkehrs durch Schleusenzeiten und die Schwierigkeit künftiger Hafenerweiterungen an den Hauptschleusen – und dies bei täglich zunehmendem Schiffsaufkommen. Mit Recht durfte man sich fragen, ob der bei Hamburg nicht gar so gewaltige Tidenhub einen derartigen Aufwand rechtfertigte.

Mehr Sinn für Realität bewiesen der für Hamburg auf vielen Feldern erfolgreich tätige William Lindley und der englische Hafenbaumeister J. Walker.[16] In einem großen Wurf schlugen sie vor, den ganzen Grasbrook, aber nur diesen, systematisch für eine wohlüberlegte Folge von sechs Dockhäfen aufzuteilen. In den Zeichnungen wurden ferner Positionen für Speicher und Lagerplätze der ersten Ausbauphase angedeutet. Daß die durchaus divergierenden Vorschläge in Einklang gebracht und in einem gemeinsamen Plan, abgezeichnet von Walker, Lindley und Hübbe, am 10. Oktober 1845 der Commerzdeputation zugeleitet und erläutert werden konnten, war den unendlichen Bemühungen des Wasserbaudirektors Hübbe zu verdanken. Dabei hatte dieser kaum eine Chance, sich gegenüber dem einflußreichen Partner, William Lindley, und dessen Dock-Ideen durchzusetzen, weil man dem englischen Ingenieur seit Errichtung der Hamburg-Bergedorfer Eisenbahn und seiner Verdienste um das Hamburger Sielwesen blindlings vertraute.

Im Niederhafen standen nach dessen Erneuerung in langen Reihen Duckdalben zur Verfügung, jeweils in Bündeln von fünf bis neun Pfählen und in Abständen von 14 bis 19 Metern in den Elbgrund gerammt. Die Dalbenreihen bildeten 45 bis 50 Meter breite Gassen, in denen sich die Schiffe oftmals päckchenweise nebeneinander drängten; die Leichter hingen dazwischen. Sozusagen als schwimmende Pontons viel zu geringer Größe waren sie beim Löschen und Laden behilflich und führten die Transporte zu den Bestimmungsorten durch. Dazu kamen die vielen Flußschiffe, die wie die Leichter Waren von den Seeschiffen übernahmen oder Transportgüter dort abgaben.

Daß aber inzwischen die Dockhafenpläne der auswärtigen Gutachter, die bis dahin in Hamburg dominierten, überhaupt nicht in Angriff genommen wurden, sprach für sich. Zu viele Fragezeichen waren an diesen Projekten anzubringen gewesen, als daß die in der Verwaltung tätigen Fachleute deren Umsetzung hätten verantworten wollen. Hübbe, der inzwischen zu einem der schärfsten Kritiker William Lindleys avanciert war, hatte sich politisch unklug verhalten und es dadurch dessen Parteigängern im Senat leicht gemacht, ihn aus dem Amt des Wasserbaudirektors zu entfernen. Die fragwürdigen Umstände der Suspendierung führten indessen dazu, daß andere Mitglieder des Senats wiederum den unhaltbaren Sondervertrag Hamburgs mit Lindley ansprachen. So sei zum Beispiel die Stelle des Stadtbaumeisters seit 1845 nicht wieder besetzt worden, nur »weil der Einfluß eines solchen Mannes gefürchtet wird«. Diese erste kritische Stimme im Senat wurde immerhin erst im Oktober 1856 laut. Und ein Jahr später erschien ein Aufsatz unter dem Titel »Hamburgs Staatsbauwesen« (1857), in welchem Zweifel an der Bedeutung der von Lindley geschaffenen Ingenieurwerke angemeldet wurden. Fast gleichzeitig mit Fertigstellung und Annahme einer neuen Staatsverfassung und dem Amtsantritt einer neuen Bürgerschaft verließ William Lindley Hamburg am 25. Oktober 1860. In den Augen der Öffentlichkeit war er aufgrund seiner rastlosen Tätigkeit für die Stadt anfangs überall hoch geschätzt worden und nunmehr zur Symbolfigur für Verfilzungserscheinungen zwischen dem alten Senat und dem neuen Unternehmertum verkommen.[17]

Der auf Hübbe folgende Wasserbaudirektor Johannes Dalmann rannte mit der Vorstellung einer neuen Hafenbaupolitik offene Türen ein. Seine Erfolge beruhten nicht zum wenigsten auf einer jahrelangen

Schulung durch seinen gelehrten Vorgesetzten Hübbe und weiterhin auf einer aus eigener Anschauung entwickelten Kenntnis der Tiden und Strömungsverhältnisse im ganzen Stromteilungsgebiet. Er tat auch nichts eigentlich Neues, als er wie schon Wasserbauer Jahrhunderte vor ihm durch genau überlegte und gezielte Maßnahmen die Stromgeschwindigkeit der Norderelbe intensivierte, um die Energie des Flusses zur Austiefung seines Bettes möglichst nahe vor der Stadt zu nutzen. Also auch er wußte, sich die Elbe selbst als tatkräftigen Mitarbeiter zu sichern.

Die wesentlichsten Eingriffe bestanden in der Schaffung der Bunthäuser Spitze bei Moorwerder, dem Durchstich der Kaltehove, Abschneidung der Billwerder Insel und der Mündungsverschiebung der Dove-Elbe. Das waren nicht bloße Stromkorrekturen, sondern Teilstücke eines von der Natur der Elbe her inspirierten, schlüssigen Gesamtkonzepts, wie sein anonym am 19. und 21. Juli 1856, also noch vor Ingangsetzung dieser Arbeiten, in zwei Nummern der »Hamburgischen Nachrichten« publizierter Aufsatz zeigte, der den Titel trug: »Was soll denn jetzt mit unseren Hafenanlagen geschehen?« Darin plädierte er dafür, die Idee der Dockhäfen endgültig fallen zu lassen, weil der Tidenunterschied von nur 2 Meter diesen Aufwand, zumal unter Berücksichtigung aller übrigen nachteiligen Folgen, überhaupt nicht rechtfertige. Die Handelskammer unterstützte den durch Dalmann vorgetragenen Gedanken der Tidehäfen, zumal der freie Verkehr zwischen Elbe und Hafenbecken weniger umständlich, weniger zeitraubend und demnach wirtschaftlicher erschien.

Im Bereich des alten Stadtgrabens richtete er zunächst ein 3500 Fuß (= 1001 Meter) langes und bis zu 400 Fuß (= 114 Meter) breites Hafenbecken parallel zur Elbe ein, das über den Brooktorhafen vom Kopf her mit einer Schleuse verbunden war. Diese hatte er einrichten müssen, um einem Verschlammungseffekt vom Brooktorhafen her entgegenzuwirken. Der Sandtorkai, eingerichtet für das Zusammentreffen von Landtransportwegen, Eisenbahnsträngen und Wasserstraßen und deren Nutzung zu jeder Tages- und Nachtzeit, stellte in Hamburg schon etwas gänzlich Neues dar und war insofern vorbildlich für alle folgenden modernen Hafenanlagen Hamburgs bis in unsere Zeit. Im Niederhafen war ja das Löschen und Laden mit Hilfe der Leichter deswegen so umständlich gewesen, weil es Kaimauern mit ausreichender Wassertiefe davor nie gegeben hatte. Jetzt legten die Dampfschiffe, eines nach dem anderen, und im Jahre 1867 schon insgesamt 665 Exemplare dieser Gattung, hier an. Auf den Schienen direkt über der Mauerkante standen 27 Kräne, nämlich 19 Dampfkräne und 8 hydraulische Handkräne, bereit, das Ladegeschäft so bequem wie möglich abzuwickeln und Frachtgüter sogleich auf Eisenbahnwaggons zu heben.[18] Dies war der große Schritt, der mit dem Sandtorkai in Richtung auf unser Zeitalter getan wurde.

Bald folgten der Kaiserkai, der Grasbrookkai, der Hübnerkai und der Strandhafen. Im Jahre 1872 waren am Südufer der Norderelbe nahezu alle Baumöglichkeiten erschöpft. Steinwerder gegenüber wurde einbezogen. Seit am 27. September 1862 der Schiffer J. Fock auf seinem Ewer »Johanna Catharina«, von Brake kommend, die ersten Fässer nordamerikanischen Petroleums unter Hamburger Flagge angelandet hatte, liefen immer mehr »Tanker«, die nicht anders aussahen als alle Segelschiffe bisher, mit Hunderten von Ölfässern im Bauch den Hafen an. 1873 wurde auf dem Kleinen Grasbrook ein Petroleumhafen eingerichtet, der heutige Südwesthafen. Eine gewisse Abrundung erfuhr das damalige Hafenpanorama 1872 mit den Elbbrücken für den transelbischen Schienenverkehr und im Jahre 1875 durch Fertigstellung des Kaiserspeichers, den man als Wahrzeichen des Hafens ansah. Auf diese Weise entstand das uns allen vertraute Bild mit den vielen Spezialhäfen, die wie die Finger einer Hand von der Elbe her in das Stromteilungsgebiet hineingreifen.

Wir können diesen Rundblick nicht abschließen, ohne die Auswirkungen der Eröffnung des »Kaiser-Wilhelm-Kanals«, der zur Verbindung der Elbe mit der Ostsee zwischen Brunsbüttel und Kiel in nur acht Jahren für 156 Millionen Mark erbaut worden war, am 22. Juni 1895 zu verdeutlichen. Als erstes Schiff durchfuhr die »Hohenzollern« Wilhelms II. die ja vordringlich aus militärischen Gründen erwünschte Wasserstraße. Ohne deren Existenz wäre tatsächlich die Schaffung einer an allen deutschen Küsten einsetzbaren Kriegsflotte aus verkehrstechnischen und ökonomischen Gründen völlig illusorisch geblieben. Bis 1919 durfte der Kanal zu Ehren Wilhelms I. »Kaiser-Wilhelm-Kanal« heißen. Heute, da die Bundesmarine im Rahmen strategischer Überlegungen weit geringere Bedeutung besitzt, ist der Nord-Ostsee-Kanal zur meist befahrenen Wasserstraße der Welthandelsschiffahrt avanciert. Hamburg hat hiervon mehr als Kiel profitiert, indem sein Hafen nunmehr auch für Seeschiffe von der Ostsee her in nur einem Tage erreichbar wurde.

Die durch die Kanaleröffnung ausgelöste Zunahme des Schiffsverkehrs zog einen erheblichen Ausbau des Befeuerungssystems auf der Außenelbe nach sich. Das heroische Kapitel der bemannten Feuerschiffe, das sich heute nach gerade 170 Jahren dem Ende zuneigt, hatte 1816 mit der Indienststellung der »Seestern« begonnen. Seit 1875 wiesen bereits vier Feuerschiffe den Weg zur Elbe; hinzu kamen 1891 ein Feuerschiff vor dem Oster-Riff und 1905 als »Elbe 5« ein weiteres querab der Hafeneinfahrt von Cuxhaven. In diesem Augenblick, da wir diese Zeilen schreiben, ist das im wahrsten Sinne des Wortes wegweisende System der bemannten Feuerschiffe gerade aufgegeben und ganz und gar durch elektronisches Gerät ersetzt worden. Inzwischen dümpeln schon die letzten Feuerschiffe in den Museumshäfen an der Elbe oder aber zeugen nach Umwandlung in möglichst modern gestaltete Großsegler von der Entwicklung der Seeschiffahrt auf der Elbe.

Jörgen Bracker

Anmerkungen

1 Schindler, R.: Ausgrabungen in Alt-Hamburg. Neue Ergebnisse zur Frühgeschichte der Hansestadt, Hamburg 1957, S. 26–28

2 Bracker, J.: Hamburg von den Anfängen bis zur Gegenwart – Wendemarken einer Stadtgeschichte, 2. Aufl. Hamburg 1988, S. 49 f.

3 Steffens, H. G.: Die Ausgrabungen an der Neuen Burg 1953/54, in: Hanseatische Geschichts- und Heimatblätter, Bd. 15, Heft 3, 1955, S. 283–286

4 Helmold von Bosau: Slawenchronik. Neu übertragen von Heinz Stoob (Ausgewählte Quellen zur Geschichte des Mittelalters, Bd. 19), Berlin 1963, S. 338 f.

5 Die Hanse – Lebenswirklichkeit und Mythos. Ausstellungskatalog Museum für Hamburgische Geschichte 1989, hrsg. von J. Bracker, 2 Bde.; Bd. 1, S. 580

6 Wie Nr. 5; Bd. 1, S. 243

7 Gläser, M.: Die Slawen in Ostholstein. Studien zu Siedlung, Wirtschaft und Gesellschaft der Wagrier, Diss. Hamburg 1983

8 Hatz, G.: Die Anfänge des Münzwesens in Holstein. Die Prägungen der Grafen von Schauenburg bis 1325, Hamburg 1952

9 Wie Nr. 5; Bd. 1, S. 580

10 Landwehr, G.: Die Havarei in den mittelalterlichen deutschen Rechtsquellen, Hamburg 1985, S. 3–113

11 Wie Nr. 5; Bd. 1, S. 580 ff.

12 Hamburgische Burspraken 1346 bis 1594, bearb. von J. Bolland, Teil II Bursprakentexte, Hamburg 1960, S. 93 Nr. 45, 7 zu 1460

13 Sammlung der Verordnungen der freyen Hanse-Stadt Hamburg seit deren Wiederbefreyung im Jahre 1814, bearb. von Chr. Anderson (Bd. 6: Verordnungen von 1819), Hamburg 1819

14 Moering, M. und G. Kühn: Der Hamburger Ewerführer im Wandel der Zeiten, Hamburg 1965

15 Aschenberg, H.: Sturmfluten und Hochwasserschutz in Hamburg, Hamburg o. J., S. 2–4

16 Leo, G.: William Lindley. Ein Pionier der technischen Hygiene, Hamburg 1969

17 Wie Nr. 2; S. 169–180

18 Dalmann, J.: Der Hafen von Hamburg-Altona, insbesondere die Anlage des Sandthor-Quais in Hamburg, Berlin 1868

Das Stromspaltungsgebiet der Elbe und sein Einfluß auf die Entwicklung der Nachbarstädte Hamburg und Harburg

Am Ende ihres langen Laufes mündet die Elbe in den Wattenbereich der Nordsee, deren Gezeitenströme das Flußbett hier zu einer sogenannten Trichtermündung verbreitert haben. Zwar findet sich diese Mündungsform häufig ausgebildet (z. B. bei Weser, Ems), doch zeigt die Elbe im Bereich etwa 120 Kilometer oberhalb der Mündung eine Besonderheit: Nach einer starken Pendelbewegung im breiten Urstromtal spaltet sich der Fluß vor Moorwerder in zwei Arme, die nun als Norderelbe und Süderelbe/Köhlbrand einen getrennten Verlauf nehmen und sich erst nach etwa 18 Kilometern wieder zu einem einzigen Strom, der Unterelbe, vereinen (Abb. 1).

So ungewöhnlich wie das Stromspaltungsgebiet ist auch die Lage der Siedlungen im Bereich dieses Flußabschnittes. Regelfall ist, daß sich gegenüber einer am Fluß gewachsenen Stadt auf dem andern Ufer eine Nachbarsiedlung entwickelt hat, entweder in Form einer Neustadt (wie im Falle Bremens) oder als zunächst selbständige Siedlung, die später eingemeindet wurde (z. B. Köln/Deutz). Auch Konkurrenzsiedlungen sind möglich, wofür die Nachbarstädte Ludwigshafen und Mannheim ein Beispiel bieten. Beim Stromspaltungsgebiet der Elbe dagegen befindet sich am Nordrand des Urstromtales das ursprüngliche Hamburg, dessen Stadtviertel sich auf dem Geestufer ausgebreitet haben, und erst rund 10 Kilometer weiter südlich liegt die Nachbarsiedlung Harburg, ebenfalls an das Geestufer angelehnt. Dazwischen erstreckt sich das vom Nordarm und Südarm der Elbe eingeschlossene Oval des Stromspaltungsgebietes, das vor den verändernden Eingriffen durch den Menschen nur zahlreiche, von Wasserarmen getrennte Inseln (meist »Werder« genannt) umfaßte und seiner amphibischen Natur nach siedlungsfeindlich ist.

Hamburg und Harburg sind daher ein Sonderfall von Nachbarstädten an Flüssen. Hierfür ist auch das jahrhundertelange Fehlen von festen Verbindungen zwischen den Ufern ein Kennzeichen. Denn während die oben erwähnten, auf nahen Gegenufern entstandenen Siedlungen jeweils bald nach ihrer Gründung durch Brücken eng miteinander in Kontakt traten, erfolgte der Brückenschlag über die Elbarme erst im ausgehenden 19. Jahrhundert. Zuvor war der Personen- und Warentransport weitgehend auf einen Schiffsverkehr durch den Köhlbrand angewiesen.

Hamburg geht zurück auf eine in spätsächsischer Zeit entstandene kleine Wehranlage im schlecht zugänglichen Alstermündungsgebiet, deren Bezeichnung Hammaburg im Ortsnamen erhalten blieb. Innerhalb ihrer Grenzen entstand im 9. Jahrhundert die Klosterburg Ansgars, die allerdings nur kurze Zeit (von ca. 837 bis 845) existierte. Außerhalb des etwa ein Hektar großen Burgbezirks entwickelte sich im 9. und 10. Jahrhundert eine kleine Wik-Siedlung mit Schiffsländе für einen langsam steigenden Warenumschlag. Nach Jahrhunderten wiederholter Zerstörungen und nur geringen Wachstums erlebte die Siedlung, zu der neben der »bischöflichen« Altstadt seit Ende des 12. Jahrhunderts eine »gräfliche« Neustadt gehörte, im 13. Jahrhundert eine erste Blütezeit. Die deutsche Ostsiedlung hatte den Elberaum aus seiner Grenzlage befreit und ließ den überregionalen Handel aufblühen. Der Warenumschlag stieg und die Zuwanderung aus den Landgebieten verstärkte sich. Mitte des 13. Jahrhunderts gab sich Hamburg ein Stadtrecht und verfolgte nun aus dieser städtischen Position heraus und gestärkt durch seinen wachsenden Reichtum das Ziel, sich von seinem Territorialherrn, dem holsteinischen Grafen, unabhängig zu machen.

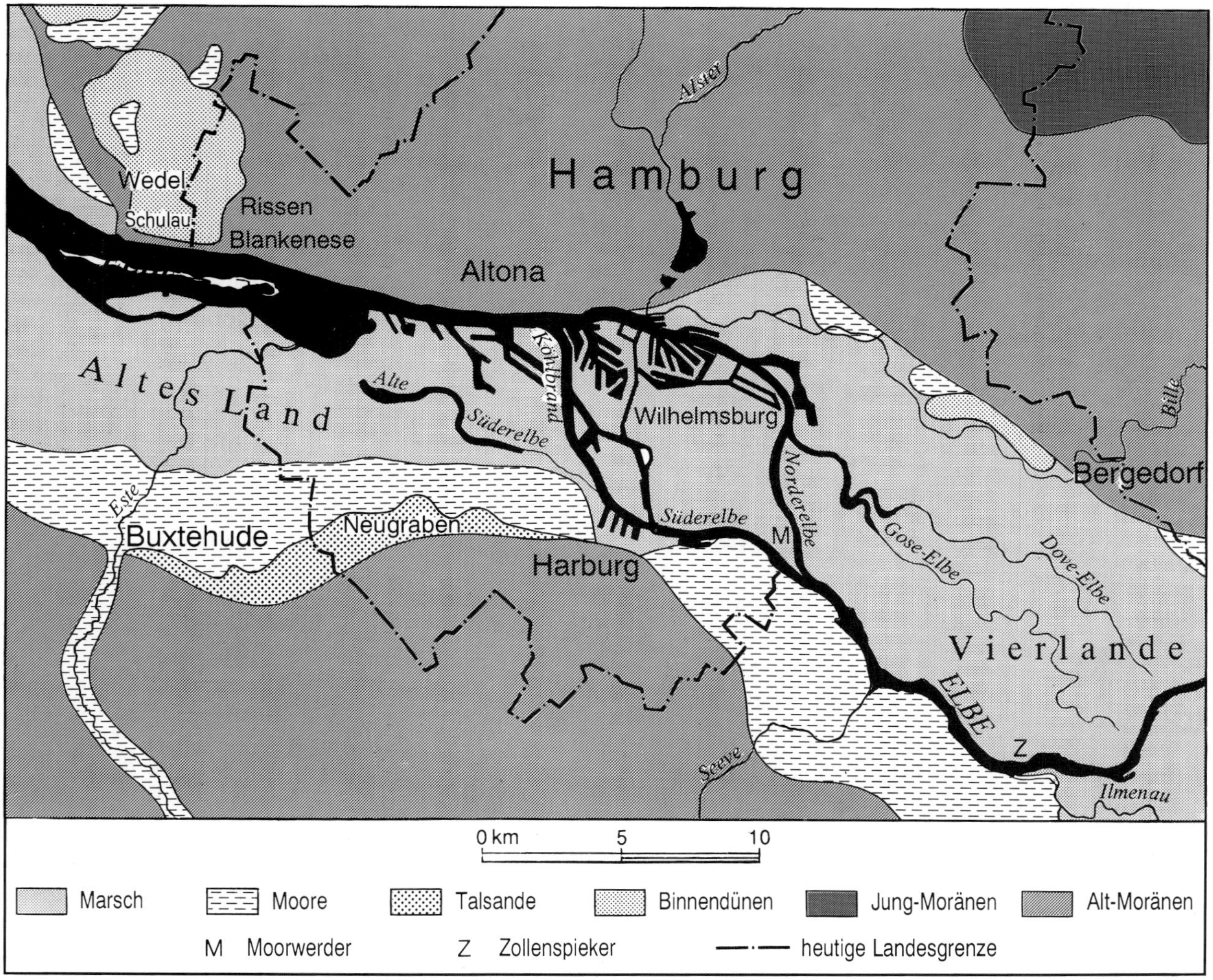

Abb. 1: Naturräumliche Gliederung der Hamburger Region (Gewässernetz: Stand 1990)

In eben diesem Jahrhundert wurde auch für Harburg die Entwicklung zur Stadt eingeleitet. 1140/42 war die Horeburg, eine Wasserburg in der Elbniederung, erstmals erwähnt worden. Bis zum 13. Jahrhundert hatte sich südlich von ihr eine kleine Ansiedlung an einem Damm gebildet, der vom Burgbezirk durch die Niederung zur Geest führte. Dieser Siedlung verlieh der Territorialherr, Herzog Otto II. von Braunschweig und Lüneburg, 1297 das Stadtrecht. Im übrigen aber scheinen die Welfen zu dieser Zeit der kleinen Siedlung wenig Aufmerksamkeit geschenkt zu haben. Sie lag fern am Nordrande ihres Territoriums, in welchem aufblühende Städte wie Braunschweig, Celle und Lüneburg Bedeutung erlangten; die Chance, mit Harburg an der Elbe eine Hafenstadt auf- und auszubauen, blieb ungenutzt. Dabei hätte sich Harburg seiner Lage nach vorzüglich zur Hafenstadt geeignet, war es doch an der Süderelbe gelegen, dem stark wasserführenden Hauptstrom, während im Norden des Stromspaltungsgebietes zwar verschiedene Elbarme durch das Urstromtal flossen, keiner aber einen der Süderelbe vergleichbar breiten Fluß bildete. Zu den nördlichen Elbarmen gehörten in dieser Zeit noch Dove- und Gose-Elbe; erst deren Abdeichung im Südosten während des 14. und 15. Jahrhunderts verkleinerte das zuvor sehr viel weiter im Osten beginnende Stromspaltungsgebiet auf den Raum unterhalb Moorwerders.

Als Elbanrainer war Hamburg folglich Harburg gegenüber benachteiligt. Sein Hafen, in der Alstermündungsschleife entstanden, war zunächst in das Verzahnungsgebiet von Alster und Elbe hineingewachsen, und zwar mit dem schon im 14. Jahrhundert entstandenen späteren »Binnenhafen«. Weitere Umschlagplätze, die bald für den zunehmenden Handel erforderlich wurden, konnten nur durch Schiffsreeden im offenen Strom geschaffen werden, für deren Einrichtung die verzweigten Elbarme unmittelbar südlich von Hamburg jedoch keine guten Voraussetzungen boten. Hier günstigere Bedingungen zu schaffen, wurde somit früh ein Anliegen der Stadt. Wenn auch für das ausgehende Mittelalter keine genauen Überlieferungen vorliegen, so scheint doch schon zu dieser Zeit mit Hilfe von Durchstichen in den angrenzenden Werdern des Stromspaltungsgebietes und der Regulierung von Wasserläufen der Versuch unternommen worden zu sein, mehr Elbwasser an die Stadt heranzuführen und die Strömungsverhältnisse zu verbessern. Von den späterhin bezeugten Wasserbaumaßnahmen war besonders wirksam der Durchstich der großen, der Stadt unmittelbar südlich vorgelagerten Insel, »Brook« genannt. Hier wurde mit Hilfe des »Neuen Grabens« (wahrscheinlich 1549 angelegt) ein südwestliches Teilstück, seither »Kleiner Grasbrook« benannt, abgetrennt und das Elbwasser damit direkt von Südosten her auf den Hafenbereich zugeleitet (Abb. 2).

Außerdem hatte Hamburg schon 1395 mit Moorwerder das Gebiet der dort ansetzenden Stromspaltung in seinen Besitz gebracht. Dies war von doppeltem Vorteil. Einerseits war damit die Möglichkeit gegeben, durch Buhnenbauten und Dämme den Wasserzufluß in den Nordarm der Elbe zu verstärken; andererseits konnte Hamburg in der Folgezeit die strategische Position nutzen und flußabwärts fahrende Handelsschiffe zwingen, den Weg über diese »Norderelbe« zu nehmen. Die Schiffe hatten dann Hamburg zu passieren, so daß dessen Stapelrecht zum Zuge kam, d.h. die mitgeführten Waren dort ausgeladen und zum Verkauf angeboten werden mußten. Hierüber kam es, besonders vom 16. bis zum 18. Jahrhundert, zu wiederholten Auseinandersetzungen zwischen den Herzögen von Braunschweig-Lüneburg bzw. den Kurfürsten von Hannover und dem Rat der Stadt Hamburg, die mehrfach auch zu langwierigen Prozessen beim Reichskammergericht führten. Im übrigen wurde das Stromspaltungsgebiet, stärker noch als durch die erwähnten Durchstiche und Stromregulierungsmaßnahmen, von Naturgewalten verändert. Sturmfluten rissen immer wieder Werder auseinander, auch solche, die bereits durch Eindeichungen zugunsten bäuerlicher Besiedlung flutsicherer gemacht worden waren. Damit entstanden neue Wasserläufe, und die Konturen der Inseln veränderten sich ständig. Eindrucksvollstes Beispiel hierfür ist die Insel Gorrieswerder, die ursprünglich große Flächen des westlichen Stromspaltungsgebietes einnahm, jedoch, obgleich schon im 12. Jahrhundert eingedeicht, zwischen dem 12. und 15. Jahrhundert nach und nach durch Sturmfluten in zahlreiche kleinere Inseln aufgelöst wurde.

Versuchte man mit Erfolg, der Elbe für die Schiffahrt günstigere Bedingungen abzutrotzen, so blieb hinsichtlich des Landverkehrs das Stromspaltungsgebiet mit seinen vielen Inseln und Sumpfgebieten ein erhebliches Verkehrshindernis. Die alten vor- und frühgeschichtlichen Fernhandelsstraßen hatten diesen Raum umgangen und sich günstigere Flußübergänge oberhalb und unterhalb des Stromspaltungsgebietes gesucht: Oberhalb wurde die Elbe bei Artlenburg und später auch bei Zollenspieker vom Haupthandelsweg aus dem Süden gequert, unterhalb gab es eine wichtige Verbindung zwischen Stade und Itzehoe, bei der Abschnitte der Flüsse Schwinge, Elbe und Stör als Transportwege fungierten. Außerdem war noch eine Fährverbindung von der Estemündung nach Blankenese und Wedel entstanden. Durch Aussparung des

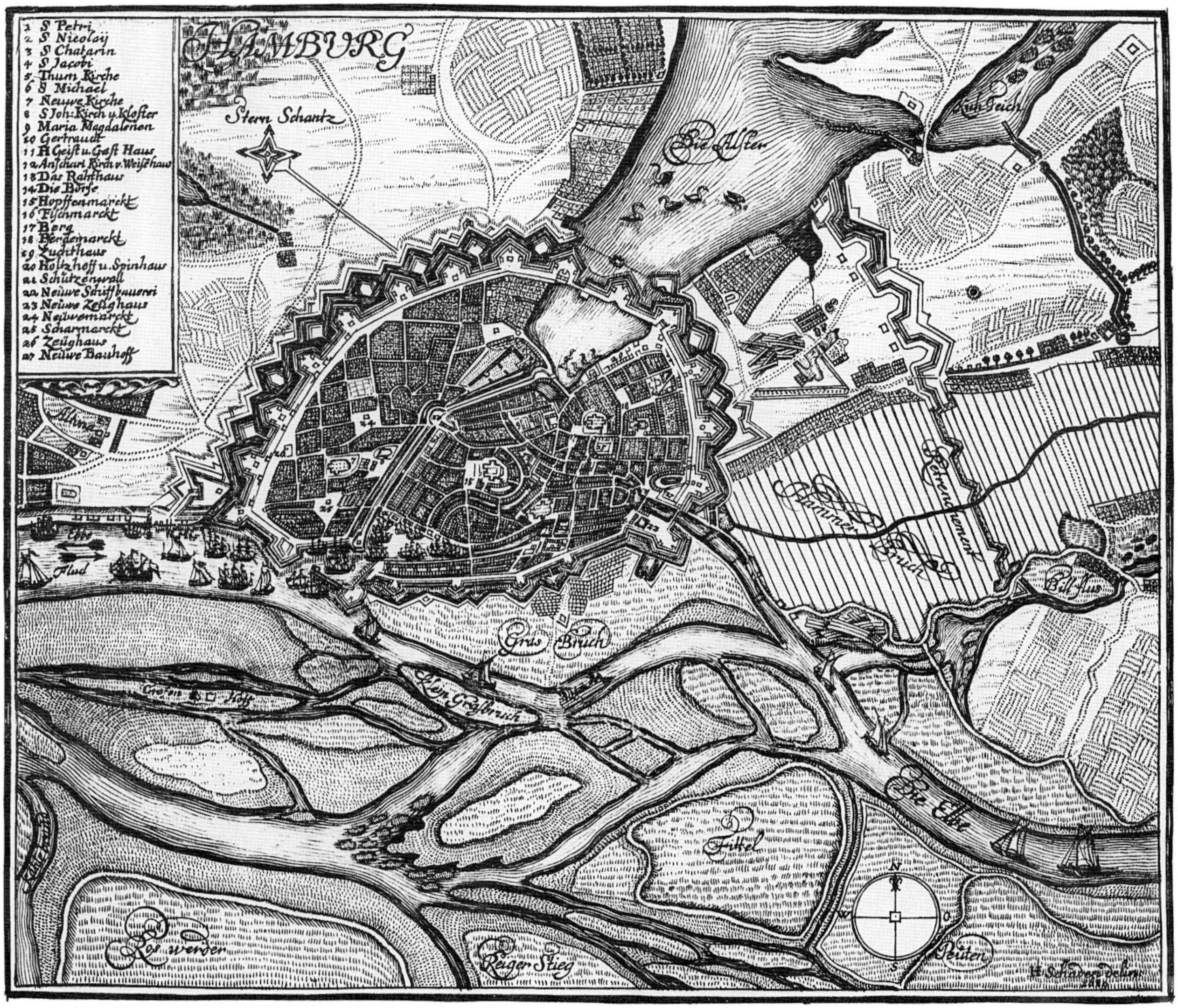

Abb. 2: Das Stromspaltungsgebiet südlich von Hamburg; Kupferstich von Joh. Wichmann nach H. Schaden, 1689

Stromspaltungsgebietes lag Harburg im Abseits dieser Verkehrsströme; Hamburg dagegen konnte von jener Straße profitieren, die bei Artlenburg die Elbe überschritt und von dort aus westwärts auf dem Geestrükken – zum Teil als Elbufer-Höhenweg – verlief. An der Stelle, an der diese Straße die Alstermündung querte, war die Urzelle Hamburgs, die »Hammaburg«, entstanden.

Für die Verbindung zwischen Hamburg und Harburg entwickelte sich ein Schiffsverkehr, mit dem das Hindernis »Stromspaltungsgebiet« über Köhlbrand/Süderelbe umgangen wurde. Er diente vornehmlich dem Personentransport und der lokalen Versorgung. Ihn im größeren Maße auch für den Fernverkehr zu nutzen, scheiterte jahrhundertelang an der Vormachtstellung Stades und Lüneburgs, die im Westen und

Südosten die alten Fernhandelsstraßen kontrollierten. Sie pochten auf ihr Stapelrecht und bezeichneten jeden Fern-Güterverkehr über Harburg als verbotene Umfuhr. Besonders Lüneburg versuchte mehrfach, sein Recht auch mit Gewalt durchzusetzen. Dennoch nahm allmählich der Fernverkehr über die Köhlbrandroute zu, und vom 18. Jahrhundert an bis hin zur Zeit der Motorisierung aller Verkehrsmittel wurde offenbar bereits ein großer Teil des Nord-Süd-Handels von Hamburg nach Harburg mit Ewern und anschließend weiter mit Frachtwagen abgewickelt – zum Vorteil der Schiffer und Fuhrleute beider Städte.

Was die politischen Verhältnisse und damit den Handlungsspielraum der beiden Siedlungen betrifft, so gelang es Hamburg, den Status einer Freien Stadt zu erreichen, während Harburg durch alle Jahrhunderte seinen Territorialherren untertan blieb. Faktisch hatte Hamburg seinen Landesherrn, den holsteinischen Grafen, schon im 13./14. Jahrhundert so gut wie ausgeschaltet; die verfassungsrechtliche Anerkennung erreichte es nach mehreren Immedietätsprozessen 1618 durch ein Urteil des Reichskammergerichts, das Hamburgs Reichsunmittelbarkeit feststellte. Verspätet erkannte 1768 auch der dänische König, damals schleswig-holsteinischer Landesherr, dieses Urteil im »Gottorper Vertrag« an – ein Vertrag, der Hamburg viel Geld kostete, ihm neben der Bestätigung seiner Unabhängigkeit aber auch wichtigen Landgewinn brachte: Es erhielt die nördlichen Elbinseln von Billwerder bis Finkenwerder zugesprochen, die es im 14. und 15. Jahrhundert bereits einmal besessen hatte. Dies sollte sich für den späteren Hafenausbau als sehr günstig erweisen.

Harburg, 1236 als Lehen an die Herzöge von Braunschweig-Lüneburg gekommen und später Residenz einer Nebenlinie dieses welfischen Hauses, wurde 1705 Teil des Kurfürstentums Hannover. Als Hannover 1866 zu Preußen kam, lag Hamburg damit eingeschlossen im preußischen Territorium, denn auch Schleswig-Holstein war seit 1864/66 Teil Preußens. Ein Blick auf die Bevölkerungszahlen läßt jedoch erkennen, welches Schwergewicht das flächenmäßig eng begrenzte Hamburg innerhalb seiner preußischen Umgebung besaß: Das Staatsgebiet der Hansestadt (damals nur 415 km^2) umfaßte 1867 bereits fast 307 000 Einwohner. Es dominierte damit alle Siedlungen seiner preußischen Umgebung, auch die jenseits der Elbe gelegene Nachbarstadt Harburg, die zu jener Zeit erst annähernd 15 000 Einwohner besaß.

Dies also war die Konstellation bis zur Mitte des 19. Jahrhunderts: eine bedeutende Hafen- und Handelsstadt mit überseeischen Verbindungen an der Norderelbe, eine kleine ländliche Stadt an der Süderelbe, beide getrennt durch das landwirtschaftlich genutzte Stromspaltungsgebiet und nur über einen Schiffsverkehr miteinander verbunden. Mit dem Beginn des Industriezeitalters aber wurde Harburg in bestimmter Hinsicht ein Rivale für Hamburg. 1847 erhielt Harburg durch den Bau der Eisenbahnstrecke Hannover – Harburg eine effiziente Verkehrsverbindung nach Süden. In der Folge wurde das Jahr 1854, in welchem Hannover dem Deutschen Zollverein beitrat, bedeutsam, denn auch Harburg befand sich damit nun im Zollinland. Da Hamburg noch bis 1888 Zollausland blieb, gewann also Harburg gegenüber Hamburg einen Standortvorteil für die Ansiedlung von Industrie und Gewerbe. Die Reaktion erfolgte umgehend: Ab 1855 entstanden in Harburg große Werke der verarbeitenden Industrie (z. B. schon 1856 die nachmalige Gummiwaren-Fabrik Phönix), und in wenigen Jahrzehnten entwickelte sich aus der unbedeutenden Kleinstadt ein bekannter Industriestandort. Verarbeitet wurden importierte Rohstoffe (vorwiegend Ölfrüchte und Kautschuk), für deren Umschlag ein 1845/48 angelegter Schleusenhafen im Bereich der alten Zitadelle zur Verfügung stand. Die hergestellten Produkte konnten mit der Bahn südwärts transportiert werden.

In Hamburg dagegen hing der Aufschwung jener Jahrzehnte – der absolut gesehen natürlich sehr viel stärker war als im kleineren Harburg – allein mit Handel und Schiffahrt zusammen. Eine Ansiedlung größerer Industrien lag nicht im Blickfeld und wohl auch nicht im Interesse der alteingesessenen Kaufmannschaft. Dem Hafen jedoch galten weitsichtige Planungen. In den vergangenen Jahrhunderten war westlich des im

Alstermündungsgebiet gelegenen »Binnenhafens« im Elbfluß der »Niederhafen« entstanden und mehrfach durch zusätzliche Reihen von Liegeplätzen erweitert worden. Hier ankerten die großen Handelssegler auf offener Reede, und um die Waren in die Speicher der Stadt gelangen zu lassen, mußte ein Umschlag auf kleine Schuten vorgenommen werden, die den Transport bis vor die an Fleeten gelegenen Handelshäuser und Speicher abwickelten. Mit Beginn des Technischen Zeitalters wurden nun Überlegungen angestellt, künstliche Hafenbecken zu schaffen und diese mit Kaischuppen bzw. Speicherbauten zu flankieren, um auf diese Weise einen direkten Umschlag vom Seeschiff zum Lagerplatz zu ermöglichen. Diskutiert wurden alternativ die Anlage eines Dockhafens und eines offenen Tidehafens. Ende der fünfziger Jahre entschied man sich für einen offenen Tidehafen, dessen Vorteile sich besonders auch in der Gegenwart zeigen, weil heute Großtanker und Containerschiffe beim Manövrieren Platzansprüche entwickeln, die ein Schleusenhafen nicht erfüllen könnte. 1862/66 wurde als erstes künstliches Hafenbecken der Sandtorhafen angelegt, südlich von ihm entstand bis 1872 der Grasbrookhafen; für beide war das nördlich der Elbe gelegene stadtnahe Gelände des Großen Grasbrooks, der östliche Teil des alten »Brook«, genutzt worden.
1872 wurde dann auch das Jahr des ersten Brückenschlags über die Elbe. Dabei handelte es sich um Eisenbahnbrücken über die Norder- und die Süderelbe, die gebaut wurden, um endlich die sowohl nördlich als auch südlich der Elbe bereits vorhandenen Streckennetze miteinander zu verbinden. Diesen Eisenbahn-Elbbrücken folgten 1887 eine erste Straßenbrücke über die Norderelbe und 1899 eine solche über die Süderelbe. Nun begann der moderne Verkehr, von Jahrzehnt zu Jahrzehnt sich steigernd, über das Stromspaltungsgebiet zu rollen.
Die achtziger Jahre brachten zudem einen weiteren Innovationsschub. Hamburg, nach Gründung des Norddeutschen Bundes (1866) und der bald folgenden Reichsgründung (1871) weiterhin mit Stadtgebiet und Hafen außerhalb des deutschen Zollgebietes verblieben, willigte auf Drängen der Reichsregierung 1881 nach längeren Verhandlungen ein, sich in das Zollinland einbeziehen zu lassen. Es stellte aber die Bedingung, daß ein umfangreiches Hafengebiet als Zollausland bestehen blieb. So wurde von 1882 bis 1888 der Hamburger »Freihafen« geschaffen, innerhalb dessen Grenzen Waren zollfrei gelagert und verarbeitet werden können. Er umfaßte nördlich der Norderelbe die schon bestehenden Hafenbecken mitsamt der Kehrwieder-Wandrahm-Insel (einem alten Wohn-Gewerbe-Gebiet, dessen Bevölkerung und Bebauung nun einer neuen »Speicherstadt« weichen mußten) und dazu ausgedehnte Flächen südlich der Norderelbe zwischen Großer Veddel und Köhlbrand. In kürzester Zeit breitete sich der Hamburger Hafen jetzt unter Verdrängung der Landwirtschaft in das eigentliche Stromspaltungsgebiet aus, dessen Nordrand durch eine Reihe künstlicher Hafenbecken verändert wurde – alle mit charakteristischem Grundriß fingerförmig von der Norderelbe her nach Süden bzw. Südosten in das Zwischenstromgebiet eingreifend. Anfang des 20. Jahrhunderts hatte der Hafenausbau, von Ost nach West fortschreitend, den Köhlbrand erreicht.
Im Zuge der Durchführung dieses gewaltigen Projektes holte Hamburg nun auch auf dem industriellen Sektor auf. Denn in dem ausgedehnten Gelände des Freihafens, aufgeschlossen durch die zahlreichen seeschifftiefen Hafenbecken, fanden nicht nur die großen Einrichtungen für Warenumschlag und Warenlagerung ihren Platz, sondern der Raum bot zugleich den optimalen Standort für eine Seehafenindustrie. Hatte bereits seit Mitte des Jahrhunderts der Schiffbau mit ersten Werftgründungen südlich der Norderelbe Fuß gefaßt (auf Steinwerder 1845 Stülcken-Werft, 1877 Blohm & Voss), so wurden jetzt flächengreifend weitere Großwerften an den neuen Hafenbecken des Stromspaltungsgebietes gegründet. Im Umfeld der Werften siedelten sich viele Zuliefererbetriebe an. Hinzu kamen Anlagen der importorientierten Verarbeitungsindustrie wie Öl- und Getreidemühlen und der Metallerzeugung (Norddeutsche Affinerie). Zur Mineralöllagerung, nun zugleich aber auch zu seiner Verarbeitung wurde als Ersatz für den 1869 am Gegenufer unmittelbar südlich der Stadt angelegten

»alten« Petroleumhafen ein neuer westlich des Köhlbrands vorgesehen. So entwickelte sich in den Jahrzehnten bis zum Ersten Weltkrieg der hamburgische Teil des Stromspaltungsgebietes nicht nur zum Hafenumschlags-, sondern auch zum Hafenindustrieraum. Südlich des Freihafens aber begann mit Wilhelmsburg das Territorium Preußens, so daß dem weiteren Wachstum des Hamburger Hafens in diese Richtung Grenzen gesetzt waren. Auch eine westliche Ausdehnung ließ sich zunächst nicht verwirklichen, weil zwischen den zuletzt ausgebauten Kuhwerder Häfen und dem westlich von ihnen gelegenen, ebenfalls hamburgischen Waltershof der Köhlbrand mündete, und zwar mit einer schlauchartigen Verengung, die einer Regulierung bedurfte. Im sogenannten Köhlbrand-Vertrag von 1908 einigte man sich hierüber mit Preußen: Die Köhlbrandmündung wurde weit nach Westen geöffnet. Auch regelte jener Vertrag endgültig die Separation der Elbe an der Bunthäuser Spitze (Moorwerder), indem eine gleichmäßige Verteilung der Wassermassen auf Norder- und Süderelbe vereinbart wurde, zu erreichen durch ein verändertes Trennwerk.

In demselben Jahr 1908 wurden am Harburger Ufer der Süderelbe nach vierjähriger Bauzeit drei Seehäfen in Betrieb genommen, große, offene Hafenbecken, um die sich seither Ölmühlen und Anlagen der Mineralölindustrie konzentrieren. Ein vierter Harburger Seehafen wurde 1928 eröffnet. Damit hatte Harburg in kleinerem Maßstab die Hafenentwicklung Hamburgs nachvollzogen.

Das Stromspaltungsgebiet, jahrhundertelang eine Art verkehrsfeindliches »Niemandsland« zwischen Territorien unterschiedlicher Interessenrichtungen, war durch die Entwicklung während der Jahrzehnte vor dem Ersten Weltkrieg in das gesamtwirtschaftliche Geschehen einbezogen worden. Brücken- und Straßenbau hatten seine Sperrfunktion aufgehoben, und die großen, zuvor lediglich landwirtschaftlich genutzten Niederungsgebiete erwiesen sich nun als willkommene Reserveflächen für Hafenausweitung und Industrieansiedlung. Da diesen für künftige Entwicklungen wichtigen Raum jedoch eine Landesgrenze durchschnitt, wurde jetzt die Frage aktuell, zu wessen Gunsten die vorhandene Grenze verschoben werden könnte. Preußen entwickelte Annexionsvorstellungen, Hamburg seinerseits wies in Denkschriften an die Reichsregierung (1915 und 1919) auf die Notwendigkeit hin, sein Hoheitsgebiet, besonders im Interesse des Hafens, zu erweitern. Diese Denkschriften bildeten den Auftakt zu Verhandlungen, in deren Verlauf zahlreiche Gutachten und Stellungnahmen eingeholt wurden, die übereinstimmend für eine Gebietserweiterung Hamburgs zumindest im Stromspaltungsgebiet plädierten und eine »preußische Lösung«, d. h. eine Angliederung Hamburgs entweder an die Provinz Schleswig-Holstein oder an die Provinz Hannover, ausschlossen.

Als sich 1926 alle Verhandlungen über eine Gebietsreform zerschlagen hatten, suchte man nach Wegen, innerhalb der bestehenden politischen Verhältnisse wenigstens eine bessere Aufgabenkoordinierung zu erreichen. 1928 wurde der »Hamburgisch-Preußische Landesplanungsausschuß« gegründet, der allerdings infolge geringer Kompetenzen nur wenig bewirken konnte. Von größerer Bedeutung wurde die 1929 ins Leben gerufene »Hafengemeinschaft« zwischen Hamburg und Preußen, innerhalb derer eine gemeinsame Verwaltung für neu zu erschließende Hafengebiete entstand.

Das Stromspaltungsgebiet war zum entscheidenden Faktor für Hamburgs wirtschaftliche Existenz geworden. Fast alle lebenswichtigen Hafenbetriebe lagen in diesem Raum, und nur hier konnte die Zukunft Hamburgs durch Flächenvorsorge gesichert werden. Die Lösung ergab sich, als schließlich 1937, optimal für Hamburg, aber auch förderlich für die gesamte Region, die Reichsregierung auf der Basis der älteren Planungen ein »Groß-Hamburg-Gesetz« beschloß, demzufolge bis zum 1. April 1938 die Stadtkreise Altona, Wandsbek und Harburg-Wilhelmsburg sowie 27 preußische Landgemeinden mit Hamburg vereinigt wurden. Damit war unter anderem der Weg frei gemacht zu einer einheitlichen Hafenverwaltung und zentral koordinierten Planung im gesamten Gebiet zwischen Norder- und Süderelbe.

Harburg verlor zwar, ebenso wie Altona und Wandsbek, seine Selbständigkeit als Stadt, es hat aber in der Nachkriegszeit als einer der sieben Hamburger Bezirke durchaus sein eigenes Profil erhalten und auch weiterentwickeln können, dies besonders aufgrund zahlreicher überörtlicher Funktionen. Zu deren bedeutendsten gehören die Aktivitäten der 1978 gegründeten »Technischen Universität Hamburg-Harburg«, für die bewußt zu Stärkung des Hamburger Südens der Standort Harburg gewählt worden war.

Die neuen Möglichkeiten für die Hafenwirtschaft blieben infolge des 1939 ausbrechenden Krieges zunächst ungenutzt, sollten sich aber in der Nachkriegszeit als unschätzbares Potential erweisen. Schon in den fünfziger Jahren begann sich die Mineralölindustrie im südlichen Stromspaltungsgebiet auf dem weitläufigen Gelände der Hohen Schaar – gegenüber den Harburger Seehäfen – mit Tanklagern und Raffinerien anzusiedeln. Im Verlauf der nächsten Jahrzehnte wurde das gesamte westliche Stromspaltungsgebiet, von Wilhelmsburg bis Finkenwerder, zum Hafenwirtschaftsraum. Dabei bildete sich folgende funktionale Gliederung heraus: Der Norden blieb traditionsgemäß weitgehend dem Stückgutumschlag und dem Schiffbau vorbehalten, dagegen wurde der noch offene Süden allmählich von Betrieben des Massengutumschlags und der Massengutverarbeitung eingenommen. Infolge der ab 1967 einsetzenden Containerisierung des Stückgutumschlags fanden allerdings auch im Norden erhebliche Veränderungen statt. Alte Kaianlagen wurden umgestaltet; zusätzlich entstanden ausgedehnte neue Spezialanlagen für den Containerumschlag. Ein Beispiel ist der westlich der Köhlbrandmündung angelegte Container-Terminal Waltershof mit seinen ausgedehnten Lagerflächen, zahlreichen Containerbrücken und eigenem Güterbahn- und Autobahnanschluß.

Seit 1945 von seinem östlichen Hinterland abgeschnitten, war der Hamburger Hafen in den letzten Jahrzehnten hauptsächlich auf die EG-Länder und auf Übersee ausgerichtet. Die politische Wende belebt jetzt den Verkehr nach Osten, und damit ist eine neue Inwertsetzung der speziell hierauf ausgerichteten baulichen Anlagen des Hafens verbunden: Die großen seeschifftiefen Hafenbecken waren von Anfang an durch ein rückwärtiges Kanalsystem für Binnenschiffe zugänglich gemacht und mit binnenschifftiefen Hafenbecken verbunden worden. Für einen nun wieder zu erwartenden Anstieg des Binnenschiffanteils am Hamburger Hinterlandverkehr – 1914 betrug sein Anteil 80 Prozent, gegenwärtig ist er auf 20 Prozent gesunken – sind demnach günstige Voraussetzungen gegeben.

Abschließend ist festzuhalten: Das Stromspaltungsgebiet der Elbe, seiner Natur nach eine bebauungs- und verkehrsfeindliche Niederung, hatte jahrhundertelang einen Sperriegel zwischen Hamburg und Harburg gebildet und eben dadurch zu den aufgezeigten Unterschieden in der Entwicklung der beiden Städte beigetragen. Moderne Hafenbautechnik und umfassende Strukturmaßnahmen haben es schließlich zu einem Kernbestandteil des Wirtschaftsraumes Groß-Hamburg werden lassen. Die Trassen von Autobahn und Eisenbahn sowie die Haupt- und Bundesstraßen, die das Gelände in dichter Folge meridional durchziehen, zeigen überdies, daß das Stromspaltungsgebiet heute als Durchgangsraum eine wichtige Brückenfunktion zwischen Nord und Süd erfüllt.

Ilse Möller

Volk und Volkskultur im böhmischen Elbgebiet

Die Elbe/Labe fließt zu einem Drittel ihrer Gesamtlänge als einer der größten und bedeutsamsten Flüsse durch Böhmen, ein ausgesprochen kleines Land in der Mitte Europas. Sie scheidet das böhmische Land nicht in gerader Linie. Ihr weicher, mächtiger und tiefer Bogen zieht sich von Nordböhmen weit nach Osten bis zur Doppelstadt Jaroměř-Josefov, nach Hradec Králové und bis Pardubice. Dieser Bogen ist z. B. schon auf der allegorischen Karte aus dem 16. Jahrhundert deutlich bezeichnet, die Europa als jungfräuliche Königin darstellt. Das runde Goldgeschmeide an der Stelle des Herzens, das an ihrem Hals hängt, symbolisiert das böhmische Königreich in einem Kranz von Bergen, mit den Kuppeln der Prager Türme in der Mitte und einem bogenförmigen lateinischen Schriftzug darüber: »Albis fluvius«. Diese frühe, sehr knappe Beschreibung Böhmens hebt nur die markantesten Kennzeichen hervor, zu denen die Elbe zweifellos gehört. Schon aus ihr ist ersichtlich, daß diese Stromlandschaft anders als die Elbniederungen in Deutschland sehr mannigfaltig ist. Und gerade diese Vielfalt beeinflußte neben historischen, ökonomisch-sozialen und ethnischen Bedingungen, die sich im Laufe der Jahrhunderte änderten, ohne Zweifel immer grundsätzlich Lebensweise und Kultur der Bewohner.

Die Elbe ist neben der Vltava/Moldau der bedeutendste Wasserweg Böhmens. Mit Ausnahme des kurzen Oberlaufs durchfließt sie eine alte Kulturlandschaft. Die ersten slawischen Ansiedlungen entstanden in den niederen fruchtbaren Lagen ihres Stromgebietes im 6. und 7. Jahrhundert an Stellen noch älterer Besiedlung. Im Prozeß der sogenannten inneren Kolonisation vom 10. bis zum 12. Jahrhundert blieben sie auch weiterhin die dichtestbesiedelten Gebiete am Mittel- und Unterlauf der Elbe und ihrer größten Zuflüsse, vor allem der Vltava und der Ohře/Eger. Das nordböhmische Stromgebiet wurde vom 12. bis zum 14. Jahrhundert von der sogenannten äußeren Kolonisation betroffen; eine weitere Welle folgte im 16. und 17. Jahrhundert. Einheimische wie in weit größerem Maße deutsche Kolonisten wurden zur Besiedlung oder Verdichtung der älteren Ansiedlungen im Grenzgebiet angeworben und vor allem zum Fällen, Verarbeiten und Flößen von Holz wie zur Arbeit in Gruben, in der Weidewirtschaft und später als Katen-, Wald- und Baudenbauer.

Der größte Arbeitsbedarf in der Holzwirtschaft fällt in das 16. und 17. Jahrhundert, als die Silbergruben von Kutná Hora immer größere Mengen aus den ausgedehnten Wäldern des Riesengebirges brauchten, die auf der Elbe bis Kolín geflößt wurden. Die dafür angeworbenen deutschen Kolonisten besaßen viele Privilegien, brachten neue Rechtsbräuche, besonders das Aufkaufsrecht mit, aber auch die eigene Sprache, eigene Lebensweise, Gebräuche und Kultur. Daher kam ihre Zuwanderung der heimischen Bevölkerung nicht immer gelegen, aber bis zur Konfrontation der politischen Ideologien besonders in den dreißiger Jahren des 20. Jahrhunderts lebten beide Ethnien insgesamt konfliktfrei miteinander. So durchfloß die Elbe in Böhmen, historisch betrachtet, kein ethnisch einheitliches Gebiet. Während ihr größter Niederungsteil stets rein tschechisch war und blieb, einschließlich des Westteils des Riesengebirges mit seinem Vorland, hatte das Východní Krkonoše (Ostriesengebirge) ebenso wie das Grenzgebiet auf der gegenüberliegenden Seite der Elbe von Litoměřice deutsch-tschechischen Charakter; von Ústí nad Labem abwärts war bis 1945 Bevölkerung deutscher Nationalität ansässig. Es

Europa als Jungfrau, in: Heinrich Büntig, Itinerarium Sacrae Scripturae, to jest potování svatých ... (das ist die Wallfahrt der Heiligen), Prag 1592; Druck nach dem Original in der Klosterbibliothek Strahov in Prag

scheint deshalb natürlich, daß bei Litoměřice stellenweise die Elbe auch Sprachgrenze war.

Selbst nach neuesten ethnokartographischen Untersuchungen bewirkte die Elbe keine kulturelle Trennung. Kulturerscheinungen gingen kontinuierlich von der einen Seite auf das gegenüberliegende Ufer über. Die Isolinien dieser Phänomene, die Böhmen von Westen nach Osten und von Norden nach Süden durchlaufen, entstehen und enden nicht an der Elbe, sondern durchkreuzen sie, um sich weiter fortzusetzen. So zieht sich durch Böhmen z. B. eine für Europa kennzeichnende Kulturgrenze, die »die Isolinie der Verbreitung der Fachwerkhäuser von Westen« markiert. Sie verläuft von Rozvadov gegenüber dem oberpfälzischen Weiden westlich von Plzeň bis nach Liběchov nördlich von Mělník, überschreitet die Elbe und zieht sich weiter nach Nordosten bis Niederschlesien. Demgegenüber dringt von Osten nach Böhmen der Typ des Blockhauses mit dem für das Karpatengebiet typischen Giebelsimsdach, überzieht Mähren und reicht in Böhmen hinter die Linie Hradec Králové – Pardubice, wo er an zwei Stellen die Elbe überschreitet.

Vorläufig wissen wir nur von einer Kulturerscheinung, deren Verbreitung an der Elbe Halt machte: die Rauchküche, die ab dem 16. Jahrhundert in den tschechischen Dörfern im hinteren Teil des Hausflures durch Abteilung entstand und sich in ganz Böhmen bis zur Elbe verbreitete. Weiter nördlich ist sie – mit Ausnahme großer Bauerngüter – nicht zu finden. In Nordostböhmen wurde nämlich der Ofen in der Stube vom hinteren Teil des Flurs aus beheizt. Dort wurde auch auf der Feuerstelle unter dem Kamin gekocht. Im Unterschied zu den Häusern in südlicher gelegenen tschechischen Gegenden war hier der Flur Durchgangsraum.

Auch in anderen Bereichen der Volkskultur ist die Elbe, soweit bekannt, keine Grenze von Kulturerscheinungen. So verläuft z. B. die Scheide zwischen dem Vorkommen der sogenannten »westlichen« Tracht und dem »Karpatentyp«, besonders in Schnitt und Material der altertümlichen Bestandteile, aber auch in ihrer Verzierung, annähernd durch die Mitte Mährens, am gleichnamigen Fluß Morava und nicht die Elbe entlang. Ähnliche Schlüsse könnte man auch für die Volksbräuche und für manch volkstümliches Bild-, Musik- und Liedschaffen ziehen.

Die Feststellung, daß die Elbe, bis auf kleine Ausnahmen, nicht die Grenze bedeutender volkskundlicher Erscheinungen bildet, schließt allerdings eine andere Tatsache nicht aus: daß die Volkskultur im Elbstromgebiet und den anliegenden Gegenden keinesfalls einheitlich ist, im Gegenteil. Die Elbe durchfließt in Böhmen gleich mehrere charakteristische ethnographische Regionen, die sich unter dem Einfluß natürlicher und historischer Bedingungen etwa bis zur Mitte des 19. Jahrhunderts herausbildeten. Hier erst setzte durch Lockerung von Rechtsvorschriften, durch Aufhebung der Fronarbeit und durch den Beginn der industriellen Revolution eine intensive Beeinflussung der dörflichen Lebensweise und später die Nivellierung der Dorfkultur durch den Fortschritt und den Einfluß der Stadt ein; so verwischte z. B. die Verstädterung der Tracht deren regionale Besonderheiten. Die unterschiedlichen ethnischen Verhältnisse spielten unserer Meinung nach hier keine so bedeutende Rolle wie das gemeinsame Lebensmilieu, sie trugen im Gegenteil häufig zur gegenseitigen Bereicherung bei.

Wenn wir mit den Flößern, die seit jeher Bauholz und andere Fracht bis in die Gegend der Marschen im nördlichsten Teil Deutschlands verschifften, vom Oberlauf der Elbe im Riesengebirge, wo sie in 1400 Meter Höhe entspringt, bis nach Hřensko fahren könnten, wo der Fluß Böhmen verläßt, würden wir uns über den Wechsel der Landschaft an seinen Ufern wundern: wie die wilde schöne, ungestüme Gebirgsszenerie in das malerische Riesengebirgsvorland übergeht und sich hinter der Stadt Jaroměř langsam in einer ausgedehnten fruchtbaren Ebene beruhigt, der »Goldenen Rute des böhmischen Landes«. Einen etwas anderen Charakter hat das an Weinbergen und Gemüsefeldern reiche Gebiet um Mělník, von wo aus die Elbe, gestärkt durch die Vltava, durch das nicht weniger üppige, von uralten Mythen und Volkssagen umwobene Vorland des Berges Říp, die Wiege der Tschechen, fließt. Nach Litoměřice bewegt sie sich durch die reizende Theaterkulissenlandschaft des Böhmischen Mittelgebirges, das wegen seiner umfangreichen Obstplantagen der »Garten Böhmens« genannt wird, bis zu den großen Industriestädten im Norden, Ústí nad Labem und Děčín, um dann durch die außergewöhnlich romantische, felsige »Böhmisch-Sächsische Schweiz« zur Landesgrenze zu gelangen. Diese Vielseitigkeit der Landschaft förderte die Entstehung ethnographischer Regionen und ihrer Besonderheiten und spiegelt sich mehr oder weniger in allen Komponenten der Volkskultur wider.

Das Riesengebirge und sein Vorland fesseln auf den ersten Blick durch die zerstreute, bis auf die hohen Berge reichende Besiedlung. Die malerischen, häufig sogar farbigen gezimmerten Häuser mit markanten weißen Balkenfugen und schönen, reich verzierten Dachgiebeln charakterisierte schon seit dem 18. Jahrhundert die senkrecht in das Dach eingebaute Mansardenstube. Manchmal waren deren Bretterwände und -decken, ähnlich wie Möbel, Türen und Fensterläden, schön bemalt. Das Dach der Gebirgsbauden zierte oft ein Glockentürmchen. Die in Blockhausweise errichteten eingeschossigen und in den Städten – vereinzelt auch auf dem Lande – zweigeschossigen Häuser schmückten geräumige gedeckte Vorhäuser auf Säulen. Außer den erhaltenen Denkmälern der Volksbaukunst erfreuen in Nordostböhmen zahlreiche Werke der Steinbildhauerei, Skulpturen, Statuengruppen, Kreuze, Martersäulen, Grabsteine, aber auch Hausportale und Nischenplastiken – einmalige Belege untergegangenen Handwerks, aber auch der Religiosität des einfachen Menschen und seines Gefühls für Schönheit im Einklang mit der Natur. Die hier entstandenen Möbel sind die am reichsten bemalten Böhmens. Die Handwerksbetriebe im Riesengebirgsvorland waren berühmt und zeichneten sich durch eigenständige Handschrift und charakteristische Malerei aus. Die örtlichen Heimweber verstanden, das feinste Leinen zu weben, besonders Taschentücher, und die Heimglasbläser die lieblichsten Schwäne und Vögel zu blasen. Später wurden in den Familien Perlen und Korallen zu Schmuck verarbeitet und Weihnachtsbaumschmuck für den Weihnachtsmarkt geblasen, gepreßt, gehauen, geschliffen und aufgefädelt.

Das Weihnachtsfest in einer Riesengebirgshütte wurde vor allem durch eine Krippe versinnbildlicht, wie sie fast in jedem Haushalt als Ergebnis der Arbeit mehrerer Generationen zu finden war. Die ältesten Figuren waren auf Papier gemalt, aber weit und breit berühmt wurden die aus Holz geschnitzten, bemalten Figürchen. Die örtlichen Schnitzer stellten sie entweder alljährlich frei zusammen, wobei oft ein großer Teil der Stube belegt wurde, oder sie schufen aus ihnen kompakte Schreinkrippen, ergänzt durch schöne Erze oder Halbedelsteine, welche in der Umgebung von Nová Paka zu finden sind. Überragend sind jedoch die mechanisch beweglichen Krippen, deren schönste in den Museen in Jilemnice, Vysoké nad Jizerou und

besonders in Třebechovice pod Orebem zu sehen sind. Außer Krippen fertigten die Schnitzer später Touristensouvenirs an; typisch sind Rübezahlfiguren aus Holz, Baumrinde und Flechten.
Der Wald, seit je Heimstatt der Bergbewohner, prägte bei ihnen besonders die Liebe zu Singvögeln. Deren Fang und Aufzucht in den Haushalten gehörte zu den beliebten, wenn auch ab 1870 verbotenen Vergnügen. Dieselbe Leidenschaft pflegten die Bergleute des Erzgebirges, aber auch die Bewohner des Grenzgebiets der böhmischen Elbe. Sie betrieben den Fang von Singvögeln nicht nur im Norden, sondern auch in den Auwäldern an der Elbe bei Roudnice, wo sie auch Nachtigallen gegen den harten Widerstand der örtlichen Bauern einfingen.
Die Volkskleidung, häufig aus handbedruckten Leinen- und Baumwollgeweben genäht, war bescheiden. Die zahlreichen Manufakturen der Umgebung paßten sich verhältnismäßig früh der Nachfrage aus der Stadt an und beeinflußten die Auswahl der Stoffe. Im Alltag trugen die Frauen den »Kandus«, einen mit einem weichen Leibchen zusammengenähten Rock, über einfachem Hemd, dazu meist eine blaue oder eine gemusterte Schürze und ein Tuch. An Feiertagen wurden mit floralen Ornamenten bestickte Leinenhauben getragen, deren Grund mit Knötchenstickerei bedeckt war. Manche Trachtenteile waren früher bunt und später weiß bestickt.
Die fruchtbare, landwirtschaftlich genutzte Elbniederung hat einen ganz anderen Charakter. In den großen Dörfern mit ihren ausgedehnten Dorfplätzen stehen Gehöfte nebeneinander, deren dreiseitige Höfe durch repräsentative gewölbte Toreinfahrten zugänglich sind. Auch hier gab es niedrige Blockhäuser, doch vom Ende des 18. Jahrhunderts an, mit dem Aufkommen von massivem Mauerwerk und Mehrstöckigkeit hatten sie Holzumgänge (Pawlatschen) und Etagenkammern. In den Dörfern und Kleinstädten wurden mächtige polygone Glockentürme gezimmert, teilweise blieben auch altertümliche Holzkirchen erhalten. Hier treten die sozialen Unterschiede zwischen den reichen Gütern und den Hütten und Katen der Besitzlosen, der einstigen Häusler bei den örtlichen Bauern und der Arbeiter auf den Großgrundbesitzen in Erscheinung.
Besonders schön und oft mit ein oder zwei oberen Stockwerken versehen waren Mühlen. An der Elbe finden sich viele Häuser der Fischer und Korbflechter, hier und da eine Fähre, Boote bei den Häusern; in den Gärten Obstdörren, neben anderen kleinen Bauten Zwetschenmus-Kochhäuser. Wohlhabende Güter, Mühlen und Pfarren besaßen außer bemalten Weichholzmöbeln auch kostbare Möbel aus Hartholz, reich intarsiert mit Vogel- und Blumenmotiven, Sternen, Rosetten, aber auch anderen, anspruchsvolleren figuralen Mustern.
Die Männer trugen wie überall in Böhmen meist gelbe Lederhosen, blaue oder weiße Strümpfe und Spangenschuhe, später Stiefel, Westen, Jacken und lange Mäntel aus feinem Tuch in dunklen Farben mit einer Reihe glänzender Knöpfe. Die Hemden waren weiß, manchmal sogar mit Goldfäden bestickt, Hut oder Mütze aus kostbarem Fischotter-, Marder- oder Iltisfell. Im Winter trug man einen Pelzmantel. Weit größere Abwechslung und ausgesprochener Luxus herrschte bei der Frauentracht. Gegen Ende des 18. und in der ersten Hälfte des 19. Jahrhunderts wurden wertvolle Gewebe, französische Seiden und Bänder verwendet, mit karminroter oder bunter Seide und mit goldenen oder silbernen Fäden bestickt, bis endlich die feine und reich durchbrochene Weißstickerei überwog, die wie Spitze wirkt. In der letzten Phase wurden die weißen Teile auf Tüll gestickt. Die Hauben der reichen Bäuerinnen, Müllerinnen und Handwerksfrauen waren aus Gold- oder Silberbrokatborten und Spitzen gefertigt und mit kostbaren Klöppelspitzen und blutroten böhmischen Granaten besetzt. Ihre wertvollen Granatketten zierten mehrere Dukaten – der Schmuck der wohlhabenden Bräute; nach der Zahl der Goldmünzen wurde die Größe der Mitgift der Trägerin geschätzt. Goldbestickt waren nicht nur Hauben und Mädchenkränze, sondern auch Schuhe, Mieder, Seidentücher und Schürzen aus farbigem Taft, Kinderkäppchen und ganze Taufgarnituren. Erhalten gebliebe sind auch reich mit Blumen in karminroter Seide bestickte Tücher für rituelle Zwecke, Kissen sowie

andere Ausstattungsteile, vor allem mit roter Baumwolle schön bestickte Wochenwinkeltücher. Solchen Luxus konnten sich natürlich Ärmere nicht erlauben, die sich ihrem Stand entsprechend kleideten.
Der geschilderte Kleidungstyp herrschte im wesentlichen in der ganzen Elbniederung vor, auch wenn ein Kenner selbstverständlich unterscheiden kann, woher genau und aus welcher Zeit dieses oder jenes Kleidungsstück stammt. Ähnliche, wenn auch längst nicht mehr so aufwendige Kleidung war auch am Nordlauf der böhmischen Elbe heimisch. Gegenden wie der industrielle Norden unterlagen am frühesten der Nivellierung, und zwar nicht nur in der Volkskleidung, sondern auch in anderen Produkten der einst eigenständigen Volkskunst. Eine Ausnahme bilden die Bauten mit dem gezimmerten, gefachten oder gemauerten Stockwerk, die erhalten geblieben sind, und hier – wie z. B. die bemalten Möbel und die berühmte Levíner Keramik aus den uralten Werkstätten im gleichnamigen Städtchen nahe Litoměřice – eine ganz außerordentliche Qualität erreicht haben.
Auch das Lied- und Musikgut hat eine große Tradition im Riesengebirgsvorland, das für die Herstellung von Musikinstrumenten berühmt war. Aus Nechanice bei Hradec Králové kamen umherziehende Harfenspielerinnen. Die Schloßmusikkapellen und die Kirchenchöre der Elbstädte und -dörfer beeinflußten die Musikkultur der ganzen Gegend. Das Riesengebirge wurde durch Weihnachtslieder mit weltlicher Thematik, das Elbstromgebiet durch Liebes- und Hochzeitsweisen berühmt. Auf die Schlachten bei Hradec Králové bezieht sich eine Reihe von Bänkelgesängen mit militärischer Thematik; die Kolíner Blasmusik und Lieder ihres Kapellmeisters František Kmoch wurden volkstümlich. Es ist interessant, daß – soweit wir wissen – kein Volkslied existiert, in dem von der Elbe namentlich gesprochen wird, immer ist nur allgemein vom Wasser oder Wässerchen die Rede. Kmoch aber besingt die Elbe direkt in seinem Lied »Teče Labe krajem kvítí po lukách doubravou« (Die Elbe fließt durch eine Landschaft mit Blumen, Wiesen und Eichenwald): Schon der Liedanfang bezeugt Verehrung und Liebe zur Elblandschaft.
Es ist erstaunlich, daß sich die Familien- und Jahresvolksbräuche trotz der allgemeinen Abkehr und der ausgesprochenen Abneigung gegenüber religiös motivierten Bräuchen bewahrt haben: z. B. das Krippenbauen im Riesengebirge, Weihnachtslieder und das Ostersingen von Haus zu Haus, das für den Hl. Johannes den Täufer aus Heilkräutern bereitete Bett am Vorabend der Sommersonnenwende oder das Knatterrasseln und Liedersingen der Kinder bei Lovosice, das Eierbemalen, die Osterrute und kleine Geschenke zum Osterfest, in den meisten Gegenden das feierliche Fällen und Aufstellen des Maibaums, Kirmes, Kirchweihfest und vielerorts die Faschingsumzüge, Barbara-, Lucia- und Nikolaustag und anderes. Die Weihnachtsbräuche haben heute schon allgemein mitteleuropäischen Charakter. Die typischen Krippen wurden in der Beliebtheit vom Weihnachtsbaum verdrängt, der auf dem Lande in der zweiten Hälfte des 19. Jahrhunderts auftauchte und hier rasch Verbreitung fand.
Am längsten haben wohl traditionelle Gerichte zu bestimmten Festtagen überdauert, auch wenn immer mehr internationale Speisen zubereitet werden. Zum Essen am Heiligabend etwa wird Fischsuppe, gebratener Karpfen mit Kartoffelsalat, Apfelstrudel und Hausgebackenes gereicht; auch Nüsse, Honig und Stollen haben alte Tradition. Ebenso dürfen der Karpfen in Zwetschenmustunke und das Graupengericht mit Pilzen nicht fehlen.
In den letzten Jahren wurden in Böhmen unter dem Einfluß Dresdens und hauptsächlich des deutschen Erzgebirges innerhalb kurzer Zeit einige dort bewunderte Oster-, aber vor allem Weihnachtsbräuche eingeführt: beleuchtete Weihnachtsbäume in Gärten und auf Balkons, Lichtsterne hinter den Fenstern, Adventskränze, Weihnachtssträuße an den Türen – anschauliche Beispiele für die stetige Migration von Kulturerscheinungen.

Alena Plessingerová

Sächsisches Brauchtum an der Elbe

Schifferfastnacht

Fastnacht gehört auch in Sachsen zu den wichtigsten Festen im Jahresbrauch. Um 1986 wurden in der damaligen DDR mehr als 1000 Karnevalklubs erfaßt, davon etwa 100 in Sachsen (1992), darunter viele im Elbegebiet. Die Stadt Dresden kann auf frühe bürgerliche und höfische Tradition verweisen. Festliche Umzüge der Zünfte (unter anderem 1731 der Schmiede, 1790 der Böttcher) – 1671 schon durch ein Landesgesetz gegen das »Verlarven und Mummenlaufen« für das »gemeine Volk« eingeschränkt – und die aufwendigen Fastnachtslustbarkeiten des Hofes sorgten für Amüsement vor allem bei Hof und Adel. Im Jahre 1609 veranstaltete Herzog Christian II. allein 43 Prunkaufzüge zur Faschingszeit. Unter August dem Starken erreichten die Feste ihren Höhepunkt. Unter August III. bürgerten sich immer mehr öffentliche Maskenbälle in Dresden ein.

Eine Besonderheit des sächsischen Elbsandsteingebirges sind seine Schifferfastnachten, die früher in vielen Orten längs der Elbe als feste Tradition heimisch waren (z. B. in Pirna-Posta, Prossen, Königstein, Wehlen, Rathen, Schandau, Krippen, Schmilka) und nach dem Zweiten Weltkrieg vereinzelt wieder auflebten. Am schönsten entfaltete sich das alte Fest erneut in Postelwitz, einem 1934 zu Bad Schandau eingemeindeten schmucken Dorf, dessen Einwohner als Fischer, Schiffer, Schiffbauer, Steinbrecher und vom Fremdenverkehr leben. Einst galt Postelwitz neben dem benachbarten Schandau als wichtiger Umschlagplatz für die auf dem Elbstrom aus dem Inneren Böhmens ankommenden Güter, die hier ausgeladen und auf dem Landwege weitertransportiert wurden. Die Schifferfastnacht wird Ende Januar oder in den ersten Tagen des Februar – zumeist am Wochenende – gefeiert. Im Winter, wenn das Eis den Frachtverkehr und die Personenschiffahrt auf dem Strom stillegte, hatten die Schiffer Zeit zum Feiern. Sie waren für Wochen zu Hause, nachdem die »Große Fahrt« sie oft für Monate von ihren Familien getrennt hatte. Durch die Entwicklung des modernen Verkehrswesens und durch entsprechend weniger Arbeitsmöglichkeiten nahm die Zahl der Schiffer stark ab, und auch die Schiffervereine, die früher die Träger des Festes waren, lösten sich häufig auf. Der Termin aber blieb bis heute bestehen. Der ganze Ort gestaltet die fröhlichen Tage, nicht nur die Schiffer und die ihnen verwandten Berufe.

Die Postelwitzer Schifferfastnacht wird bereits 1612 urkundlich erwähnt. 1784 schwamm bei einem Hochwasser die Fastnachtslade mit Festutensilien davon, eine neue mußte gebaut werden, die nun diese Jahreszahl trägt. 1898 wurde der Schifferverein »Fortuna« gegründet. Nachdem der Zweite Weltkrieg seit 1939 eine Zwangspause brachte, lebte das Volksfest 1954 wieder auf und wurde 1992 am 1. Februar begangen. Die Postelwitzer verzichteten auf eine intensive Werbung für ihre »Tollen Tage«. Sie feierten zu ihrer eigenen Freude und machten keine folkloristische Schaustellung für Fremde, aber jeder Besucher wurde freundlich aufgenommen. Die sauberen und farbigen Fachwerkhäuser der einzigen Straße des Dorfes, die zwischen der Elbe und dem steilen Berghang eingezwängt liegt, waren festlich geschmückt. In den gepflegten Vorgärten oder an den Fenstern stehen auch heute noch vielfach Schiffsmodelle. Die lange Dorfstraße gilt als »Wasserweg«, denn die »Vermalerkolonne« hat sie wie einen richtigen Strom »vermalt«, die Fahrrinne und auch »Hindernisse« mit Strohwischen gekennzeichnet. Nachdem die »Fleckelmänner«

frühmorgens die Einwohner durch Pritschenschläge an die Haustüren geweckt haben, eröffnen sie pünktlich um zwölf als Ordner und Spaßmacher mit lustigen Sprüngen nach dem Takt der Blasmusik den Fastnachtsumzug. Er führt zum Marktplatz von Bad Schandau, etwa 30 Minuten entfernt, und wieder zurück bis zu den letzten Häusern des Ortes. Die »Fleckelmänner« tragen ein kunterbuntes, mit länglichen Stoffstreifen benähtes Kostüm, lärmen mit Horntuten und teilen mit ihren Pritschen nach allen Seiten hin herzhafte Schläge aus. »Neptun« folgt ihnen in weißen Kniestrümpfen und goldenen Schnallenschuhen, mit langem Haar aus grüngefärbtem Werg und dem Dreizack. Hinter der alten goldbestickten Fahne des früheren Schiffervereins schreiten in würdevoller Haltung die »Vorläufer« oder »Einlader« und die Vorstände. Zur Kleidung der »Vorläufer« oder »Einlader« gehören lange blaue Hosen mit buntbestickten Hosenträgern, blütenweißen Hemden, leuchtendrote Schärpen, farbige seidene Halstücher (»Hamburger Knüpptüchel«) und blaue Schiffermützen. Blumenmädchen verkaufen künstliche Blumen an die Besucher, die die Straße säumen. Hinter der Eich- oder Vermalerkolonne mit ihren Geräten tragen kräftige Schifferburschen den Fastnachtskahn als Symbol des Festes. Seine vielen durch Stickereien geschmückten Bänder sind Geschenke der Schifferbräute. Ihm schließen sich der Kapitän und die »Junge Mannschaft« an, vierundzwanzig Matrosen mit je einem Ruder in der Hand. Zu den traditionsgebundenen Umzugsgruppen gehören schließlich noch die »Weißen« oder »Seebären« (Schiffer mittleren Alters), die »Altschiffer« und die mit knusprigen Brezeln behängten »Brezelmänner« in schwarzen langen Mänteln und Zylinderhüten. Fesche Marketenderinnen in farbenfrohen Trachten schenken aus kleinen Umhängefässern während des Marsches gegen Entgelt Schnaps oder Beerenwein aus.

Der zweite Teil des Fastnachtsumzuges zeigt jedes Jahr neue Wechselgruppen. Sie werden in aller Heimlichkeit von den Familien und Hausgemeinschaften vorbereitet und schließlich als Überraschung in den Zug eingegliedert. Unerschöpflicher Witz und rege Phantasie tummeln sich darin! Zeitereignisse und Exotik, Satiren auf die »gute alte Zeit«, humorvolle Kritik am gesellschaftlichen Leben der Gemeinde, Weltraumfahrt und utopische »Spinnereien« prägen die Themen und Motive für diese Szenen. Alle möglichen Fahrzeuge mit ihren Besatzungen – Badewannen mit Rädern und Motoren, Dampfboote mit qualmenden Ofenrohren, Seeräuberfregatten, Mondraupen und Raketenwagen – fahren lärmend auf der dichtbevölkerten Dorfstraße und werden von den lachenden Besuchern beklatscht. Jubel und Trubel beherrschen das Dorf.

Nach dem Umzug ziehen die Schifferburschen bis zum Abend mit dem Fastnachtskahn von Haus zu Haus und sammeln »Fracht«, nahrhafte Speisen und kräftige Getränke. Dazu spielt die Kapelle ein Ständchen und Neptun tanzt. Die von den Einwohnern gern gespendeten Gaben werden später bei dem auf die Schifferfastnacht folgenden Schifferkränzchen gemeinsam in den Magen »verfrachtet«.

In den Gaststätten des Dorfes, in improvisierten Seemannskneipen und in romantisch hergerichteten »Seeräuberspelunken« wird fröhlich gezecht. Abends treffen sich die Postelwitzer zum traditionellen Schiffsball.

Als Fest der Schiffer und Fischer feiern die Einwohner der Elbgemeinde Glinde im Kreis Schönebeck am Ende des ersten Monats im Jahr die »Lichtmeß«. Die traditionelle »Sonnenverbrennung« (eines aus Stroh gefertigten Sonnenballs) und ein Festumzug gehören dazu.

Das Verzeichnis der Volksfeste und Märkte der DDR nennt für 1986 ca. 4000 Feste aller Art. Davon entfielen auf die Elbbezirke Dresden ca. 400, Halle ca. 600 und Magdeburg ca. 600.

Die Dresdner Vogelwiese

Die Entstehung des Vogelschießens als des eigentlichen Kerns der heutigen Vogelwiese ist eng mit der Geschichte der Armbrustschützen verbunden. Die Dresdner Bogen- und Armbrustschützen-Gesellschaft

wurde 1456 gegründet, aber bereits Stadtrechnungen von 1411 und 1418 belegen Zuwendungen für die Schützen, und 1440 wurde vermerkt: »Als dy schuczczen zcum vogil schussen ...«.
Die wöchentlichen Übungen der Bogenschützen, die bis zum Beginn des Siebenjährigen Krieges üblich waren, sind durch die städtische Wehrverfassung belegt. Alle Zünfte waren verpflichtet, mit mindestens zwei Meistern an den wöchentlichen Übungen teilzunehmen. Für die alljährlich zu Pfingsten stattfindenden Preisschießen spendete der Rat Bier und Prämien. Geschossen wurde auf einen zwanzigpfündigen, buntgemalten Vogel. Der Dreißigjährige Krieg führte allerdings zu einer Unterbrechung des sehr beliebten Schießen, das mit lustigen Wettspielen an der Kletterstange, in Würfelbuden und an Glücksständen, mit »Gänserennen« und »Wasserstechen« verbunden war. Freilich, es waren in der Regel Vergnügungen für den Hof. Die Vogelwiese anläßlich der Krönung von Kurfürst Friedrich August II. zum König von Polen (1697) verursachte dem Rat der Stadt 3800 Taler Kosten. Bauern und Bauernmädchen mußten als komische Possenreißer auftreten und die Gäste erheitern. Seit 1700 tritt die Schützengesellschaft als Veranstalterin der Pfingstvogelschießen auf und wird (noch bis 1877) vom Rat der Stadt finanziell unterstützt.
Mitte des 19. Jahrhunderts bringen Fahrbelustigungen und Schaustellungen eine bedeutende Vermehrung der unterhaltsamen Genuß- und Vergnügungsgelegenheiten: Glücksräder, Würfel- und Losbuden, Bierzelte, Bratwurstbuden, Tanzsalons, Schießbuden, Zirkus und Menagerie, Karussel und Russische Schaukel, Panoptikum, Panorama, Stereoskopbild, Geisterbahn und Riesenrad, Kuriositätenschau, Lachkabinett, Flohzirkus, Liliputaner, Sioux-Indianer und Abnormitäten. Nicht zu vergessen das Heer der Wanderhändler mit Leierkästen, sauren Gurken, Türkischem Honig und Luftballons ...

1932 gehörten zur Vogelwiese auf ca. 110 000 Quadratmetern unter anderem 77 Schankstätten, 277 Verkaufsstände und 300 Kleinverkaufsstände (mit 800 Fieranten), 125 Schaustellungen, Belustigungen und Fahrgeschäfte (darunter drei Scooter).
Seit 1874 wurde die Vogelwiese auf dem Gelände des linken Elbufers abgehalten (Käthe-Kollwitz-Ufer). Nach kleinen Anfängen auf den Elbwiesen nach 1945 zog das Fest 1949 im Gelände des Zoos wieder viele Besucher in seinen Bann. 1953 wechselte die Vogelwiese auf das Ausstellungsgelände am Fucikplatz, ergänzt durch ein »Frühlings-« und ein »Herbstfest«. 1991 stand sie erneut auf den Johannstädter Elbwiesen.

Manfred Bachmann

Literatur

BACHMANN, MANFRED: Von Masken und Narren. Schifferfastnacht in Postelwitz, in: Radeberger Kulturleben, Heft 3, 1962
BACHMANN, MANFRED: Schifferfastnacht in Postelwitz, in: Neue Heimat, Heft 2, 1967, S. 15–17
BARTHEL, BRUNO: Schifferfastnacht in Postelwitz, in: Natur und Heimat, Heft 2, 1956, S. 46–50
FRENZEL, WALTER, FRITZ KARG und ADOLF SPAMER: Grundriß der sächsischen Volkskunde, Leipzig 1932
LÖFFLER, FRITZ: Sächsische Feste in vier Jahrhunderten, in: Sachsen, Zeitschrift des Heimatwerks Sachsen, Heft 1, 1939
REHSCHUH, GÜNTER R.: Dresdner Volksfeste im Wandel der Zeiten, in: Sächsische Heimatblätter 4, 1958, S. 571–579
SPAMER, ADOLF: Deutsche Volkskunst. Sachsen, 2. Aufl. Weimar 1954
WOZEL, HEIDRUN: Das »Wilde Viertel« auf der Dresdner Vogelwiese, in: Volkskunst, Heft 3, 1990, S. 61–65
ZÖLLNER, EMIL: Mein Elbebuch. Elbeschiffer – Elbeflößer – Elbefischer, Dresden (o. J.)
Zur Festkultur des Dresdner Hofes, in: Dresdner Heft 8 (Beiträge zur Kulturgeschichte 21), 1990

Zur Kulturgeschichte am Unterlauf der Elbe

Die Hamburger Hafenwirtschaft teilt die Elbe bei den Elbbrücken: oberhalb die Oberelbe, unterhalb die Unterelbe. Das entspricht etwa der Nutzung durch die Schiffahrt: Die seegängigen Schiffe können durchweg die Brücken nicht passieren und haben ihre Hafenbekken unterhalb, für die Elbschiffe vom Oberlauf endet die Fahrt oberhalb der Brücken oder kurz unterhalb in den entsprechend benannten Häfen, etwa Moldauhafen, Saalehafen, Spreehafen, Travehafen, Oderhafen. Für die Volkskunde beginnt unterhalb Hamburgs die Niederelbe, manche Forscher beziehen allerdings schon die oberhalb gelegenen Vierlande und die gegenüberliegende Winser Elbmarsch mit ein. Der Naturraum besitzt eine Zäsur aber deutlich erst bei Lauenburg, denn bevor 1957/59 die Elbstaustufe bei Geesthacht gebaut wurde, reichte die Tide, die durch Ebbe und Flut in der knapp 100 Kilometer von Hamburg entfernten Nordsee ausgelöste Wasserspiegelschwankung, bis Lauenburg. Das bedeutete, daß der Strömungsunterschied von auflaufendem und ablaufendem Wasser von der Schiffahrt bis Lauenburg genutzt werden konnte, und es bedeutete ferner, daß bis Lauenburg die niedrig gelegenen Marschen beiderseits der Elbe sturmflutgefährdet waren, während oberhalb nur Hochwasser der Elbe den Siedlungen gefährlich werden konnte.

Fährt man von Schnackenburg elbabwärts, so tragen einige der höher gelegenen Auelandschaften zwar auch schon die Bezeichnung Marsch – Schnackenburger und Dannenberger Elbmarsch z. B. –, doch haben ihre fruchtbaren Auelehmablagerungen ihren Ursprung in Abschwemmungen der sächsisch-thüringischen Lößbörden nach der mittelalterlichen Rodung und Intensivierung des dortigen Ackerbaus. Die eigentlichen großen Marschlandschaften am Unterlauf der Elbe beginnen erst im Gezeitenbereich. Sie verdanken ihre fruchtbare Kleidecke der Schlicksedimentation durch die Gezeiten, seit um etwa 2000 v. Chr. der ansteigende Meeresspiegel der heutigen Nordsee das nacheiszeitliche Elbetal erreichte. Die Ablagerungen waren am Strom und an den in ihn mündenden Nebenflüssen mit bis zu 6 Metern über den eiszeitlichen Flußsanden am höchsten, so daß sich ein bis zwei Kilometer breite Uferwälle bildeten mit ein, max. zwei Metern Höhe über NN, während in größerer Entfernung vom Fluß die Kleidecke immer dünner wird. Ein zum Teil unter NN liegender Streifen von Nieder- und Hochmooren, das Sietland, trennt die Marschen vom meist kliffartig steil ansteigenden Rand der durchweg 20 bis 30 Meter höher liegenden, bei Geesthacht und Blankenese z. B. aber auch bis über 90 Meter und in den Harburger Bergen sogar bis auf 155 Meter ansteigenden Geest. Durch Sackungen liegen aber auch einige Marschengebiete heute unter Meeresspiegelniveau.

Erste Siedlungsspuren gibt es in den Marschen schon aus vorgeschichtlichen Zeiten, aber die bis in die Gegenwart reichende Siedlungsstruktur entstand erst, seit zwischen dem 11. und 13. Jahrhundert Deiche errichtet und Entwässerungssysteme geschaffen wurden. Die Vorstellungen darüber, wie das geschah, haben sich in jüngerer Zeit gewandelt. Schrieb man früher den Holländern eine hohe Beteiligung als Siedler zu, so neigt man heute eher dazu, in ihnen im wesentlichen Entwicklungshelfer zu sehen. Als Wasserbautechniker und Siedlungsunternehmer brachten sie die Erfahrungen einschließlich der Rechtsnormen, die für diese Siedlungen optimal waren, aus Holland mit. Die Siedler selbst kamen sowohl aus benachbarten als auch aus ferneren Gegenden Deutschlands.

Desgleichen scheinen die Deiche anfangs wesentlich niedriger gewesen zu sein, als man früher annahm. Zunächst scheint man nur etwa 1,4 Meter hohe Sommerdeiche für eine bessere Sicherung der Landwirtschaft gebaut zu haben. Das erklärt auch, daß offenbar die ersten Höfe noch auf Wurten errichtet wurden. Die geschlossenen Ringdeiche mit den eigentlichen hohen Seedeichen entstanden erst vom 12./13. Jahrhundert an, als der Meeresspiegel weiter anstieg. Die Wurten wurden so in den winterlichen Schutz einbezogen, und die flache Marsch ließ sich danach auch ohne Wurten besiedeln. In einigen Marschen zog sich diese Bedeichung noch bis ins 15. Jahrhundert hin, denn Sturmfluten brachten immer wieder große Verluste, und manche Gegenden waren schwer unter Kultur zu nehmen. Die letzten Köge an der Elbmündung in Dithmarschen entstanden sogar erst im 18. Jahrhundert sowie zwischen 1853/54 und 1933/36.

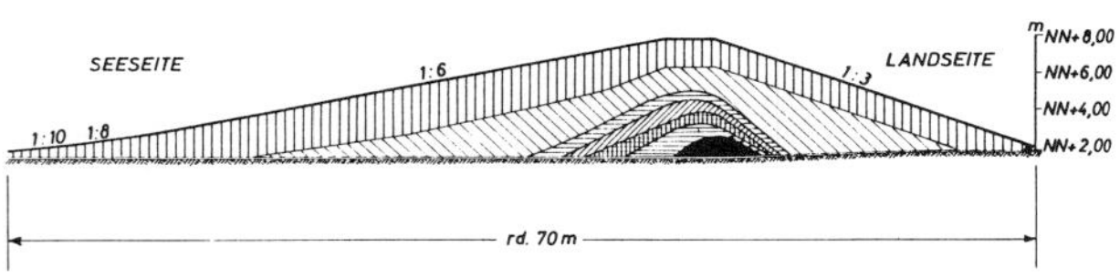

Abb. 1: Entwicklung von Deichquerschnitten seit den Anfängen des Deichbaus, die unteren fünf Querschnitte vom 11. bis zum 17. Jahrhundert, ohne daß eine exakte Datierung möglich ist; das oberste Profil gibt den heutigen Ausbauzustand nach 1962, das darunter den von 1950 wieder (nach J. Kramer 1989)

Die Deiche, die immer höher wurden – im frühen 18. Jahrhundert etwa 5 Meter über NN, Mitte des 19. Jahrhunderts etwa 6,50 bis 7 Meter über NN und heute 8,5 bis 9 Meter über NN mit immer breiter werdender Basis und immer flacher werdenden Böschungen – mußten das Land nicht nur an der Elbe, sondern auch an den Nebenflüssen bis an den Geestrand hin sichern. Das von der Geest und aus dem Sietland zur Elbe drückende Wasser mußte mit niedrigeren Hinterdeichen ferngehalten und durch spezielle Gräben abgeleitet werden. Immer wieder haben trotz aller Anstrengungen verheerende Sturmfluten die Marschen heimgesucht und gewaltige Verluste an Menschen und Vieh mit sich gebracht, zuletzt 1962 und 1976. 1962 waren an der Elbe fast noch nirgends die nach den Erfahrungen der Hollandflut von 1953 begonnenen Planungen des »Küstenprogramms« umgesetzt. Auch 1976 brachen die Deiche auf den Strecken, auf denen die nach 1962 ins Werk gesetzten Deich-, Siel- und Flußsperrwerksbauten noch nicht vollendet waren. Dabei scheint außer Frage, daß die immer umfangreicheren Vordeichungen und Deichbegradigungen, die das Bett der Elbe einengten, desgleichen das Absperren der Flüsse bei Sturmfluten die Fluthöhen gesteigert haben und daß das Ausbaggern der Fahrrinne, die um die Mitte des 19. Jahrhunderts stellenweise nur zwei Meter tief war, für Schiffe mit einem Tiefgang heute von 13,5 Metern mit Tendenz zu 15 Metern die Auflaufgeschwindigkeit des Wassers und somit den Druck verstärkt hat.

Mit den Deich- und Wasserbaumaßnahmen entstanden zwischen dem 11. und dem 15. Jahrhundert jene oft außerordentlich langgestreckten Marschhufendörfer mit beetartiger Streifenflur, die für die Elbmarschen bis heute typisch geblieben sind. Direkt hinter den Deichen, die vielfach zugleich Fahrwege waren, lagen die Höfe in einer Zeile auf der deichabgewandten Seite. Erst später bebauten Deicharbeiter, Fischer, Schiffer und andere »kleine Leute« ohne wesentlichen Landbesitz auch den Deich selbst auf der Innenseite. Bei den modernen Elbdeichen ist allerdings jegliche Nutzung verboten, nur an den Nebenflußdeichen gilt Bestandsschutz für Häuser und Bäume auf den Deichen. Weiter entfernt von den Deichen sind die durchweg in einem zweiten und dritten Siedlungsschritt entstandenen Dörfer dann zweizeilig zu beiden Seiten der von einem breiten Abzugsgraben, der Wettern, begleiteten Straße gebaut.

Der gängige Haustyp ist in der Grundform überall das niederdeutsche Fachhallenhaus mit Fachwerkwänden, ein giebelseitig erschlossener, reetgedeckter Zweiständerbau mit großer, vom Hof zu befahrender Dreschdiele in der Mitte, seitlichen Kübbungen für das Vieh und den Wohnräumen im sogenannten Kammerfach an der Straßenseite. Der große Dachraum dient zur Aufnahme von Getreide und Heu; zusätzliche

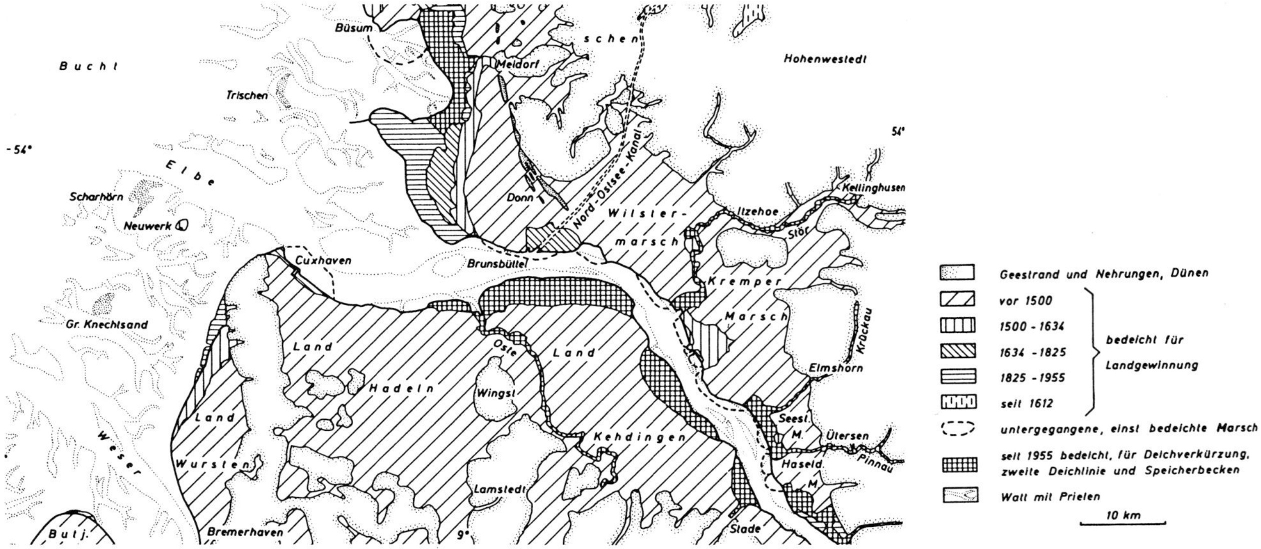

Abb. 2: Landgewinn und Landverlust an der Niederelbe (nach W. Prange 1986)

Scheunen sind in gleicher Weise konstruiert. Daneben kommt in der Wilstermarsch und in geringerem Umfang in der Kremper Marsch das Barghuus vor, ein Gulfhaus mit vier weitgestellten hohen Ständern zum Tragen des Steildachs, zwischen denen die Ernte erdlastig bis unter das Dach gestapelt wird. Der Typ wurde vermutlich im 17. und 18. Jahrhundert aus West- und Ostfriesland hierher übertragen.

Seit der zweiten Hälfte des vorigen Jahrhunderts ist der traditionelle Baubestand vielenorts zunächst durch Einführung »moderner« Bauelemente wie klassizistischer Säulen am Eingang und historisierender Schmuckgiebel, später auch durch Umbauten variiert und durch Zweckbauten unserer Zeit ersetzt oder ergänzt worden; in den Dorfzeilen zwischen den Bauernhäusern und an den Dorfrändern in neuen Baugebieten wurden reine Wohnhäuser für nicht mehr in der Landwirtschaft Tätige errichtet. Insgesamt hat sich die alte Siedlungsstruktur jedoch erstaunlich gut erhalten. Das liegt nicht zuletzt daran, daß das Gelände mit seinen an das Grabennetz gebundenen Wegen und dem hohen Grundwasserstand einer freieren Dorfgestaltung enge Grenzen setzt, die erst in neuester Zeit mit heutigen Pumptechniken, Maschinenparks und Baumethoden überwunden werden können. Die Denkmalpflege hat erhebliche Probleme, diesen großen Bestand an erhaltenswerten alten Häusern zu bewahren. Sie haben oft gewaltige Ausmaße, sind aber für die heutige Landwirtschaft kaum mehr brauchbar.

Alle Marschen haben ihr eigenes Gesicht. Die Vierlande am rechten Elbufer sind anders als die Hamburg näheren Marschlande, die gegenüberliegende Winsener Elbmarsch und die Marschinseln im Stromspaltungsgebiet südlich von Hamburg; das Alte Land am linken Elbufer unterhalb Hamburgs unterscheidet sich deutlich von Kehdingen und vom Land Hadeln, und selbst seine drei Deichverbände, hier Meilen genannt, zwischen Schwinge und Lühe (1. Meile), Lühe und Este (2. Meile) sowie Este und Süderelbe (3. Meile, heute zu Hamburg gehörend) weisen Unterschiede auf. Dasselbe gilt für die holsteinische Seite mit Wilstermarsch, Haseldorfer, Seestermüher, Kollmarer und Kremper Marsch sowie Dithmarschen. Es ist hier nicht genug Raum, diese Unterschiede im Hausbau selbst wie in den Schmuckformen, in den Einrichtungsgegenständen der Wohnungen, in den Verzierungen von Wagen und Schlitten, in bestimmten Ackergeräten, in

Varianten von Schiffstypen oder in Trachten, die oft noch bis zum Beginn unseres Jahrhunderts getragen wurden, darzulegen. Die Ursachen für die Verschiedenheit können jedoch erklärt werden. Alle Marschen hatten vorzügliche Möglichkeiten zu Außenkontakten über das Wasser; diese richteten sich in hohem Maß auf Hamburg. Kontakte auf dem Landweg zur Geest oder auch zu Kirchspielen in anderen Deichverbänden dagegen erschwerten die allgemeine Weitläufigkeit, über weite Teile des Jahres grundlose Straßen und die geringe Zahl von Brücken über die Flüsse in heute kaum mehr nachvollziehbarem Ausmaß. Alle Marschen genossen durch obrigkeitliche Privilegien weitgehende bäuerliche Selbstverwaltung, die auf der holsteinischen Seite zwar seit dem 16. Jahrhundert stärker beschnitten wurde als auf der niedersächsischen, in wesentlichen Teilen aber bis ins 19. Jahrhundert erhalten blieb und in Rudimenten der Verfassungen der Deichverbände sogar bis heute erhalten geblieben ist.

Alle Marschen produzierten von Anbeginn für den Markt. Getreide, vor allem Weizen und Braugerste, wurde bis nach Spanien und Italien, nach England, Skandinavien und Rußland verkauft; Vieh und Pferde wurden über weite Strecken exportiert. Die Vierlande belieferten im Mittelalter Hamburg mit Hopfen und

Abb. 4: Flurkarte von Mittelnkirchen/Altes Land, um 1875; das Marschhufendorf erstreckt sich über ca. 7,5 Kilometer hinter dem Deich der Lühe, einem Nebenfluß der Elbe; die Grenzen der Besitzparzellen sind nur bei den großen Höfen vollständig, bei den kleinen in Auswahl eingetragen; zu einem Hof gehören je nach Größe zwei bis acht nebeneinander liegende, durch Gräben getrennte »Stücke« von 16 Metern Breite und durchweg 2,25 Kilometern Länge; die im Mittelalter vermutlich ziemlich gleiche Hufengröße betrug ohne Gräben knapp 33 Hektar, einschließlich der Gräben gut 40 Hektar (nach A. E. Hoffmeister, Teil 2, 1981)

Abb. 3: Elbdeichbogen bei Borstel-Wisch, heute Gemeinde Jork/Altes Land; Blick nach Südosten, zwischen 1920 und 1930 (Aufnahme E. Puls, Altona)

haben sich spätestens im 16. Jahrhundert auf Obst – das dort heute keine Rolle mehr spielt –, Gemüse und Blumen – heute vielfach unter Glas – für den Hamburger Markt spezialisiert. Die Hamburger Elbinseln lie-

Abb. 5: Hof »Rieck-Haus«, Hamburg-Curslack/Vierlande am nördlichen Deich der Dove-Elbe; Hufnerhaus, erbaut seit 1533; letzter großer Umbau des Fachhallenhauses 1663; heute als Vierländer Freilichtmuseum Außenstelle des Altonaer Museums in Hamburg (Aufnahme F. J. Rüdel, Wentorf, um 1980)

ferten Milch für Hamburg; das Alte Land hat Hamburg traditionell mit Kirschen versorgt und ist seit dem ausgehenden 19. Jahrhundert zum heute größten geschlossenen Obstbaugebiet Deutschlands, wenn nicht Europas, geworden, in dem das Hauptprodukt inzwischen Äpfel sind und Getreideanbau und Viehzucht keine Rolle mehr spielen. Die seit dem 17. Jahrhundert kultivierte Engelbrechtsche und Blomesche Wildnis bei Glückstadt vor der Kremper Marsch hat sich aufgrund der stark parzellierten, kleinbäuerlichen Besitzstruktur, geeigneter Böden und günstiger Verkehrsanbindungen zunächst über die Elbe, seit der Mitte des vorigen Jahrhunderts über die Eisenbahn zu einem wichtigen Gemüse- und Frühkartoffelanbaugebiet entwickelt; Dithmarschen ist für seinen Kohlanbau berühmt.

Die Landwirtschaft aller Marschen basierte auf einem weitgehend freien, selbständigen Bauerntum mit Hufengrößen von zunächst 20 bis 25 Hektar. Da die Verfügbarkeit über den Boden frei war, konnte sich, wo es entsprechende Erwerbschancen gab, auch ein wohlhabender Kätnerstand mit kleineren Betriebsgrößen von unter vier Hektar wie bei den Gemüsebauern in den Vierlanden oder ein Kleinbauernstand mit Betriebsgrößen unter acht Hektar wie noch bis vor wenigen Jahren bei den Obstbauern im Alten Land herausbilden oder ein Großbauernstand mit Höfen bis zu 40 Hektar wie in Teilen der Wilstermarsch oder Dithmarschens. Auch konnten sich problemlos Fischer und Schiffer ansiedeln, für die es gute Betätigungsmöglichkeiten gab. Durch die Getreidekonjunktur nach dem Dreißigjährigen Krieg und durch Fortschritte in der Landwirtschaft im 18. Jahrhundert mit verbesserten Entwässerungsmöglichkeiten, fortentwickelten Landbau- und Düngemethoden bei gleichzeitig hoher Agrarkonjunktur zog in die Marschen z. T. heute kaum mehr vorstellbarer Reichtum ein. Er fiel umso stärker ins Gewicht, als die Bauern der benachbarten Geest mit ihren mageren Sandböden, Moor- und Heideflächen daran keinen Anteil haben konnten. Diesen sprichwörtlichen Reichtum dokumentierten nach außen prachtvolle Häuser mit Schmuckgiebeln und gelegentlich zweigeschossigen Wohntrakten, Kutschwagen und Schlitten, in den Häusern zeigte er sich in aufwendigem Mobiliar, das größtenteils in den Dörfern selbst entstand. Wie für etliche Stücke belegt, wurde es aber auch aus Hamburg – und dann nicht etwa erst in Sekundärverwendung – bezogen, so die großen barocken Dielenschränke, die sogenannten Hamburger Schapps, auch gelegentlich Tische und

Abb. 6: Hof »Rotenhus«, Klein Sonnendeich, Gemeinde Kurzenmoor/Seestermüher Marsch, nordwestlich von Pinneberg; Fachhallenhaus vom Typ eines Kreuzhauses, erbaut 1667 (Aufnahme 1897)

Kommoden. Aber das heimische Tischlerhandwerk wie z. B. das Silberschmiedehandwerk war hoch entwickelt, durch weite Wanderungen bestens über die jeweilige Mode informiert und konnte somit anschließend im Dorf insbesondere aus ganz persönlichen Konkurrenzgründen das Althergebrachte jeweils von Werkstatt zu Werkstatt verschieden fortentwickeln. Besonders hervorzuheben sind die Vierländer Intarsienmöbel und die geschnitzten Truhen der Wilstermarsch. Doch man findet auch in allen anderen Landschaften der Niederelbe spezielle Beiträge wie besondere Stuhlformen – alle aber auf der Basis des Pfostenstuhls –, besondere Truhen, Bank- oder Schrankformen. Zu beachten ist, daß es auch eine hochentwikkelte Stubenmalerei gab, in die Holzbalkendecken und Wandpaneele – wie in der Kremper- und Wilstermarsch – ebenso einbezogen waren wie Truhen und Schränke – wie im Alten Land. Nur hat dieser gemalte Schmuck viel seltener als der geschnitzte die Modernisierungslust, der man aufgrund des Reichtums ja nachgeben konnte, überdauert.

Aufwand treiben konnte man auch bei der Tracht. Besonders ausgeprägt hat sie sich vor allem in den Gebieten, aus denen man den Hamburger Markt beschickte. Dort hat sie sich, sozusagen als Markenzeichen, auch am längsten erhalten, so in den Vierlanden und im Alten Land, desgleichen bei den Fischern von Blankenese. Das gilt entsprechend, wenn der aufkommende Fremdenverkehr das Tragen der Tracht honorierte; in unserem Gebiet war das auf Helgoland der Fall, dessen Trachten sich viel enger an die der Bauern in den Elbmarschen anlehnten als etwa an die der verwandten nordfriesischen Bevölkerung. Dabei galten auch hier Prinzipien einer fortentwickelten Marktwirtschaft: Das leinene Unterzeug, der Beiderwandrock und gestrickte Wollstrümpfe stammten aus eigener bzw. aus heimischer Produktion durch Berufsweber. Alles andere war gekauft und hatte weite Wege zurückgelegt: Seidenstoffe aus Frankreich, Spanien und der Schweiz, Seidenbänder auch aus China, Kattune aus Hamburg, Altona, Sachsen, Westfalen und England, Spitzen aus Tondern/Nordschleswig, Flandern und dem Erzgebirge, Tuche aus Holland und

Abb. 7: Hof Heinrich, Osterjork, Gemeinde Jork/Altes Land; Fachhallenhaus, erbaut 1847; Ziermauerwerk aufwendiger ausgeführt bei Restaurierung des Giebels 1949 (Aufnahme um 1980, Altländer Archiv)

England. Dies alles wurde dann aber in jeweils sehr eigenen und für einzelne Kirchspiele oder Marschdistrikte typischen Kombinationen zusammengefügt.

Der ländliche Wohlstand existiert heute nicht mehr. Wie überall im Zeichen von Überproduktion hat die Landwirtschaft auch in den Elbmarschen heute große Probleme. Wo nicht Spezialkulturen wie Obst und Gemüse diese mildern können, stehen die Marschen heute oft sogar schlechter dar als die Geestgebiete. Entlohnten einst Höchsterträge die mühevolle Arbeit auf den schweren Böden und die kostenintensive Entwässerung bis hin zum Erdulden von Deichbruchgefahren, so lassen sich durch entsprechende Düngung und geschickte Fruchtfolgen, durch modernes Saatgut, Windschutzmaßnahmen und Beregnung gute Erträge heute auch auf der sandigen Geest erzielen bei viel leichter zu bearbeitenden Böden. Manche Ackerflächen der Marschen werden somit heute wieder extensiv als Grünland genutzt, und Konkurse sind keine Seltenheit, zumal das Bewußtsein der bäuerlichen Bevölkerung sich mit der Anerkennung des geschwundenen Wohlstandes noch sehr schwer tut. Für die weit von Hamburg entfernt liegenden Marschen bringt die Entlegenheit weitere Probleme. Sieht man von den

Abb. 8: Hafen von Borstel, heute Gemeinde Jork/Altes Land; Verladen von Kirschen, zwischen 1920 und 1930 (Aufnahme E. Puls, Altona)

Industrieansiedlungen bei Brunsbüttel und Stade ab, gibt es keine ausreichenden Arbeitsplätze. Selbst die vielen kleinen im 19. Jahrhundert zur Versorgung insbesondere Hamburgs entstandenen Ziegeleien sind wegen fehlender Wettbewerbsfähigkeit bis auf verschwindend wenige eingegangen. Abwanderung bietet die einzige Möglichkeit zur Existenzsicherung, da die Verkehrsanbindung an Hamburg schlecht ist, auf der niedersächsischen Seite noch schlechter als auf der holsteinischen. Auch das Wasser bietet keine Chancen: Fischfang in der Elbe ist wegen der Wasserverschmutzung nur noch sehr begrenzt möglich, und der nach wie vor von Finkenwerder und Glückstadt ausgehende Fischfang auf der Nordsee und darüber hinaus spielt gesamtwirtschaftlich keine Rolle mehr. Die meisten kleinen Häfen sind verschwunden: Für die größer werdenden Schiffe waren sie zu flach, und auf den inzwischen gebauten Straßen war der LKW den berühmten traditionsreichen Ewern in ihren vielen Varianten ebenso wie den kleinen Küstenmotorschiffen überlegen. Spätestens bei den Deichbaumaßnahmen nach 1962 wurden die meisten kleinen Häfen beseitigt, wenige in den Flußmündungen überlebten als Sportboothäfen, auch die meisten kleinen Werften verschwanden. Lediglich eine oft erstaunlich hohe Zahl kleiner Reedereien in einigen Dörfern – in der Gemeinde Jork sind es heute 68 Schiffahrtsbetriebe, deren Schiffe Hamburg als Heimathafen haben –, wie auch etliche Lotsen unter der Einwohnerschaft zeugen noch von der ehedem so ertragreichen Symbiose von Landwirtschaft und Schiffahrt.

Gerhard Kaufmann

Literatur

BASTIAN, GÜNTER und RICHARD MADER: Hadeln und Wursten. Hamburg 1978

BAUCHE, ULRICH: Landtischler, Tischlerwerk und Intarsienkunst in den Vierlanden unter der beiderstädtischen Herrschaft Lübecks und Hamburgs bis 1867 (Volkskundliche Studien, Bd. 3), Hamburg 1965

BIERWIRTH, LORE: Siedlung und Wirtschaft im Lande Hadeln. Eine Kulturgeographische Untersuchung, Bad Godesberg 1967

Bilder und Nachrichten aus dem Alten Land und seiner Umgebung, hrsg. von Carl Röper, Bd. 1–3 (Schriftenreihe des Vereins zur Förderung und Erhaltung Altländer Kultur Jork e. V., Bde. 4–6), Jork 1988

DETLEFSEN, DETLEF: Geschichte der holsteinischen Elbmarschen, 2 Bde., Glückstadt 1891/92

DEGN, CHRISTIAN und UWE MUUß: Topographischer Atlas Schleswig-Holstein, hrsg. von Landesvermessungsamt Schleswig-Holstein, Neumünster 1963 (dort sehr viel weiterführende Literatur)

DEGN, CHRISTIAN und UWE MUUß: Luftbildatlas Schleswig-Holstein, Teil 1 u. 2, Neumünster 1965 und 1968

DEGN, CHRISTIAN und UWE MUUß: Luftbildatlas Schleswig-Holstein und Hamburg, Neumünster 1984

Die Entwicklung der Elbe als mitteleuropäische Binnenschiffahrtsstraße, hrsg. von der Wasser- und Schiffahrtsdirekton Nord, Kiel 1990

DRÖGEREIT, RICHARD: Der Stader Raum und die Niederlande, in: Stader Jahrbuch 1971, S. 7–49

FINDER, ERNST: Die Vierlande. Beiträge zur Geschichte, Landes- und Volkskunde Niedersachsens, T. 1 u. 2 (Veröffentlichungen des Verein für Hamburgische Geschichte, Bd. 3), Hamburg 1922

FINDER, ERNST: Die Landschaft Billwärder, ihre Geschichte und ihre Kultur (Veröffentlichungen des Vereins für Hamburgische Geschichte, Bd. 9), Hamburg 1935

FINDER, ERNST: Die Elbinsel Finkenwärder. Ein Beitrag zur Geschichte, Landes-und Volkskunde Niedersachsens (Veröffentlichungen des Vereins für Hamburgische Geschichte, Bd. 13), Hamburg 1940

Heimatbuch des Kreises Steinburg, hrsg. im Auftrage des Kreisausschusses, 3 Bde., Glückstadt 1925

HINRICHSEN, TORKILD: Die Vierlande und ihre Menschen. Landschaft, Häuser, Alltag. Fotografien von Werner Schröder aus 26 Jahren (Ausstellungskatalog des Altonaer Museums 17. 5.– 2. 7. 89), Hamburg 1989

HOFMEISTER, ADOLF E.: Besiedlung und Verfassung der Stader Elbmarschen im Mittelalter, 2 Teile (Veröffentlichungen des Instituts für historische Landesforschung der Universität Göttingen, Bd. 12 und 14), Hildesheim 1979 und 1981

HUCKER, BERND ULRICH: Freiheit und Herrschaft bei den Kehdingern, in: Stader Jahrbuch 1971, S. 101–108

Impressionen aus den alten Kreisen Jork, Kehdingen und Stade. Festschrift aus Anlaß des 50jährigen Bestehens des Landkreises Stade 1932–1982, bearb. von Hans-Otto Schlichtmann und Günter Sörgel, Stade 1982

KAUFMANN, GERHARD: Altländer Möbel, in: Weltkunst, Jg. 46, Nr. 8 (15. 4. 1976), S. 706–710

KAUFMANN, GERHARD: Zur Möbeltischlerei in der Wilstermarsch, in: Volkskunst. Zeitschrift für volkstümliche Sachkultur, Jg. 1, 1978, S. 42–52

Kehdinger Heimatbuch, Kiel 1932

KLENCK, WILLI: Heimatkunde des ehemaligen Kreises Neuhaus an der Oste, Lamstedt 1957

KÖHLER, BERND und HANS RIEDIGER: Das Alte Land (Landschaften um Hamburg, Bd. 2), Hamburg 1970

LEHMANN, OTTO: Das Bauernhaus in Schleswig-Holstein, Altona 1927

LINDE, RICHARD: Die Niederelbe. Berlin, Bielefeld, Leipzig 1908

900 Jahre Neuenfelde, vormals Hasselwerder, hrsg. von G. Fock, 2. Aufl. Hamburg-Neuenfelde 1959

PETERSEN, MARCUS und HANS ROHDE: Sturmflut. Die großen Fluten an den Küsten Schleswig-Holsteins und in der Elbe, Neumünster 1977

PÜTTGER-CONRADT, ARMIN: Elbmarschen in Holstein. Land hinterm Deich. Seestermüher, Kremper und Wilster Marsch, Hamburg 1987

REINSTORF, ERNST: Elbmarschkultur zwischen Bleckede und Winsen an der Luhe in ihrer erd- und menschengeschichtlichen Entwicklung, Harburg 1929

RÖPER, CARL: 750 Jahre Jork-Borstel. Ein Beitrag zur Geschichte des Alten Landes (Veröffentlichungen des Vereins zur Erhaltung und Förderung Altländer Kultur, Bd. 1), Jork 1971

RÖPER, GERHARD: Die Innenraumgestaltung der ländlichen Profanarchitektur Schleswig-Holsteins vornehmlich des 18. Jahrhunderts, 3 Bde., Lüdinghausen 1984

SEEDORF, HANS HEINRICH u. a.: Topographischer Atlas Niedersachsen und Bremen, hrsg. vom Niedersächsischen Landesverwaltungsamt – Landesvermessung, Neumünster 1977 (dort sehr viel weiterführende Literatur)

SOLTKAHN, GISELA: Trachten aus Schleswig-Holstein, Hamburg 1987

STEWIG, REINHARD: Landeskunde von Schleswig-Holstein (Geocolleg, Bd. 5), Kiel 1978

THIEDE, KLAUS: Bauernhäuser in Schleswig-Holstein (Kleine Schleswig-Holstein-Bücher, Bd. 5.), 2. Aufl. Heide/Holst. 1963

Urkunden-Regesten-Nachrichten über das Alte Land und Horneburg 1371–1400, hrsg. von Carl Röper, Bd. 1– 4 (Schriftenreihe des Vereins zur Förderung und Erhaltung Altländer Kultur Jork e. V., Bde. 2,3,7,8), Jork 1985, 1986–1990

Städte entlang der Elbe in Sachsen und Sachsen-Anhalt

Drjezdzany/Dresden, die Ansiedlung im feuchten Laubwald, Bela hora/Belgern, der Weiße Berg, Torgove/Torgau, der Handelsplatz – die Namen weisen auf frühe slawische Siedlungen der Nisaner, Daleminzer, Nizizer und Zervister von Süden her entlang der Elbe hin. Im Zuge der Landnahme und des Reichsausbaus entwickelten sich entlang des Stromes nördlich von Böhmen, das bis Pirna reichte, das Burggrafentum Dohna bis Pillnitz bei Dresden, das Markgrafentum Meißen bis nördlich von Torgau, das Fürstentum Anhalt bis Zerbst, anschließend die Grafschaft Barby und schließlich das Erzbistum Magdeburg. Bis zu diesem Zeitpunkt waren auch alle jene Städte entstanden, deren Grundstrukturen bis heute erhalten sind. Ihre zum Teil über 1000 Jahre entstandene Stadtgestalt anschaulich zu bewahren, ist in diesen Jahren der erneuten – kommerziellen – Landnahme in den Ländern Sachsen und Sachsen-Anhalt eine wesentliche denkmalpflegerische Aufgabe.

Per Schiff von Böhmen aus erscheint Schandau als erste Stadt. Wilhelm Dilich zeichnete sie 1628 vor hohen Bergrücken mit zweigeschossigen Häusern entlang einer Hauptstraße und zwei Querstraßen, die sich zum Fluß hin öffnen. Schaut man stromabwärts, beherrscht der Lilienstein, markantester Tafelberg der Sächsischen Schweiz, die Stadt. Durch die Heilquelle, 1730 entdeckt, 1800 als Bad angelegt, erfuhr Bad Schandau gegen Ende des 19. Jahrhunderts einen großen Aufschwung als Kurort. Hotelgruppen wurden dem Ort zur Elbe hin vorgelagert und geben ihm mit ihren nachklassizistischen und historistischen Fassaden ein gewisses südländisches Gepräge.

Bei Stadt Wehlen verläßt die Elbe das Elbandsteingebirge, und nach etwa sieben Kilometern erscheint Pirna, die erste größere Stadt in Sachsen, 1912 bereits 19 500 Einwohner zählend, überragt von der Festung Sonnenstein auf dem Hausberge. Die 1233 ertmals erwähnte Stadt zeigt den typischen »Kolonialgrundriß«, die Hauptstraßen parallel zur Elbe geführt, rechtwinklig dazu die Quergassen. Ein ausgespartes Geviert bildet den Marktplatz mit dem Renaissancerathaus in der Mitte. Die überwiegend aus Elbsandstein errichtete Stadt zeigt zwei- und dreigeschossige Häuser, vielfach aus dem 16. Jahrhundert, ausgezeichnet durch reiche Renaissanceportale und Erker. Östlich des Marktplatzes steht die Stadtkirche St. Marien, eine der großartigen sächsischen Hallenkirchen, 1505 bis 1546 von Peter Ulrich aus Pirna erbaut. Am westlichen Rande der Altstadt erhebt sich die ehemalige Dominikanerklosterkirche. Wie auch das Städtchen Königstein ist Pirna seit Anlage der Eisenbahn im Elbtal in den Jahren 1848/50 vom Fluß getrennt und in seiner malerischen Wirkung zum anderen Ufer hin beeinträchtigt. Größte Gefährdung erwuchs der insgesamt unter Denkmalschutz stehenden Altstadt durch die verfehlte Baupolitik in der DDR seit Mitte der sechziger Jahre. Wären die politischen Veränderungen 1989 nicht eingetreten, hätte die Altstadt bis 1995 ein Viertel ihres Bestandes verloren, wie eine Dokumentation des Instituts für Denkmalpflege Dresden 1987 ergibt.

Die Residenz Dresden wird durch Schloß Pillnitz, zehn Kilometer vor der eigentlichen Stadt, eröffnet. Die 1724 von Zwingerbaumeister Matthäus Daniel Pöppelmann errichtete Anlage ist mit ihrer Wassertreppe die erste Station der von August dem Starken gedachten Elbmagistrale.

An den Weinhängen oberhalb der Dörfer Hosterwitz, Niederpoyritz, Wachwitz und Loschwitz vorbei glitten die Gondeln des Königlichen Hofes stromab und legten im Gondelhafen vor der Festung oder auch unmittelbar vor dem Residenzschloß hinter der Brücke, bereits zur staufischen Zeit aus Stein errichtet, an. Mit ihren Wassertreppen zur Flußmagistrale orientiert waren rechts, weiter flußabwärts außerdem das Japanische Palais, ab 1727 in seiner heutigen Gestalt errichtet, und Schloß Übigau aus den Jahren 1724/25 als letztes, etwa fünf Kilometer hinter der Stadt. Die Weinberge sind heute bewaldet und ziehen sich erst etwa zwei Kilometer vor dem Stadtzentrum vom Fluß zurück. An diesem Punkt ließ der sächsische Kabinettsminister Graf Marcolini um 1785 für seine schottische Gemahlin ein kleines Palais im gotischen Stil, das Waldschlößchen, errichten, von dem aus sich die einzigartige Lage Dresdens im großen Elbbogen zwischen den Hügeln erschließt – links die Tafelberge der Sächsischen Schweiz, rechts das Osterzgebirge. Rechts des Flusses durchziehen Wiesen das Zentrum der Stadt. Unmittelbar gegenüber liegt der durchgrünte Villenvorort Blasewitz, unberührt seit seiner Entstehung um die Jahrhundertwende, dahinter liegen die Hochhäuser von Gruna. Hochhäuser auch am Altstädter Brückenkopf der Carolabrücke, die größte städtebauliche Fehlleistung der Nachkriegszeit, denn sie zerschneiden die Blickbeziehungen zwischen der Brühlschen Terrasse und dem Elbraum im Osten. Die Lage der Stadt und ihr Ruf ziehen Investoren an aus aller Welt, die noch mehr, noch höhere Hochhäuser planen, die bisher bebauten Stadtteile des Historismus und Jugendstils ausnutzen möchten durch zusätzliche Bebauung, soweit das Gesetz es erlaubt, den am 13. Februar 1945 nicht verbrannten Rest bürgerlicher barocker Baukultur, die Häuser des westlichen Teils der Inneren Neustadt, allenfalls in ihren Fassaden respektieren, denn barocke Grundrisse bringen keine Rendite.

So ist der Ruf Dresdens zugleich seine Bedrohung. Die Monumente der Stadt, die gemeinsam mit ihren Sammlungen und eben der Beziehung zur Landschaft diesen Ruf begründeten, konnten fast alle wieder aufgebaut oder in zähem Kampf besonders in den fünfziger und sechziger Jahren zumindest als Ruinen bewahrt werden. Die Sophienkirche, das Palais Wackerbarth und das Neustädter Rathaus sind schmerzliche, politisch verursachte Verluste. Mit dem Aufsetzen der Haube des Schloßturmes wurde erneut bewußt, daß die rhythmische Silhouette über den steinernen Festungsmauern zu den in Europa herausragenden gehört. Die als Kontrapunkt zur Bündelung der Türme von Schloß, Hofkirche und Landtag gleichsam über der Stadt schwebende steinerne Kuppel der Frauenkirche wird nach dem Willen der Dresdner wiedererstehen. Zwinger, Oper, Schloß und Frauenkirche waren identitätsprägend für diese Stadt. Der horror vacui gleich hinter der schmalen Elbfront, mehrfache verfehlte städtebauliche Ansätze der sechziger und siebziger Jahre, stellen nun eine große Herausforderung für die nächste Zukunft dar. Nicht erneute gestalterische Ansätze, wie sie westdeutsche Stararchitekten südlich des Altmarktes propagieren, sondern die Wiederherstellung der alten städtebaulichen Räume, möglichst unter Berücksichtigung der alten Parzellen, müssen innerhalb der Festung der fast 800jährigen Altstadt die Konzeption sein und die achtbare städtebauliche Leistung der fünfziger Jahre südlich der Wilsdruffer Straße einbeziehen.

Vor Meißen verengt sich das Elbtal erneut, rechts das Spargebirge mit seinen Weinbergen, links oben die Schlösser Scharfenberg und Siebeneichen. Meißen, mit der von Kaiser Heinrich I. 928 gegründeten Burg, seit 968 Bistum, war bis zur Sächsischen Teilung 1485 Hauptstadt der Markgrafschaft Meißen. Die für gemeinsame Hofhaltung der Brüder Ernst und Albrecht ab 1471 erbaute Albrechtsburg wurde dazu nie benutzt. Sie beherrscht gemeinsam mit dem Dom, dessen Westwerk erst 1902 bis 1906 durch Karl Schäfer seine Turmbekrönung erhielt, die Stadt. Anschaulich erhalten sind die verschiedenen Teile der Stadt, die seit dem 14. Jahrhundert eine gemeinsame Mauer umschloß: der Burgberg, die um 1000 südlich davon angelegte Marktsiedlung, die Freihöfe der Afranischen Freiheit und die seit etwa 1200 entstandene Bürgerstadt zwischen Triebisch, Elbe und Burgberg. Der überwiegende Hausbestand entstammt dem 16. Jahrhundert und konnte bisher erhalten werden. Flächenabbrüche innerhalb der denkmalgeschützten Altstadt

fanden nicht statt. Dennoch wären nach den 1987 erfolgten Erhebungen des Dresdner Instituts für Denkmalpflege von der Altstadt 36 Prozent verlorengegangen, wäre nicht die politische Wende eingetreten. Trotz Instandsetzung einiger Häuser am Markt und in der Burgstraße wurde der Verfall der Stadt besonders südlich des Marktes immer offensichtlicher. Da das Bundesbauministerium die Stadtsanierung zum Pilotvorhaben erklärt hat, erfährt sie besondere finanzielle Zuwendung, die langsam ihre Wirkung zeigt.
Sechs Kilometer nördlich von Riesa liegt auf steil sich heraushebendem linken Elbufer Strehla, nach Süden eine schöne, noch ungestörte Silhouette bildend, geprägt von der Kirche sowie den Renaissancetürmen und dem gotischen Südgiebel des Schlosses. Die Kleinstadt von 4800 Einwohnern, erstmals um 929 erwähnt, bewahrt im wesentlichen ihre Gestalt seit Anfang des 19. Jahrhunderts: fast ausnahmslos zweigeschossig die schlichten barock geprägten Häuser entlang der fünf auf den saalartigen, leicht ansteigenden Marktplatz mündenden Straßen. Wie die meisten Kleinstädte in Sachsen mit bis zu etwa 20 000 Einwohnern befindet sich die Stadt in relativ gutem Zustand.
Belgern zeigt sich von Süden her als leicht aufgetürmtes Gemeinwesen, beherrscht von der Breitseite der St. Bartholomäuskirche mit ihrem Turm aus dem 13. Jahrhundert. Malerischer noch ist das Stadtbild vom anderen Ufer der Elbe, auf hohem »weißen« Berge links der verbliebene Turm des Klosterhofes, rechts davon die Kirche, dann die Rathausspitze, davor die verfallene Untermühle, das Fährhaus, die Wagenfähre über den Fluß. Die einst ganz rechts das Stadtbild begrenzende Windmühle ist verloren. Die Häuser der Stadt sind zweigeschossig, gelb und ocker die Farbigkeit, den typisch sächsischen rechteckigen Marktplatz säumen Rotdornbäume, an seiner Südseite ist das Renaissancerathaus 1678 wieder aufgebaut und rot abgefärbt. Der Roland entstammt dem Jahre 1502. Noch alle Straßen zeigen rotes Granit- oder Elbkieselpflaster, die Stadt ist ein Dokument der Zeit um 1800, obwohl zu den Kommunalwahlen 1990 bis auf eine alle Parteien der etwa 4000 Einwohner zählenden Stadt Ersatz des Pflasters durch Asphalt im Programm hatten.
Nahezu unverändert, wie auf dem Bilde Lucas Cranachs d. Ä. im Prado, zeigt sich die Elbansicht von Torgau: Schloß Hartenfels, das Kornhaus, das Alte Kanzleihaus, die Marienkirche, der Dachreiter des Rathauses und die Türme der Nikolaikirche. Am Kreuzungspunkt von Elbe und West-Ost-Handelsweg Halle – Leipzig – Frankfurt/Oder – Polen gelegen, wurde der Ort 973 erstmals erwähnt. Der Handelsplatz lag auf dem höchsten Punkt des Porphyrfelsens über der Elbe, dem heutigen Markt mit der frühgotischen Nikolaikirche, die germanische Burg wurde auf dem vorderen Sporn angelegt. Sächsische Residenz im 2. Viertel des 16. Jahrhunderts, wuchs die Einwohnerzahl von 3000 im Jahre 1505 auf 6000 im Jahre 1551. Nach dem Dreißigjährigen Kriege betrug sie noch 2800, heute sind es 22 900 Einwohner. Im Schloß Hartenfels weihte Martin Luther 1544 die erste neugebaute evangelische Kirche der Welt. Nach der Schlacht bei Mühlberg, auf der nahen Lochauer Heide, in der 1547 die Kaiserlichen den vom sächsischen Kurfürsten in Torgau angeführten Schmalkaldischen Bund besiegten, ging die Bedeutung der Stadt zurück. Die Residenz wurde nach Dresden verlegt. Im 18. Jahrhundert noch Amtsstadt, sank sie im 19. Jahrhundert, seit 1815 preußisch, zur Garnisonsstadt herab. Nennenswerte Industrie siedelte sich erst nach dem Ersten Weltkrieg an. Infolgedessen wurde die Renaissancestadt nur wenig überformt, die Altstadt mit heute 5220 Einwohnern stellt ein einzigartiges städtebauliches Denkmal des 16. Jahrhunderts dar. Die für DDR-Verhältnisse außergewöhnliche, auf die Altstadterhaltung ausgerichtete Kommunalpolitik der Stadt und des Kreises, die systematische komplexe Instandsetzung jeweils einer Straßenseite seit 1976 unter maximaler Beachtung denkmalpflegerischer Prämissen und unauffällig eingefügte Ersatzneubauten vermochten, daß in dieser Stadt 1989 weniger als 10 Prozent des Baubestandes gefährdet waren. Das Breitwandrathaus, eines der größten sächsischen Renaissancerathäuser mit illusionistisch aufgemalter Sandsteinquaderung, wurde 1970 bis 1975 restauriert.

Die östlich von Dommitzsch fließende Elbe bildet eine Grenze zum benachbarten Land Sachsen-Anhalt. Das Bild der Städte und Dörfer entlang des Flusses ist hier uneinheitlich wie das gesamte Land. Die Elbe fließt im breiten Bett früherer Urstromtäler und nur zeitweise begleiten flache Höhenzüge sie, wie der Fläming von Wittenberg bis östlich von Magdeburg oder das höhergelegene Westufer von Magdeburg bis Arneburg. Die Elbe war hier, wie auch die Saale, bis ins 12. Jahrhundert Grenze gegen die Slawen. Auf ihrem Westufer lagen Grenzbefestigungen wie Magdeburg, Wolmirstedt und Arneburg. Erst später wurde die Elbe auch Handelsweg und die Städte nun auch des Ostufers zu Handelsorten. Dennoch war die Elbe hier mitten in Deutschland auch immer wieder Territorialgrenze, wie die vielen Burgen und die preußischen Festungen Torgau, Wittenberg und Magdeburg und die befestigten Eisenbahnbrücken in Hämerten (Berlin – Stendal – Hannover) und Wittenberge bezeugen. Von der friedlichen Seite dagegen zeugen die Parke und Gärten an der Elbe in Pretzsch, Wörlitz, Dornburg, Magdeburg-Herrenkrug oder Schönhausen.

Dommitzsch gegenüber liegt Prettin, eine kleine Stadt im Schatten der Lichtenburg, errichtet im letzten Drittel des 16. Jahrhunderts, vielfach Witwensitz sächsischer Kurfürstinnen. Es folgt Pretzsch, eine nach Hochwasserschäden und Stadtbränden im 17. bis 19. Jahrhundert fast neu erbaute kleine Stadt im Anschluß an eine 981 urkundlich erwähnte Burg, seit 1689 ebenfalls Witwensitz sächsischer Kurfürstinnen. Hier befindet sich des Zwingerbaumeisters Matthäus Daniel Pöppelmann nördlichstes Werk, die von ihm 1720 bis 1727 zur Schloßkirche umgestaltete Stadtkirche.

Das seit 1180 urkundlich erwähnte Wittenberg, sein Grundriß aus dem 13. Jahrhundert mit Doppelstraßenanlage, sein großer Marktplatz mit Rathaus und Stadtkirche war seit 1486 Residenz des Kurfürsten Friedrich des Weisen. Nach der Universitätsgründung 1502 wurde die Stadt durch Martin Luther und Philipp Melanchthon bald zur Wiege der Reformation, aber auch Studienort für Bugenhagen und später Lessing, Forster, Chladni, Hardenberg-Novalis und Peter den Großen. Der Maler und Bürgermeister Lucas Cranach d. Ä. hatte hier seinen Wohnsitz. Von 1814 bis 1873 diente die Stadt als preußische Festung. Ab 1960 zunehmend vernachlässigt, erfuhr sie aus Anlaß des 500. Geburtstags von Luther im Jahre 1983 eine Aufwertung des Zentrums insbesondere durch die denkmalgerechte Wiederherstellung der Lutherstätten.

Wörlitz wurde in der Kunstwelt bekannt durch seinen seit 1763 im englischen Stil angelegten Landschaftspark, der auch die Wachhäuser auf dem Elbwall für Beobachtung und erste Hilfe bei Hochwassergefahr, die Elbauen und Blickpunkte weit hinter dem jenseitigen Ufer mit einbezieht. Die kleine Stadt mit Rathaus und Marktplatz, im Sinne eines römischen Circus von Erdmannsdorff angelegt, fügt sich dem Park an.

Roßlau ist die typisch anhaltinische Kleinstadt, mit der Verlegung der Elbefähre nach 1349 entstanden, mit dreieckigem Marktplatz und Bauten des Architekten Bandhauer (Friedhof-Eingangsbauwerk 1822, Brauhaus am Markt 1826 und Wohnhäuser).

Fast gegenüber, an der Einmündung der Mulde, liegt Dessau, seit dem 12. Jahrhundert Sitz der anhaltinischen Linie der Askanier und ihr wichtigster Elbe- und Muldeübergang, seit 1474 Residenz einer eigenen Fürstenlinie, die bis 1570 alle anderen Besitzungen gewann. Besondere Förderung erfuhr die Stadt unter den Fürsten Leopold (1698–1747) und Friedrich Franz (1754–1817). Wichtige klassizistische Bauten von Erdmannsdorff entstanden. Im 20. Jahrhundert spielt die Flugzeugfirma Junkers eine wichtige Rolle. 1925 bis 1932 beherbergte die Stadt das Bauhaus mit vielen Bauten in der Stadt. 1945 erlitt sie die weitgehende Zerstörung des Zentrums, ein unmaßstäblicher Neuaufbau ist bis heute unbefriedigend.

Aken, Gründungsanlage von 1212 mit zwei großen Kirchen und rektangulärem Straßennetz, seit der Stagnation der Stadtentwicklung im 15. Jahrhundert mit kleinen bescheidenen Wohnhäusern bebaut, hat das Straßenbild seiner Entstehungszeit ohne Höhenwachstum und Verdichtung bewahrt.

Barby, an der Mündung der Saale gelegen, seit dem 11. Jahrhundert Sitz einer Grafschaft, seit 1680 Residenz der Herzöge von Sachsen-Weißenfels mit dem

Schloßbau 1687 bis 1715 von Nehring und Simonetti, ist eine planmäßige Stadtanlage des 13. Jahrhunderts mit erhaltener Stadtbefestigung als Hochwasserschutz auf der Elbeseite.

Schönebeck besteht aus drei Stadtteilen. Frohse, schon 936 urkundlich erwähnt und Sitz eines Königshofes, ist ein unbedeutendes kleines Städtchen geblieben. Schönebeck-Altstadt mit der seit dem 18. Jahrhundert größten Saline Deutschlands (abgebrochen) und dem langgestreckten Straßenmarkt zwischen Rathaus (1893) und gotischer Kirche läßt noch etwas von der früheren Bedeutung der Stadt erkennen. Groß-Salze und Elmen, seit 1926 Salzelmen, sind Ansiedlungen seit dem 13. Jahrhundert an Salzquellen. Die Stadtkirche St. Johannis zeugt von der Macht und dem Reichtum der Pfänner. 1802 entstand hier das erste deutsche Solbad mit Kurbauten des 19. Jahrhunderts und Gradierwerk. Friedrich II. von Preußen beabsichtigte 1771, in das Dreieck zwischen diesen Städten die Bürger Magdeburgs umzusiedeln, um diese Stadt nur noch als Festung zu nutzen, jedoch blieb aus jener Zeit außer einigen Kolonistenhäusern an der König-, Friedrich- und Wilhelmstraße nichts von diesem Vorhaben erhalten.

Magdeburg, die Landeshauptstadt Sachsen-Anhalts, als Grenzort wie auch Halle 806 erstmals urkundlich erwähnt, war bevorzugte Residenz Kaiser Ottos I. (936–973) und Sitz eines Erzbistums. Große Kirchenbauten wie Dom und Liebfrauenkloster zeugen davon. 1631 wurde es vollständig zerstört. Der Wiederaufbau mündete seit 1679 in den Ausbau zur stärksten Festung Brandenburg-Preußens. Nach Auflassung der Festung seit 1870 entstand die südliche Vorstadt am Hasselbachplatz. Seit 1920 wurden für die sich entwickelnde Industriestadt große Wohngebiete errichtet (Bruno Taut, Johannes Göderitz, K. Rühl, C. Kraye). Nach der fast völligen Zerstörung der Innenstadt 1945 begann 1951 der Wiederaufbau.

Tangermünde liegt auf dem westlichen Hochufer der Elbe. Die Altstadt entstand im 12. Jahrhundert als Doppelstraßenanlage neben der erstmals 1009 erwähnten Burg, die Kaiser Karl IV. zu seiner neben Prag geplanten zweiten Residenz auszubauen gedachte. Das Rathaus von Hinrich von Brunsberg, die Stadtkirche und die Stadtbefestigung mit Toren und Türmen sind die bedeutendsten Backsteinanlagen. Die interessanten Fachwerkhäuser, mit denen die Stadt nach den großen Bränden von 1617 und 1678 neu bebaut wurde, sind in vergleichsweise gutem Zustand. Tangermünde, vom Institut für Denkmalpflege Halle intensiv betreut, dürfte ebenso wie Torgau zu den anziehendsten kleinen Städten an der Elbe gehören.

Arneburg, auf dem Steilhang über der Elbe gelegen, zeigt mit den Resten der 925 angelegten Burg ein harmonisches, weitgehend ungestörtes Stadtbild, geprägt durch die nach dem Stadtbrand von 1767 errichteten Fachwerkhäuser. Schönhausen auf dem rechten Elbufer ist zwar keine Stadt, aber erwähnenswert als Geburtsort Otto von Bismarcks. Von dem 1958 abgerissenen Schloß sind noch Ruinen, ein Seitenflügel und der Park erhalten geblieben.

Havelberg, an der Havel vor ihrer Einmündung in die Elbe gelegen, besteht aus der Stadtinsel des 12. Jahrhunderts, die nach Bränden nur wenig ältere Bebauung, eine gotische Stadtkirche und ehemals große Werften für den Handelsort zwischen Berlin und Hamburg aufweist, und dem Dombereich auf dem nördlichen Steilufer (Bistum 948 gegründet, nach Slawenaufstand erst 1149 wieder eingerichtet, Dombau 1170, mehrere Kurien). Unterhalb des Domes liegt an der Havel die Fischer- und Schifferansiedlung des 18./19. Jahrhunderts.

Werben entwickelte sich als Stadt neben einer seit 1005 erwähnten Burg mit harmonisch wirkender Fachwerkbebauung und bedeutenden Backsteinbauten wie dem Elbtor und der im 15. Jahrhundert erbauten Stadtkirche mit ihrem riesigen, weithin im Gebiet der Havelmündung sichtbaren Dach. Auf der Landspitze zwischen Elbe und Havel errichteten die Schweden 1631 ein »Lager«, die Werbener Schanze, das hart umkämpft und 1641 geschleift wurde.

Unmittelbar nördlich von Werben bildet die Elbe die Grenze zu Mecklenburg.

Gerhard Glaser, Hans-Hartmut Schauer

Handelswege und Kunst im Elberaum

Im Jahre 9 v. Chr. stieß der römische Feldherr Drusus vom heutigen Mainz aus zur Elbe vor. Niemand weiß bis jetzt, wo er den Strom erreichte. Sicher ist aber, daß er für seine Truppen eine Barriere bildete. Jenseits erstreckte sich terra incognita. Der Fluß trat damit in die Geschichte ein.

In jenem Zeitraum, den wir als Vorgeschichte beschreiben, in illiterarischer Zeit also, war er als Transportweg längst bekannt. Händler befuhren ihn auf flachgehenden Einbäumen und bildeten bei seinen Ufern und die Nebenflüsse hinauf einen losen, örtlich und zeitlich vielfach unterbrochenen Wirtschafts- und Kulturraum, etwa zwischen Ungarn und Skandinavien. Um 1000 v. Chr. standen an der Saale und im oberen Elbtal nahe bei Dresden und Meißen Öfen, in denen Zinn und Kupfer aus naheliegenden Vorkommen zu Bronze geschmolzen wurden. Bronzen aus dem Saaleraum wurden in Mecklenburg gefunden. Aber es kamen auch Bronzegegenstände aus dem Donauraum über die Morava und den Oberlauf der Elbe in den Norden. Erst die Eisenbahnlinien beendeten die alte Funktion der Flüsse, Hauptstraßen für den Handel und die Kultur zu bilden. Markierungsunterschiede zwischen historischen und modernen Landkarten verdeutlichen diesen Sachverhalt.

In die Schranktüren der Guardaroba im Palazzo Vecchio in Florenz sind Karten aller Weltteile eingelassen. Jene mit der Aufschrift »La Germania« von 1577 zeigt Mitteleuropa, und dominierend tritt dort jenes Wegesystem hervor, das die Elbe mit ihren Nebenflüssen bildet. Es wird deutlich, daß Budweis und Prag durch die Moldau; Dessau durch die Mulde; Naumburg, Halle und Bernburg durch die Saale; Berlin, Potsdam und Brandenburg durch Spree und Havel mit Dresden, Magdeburg und Hamburg und damit sogar mit den Seehäfen ganz Europas verbunden waren.

Erst dieser Gesichtspunkt erhellt die überragende Bedeutung des Friedrich-Wilhelm-Kanals, mit dem der Große Kurfürst 1668 die Oder mit der Spree zusammenschloß. Damit wurde der schlesisch-pommersche mit dem Wirtschaftsraum der Elbe gekoppelt. Die östlichen und südlichen Arme des Flußsystems sind kräftiger, und deshalb waren die alten handels- und kulturpolitischen Beziehungen der Kurfürstentümer Sachsen und Brandenburg in diese Richtungen wichtiger als in die westlichen. Sie ordneten sich jenem südosteuropäischen Raum zu, der Prag, Wien, Budapest, Krakau und Breslau in wechselnden politischen Konstellationen umschloß. Der Aufstieg Hamburgs ist sowohl dem Schub der Wassermassen zu verdanken, die die tiefe, breite Elbemündung weit in das sichere Binnenland einbaggerten, als auch dem der Waren, die aus diesem Raum der Hafenstadt zuströmten. Um 1900 belief sich der Binnenschiffsverkehr auf fast 40 000 Einheiten pro Jahr, von Dampfern bis hin zu Flößen, die fast 15 Millionen Tonnen an Waren umschlugen.

Die Blütezeit dieses Stromhandels hatte schon mehr als 1000 Jahre früher eingesetzt, als die Elbe Grenzfluß war zwischen germanisch und slawisch besiedelten Gebieten. Unter den Karolingern im 9. und den Ottonen im 10. Jahrhundert wurden Kastelle und Kirchen errichtet von Hamburg über Magdeburg bis Meißen, und sie waren zugleich Grenzbefestigungen, Basen für Eroberungszüge und Handelsplätze. Der Strom trennte noch und verband schon.

Für die ältere Geschichtsschreibung bestimmten Aufstände und Feldzüge das Bild jener Epoche der Christianisierung und Besiedelung. Jedoch handelte es sich um einen Jahrhunderte währenden Prozeß, der nur teilweise national und religiös bestimmt war. Einerseits waren nämlich die tschechischen Herzöge vom

Hause der Przemysliden bereits im 9. Jahrhundert zum Christentum übergetreten, und andererseits fanden blutige Machtkämpfe gleichzeitig auch zwischen deutschen Fürstenhäusern statt. Ein Blick auf die Karte der elbnahen Gebiete zwischen Ostsee und Erzgebirge zeigt durchweg eine Mischung deutscher und slawischer Ortsnamen, und die Familiennamen der alten Adelsgeschlechter von Mecklenburg bis Obersachsen sind ähnlich gemischt. Langwährende Assimilierungsprozesse dürften die Regel, blutige Konflikte die Ausnahme gebildet haben. Den Alltag bestimmte der Handel am Fluß und seinen Nebenläufen. Ihm verdanken wir die Kirchen, Tortürme, Brücken, Rathäuser und Schlösser, ganze Ketten wohlhabender Städte von Prag bis Hamburg. Zumeist im 13. und 14. Jahrhundert wurden an diesen Flußufern die gewaltigen Dome von Prag, Meißen, Naumburg, Merseburg, Halle, Magdeburg, Brandenburg und Havelberg errichtet, oft über älteren Gründungen, und zwischen dem 14. und dem 16. Jahrhundert entstanden hier die Residenzschlösser von Prag, Dresden, Meißen, Torgau, Wittenberg, Dessau, Bernburg, Halle, Merseburg, Berlin und Tangermünde. Letztere Stadt, heute bekannt wegen ihres schönen gotischen Rathauses aus Backstein, war nach Prag die zweite Residenz Kaiser Karls IV.

Bis dahin hatte die deutsche Expansion in den slawischen Osten das Erscheinungsbild der Bauten geprägt. Sie waren durch ihr westliches Hinterland bestimmt. Nunmehr entwickelten aber die neu gegründeten Territorien eigene künstlerische Prinzipien, deren Merkmale sich längs der Flüsse ausbreiteten. So zogen am Ende des 15. Jahrhunderts die Steinmetzen von der Meißner Burg nach Prag, um den Wladislaw-Saal zu bauen; andererseits ist der Wendelstein des Torgauer Schlosses ein Abkömmling des Meißners; schließlich standen die neuen Residenzschlösser des Einzugsgebietes im Banne des Dresdner Baues aus der Mitte des 16. Jahrhunderts, der ersten einheitlich konzipierten vierflügeligen Schloßanlage in Deutschland (nach französischen Vorbildern). Die Konstitution des Kurfürstentums Sachsen albertinischer Linie im Jahre 1547 erbrachte überhaupt einen wirtschaftlichen Aufschwung und rege Bautätigkeit in den Städten am Mittellauf der Elbe, und in der Folge entwickelte sich in Pirna am Eingang des Elbsandsteingebirges eine schon manufakturell zu nennende Sandsteinverarbeitung von der Steinmetz- bis zur Bildhauerarbeit. Den Strom hinunter wurden auf Bestellung geliefert für Schlösser, Rathäuser und Bürgerbauten: Gewände und Stürze für Türen und Fenster, repräsentative Sitznischenportale mit feinem Ornamentwerk und Reliefepitaphien für Angehörige der oberen Stände. Im letzten Jahrhundertviertel sandte auch der kursächsische Hofarchitekt Giovanni Maria Nosseni Ausstattungen für Schloßneubauten aus sächsischem Serpentin und anderen sogenannten Landedelsteinen nach Dänemark, dessen Königshaus den sächsischen Kurfürsten verwandtschaftlich verbunden war. Zuvor schon hatten Werke der beiden Cranachs und lutherische Reformationsschriften von Wittenberg aus den gleichen Weg genommen, elbauf und elbab.

In Wittenberg an der Elbe steht noch immer das Universitätsgebäude, in dem Martin Luther 1517 seine Thesen wider den Ablaß schrieb und damit die Reformation einleitete. Natürlich breitete sich diese neue Idee über die Selbstbestimmung des Christen nicht allein an den Flußläufen aus, jedoch hatte sie elbauf und elbab die stärksten Wirkungen. Handelsverbindungen können auch geistige sein, und auf den großen Handelswegen fuhren auch die reformatorischen Schriften und ihre Geistlichen. Deutschlands Norden fiel sogleich an die Reformation und über Dänemark ganz Skandinavien. Elbauf gelangte die neue Lehre nach Böhmen, verband sich dort mit ihrer Vorgängerin, der nie erloschenen, allgegenwärtigen Bewegung des Jan Hus, und entwickelte deswegen eine brisante Dynamik, die hundert Jahre später den Fenstersturz von Prag verursachte, den Aufstand, der zum Dreißigjährigen Kriege führte. Magdeburg, eine der reichsten und schönsten Städte des mittelalterlichen Deutschlands, wurde fast ausgelöscht, wie Dresden im Zweiten Weltkrieg.

Dieser Krieg brach auch eine kulturelle Entwicklung ab, die, von Kaiser Rudolf II. inspiriert, Prag um 1600 zu einem der führenden Kunstzentren des Kontinents werden ließ. Die kaiserlichen Sammlungen, die am Hofe angestellten Maler, Bildhauer, Graphiker, Steinschneider, Goldschmiede und Uhrmacher, die Antiquare und Astronomen waren sämtlich von europäischem Rang, und sie wurden zu Vorbildern für den Ausbau der Residenzen im Reich. Empfänger und Vermittler zugleich war das nahegelegene kurfürstliche Dresden, wohl erreichbar über Moldau und Elbe. Mehrere Künstler arbeiteten in beiden Städten oder belieferten beide Höfe, Werke anderer wiederum wurden als Geschenke ausgetauscht. Dresden und Prag, prangend in Reichtum und Macht, standen gleichsam im Wettbewerb, bis der Krieg durch den Einmarsch der Schweden in seine verheerende Phase geriet.

Die Kultur beider Residenzen entsprach eigentümlich ihrer geographischen Lage. Dieser mitteleuropäische manieristische Stil war aus niederländischen und italienischen Elementen zusammengesetzt. Merkwürdigerweise war es die Elbe, die Personen, Publikationen und Kunstwerke aus den so weit voneinander entfernten Ursprungsländern rasch und relativ problemlos tief in das Zentrum des Kontinents gelangen ließ.

Im Jahre 1587 überreichte Gabriel Kaldemarck, Zeichner und Kunstgelehrter aus Dresden, dem eben zur Regierung gelangten jungen Kurfürsten Christian I. ein Memorandum. »Bedenken wie eine Kunstkammer aufzurichten sein möchte«. Er empfiehlt unter anderem den Ankauf von Gipsformen nach Skulpturen in Italien und ihren Transport zu Schiff nach Dresden: »Man kann jetziger Zeit einen Zentner Gut von Venedig bis hierher zu Lande unter 7 Fl. nicht bringen. Dagegen kann man von hier aus bis gen Venedig zu Wasser einen Zentner mit 3 bis 3 1/2 Fl. legen ... Was zu Florenz geformet kann ... zu Wasser gen Genua geschafft werden. Von Genua hat man Schiff bis gen London in England, von London gen Hamburg, von Hamburg hierher gen Dresden. Die Formen aber so an anderen Orten als zu Ferrara, Parma, Mantua gemacht, würden am bequemsten auf dem Wasser Po nach Venedig gesandt, von dannen sie gleichergestalt gen London, Hamburg und hierher kommen mögen.« Das gesamte Flußsystem der Elbe war demnach, soweit schiffbar, dem damaligen Welthandel direkt angeschlossen. Dieser Vorteil beförderte den Fernhandel und wirkte auf die Kulturen des Gebiets ein, denn die Wasserwege ermöglichten oder verbilligten erheblich Transporte von schweren, empfindlichen und zerbrechlichen Gütern, wie etwa antiken Marmorskulpturen, großformatigen Gemälden aus den Niederlanden und Italien oder Porzellan aus dem fernen Osten.

Der Dreißigjährige Krieg verödete die Territorien zwischen Hamburg und Prag nachhaltig, denn das Kaiserhaus hatte sich nach Wien zurückgezogen, Sachsen, Brandenburg und Pommern waren verwüstet oder entvölkert, Magdeburg verbrannt, und Hamburg, wenngleich nicht direkt betroffen, siechte dahin, weil die Wirtschaftskraft seines Hinterlandes gebrochen war. Die Erholung setzte erst im letzten Drittel des 17. Jahrhunderts ein.

Jetzt aber herrschten andere Verhältnisse. In ganz Europa waren die alten freien Handelsstädte besiegt oder ihre Macht beschränkt worden, und die Politik der Höfe bestimmte das Geschehen. Im Elberaum dominierten Kursachsen und Kurbrandenburg. Berlin und Potsdam wurden unter der Regierung des Großen Kurfürsten zu Residenzen einer neuen deutschen Großmacht. Seine Heirat mit einer Prinzessin aus dem Hause Oranien öffnete das Land für die holländische Kultur. Bilder aus Amsterdam, Porzellane und Gewächse aus Asien, die die Fregatten der Seemacht nach Europa gebracht hatten, aber auch Marmor für die Hofbildhauer und Steine für die Schloßbauten wurden über Elbe und Havel herantransportiert. Im frühen 18. Jahrhundert war der Hof des neugegründeten Königreiches Preußen in Berlin der prachtvollste im Nordosten Europas. Schlüters Schloßbau und sein bronzenes Reitermonument des Großen Kurfürsten bezeugen den Ehrgeiz König Friedrichs I., mit Paris und Stockholm in Konkurrenz zu treten.

Die eigentliche und direkte Konkurrenzmacht war allerdings Sachsen. Dessen Kurfürst, Friedrich August I., der späterhin den Zunamen »der Starke« erhielt, hatte sich 1697 zum König von Polen krönen lassen und begann ebenfalls, seine Hauptstadt Dresden zu einer modernen königlichen Residenz ausbauen zu lassen.

Während aber Berlin als Kapitale eines calvinistischen Fürstenhauses gleichsam nordwestlich orientiert war und seine Kultur unter dem Einfluß Hollands und der Hugenotten stand, war Dresden nach Südosten hin geöffnet, nach Warschau und Krakau, Wien und Rom. Denn August der Starke war Katholik geworden, um in Polen gekrönt werden zu können. Das Kaiserhaus in Wien garantierte den Bestand der sächsisch-polnischen Union, denn es besaß Schlesien, die Brücke zwischen beiden Ländern. Und der Papst in Rom versuchte, mit Hilfe des neuen polnischen Königs den Protestantismus zurückzudrängen.

In einer Hinsicht jedoch standen Hohenzollern und Wettiner unter der gleichen Bedingung. Ihre Konfession war von der ihrer lutherischen Untertanen verschieden. Die Innenpolitik beider Häuser erheischte deshalb religiöse Toleranz, und dies war die Grundlage der Aufklärung. Auch die Handelsstadt Hamburg mit ihren einflußreichen Minoritäten von Anglikanern, Calvinisten und Juden drängte notwendig in diese Richtung, und deswegen entwickelte sich Deutschlands Aufklärung zuerst im Elberaum. Dresden und Leipzig, Halle und Dessau, Berlin und Potsdam waren ihre Pflanzstätten.

Die von Grund aus dem Rationalen und Klaren zugeneigten Künste des protestantischen Nordens wurden in Dresden unter August dem Starken modifiziert durch einen kräftigen Zustrom katholischer Künstler und Einflüsse aus Böhmen, Österreich, Italien und Frankreich. Es entstand ein neuer Kunststil, augusteischer Barock genannt, der in individuellen Varianten gemischt war aus Elementen der bis dahin getrennten nord- und südwesteuropäischen Konventionen, und der zugleich der geographischen Lage eigentümlich entsprach, dem von südlicher Heiterkeit geprägten oberen Elbtal, dem nördlichsten Weinbaugebiet des Kontinents. Die Ufer des Stroms wurden mit orientalisierenden Palästen geschmückt, den Schlössern von Pillnitz, Übigau und dem Japanischen Palais. Es waren Europas erste große Chinoiseriebauten, Zeugnisse der Bewunderung überseeischer nichtchristlicher Kulturen, eines neuartigen, aufgeklärten Weltverhältnisses. Großartige öffentlich zugängliche Spezialsammlungen für Künste und Wissenschaften wirkten als Vorbilder auf die Entwicklung des Museumswesens in ganz Europa.

Es gab damals aber keine andere höfische Kultur, die, tief im Kontinent gelegen, so starke englische Einflüsse verarbeitete. Sie kamen via Hamburg aus London, der wohl wichtigsten Partnerstadt des sächsischen Überseehandels. Es ist sogar wahrscheinlich, daß einer der großen Künstler des sächsischen Königs von Polen, der schwäbische Hofjuwelier Dinglinger, von dort nach Dresden einwanderte. Die Elbe war sowohl die wirtschaftliche wie auch die geistige Lebensader der Kapitale. 1746 verzeichnete die Meißner Porzellanmanufaktur unter den auswärtigen Kaufleuten, die ihre festen Kunden waren: aus Hamburg 3; aus London 3; aus Amsterdam 2; aus Paris 4; aus St. Petersburg 2; aus Mazedonien 3 (Türkenhandel); aus Berlin 2 – alles Orte, die zu Schiff erreichbar waren. Etwa zur gleichen Zeit langten aber auch die Platten aus weißem Marmor für den Fußboden der Katholischen Hofkirche zu Schiff aus Carrara am Dresdner Schloßplatz an.

Das augusteische Vorbild wirkte vielfältig auf das friderizianische Rokoko ein. Berliner Porzellan; die Atlanten am Schloß Sanssouci, die denen Permosers im Zwinger nachgestaltet sind; Friedrichs II. Gemäldegalerie selbst sind bekannte Zeugnisse dafür. Weniger bekannt ist, daß die wohl feinste Schöpfung der Aufklärung am Elbelauf, das deutsche Arkadien von Wörlitz bei Dessau, gestaltet wurde von dem Sohn eines sächsischen Hofbeamten, dem Architekten Friedrich Wilhelm von Erdmannsdorff. Dieser Zögling der von August dem Starken gegründeten Ritterakademie war aufgewachsen unter dem Einfluß der Künstler und Theoretiker des Klassizismus um Winckelmann. Als Architekt, Berater und Freund des genialen Fürsten Franz von Anhalt-Dessau konnte er nach dem Siebenjährigen Kriege diese Lehren seiner Jugend verwirklichen mit dem Bau des Schlosses und der Gestaltung des englischen Parks von Wörlitz, insgesamt der ersten geschlossenen klassizistischen Anlage des Kontinents – ein deutscher Zwergstaat an der Spitze der europäischen Kunstentwicklung. Originale römische Säulen für sein Amphitheater holte Erdmannsdorff auf dem Wasserweg von Pompeji nach Wörlitz. Neben dem Schloß errichtete er den ersten eigenständigen Synagogenbau in Deutschland.

In der Gestalt des Dichters Gotthold Ephraim Lessing offenbarte sich wohl zum letzten Mal eine territorial gebundene und verursachte geistige Erscheinung höchsten Ranges im Elberaum. Sohn eines lutherischen Geistlichen aus Kamenz in Sachsen, wurde er an der Fürstenschule von St. Afra in Meißen erzogen. Das nahegelegene Dresden war damals die einzige Stadt Europas, deren Erscheinungsbild beherrscht wurde von den mächtigen Kirchen beider großer Konfessionen, der lutherischen Frauenkirche und der Katholischen Hofkirche, errichtet in kurzem Abstand noch im Zeitalter der Gegenreformation, gemeinsam ein Symbol der Toleranz. Lessing studierte in Leipzig, lebte und arbeitete jahrelang in Berlin und ging nach Hamburg, wo 1767 das erste deutsche Nationaltheater gegründet worden war, dessen Entwicklung durch Kritik zu fördern. Als Hofbibliothekar in Wolfenbüttel schuf er gleichsam das literarische Monument der Toleranzideen, die in den Hauptstädten des Elberaumes bereits politisch praktiziert wurden, »Nathan der Weise«.

Die folgenden Blütezeiten der Kultur des Klassizismus in Berlin und der Romantik in Dresden scheinen unter anderen Bedingungen gewachsen zu sein. Durch Ausbau und Verbesserung des Straßennetzes begann eine Entwicklung, die in der Mitte des 19. Jahrhunderts mit dem Bau der Eisenbahnstrecken zu einem Höhepunkt gelangte. Männer des Geistes und ihre Produkte reisten schneller und bequemer über Land. Die großen Wasserläufe blieben der Wirtschaft überlassen. Sie bildeten, obwohl ihre kommerzielle Bedeutung ständig zunahm, keine kulturellen Strukturen mehr aus.

Joachim Menzhausen

Romantik an der Elbe

Seit mythischen Zeiten gilt der Fluß dem Symboldenken des abendländischen Geistes als Metapher des menschlichen Lebens. Die Romantiker übernahmen das Sinnbild aus der humanistischen Allegorik des 16. bis 18. Jahrhunderts. Caspar David Friedrich hat es in dieser Bedeutung in seinen drei Lebensalterzyklen benutzt, und noch 1837 meditiert Carl Gustav Carus beim Anblick eines Flusses: »Erkennt man doch in allem Wiederholung desselben Lebensprinzips: Erst der lustig schäumende Gebirgsbach, dann die Schlangenlinien des mutig und schlank durch Felsen sich Bahn brechenden Flusses, welcher später in breiter Allmählichkeit sein Aufhören im großen Strome und zuletzt sein Verschwinden im Meer findet. Wer sähe hier nicht das Vorbild zu den Spiralgängen eines in sehr ähnlicher Fortschreitung sich bewegenden Menschenlebens.«[1] Der Elbefluß und die Landschaften, die er auf seinem langen Wege berührt, haben romantisches Denken, Dichten und Bilden in besonderer Weise inspiriert. Romantik entlang der Elbe – das ist freilich kein Gegenstück zur sogenannten Rhein-Romantik, einer relativ späten, vorwiegend literarisch-patriotisch motivierten, zum Sentimentalen neigenden Strömung der Zeit des Vormärz. An der Elbe wurden romantische Ideen schon wesentlich früher, nämlich in den letzten Jahren des 18. Jahrhunderts, geboren von Dichtern, Literaten und Philosophen wie Novalis, Tieck, Wackenroder, Friedrich Schlegel und Schelling. Damals gab es in Dresden, der architektonischen Perle des Barock, einen Aufbruch der jungen Romantik. 1792 schon hatte der neunzehnjährige Heinrich Wilhelm Wackenroder bei einem Besuch der sächsischen Residenz an seinen Berliner Freund Ludwig Tieck geschrieben: »Dresden ist eine der ersten Städte in der Welt wegen ihrer Merkwürdigkeiten der Natur und Kunst. Könnten wir zusammen einmal da sein!«

Besonders bedeutsam für das Entstehen der romantischen Bewegung war der Dresdner Sommer 1798, als sich ihre führenden Geister in der sächsischen Residenz ein Stelldichein gaben. In Gesprächen vor den Bildern der Gemäldegalerie, vor allem aber in der andächtigen Bewunderung von Raffaels Sixtinischer Madonna fanden sie zu einem tieferen Selbstverständnis.

Nach diesem Auftakt durch die Literaten kamen die jungen Künstler an die Elbe: 1798 Caspar David Friedrich, 1801 Philipp Otto Runge, 1804 die Gebrüder Riepenhausen und die Oliviers, 1805 Gerhard von Kügelgen, 1808 Georg Friedrich Kersting, 1814 Carl Gustav Carus und 1818 Johan Christian Claussen Dahl. Sie kamen nicht als fertige Romantiker, aber sie fanden hier den Boden bereitet, auf dem romantische Malerei und Zeichnung zur Entfaltung kommen konnte. Die Norddeutschen Friedrich, Runge und Kersting hatten ihre Ausbildung an der damals angesehenen Kopenhagener Akademie in klassizistischem Geiste erhalten.

Runges Konversion zur Romantik erfolgte unter dem entschiedenen Einfluß Ludwig Tiecks. In seinen Dresdner Jahren 1801 bis 1804 hatte er sein revolutionierendes Kunstkonzept entworfen. Es gewann erste Gestalt in dem graphischen Zyklus der »Zeiten«, den er später in großformatigen Wandbildern auszuführen und in einem neugotischen Raum, mit Musik untermalt, darzubieten gedachte. Damit hatte Runge die Idee des romantischen Gesamtkunstwerks vorweggenommen, die später Richard Wagner in seinen Musikdramen auf seine Weise zu realisieren versuchte.

Der größte Landschaftsmaler der Deutschen, Caspar David Friedrich, hat sein umfangreiches Werk in vier Jahrzehnten als Wahldresdner geschaffen. Seine revo-

Abb. 1: Caspar David Friedrich, Blick aus dem Atelierfenster, um 1805/06

lutionierende Leistung vor dem Hintergrund einer müden, über Generationen totgelaufenen Kunstpraxis leuchtet heute umso heller, als das Innovative seiner expressiven Bilder nur von wenigen Zeitgenossen in seiner ganzen Tragweite erkannt wurde. Die Welt, in der sein Auge und seine abstrahierende Phantasie zu Hause waren, ist die Natur des Nordens. Lebenslang wirkt das Thema des Meeres, der heimatlichen Strände und der flachen Ebenen zwischen Greifswald und Neubrandenburg in seiner Kunst. Den anderen großen Motivkreis aber fand er in den von Dresden aus erwanderten Landschaften entlang der Elbe: von Meißen bis in die Sächsische Schweiz und weiter über das Böhmische Mittelgebirge bis zum Riesengebirge. Eine besonders enge Beziehung zum Elbstrom hat sicherlich sein jahrzehntelanges Wohnen direkt am Ufer in den Häusern »An der Elbe 26« und ab 1820 »An der Elbe 33« bewirkt. Das Bild, das er täglich vor Augen hatte, zeigen ausschnitthaft die beiden schönen Sepiazeichnungen von 1805/06 (Abb. 1) sowie das Gemälde »Frau am Fenster« von 1822 mit Fensterblikken auf den Fluß, die Augustusbrücke und das Neustädter Ufer. Das Interieur von Friedrichs erstem Atelier hat Georg Friedrich Kersting in zwei Innenraumporträts (1811 und 1819) dargestellt. Sie gehören zu einer ganzen Serie ähnlicher Gemälde, die das Bild der Dresdner Romantik über ihr Hauptthema, die Landschaft, hinaus mitgeprägt haben.

Eine Bereicherung der Dresdner Kunstszene im Sinne malerisch-realistischer Landschaftsauffassung bedeutete 1818 die Niederlassung des Norwegers Dahl in Dresden. Seit 1823 wohnte er mit in Friedrichs Haus am Elbufer. Ihn hat der Blick auf den breiten Fluß vor seiner Tür mit dem hohen Himmel darüber wesentlich stärker interessiert als den mehr meditativ arbeitenden Friedrich. Am liebsten aber malte Dahl norwegische Gebirgslandschaften nach Naturstudien, die er von seinen Reisen in die heimatlichen Gefilde nach Dresden zurückbrachte.

Mit Runge, Friedrich und Dahl sind die führenden, in Dresden wirkenden Meister romantischer Bildkunst benannt. Diesen drei Namen ist aber – mit zeitlichem Abstand – noch ein vierter hinzuzufügen, der des Spätromantikers Ludwig Richter. Er ist der einzige gebürtige Dresdner unter ihnen und verkörpert in seinem umfangreichen Werk als Maler, Graphiker und Buchillustrator die Tugenden der Gemütstiefe und der Liebe zu Natur und Mensch. Vom Zeichner hausbakkener Veduten bildete er sich bei Joseph Anton Koch in Rom zu einem respektablen Landschaftsmaler klassisch-heroischer Auffassung. Mitte der dreißiger Jahre des 19. Jahrhunderts aber entdeckte er die heimatliche Natur Sachsens und des nahen Nordböhmen für seine Malerei. Seine Romantik ist sehr verschieden von derjenigen Caspar David Friedrichs. Sie ist freundlich, volksverbunden und von biedermeierlicher Behaglichkeit des Schilderns. Sein Leben ist mehr als das jedes anderen romantischen Künstlers mit dem Elbstrom schicksalhaft verbunden.

Im Sommer 1810 wanderten Caspar David Friedrich und Georg Friedrich Kersting durch das Riesengebirge, und am 10. Juli zeichnete Friedrich die Elbquelle (Abb. 2). Zehn Jahre später stand auch Carl Gustav Carus an der Stelle, »wo unser schöner Elbstrom als kleiner klarer Bach zwischen einem Alpenrasen und leicht zu überschreiten dahinfließt ...«

Während aber ihn, den Naturwissenschaftler, die geologischen Strukturen »des granitenen Skeleton dieser Höhenzüge« vornehmlich interessierten, wurde das Riesengebirge für Friedrich zu einem elementaren, jahrzehntelang in seinem Werk nachwirkenden Innenerlebnis. Die in ein heute aufgelöstes Skizzenbuch notierten Eindrücke haben ihn zu nicht weniger als zwölf Gemälden und einer Anzahl von ausgeführten Zeichnungen motiviert. Zum ersten Mal erlebte er hier die Größe und Erhabenheit einer von Menschen kaum berührten Gebirgsnatur. Sein Gipfelerlebnis wird ihm zur romantischen Vision der Unendlichkeit des Numinosen. Das scheinbar grenzenlose Meer der »anbrandenden« Bergrücken begreift er als ihr Bild.

»Das malerische und romantische Deutschland« – so lautete der Titel jenes zehnbändigen »Reisewerkes«, das zwischen 1836 und 1841 bei Georg Wigand in Leipzig erschien. Es stellte in 389 Stahlstichveduten die schönsten deutschen Landschaften dar. Dazu gehörte das Riesengebirge. Die Bildentwürfe dafür hatte Wigand – neben den Sektionen Sächsische Schweiz, Franken und Harz – dem Dresdner Ludwig Richter übertragen. Dieser sah seinen Auftrag nicht so eng, wanderte im August 1838 von Breslau nach Prag und zeichnete auf dem Wege alles, was ihm interessant erschien. Die etwa zehn Motive aus dem Riesengebirge, darunter der »Elbfall«, sind nicht immer glücklich in den Stich umgesetzt. Umso schöner sind Richters Vorzeichnungen wie etwa die zu den »Schneegruben« oder dem »Kleinen Teich«, dessen Motiv den Künstler 1839 zu einem seiner stärksten Landschaftsgemälde inspirierte. Richter hat hier gewiß unter dem nachwirkenden Eindruck des Erlebten zu einer Art von malerischem Realismus gefunden, der in seiner Einheit von Mensch und rauher Gebirgsnatur mehr überzeugt als seine stilisierten italienischen Landschaften. Merklich unterscheidet sich das Bild auch von der ihm sonst gemäßeren biedermeierlichen Idylle.

In einem weiten Bogen fließt die junge Elbe durch das nordböhmische Land erst nach Süden, wendet sich bei Pardubitz nach Westen, vereinigt sich nördlich von Prag mit der Moldau und gewinnt nun ihre Nordrichtung.

Dieses fruchtbare Böhmerland hat die künstlerische Landschaft der europäischen Romantik um großartige Werke der Musik bereichert. Es ist die Heimat der tschechischen Komponisten Bedřich Smetana und Antonín Dvořák. Wenngleich ihr Schaffen in die zweite Hälfte des 19. Jahrhunderts fällt, ist es doch in der Gefühlswelt der Romantik verwurzelt. Am stärksten wird das wohl in Smetanas sinfonischem Hauptwerk »Mein Vaterland« (1874/1879) empfunden, dessen Sätze »Die Moldau« und »Aus Böhmens Hain und Flur« ebenso populär geworden sind wie Ludwig Richters böhmische Landschaftsbilder. Die Verwendung von Elementen tschechischer Volksmusik wie überhaupt die ethnisch-nationale Tendenz in der Musik dieser beiden Komponisten sind ebenso Züge einer nationalen Spätromantik wie die Themenwahl ihrer Opern. So verarbeitet das Libretto von Smetanas Oper »Dalibor« eine tragische, zur romantischen Legende gewordene Rittergeschichte aus dem späten Mittelalter. Dvořák aber vertont in »Rusalka« den urromantischen Stoff des Undine-Märchens.

Bei Lobositz tritt die Elbe in die wohl lieblichste ihrer Landschaften ein: das Böhmische Mittelgebirge. Immer wieder haben Reisende aus nördlicheren Gebieten sowohl seine südlich anmutende Heiterkeit als auch seine schön geformten, interessanten Kegelberge gepriesen. Wen wundert es, daß dieser malerisch so reizvolle Garten schon seit dem 18. Jahrhundert auch die Künstler aus Dresden anzog?

Dabei zeichnen sich zwei unterschiedliche Reisewege ab. Einmal die Tour über den Erzgebirgskamm bei Nollendorf über Graupen nach dem alten berühmten Badeort Teplitz, zum anderen der Weg entlang der Elbe über Tetschen und Aussig bis Sebusein.

Schon der Dresdner Hofmaler Johann Alexander Thiele schuf um 1739 fünf oder sechs große Land-

Abb. 2: Ernst Ferdinand Oehme, Blick bei Kamaik in Böhmen, 1852

schaften mit Blicken auf den Teplitzer Schloßberg und von den Höhen des Erzgebirges ins Böhmerland. Nach diesem Vorspiel im Barock war es der Dresdner Akademieprofessor und Vedutenstecher Adrian Zingg, der im späten 18. und frühen 19. Jahrhundert die Schönheiten Nordböhmens in voller Breite zeichnerisch erschlossen hat. Nach 1800 steigt die Zahl prominenter Reisender sprunghaft an. Kamen auch viele nach Teplitz, um die Heilkraft der heißen Quellen zu nutzen, so wächst doch zugleich auch das Streben, sich mit den Bildungen der Landschaft künstlerisch auseinanderzusetzen. Goethe weilte zwischen 1810 und 1813 als Kurgast mehrmals in Teplitz und zeichnete in der Umgebung.

Wie bedeutsam die nordböhmischen Berge für Caspar David Friedrich waren, hat kürzlich Karl Ludwig Hoch nachgewiesen.[2] Zu den Gemälden, die auf böhmische Motive zurückgehen, gehören unter anderem die »Landschaft mit einsamem Baum« (1823), »Frau vor untergehender Sonne« (um 1808), »Nächtliche Landschaft mit Regenbogen« (um 1810) und natürlich die beiden »Böhmischen Landschaften mit dem Milleschauer« (um 1808). Der aus der Ebene aufsteigende Einzelberg, wie er eben diese Landschaft prägt, gewinnt in Friedrichs Bildern öfter die Bedeutung des Gottessymbols.

Die »romantische Entdeckung« des Böhmischen Mittelgebirges erfolgte allerdings schon ein Jahrzehnt früher: 1799 malte Carl Ludwig Kaaz vier böhmische Ansichten für einen Auftraggeber, und 1803 entstand Karl Friedrich Schinkels schöne Gouache »Böhmische Gebirgskette in der Abenddämmerung« als eine motivische Vorwegnahme von Friedrichs Dresdner Milleschauerlandschaft.

Unter den Dresdner Landschaftsmalern muß sich die pittoreske Schönheit und künstlerische Ergiebigkeit der nordböhmischen Natur bald herumgesprochen haben, denn nach 1810 gehörte eine Böhmenreise schon fast zum Pflichtprogramm. So seien hier von vielen Böhmenwanderern der folgenden Jahrzehnte nur die bedeutendsten genannt: Carl Gustav Carus, Johan Christian Claussen Dahl, Ernst Ferdinand Oehme (Abb. 2) und natürlich Ludwig Richter.

Für Richters Malerei hat die nordböhmische Landschaft seit 1834 eine Schlüsselrolle gespielt. An der Elbe bei Sebusein hatte er damals sein »Damaskus-Erlebnis«, das ihn vom Verächter zum Bewunderer der heimatlichen Natur machte. Da erkannte er: »Von Sebusein bis Kamaik ist eine Fülle der schönsten und großartigsten Landschaftsbilder ausgeschüttet.«[3] An Wilhelm von Kügelgen aber schrieb er: »Ich habe nun angefangen, von italienischen Banden mich abzuwenden und habe die böhmischen Dörfer an mein Malerherz genommen.« Das tat er auf insgesamt 23 Studienreisen, die er meist zu Fuß mit Freunden oder Schülern unternahm.[4] Neben einer Fülle von Zeichnungen entstanden wenigstens sechs Gemälde zwischen 1835 und 1845. Das berühmteste, »Die Überfahrt am Schrekkenstein« (Abb. 3) eröffnete der romantischen Landschaftsmalerei einen neuen Weg. Es ist das eigentliche Programmbild der deutschen Spätromantik. »Ein in den Abend gesungenes Volkslied« wurde es einmal metaphorisch genannt.[5] Besser kann man es mit wenigen Worten nicht sagen. Der Schreckenstein mit seiner Burgruine erhebt sich bei Aussig als steiler Felsen 80 Meter über der Elbe. Die seit dem Dreißigjährigen Krieg unbewohnte und seither verfallene Anlage erregte mächtig die Phantasie der Romantiker. Noch Richard Wagner ließ sich beim Entwurf seiner Oper »Tannhäuser« von ihr inspirieren.

Kaum 20 Kilometer weiter flußabwärts thront auf

einem Felsen über dem Provinzstädtchen Tetschen das Schloß der Grafen von Thun-Hohenstein, eine im 17. und 18. Jahrhundert umgebaute mittelalterliche Burg. Hier befand sich von 1809 bis 1932 in einem der Schlafzimmer des Schlosses der heute der Dresdner Gemäldegalerie gehörende »Tetschener Altar« von Caspar David Friedrich (Abb. 4). Graf Franz Anton von Thun und seine damalige Verlobte Maria Theresia von Brühl hatten das »Kreuz im Gebirge« als halbfertiges Bild im Sommer 1808 in Friedrichs Atelier gesehen und den Wunsch geäußert, es zu kaufen. Friedrich hatte das zunächst abgelehnt, weil er das Werk seinem von ihm hochverehrten König und Napoleongegner Gustav IV. Adolf von Schweden zugedacht hatte. (Friedrichs Heimat Vorpommern gehörte bis 1815 zu Schweden). Später ließ er sich umstimmen und verkaufte dieses Schlüsselwerk seiner Frühzeit, mit einem sakralen Rahmen versehen, den Thuns als Andachtsbild. Seine öffentliche Ausstellung noch in Dresden hatte jene denkwürdige Diskussion entfacht, die später als »Ramdohr-Streit« in die Kunstgeschichte einging und die den Künstler in ganz Deutschland bekannt machte. Wegen seiner Größe wurde es – erst im Frühjahr 1809 – als Schiffsfracht auf der Elbe nach Tetschen transportiert. In Dresden aber verbreitete sich die Legende, das Bild sei dort als Altarbild in der gräflichen Schloßkapelle aufgestellt worden.

Bei dem Dorfe Herrnskretschen verläßt die Elbe Böhmen und erreicht deutsches Gebiet. Sie durchfließt nun das sächsische Elbsandsteingebirge. Seine aus Sedimentschichten bestehenden Felsen haben ein völlig anderes Aussehen als das vulkanische Eruptiv- und Urgestein Nordböhmens. In Herrnskretschen endet auch jene »Malerstraße«, die Dresdner Künstler wie auch andere Touristen zu den schönsten damals zugänglichen Punkten der Sächsischen Schweiz führte. Adrian Zingg und seine Schüler gehörten wohl zu den Ersten, die diesen Weg gewandert sind. Er begann in Pillnitz, führte hinter Lohmen durch tiefe Felsgründe zur Bastei und von da durch das Polenztal nach Hohnstein mit seiner alten Höhenburg. Über den Tiefen Grund wurde bei Schandau wieder die Elbe erreicht. Durch das Kirnitzschtal kam man zum Lichtenhainer

Abb. 3: Ludwig Richter, Überfahrt am Schreckenstein, 1837

Wasserfall und von dort über den Kuhstall, den Großen Winterberg und das Prebischtor zurück ins Elbtal bei Herrnskretschen. An der ganzen Strecke, für die man sich gewöhnlich drei Tage nahm, gibt es eine Fülle interessanter Motive. Fast alle romantischen Landschaftsmaler sind hier entlanggezogen.

Bald nach seiner Ankunft in der Residenz (1798) begab sich im Frühjahr 1799 Friedrich auf den Weg in die Sächsische Schweiz, die er von da an immer wieder besuchte. Die hoch aufgetürmten Felsmassen, die tiefen Schluchten und die Einsamkeit dieser damals noch fast unberührten Naturszene – von manchen Zeitgenossen mit Grauen und Abscheu erlebt – zogen ihn magisch an. »Einmal«, so berichtete er seinem Freund Joukowski, »wohnte ich eine ganze Woche im Uttewalder Grund zwischen Felsen und Tannen, und in dieser ganzen Zeit traf ich keinen einzigen lebenden Menschen.«[6] Wenngleich das Elbsandsteingebirge nicht zu den bevorzugten Naturszenen Friedrichs gehört, so hat er doch hier gesehene Motive einigen seiner Gemälde zugrundegelegt wie dem »Wanderer über dem Nebelmeer« und »Morgennebel im Gebirge«.[7] Das eindrucksvollste dieser Bilder aber, die »Felsenschlucht«, wurde zu einem tiefsinnigen Gleichnis des menschlichen Lebensweges zum ewigen Ziel.

Zu den zahlreichen Künstlern, die dem Phänomen des

»wildromantischen« Felsgebirges mit bewundernder Nüchternheit gegenübertraten, gehört auch der junge Karl Blechen, der sich 1823 für drei Monate in Dresden aufhielt und von Dahl und Friedrich lernte. Fast zur selben Zeit wie Dahl malte er vor Ort die idyllisch gelegene »Lochmühle im Liebethaler Grund«. Im Dürrkamitzgrund bei Herrnskretschen empfing er Eindrücke zu seinem später in Berlin ausgeführten Bild »Gebirgsschlucht im Winter« (1825), in dem sich Elemente Friedrichscher Naturauffassung mit bühnenhaft effektvoller Inszenierung zu starkem Ausdruck verbinden.

Nicht weit hinter Pirna liegt am rechten Ufer das königliche Lust- und Sommerschloß Pillnitz mit seinen exotisch geschwungenen Dächern (1720–1724). Auch diese im Kern barocke Anlage hatte ihr romantisches Intermezzo.[8] Als dem Schloß 1818 bis 1824 sein neuer dreiflügeliger Gebäudekomplex angebaut wurde, ergaben sich dekorative Aufgaben, mit denen der Dresdner Nazarener Carl Vogel von Vogelstein beauftragt wurde. Zwischen 1822 und 1829 malte er den klassizistischen Festsaal im Neuen Palais mit allegorischen Darstellungen, die neue Schloßkapelle mit Szenen des Marienlebens aus. Damit trat zum ersten Mal nazarenische Monumentalkunst auf sächsischem Boden in Erscheinung.

1827 wurde mit Carl Gustav Carus ein bedeutender Vertreter der Dresdner Romantik (Abb. 5 u. 6) zum königlichen Leibarzt ernannt. Der namhafte Naturforscher, Philosoph und Künstler war als Maler Schüler von Friedrich und Dahl. Sein Amt verpflichtete ihn während der Sommermonate zum Aufenthalt in Pillnitz, dessen schöne Umgebung er in Gemälden und Studien darstellte. In den dreißiger Jahren des 19. Jahrhunderts gab es hier so etwas wie eine romantische Tafelrunde um den Prinzen Johann, der unter dem Pseudonym Philalethes Dantes »Göttliche Komödie« ins Deutsche übersetzte. Bei den Textlesungen waren neben Carus oft Ludwig Tieck, Carl Förster und Wolf Graf von Baudissin anwesend.

Die ländliche Umgebung von Pillnitz bot auch zwei großen Tonschöpfern der romantischen Musik eine Zeitlang Zuflucht und Stille zu schöpferischer Sammlung und Tätigkeit. Seit 1818 weilte Carl Maria von Weber, Königlich Sächsischer Hofkapellmeister zu Dresden, sommers über in seinem Hosterwitzer Landhäuschen, streifte durch den »romantischen« Keppgrund bis hinauf zur alten Wassermühle. Hier in seinem »Sommerparadies« komponierte er Teile seiner Opern »Euryanthe«, »Oberon« und »Der Freischütz«. Zwanzig Jahre nach Webers frühem Tod fand im Sommer 1846 Richard Wagner, sein Amtsnachfolger an der Dresdner Hofoper, im nahen Graupa Erholung von den Aufregungen seines Amtes und von boshaften Anfeindungen. Hier komponierte er die Musik des »Lohengrin«.

Auf halbem Wege an der Elbe zwischen Pillnitz und Dresden liegt Loschwitz. Bevor seine Hänge Ende des 19. Jahrhunderts zum bevorzugten Standort von

Abb. 4: Caspar David Friedrich, Tetschener Altar, 1808

Abb. 5: Carl Gustav Carus, Neurathen in der Sächsischen Schweiz

Nobelvillen wohlhabender Dresdner Bürger wurde, bestand das Dorf aus verstreut zwischen Gärten, Feldern und Weinbergen liegenden Fischer-, Bauern- und Winzerhäuschen sowie einigen Wassermühlen im Loschwitzgrund. Wen wundert es, daß Künstler jeglicher Couleur sich den idyllischen Ort – eine gute Wegstunde vor den Toren der Stadt – als Sommerdomizil erkoren?

Die Liste der großen Persönlichkeiten, die hier für kurze oder längere Zeit Quatier bezogen, ist lang, selbst wenn wir sie auf die romantische Epoche beschränken. Sie beginnt mit Vater und Sohn Körner und deren Loschwitzer Sommergast Friedrich Schiller und endet mit Ludwig Richter und seinem Schülerkreis. Aber auch Caspar David Friedrich, Gerhard von Kügelgen und sogar der Preuße Karl Friedrich Schinkel verbrachten glückliche Zeiten in Loschwitz. Besonders die spätromantischen Maler um Ludwig Richter wie z. B. Eduard Leonhardi haben diese heitere Landschaft meist in ihrem sommerlichen Flor dargestellt.

Dresden, die Stadt der Romantiker, war nicht eigentlich eine romantische Stadt, Wackenroders Klosterbruder und Tiecks Sternbald hätten keine Freude an ihr gehabt. Ohne ruhmvolle mittelalterliche Tradition und urdeutsche Kunsthelden wie Albrecht Dürer oder Adam Kraft, ohne spitzgiebelige Häuser mit »kleinen, rundscheibigen Fenstern«, ja ohne auch nur einen einzigen gotischen Kirchturm ähnelte die sächsische Residenz nicht im geringsten der alten Reichsstadt Nürnberg, dem nostalgisch verklärten Jerusalem der Frühromantiker. Dresdens repräsentative Elbfront war vielmehr von barocker Festlichkeit geprägt.

Auf dieses unromantische Stadtbild haben die romantischen Maler unterschiedlich reagiert. Friedrich hat es als solches nie in einem Gemälde gestaltet. In der kleinen Ölstudie »Abend« von 1824 aber hat er die Türme von Schloß und Hofkirche zu gotisch spitzen Kathedraltürmen umstilisiert. Carl Gustav Carus war ihm bei der gotisierenden Verfremdung des Dresdner Stadtbildes mit seinem »Blick auf Dresden bei Sonnen-

Abb. 6: Carl Gustav Carus, Kahnfahrt auf der Elbe, 1827

untergang« um 1822 schon vorangegangen. Aber auch der nüchterne Dahl hat die Stadt romantisch verfremdet, hat – nach Novalis' Worten – »dem Gewöhnlichen ein geheimnisvolles Ansehen, dem Bekannten die Würde des Unbekannten« verliehen, indem er den Schleier der Dämmerung, der Nacht und des Mondlichtes über die weit bekannte und berühmte Silhouette breitete, die hundert Jahre zuvor Bernardo Bellotto in einer Reihe von Veduten im hellen Sonnenlicht gemalt hatte.

Enger als heute war das Leben damals mit dem Strom und seiner Brücke verbunden. Bewußter nahmen ihn die Menschen wahr, die an seinen Ufern wohnten, tiefer verinnerlichten die Dichter und Maler sein Fließen und seine Wandlungen im Zyklus der Tages- und Jahreszeiten. Fasziniert beobachtete und beschrieb Carus den Aufbruch des Elbeises im Januar 1821, und der Fluß mit den treibenden Eisschollen erscheint dem Meditierenden gleichnishaft als »Strom der Zeiten«.

»Der Augenblick stand mir noch lebhaft vor Augen, in welchem wir von dem Dome zu Meißen auf die Elbe und das romantische Tal heruntersahen, das mir so teuer ist, weil ich hier zuerst die Natur in schönerer Gestalt sahe ...«, erinnert sich Friedrich Schlegel 1803 im ersten Heft seiner Zeitschrift »Europa« an die von ihm »so geliebte Gegend« des Elbtals bei Meißen. Die alte Bischofsstadt mit Burg und Dom auf einem Berge über der Elbe hat fast alle Dresdner Romantiker in ihren Mauern gesehen. Hier lebte von 1818 bis zu seinem Tode Georg Friedrich Kersting als Malervorsteher an der berühmten Porzellanmanufaktur, und der junge Ludwig Richter lehrte von 1828 bis 1835 an der Zeichenschule. Im hochgelegenen Burglehnhaus entstanden die meisten seiner italienischen und alpenländischen Landschaften. Aber auch manche Motive seines später in Dresden entstandenen graphischen Werkes gehen auf Eindrücke aus der malerisch engen, verwinkelten Kleinstadt zurück. Zwischen 1812 und 1816 war die südöstlich von Meißen an der Elbe gelegene Burg Scharfenberg (Abb. 7) Schauplatz der Begegnung eines romantischen Künstler- und Freundschaftbundes, der für eine bestimmte Facette des romantischen Zeitgeistes, nämlich die schwärmerische Mittelalterverehrung, als typisch gelten kann. Der vielseitig begabte, besonders als Komponist hervorgetretene Burgherr Carl Borromäus von Miltitz bezog das halbverfallene Gemäuer mit seiner jungen Frau und einigen Bediensteten in der Absicht, hier mit gleichgesinnten Freunden im Geist jener nostalgischen Ideale zu leben. Neben dem Schriftsteller August Apel und dem Maler Moritz Retzsch gehörte der Dichter Friedrich de la Motte Fouqué dem Kreis an. Er war das geistige Haupt dieser seltsamen Bruderschaft, die hier während des Sommers 1816 im gemeinsamen und wechselseitigen künstlerischen Schaffen die romantische Idee von der Begegnung und Durchdringung der Künste zu verwirklichen suchte und dabei den idealisch verklärten Vorstellungen von stolzer Ritterherrlichkeit huldigte. Ernst Ferdinand Oehme hat sein Bild »Burg Scharfenberg bei Nacht« (1827) offensichtlich in diesem Geiste gemalt.

Abb. 7: Karl Christian Sparmann, Burg Scharfenberg, 1839

Hinter den Höhen der Lößnitz, zwischen Meißen und Riesa, beginnt flaches Land. Die Elbe fließt nun durch die weiten Ebenen Mittel- und Norddeutschlands dem Meere zu. Ihre »romantische Wegstrecke« endet an Sachsens Grenze. Bedeutende Städte mit großer historischer Tradition und Architektur liegen an ihren Ufern: Torgau, Wittenberg, Magdeburg, Tangermünde und Havelberg. Doch romantische Kunst, Literatur, Musik war dort nicht zu Hause. Nur nahe der Mündung in die Nordsee, in Hamburg, hat einer der großen Künstler der Epoche unvergeßliche Werke der Malerei geschaffen: Philipp Otto Runge lebte hier nach seinen Dresdner Jahren von 1804 bis zu seinem frühen Tode 1810. In den koloristisch sensiblen Elbstrandbildern des Johann Jacob Gensler aus den vierziger Jahren des 19. Jahrhunderts dagegen herrscht schon ein malerischer Realismus, hinter dem romantische Empfindung nur zuweilen noch wie ein Erinnern aufglänzt.

Hans Joachim Neidhardt

Anmerkungen

1 Carus, C. G.: Lebenserinnerungen und Denkwürdigkeiten, Bd. 2, hrsg. von Elmar Jansen, Weimar 1969, S. 33–34

2 Hoch, K.-L.: Caspar David Friedrich und die böhmischen Berge, Dresden 1987

3 Richter, L.: Lebenserinnerungen eines deutschen Malers, hrsg. von E. Marx, Leipzig 1944, S. 371

4 Zu Richters Böhmenreise vgl. Werner, W.: Ludwig Richter als Landschafter in Böhmen und Schlesien (Dipl. Arbeit, Typoskript), Leipzig 1982

5 Friedrich, K. J.: Die Gemälde Ludwig Richters, Berlin 1937

6 Hinz, S.: Caspar David Friedrich in Briefen und Bekenntnissen, Berlin 1973, S. 227

7 Vgl. dazu Hoch, K.-L.: Caspar David Friedrich und die Sächsische Schweiz, in: Pantheon, Jg. 48, 1990, S. 130–134

8 Vgl. dazu Hartmann, H. G.: Pillnitz – Schloß, Park und Dorf, Weimar 1981, S. 148 ff.

Vom Abwasserkanal zum Lebensraum

»Meine Herren! Wir sind, was die Verunreinigung unserer Flüsse anlangt, heute an einem Wendepunkte angekommen. Nach meiner Ansicht laufen wir Gefahr, daß die Flüsse in den großen Industriebezirken in nicht zu langer Zeit derartig verunreinigt sind, daß ein gesunder Zustand bei ihnen überhaupt nicht mehr hergestellt werden kann.«[1]

Der Kreis von Interessierten, der die Ausführungen des Ingenieurs Schott im Jahre 1899 während der »XV. General-Versammlung des Westdeutschen Fischerei-Verbandes zu Hameln« verfolgte, war klein. Kaum jemand war wohl bereit, an die düstere Prophezeiung zu glauben. Nicht einmal hundert Jahre später ist die Elbe in einem beinahe irreparablen Zustand. Gemessen an der Dauer der menschlichen Präsenz an den Flüssen eine verschwindend geringe Zeit. Doch sie genügt, um zu vergessen, wie sehr der Fluß einst Lebensgrundlage war und in vieler Hinsicht auch noch ist. Die Erfolgsmeldungen des sogenannten Fortschritts lassen vergessen, was der Mensch dem fließenden Wasser zu verdanken hatte.

Der Fluß hat die Menschen stets an sich gezogen. Er gab mit seinen Fischen Nahrung und lieferte Wasser zum Trinken, zur Reinigung und für die Bewässerung der Landwirtschaft. Die Energie, die zum Erblühen des Handwerks unerläßlich war, kam aus der Kraft des Wassers. Im 10. Jahrhundert standen die ersten Wassermühlen an der Elbe. Mit dem Transport von Gütern und Menschen erlaubte der Fluß die Entwicklung des Handels. Hamburg baute im 12. Jahrhundert den ersten Hafen an der Elbe.

Immer mehr Menschen siedelten im Einzugsgebiet der Flüsse, die scheinbar unerschöpfliche Nahrungsvorräte boten. Die Elbe gehörte zu den fischreichsten Flüssen in Europa. Zum Ende des Mittelalters waren die obere Elbe und die Nebenflüsse gefüllt mit Lachsen, daß »das Flußbett ihre Menge schier nicht fassen konnte«. (2) Der Fisch war das billigste Nahrungsmittel, Dienstboten stellten die Bedingung, nicht häufiger als zweimal pro Woche mit Lachs, der in der Elbe bis nach Böhmen hinaufzog, verpflegt zu werden.

Die Städte wuchsen, und damit auch die Abwassermengen. Es wurden zentrale Schwemmkanalisationen gebaut, deren Rohre im Fluß endeten. Diese Maßnahme fand auch zur damaligen Zeit ihre Kritiker, die angesichts des bedenkenlosen Einleitens des Abwassers nicht an die beschworene Selbstreinigungskraft des Flusses glauben konnten. Die Elbe, die nur ein geringes Gefälle besaß, mußte schon 1898 zwischen Rothenburgsort und Blankenese täglich 1500 Tonnen Schlamm aus der Kanalisation aufnehmen. Ein Großteil davon wurde aber nicht in die offene See geschwemmt. Er setzte sich, bedingt auch durch die Gezeiteneinwirkungen, im Hamburger Hafen ab und mußte dann wieder ausgebaggert werden.

> »Es scheint mir unmöglich, daß wir auf diesem Wege in Deutschland fortfahren. Justus von Liebig hat uns gelehrt, daß die Zuführung der Fäkalien in das Meer notwendig zu einer Verarmung unseres landwirtschaftlichen Betriebes führen muß, daß der Ankauf ausländischer Dungstoffe vom Standpunkt der nationalen Wirtschaft den größten Bedenken unterliegt«. (Geheimer Regierungsrat von Sybel, 1899)[3]

Am 16. Februar 1900 gab es im sächsischen Landtag in Dresden eine heftige Diskussion über die Verschmutzung der Elbe durch die Stadt. Die ca. 400 000 Einwohner leiteten täglich über eine halbe Million Liter »Grubeninhalt« in die Elbe. Man beklagte die enorme Verunreinigung des Flusses, den Rückgang des Fischreichtums und den Entzug des preiswerten und guten Dunges für die Landwirtschaft. Dennoch bestand die Stadtverwaltung auf der Ableitung der Fäkalien in die Elbe.

Die Errichtung der ersten Fabriken beschleunigte den Rückgang des Fischreichtums um ein weiteres. Es waren vor allem die »Cellulosefabriken« im oberen Elbtal, daneben aber auch die Bergwerke an Saale und Unstrut und die Zuckerraffinerien am Mittellauf, die den Fluß vergifteten.

Vornehmlich die Fischereivereine bemühten sich, der Verarmung der Elbe und ihrer Nebenflüsse durch das Aussetzen von Fischen entgegenzuwirken. Gut 10 Millionen Lachse hat man innerhalb von 30 Jahren im Oberlauf ausgesetzt, die aber der zunehmenden Wasserverschmutzung zum Opfer fielen.

Der Mißbrauch des Flusses als Abwasserkanal traf die Bewohner der Flußregionen schließlich selbst. Das Trinkwasser, früher billig und einfach aus dem Fluß gewonnen, wurde schlechter. Die Salzbelastung im Hamburger Leitungswasser war vor hundert Jahren durch die im Oberlauf eingeleiteten Fabrikabwässer gewaltig angestiegen. 1900 schmeckte es allerdings süßlich. Die Nachforschungen des Hygienischen Institutes ergaben, daß die Abwässer der flußaufwärts liegenden Zuckerrübenfabriken daran Schuld waren. 1892 zählte man in Hamburg 17 000 Choleraerkrankungen, 8000 Menschen starben an den Folgen der Epidemie, die durch das mit Bakterien aus den Abwassereinleitungen der Stadt verseuchte Elbwasser hervorgerufen wurde.

Schon zu dieser Zeit diskutierten die Politiker in Hamburg, ob man nicht die Trinkwasserversorgung aus der Elbe aufgeben und statt dessen Grundwasserquellen in der Umgebung suchen sollte. Bereits damals fehlte es nicht an Hinweisen darauf, daß dies nicht die Lösung der Probleme bedeutet, sondern lediglich eine Flucht vor ihnen ist.

Die wirtschaftliche Entwicklung ging ungeachtet der beklagten Zerstörung der Natur in gleicher Form weiter. Die industriellen Ballungszentren an der Elbe und ihren Nebenflüssen florierten und trieben die Schadstofffrachten, die über die Elbe in die Nordsee schwemmten, weiter in die Höhe. Der Fluß war und ist billiger Lieferant des für die Produktion benötigten Wassers und gleichzeitig Transporteur der Abfälle.

> »Ein kleines Bedenken dieser Grundwasserversorgung einer Millionenstadt soll hier nur eingeschaltet werden. Wer sagt uns, daß die Wasserschichten, die man in 200–400 Meter anbohrt, unterirdischen Strömungen entstammen? Wer sagt uns, ob es nicht unter Druck stehende, beim Erstarren der Erdrinde ausgepresste Wassermassen sind, die, unterirdischen Seen oder Wasserreservoirs vergleichbar, einmal nur ein abgegrenztes Volumen enthalten, welches bei so kolossaler Inanspruchnahme, wie alles Irdische, einmal erschöpft sein werden; wenn aber diese Erschöpfung eingetreten ist, ist die Elbe im Vertrauen auf die Grundwasserversorgung inzwischen zur Kloake geworden ...«[4]

Nach dem Zweiten Weltkrieg war für die drei Elbanliegerstaaten ČSSR, BRD und DDR der rasche wirtschaftliche Wiederaufbau die wichtigste Aufgabe. Selbst primitivste Formen der Flußreinhaltung existierten nicht.

Die Elbe und ihre Nebenflüsse müssen die Abwässer fast des gesamten west-tschechischen Industriegebietes aufnehmen. Zahlreiche Kommunen lassen ihre Abwässer bis heute ganz oder teilweise ohne Klärung in den Fluß. Hinzu kommen die Einträge von Mineraldünger, Gülle und Pestiziden aus der industrialisierten Landwirtschaft.

Ähnlich sieht es auf dem Gebiet der ehemaligen DDR aus, die zu zwei Dritteln im Einzugsgebiet der Elbe liegt, 82 Prozent der Bevölkerung leben im Bereich des Flusses. Genaue, öffentlich zugängliche Informationen über dessen Zustand gab es in DDR-Zeiten nicht. Den Menschen blieben nur die eigenen Sinnesorgane, um den ökologischen Niedergang einer ganzen Region zu erfassen. Die großen Ballungszentren Berlin, Magdeburg, Dresden, Halle, Leipzig, Dessau, Chemnitz und Erfurt entwässern in die Elbe. Dort konzentrierte sich mehr als die Hälfte der industriellen Produktion der DDR. Braunkohlenförderung, Chemie- und Zellstoffindustrie sowie Flächen intensivster landwirtschaftlicher Nutzung liegen im Einzugsgebiet.

Im oberen Elbtal sind bzw. waren für die großen Schadstofffrachten die Zellstoffwerke Pirna und Coswig, das Arzneimittelwerk Dresden und das Chemiewerk Nünchritz hauptverantwortlich. Die Stadt Dresden ließ zu dieser Zeit ihre gesamten Abwässer ungereinigt in den Fluß. Die aus dem Jahre 1910 stammende Kläranlage versagte 1987 nach einem Hochwasser vollends.

Für die Gesamtbelastung der Elbe zwischen Dresden und Magdeburg sind vor allem die großen Nebenflüsse verantwortlich. Allein das Chemiekombinat Bitterfeld an der Mulde verursachte ein Viertel der Gesamtquecksilberfracht, die die Elbe in die Nordsee schwemmt. Täglich verließen das Werk ca. 200 000 Kubikmeter giftigen Abwassers.

Dabei ist das Wasserdargebot im Mitteldeutschen Raum wesentlich geringer als in anderen Gebieten Deutschlands. Viele Städte an der Elbe und ihren Nebenflüssen sind auf Elbwasser als Trinkwasserquelle angewiesen. Die großen zwischen Dresden und Torgau gelegenen Trinkwasserwerke fördern an einem Tag etwa eine halbe Million Liter Wasser über Uferfiltratfassungen aus der Elbe. Die Vergiftung des Flusses in diesem Abschnitt hat direkte Konsequenzen für die Menschen. Die Wasserwerke sind nicht in der Lage, die Giftstoffe aus Industrie, Kommunen und Landwirtschaft zurückzuhalten.

An der Unterelbe auf dem Gebiet der Altbundesländer entstanden in den sechziger Jahren bei Stade, Glückstadt und Brunsbüttel große Industrieansiedlungen.

Die Stadt Hamburg hat trotz enormer Aufwendungen für die Klärung der städtischen Abwässer erheblichen Anteil an der Elbverschmutzung. Eine große Gewässerbelastung stellt das Schlickeggen im Hamburger Hafen zur Vertiefung der Fahrwasserrinne dar. Bereits sedimentierte Schadstoffe werden dabei wieder aufgewühlt und in die Nordsee getragen.

Als Folge der wahnsinnigen Belastung des geschundenen Flusses auf seiner ganzen Länge bildeten sich schon wenige Jahre nach dem Zweiten Weltkrieg Sauerstofflöcher aus, also Flußabschnitte, in denen der Sauerstoff unter den für Fische lebensnotwendigen Mindestgehalt sinkt. So starben in den Wintermonaten 1953/54 und 1962/63 oberhalb von Hamburg unter der geschlossenen Eisdecke die gesamten Fischbestände. Die Elbe war mit organischen Schadstoffen so belastet, daß der Sauerstoff des Flusses durch deren Abbau aufgezehrt wurde.

Es gab die ersten Badeverbote, die letzten Flußbadeanstalten zwischen Dresden und Blankenese wurden in den sechziger Jahren geschlossen.

Zehn Jahre später wiesen Gutachten die hohe Belastung des Elbsediments mit Schwermetallen aus den Abwassereinleitungen nach. 1978 kam es bei Brokdorf zu einem großen Fischsterben. Proteste, vor allem der letzten Elbfischer, wegen der hohen Schadstoffeinleitungen auch im Bereich Hamburgs führten allerdings zu keinerlei Verbesserung der Elbwasserqualität. Die Behörden ordneten statt dessen ein Verkaufsverbot mit Strafandrohung bei Zuwiderhandlung für die quecksilberbelasteten Elbaale an.

Die Flucht vor dem vergifteten Wasser setzte sich fort. Nach Magdeburg gab Hamburg als nächste Großstadt 1983 den letzten elbnahen Trinkwasserbrunnen auf. Man fand neue, noch nicht verschmutzte Vorräte im Grundwasser der Lüneburger Heide. Das Abpumpen dieses Wassers bleibt nicht ohne ökologische Folgen.

Seit 1978 werden von der »Arbeitsgemeinschaft zur Reinhaltung der Elbe« (ARGE Elbe), in der die Bundesländer Hamburg, Niedersachsen und Schleswig-Holstein – und seit November 1991 die Anrainer in den neuen Ländern – zusammenarbeiten, in regelmäßigen Abständen Messungen der Elbwasserqualität durchgeführt. Obwohl der Fluß in der Vergangenheit in weiten Abschnitten die Grenze zwischen Ost und West bildete, waren auch die alarmierenden Meßwerte kein Anlaß für gemeinsame Bemühungen um seine Sanierung.

Nach der politischen Öffnung der DDR unternahm Greenpeace 1990 eine Fahrt mit dem Aktions- und Laborschiff Beluga auf der Elbe zwischen Pirna und Brunsbüttel.

Die fünfwöchige Greenpeace-Fahrt deckte mit erschreckender Deutlichkeit die enormen Schädigungen der Elbe und ihrer Nebenflüsse in der DDR und der BRD auf. Aktionen fanden statt, um die Aufmerksamkeit der Politiker und der Öffentlichkeit zu gewinnen und eine schnelle und umfassende Sanierung zu erreichen. Es war aber gleichzeitig das Anliegen von Greenpeace, auf die Chancen hinzuweisen, die in der notwendigen Umstrukturierung von Industrie und Landwirtschaft in der ehemaligen DDR bestehen. Eine an ökologischen Prämissen orientierte Entwicklung ist entscheidend für den künftigen Zustand des Flußgebietes.

Nach der Reise entstand ein düsteres Bild vom Zustand der Elbe. Nicht nur auf dem Gebiet der ehemaligen DDR, sondern auch an der Unterelbe war die Situation alarmierend. Zwar hat in den Altbundesländern die Praxis des nachsorgenden Umweltschutzes auf hohem Niveau, beispielsweise der Bau von Kläranlagen für die Betriebe, die direkten Einleitungen in den Fluß reduziert. Aber die Umweltprobleme sind nicht gelöst. Schadstoffe, die aus dem Abwasser zurückgehalten werden, gelangen in hohen Konzentrationen in den Klärschlamm. Er kann nicht, wie es ökologisch sinnvoll wäre, als Nährstoff zurück auf die Felder gebracht werden. Als giftiger Sondermüll bildet er zusammen mit Filterstäuben und anderen gefährlichen Abfällen aus der Produktion den wachsenden Altlastenberg.

Das Jahr 1990 brachte eine Verbesserung der Flußwasserqualität, die mit den Betriebsstillegungen und Produktionsdrosselungen in den neuen Bundesländern zusammenhing. Schon im darauffolgenden Jahr zeigten die Messungen z. B. beim Quecksilber wieder einen Anstieg der Konzentrationen.

Häufig wird nun auf den Rhein verwiesen, der offenbar das Image vom »schmutzigsten Fluß« – das jetzt das der Elbe ist – verloren hat. Vor mehr als zwei Jahrzehnten war der Rhein in einem Zustand wie die Elbe heute. Vor allem der Bau von Kläranlagen und industriellen Abwasserreinigungsanlagen sollte dem Rhein zur Besserung verhelfen.

Obwohl bei einer Reihe von gemessenen Schadstoffen die Belastungen zurückgegangen sind, haben die Milliardeninvestitionen nicht zu einer grundlegenden Sanierung geführt. Der Rhein ist von den in die Nordsee mündenden Flüssen der mit der höchsten Schadstofffracht. Trinkwasser kann aus dem Fluß nur mit großem Aufwand gewonnen werden. Die Begradigung und Kanalisierung haben die Selbstreinigungskraft des Stromes herabgesetzt und wertvolle Uferbereiche zerstört. Diese Erfahrungen müssen bei der Sanierung der Elbe bedacht werden, damit auch langfristig die vielen notwendigen Investitionen nicht umsonst sind. Die bis jetzt erkennbare Entwicklung läßt befürchten, daß diese Herausforderung und Chance nicht wahrgenommen wird:

– Es werden umweltbelastende Produktionen, zum Beispiel von PVC, in Buna weitergeführt. Eine Orientierung auf neue, den zukünftigen Anforderungen entsprechende Produktionsverfahren erfolgt nicht.

– Bis jetzt beschränkt sich die Sanierung auf nachsorgende Umweltschutztechniken, die nur vordergründig eine Verbesserung bedeuten. So werden mit Bundesmitteln Gemischtkläranlagen als »Pilotprojekte« gefördert, in die, zum Beispiel in Bitterfeld, Industrie und Kommunen gemeinsam einleiten.

– Auch die »Internationale Kommission zum Schutz der Elbe« (IKSE), 1990 von Vertretern der BRD, ČSFR und der EG gegründet, betrachtet Kläranlagen als Allheilmittel. Ein mit allen Ländern abgestimmtes grundlegendes Sanierungskonzept für das Einzugsgebiet des

> »Wir haben keine Qualitätsverbesserung des Rheinwassers feststellen können. Lediglich leicht abbaubare Stoffe wurden verstärkt zurückgehalten (gefiltert). Bei schwer abbaubaren Stoffen wie Schwermetallen und halogenierten Kohlenwasserstoffen konnten wir keine Trendwende erkennen. Ebenso hat sich an Versalzung und Nährstoffmenge kaum etwas geändert. Wir finden mehr und mehr Belastungen im Rhein, für die keine Grenzwerte existieren ... Bei etwa 140 000 Chemikalien, die ... von Menschen in den Rhein gebracht werden, ist die Veränderung einzelner Parameter kein Indiz für die Verbesserung der Wasserqualität«. (Greenpeace zur Rheinverschmutzung, 1985)

Flusses hat sie nicht durchgesetzt. Sie nimmt keinen Einfluß auf die Entwicklung der Volkswirtschaften in den einzelnen Ländern, um einzuschreiten, wenn durch neue, unüberlegte Industrieplanungen die weitere Schädigung des Einzugsgebietes festgeschrieben wird.

– Bei der Erarbeitung von in der Hoheit der Länder liegenden Gesetzen, wie dem Landeswassergesetz in den neuen Bundesländern, wird die umfassende Sanierung nicht entsprechend berücksichtigt. IKSE und ARGE Elbe haben versäumt, auf entsprechenden Formulierungen zu bestehen.

– Die diffusen Einträge aus Landwirtschaft und Atmosphäre in die Elbe werden mit den jetzigen Maßnahmen nicht reduziert.

– Es existieren Planungen, die Elbe im Interesse der Schiffahrt auf eine Tauchtiefe von mindestens 2,5 Meter auszubauen. Vor allem die Städte Hamburg und Prag sind an einer ganzjährigen Schiffbarkeit des Flusses interessiert. Diese Planungen, die unter anderem 16 Staustufen zwischen Dresden und Magdeburg vorsehen, würden die Selbstreinigungskraft des Flusses weiter verringern. Die hydrologischen Bedingungen ändern sich, die Trinkwassergewinnung aus dem Fluß ist in Frage gestellt. Wertvolle Uferbereiche würden vernichtet, das relativ naturnahe Bild der Elbe mit ihrer Artenvielfalt wäre zerstört.

Die bis jetzt erkennbaren Planungen sind also viel zu kurzfristig angelegt. Mit gewaltigem technischem Aufwand werden Probleme verlagert, nicht aber vermieden. Die menschlichen Nutzungsansprüche haben Priorität – gerade diese haben aber in der Vergangenheit zu schwerwiegenden Umweltzerstörungen geführt. Ein kurzsichtiges und nur auf das eigene Ressort bezogene Denken läßt den umfassenden Zusammenhang zwischen den einzelnen Komponenten des Systems außer acht. Der Fortgang der zerstörerischen Entwicklung wird angesichts der vermeintlichen »Fortschritte« im eigenen Planungshorizont nicht wahrgenommen.

Die Möglichkeit, neue Wege der Sanierung zu gehen, wird nicht genutzt. Gerade jetzt, bei dem anstehenden Wiederaufbau der Volkswirtschaften in den neuen Bundesländern und der ČSFR, wäre die Zeit dafür. Das setzt natürlich voraus, daß wir den Fluß mit dem Einzugsgebiet in seiner Vielfalt als Ökosystem begreifen und nicht nur als einen zu reinigenden Wassergraben. Der Fluß gleicht einer Ader im Organismus, die lebenswichtige Funktionen hat und mit allen Teilen in Wechselwirkung steht. Unsere Überlegungen sollten daher auch die Elbe als einen Lebensraum im Auge behalten, in dem der Mensch die vielfältigsten Tätigkeiten verrichtet.

Deshalb muß gefordert werden:

– Ein umfassendes Sanierungskonzept für das Einzugsgebiet der Elbe mit dem Ziel, ein intaktes Ökosystem wiederherzustellen.

– Alle Kriterien der Wasserverschmutzung sind in die Bewertung der Gewässerqualität einzubeziehen, alle Belastungen im Einzugsgebiet müssen erfaßt werden.

– Die Industrie darf den Fluß nicht weiter zum Abtransport ihrer scheinbar zwangsläufig anfallenden Abfälle mißbrauchen. Geschlossene Stoffkreisläufe müssen vorgesehen werden. Solange diese nicht vorhanden sind, muß die Industrie für die verursachten Umweltschäden aufkommen.

– Ein bereichsübergreifendes Denken, Planen und Handeln bei Politikern, Institutionen, Industrie und Öffentlichkeit ist Voraussetzung für ein Gelingen der Sanierung.

– Produkte, die bei ihrem Gebrauch die Umwelt zerstören und damit indirekt an der Flußverschmutzung beteiligt sind, dürfen nicht weiter hergestellt werden.

– Staatliche Fördermittel dürfen nur für einen vorsorgenden Umweltschutz, der Schäden vermeidet und nicht verlagert, ausgegeben werden.

– Umstellung der Agrarindustrie im Einzugsgebiet auf eine wasserverträgliche Landwirtschaft ohne Kunstdünger-, Gülle- und Pestizideinsatz.

– Keine weiteren Strombaumaßnahmen, die das ökologische Gleichgewicht stören. Schiffe müssen den Flüssen angepaßt werden und nicht die Flüsse den Schiffen.

– Entgiftung der Haushaltschemie, damit der in den kommunalen Kläranlagen anfallende Schlamm wieder als Dünger auf die Felder gebracht werden kann.

Die Erfahrungen, die man bei der Neugestaltung des Einzugsgebietes der Elbe sammelt, wären nicht nur für das sich verändernde Osteuropa beispielhaft. Es könnte auch für Westeuropa der Weg sein, die jährlich in Milliardenhöhe anfallenden Umweltschäden zu vermeiden. Es ist an der Zeit, die Warnungen vor einem weiteren Fortgang der Umweltzerstörungen – auch wenn sie oftmals schon beinahe hundert Jahre alt sind – ernst zu nehmen.

Jörg Naumann

Anmerkungen

1 Bonne, Georg: Die Notwendigkeit der Reinhaltung der deutschen Gewässer, Leipzig 1900, S. 14
2 Bonne (wie Anm. 1), S. 34
3 Bonne (wie Anm. 1), S. 13
4 Bonne, Georg: Neue Untersuchungen und Beobachtungen über die zunehmende Verunreinigung der Unterelbe, Leipzig 1902, S. 67

Weiterhin verwendete Literatur

Greenpeace – Studie Elbe. Ergebnisse der Meß- und Aktionsfahrt der Beluga im Frühjahr 1990, Hamburg 1990
Greenpeace – Studie Wasser, Aquarius 1 – Landwirtschaft und Wasser, 1991
Greenpeace – Studie Elbe/Rhein. Der Rhein – kein Vorbild für die Elbe, Hamburg 1991
Greenpeace – Spezial Wasser. Vom Lebensquell zum Luxusartikel?, Hamburg 1992
ZÖLLNER, EMIL: Elbvolk, Elbfischer, Elbschiffer und Elbflößer, Leipzig 1934

KATALOG

Die Maße im Katalogteil sind in der Reihenfolge Höhe × Breite × Länge (Tiefe) angegeben, wenn sie nicht näher bestimmt sind.
Die Abkürzungen entsprechen dem üblichen Gebrauch.

Der Zusatz [...] hinter dem Titel bedeutet, daß der Gegenstand nicht an allen drei Ausstellungsorten zu sehen ist. [D] steht für Dresden, [H] für Hamburg und [P] für Prag.

KAPITEL I

Einführung

Der Greis »Albus« (Elbe), flankiert von Rübezahl als Hüter der Quellbäche, verkörpert die barocke Vorliebe für Flußgötter und ihr Fortleben im 19. Jahrhundert. Die erdgeschichtliche Formation der Elbe ist jahrmillionenalt. Ihr hohes Alter würdigen seit der Renaissance Strom- und Handelskarten und gelehrte Schriften zur Erschließung der Landeskultur: Die erste böhmische Landkarte ließ Nikolaus Klaudian, ein Arzt aus Jungbunzlau, 1518 in Nürnberg drucken. Die großartige Elbkarte des Melchior Lorichs sollte wie andere frühe Karten um 1568 der Entscheidung eines Rechtsstreits zwischen Hamburg und dem Fürstentum Lüneburg dienen. Die Forscher der Renaissance untersuchten auch schon das Elbwasser, dessen Verschmutzung heute mehr internationales Interesse denn je findet.

Eiszeitliche Gesteinsfolgen, die das Flußbett der Elbe ausgebildet haben, hinterließen geologische Ablagerungen mit versteinerten Resten von Lebewesen. Das Leben der Tierwelt in den euroasiatischen Tundren wird durch den bei Aussig gefundenen Schädel eines Nashorns der Jüngeren Eiszeit vor ca. 30 000 Jahren v. Chr. ebenso bezeugt wie durch das aus den Flußablagerungen bei Magdeburg geborgene Mammut (160 000 v. Chr.). Die Fischfauna der Elbe und ihre Verhaltensweisen dokumentierte erstmals der Meißner Gelehrte Johannes Kentmann 1549 in kolorierten Handzeichnungen. In Kursachsen ordnete die Fischordnung von 1686 mit Marktmaßen in Holzstichen den Fang und Verkauf der eßbaren Fische. Darunter waren viele, die heute nicht mehr in der Elbe vorkommen. In der Ausstellung »schwimmen« sie wieder als dermoplastische und alkoholische Präparate im fiktiven Flußlauf.

Vor den Bemühungen des 19. Jahrhunderts um exakte Pegelmessungen zur Verbesserung der Schiffahrt versuchte schon der sächsische Gelehrte Pötzsch, Hoch- und Niedrigwasser der Elbe graphisch aufzuzeichnen. Seine »Chronologische Geschichte der Wasserfluthen der Elbe« von 1784 behandelt sogar Todesstatistiken nach Pest- und Cholerajahren am Flußverlauf. Die »Elbe-Schiffahrts-Acte«, die alle acht Elbuferstaaten im Juni 1823 unterzeichneten, sollte endlich den Warenhandel beschleunigen und im gegenseitigen Interesse der Territorial- und Hoheitsrechte die lästigen 35 Elbzollstellen auf vierzehn mindern. Schleppzüge und andere Nutzschiffe, seit 1870 Kettenschiffe, beförderten die Güter stromaufwärts, Strom- und Navigationszeichen regelten die Passage und Taucher sorgten für Hafenbecken ohne Hindernisse. Ein 1991 für die Ausstellung gedrehter »Vorfilm« lädt zur Wanderung durch die Geschichte im Flußbett ein; sie wird an »der Elbe Ursprung« im Riesengebirge eröffnet und mit dem Blick auf das nordische Atlantis Helgoland geschlossen.

MLP

1/1* Allegorische Darstellung der Elbe

Modell im Maßstab 1:3
Anton Paul Wagner (1834–1895)
1889; Gips; 53 × 81,5 × 30 cm
Praha, Národní muzeum [Nationalmuseum] (H2–187 756)

Das Modell ist ein Teilentwurf für die Sandsteinplastik, die der Bildhauer Wagner 1890 für die Rampe vor der Hauptfront des Nationalmuseums in Prag geschaffen hat. Die Versinnbildlichungen der Elbe und Moldau als Hauptflüsse Böhmens ergänzen die zentrale Plastik der thronenden »Čechie« (Bohemia) und die Seitenfiguren »Moravia« und »Silesia«. Die traditionelle Flußallegorie in Gestalt eines Greises weist auf barocke Vorläufer wie Gian Lorenzo Bernini (1598–1680) zurück. Den Reichtum des Flusses charakterisiert das Füllhorn, den Ruhm ein Lorbeerkranz. Auf die Quelle des Flusses im Riesengebirge deutet die kleine Gestalt Rübezahls, die Abwandlung einer ursprünglich eigenständigen Plastik, wie ein anderer Entwurf Wagners im Besitz des Nationalmuseums bezeugt. *LS*

1/1

1/2 Landkarte von Böhmen (Klaudian-Karte)

Zeitgenössische Kopie nach Nikolaus Klaudian (gest. 1522)
Nach 1518; Öl/Lw.; 143 × 77,5 cm
Praha, Národní muzeum [Nationalmuseum] (H2–22 591)

Das Bild ist die Kopie der ersten eigenständigen Karte Böhmens, die der Arzt der Gemeinde der Böhmischen Brüder, Nikolaus Klaudian, 1517 in Jungbunzlau erarbeitete und 1518 in Nürnberg drucken ließ. Die Vorlage ist gesüdet. Die Karte unterscheidet königliche und herrschaftliche, katholische und utraquistische Städte, außerdem Straßen, Flüsse und Waldkomplexe. Der obere Teil des Bildes zeigt die Allegorie von Macht und Recht in Böhmen. Die Kopie ist besonders wertvoll, weil Darstellung und Schriftzüge besser erhalten sind als auf dem einzig erhaltenen gedruckten Exemplar im Staatlichen Archiv zu Leitmeritz. *LS*

1/3 »Vorzeichnis von der Elbe Ursprung und den meisten Wassern so in die Elbe fallen innerhalb der Meyßnischen Grenßen« *[DH]*

In: Petrus Albinus, Meißnische Land- und Berg-Chronica. In welcher ein volln stendiger description des Landes…, Dresden 1589
Berlin, Deutsches Historisches Museum (Ra 52/1843)

Petrus Albinus berichtet für die Meißner Land- und Bergchronik als enzyklopädischer Renaissancegelehrter von der Namens- wie von der Naturgeschichte der Elbe und ihrer Zuflüsse im Meißnischen Kreis. Er zitiert den Historiker Strabo, der feststellt, daß »die Elbe Germaniam in zwey örter zertheile«, daß »Augustus sein Kriegsvolck ober die Elbe nie wollen ziehen lassen«, daß Kaiser Tiberius »mit seinem Heer der Elbe neher komen, als zuvor nie von den Römern geschehen …« Von der Elbe Namen überliefert er

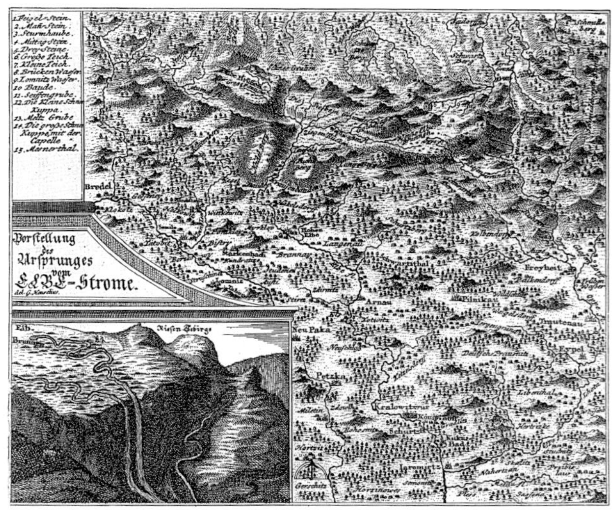

1/4

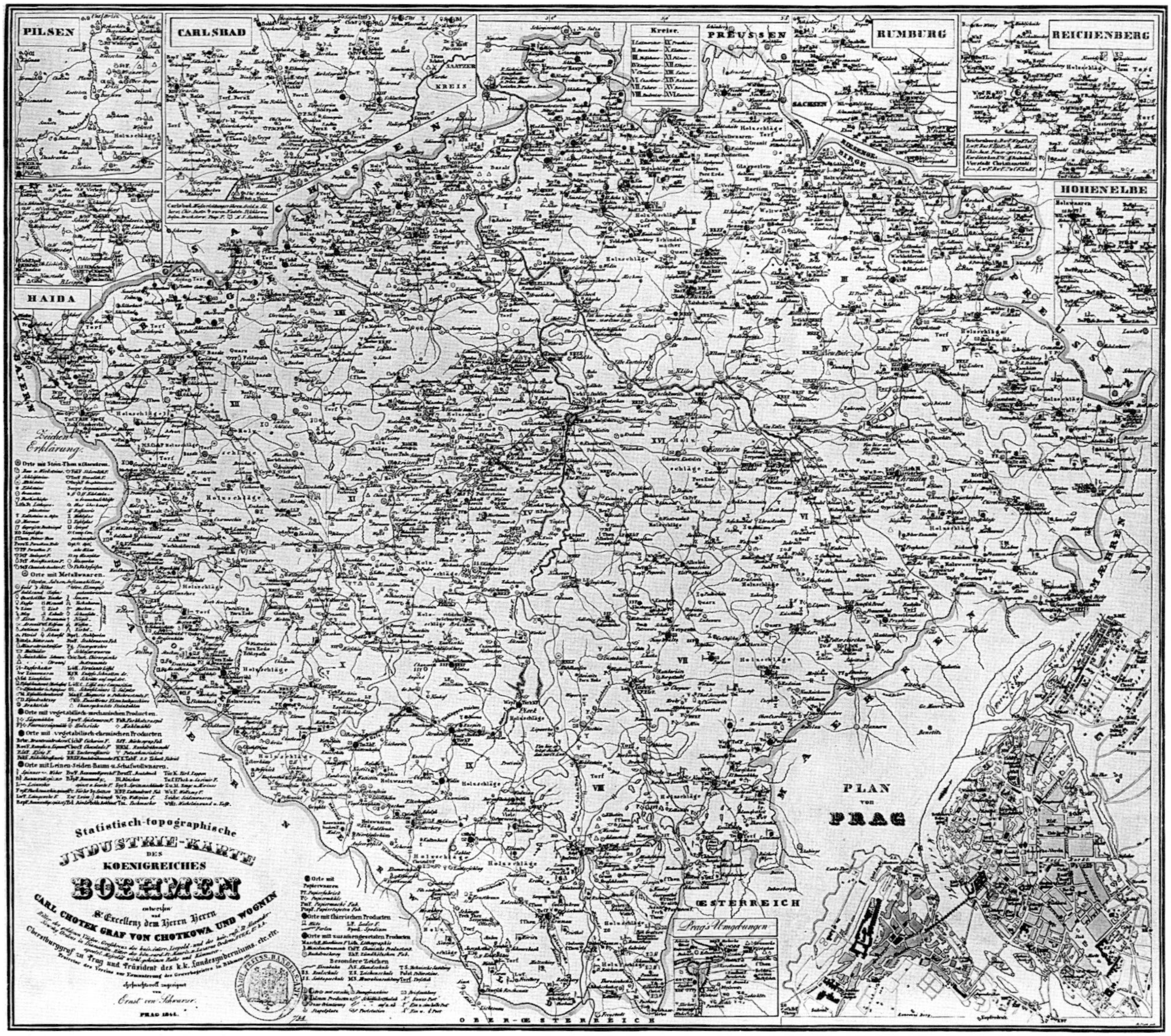

1/8

»dreyerley meinung/... das der Name lateinisch sei von des Wassers weißer Farbe / denn es schön weiß und lauter / welches denn sonderlich von dem ursprung zu verstehen«, daß aber auch der Name von einem aus Asien zugewanderten Volksstamm abgeleitet sein oder mit zugewanderten Bergarbeitern im Zusammenhang stehen könne. *MLP*

1/4* »Vorstellung des Ursprunges vom Elbe-Strome«

Aus: Johann Hermann Dielhelm, Denkwürdiger und nützlicher Antiquarius des Elb-Stroms, Frankfurt/M. 1741
Johann Wilhelm Stör (1727–1755) nach einer Zeichnung von G. Henselius
1. Hälfte 18. Jh.; Kupferstich; 16,4 × 20,7 cm
Berlin, Staatsbibliothek zu Berlin PK, Kartenabteilung (Kart L. 15 843)

1/7 (Ausschnitt aus der Originalkarte von 1568)

Die von Henselius gezeichnete Karte zu Dielhelms »Antiquarius des Elb-Stroms« gibt ein detailliertes Bild vom Elbbrunnen im Riesengebirge bei Hohenelbe. Der Frankfurter Perückenmacher Dielhelm trat als Verfasser mehrerer materialreicher Flußbeschreibungen und hydrographischer Lexika hervor, so des »Antiquarius des Neckar-, Mayn-, Rhon- und Moselstroms« 1740 und des »Antiquarius« des Donaustroms 1784. *MLP*

1/5 »Albis fluvius Germaniae celebris, a Fontibus ad Ostia, cum fluminibus ab utroque latere in illum fluentibus, descriptus«

Karte im Maßstab 1:850 000
Moses Pitt und Stephan Swart nach Johannes van den Avele (gest. 1727)
Um 1680; kolorierter Kupferstich; 37,1 × 46,7 cm
Dresden, Sächsische Landesbibliothek (A 18 880)

Der Amsterdamer Herausgeber von Karten, Atlanten und Globen, Johannes Jansz (1588–1664), publizierte gemeinsam mit seinem Vater mehrere Ausgaben von Mercators »Atlas minor«, mehrere Seekarten in der Manier seines Konkurrenten Willem Janszoon Blaeuw und besorgte 1617 eine Auflage von Ptolemäus' »Geographie«. 1657 gab Jansz Kupferstiche von 500 Städten der ganzen Welt mit Platten der »Civitates orbis terrarum« von Braun-Hogenberg heraus. Seine Elbkarte von den Quellen bis zur Mündung zeigt auch die Nebenflüsse in übersichtlicher Anordnung. In deutscher Fassung erschien sie mit dem Titel »Der Elbstrom – Eigentliche Vorstellung des großen Elbstroms in Deutschland, vom Ursprung bis zu seinen beyderseits einfließenden Wassern und Flüssen«. *MLP*

1/6 »Ausführliche Beschreibung des unter denen größten Flüssen in Teutschland weit und Welt=berühmten Elb=Stroms« *[DH]*

Paul Jacob Marperger (1656–1730)
1726; Buchdruck
Dresden, Sächsische Landesbibliothek (38 8 7055)

Der »Königl. Pohl. (Polnische) und Chur=Sächs. Hof= und Commercien=Rath« Marperger, Mitglied der »Königlich Preußischen Societät der Wissenschaften«, beschreibt den Elbstrom von seinen Ursprüngen mit allen Nebenflüssen, die gefährlichen Passagen im Flußbett, die Hamburger Ebbe und Flut, die »an die Elb gräntzenden anmuthigen Gegenden«, Fahrt und Beschiffung, Handel und Zölle, Privilegien und Rechte. Seine enzyklopädischen Betrachtungen vermerken auch, »daß die alte mächtige Römische Arméen niehmals über die Elbe, wohl aber bis an dieselbe gekommen, und sich sodann wieder haben retiriren müssen«. *MLP*

1/7* Elbkarte des Melchior Lorichs aus dem Jahr 1568 *[DH]*

»Nach dem im Hamb. Stadt-Archiv befindlichen Original auf den 4-fach kleineren Masstab reduziert von Fr. Eugen Schuback«
Friedrich Eugen Schuback (1810–1871)
1843; Lithographie; 22,5 × 294 cm
Hamburg, Staatsarchiv (PL 126–5/156.8 4 a [1843])

Das älteste erhaltene Gesamtbild des Unterlaufs der Elbe von Hamburg bis zur Mündung ist im Original über zwölf Meter lang und ca. 110 Zentimeter hoch. Lorichs' Zeitgenossen etikettierten sie respektvoll als »sonderliche herliche mappa des augenscheins«. Um 1567, als der Hamburger Rat sie bei dem aus Flensburg stammenden, weitgereisten Zeichner, Maler und Kupferstecher in Auftrag gegeben hatte, stand ihre hohe ästhetische Qualität jedoch ganz im Dienste

1/7

ihres politischen Zwecks. Anhand der gezeichneten Fakten wollte die Hansestadt in einem Prozeß vor dem Reichskammergericht ihren beherrschenden Einfluß auf die Schiffahrt der Niederelbe gegen die Ansprüche der südlichen Elbanlieger von Lüneburg bis Stade behaupten. Die Hamburger verwendeten die Elbkarte Lorichs' als Beweisstück, daß die Süderelbe als Bestandteil des ganzen Flusses vom Stromspaltungsgebiet bis zur Mündung nicht gesondert betrachtet werden könne, und daß sich daher die hamburgischen Stapelrechtsansprüche auch auf den einen Strom erstreckten. Außerdem rückt Lorichs die Proportionen zurecht, indem er den Vorrang der Norderelbe mit dem Fahrwasser für die Seeschiffe von Neuwerk bis zum Hamburger Hafen darstellt. *TvE*

1/8* »Statistisch-topographische Industrie-Karte des Königreiches Böhmen«

Ernst von Schwarzer
1842; Karte in 2 Teilen; Lithographien; 56 × 73 cm, 57 × 73,5 cm
Widmung: ... entworfen und ehrfurchtsvoll zugeeignet seiner Exellenz dem Herrn Carl Chotek Graf von Chotkowa ... 1842
Berlin, Staatsbibliothek zu Berlin PK, Kartenabteilung (O 5230)

Graf Chotek, für den die Karte angefertigt wurde, hat sich um die Erschließung böhmischer Produkte für den Handel äußerst verdient gemacht. In seinem Schloßpark in Veltrusy veranstaltete er 1841 die erste Messe für böhmische Produkte. Die Industriekarte erfaßt genau die einzelnen Produktionsstätten, die Anzahl der Beschäftigten aller Bereiche, die geologischen und metallurgischen Vorkommen, »Orte mit vegetablisch mechanischen Producten«, Stätten chemischer und textiler Verarbeitung sowie der Produktion von Papier und tierischen Erzeugnissen. *WW*

1/9 »Neueste General Post und Strassen Karte Böhmens« *[DH]*

Franz Schönfelder Edler von Feuersfeld (1825–1859)
1854; Lithographie; 51,5 × 62 cm
Berlin, Staatsbibliothek zu Berlin PK, Kartenabteilung (O S 5107)

In den dreißiger und vierziger Jahren des 19. Jahrhunderts wurde der böhmische Raum topographisch genau durch Sanitäts- und Produktenkarten sowie Straßenkarten mit Verzeichnissen einzelner Stationen und Behörden erfaßt. Zu den Auftraggebern gehörten auch militärische Institutionen, die Lithographen wie Franz Schönfelder Edler von Feuersfeld, General-Quartiermeister der k.u.k. Armee, einsetzten. *WW*

1/10* »Karte über die Circulation der böhmischen Braunkohle«

Gottlieb Haase Söhne
1869; Lithographie/Karton, auf Lw. aufgezogen; 70 × 100 cm
Berlin, Staatsbibliothek zu Berlin PK, Kartenabteilung (O S 5330)

Die Karte stellt die Kohleexporte des Dux-Brüxer Beckens über Aussig per Schiff und Eisenbahn in die Industriezentren Deutschlands und der österreichischen Gebiete in Mähren 1868 dar. In Deutschland wurde die Kohle nicht nur in sächsisches Industriegebiet, in den anhaltinischen Raum bis Magdeburg und in den Harz verfrachtet, auch die Großstadt Berlin und die Region Schlesien waren wichtige Abnehmer. *WW*

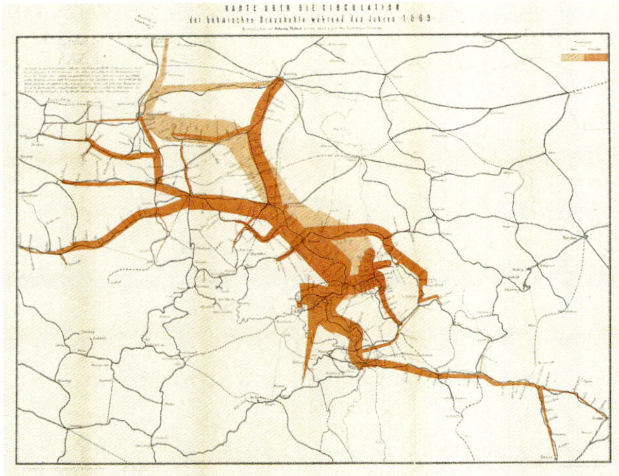

1/10

1/11 »Karte zur Erläuterung der Verhältnisse des Elbe-Verkehrs«

J. Köhler
1859; Lithographie; 33 × 39 cm
Hamburg, Commerzbibliothek der Handelskammer (S/599 22 rot)

Auf der Überblickskarte des Stromgebiets der Elbe sind die vierzehn zu dieser Zeit bestehenden Elbzollämter von Schandau bis Stade besonders hervorgehoben. Tabellen geben Auskunft über Elbzölle und Frachtsätze der konkurrierenden Eisenbahnstrecken. Die englische Version der Karte ist Bestandteil eines Memorandums der Hamburger Handelskammer vom März 1859, in dem die britische Regierung aufgefordert wird, sich für die Abschaffung der Elbzölle einzusetzen: Während Österreich und Preußen für eine Liberalisierung des Handelsverkehrs im Sinne der Schlußakte des Wiener Kongresses einträten, könne nur Druck von außen (»some powerful external pressure«) die anderen Elbanlieger, namentlich Hannover und Mecklenburg, zu einem Verzicht auf diese bequeme Einnahmequelle bewegen. *TvE*

1/12 »Stromkarte der Elbe« *[DH]*

Kartenmappe mit Leporello
C. F. Kaiser
Um 1875; Farbdruck; 80 × 600 cm (aufgeschl.)
Aken, Heimatmuseum (II/32/Pu)

In zeitlichen Abständen erschienen Stromkarten mit aktualisierten Änderungen und Ergänzungen. Der Elbschiffer sollte mit der Stromkarte die in der Praxis erworbenen Kenntnisse vertiefen und erweitern. Für den Unterricht in der Schifferschule war sie von hohem Wert, da sie eingehend über den Stromverlauf, das Fahrwasser und die Fahrwasserbezeichnung unterrichtete. Die Stromkarte wurde geographisch nach amtlichem Kartenmaterial erarbeitet. Dem Zweck entsprechend ist auf die geographische Bearbeitung landeinwärts wenig Wert gelegt. *OB*

1/13 Fossil vom Elbufer der Porta Bohemica: Ammonit

Oberturon; 55 × 51 × 16 cm
Ústí nad Labem, Muzeum (G. 16520)

Die versteinerte Hülle bezeugt das Vorkommen des Meereslebewesens Mammitos spec., Laube et Bruder 1887, im Mesozoikum vor ca. 90 Millionen Jahren. Das Objekt wurde 1887 im Steinbruch bei Tschischkowitz im Kreis Leitmeritz gefunden. *TW*

1/14* Nashornschädel

Pleistozän; Knochen; 31 × 33 × 83 cm
Ústí nad Labem, Muzeum (G 12082)

Der Schädel des Nashorns (Rhinoceros antiquitatis Blmb.), das vor ca. 30 000 Jahren, der Epoche des Pleistozäns, in den euroasiatischen Tundren lebte, stammt aus dem Gebiet von Aussig, wo auch in unmittelbarer Elbnähe ein Lager der Mammutjäger nachgewiesen werden konnte. Das Doppelnashorn hatte ähnlich dem Mammut ein Fell. *TW*

1/14

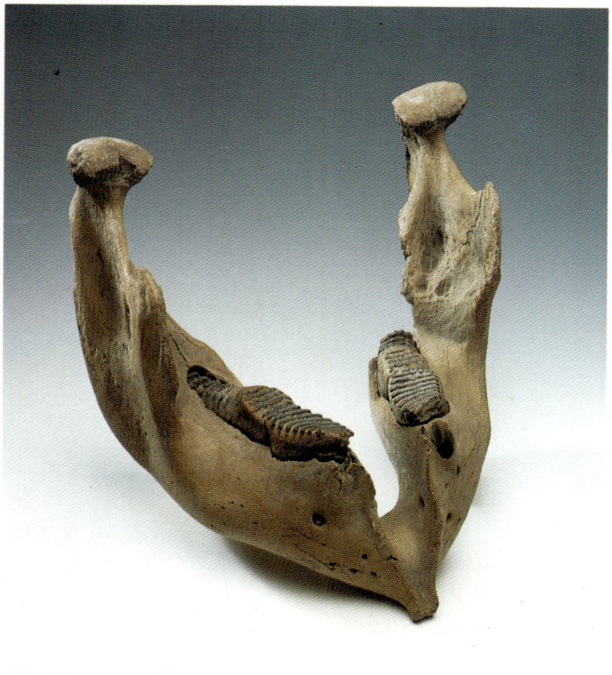

1/15

1/15* Unterkiefer eines Mammuts (Mammuthus primigenius)

Mittelpleistozän; Knochen; 48 × 48 × 37 cm
Magdeburg, Museum für Naturkunde im Kulturhistorischen Museum (14114)

Bei der Kiesgewinnung aus den Flußablagerungen der Elbe in und um Magdeburg wurden zahlreiche Reste von eiszeitlichen Großsäugetieren geborgen: Mammut, Eiszeitnashorn, Rentier, Wildpferd, Riesenhirsch, Ur und Wisent. Ob diese Tierreste teilweise mit den aus den gleichen Schichten gefundenen altsteinzeitlichen Geräten (Faustkeilen) zeitgleich und gegebenenfalls als Jagdbeute anzusehen sind, ist nicht gesichert. *GB*

1/16 Fossilien aus dem Cenoman und Turon *[DH]*

Obere Kreide; 14 × 13 × 1,5 cm; 19 × 15 × 5 cm; 15 × 9 cm
Praha, Národní muzeum [Nationalmuseum] (P2–0996, P2–01554, P2–04612)

a) Muschel (Pecten acuminatus, Ostrea sp.)

Die geologische Unterschicht eines Großteils des tschechischen Elbstromgebietes bilden Ablagerungen eines flachen und warmen Meeres des jüngsten Mesozoikums. Am häufigsten sind Sandstein, Kalkstein und Mergel, in denen stellenweise reichlich Reste von Lebewesen vorkommen. Typisch sind vor allem Muschelschalen von Gattungen, deren Nachkommen auch in den heutigen Meeren leben, wie Kammuscheln, Austern und anderen.

b) Ammonit (Augustiniceras poctai)

Einen bedeutenden Platz in der Lebensgemeinschaft des Oberkreidemeeres nahmen schwimmende Kopffüßer ein. In den Kreideablagerungen des Elbstromgebietes kommen sie zahlreich vor. Ihre spiralförmig gewundenen Gehäuse erreichten manchmal über einen Meter Durchmesser.

c) Muschel (Mytiloides submytiloides)

Am Unterlauf der tschechischen Elbe blieb eine ziemlich mächtige Gesteinsfolge von feinkörnigem sogenanntem Quadersandstein des Kreidemeeres erhalten. Der Sandstein bildet hier wie im benachbarten Sachsen ein Felslabyrinth. Seine wertvollen Versteinerungen sind am häufigsten Muscheln, besonders die für diesen geologischen Zeitabschnitt typischen sogenannten Inoceramen. *RP*

≋

1/17 Sieben Schneckenarten des Elbufers *[DH]*

a) Gemeine Schließmundschnecke

b) Gemeine Achatschnecke

c) Gemeine Haarschnecke

d) Gemeine Bernsteinschnecke

e) Hainschnirkelschnecke

f) Gerippte Bänderschnecke

g) Glatte Schließmundschnecke

Schneckengehäuse; Dm 0,4–2 cm
Dresden, Staatliches Museum für Tierkunde

Zahlreiche Schneckenarten besiedeln das obere Elbtal. Die Schließmundschnecken haben ihren Namen nach dem im letzten Umgang vorhandenen komplizierten Apparat, der ein Verschließen des Gehäuses ermöglicht, wenn sich die Schnecke in dieses zurückzieht. Besondere Erwähnung muß auch die Gerippte Bänderschnecke (Cepaea vindobonensis) finden, eine typisch südosteuropäische Schneckenart, die im oberen Elbtal bis etwa Meißen, wo auch eine ganze Reihe anderer wärmeliebender Tierarten vorkommt, einen ihrer nördlichsten Verbreitungspunkte erreicht. *KaS*

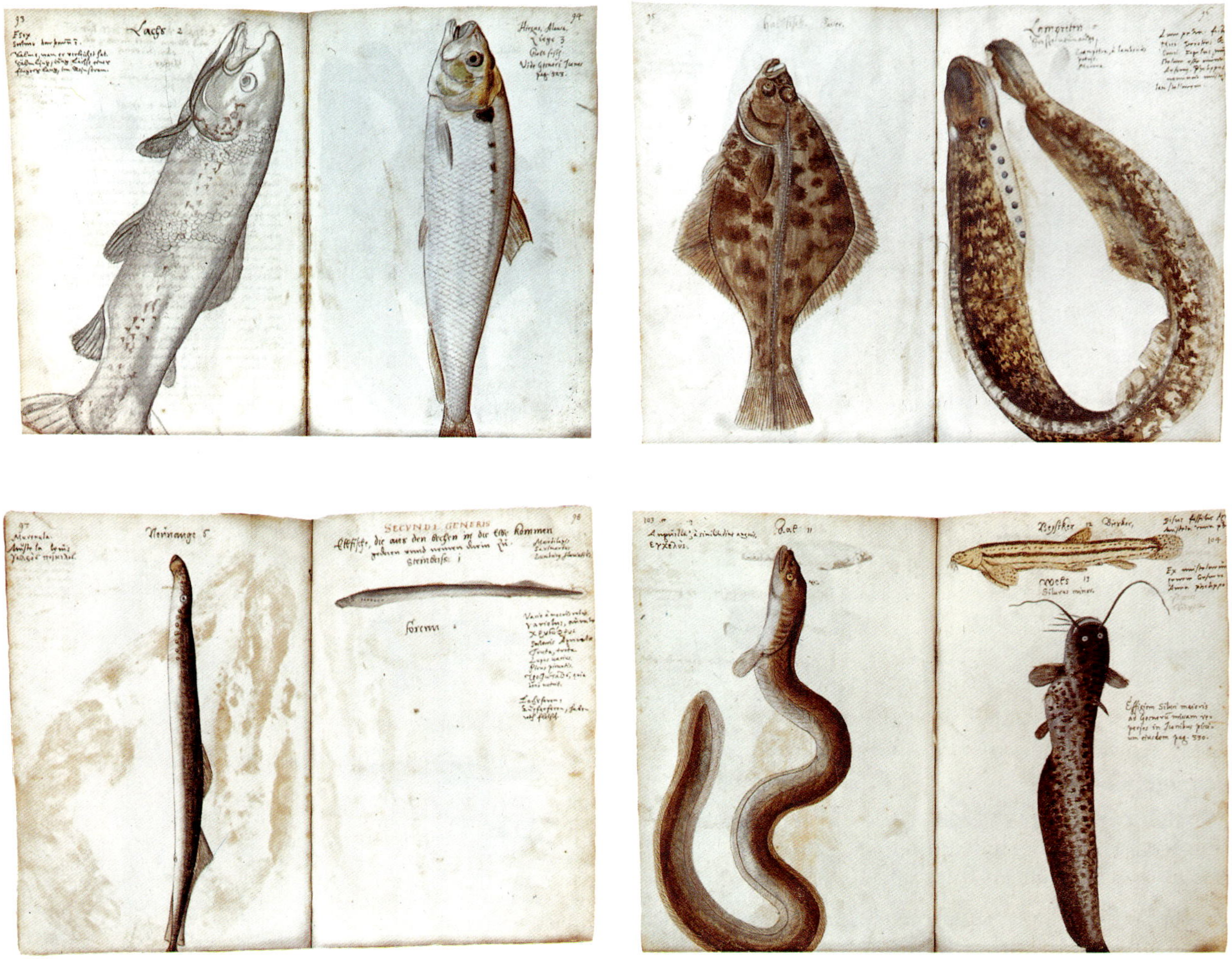

1/19

1/18 Fünf Muschelarten aus der Elbe *[DH]*

a) Malermuschel

b) Aufgeblasene Flußmuschel

c) Dicke Flußmuschel

d) Gemeine Teichmuschel von 1887

e) Gemeine Teichmuschel von 1988

Muschelschalen; Dm 5–11 cm
Dresden, Staatliches Museum für Tierkunde (32505; 27531; 32508; 7869; 7872)

Fluß- und Teichmuscheln gehören zu den Najaden, einer Gruppe mittelgroßer bis großer Süßwassermuscheln, die heute weltweit durch die zunehmende Gewässerverschmutzung bedroht ist. Die Gemeine oder Dicke Flußmuschel (Unio crassus), die Malermuschel (Unio pictorum) und die Aufgeblasene Flußmuschel (Unio tumidus) sind in der Elbe sehr selten geworden oder sogar ausgestorben. Im Gegensatz dazu trifft man die Gemeine Teichmuschel (Anadonta anatina) relativ oft, sogar im Stadtgebiet von Dresden. Sie ist heute die häufigste Großmuschelart, da ihr die Gewässerverschmutzung wenig schadet. *KaS*

1/19

1/19* Codex Kentmanus »Animalium Aquatilium«

Johannes Kentmann (1518–1574)
1549; gebundene Handschrift mit aquarellierten Zeichnungen (120 S.); 31,5 × 21,5 cm
Bez. auf der Titelseite: Ioanne Kentmano Medico 1549
Weimar, Herzogin Anna Amalia Bibliothek, Stiftung Weimarer Klassik (Ms Fol 323)

Kentmanns Werk enthält die früheste Ichthyographie der sächsischen Fischfaunen. Das 120 Seiten umfassende Manuskript des Meißner Gelehrten beschreibt die Wassertiere des Meeres und des Süßwassers. 28 Seiten sind dem Tiervorkommen des Süßwassers gewidmet, davon 27 Seiten Elbfischen und eine Seite dem Flußkrebs mit Malermuschel. Die Elbfische sind mit lateinischen und deutschen Nomenklaturen in aquarellierten Darstellungen erfaßt: Ziege, Lachs, Großes Neunauge, Halbfisch, Steinbeiß, Neunauge, Bapst, Schmerling, Elderitz, Stichling, Diebeln, Jesen, Blehen, Rappen, Roteugel, Geuster, Heselingk, Gründling, Klein Karas, Ockeln, Oberköttichen, Schnepelfischgen, Wetterfisch.

MLP

1/19

1/20* »Churfürstl. Sächß. Erneuerte Fisch=Ordnung Anno 1686«

8 Seiten; 35 × 22 cm
Wittenberg, Stadtgeschichtliches Zentrum (V/S/2185)

Die Kurfürstliche Fischordnung, nach dem sächsischen Kurfürsten »Codex Augusteus« genannt, regelt mit Holzschnitten verschiedene in sächsischen Gewässern vorkommende Arten, so Olraupen, Aschen, Hechte, Barmen, Krebse, die »Ordnung und Maaß derer Fische, daß dieselben kleiner nicht gefangen, und zu Marckt gebracht werden sollen, wie davon in der Fisch=Ordnung weiter Meldung geschieht« und auch das »Maaß der Wehr=Röhren« und das »Maaß der Netze«. Alle mit dem Fischfang und Verkauf verbundenen Rechte werden unter »Special-Verordnungen von Fischerey=Sachen« beschrieben und geordnet. *MLP*

1/21

1/21* Wels (Silurus glanis L) *[DH]*

2. Hälfte 19. Jh.; Fischpräparat; L 192 cm
Teplice, Regionální muzeum [Regionalmuseum] (3803)

Der Wels kam in der böhmischen Elbe häufig vor. Herrnskretschen, Obergrund, Lobositz, Wegstädtl, Raudnitz und Leitmeritz galten als Welsreviere. Auf Grund der Stromregulierungen haben die tiefen Wassergründe abgenommen, dadurch wurde der Lebensraum der Welse eingeschränkt. 1970 und 1973 wurden 9240 Exemplare in der Talsperre Nechranice an der Eger ausgesetzt. Einzelne Vorkommen im böhmischen Raum der Elbe dürften deshalb aus dem Gebiet der Eger stammen. *WW*

1/22 Flunder (Pleuronectes flesus linnaeus 1758) *[DH]*

1912; Fischpräparat; L 24 cm
Teplice, Regionální muzeum [Regionalmuseum] (6102)

Churfürstl. Sächß. Erneuerte Fisch-Ordnung. ANNO 1686.
DRESDEN

1/20

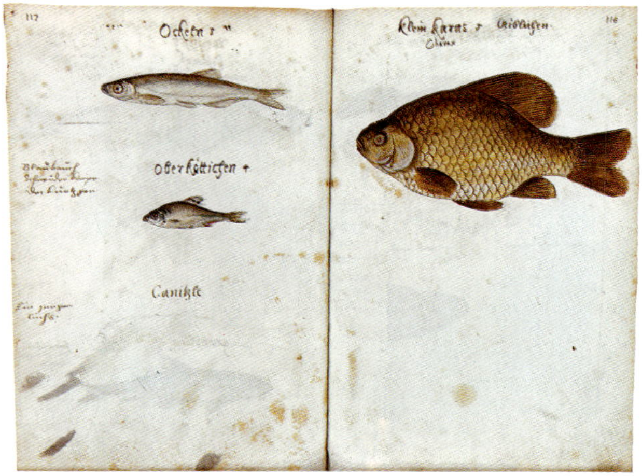

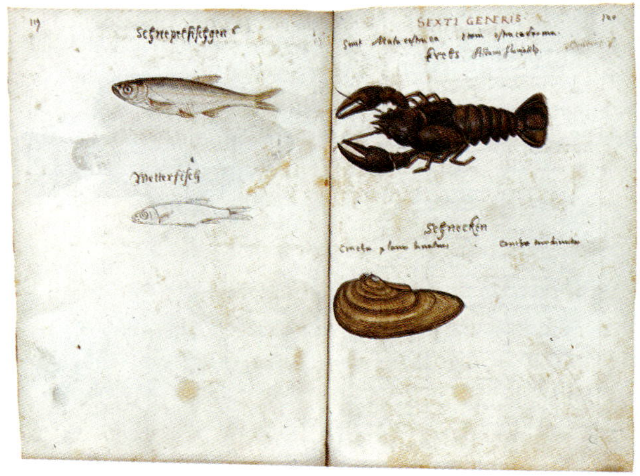

1/19

Georg Handsch von Limus (1529–1578), der Gelehrte und Leibarzt Rudolfs II., berichtet über den seltenen Fang von Flundern bei Aussig: Man habe sie in einem verschlossenen Kasten, an ein Schiff gebunden, lebend nach Prag zu Kaiser Ferdinand gebracht. Um die Jahrhundertwende wurden Flundern in Magdeburg und Meißen gefangen – in Böhmen dagegen waren sie selten. Dieses einzig belegte böhmische Exemplar stammt aus der Mündung des Polzen in die Elbe bei Tetschen und wurde für die Landwirtschaftsschule in Kaaden präpariert. *WW*

1/23 Fischfauna der böhmischen Elbe *[DH]*

Präparator: J. Štrof
10 Fischpräparate; je L 26–71 cm
Poděbrady, Polabské muzeum [Museum des Elbgebiets] (Z 368, Z 356, Z 361, Z 354, Z 360, Z 369, Z 367, Z 353, Z 355, Z 357)

a) Zander (Stizostedion lucioperca)

Diese Fischart war selten, gemessen an den Bemühungen der Fischereivereine, durch Aussetzen von Brut und Jungfischen den Zander in der Elbe zu erhalten. Ausgesetzt wurden 1914

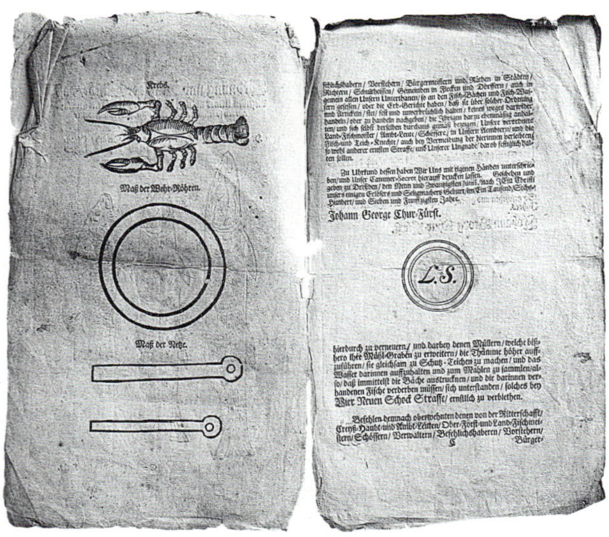

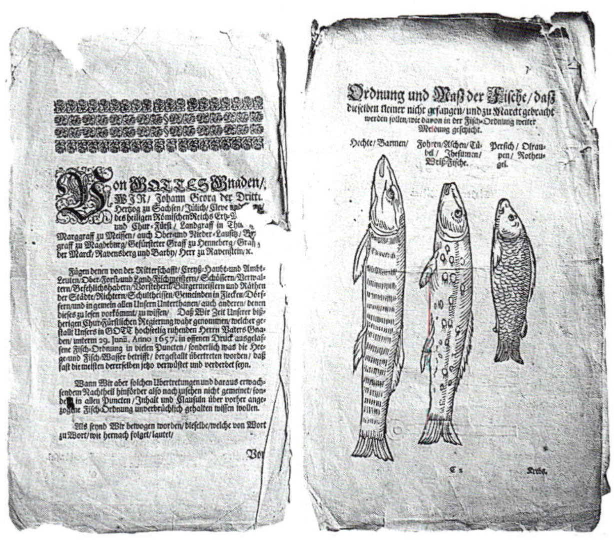

in Tetschen 532 000, in Aussig 50 000 Exemplare; 1929 waren es 300 000 bis 400 000 Setzlinge und Eier, in den Jahren 1925 bis 1934 eine Million Eier. Beim Abfischen des Tetschener Hafens wurden 94 Zander mit einem Durchschnittsgewicht von zwei bis drei Kilogramm gefangen. Einzelexemplare fand man in den siebziger Jahren nicht in der Elbe, sondern in wassergefüllten Sandgruben bei Czernosek, Czalositz und Leitmeritz.

b) Plötze (Rutilus rutilus)

In der Gegend von Tetschen war die Plötze bis 1966 ein häufig vorkommender Fisch. Das Durchschnittsgewicht lag bei 250 Gramm. Sie wanderte in die Nebenflüsse der Polzen und Eger. Noch heute findet man sie in wassergefüllten Sandgruben.

c) Schlei (Tinca tinca)

Der Schlei wurde in Böhmen viel später als in Sachsen und Norddeutschland als Speisefisch geschätzt. Er bevorzugt Buhnen, Altwässer und Tümpel in der Umgebung von Tetschen bis Wegstädtl und findet sich auch in der Eger. Handsch von Limus (1529–1578) hielt Schleie für nicht wohlschmeckend und empfahl ihre medizinische Verwendung: »Man legt lebende Schleien auf den Nabel des Gelbsüchtigen, bis sie verenden und wiederholt das am zweiten und dritten Tag. Die toten Schleien sehen wie mit Safran gefärbt aus.«

d) Karpfen (Cyprinus carpio)

Der Karpfen ist der seit Jahrhunderten häufigste Satz- und Zuchtfisch der böhmischen Elbe und der Eger. Die Herrschaft Pernstein besaß allein 365 Karpfenteiche um Pardubitz. Die Zucht geht bis ins 13. Jahrhundert zurück. Kaiser Karl IV. ließ Teiche auf Staatskosten anlegen: »ut regnum nostrum piscibus et vaporibus abunderat«. Der Ausbau der Teiche wurde erst unter Rudolf II. (1576–1612) eingeschränkt. Im 18. Jahrhundert wurden riesige Teichflächen im Elbbogen westlich von Pardubitz zugunsten landwirtschaftlicher Produktion eingeebnet.

e) Rapfen (Aspius aspius)

Dieser karpfenartige Fisch wurde nach der Jahrhundertwende noch häufig bei Leitmeritz mit drei bis sechs Kilogramm Gewicht gefangen. Bei der Abfischung der Elbbucht unter dem Schreckenstein im Jahre 1962 noch häufig, ist er seit den siebziger Jahren selten geworden. Nach Versuchen mit künstlichem Ablaichen wurden am unteren Lauf der böhmischen Elbe Generationsfische gefangen.

C. G. Pötzschens
der Leipziger ökonomischen Societät Mitglieds
Chronologische Geschichte
der großen
Wasserfluthen des Elbstroms
seit tausend und mehr Jahren.
Mit Kupfern.
Dresden, 1784.
In der Waltherischen Hofbuchhandlung.

1/24

f) Barsch (Perca fluviatilis)

Der Barsch war im ersten Viertel des 20. Jahrhunderts in der Umgebung von Tetschen, aber auch an den Talsperren des Schreckensteins, bei Leitmeritz und Lobositz ein häufiger Fisch. Seit den sechziger Jahren scheint sein Vorkommen auf den Elbtümpel in Jakuben bei Politz beschränkt zu sein.

g) Quappe (Lota lota)

Diese Art ist schon nach der Jahrhundertwende eine Seltenheit in der böhmischen Elbe. Ihr Vorkommen war auf die Mündungsgebiete von Bächen und Zuflüssen der Eger, Polzen und Bilin beschränkt. Der letzte Fang wurde 1972 in der Eger registriert.

h) Hecht (Esox lucius)

Der Hecht kam in der Elbe häufig von Tetschen bis Raudnitz und in den Zuflüssen Eger und Polzen vor. Bis in die zwanziger Jahre sind einzelne Exemplare bis zu dreizehn Kilogramm gefangen worden. Das Durchschnittsgewicht lag bei 2,5 Kilogramm.

i) Karausche (Carassius carassius)

Die Karausche, dem Karpfen ähnlich, hat keine Barteln am Maul. Belegt sind Exemplare bis zu 2,2 Kilogramm. Sie liebt ruhige Gewässer, Altwässer und Tümpel.

j) Döbel (Leuciscus cephalus)

Der Döbel lebte in Altwässern und Buhnen und hatte ein Durchschnittsgewicht von drei bis fünf Kilogramm. Nach der Regulierung der Elbe hielt er sich an strömungsreichen Stellen unterhalb der Staustufen auf. Sein Vorkommen war von Tetschen bis Wegstädtl bekannt. *WW*

≋

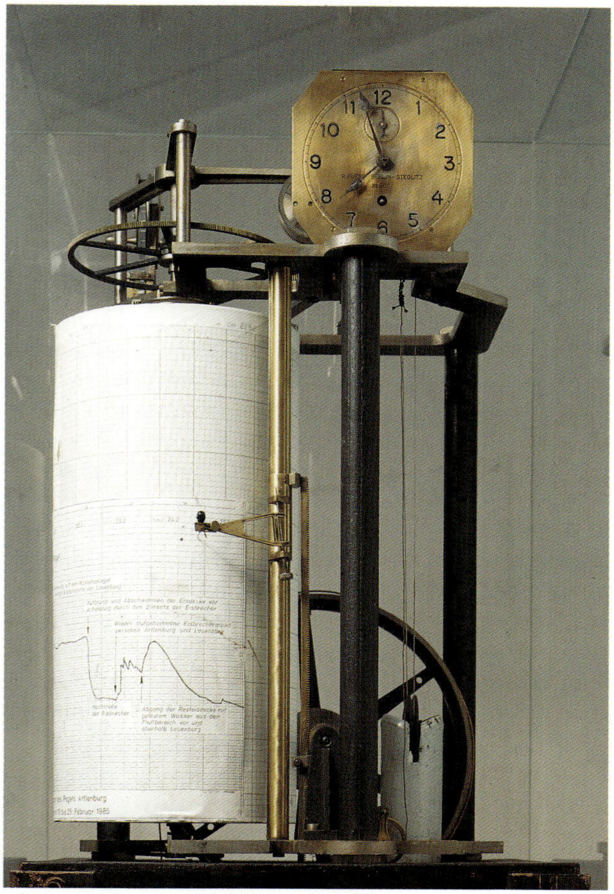

1/25

1/24* »C. G. Pötzschens ... Chronologische Geschichte der großen Wasserfluthen des Elbstroms seit tausend und mehr Jahren«

Christian Gottlieb Pötzsch
Dresden: Waltherische Hofbuchhandlung 1784
Zwei Exemplare des gleichen Bandes
Greiz, Staatliche Bücher- und Kupferstichsammlung (DB 785) *[DH]*
Hamburg, Commerzbibliothek der Handelskammer (S/1362) *[DHP]*

Die allegorische Darstellung des Titelkupfers zeigt Neptun mit dem Dreizack in einem von Pferden durch lebhafte Brandung gezogenen Muschelboot, im Hintergrund Nymphen und Tritonen. Pötzschens Werk ist ein früher Versuch einer chronologischen Erfassung und graphischen Aufzeichnung nicht nur der Hoch- und Niedrigwasser der Elbe, sondern des gesamten Lebensraums: der Seuchenverbreitung, der Totenstatistik nach Pest- und Cholerajahren, der Kriegsereignisse und Katastrophen. *MLP*

1/25* Schreibpegel Artlenburg *[DH]*

Berlin: Fa. R. Fuess
Vor 1897; Messingwerk, Schreiber auf Papierrolle;
210 × 55,5 × 55,5 cm
Lauenburg, Elbschiffahrtsmuseum

Eine wirksame und dauerhafte Regulierung der Elbe, die auch bei Niedrigwasser der Schiffahrt noch Mindesttauchtiefen sicherte, kam erst in der zweiten Hälfte des 19. Jahrhunderts zustande. Aufgrund guter Erfahrungen mit der zentralen Einrichtung einer Strombauverwaltung bei der »Correction des Rheins« hatte die preußische Staatsregierung 1865 die Errichtung einer Zentralverwaltung für den gesamten preußischen Elbeabschnitt beschlossen, und ein Jahr später – nach dem Sieg über Österreich – war Preußen, die Vormacht des »Norddeutschen Bundes«, zum Hauptanliegerstaat der Elbe geworden. Die »Königlich Preußische Elbstrombauverwaltung« umfaßte nun das Elbegebiet von der sächsischen Grenze unterhalb Riesas bis zur Seevemündung vor den Toren Hamburgs. Als Voraussetzung für gezielte Verbesserungen wurden gewässerkundliche und morphologische Daten im Einflußgebiet der Elbe erfaßt, gesammelt und ausgewertet. Die Daten des Artlenburger Pegels (1897–1984) verbesserten die Kenntnisse über zyklische Hoch- und Niedrigwasserstände. Das empirische Material ermöglicht heute den Wasser- und Schiffahrtsämtern, Hochwassergefahren vorherzusagen oder die Auswirkungen von Strombaumaßnahmen zu beschreiben. *TvE*

1/26 Wasserstandsmeldungen der Elbe vom 12. und 13. Februar 1973, gesendet im SFB *[DH]*

Tonbandaufzeichnung; 4 Min. 30 Sek.
Berlin, Sender Freies Berlin (Wortkatalog 901–728, Band 10)

Fester Bestandteil der Nachrichten für Schiffer waren jahrzehntelang die Wasserstandsmeldungen für die Binnenschiffahrt im Anschluß an die Mittagsnachrichten des Radioprogramms. Die Wasser- und Schiffahrts-Direktion Nord mit Sitz in Kiel veröffentlichte die täglichen Messungen. Der Sender Freies Berlin brachte die letzte Elbe-Wasserstandsmeldung am 12. und 13. Februar 1973. *WW*

1/27 Einbaum *[DH]*

11. Jh.; Holz; 35 × 65 × 620 cm
Jaroměř, Městské muzeum [Stadtmuseum]

Aus einem Baumstamm gehauene Boote wurden in Europa seit dem Mesolithikum (8000 – 4500 v. Chr.) verwendet. Bei den slawischen Stämmen waren Einbäume verbreitete Fahrzeuge. Dieser Einbaum wurde aus dem Elbstromgebiet bei Königgrätz geborgen. Derartige Funde kommen häufig vor. Einer der handwerklich bestbearbeiteten Einbäume, 1931 bei Kolin gefunden, weist auf eine frühe Besiedlung des Elberaumes hin. *WW*

1/28 »Elbe-Schiffahrts-Acte« und sechs Ratifikationsurkunden, Juni bis Oktober 1821

a) Hamburgisches Originalexemplar, 23. Juni 1821

Handschrift, gebunden; 40 × 50 cm (aufgeschl.)

b) Königlich-Dänische (Herzoglich Lauenburgische) Ratifikation, 10. August 1821

Handschrift; Papierprägesiegel mit Kordel, roter Samteinband; 39,5 × 51 cm (aufgeschl.)

c) Mecklenburg-Schweriner Ratifikation, 20. August 1821

Handschrift; Siegel in Silberkapsel, Kordel; 32 × 42 cm (aufgeschl.)

d) Herzoglich Anhalt-Bernburgische Ratifikation, 23. August 1821

Handschrift; Wachssiegel mit Kordel; 41 × 53 cm (aufgeschl.)

e) Herzoglich Anhalt-Köthensche Ratifikation, 23. August 1821

Handschrift; 35 × 51 cm (aufgeschl.)

f) Herzoglich Anhalt-Dessauische Ratifikation, 1. Oktober 1821

Handschrift; Siegel in Silberkapsel, Kordel, roter Samteinband; 34,5 × 45 cm (aufgeschl.)

g) Kaiserlich-Österreichische Ratifikation, 8. Oktober 1821

Handschrift; Papierprägesiegel mit Kordel, roter Samteinband; 37 × 51,5 cm (aufgeschl.)

Hamburg, Staatsarchiv (Threse I Ii 1 [1821]; Threse I Ii 2 [1821]; Threse I Ii 16 [1824]; Threse I Ii 7 [1821]; Threse I Ii 8 [1821]; Threse I Ii 9 [1821]; Threse I Ii 10 [1821])

Der Wiener Kongreß hatte in seiner Schlußakte von 1815 Garantien für die Freiheit der Schiffahrt »unter dem Gesichtspunkt des Handels« formuliert und den Uferstaaten Unterhaltungsmaßnahmen auferlegt, »daß die Schiffahrt nirgends auf Hindernisse stoße«. Angesichts der Wiederherstellung des territorialen Flickenteppichs der vornapoleonischen Zeit und des Mangels an Ausführungsbestimmungen blieb es jedoch zunächst bei dieser Absichtserklärung. Das Treffen der acht Elbuferstaaten in Dresden stellte dann den ersten Versuch dar, wenigstens in Teilbereichen zu abgestimmten Maßnahmen zu kommen. Zwar waren vorerst gemeinsame Planungen zur Verbesserung der Fahrwasserverhältnisse nicht zu erreichen, aber die Anliegerstaaten einigten sich über fiskalische Erleichterungen: Die Zahl der Elbzollstellen wurden von 35 auf 14 reduziert, und die Vertragsparteien vereinbarten die restlose Aufhebung mittelalterlicher Stapel- und Umschlagrechte. Wie eine 1858 durchgeführte Bestandsanalyse ergab, hatten sich die Fahrwasserverhältnisse auch nach Inkrafttreten der »Elbschiffahrts-Additional-Acte« von 1844 kaum gebessert. Erst unter den veränderten politischen Vorzeichen von 1866 konnte die »Königlich Preußische Elbstrombauverwaltung« umfassende Strombaumaßnahmen und Regulierungsprojekte in Angriff nehmen. *TvE*

1/29 Lastkahn für den Transport von Steinen auf Moldau und Elbe *[DH]*

Modell im Maßstab 1:10
1908; Holz; 24 × 50 × 420 cm
Praha, Národní technické muzeum [Technisches National-museum] (O 32 c i.c. 104)

Der von der Schiffbaufirma Lanna gebaute Lastkahn wurde im ganzen 19. Jahrhundert auf der Moldau und der Elbe als Fracht-, speziell als Stein- und Kohlekahn eingesetzt. Vojtěch Lanna (1805–1866) gründete Hüttenbetriebe, baute die Prager Kettenbrücke sowie verschiedene Eisenbahnstrecken und beteiligte sich an der Regulierung der Moldau. Sein Sohn Vojtěch (1836–1909) betätigte sich unter anderem im Bereich des Schiffbaus. *AK*

1/30 Schubschiff »SCH 2710« mit Leichter *[DH]*

Modell im Maßstab 1:50
Hamburg: Hermann Molge
1988/89; dreiteilig; Holz, Metall, lackiert;
30 × 16,5 × 120 cm
Höhbeck, Heimatmuseum Vietze/Elbe (6/1989, 7/1989, 8/1989)

Noch vor dem Zweiten Weltkrieg beherrschten die an langer Trosse stromaufwärts geschleppten Kähne das Bild des Gütertransports auf der Elbe. Die Schubschiffahrt ermöglichte im Vergleich mit den Schleppzügen und den »Partikulieren«, den selbständigen Motorschiffen, eine Senkung von Personal- und Treibstoffkosten bei gleicher Beförderungsleistung. Die Schubeinheit mit einem Leichter (400 Tonnen, zwei Meter Tiefgang) gehört zu jenem Typ der früheren DDR-Flotte, der etwa seit 1970 eingesetzt wird. Dabei können bis zu acht Leichter mit der Antriebseinheit zu einem starren Schubverband zusammengekoppelt werden. *TvE*

1/31* Taucheranzug *[DH]*

Denayrouse: Fa. Rouquayral
1895; Spezialtextil, Messing, Glas, Blei
Praha, Národní technické muzeum [Technisches National-museum] (16 717)

Dieser Anzug von der französischen Firma Rouquayral Denayrouse wurde für Unterwasserarbeiten im Hafenbereich hergestellt. Er besteht aus gummierten Textilien, Messinghelm und Druckminderer, einem Behälter, der auf dem Rücken getragen und durch Pumpen über Wasser mit Luft versorgt wurde. Zwei Bleigewichte an den Schuhen und ein Gewicht auf der Brust sicherten dem Taucher unter Wasser die nötige Stabilität. *WW*

1/31

1/32 Backbord-Fahrwassertonne *[DH]*

Hamburg: Strom- und Hafenbau, Technischer Betrieb Harburg
1978; Metall, lackiert; H 630 cm, Dm 150 cm
Hamburg, Wirtschaftsbehörde

Im Hamburger Hafen und stromabwärts bis Wittenbergen/Blankenese ist das Amt für Strom- und Hafenbau für die Betonnung des Fahrwassers zuständig. Seit 1450 haben die Tonnenleger dafür gesorgt, daß »unser Strom«, wie auch die Lorichssche Elbkarte von 1568 zeigt, von der Schaartonne westlich von Neuwerk bis Hamburg hinauf an Steuerbordseite gut bezeichnet war. Die rote Backbord-Fahrwassertonne gehört zu den Markierungstonnen, die beidseitig das Fahrwasser von den Untiefen der Außenelbe bis hin zu den Hamburger Elbbrücken auf einer Länge von 108 Kilometern begrenzen. Die Position der Tonnen folgt dem Kurs der von See kommenden Schiffe: Die grünen Spitztonnen der Steuerbordseite liegen vor dem rechten niedersächsischen Ufer, die roten Spierentonnen auf der schleswig-holsteinischen Seite. Dabei wechseln beleuchtete und unbeleuchtete Tonnen. Zusätzliche Navigationshilfen leisten Baken und Richtfeuer an Land. Die verwinkelten Bleche der Spiere weisen auf moderne elektronische Navigationshilfen hin: Sie bilden einen Reflektor zur sicheren Markierung der Tonne auf den Bildschirmen der bis 1965 eingeführten Radarleitsysteme, die bei schlechter Sicht den Schiffsverkehr auf der Unterelbe ermöglichen.

TvE

KAPITEL 2

Vom Riesengebirge zum Böhmischen Becken

Am Anfang ihres Laufs fließt die Elbe durch das Riesengebirge und sein Vorland. Erst Ende des 12. Jahrhunderts und insbesondere seit dem 13. Jahrhundert entstanden hier Siedlungen; die Menschen zogen auch weiter nach Norden auf die Hänge der hohen Berge. In den sechziger Jahren des 13. Jahrhunderts begründete die Kolonisationspolitik des Königs Przemysl Ottokar II. an der Elbe die ersten befestigten Städte, Königinhof und Arnau, die später im Vergleich mit den Städten des Flachlands bedeutende, wenn auch nicht große regionale Zentren wurden. Ebenfalls in das 13. Jahrhundert fällt die Entstehung des nördlich gelegenen Hohenelbe.

Der Reichtum an Mineralien und Metallen im Reich Rübezahls, zunächst durch Waschen oder Seifen gewonnen, zog mutige Pioniere an. Zahlreiche Ortsnamen belegen, daß die Goldwäschertradition lange erhalten blieb. Sie wurde von der Tiefenförderung abgelöst, deren Entwicklung im 16. Jahrhundert unter dem königlichen Bergbauberater Krystof von Jandorf in der Herrschaft Hohenelbe einsetzte. Damals war die verarbeitende Eisenhütte, die an die 30 bis 40 Personen beschäftigte, das größte Gewerk im Riesengebirge.

Das Silber der Bergwerke in Hohenelbe wurde in der königlichen Münze in Prag geprägt, und auch Wallenstein nutzte es für seine Münze in Gitschin. Zeitgleich mit der Entwicklung der Silbererzförderung entstanden auch Glashütten im westlichen Teil des Erzgebirges. Die ältesten, deren Aufschwung nach 1550 einsetzte, sind für das 14. Jahrhundert belegt. Überwiegend deutsche Glaserfamilien pachteten die Hütten oder betrieben sie im Eigenbesitz. Die Glashütten und Hammerwerke entstanden als kleine Ansiedlungen in der Nähe von Rohstoffvorkommen und Bergflüssen inmitten der Wälder.

Zu ihrem Betrieb benötigten die Glashütten große Mengen von Holz und Holzkohle. Jandorf förderte den Fernwassertransport von Holz: Vom Riesengebirge aus ging es auf der Elbe bis zum mittelböhmischen Kolin und von dort aus durch einen eigenen Kanal bis zu den Bergwerken von Kuttenberg. 1566 wurden 50 Tiroler Holzfachleute zur Leitung der Holzwirtschaft im Riesengebirge angeworben. In den neunziger Jahren des 16. Jahrhunderts, der Zeit der größten Rodungen, waren in den Wäldern des Riesengebirges 300 bis 400 Arbeiter beschäftigt.

Neue Dörfer entstanden nach der Mitte des 15. Jahrhunderts. Neben den Häuslern lebten Holzfäller in Einsiedeleien in den Bergtälern; in der Mitte des 17. Jahrhunderts war die Zahl der Waldhütten bereits auf 74 gestiegen. Seit Anfang des 17. Jahrhunderts entwickelte sich auch die Sennwirtschaft. Zum Lebensunterhalt wurden neben Flachs vor allem Kraut, Hafer und Roggen angebaut. Flachs bildete die Basis der Leinenverarbeitung des Riesengebirges, die mit Nürnberger Handelsfirmen durch Manufakturen in Schlesien und Nordböhmen eng verbunden war und sich seit dem ausgehenden 16. Jahrhundert entwickelte.

Im Riesengebirge und seinem Vorland hat sich die Tradition der Textil-, Papier- und Glasverarbeitung bis heute erhalten. Darüber hinaus wurde die Region am Ende des 19. Jahrhunderts für den Tourismus und den Sport entdeckt. *EŠ*

2/1

2/1* »Elbquelle auf dem Riesengebirge«

R. Bürger
19. Jh.; Lithographie; 13,2 × 22,6 cm
Berlin, Deutsches Historisches Museum (Gr.S. 55/1672)

Auf den Elbwiesen in den Hochmooren am Südhang des Riesengebirges beiderseits der Hauptquellen in ca. 1390 Metern Höhe leuchtet eines der Steinmonumente, die zur Erinnerung an den Besuch der habsburgischen Erzherzöge Joseph und Rainer am 12. Juni 1804 und am 30. Juni 1806 errichtet wurden. *MLP*

2/2 »Am Elbbrunnen«

Theodor Körner (1791–1813)
Handschrift; 35 × 21,5 cm
Dresden, Stadtarchiv (Körner-Nachlaß Mappe 28)

»Am Elbbrunnen« ist eines von sechs Gedichten, die 1810 im Sammelband »Erinnerungen an Schlesien« bei Göschen in Leipzig als Erstlingswerk des jungen Freiheitsdichters unter dem Titel »Knospen« herausgegeben wurden. Zu dieser Sammlung des bei Gadebusch als Offizier des Lützowschen Freicorps gefallenen Dichters gehört auch das in Dialogform geschriebene Gedicht »Der Schreckenstein und der Elbstrom«. *WW*

2/3* Elbfall mit Baude

Friedrich August Tittel (1770–1833)
Um 1820; Aquarell; 18 × 24,2 cm
Regensburg, Museum Ostdeutsche Galerie (Sammlung Haselbach P 4811)

Die Bauden dienten ursprünglich dem Vieh als Unterstand, aber auch Hirten und Wanderern als Behausung bei Unwetter. An landschaftlich reizvollen Punkten wurden sie mit zunehmendem Tourismus seit Mitte des 19. Jahrhunderts auch zur Übernachtung auf Strohlagern oder in Schlafsälen mit einfacher Bewirtung benutzt. Seit Anfang des 20. Jahrhunderts baute man sie vielfach zu Hotels aus. Friedrich August Tittel hielt als Zeichner, Radierer und Lithograph die reizvollsten Ansichten des Riesengebirges fest und vervielfältigte sie für den Verkauf. *WW*

2/4 Biotitgranit

Proterozoikum; Gesteinsprobe; 11 × 8 × 3 cm
Praha, Národní muzeum [Nationalmuseum] (P1–8374)

Die höchsten Gipfel des Riesengebirges, an deren Hängen die Elbe entspringt, bestehen aus Muskovit- und Biotitgranit und sind im Proterozoikum entstanden. Die ausgestellte Gesteinsprobe stammt vom höchsten Berg des Riesengebirges, der Schneekoppe (1603 Meter). *RP*

2/5 Orthogneis und Perlgneis

Proterozoikum; 2 Gesteinsproben; 11 × 7 × 3 cm, 12 × 8 × 3 cm
Praha, Národní muzeum [Nationalmuseum] (P1–12193; P1–2265)

Die geologische Unterlage des Quellgebiets der Elbe bilden vor allem Biotit-Muskovit-Orthogneise, die zum Metamorphitmantel (Einfassung) des zentralen Granitmassivs gehören und ebenso alt sind wie dieses. Ein besonderer Typ metamorphen Gesteins des Elbegebiets im Riesengebirge sind sogenannte Perl-Biotit-Paragneise auffälliger örtlicher Anhäufung von Feldspat. Diese Gneise gehören wahrscheinlich schon zu den stark veränderten Komplexen von Meeresablagerungen älterer Primärformation. *RP*

2/6 Drei Fossilien aus dem Paläozoikum

Permokarbon; 37 × 20 × 3 cm, 23 × 14 × 3 cm, 8 × 5 × 2 cm
Praha, Národní muzeum [Nationalmuseum] (P2-M488; 12-E5353; P2–36675)

a) Versteinerter Fisch (Paramblypterus rohani)

Im Gebiet des Oberlaufs der Elbe, im Vorland des Riesengebirges, blieb ein Becken mit kohlehaltigen Ablagerungen aus

2/3

dem Paläozoikum erhalten. In einigen Lagen dieser Gesteinsfolge befinden sich viele Reste von Glasschuppenfischen der Gattung Parablyterus, die in großer Anzahl im Süßwasser dieser permokarbonischen Seen und Sümpfe lebten.

b) Farnblatt (Autunia conferta)

Die Ufer der permokarbonischen Sümpfe säumten baumartige Farne, deren abgestorbene Stämme die Grundlage der Steinkohlelager bildeten. Auf der ausgestellten Probe blieb der Blattfächer einer Farnsamenpflanze der Gattung Autunia erhalten, bedeutsam nicht nur paläontologisch, sondern auch für das Datieren der permokarbonischen Gesteinsfolgen in verschiedenen Gebieten.

c) Versteinerter Stamm einer Farnpflanze (Medullosa sp.)

In den lehmhaltigen Sedimenten der Kohlebecken werden außer dem Abdruck von Pflanzen auch deren durch Kieselsäure fossilierten Reste gefunden, wie z. B. die hier ausgestellten baumartigen Farne. Die zertrennten und geschliffenen Teile dieser Pflanzen (meist Stämme und Zweige) werden oft zu Dekorationszwecken verwendet. *RP*

2/7 Backenzahn eines Mammuts (Mammuthus primigenius)

Pleistozän; Fossil in Löß-Ton; 20 × 17 × 10 cm
Praha, Národní muzeum [Nationalmuseum] (P2 – R8136)

Die jüngsten Ablagerungen, häufig eiszeitlichen Ursprungs, besonders im Mittelteil der böhmischen Elbniederung, sind Tonerde, Sand und Kies aus dem Quartär. Manchmal kommen darin Skeletteile großer Säugetiere wie Nashörner, Mammute und weitere typische Vertreter der Fauna dieser jüngsten geologischen Formation vor. Der Mammutbackenzahn wurde im Flußbett der Elbe bei Lissa gefunden. *RP*

2/8 »Arsenik und Kupferhütte im Riesengrunde in Böhmen« *[DH]*

Ernst Wilhelm Knippel (1811–1900)
Lithographie; 19 × 25,6 cm
Regensburg, Museum Ostdeutsche Galerie (Sammlung Haselbach P 3175)

Deutsche Ortsbezeichnungen im Riesengebirge weisen auf Tätigkeiten hin, die mit dem Suchen nach Bodenschätzen in Verbindung stehen. »Seifen« deutet auf Goldwäsche hin; Namen wie Eisenberg, Eisenfurt oder Schmiedeberg erinnern an Erzvorkommen. Seit dem späten Mittelalter sind als italienische Zuwanderer die »Walen« oder »Welschen« bekannt, die Edelsteine schürften: Achat, Jaspis und Karneol gingen kistenweise nach Venedig und Florenz. Die Wasserkraft der Zuflüsse diente der industriellen Ausbeute und Verarbeitung. Papiermühlen, Arsen- und Kupferhütten entstanden in den Tälern von Adler, Aupa und Elbe. Ernst Wilhelm Knippel hielt als einer der ersten Künstler solche frühen Fabrikationsstätten im Bild fest. *WW*

2/9* Rübezahl *[D]*

Hanuš Schwaiger (1854–1912)
1885; aquarellierte Bleistiftzeichnung; 37 × 64 cm
Bez. u. r.: HS
Praha, Národní galerie [Nationalgalerie] (K 11463)

Hanuš Schwaiger zählt zu den herausragenden Vertretern der tschechischen Kunst des letzten Viertels des 19. und des beginnenden 20. Jahrhunderts. Schon als Student der Wiener Akademie hatte er mit seinen von Mythologie und Märchen inspirierten Themen Erfolg. Der Prager Verlag Wiesner gab 1895 »Wiesners Märchenalbum« mit Schwaigers Zeichnungen heraus. Das in der tschechischen Kunst sehr beliebte Rübezahlthema reizte Schwaiger zur Übertreibung ins Groteske: neben erhabener und mächtiger Natur die menschliche Hilflosigkeit. Die feine Aquarellmalerei und das geringe Maß an Stilisierung weisen diese Zeichnung als Frühwerk aus. *JaB*

2/9

2/10 Rübezahl (letzter Aufenthalt im Böhmerwald) *[P]*

Alfred Kubin (1877–1959)
1945; Tuschzeichnung/imitiertes Japanpapier; 32,5 × 25,5 cm
Bez. u. r.: Kubin 45; u. l.: Ruebezahl (letzter Aufenthalt i. Bhmwld)
Regensburg, Museum Ostdeutsche Galerie (9154)

Immer wieder tritt Rübezahl in den Werken Kubins auf, der aus Leitmeritz gebürtig ist. Sein Schaffen ist untrennbar mit den skurrilen und phantastischen Gestalten Böhmens verbunden. Am 4. Februar 1945 schreibt er an seinen Freund Rosenberger: »Ein neues Rübezahlblatt entstand u. a. direkt sich an ein visionäres Spätnachmittagserlebnis einfügend, das mir in den letzten Augusttagen vor J. in Buchwald (im Böhmerwald) zuteil ward.« Die Notiz scheint sich auf dieses Blatt und den letzten Besuch Kubins in seiner Heimat zu beziehen. *WW*

2/11* Sechs Marionetten *[DH]*

Höfling, Königin, Ritter, Teufel, Trampler, Kasper
Antonín Sucharda (1843–1911)
Um 1900; Holz, Textil, Leder; H je 86 cm, Kasper: H 50 cm; Führungsdraht: je 50 cm
Praha, Národní muzeum [Nationalmuseum] (H6-D 6672, H6-D 6671, H6-D 6678, H6-D 6690, H6-D 6691, H6-D 6692)

In der Schnitzerwerkstatt von Antonín Sucharda in Neu Paka wurden im 19. Jahrhundert Marionetten hergestellt. Ihre charakteristischen Merkmale waren der bewegliche Mund und deutlich barockisierende Elemente im Schnitt der Haare und des Bartes. Die Marionetten wurden für acht bis zehn Gulden von den Marionettenspielern aus ganz Böhmen, so von den Majzners, Kellners, Třískas, Lagrons, Janečeks, Kaisrs gekauft. Unter den Marionettenherstellern war Suchardas Werkstatt auf Grund der Qualität sowohl der Schnitzereien als auch der Konstruktion am bedeutendsten. Sein Sohn Antonín gründete 1920 das Prager Puppentheater »Reich der Puppen«. *JiP*

2/12 Hochzeitstruhe *[DH]*

1819; Holz, bemalt; 76 × 125 × 72 cm
Praha, Národní muzeum, Národopisné oddělení [Volkskunde-Abteilung] (H4 – 93 911)

Der hellblaue Fond der Truhe ist mit einer Vogeldarstellung bemalt. Die Deckelfelder sind mit Blumensträußen und die Seiten mit rot und blau gestreiften Marmorierungen verziert. Die Hochzeitstruhe von 1819 gehört zum sogenannten »hellblauen Typ« Bauernmöbel, der ein protestantisches Glaubensbekenntnis demonstriert. Sie stammt aus Oberaltstadt bei Trautenau aus einer der Tischlereiwerkstätten am Oberlauf der Elbe. *MT*

2/11

2/13 Geschirrschrank *[DH]*

1851; Holz, bemalt; 187 × 94 × 45 cm
Praha, Národní muzeum, Národopisné oddělení [Volkskunde-Abteilung] (H4 – 93 958)

Der bemalte Geschirrschrank mit blauem Fond hat einen geteilten Giebel mit zwei Voluten und darunter die Datierung 1851. Die Ecken sind mit gedrechselten Säulen versehen. Die Türen sind mit Blumensträußen in Vasen und die senkrechten Felder an den Seiten oben mit Rebenlaub, unten mit Pflanzenmotiven geschmückt. Der Schrank gehört zu einem Typus, der in der ersten Hälfte des 19. Jahrhunderts am Oberlauf der Elbe in den Werkstätten von Hermannseifen bei Trautenau hergestellt wurde. *MT*

2/14 Vogelfalle *[DH]*

Poniklá, Kreis Semil, Ende 19. Jh.; Holz, Draht, Netz, Bindfaden; 26 × 20 × 21 cm
Praha, Národní muzeum, Národopisné oddělení [Volkskunde-Abteilung] (H4 – 66 629)

Der untere Teil dieser Vogelfalle dient als Bauer für einen Lockvogel. Er ist mit einem Türchen und einem Schubfach versehen, das zum Reinigen des Käfigs und Füttern dient. Auf einem Rahmen ist an der aus stärkerem Draht gefertigten Falle ein Netz aufgehängt, das bei Anflug und Bewegung des angelockten Vogels umkippt und durch eine daran gespannte Feder das Zuklappen der Falle bewirkt. Diese Vogelfalle wurde in den fünfziger Jahren bei der Erforschung der Vogelstellerei im Riesengebirge in der Gegend von Starkenbach gefunden. *PaB*

2/15 Schneeschuhe aus dem Riesengebirge *[DH]*

2. Hälfte 19. Jh.; Holz, Leinenschnur, Filz, Eisennägel; 3 × 32 × 27 cm
Praha, Národní muzeum, Národopisné oddělení [Volkskunde-Abteilung] (H4 – 68 827 a,b)

Die hölzernen, ovalen Schneeschuhe, auch Schneereifen genannt, sind mit Nägeln zusammengehalten. Drei in Sternform angeordnete Leinenschnüre bilden die Bespannung. Die Schnüre sind durch seitlich in die Reifen gebohrte Öffnungen gezogen. In der Mitte der Bespannung ist ein länglicher Filzstreifen befestigt, der als Unterlage für den Schuh dient. Schneeschuhe wurden noch in der ersten Hälfte des 20. Jahrhunderts in den gebirgigen Gegenden verwendet, wo sie in langen Wintern die Bewegung auf dem Schnee erleichterten. *PaB*

2/16 Kasten für Quarkkäse *[DH]*

Pardubitz, um 1830/40; Holz, Ruten, Draht;
56 × 50 × 69 cm
Praha, Národní muzeum, Národopisné oddělení [Volkskunde-Abteilung] (H4–107 266)

Der kunstvoll geschnitzte hölzerne Kasten für Quarkkäse ist in drei Etagen gearbeitet. Seine Rahmenkonstruktion besteht aus einem Mantel von Rutengittern. Auf allen vier Seiten des Kastens sind Türen zum Einlegen der Käse angebracht. Durch zwei weitere Luken kann man den Käse in die obere Etage schieben. Die oberen Kanten sind mit Voluten, Türmchen und Balustraden verziert. In der Mitte des Dekkels ist eine Drahtschlinge zum Aufhängen des Kastens befestigt. Diese Quarkkästen dienten in den meisten ländlichen Haushalten zum Trocknen von kegelförmigem Frischkäse. Künstlerisch gestaltete große Käsekästen waren aber nur auf wohlhabenden Bauernhöfen der fruchtbaren Elbniederung zu finden. *PaB*

2/17 Tragkraxe aus dem Riesengebirge *[DH]*

Mitte 19. Jh.; Holz, Textil; 78 × 32,5 × 29 cm
Praha, Národní muzeum, Národopisné oddělení [Volkskunde-Abteilung] (H4–45 197)

Tragekörbe wie dieser wurden noch in der ersten Hälfte des 20. Jahrhunderts im hügeligen Gelände des Riesengebirges verwendet. Sie dienten zum Abtransport von Heu und Gras von hochgelegenen Wiesen oder zur Beförderung anderer Lasten zu den städtischen Märkten. *PaB*

2/18 Becher mit Ansicht der Wiesenbaude im Riesengebirge

Neuwelt: Harrachsche Glashütte
Um 1830; Glas, geschliffen und graviert; H 11 cm
Praha, Národní muzeum [Nationalmuseum] (H2–140 603)

Die Wiesenbaude, auch Weiße, oder Alte böhmische oder Rennerbaude genannt, ist die größte und wegen ihrer touristisch günstigen Lage beliebteste Baude im Riesengebirge. Sie liegt auf der geräumigen Weißen Wiese in 1400 Metern Höhe. An den Abhängen Luční und Studniční hory führte schon vor Jahrhunderten der wahrscheinlich älteste Handelsweg des Riesengebirges von Starkenbach und Hohenelbe über Pommerndorf, Výrovka und Luční sedlo nach Schlesien. Der sogenannte Schlesienweg wurde etwa 1623 bis 1625 angelegt. Eine steinerne Zufluchtsstätte erinnert an den Unterschlupf der Böhmischen Brüder, die auswanderten. Ihr Bild hat sich im Laufe der Jahrhunderte bis in die jüngste Zeit mehrmals verändert. Östlich von der Elbebaude befindet sich die Quelle einer der Riesengebirgs-Elbezuflüsse, der Weißen Elbe. *EŠ*

2/19 Meyers Reiseführer: Riesengebirge

Leipzig: Bibliographisches Institut 1890
Berlin, Institut für Tourismus der Freien Universität Berlin (MEY/Riesengebirge – 7)

Die Wanderwege des Riesengebirges erfreuten sich seit der Anbindung an die Eisenbahn bei Bergwanderern zur Schneekoppe oder zu den Quellbächen der Elbe am Südhang des Riesengebirges und bei Ausflüglern mit den Zielen Spindelmühle, Petersbaude oder Wiesenbaude zunehmender Beliebtheit. Reiche Volkskunst, Möbel- und Figurenschnitzerei, Glas- und Textilmanufakturen und Trachtentraditionen trugen zur touristischen Attraktion bei. *MLP*

2/20 Reisenecessaire (Toilettenkästchen) *[DH]*

Offenbach, um 1910; Leder; 9 × 21 × 14 cm
Offenbach, Deutsches Ledermuseum – Deutsches Schuhmuseum (10978)

2/21 Mädler-Koffer (Rohrplattenkoffer) *[DH]*

Leipzig: Fa. Mädler
Um 1910; Rohrgewebe, Holz, Messing, lackiert;
26 × 89 × 46 cm
Offenbach, Deutsches Ledermuseum – Deutsches Schuhmuseum (13430)

»50% Gewichtsersparniss! Mädlers Patent-Koffer. Unerreicht an Leichtigkeit, Eleganz und Haltbarkeit«, so preist die Werbung des Moritz Mädler, Kofferfabrikant in Leipzig-Lindenau, vor der Jahrhundertwende mit Niederlassungen in Hamburg (Neuer Wall 84), Berlin (Leipziger Str. 101/2) und Leipzig (Peterstr. 8) das neue Produkt an. »Patentiert in allen Culturstaaten« waren die »Cabinen-, Rundreise-, Damenhut-Koffer in größter Auswahl. Katalog gratis«. Die Mädlererzeugnisse, unentbehrliches Requisit des bürgerlichen Reisenden, waren führend auf dem deutschen Markt. *WW*

2/22 Damenbergstiefel

1873; Leder, benagelte Sohle
Offenbach, Deutsches Ledermuseum – Deutsches Schuhmuseum (7351 a/b)

Diese Damenbergstiefel wurden 1873 als Novität auf der Weltausstellung in Wien gezeigt. Im letzten Viertel des 19. Jahrhunderts entwickelte die bürgerliche Mode sportliche Kostüme für Damen-Lawntennis und Touristenanzüge in Loden für Damen und Herren. Auch der Hosenrock für die Radfahrerin wurde in der Dresdner »Europäischen Modezeitung«, im »Berliner Sportblatt« oder in »Polich's Deutscher Modezeitung« als Neuheit vorgestellt. *WW*

2/23 Photoausrüstung *[DH]*

a) Reiseplattenkamera

Mit Objektiv Amastigmat »Tubar« 1:6,8 (F = 13,5 cm) und Doppelkassette
Rüdersdorf bei Berlin: Optisches Werk
Um 1900; poliertes Hartholz; Kaliko; 17,5 × 31 × 25,5 cm (ausgez.)

b) Photostativ Marke »Exzelsior«

Um 1900; Messing, Hartgummi; H 123 cm (ausgez.)

Berlin, Deutsches Historisches Museum (62/121, Mag. 304, Schr. 10/1; 62/123, Mag. 304, Schr. 8/1)

Mit dem Bau von Straßen- und Wanderwegen nach Hohenelbe 1871, der Fertigstellung des Harrachwegs durch das Elbtal 1879 und dem Ausbau von Bauden als Übernachtungsstätten wurde das Riesengebirge dem Tourismus und einer blühenden Andenkenindustrie erschlossen. Mit Hilfe der Reiseplattenkamera wurden gerne Ansichten auf Photoplatten festgehalten. Für den Transport ließ sich die Kamera durch Umklappen der Grundplatten, der Seiten und der Kalikobalgen zusammenlegen. *WW*

2/24* Skiausrüstung: Skier und ein Skistock

Riesengebirge, um 1900; Holz, Bambus; L 220 cm
Praha, Národní muzeum [Nationalmuseum] (H7H 7573; H7H 18 493)

Die Pioniere des Skilaufs in Böhmen waren die Bewohner des Riesengebirges; der Überlieferung nach benutzten sie schon in den vierziger und fünfziger Jahren des vorigen Jahrhunderts Skier. Anfang der neunziger Jahre führte auch Graf Harrach für seine Waldarbeiter Skier ein. Meistens wurden Schilfbindungen benutzt, die aber schwach und wenig verläßlich waren und sich eher für Kinder als für Erwachsene eigneten. Die Läufer verwendeten zuerst nur einen Stock, aber schon um die Jahrhundertwende wurden für längere Wege zwei Stöcke benutzt. *KŠ*

2/25 Erinnerungsstücke an den Skisport

a) Zehn Abzeichen, Plaketten und Medaillen von den ersten organisierten Skiwettläufen in Europa

Riesengebirge, um 1900; Silber; Metall, vergoldet; teilw. Email u. Granaten; 3 × 5 cm – 5 × 6,8 cm

b) Stationsbuch der »Dvorská«-Baude, 1903–1908

Handschrift mit Zeichnungen; 20,5 × 28 cm

Praha, Národní muzeum [Nationalmuseum] (H7H 25907, -2039091, -10014, -30380, -30383, -12646, -9132, -23861, -30387, H7D1413)

Am Oberlauf der Elbe wurden schon Ende des vorigen Jahrhunderts Skiclubs gegründet: Zu den ältesten gehören Hochstadt a. d. Iser und Starkenbach. In Starkenbach fanden 1893 die ersten Skiwettkämpfe in Mitteleuropa statt. 1903/04 erreichte das organisierte Skilaufen in Böhmen eine derartige Beliebtheit, daß hier der erste nationale Skiverband Europas als »Verband der Skiläufer im Königreich Böhmen« gegründet wurde. Die Medaillen, Plaketten und

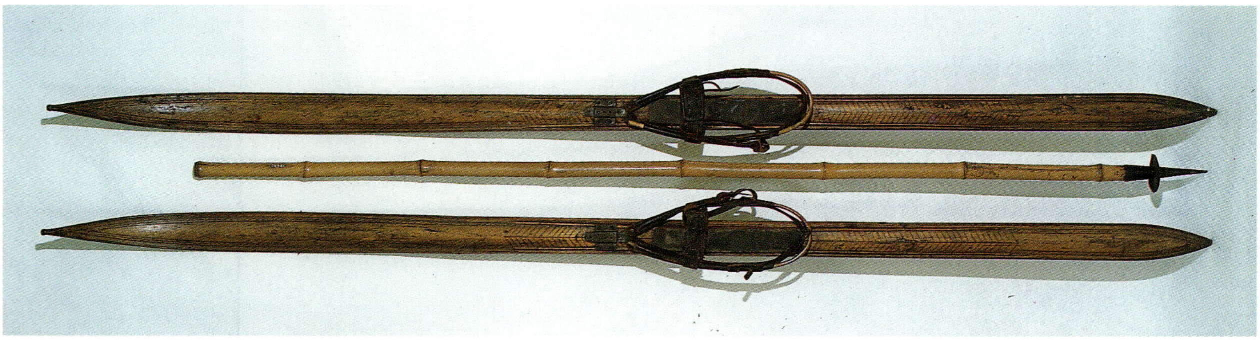

2/24

Abzeichen dokumentieren die Anfänge des Skiwettlaufs im Riesengebirge. Sie wurden überwiegend von den Mitgliedern des tschechischen Riesengebirgsverbandes »Ski« aus Starkenbach errungen, so von der berühmten Skiläuferin Anna Hanusová, dem ersten Meister im 50-Kilometerlauf, J. Kraus sowie von Josef Majval, Josef Šir und Rychlík.

KŠ

2/26* Deckelhumpen mit dem Wappen der Grafen von Harrach

Neuwelt: Harrachsche Glashütte
Um 1873; grünes Glas, freigeformt, Emailmalerei, vergoldet; H 67 cm, Dm 18 cm
Praha, Uměleckoprůmyslové muzeum [Kunstgewerbemuseum] (93 157 a, b)

Die schon länger bestehende Glashütte in Neuwelt, inmitten dichten Waldes am Fuß des Riesengebirges gelegen, wurde 1764 von Ernst Guido Graf von Harrach für 3400 Gulden gekauft. Unter der Firmenbezeichnung »Crystallex« produziert und exportiert sie als einzige der vielen Glashütten des Riesengebirges bis heute geschliffene und geschnittene, bemalte und vergoldete Kristallgläser, Trink- und Dessert-Service sowie weiße und farbige Lüstersteine. Seit 1823 stellt sie auch Einglasungen von Pasten nach französischer Art und seit 1842 Rubinglase her. Ohne die Holzfäller arbeiteten um die Mitte des 19. Jahrhunderts über 300 Arbeiter in den verschiedenen Fabrikgebäuden. Der Verbrauch an »Rohmaterialien und Chemikalien beträgt durchschnittlich jährlich 2500 Ctr., bei einem Aufwande von 3000 Klaftern Holz, das Quantum der erzeugten Waare wird mit 2600 Ctr. im Werthe von 60 000 Gulden angenommen«. *WW*

2/27 Fünf Gläser: drei Pokale, ein Krug und ein Flakon mit Verschluß

Neuwelt: Harrachsche Glashütte
1770 u.1850; Hellglas, geschliffen u. graviert; teilw. mit farbigem Email u. Gold bemalt; Milchglas mit farbigem Email u. Gold bemalt; je H 8 cm; 7,3 cm; 9,8 cm; 32,5 cm; 11,5 cm
Praha, Národní muzeum [Nationalmuseum] (H2–31137; H2–182052; H2–159167; H2–155 078; H2–159 128 a, b)

2/26

Die Glashütte in Neuwelt gehört zu den bedeutendsten des Riesengebirges. Die erste schriftliche Erwähnung über die damals schon bestehende Hütte stammt aus dem Jahre 1712; zwei Jahre später entstand in ihrer Nähe der Ort Harrachsdorf. Der größte Teil der Geschichte der Glashütte ist mit den Grafen Harrach verbunden. Sie waren Eigentümer der Domäne Starkenbach, die sie 1796 gekauft hatten und bis zum Zweiten Weltkrieg (1943) verwalteten. An der Produktion kann man die Entwicklung der böhmischen Glasindustrie vom 18. Jahrhundert bis heute verfolgen. *DS*

2/28 Becher zur Erinnerung an die Schlacht von Leipzig 1813

Meistersdorf bei Steinschönau 1813; Glas, geschliffen u. graviert; H 14 cm, Dm 8,8 cm
Gravur: Augenblick nach der Schlacht von Leipzig
Jablonec nad Nisou, Muzeum skla a bižuterie [Museum für Glas und Bijouterie] (S. 4691)

Das klare Glas mit Gravurschliff auf den Sieg der »Heiligen Allianz« über Napoleon bei Leipzig 1813 zeigt das Dankgebet des Zaren Alexander II. von Rußland, des Kaisers Franz II. von Österreich und des Königs Friedrich Wilhelm III. von Preußen mit dem knieenden obersten Befehlshaber der vereinigten Heere, Karl Fürst von Schwarzenberg. Die Arbeit könnte aus dem Umfeld der Werkstatt des August Böhm aus Meistersdorf stammen. *WW*

≋

2/29 »Gegend bey Hohenelbe am fuße des Riesengebürges an der Elbe in Böhmen. Bidschower Kreis«

Aus: Collection des vues les plus interessantes et pittoresques de le Bohème, Wien (o. J.)
Carl Postl (1769–1818) nach einer Zeichnung von Laurenz Janscha (1749–1812)
Um 1800; kolorierte Radierung; 33,9 × 44,4 cm
Regensburg, Museum Ostdeutsche Galerie (Sammlung Haselbach A H 302)

Die Radierung zeigt die Felsenge, die den Fluß in 484 Meter Höhe ins Tal entläßt. Das Gefälle, das bis hierher 40 Meter auf einen Kilometer betrug, mäßigt sich beim Eintritt ins nordböhmische Flachland. Im Bildvordergrund passiert ein planenbespannter Leiterwagen mit zwei Pferden eine Flußmühle. Das Städtchen Hohenelbe im Hintergrund ist mit Holzbrücke vor dem Schloß, der Stadtkirche St. Laurentius und dem Augustinerkloster erkennbar. *MLP*

2/30 Ansicht von »Oberhohenelbe«

R. Bürger
1839; Lithographie; 14,9 × 22,6 cm
Vrchlabí, Krkonošské muzeum [Riesengebirgsmuseum] (U 954/3)

Festung und Krongut Hohenelbe, in historischen Quellen erstmals 1359 bis 1363 erwähnt, wurden seit 1533 zum Ausgangspunkt einer deutschen Bergbauernsiedlung, in der Edelmetalle und Eisenerz gefördert wurden. Albrecht von Wallenstein erwarb die Domäne als Lehen und ließ in den Eisenhütten für Zehntausende seiner Söldner Ausrüstungen herstellen. Das ursprüngliche Renaissanceschloß wurde mehrfach umgebaut. *MLP*

≋

2/31 Karte der Herrschaft Starkenbach *[DHP]*

Anton Grauper
Um 1765; kolorierte Federzeichnung; 300 × 180 cm *[P]*
Reproduktion der Zeichnung *[DH]*
Zámrsk, Státní oblastní archiv [Staatliches Bezirksarchiv]

Die 1765 von Grauper im Auftrag des Grafen Harrach gezeichnete, aus einzelnen Blättern zusammengesetzte Karte der Herrschaft Starkenbach zeigt den Elbverlauf und Ansichten von Starkenbach, Neuwelt und Arnau. Sie gehört zu den bedeutendsten Werken der barocken böhmischen Kartographie. Die Wirtschaft der Herrschaft Starkenbach, durch Kauf seit 1796 im Besitz der Grafen von Harrach, nahm in der ersten Hälfte des 19. Jahrhunderts durch Förderung der verschiedenartigsten Produktionen einen erheblichen Aufschwung: Glasherstellung in Neuwelt, Leinenproduktion in und um Arnau, Flößerei auf der Iser, Weidewirtschaft und Jagdveranstaltungen des Adels im Riesengebirgsvorland. *WW*

≋

2/32 Ansicht von Königinhof *[DH]*

R. Bürger
Um 1850; Lithographie; 16 × 23,7 cm
Praha, Národní muzeum [Nationalmuseum] (H2–34766)

Königinhof wurde von Przemysl Ottokar II. vor 1270 gegründet und im Jahre 1392 Witwensitz der tschechischen Königinnen. Für den Anfang der tschechischen nationalen Wiederbesinnung spielte der Ort eine bedeutende Rolle. Im Turm der Kirche des Hl. Johannes des Täufers wurde 1817 die Königinhofer Handschrift gefunden. Als Teil der um 1400 erbauten gotischen Kirche blieb ein Rest des ursprünglichen romanischen Vorgängerbaus aus der ersten Hälfte des 13. Jahrhundert erhalten. Einfluß auf die Industrie- und Handelsentwicklung der Stadt hatte die Nordsüd-Eisenbahn, die 1859 eröffnet wurde. Heute ist Königinhof ein bedeutendes Zentrum der Textilindustrie. *VP*

≋

2/33 Königinhofer Handschrift *[DH]*

Václav Hanka (1791–1861) mit Illustrationen von Josef Mánes (1820–1871)
Nachdruck der Buchausgabe, Prag: F. Šimaček 1886
Praha, Knihovna národního muzea [Bibliothek des Nationalmuseums] (KNM 69 A 22)

Die »Königinhofer Handschrift« enthält epische und lyrische Gedichte, die die ruhmreiche Vergangenheit der tschechischen Nation bezeugen und angeblich aus dem 13. Jahrhundert stammen. Nach ihrer Entdeckung 1817 im Kirchturm von Königinhof wurde die Handschrift begeistert gefeiert, doch im Laufe der Zeit wurde sie als Fälschung Václav Hankas entlarvt, des ersten Bibliothekars des Nationalmuseums. Der Streit um ihre Echtheit gipfelte in den achtziger Jahren des 19. Jahrhunderts im bis heute nicht abgeschlossenen sogenannten Handschriftenkampf, an dem sich auch bedeutende Wissenschaftler wie Jan Gebauer (1838–1907), Jaroslav Goll (1846–1929) oder T. G. Masaryk (1850–1937) beteiligten. Die Handschrift erlebte viele Ausgaben. Die Illustrationen schuf Mánes 1861. *PaB*

2/36

2/34 »Das Sträußchen« *[DH]*

Gedicht von Johann Wolfgang von Goethe (1749–1832), vertont von Carl Friedrich Zelter (1758–1832)
Faksimile der Notenhandschrift von 1822; 22 × 34 cm
(Original: Weimar, NFG, Goethe- und Schiller-Archiv)

Goethe beschäftigte sich laut Tagebuch im Juli 1822 in Marienbad mit böhmischen Gedichten und »stellte das Sträußchen durch Umstellung her«: Nachdem er die Königinhofer Handschrift, die er fälschlich als Königgrätzer Handschrift bezeichnete, in der Übersetzung von A. Svoboda kennengelernt hatte, formte er aus volkstümlichen Motiven »mit poetisch kritischer Kühnheit« das Gedicht »Das Sträußchen«, das der Direktor der Berliner Singakademie Carl Friedrich Zelter vertonte. Ein Beweis dafür, daß die Hankasche Handschrift ihre Wirkung nicht nur auf die tschechische Kultur ausübte. *WW*

2/35 Johann von Sporck (1597 od. 1601–1679) *[H]*

William (Georg Wilhelm) Neunhertz (1689 – um 1750)
1725; Öl/Lw.; 233 × 154 cm
Bez. u. r.: William Neunhertz 1725
Pardubice, Památkový ústav v Pardubicích [Amt für Denkmalpflege] (1618)

Johann von Sporck erhielt aufgrund seiner Verdienste als Sieger in der Schlacht bei St. Gotthard den Beinamen »Türkensporck«. Als solchen stellt ihn Neunhertz auf seinem Repräsentationsporträt dar, den Fuß auf einen Türkenkopf gesetzt, im Hintergrund blutiges Schlachtgetümmel. Einer westfälischen Freisassenfamilie entstammend, erhielt Sporck unter Prinz Eugen von Savoyen den Reichsgrafentitel und ausgedehnte Ländereien an den Elbufern bei Kuks. Sein Sohn Franz Anton verwirklichte dort seine künstlerische Vision hochbarocker Weltlichkeit. *MLP*

2/36* Franz Anton Reichsgraf von Sporck (1662–1738)

Josef Ignac Kapoun (1687–1748)
1734; Öl/Lw.; 95,5 × 74 cm
Bez. u. r.: Fr. Ant. Gr. v. Sporck aetat 73, pict 1734; rücks: J.I. Kapoun fecit...
Praha, Uměleckoprůmyslové muzeum [Kunstgewerbemuseum] (21 500)

Sporck, von Kapoun als Auftraggeber und Mäzen von Architekten, Malern und Bildhauern porträtiert, schuf Kukus als Denkmal seiner Persönlichkeit. Er war Mitbegründer der ersten Freimaurerloge in Prag, stiftete den Hubertus-Orden, unterhielt eine italienische Oper und gab als Verleger über 120 Bücher heraus, darunter auch Werke in tschechischer Sprache. Er wurde von den Jesuiten wegen seiner Verbindungen mit den Exulanten in Halle angeklagt und inhaftiert. Sein Aufstiegsstreben veranlaßte ihn, ein Hospital für die Invaliden der Türkenkriege zu errichten, die aus eigener Apotheke versorgt wurden. Mit dem Bau von Kuks als Gesamtkunstwerk von Architektur und Skulptur hinterließ er ein Zeugnis religiöser Toleranz und Mildtätigkeit an den Ufern der Elbe. *MLP*

2/37* Das Kukus Bad *[DH]*

1. Viertel 18. Jh.; Öl/Lw.; 109 × 161 cm
Pardubice, Památkový ústav v Pardubicích [Amt für Denkmalpflege] (SZ Kuks 1617)

Von der ursprünglichen städtebaulichen Einheit aus Heilbad, Schloß, Hospital, Sakralbauten und Statuengruppen, die der Baumeister Giovanni Battista Alliprandi und der Bildhauer Matthias Bernhard Braun im Auftrag des Reichsgrafen Franz Anton von Sporck in drei Etappen (1694–1704, 1707–1724, nach 1726) am links- und rechtsseitigen Elbufer anlegten, ist aus der Entstehungszeit nur der Hospitaltrakt mit Kirche erhalten geblieben. Brauns »Zwergengalerie am Elbufer« säumte den Rennplatz. *MLP*

2/37

2/38 Eremit mit Totenkopf (Hl. Antonius)

Gregor Theny (1695 -1759)
Vor 1729; Holz, farbig gefaßt; 156 × 55 × 88 cm
Jaroměř, Městské muzeum [Stadtmuseum] (19159)

Die von den Jesuiten in einer Kapelle bei Kukus aufgestellte Figur des Hl. Antonius nahm im Auge des Totenschädels Denunziationszettel auf, die im Inneren der Figur in einen Kasten fielen. Franz Anton von Sporck neigte aufgrund seiner Nähe zum jansenistischen Kreis um Prinz Eugen zu Zwistigkeiten mit den Jesuiten. Die Holzplastik des Gregor Theny, des berühmtesten Schüler Brauns, soll 1818 in Kukus gefunden worden sein. *MLP*

2/39 Drei Apothekengeschirre des Spitals in Kukus

Johann Georg Knöller
Um 1743/44; Fayencen, blaue Unterglasur; max. H 14 cm, Fuß: Dm 7,6 – 8 cm
Praha, Národní muzeum [Nationalmuseum] (H2 – 4 589, H2 – 4 590, H2 – 4 592)

Die Vorbilder für die Fayencegefäße kommen aus der ursprünglichen Ausstattung der Apotheke des Spitals in Kuks, die nach der Stiftungsurkunde des Eigentümers der Domäne, Franz Anton von Sporck, als Unterkunft für einhundert arme, alte und kranke Männer einschließlich entlassener Soldaten dienen sollte. Zur Verwaltung des Spitals wurden die Fratres Misericordiae Sancti Joannis de Deo berufen, deren Orden im 16. Jahrhundert im spanischen Granada gegründet worden war. Die ersten fünf Mitglieder des Ordens – unter ihnen auch der Apotheker Theodosius Hüder – kamen im Jahre 1743 nach Kukus. *DS*

2/40 Ansicht von Lissa

Aus: Franz Karl Wolf, Abbildungen sämtlicher alten und neuen Schlösser in Böhmen, Prag 1807
Wenzel Berger (1783 – 1822) nach einer Zeichnung von Filip Graf Sweerts-Sporck von 1795
Kolorierte Radierung; 17,9 × 22 cm (Plr.)
Praha, Národní muzeum [Nationalmuseum] (H2 – 129 884)

Die Stadt Lissa entwickelte sich aus einer frühmittelalterlichen Siedlung an der Straße von Glatz/Schlesien. 1647 schenkte sie Kaiser Ferdinand III. dem General Johann von Sporck, der die geplünderte und verwüstete Stadt neu erbauen ließ. Sein Sohn Franz Anton gründete in Lissa eine Bibliothek, die an die 30 000 Bände zählte, sowie eine Buchdruckerei und legte eine Galerie mit einer großen Sammlung von Stichen an. Große Teile der Bestände von Bibliothek und Galerie wurden später nach Prag und Kukus überführt, der Rest verkauft oder vernichtet. Filip Graf Sweerts-Sporck, Schwiegersohn von Franz Anton von Sporck, zeichnete sein Schloß als Autodidakt für das Album von Wolf. *VP*

KAPITEL 3

Vom Böhmischen Becken zum Böhmischen Mittelgebirge

Etwa am 75. Flußkilometer tritt die Elbe in das Böhmische Becken ein. Die fruchtbare Ebene der »Goldenen Rute des böhmischen Landes« begleitet darauf den Fluß vom ostböhmischen Königgrätz bis zum mittelböhmischen Melnik. Dort fließt ihm die Moldau zu. Seit Urzeiten hat der Strom Orte berührt, die für die Geschichte und Staatsbildung der tschechischen Nation bedeutsam waren; er streift Stätten großer Kämpfe und Entscheidungsschlachten, aber auch bedeutende Zentren der Wirtschafts- und Kulturgeschichte. An den Elbzuflüssen und Elbfurten entstanden Städte mit eindrucksvollen Baudenkmälern von der Gotik bis zur Moderne. Ergiebige Rohstoffvorkommen begünstigten seit dem 19. Jahrhundert die Anfänge der Lebensmittelindustrie, die bald durch andere Produktionszweige ergänzt wurde.

Sechs der neun Königsstädte wurden bis Anfang des 14. Jahrhunderts gegründet: Am Zusammenfluß von Elbe und Aupa, im Vorland des Riesengebirges, Jaromer. Die bedeutende Festung Josefstadt wurde allerdings erst in den achtziger Jahren des 18. Jahrhunderts errichtet und erforderte das Verlegen des Flußbettes der Elbe und der Mettau. Daneben ist als mittelalterliche Stadtgründung Königgrätz an der Mündung der Adler in die Elbe zu nennen, Brennpunkt der hussitischen Revolution und nach 1650 Sitz eines Bischofs. Zu den ältesten, an Elbfurten gelegenen Königsstädten Mittelböhmens zählt Kolin. Peter Parler, der bedeutende Baumeister Karls IV., hat in den Jahren 1360 bis 1378 die Kirchen ausgestattet. Die Elbfurt war Anlaß für die Entstehung der Festungsstadt Nimburg. Hoch über der Mündung der Moldau in die Elbe liegt Melnik, die uralte Burgstätte eines der tschechischen Stämme (Pschowanen).

Die Reihe der von den letzten Przemysliden gegründeten Städte zwischen Jaromer und Melnik ergänzt Kuttenberg, erwachsen aus dem Silberreichtum der Bergwerke dieser Gegend. Die eigenständige Herrschaft Pardubitz wurde seit 1491 von Wilhelm von Pernstein befördert. Jener reichste und mächtigste böhmische Magnat seiner Zeit erkannte den Nutzwert der oft überfluteten Elbniederung für die Gründung von Fischteichen. Schon Anfang des 16. Jahrhunderts wurden sie durch die Anlage des 35 Kilometer langen Opatowitzer Kanals mit Elbwasser gespeist. Die um 1600 auch bei Podiebrad angelegten Teiche wurden 1750 in Wiesen und Felder umgewandelt. Das Stadtrecht verdankte die Stadt dem ersten böhmischen Wahlkönig Georg von Podiebrad (geb. 1420, reg. 1458–1471).

Das Ziel der Vereinigung Böhmens unter den Przemysliden wurde 995 durch die Ermordung des Slawnikinger Fürsten auf dessen Elbinselburg in Libitz vereitelt. Schon zuvor hatte der Brudermord an Herzog Wenzel (929 oder 935) in Altbunzlau den Herrscherzwist verschärft. Durch die Belebung des Marienkultes in der Gegenreformation gewann Altbunzlau in der frühen Neuzeit erneut Bedeutung.

Jahrhundertelang wurde das Flußbett der Elbe reguliert und zuletzt als wichtiger Transportweg zwischen dem nordböhmischen Kohlegebiet und den Heizkraftwerken Chwaletitz und Opatowitz in Ostböhmen genutzt. Die Elbe bis Pardubitz schiffbar zu machen und damit das Böhmische Becken unmittelbar an die Nordsee anzuschließen, ist ein wichtiges Zukunftsprojekt.

ES

3/1* Stadtansicht von Jaromer mit Festung Josefstadt

1. Drittel 19. Jh.; Gouache; 35 × 62 cm
Jaroměř, Městské muzeum [Stadtmuseum] (2380)

Diese Siedlung an der Elbe ging aus einer Burganlage der Przemysliden im 11. Jahrhundert hervor. Im Mittelpunkt des Bildes, am Hang eines Bergrückens, steht die Dekanatskirche St. Nikolaus aus dem 15. Jahrhundert. Im Hintergrund erhebt sich links die spätbarocke Festung Josefstadt, die 1780 bis 1787 zur Sicherung der böhmischen Länder gegen das preußische Schlesien erbaut wurde. Auf dem flachen Felde vor der Stadt entstand seit der Mitte des 19. Jahrhunderts eine Zucker- und Jutefabrik, die bis heute besteht. *WW*

3/2 Festung Josefstadt

Karte im Maßstab 1:36 000
1866; Federzeichnung; 36 × 42 cm
Berlin, Staatsbibliothek zu Berlin PK, Kartenabteilung (O S 5919)

Die handgezeichnete Karte, der ein umgedrucktes handschriftliches Schreiben vom Juni 1866 beiliegt, prüft im Monat vor der preußisch-österreichischen Entscheidungsschlacht den militärischen Wert und Nutzen der Festung. Die Anlage wurde 1780 bis 1787 von 40 000 Menschen erbaut, um als »eine österreichische Verteidigungsstellung hinter der Elbe zwischen Hohenelbe und Jaromer gegen eine preußische Offensive von Schlesien her als Schutzpunkt zu dienen«. Der möglicherweise dem preußischen Generalstab zugehörige Autor vermerkt, daß Josefstadt mit seinen etwa 8000 Mann und der zwei Meilen südlicher liegenden Festung Königgrätz mit ca. 5000 Mann Besatzung zu unbedeutend sei, um einer Offensive standhalten zu können, jedoch nicht unbeachtet bleiben dürfe. *MLP*

3/3 Kettenbrücke in Jaromer

Ende 19. Jh.; Öl/Lw.; 50 × 72 cm
Jaroměř, Městské muzeum [Stadtmuseum] (2414)

3/4

3/4* Kettenstück der Kettenbrücke von Jaromer

[DH]
1831; Eisen; 24 × 1,5 × 183 cm
Jaroměř, Městské muzeum [Stadtmuseum] (6472)

1831/32 wurde in Jaromer die erste Kettenbrücke über die Elbe gebaut, nachdem vorher eine Brücke ähnlichen Typs über die Moldau gespannt worden war. Die Kettenglieder wurden in den gräflich Kolowratschen Eisenwerken in Rosahütte bei Reichenau im Adlergebirge gegossen. Die Länge der Konstruktion betrug »23 Wiener Klafter und 2 Fuß«, die Breite »3 Klafter« und die größte Belastung wurde mit »2748,84 Centnern« berechnet. Hängebrücken garantierten eine geringere Gefährdung durch Hochwasser und Eisgang, da es keine Pfeiler im Flußbett gab, die weggerissen werden konnten. Die Brücke wurde 1884 abgetragen. *WW*

3/5 Funde aus der Festung Semonitz:

a) Pflugschar, Pflugsech, Pflugreute
b) Drei Tornägel
c) Sichel, Amboß und Hammer
d) Heugabel und Spatenbeschlag
e) Hacke und Federschere
f) Stollenhufeisen

Um 1300; Eisen, geschmiedet; Pflugschar: 37,9 × 24,9 cm, Pflugsech: 51 × 9,5 cm, Hammer: 2,9 × 3,4 × 14,3 cm
Praha, Národní muzeum [Nationalmuseum] (H2–8795; H2–8796; H2–8798; H2–8812, H2–8816, H2–8818; H2–8833; H2–8824; H2–8823; H2–8830; H2–8826; H2–8827; H2–8917)

Zeugnisse alter Bestrebungen um Urbarmachung und wirtschaftliche Nutzung der fruchtbaren Landschaft an der Elbe sind Funde landwirtschaftlicher Geräte aus der Zeit des Hochmittelalters, die aus der Festung Semonitz vom Ende des 13. und Anfang des 14. Jahrhunderts stammen. Dazu gehören Geräte, die beim Ackern und Eggen sowie bei Gartenarbeiten verwendet wurden, außerdem Gegenstände, die den Einsatz von Nutzvieh, besonders von Pferden, belegen. Die Funde von Semonitz sind für die Kenntnis der Sachkultur der niederen Adelsgüter wichtig, da gerade die Gegenstände aus dem landwirtschaftlichen Bereich einen bedeutenden Anteil am Inventar bilden. *VB*

3/1

3/6* Wallenstein zu Pferde *[DH]*

Jan Jiří (Johann Georg) Major (um 1691–1744)
Um 1730; Öl/Lw.; 304 × 280 cm
Bez. u. r.: Major 1720
Jičín, Okresní muzeum a galerie [Kreismuseum und Galerie] (U-265)

Major hat dieses dem Betrachter zugewandte monumentale Reiterporträt des 1625 zum Herzog von Friedland ernannten Albrecht von Wallenstein (1583 in Hermanitz bei Jaromer geboren) in repräsentativem Harnisch, den Marschallstab in der ausgestreckten Rechten, wohl um 1730 angefertigt. Die Bezeichnung 1720 deutet, wenn nicht familiäre Gründe für den Auftrag maßgebend waren, auf eine Auftragsarbeit zur Hundertjahrfeier der Schlacht am Weißen Berg, als Wallenstein, seit 1618 im Dienste Kaiser Ferdinands II. (geb. 1578, reg. 1619–1637), am Sieg über den Winterkönig Friedrich V. von der Pfalz (1596–1632, reg. 1610–1620) und die böhmischen Stände beteiligt war. Laut Inventarschild entstammt das Gemälde der Sammlung auf Schloß Kopidlno bei Gitschin. *MLP*

3/7* Brief Wallensteins an Oberst Hydou, Gitschin, 12. März 1628 *[DH]*

Handschrift; 33,5 × 20,5 cm
Praha, Státní ústřední archiv [Staatliches Zentralarchiv] (VI F 67/50, Nr. 6106)

Wallenstein berichtet Oberst Hydou an diesem Tag, daß beträchtliches Kriegsvolk aus Prag eingetroffen sei, welches er am nächsten Tage nach Hořitz kommandieren wolle. Seiner Meinung nach müsse Hydou bereits aus Schlesien in Böhmen angelangt sein; er solle unverzüglich seinen Standort bekanntgeben, um einen weiteren Befehl entgegennehmen zu können, nämlich den, strengstens gegen das böswillige »Pauerngesindl« vorzugehen, das sich in der Gegend zusammenrotte. Wallensteins Briefkonzept belegt den Anteil des Oberbefehlshabers der Kaisertruppen an der Unterdrückung des Bauernaufstandes. Dieser Aufstand wurde 1628 in Ostböhmen auf den Gütern der Trčka von Lípa – einem der reichsten Adelsgeschlechter Böhmens – nach der Schlacht auf dem Weißen Berg entfacht. Graf Adam Erdman Trčka von Lípa war der Schwager Albrecht von Wallensteins und diente ihm als Offizier, später als General. Er wurde zusammen mit weiteren Wallenstein getreuen

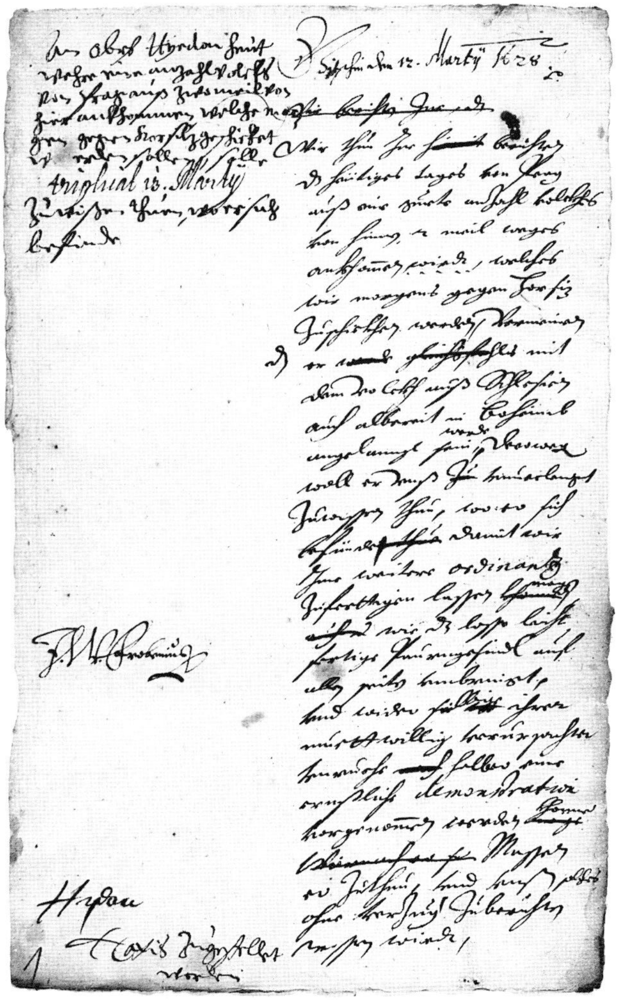

3/7

Offizieren in Eger am 25. Februar 1634 ermordet. Der bewaffnete und gut organisierte Aufstand breitete sich rasch aus. Den Bauern gelang die Einnahme von Opochno, Nachod und Neustadt an der Mettau. Die militärische Intervention, die mit großer Brutalität durchgeführt wurde, befehligte Wallenstein zuerst von Gitschin, später direkt von Königgrätz und Hořitz aus. Für die Bauern hatte er nur Worte der Verachtung. Er nannte sie »Kanaillen« oder »Pauerngesindl«. Viele Aufständische wurden hingerichtet.

EŠ

3/8 Ansicht von Königgrätz

Vincent Morstadt (1802–1875)
1858; Aquarell; 21,8 × 34 cm
Bez. u. l.: 1858; u. r.: V. Morstadt gez.
Praha, Národní muzeum [Nationalmuseum] (H2–59 238)

Am Zusammenfluß von Elbe und Adler fanden sich Reste urzeitlicher Besiedlung. Unter der Herrschaft von Przemysl Ottokar I. wurde Königgrätz 1225 freie königliche Stadt. Seit dieser Zeit nahm es seinen Aufschwung. Zu Beginn des Dreißigjährigen Krieges gehörte Königgrätz zu den größten Städten des Landes. Zum Schutz gegen die Angriffe der Preußen in der zweiten Hälfte des 18. Jahrhunderts wurde es in eine Festung umgewandelt. Ende des 19. Jahrhunderts zeigte sich die Zwecklosigkeit der Befestigung, und die Wälle wurden beseitigt.

VP

3/9 Franusův Kanzional

Illuminationen von Janiček Zmisely
Faksimile der Handschrift von 1505; Ledereinband, Metallspangen; 70 × 45 × 18 cm
Praha, Národní muzeum – Muzeum české hudby [Museum für tschechische Musik] (II A 6)

Die Handschrift aus dem Jahre 1505 gab der Utraquist Jan Franus, langjähriges Mitglied des Stadtrates und Bürgermeister von Königgrätz, in Auftrag. Es war für die Sänger des Domes »Zum Heiligen Geist« in Königgrätz bestimmt und enthält ein- und mehrstimmige Choräle in lateinischer und tschechischer Sprache. Die Illuminationen der Handschrift, achtzehn Miniaturen und ornamentierte Initialen, stammen wahrscheinlich von einem der berühmtesten tschechischen Buchmaler, Janiček Zmisely aus Písek, der mehrere Handschriften an der Wende des 15. zum 16. Jahrhundert mit Buchmalereien ausschmückte.

WW

3/10 Tschechisches Gradual *[DH]*

Illuminationen von Jiří (Georg) Orfeus
1564; Handschrift (504 S.); Ledereinband; 50 × 32 cm
Hradec Králové, Muzeum východních Čech [Ostböhmisches Museum] (II A 8)

Die Handschrift enthält ein- und mehrstimmige Teile des Ordinariums der Messe und einen einstimmigen Teil der Proprien für alle Hauptheiligen des Jahres. Die Illuminationen der Handschrift schuf Jiří Orfeus aus Choteschitz.

WW

3/6

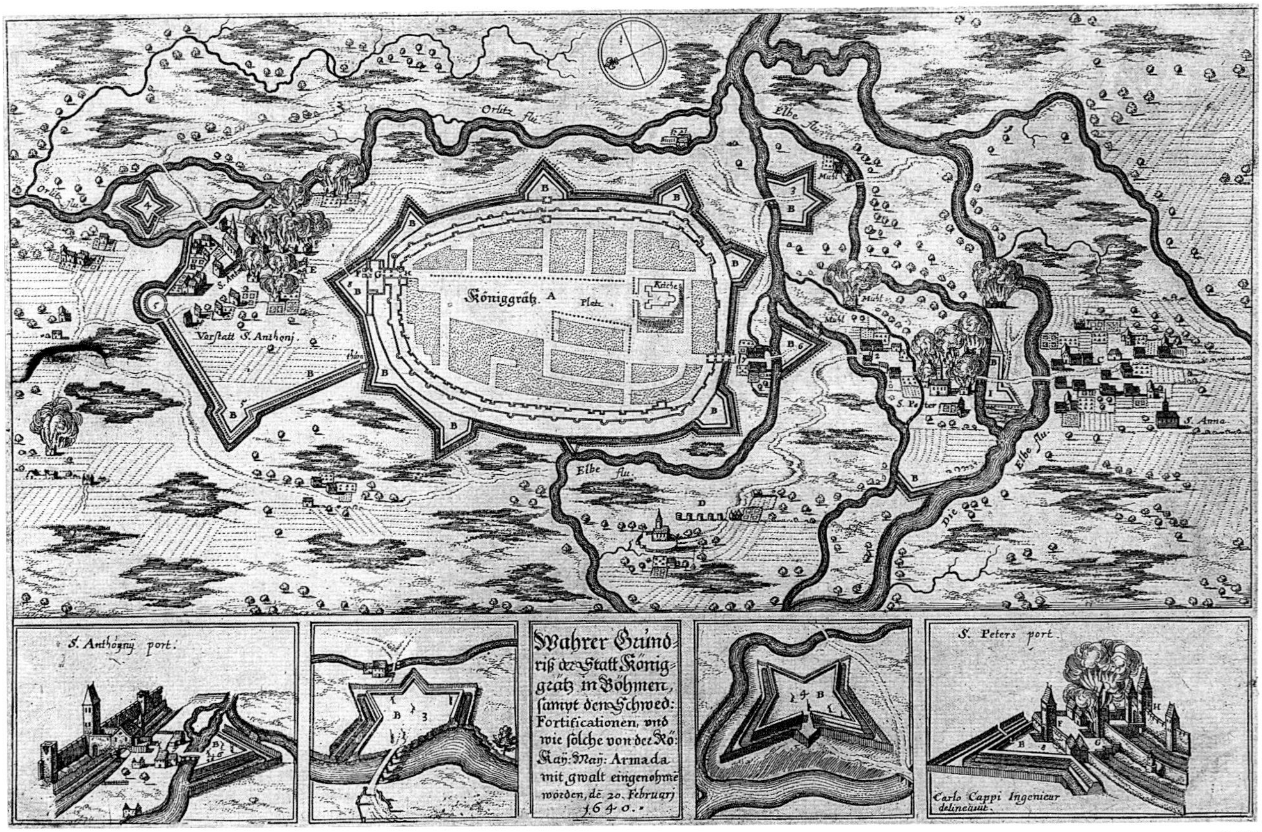

13/11

3/11* »Wahrer Grundriss der Statt Königgrätz in Böhmen sambt den Schwed. Fortificationen und wie solche von den Röm. Kay. May. Armada mit gewalt eingenomen worden de 20. February 1640«

Matthäus Merian d. Ä. (1593–1650) nach einer Zeichnung von Carlo Cappi
Nach 1640; Kupferstich; 20,9 × 32,8 cm (Plr.)
Berlin, Deutsches Historisches Museum (Gr 53/1258)

Der Merian-Stich zeigt in detaillierter Aufschließung die Einnahme der im Flußknie der Elbe gelegenen Festung Königgrätz durch die Kaiserliche Armee, der die schwedischen Bastionen nicht standhalten konnten. 1639 besetzte das schwedische Heer nach der Schlacht am Weißen Berg die Stadt. Erst nach 1650 entstanden auf dem Stadtplatz monumentale Kirchenbauten im Barockstil. *MLP*

3/12* Bohuslav Balbín (1621–1688)

Johann Georg Heintsch (1647–1712) und Gehilfen
1683; Öl/Lw.; 111,7 × 88,3 cm
Bez.: 1683
Praha, Národní muzeum [Nationalmuseum]
(H2–11.802/1–2)

Der aus Königgrätz gebürtige Jesuit Bohuslav Balbín, ein humanistisch gebildeter tschechischer Patriot und bedeutender Historiker, beteiligte sich an der Rekatholisierung Böhmens nach der Schlacht am Weißen Berg, beurteilte aber gleichzeitig sehr kritisch die politischen und nationalen Folgen dieses historischen Ereignisses. Seine »Epitome rerum Bohemicarum« verbindet die Geschichte der Wallfahrt nach Altbunzlau mit der Geschichte ganz Böhmens. Seine berühmten »Miscellanea« sind Torso einer universellen tschechischen Heimatkunde, in der auch Natur- und Ortsbeschreibungen nicht fehlen. Balbíns berühmte »Dissertatio apologetica pro lingua Slavonica, praecipue Bohemica« (Verteidigung der slawischen Sprachen, besonders der tschechischen), die erst im Jahre 1775 erscheinen durfte, inspirierte die Vertreter der tschechischen nationalen Wiedergeburt des 19. Jahrhunderts. *LS*

3/13 Epitome historica

Bohuslav Balbín (1621–1688)
Typis Universitatis Carolo-Fernandae in Collegio Soc. J. ad Clementem. Soc. Jesu, Prag 1673
Mit einem Titelkupfer; Ledereinband mit Prägung, Metallschließen
Berlin, Staatsbibliothek zu Berlin PK (Sd 556 b)

3/12

3/14 Bischof Johann Leopold von Hay (1735–1794)

Antonín Machek (1775–1844)
Um 1800; Öl/Lw.; 57,3 × 44,2 cm
Praha, Národní muzeum [Nationalmuseum] (H2–11.825)

Johann Leopold von Hay, ab 1781 Bischof in Königgrätz, war einer der wenigen kirchlichen Würdenträger, die die Reformen Josephs II. (geb. 1741, reg. 1765–1790) unterstützten. Er wurde besonders durch seinen Hirtenbrief vom 20. November 1781 berühmt, mit dem er das Toleranzedikt begrüßte. Als Vertreter der Aufklärung strebte er eine durchgreifende Modernisierung von Theologie, Kirche und Klerus an. Durch seine nichtangepaßte Haltung und den Versuch, die Bischofsresidenz nach Chrudim zu verlegen, seine energische Purifizierung in der Ausschmückung des Domes zum Heiligen Geist in Königgrätz und ähnliche Aktionen brachte er den Stadtvorstand gegen sich auf, so daß er die letzten Jahre seines Lebens (besonders nach dem Tod Josephs II.) in Abgeschiedenheit in Chrast bei Chrudim verbrachte. Das Porträt, wohl die Kopie eines älteren Werks, ist wahrscheinlich eine frühe Arbeit seines Zöglings, des bekannten tschechischen Porträtmalers Antonín Machek.

LS

3/15 Allegorien auf die Reformen Kaiser Josephs II.: die Aufhebung der Klöster und das Toleranzedikt

1782/83; 2 Kupferstiche; je 39,5 × 31,8 cm
Berlin, Deutsches Historisches Museum (Do 65/1659)

Das erste Blatt rügt die Privilegien der Mönchsorden, die sich an Abgaben bereichern. Das zweite Blatt preist das Prinzip der Nützlichkeit: »Jeder Baum ohne Frucht wird geschlagen.« Seit 1782 ordnete der Reformkaiser Joseph II. die Aufhebung von 700 bis 800 Klöstern beschaulicher Orden und anderer Stifte an, um aus den Insassen »nützliche und Gottwohlgefälligere Bürger des Staates« zu machen. Sein »Circulare … in Betref der Religions-Tolleranz im Königreich Böheim« vom 13. Oktober 1781 gestattete Lutheranern, Calvinisten und Griechisch-Orthodoxen private Religionsausübung, den Bau von Kirchen und Schulen und Gleichstellung mit den Katholiken. 1782 folgte das Toleranzpatent für Juden. *MLP*

3/16 16. Depesche vom Kriegsschauplatz: Bekanntmachung König Wilhelms I. von Preußen an Königin Augusta über den preußischen Sieg bei Königgrätz, 4. Juli 1866 *[DH]*

Ernst Litfaß, Königlicher Hofbuchdrucker
Plakatdruck; 35 × 23 cm
Berlin, Deutsches Historisches Museum (1988/74)

Von Hořitz bei Gitschin telegraphierte Wilhelm I. um elf Uhr die Siegesmeldung nach Berlin: »Verlust des Feindes und der Trophäen noch nicht gezählt, aber bedeutend, einige Kanonen.« Die Niederlage der österreichischen Truppen unter Führung des Generalfeldmarschalls von Benedek »zwischen der Elbe und der Bistritz« führte zur Auflösung des Deutschen Bundes und bahnte Bismarck den Weg zum Kleindeutschen Nationalstaat. Die Depesche wurde durch Plakatdruck und Anschlag an den Litfaßsäulen bekannt gemacht. *MLP*

3/17 Die Schlacht von Königgrätz

Adolf Liebscher (1857–1919)
1904; Tempera/Pappe; 62 × 85,5 cm (mit Rahmen)
Hradec Králové, Muzeum východních Čech [Ostböhmisches Museum] (V-543)

Adolf Liebscher entwarf 1904 den Zyklus »Böhmische Elegie« und fertigte 21 Tempera-Entwürfe von Ereignissen, die die Entwicklung Böhmens bestimmten, darunter auch »Die Schlacht von Königgrätz«. In den Vordergrund stellte er eine zerstörte Kanone und tote Soldaten, den Hintergrund bildet die Silhouette der Stadt Königgrätz. *WW*

3/18 Preußische Uniformen und Waffen aus der Schlacht von Königgrätz *[DH]*

a) Waffenrock für Mannschaften des 7. Ostpreußischen Infanterieregiments Nr. 44

Montur 1860–1867
1860; Textil; 82 × 48 cm
Berlin, Deutsches Historisches Museum (M 163 9/links)

b) Helm für Mannschaften des preußischen Linieninfanterieregiments

Modell 1860
1860; Leder, Messing; 40 × 18 × 28 cm
Berlin, Deutsches Historisches Museum (U. 642)

c) Infanteriegewehr (Zündnadelgewehr) mit Tüllenbajonett

Modell 1841; 75. Regiment, 3. Kompanie, Gewehrnr. 28
Spandau: Gewehrfabrik Spandau
1866; Metall, naturfarbener geölter Schaft, Messinggarnitur; L 142,4 cm, Bajonett: L 56 cm
Auf dem Schloß: Firmenzeichen der Gewehrfabrik Spandau
Berlin, Deutsches Historisches Museum (W 59 830; W 59 2602)

d) Einheitspatrone Modell 1855

Nikolaus Dreyse (1787–1867)
Metall, Papphülse; L 6,2 cm, Dm 1,62 cm
Hradec Králové, Muzeum východních Čech [Ostböhmisches Museum] (M-1329)

e) Kochgeschirr der Infanterie

Blech; H 21 cm, Dm 16 cm
Hradec Králové, Muzeum východních Čech [Ostböhmisches Museum] (M-1758)

3/19 Österreichische Uniformen und Waffen aus der Schlacht von Königgrätz *[DH]*

a) Waffenrock für einen Korporal des Ungarischen Infanterieregiments Nr. 37

Montur 1859–1868
1859; Textil, Metallknöpfe; 82 × 48 cm
Berlin, Deutsches Historisches Museum (U. 220)

b) Tschako für Unteroffiziere der Infanterieregimenter

Modell 1853–1866
1853; Textil, Leder, Metallbeschläge; H 35 cm, Dm 20 cm
Berlin, Deutsches Historisches Museum (U. 53 584)

c) Infanteriegewehr (Lorenzgewehr)

Josef Lorenz (1814–1879)
1854; Eisen, Messing, Holz; L 133,5 cm, mit Bajonett: 181,5 cm; Kaliber 13,9 mm
Berlin, Deutsches Historisches Museum (W 59 1531, W 59 2524)

d) Distanzmesser für die Infanterie

Wien: Fa. Rospini
Messing mit Gravierungen; Meßband: L 56,6 cm; Platte: 13,7 × 4,7 cm
Hradec Králové, Muzeum východních Čech [Ostböhmisches Museum] (M-1996)

e) Patronentasche der österreichischen Infanterie
1854; Leder mit Holzeinlage, für 60 Patronen;
21,5 × 11 × 8 cm
Hradec Králové, Muzeum východních Čech [Ostböhmisches Museum] (M-1001)

Zur Situation:
In der Schlacht von Königgrätz kämpften etwa 450000 Mann auf einer Fläche von acht bis zehn Kilometern Breite und drei bis fünf Kilometern Tiefe. In vielen Einsätzen konnte das preußische Zündnadelgewehr seine Feuerkraft entfalten. Der Frontalangriff der 1. preußischen Armee wurde zunächst aufgehalten. Durch einen taktisch geschickten Flankenangriff der 2. Armee gelang es den Preußen, die österreichischen Verbände zu schlagen. Dabei wurde dem Gegner aber nicht die Rückzugslinie nach Königgrätz und Pardubitz abgeschnitten. Die österreichische Nordarmee konnte deshalb den geordneten Rückzug über die Elbe vollziehen. Eine Verfolgung fand nicht statt. Die Schlacht kostete etwa 40000 österreichische Soldaten das Leben, Preußen bezifferte seine Verluste auf 9 000 Mann.

Zur Taktik:
Zum Sieg der Preußen trugen verschiedene Komponenten bei. Wesentlichen Anteil hatte die mit der modernen Bewaffnung verbundene bessere Ausbildung der Soldaten. Die beweglichere Taktik der Preußen verbesserte das Zusammenspiel der einzelnen Waffengattungen. Insgesamt erbrachte eine der industriellen Entwicklung angepaßte Militärkonzeption den Sieg. Mit der Schlacht vom 3. Juli 1866 war der Kampf um die Hegemonie in Deutschland zugunsten Preußens gegen Österreich entschieden.

Die Uniformen:
Die 62 Infanterie- und 32 Kavallerieregimenter der österreichischen Armee wurden ihres äußeren Erscheinungsbildes wegen kurz »Weißröcke« genannt. Sie waren eine imponierende Streitmacht trotz erheblicher Mängel in Organisation, Taktik und Bewaffnung. Die Infanterie blieb vorherrschend weiß uniformiert. Die Röcke waren nunmehr einreihig, der unbequeme Stehkragen wurde durch einen weichen Umlegekragen ersetzt. Häufige Reorganisation in diesem Völkerheer mit elf Sprachen und fünf verschiedenen Glaubensbekenntnissen blieben am Ende immer Flickwerk. Die Dienstzeit betrug acht Jahre mit zwei Jahren Reservedienst. Für verschiedene Berufe gab es eine gesetzliche Befreiung, auch der Loskauf für einen Betrag von 1000 Gulden war erlaubt.

Die Bewaffnung:
1866 wechselte die österreichische Kavallerie die Bewaffnung. Die Infanterie hatte auf die technischen Neuerungen besser reagiert und sich auf gezogene Vorderlader umgestellt. Zur Bewaffnung diente ihr das 1852 entwickelte Lorenzgewehr, eine nach Ansicht der österreichischen Heeresführung einfache, robuste und leistungsfähige Waffe. Auch die mit Österreich verbündeten Mittelstaaten, so die von Sachsen aufgestellten 32000 Mann, führten Vorderlader. Preußen hatte allerdings bereits 1864 im Krieg gegen Dänemark Hinterlader benutzt. Da kaum Feldschlachten stattfanden, kamen die Vorteile der neuen Waffe nicht richtig zur Geltung. Um so mehr glaubte die österreichische Führung, Bewaffnungsmängel durch rasch geführte Bajonettangriffe ausgleichen zu können. Das Zündelnadelgewehr hatte gegenüber herkömmlichen Vorderladern eine etwa viermal so hohe Schußleistung. 1866 waren alle preußischen Linieninfanterieregimenter mit dieser Waffe ausgestattet. Der veränderten Gefechtsweise und größeren Beweglichkeit war auch die übrige Ausrüstung und Uniformierung mit lederner Pickelhaube anstelle des traditionellen Tschako angepaßt.

GQ

3/20 Helikon in B (Kaiser- oder Zarbaß) *[DH]*

Königgrätz: Václav František Červený und Sohn
Um 1900; Messing; 98 × 98 × 51 cm, Trichter: Dm 51 cm
Geprägtes Firmenmedaillon
Praha, Národní muzeum – Muzeum české hudby [Museum für tschechische Musik] (Inn 943 E)

3/21 Václav František Červený (1819–1896) *[DH]*

Mitte 19. Jh.; Öl/Lw.; 70 × 53 cm
Praha, Národní muzeum – Muzeum české hudby [Museum für tschechische Musik] (F.2207)

Der Instrumentenbauer Červený wirkte seit 1842 in Königgrätz. Nach und nach erweiterte er seine bescheidene Werkstatt zu einer berühmten Fabrik. Ab 1876 machte er seine Söhne Jaroslav und Stanislav zu Teilhabern. Sie gründeten auch in Rußland und Amerika Niederlassungen. Červený war Hauptrepräsentant der sogenannten österreichisch-tschechischen Schule im Bau von Blechinstrumenten und lebenslanger Rivale des Parisers Adolph Sax, mit dem er auf vielen internationalen Ausstellungen wetteiferte. Als Autor einer Reihe von Erfindungen gelang ihm vor allem die technische Vervollkommnung seiner Instrumente. Er beteiligte sich als geehrte Persönlichkeit seiner Zeit auch am kulturellen und nationalen tschechischen Leben. *BČ*

3/22 Werbeprospekt der Klavierfabrik »Petrof«

[DH]

1937; Broschüre

Praha, Národní muzeum – Muzeum české hudby [Museum für tschechische Musik] (H VI B 41)

Die Klavierfabrik »Petrof« wurde 1864 von Antonín Petrof (1839–1915) in Königgrätz gegründet. Das seit dem 1. Januar 1989 in einen Staatsbetrieb mit Autonomie und wirtschaftlicher Rechnungsführung umgewandelte Werk stellt jährlich 26 000 Resonanzböden, 10 000 Klaviere, 800 Konzertflügel und einige Sonderanfertigungen her. Etwa 85 Prozent der Produktion werden exportiert. *WW*

3/23* Frauenfesttracht aus dem ostböhmischen Elbstromgebiet *[DH]*

Praha, Národní muzeum, Národopisné oddělení [Volkskunde-Abteilung] (H4-V 2768 + 9 Teile, H4–28 524, H4–98 250)

a)* Festtracht für eine Brautjungfer aus dem Gebiet von Königgrätz

1. Viertel 19. Jh.; Baumwolle mit Weißstickerei, Kaschmir; 10 Teile

Die Tracht aus dem ostböhmischen Elbstromgebiet besteht aus weiß bestickten Teilen: der Schürze, dem über der Brust gekreuzten dreieckigen Schultertuch, dem weißen Hemd mit weiten kurzen Ärmeln, seidenem Mieder mit breitem umgeschlagenen Gürtel mit Goldborte und geblümtem Rock aus Wollkaschmir. Das weiße Kränzchen mit Goldstickerei und Ziernadeln wirkte wie eine zarte Krone. Die Auswahl der Kleidungsstücke und vor allem die Haartracht symbolisierten den ledigen Familienstand des Mädchens. Die Dorfmädchen aus dem Elbstromgebiet besuchten in dieser Festtracht auch andere kirchliche Feiern bis in das erste Jahrzehnt des 20. Jahrhunderts.

b) Schürze

Königgrätz, 1. Viertel 19. Jh.; Leinen, Seidenstickerei; 95 × 130 cm

Mit Karmesinseide bestickte Kleidungsstücke, vor allem Schürzen, hatten im Elbstromgebiet in der volkstümlichen Garderobe im ersten Viertel des 19. Jahrhunderts ihren festen Platz. Die für diese Zeit charakteristische Schürze ist ein Meisterstück an ausgewogener Proportion. Das Muster mit kleinen Füllhornmotiven und die geschweifte Linie der Verbindungsmotive der Bordüre harmonieren mit der hohen kragenartig gerüschten Taille.

c) Kopftuch

Königgrätz, 1. Viertel 19. Jh.; Baumwolleinen, Lochstickerei; 150 × 153 cm

Das große viereckige Tuch gehört zur Festtracht einer verheirateten Frau. Es wird kompliziert gebunden. Die beiden sichtbaren Enden sind reich mit stilisierten Blumenmotiven bestickt und mit großen Mausezähnen versehen. Die meisterhaft ausgeführte Stickerei ist charakteristisch für das ostböhmische Elbstromgebiet um die Mitte des 19. Jahrhunderts. *JL*

3/23 a

3/24 Plan der Elbregulierung bei Königgrätz *[DH]*

Maßstab 1:2800
Vor 1908; aquarellierte Bleistiftzeichnung/Papier, auf Lw. aufgezogen; 100 × 192 cm
Praha, Národní technické muzeum [Technisches Nationalmuseum] (113)

Der ausführliche Plan der Regulierung des Flußbetts der mittleren Elbe bei Königgrätz, Kilometer 154,6 bis 160,6, zeigt die insgesamt 7,7 Kilometer langen Flußregulierungen, die in den Jahren 1907 bis 1909 mit einem Kostenaufwand von 3,25 Millionen österreichischen Kronen vorgenommen wurden. Die Regulierung sollte die niederen Lagen von Königgrätz und die Prager Vorstadt sowie die großen Wiesenflächen unterhalb der Flußmündung der Adler schützen. Das feste Wehr beim Offizierspark am Zusammenfluß der Adler und der Elbe wurde in ein bewegliches, segmentales umgebaut, dessen Wasserkraft zum Antrieb des 1910 bis 1914 errichteten städtischen Kraftwerks genutzt wurde.

EŠ

3/25 Städtisches Gewerbemuseum in Königgrätz *[DH]*

Aufriß der Hauptfassade im Maßstab 1:100
Jan Kotěra (1871–1923)
1908; Tuschzeichnung mit Bleistift/Pauspapier, auf Packpapier aufgeklebt; 45 × 87 cm
Bez.: V Praze v září 1908
Praha, Národní technické muzeum [Technisches Nationalmuseum] (Archiv der Architektur, Fonds Nr. 21 Kotěra, Posten 61 a)

Jan Kotěra, Schüler von Otto Wagner, Spiritus rector der modernen tschechischen Architektur, hervorragender Lehrer und Vertreter der Jugendstilarchitektur, schuf eines der schönsten Museumsgebäude der Tschechoslowakei. Bis zum Beginn des Ersten Weltkriegs entwarf und verwirklichte Kotěra außer dem Hotel Urban und der Elbbrücke mit dem städtischen Industriemuseum ein Jugendstil-Kleinod aus rotem Ziegelstein, das in seiner Gesamtheit und in den Details das Selbstbewußtsein des sich wirtschaftlich und kulturell entwickelnden Gebiets zum Ausdruck brachte. Dieses Gebäude, wahrscheinlich durch Frank Lloyd Wright (1869–1959) und durch die holländische Backsteinarchitektur beeinflußt, betont Kotěras neue ungebundene Tektonik nach historisierenden Vorlagen. Josef Gočár, Kotěras Schüler, entwarf in den vierziger Jahren einen Anbau des Museums, der aber nicht realisiert wurde. *EŠ*

≋

3/26 Panorama der Stadt Pardubitz

Josef Pírko (1861–1942)
1904; kolorierte Photographie; 26,5 × 163,5 cm
Bez.: K. Stoklas 1904 [Kolorierung]
Pardubice, Východočeské muzeum [Ostböhmisches Museum]

Josef Pírko gilt als Pionier der Photographie in Böhmen. Nach dem Studium der Malerei eröffnete er 1877 »Glöckner's Filiale für Fotografie«. 1888 verlieh ihm der Herzog von Nassau den Titel eines Hofphotographen, elf Jahre später wurde er k.u.k. Photograph. Seine Heimatstadt Pardubitz war als Zentrum der Farb- und Chemieindustrie für photographische Experimente ein geeigneter Standort.

WW

≋

3/27 »Neuer Rat«

Smil Flaška (gest. 1403)
Faksimilie einer Handschrift vom Ende des 14. Jh.s aus dem Opatowitzer Sammelband (Mitte 15. Jh.); 20 × 14,5 cm
(Original: Praha, Knihovna národního muzea [Bibliothek des Nationalmuseums])

Der »Neue Rat« von Smil Flaška von Pardubitz und Stará versinnbildlicht in der Darstellung eines »Parlaments der Tiere« auf satirische Weise die Forderungen der Standesherren gegenüber der zentralen Königsregierung. Mit weiteren Schriftstücken theologischen und moralistischen Inhalts ist diese Handschrift aus dem ausgehenden 14. Jahrhundert im Opatowitzer Sammelband enthalten. Das bescheidene Manuskript ist mit figuralen, heraldischen und ornamentalen Motiven und Tiergestalten verziert. Die Zeichnungen sind teilweise koloriert. Der Ursprung ist unbekannt. *PB*

3/28* Vratislav von Pernstein (1530–1582)

16. Jh.; Öl/Lw.; 66 × 50 cm
Praha, Středočeská galerie [Mittelböhmische Galerie] (O 2822)

Pernstein, seit 1565 Oberstkanzler von Böhmen, war als Führer der altkatholischen Partei zusammen mit seinem utraquistischen (das Abendmahl in beiderlei Gestalt fordernden) Gegenspieler, dem Oberstlandrichter Bohuslav Felix von Hassenstein-Lobkowitz (1517–1583), Initiator der »Confessia Bohemica« von 1575, die Kaiser Maximilian II.

3/28

3/29

(geb. 1527, reg. 1574–1576) durch mündliche »Assekuration und Versicherung« duldete. Als Reisebegleiter des späteren Kaisers Rudolf II. (geb. 1552, reg. 1576–1612) nach Spanien lernte er 1547 Maria Maximiliana Manriquez de Lara kennen. Der 1555 geschlossenen Ehe entstammte Polyxenia von Pernstein, verwitwete Rosenberg und spätere Gemahlin des Oberstkanzlers Zdeněk Adalbert Popel von Lobkowitz (1568–1628). Stadt und Landschaft Pardubitz gehörten von 1491 bis 1560 zur Herrschaft der Pernsteins, die diese Besitzung an König Ferdinand I. (geb. 1503, reg. 1556–1564) verkauften und Leitomischl zum Herrschaftssitz ausbauten.

WW

3/29* Johann von Pernstein (gest. 1548)

16. Jh.; Öl/Lw.; 64 × 50 cm
Praha, Středočeská galerie [Mittelböhmische Galerie] (O 2612)

Johann von Pernstein gehört jener Magnatenfamilie an, die im 16. und 17. Jahrhundert die Entwicklung Böhmens bis in die Regierungszeit Kaiser Rudolfs II. und Ferdinands III. (geb. 1608, reg. 1637–1657) stark beeinflußte und besonders den politisch-religiösen Ausgleich für Böhmen anstrebte. Ihre Herrschaft bestand aus weitflächigen Ländereien um Pardubitz an der Elbe. Als die Stadt 1538 bis auf fünf Häuser abbrannte, ließ Johann von Pernstein sie auf eigene Kosten wieder aufbauen. Markt und Gassen mit zweigeschossigen Giebelhäusern bilden noch heute das Zentrum der Altstadt.

WW

3/30 »Plan von Pardubitz in Böhmen wie die Königl. Preuss. Truppen Anno 1744 darin gestanden und all da ein Magazin aufgerichtet haben«

Maßstab ca. 1:5800
Um 1744; kolorierte Handzeichnung/Papier, auf Lw. aufgezogen; 18 × 26,5 cm
Berlin, Staatsbibliothek zu Berlin PK, Kartenabteilung (Da 15.52 a)

Dieser Plan zeigt die von Wasser umflutete Festung Pardubitz. Der Elbezufluß Chrudimka und der Mühlgraben setzten durch Schleusen die Umgebung der Stadt unter Wasser. Laut Erläuterung zum Plan sind die Häuser der Vorstädte niedergebrannt, die »Wercke neuferfertigt«. Im Schlesischen Krieg spielten die Brücken und Furten über die Elbe und die angrenzenden Städte von Leitmeritz bis Königgrätz für Magazinlagerungen und Sicherung der operierenden Armee eine entscheidende Rolle. *WW*

≋

3/31* Erster mechanischer Pflug »Ruchadlo« *[DH]*

Konstruktion: František Veverka (1799–1848), Václav Veverka (1790–1848)
Rybitví nad Labem, 1. Viertel 19. Jh.; 2-teilig; Metall, Holz; 102 × 52 × 255 cm
Pardubice, Východočeské muzeum [Ostböhmisches Museum] (E 813)

František und sein Vetter Václav Veverka aus Rybitví, unweit Pardubitz an der Elbe gelegen, gelten als Erfinder des mechanischen Pfluges in Böhmen. Weite Teile der Umgebung von Pardubitz gehörten zum Herrschaftsbereich der Magnatenfamilie Pernstein, die seit dem 14. Jahrhundert durch die Anlage von mehr als 350 Fischteichen die Landschaft der Elbniederung prägte. In der »Mappa Geographica Regni Bohemicae« von Christian Müller (Augsburg 1720) sind diese Teiche verzeichnet, die sich über Hunderte von Quadratkilometern rechtselbisch zwischen Königgrätz und Kolin erstreckten. Seit dem 18. Jahrhundert wurden die Teichflächen zu Ackerland rekultiviert. *WW*

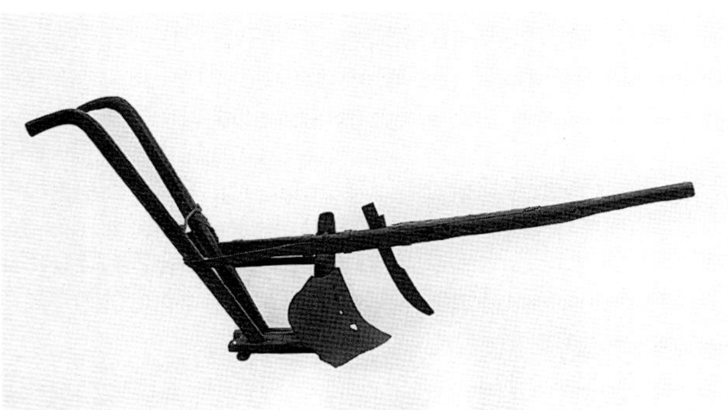

3/31

3/32 Glockenturm zu Semin bei Przelaucz, Kreis Pardubitz *[DH]*

Modell
1893/94; Holz, Gips; 80 × 69 × 62 cm
Praha, Národní muzeum, Národopisné oddělení [Volkskunde-Abteilung] (H4–3521)

Das Modell des Glockenturms mit achteckigem Unterbau und schmalerem quadratischem Turmaufsatz mündet in ein steiles Zeltdach mit Dachluke, in dem eine kleine Glocke aufgehängt ist. Der Glockenturm hat ein Schindeldach, dessen hintere Hälfte wegen der interessanten und komplizierten Balkenkonstruktion des Dachstuhls geöffnet ist. Polygonale Holzglockentürme dieses Typs sind charakteristische sakrale Volksbauten des 18. und 19. Jahrhunderts an Elbe und Iser. An einigen Orten kann man sie heute noch antreffen. *PaB*

3/33 Haus Nr. 131 in Daschitz, Kreis Pardubitz *[DH]*

Modell
1896; Holz, Pappe, bemalt; 47 × 120 × 68 cm
Praha, Národní muzeum, Národopisné oddělení [Volkskunde-Abteilung] (H4–3557)

Die gezimmerte Hütte im Kammertyp auf rechteckigem Grundriß trägt ein gewalmtes Satteldach. Das Dach ragt auf beiden Seiten vor und wird von vier geschnitzten Säulen getragen. Der Vordergiebel ist in vier Felder gegliedert, die vertikal, dachförmig und strahlenförmig verschalt sind; der hintere Giebel ist nur vertikal verschalt. Dach und Decke des Modells sind aufklappbar. Das Innere des Hauses ist durch Holzwände in sechs Räume unterteilt (Stube I, Stube II, Flur, Küche, Altenteil und Kammer). Der Eingang befindet sich an der Längsseite. Vor der Giebelstirnseite umschließt ein Zaun mit Tor den kleinen Vorgarten mit Blumenbeeten. Die Hütte stellt eine typische Behausung der Mittelschichten der Landbevölkerung in der zweiten Hälfte des 18. und der ersten Hälfte des 19. Jahrhunderts im mittleren Elbstromgebiet dar, die in ähnlicher Form heute noch häufig vorkommt. *PaB*

3/35

3/34 Frauentracht aus der Gegend von Pardubitz

[DH]

1. Viertel 19. Jh.; 8 Teile; Leinen, Stickerei
Praha, Národní muzeum, Národopisné oddělení [Volkskunde-Abteilung] (H4-C 1541)

Die Festtracht einer verheirateten Frau aus der ostböhmischen Elbgegend besteht aus silberfarbiger Haube mit Seidenband und Spitze, einer Jacke mit Rock aus Halbwollgewebe und einer dunklen, mit roter Seide bestickten Leinenschürze, dazu Beiwerk in ausgewogener Farb- und Formzusammenstellung. Für die reichen Gebiete der Elblandschaft waren die lange und breite Silhouette der Festtracht, die feine Gestaltung einzelner Teile und die verbindliche Auswahl des Trachtenbeiwerks charakteristisch. Sie verlieh verheirateten Bauersfrauen Standesachtung und Würde. Typisch ist die mit böhmischen Granaten verzierte Haube und die aufwendig bestickte Schürze. *JL*

3/35* Parforcejagd in Pardubitz

Josef Pírko (1861–1942)
1869; kolorierte Photographie, weiß gehöht;
23,2 × 38,5 cm
Legenda auf dem Rahmen: Namen der Parforcejagdteilnehmer
Pardubice, Památkový ústav v Pardubicích [Amt für Denkmalpflege] (SZ Slatiňany sv. Kačina 64)

Von 1841 bis 1913 versammelte sich alljährlich die gesamte k. u. k. Hocharistokratie im roten Rock zu den Parforce-Hirschjagden als gesellschaftlichem Ereignis der Herbstsaison. Im Damensattel mit schwarzem Reitkostüm nahmen auch die Töchter der Magnatenfamilien auf Vollblütern, von englischen Jockeys fachmännisch trainiert, an den Geländeritten teil. Die Photographie mit Personenspiegel diente Pírko als Studie für ein Monumentalgemälde, das die Porträts der Teilnehmer an einer Parforcejagd im Herbst 1869 festhält (Slatiňany, Hippologisches Museum). *MLP*

3/36* Parforcereitpferde auf der Fähre

Josef Pírko (1861–1942)
Photographie in Album; 14,5 × 23 cm, Album: 25,5 × 81 cm (aufgeschl.)
Pardubice, Východočeské muzeum [Ostböhmisches Museum]

In den Elbauen wurde das schwerste Rennen des Kontinents 1874 auf einer Strecke von sieben Kilometern mit 39 Hindernissen – die Große Pardubitzer Parforce nach dem Vorbild des britischen Derbys in Ascot – erstmals veranstaltet und der Geländeritte wegen weltberühmt. *MLP*

3/36

3/37* Kaiser Franz Joseph und Kaiserin Elisabeth bei der Parforcejagd in Pardubitz

Emil Adam nach Photographien von Josef Pírko (1861–1942)
1874; 2 Drucke; je 25 × 37,5 cm
Pardubice, Východočeské muzeum [Ostböhmisches Museum] (F 27 854, F 4001/raca V)

An den großen Pardubitzer Parforcejagden nahmen auch Kaiser Franz Joseph und die pferdenärrische Kaiserin im Sattel teil. Elisabeth hielt sich auf ihrem ungarischen Gut Gödöllö mehrere Vollblüter, mit denen sie in der Normandie und in England Jagden über feste Hindernisse hinter der Meute ritt. Nach 1918 wurden die Parforcejagden in »Steeplechases« umbenannt. *MLP*

3/37

3/38 Reitdreß von Hynek Býček: Stiefel, Hose, Jacke, Mütze

1920; Textil, Leder
Slatiňany, Hippologické muzeum [Hippologisches Museum] (Privatbesitz)

Die Große Pardubitzer Steeplechase wurde von Jockeys geritten, die die Farben ihrer Zuchtställe trugen. Geldpreise waren für den Pferdeverkauf mindestens so förderlich wie die Ehre von Sieg oder Plazierung für den Geschäftserfolg des Züchters. *MLP*

3/37

3/39 Das Gestüt in Kladrub a. d. Elbe *[DH]*

Verkleinerte Reproduktion des Lageplans von 1651
1948; Druck; 48,5 × 56 cm
Praha, Národní muzeum [Nationalmuseum]

Rudolf II. (geb. 1552, reg. 1576–1612) gründete das Gestüt Kladrub 1579 für den Bedarf der kaiserlichen Armee. 1592 erließ er ein Exportverbot, nachdem der Türkenkrieg den Pferdebestand geschmälert hatte. Durch die Veränderung der Heeresrüstung sank der Pferdebedarf nach dem Dreißigjährigen Krieg, wobei die Zuchtauswahl des 17. und 18. Jahrhunderts in barocker Manier auffällige Farben und Flecken durch spanische und italienische Einkreuzungen bevorzugte. Nachdem Karl VI. 1736 für alle böhmischen Gestüte strengere Zuchtprinzipien erlassen hatte, beauftragte Maria Theresia mit Edikten von 1755 und 1756 einzelne Gestüte mit der Aufzucht besonderer Gebrauchspferde. Danach sollten Kavalleriepferde ein einheitliches Stockmaß von 168 Zentimetern haben. Joseph II. verfügte 1780 den freien Pferdeverkauf und begründete im Dekret vom 17. Januar 1782 die staatliche Pferdezucht, der die ebenfalls von ihm 1767 eingerichtete Veterinärakademie zugute kam. Die Kladruber Pferde wurden vornehmlich als Heeresrösser, aber auch für die Post eingesetzt. *MLP*

3/40

3/40* Pferdebildnis »Generalissimus XXIII.« *[DH]*
Franz Plischke (1882–1947)
Öl/Lw.; 110 × 131 cm
Pardubice, Památkový ústav v Pardubicích [Amt für Denkmalpflege] (SZ Slatiňany sv. Sy/Konf.5)

3/41

3/41* Pferdebildnis »Sacramoso XXVIII. Aja« *[DH]*
Franz Plischke (1882–1947)
Öl/Lw.; 120 × 137 cm
Pardubice, Památkový ústav v Pardubicích [Amt für Denkmalpflege] (SZ Slatiňany Zvlást. sez. 3)

Die Abstammung des Beschälers »Generalissimus XXIII.« geht auf »Generalissimus I.« zurück, der im Gestüt Kopčanek 1787 geboren wurde. Aufgrund begrenzter Zuchtauswahl wurden auch Kreuzungen aus Blutsverwandten für die Weiterzucht verwendet. Erst nach dem Ersten Weltkrieg wurde arabisches Vollblut, nach dem Zweiten Weltkrieg russische Orlovsky-Blüter als Deckhengste zur Auffrischung und Veredelung der Linien in den Gestüten von Kladrub eingekreuzt. Bis heute sind die Kladruber Rappen und Schimmel mit ihrem stämmigen Gebäude langlebige Tiere, die bei hoher Arbeitsleistung als Gespann- und Dressurpferde hervorragend geeignet sind. *MLP*

3/42 Wärmekraftwerk von Chwaletitz
München: Ernst Hirsch
1991; Video; 1 Min.
Berlin, Deutsches Historisches Museum

Für die Stromversorgung der Industriegebiete an Elbe und Moldau wurden bei Melnik drei Wärmekraftwerke mit einer Leistung von 1270 Megawatt und in der Nähe von Kuttenberg 1977 das Kraftwerk Chwaletitz errichtet. Durch einen Stichkanal mit der Elbe verbunden, wird der Energieträger Kohle aus dem Dux-Brüxer Becken von einem neu gebauten Hafen in Lobositz über die weit über Kolin hinaus schiffbar gemachte Elbe transportiert. Jährlich werden etwa vier Millionen Tonnen zum Kraftwerk verschifft. *WW*

3/43 Ansicht von Kuttenberg

Václav Vysekal
1885; Öl/Lw.; 75 × 118 cm
Bez.: maloval V. Vysekal st. 1885
Kutná Hora, Okresní muzeum [Kreismuseum] (103/81)

Ihren altertümlichen Charakter bewahrte sich Kuttenberg bis weit ins 19. Jahrhundert. Das Stadtbild ist aber auch stark vom Barock geprägt. Auf dem Bild sieht man (v.l.n.r.) die spätgotische St. Barbara-Kirche mit einer seltenen Zeltdachkonstruktion, das barocke Jesuitenkloster, den spätgotischen Patriziersitz Hrádek, die gotische St. Jakob-Kirche, die barocke St. Johann Nepomuk-Kirche, das spätgotische bürgerliche Steinhaus (Giebel), das spätgotische Sankturinovsky-Haus, den gotischen Turm der Bartholomäus-Kirche und die gotische Kirche der Jungfrau Maria. *RŠ*

≋

3/44 Fünf Armreifen und Fußringe aus Skelettgräbern

Kuttenberg, 300–200 v. Chr.; Bronze; Dm je 6,5–9,9 cm, Stärken je 0,3–1,5 cm
Kutná Hora, Okresní muzeum [Kreismuseum] (P 10 639; P 10 640; P 10 641; P10 642; P 10 694)

Bronzearmbänder und -fußringe, der klassische Schmuck keltischer Frauen, sind nicht nur ein hervorragender Beleg der Metallgießkunst; sie zeigen auch ausgeprägten Geschmack und traditionelles künstlerisches Empfinden. Die ins 4. bis 3. Jahrhundert v. Chr. datierten Funde stammen aus der reichen, kürzlich entdeckten keltischen Knochengrabstätte in Kuttenberg (Ausgrabungen 1988/89). *JV*

3/45 Zwei Urnen mit Deckel aus einem Brandgrab

Kuttenberg, 300–200 v. Chr. (La-Tène-Zeit); Keramik; H 15,5 cm, Dm 18,5 cm; H 8,8 cm, Dm 19,6 cm
Kutná Hora, Okresní muzeum [Kreismuseum] (P 10 607; P 10 608)

Die Keramikgefäße belegen die einzigen Feuerbestattungen auf der keltischen Knochengrabstelle in Kuttenberg, die ab ca. 200 v. Chr. nicht mehr benutzt wurde. *JV*

3/46* Grabbeigaben eines slawischen Fürsten: Kelch, Schnalle und drei Beschläge

9. Jh.; Silber, gegossen, vergoldet; Kelch: H 15 cm
Praha, Národní muzeum [Nationalmuseum] (55086, ohne Inv. Nr., 55087–55089)

Der Kelch, 1864 in einem der reichsten frühmittelalterlichen Gräber Böhmens gefunden, wurde zuerst dem Grab des Heerführers Prokop des Kahlen zugeordnet. Restaurierungsarbeiten ergaben jedoch aufgrund der historischen Darstellung andere Ergebnisse: Der Koliner Kelch ist ein einzigartiger Beleg des karolingischen Kunsthandwerks auf tschechischem Gebiet, in das er offensichtlich nach Mitte des 9. Jahrhunderts importiert wurde. Die Beschläge und Schnallen gehören zu den erstaunlichsten Bestandteilen der Ausstattung des Koliner »Fürstengrabs«, das ferner Waffen, Sporen, Glasgefäße, Beschläge und einen vergoldeten Silberkelch enthielt. Diese Gegenstände kann man in einen inländischen Teil – aus der Zeit des Großmährischen Reiches – und einen aus Frankreich importierten Teil unterscheiden. Die vertiefte Verzierung auf den Beschlägen erlaubt die genauere zeitliche Einordnung des Grabfundes, denn ihre Elemente stimmen überein mit den Miniaturen der Illuminatorenschule aus dem Umkreis des unehelichen Sohns Karls des Großen, Drago, Bischof in Metz von 825 bis 855. *ML*

3/46

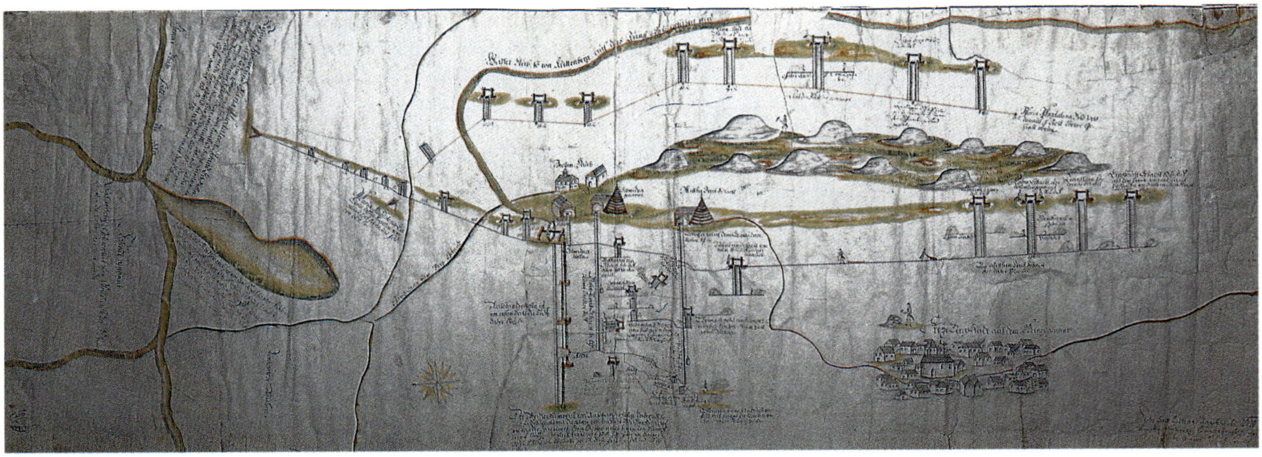

3/48

3/47 Sechs Reliquienkreuze

a) Drei Bronzekreuze

11. Jh.; vergoldet, graviert u. emailliert bzw. nur graviert; 7,4 × 5,6 cm; 7,4 × 4,8 cm; 9,1 × 4,8 cm

b) Zwei Kupferkreuze

11. Jh.; Blech bzw. vergoldet, graviert u. emailliert; 11,3 × 7,7 cm, 8,1 × 6,7 cm

c) Messingkreuz

12. Jh.; gegossen, Reliefdekor; 10,2 × 5,7 cm
Auf der Vorderseite griechische Aufschrift (»Weib, siehe das ist dein Sohn!« und »Siehe, das ist deine Mutter!«); auf der Rückseite: Monogramme der Evangelisten und der Jungfrau Maria

Praha, Národní muzeum [Nationalmuseum] (H2–1965; H2–1964; H2–1912; H2–1963; H2–1966; H2–1961)

Diese Reliquienkreuze stellen den bisher größten Fundkomplex dieser Art in Böhmen dar. 1878/79 sind sie bei Opočnice in der Nähe der Libitzer Burgstätte auf der Elbinsel gefunden worden. Neben Emailkreuzen westlicher Provenienz, wahrscheinlich aus dem Rheinland, findet sich auch ein byzantinisch beeinflußtes Kreuz mit griechischen Aufschriften, wahrscheinlich aus dem Kiewer Rußland. Die christliche Symbolik, graviertes oder gegossenes Reliefdekor (Darstellung von Christus, der Jungfrau Maria und der Evangelisten) sowie die Reliquien, ursprünglich im Innenraum der Kreuze aufbewahrt, waren nicht nur Ausdruck der Frömmigkeit; sie sollten auch ihre Träger beschützen. *VB*

3/48* Karte des Kuttenberger Erzzuges

Andreas Lackner
1665; kolorierte Federzeichnung; 50,5 × 145,5 cm
Kutná Hora, Okresní muzeum [Kreismuseum] (3761/80)

Die Karte stellt die Gruben der Turkaňzone des Erzbergbaureviers Kuttenberg dar. Für den Bedarf der Gruben und Hütten wurden große Mengen Holz aus den Wäldern des Riesengebirges bis nach Altkolin geflößt und von dort auf einem extra dafür erbauten Kanal in die Nähe der Turkaňer Gruben befördert. Ein Teil dieses Floßkanals ist auf der linken Seite der Karte eingezeichnet. *JP*

3/49 Polymetallische Erzadern: Silbererz (Miargyrit) sowie Eisen- und Schwefelkies (Pyrit) mit Zinkblende (Sphalerit)

Paläozoikum; Erzgestein; 9 × 8 × 5 cm, 9 × 6 × 5 cm
Praha, Národní muzeum [Nationalmuseum] (P1–34811, P1–8228)

Die Gewinnung von Silbererzen aus den Lagerstätten bei Kuttenberg war besonders im Mittelalter Quelle des Reichtums des Königreichs Böhmen. Vom 19. Jahrhundert an war die Förderung rückläufig, und heute sind diese Fundstätten erschöpft. Silbererze, so der ausgestellte Miargyrit, sind relativ selten. Sie kommen vor allem in Verbindung mit Glenenit, Sphalerit, Pyrit und anderem vor und sind Bestandteil polymetallischer Adern, die die Doppelglimmer-Orthogneise des sogenannten Kuttenberger Kristalliniks durchbrechen. *RP*

3/50 Gewölbeschlußstein

15. Jh.; Sandstein; 68 × 52 × 45 cm
Kutná Hora, Okresní muzeum [Kreismuseum]

Der Schlußstein stammt vom spätgotischen Umbau eines der bedeutendsten Bauwerke von Kuttenberg, des Patrizierhauses Hrádek. Die plastische Szene stellt ein in der Architektur seltenes Thema dar: einen Haspeler an der Hubwinde. *RŠ*

3/51 Fünf Öllampen (Fingerlampen)

Kuttenberg 15. Jh.; Keramik; H je 1,7–3,6 cm, Dm je 5,4–10,3 cm
Kutná Hora, Okresní muzeum [Kreismuseum] (BT 1/19, BT 1/22, BT 1/43, BT 1/133, BT 1/134)

Typische Funde der mittelalterlichen Sachkultur in Kuttenberg sind diese Lampen. Sie dienten den Bergleuten zur Ausleuchtung der unterirdischen Räume. Ihre Form blieb trotz verschiedener Ausführungen vom Beginn des 13. Jahrhunderts bis ins hohe Mittelalter unverändert. *RŠ*

3/52* Die Kuttenberger Münze

Modell
1969; Holz, Gips; 63 × 63 × 45 cm
Praha, Národní muzeum, Sbírka mincí [Münzsammlung] (H5-M/1,432)

Von den tschechischen Münzen des Mittelalters war die Königliche Münze in Kuttenberg die größte und wichtigste. Sie entstand um 1300 in Zusammenhang mit der großen Münzreform Wenzels II. (geb. 1271, reg. 1278–1305). Den Kern bildeten siebzehn Münzwerkstätten, die aus verschiedenen Orten Böhmens, Mährens und Schlesiens hierher überführt wurden. Sie waren, ähnlich wie das hohe Haus mit der Prägewerkstatt (Preghaus) im Erdgeschoß und den königlichen Zimmern in der ersten Etage, auf den geräumigen Hof ausgerichtet. Es gab eine Kapelle mit Münzschatzkammer, Büros für die Münzbeamten und weitere Produktions- und Betriebsräume. Die Münzanstalt, seit jeher »Curia Gallica« (Welscher Hof) genannt, stammt offensichtlich vom Ende des 15. Jahrhunderts. Als hochentwickelte produktionstechnische Manufaktur wurde sie mit bis zu 200 Beschäftigten genutzt. *JH*

3/52

3/53 Sechs Prager Groschen

a) Zwei Münzen König Wenzels II. (reg. 1278–1305) *[P]*

Ende 13./Anfang 14. Jh.; Silber, geprägt; Dm je 2,9 cm

b) Zwei Münzen Kaiser Karls IV., König von Böhmen (reg. 1346–1378)

Nach 1346; Silber, geprägt; Dm je 2,8 cm

c) Zwei Münzen König Georgs von Podiebrad (reg. 1458–1471)

Nach 1469; Silber, geprägt; Dm je 2,7 cm

Praha, Národní muzeum, Sbírka mincí [Münzsammlung] (H5–10.019, H5–10.026; H5–10.135, H5–10.182; H5–10.908, H5–10.881)

Der großen Münzreform von 1300, die Wenzel II. unter Beihilfe eines Konsortiums italienischer Finanziers durchgeführt hatte, folgte in Böhmen der Prager Groschen, die erste Silbermünze in Mitteleuropa mit einem höheren Nominalwert. Der Prager Groschen, nach französischem Muster geprägt, sollte eine »ewige« Münze, unabänderlich in Gewicht (ca. vier Gramm), Qualität (ca. 0,930 Ag) und Ausführung sein. Für die Zeit seines Bestehens bis 1547 wahrte er jedoch nur sein unverändertes Aussehen; Gewicht und Qualität sanken allmählich. Seine Popularität im Ausland wuchs durch den Handel und die Machtpolitik Böhmens. Er wurde Muster für eine Reihe von Prägungen in anderen Ländern (Ungarn, Polen, Meißen) oder Bestandteil ihrer Münzsysteme (Österreich). Rohstoffbasis des Prager Groschen waren die Silbergruben in Kuttenberg, wo sich in etwa zwanzig Kilometer Entfernung von der Elbe die größte königliche Münze befand. *JH*

3/54 Spieluhr in Form einer Pyramide *[DH]*

19. Jh.; Holz, Stein, Karton; H 85 cm, Dm 38 cm
Kutná Hora, Okresní muzeum [Kreismuseum] (448/80)

Diese Spieluhr mit Darstellung regionaltypischer Gewerbe steht ganz in der Thematik des Silberbergbaus, von dem Kuttenberg seit dem Mittelalter lebte. Sie zeigt die Förderanlagen und das Abpumpen der Grubenwässer wie auch Bergarbeiter in historischer Kleidung beim Transport und Aufbereiten des Erzes. Im oberen Teil der Spieluhr sind eine Grubenkapelle und das Büro des Grubenamtes aufgebaut. *JP*

3/55 »Die Koenigl. Stadt Kollin im Kaurzimer Kreise« *[P]*

Johann Venuto (1746–1833) nach Johann Joseph Dietzler
1803; aquarellierte Zeichnung; 25,9 × 43,6 cm
Bez. u. M.: Aufgenommen vom Johann Jos.Dietzler 1723, nachgezeichnet vom Johann Venuto 1803
Wien, Österreichische Nationalbibliothek, Kartensammlung (FKB-Vues. Böhmen, Venuto)

3/56 »Vue de la Ville de Colin sur l'Elbe en Bohème« *[DH]*

Vincent Morstadt (1802–1875)
Kolorierte Radierung; 31,9 × 42 cm (Plr.)
Praha, Národní galerie [Nationalgalerie] (R 26 45)

König Przemysl Ottokar II. (geb. 1233, reg. 1253–1278) gründete Kolin 1260 als königliche Stadt. Sie beherbergt die größte Judengemeinde nach Prag. In der Elbansicht dominiert die Dekanats- und Pfarrkirche St. Bartholomäus. Der historische Stadtkern birgt Reste der gotischen Befestigungsanlagen aus dem 13. Jahrhundert. Die Burg wurde nach 1750 zu einer Bierbrauerei umgebaut. *MLP*

3/57 Grabstein des Jicchak, Sohn des Gumprese Chlumnice, verstorben 1713

Kopie; Epoxit; 170 × 106 × 16 cm
Berlin, Deutsches Historisches Museum (Original: Kolín, Regionální muzeum)

Der in der ersten Hälfte des 15. Jahrhunderts gegründete Jüdische Friedhof gehört zu den ältesten in Böhmen. In Kolin war der Anteil der Israeliten verhältnismäßig hoch. In der Mitte des 19. Jahrhunderts zählte nach J.G. Sommer (»Das Königreich Böhmen; statistisch-topographisch dargestellt 1844«) die Stadt 6131 Einwohner, davon gehörten 313 Familien zu den Israeliten. Die Lebensbedingungen der etwa 20 000 Juden zählenden Minderheit in Böhmen waren sehr schwierig. Seit 1744 unterstanden sie dem Judenedikt der Maria Theresia, nachdem sie zunächst »mit militärischer Hand ausgeschafft«, dann aber unter besonderen Bedingungen geduldet wurden. Dazu gehörte, daß nur der älteste Sohn eine Familie gründen durfte, damit Juden sich nicht zu stark vermehrten. Diese Beschränkung galt bis 1848. In Kolin wurden 1942 vor dem Exodus der jüdischen Bevölkerung die letzten Thorarollen für Kinder geschrieben. *WW*

3/58 Liturgische Geräte

a) Thorarolle

Pergament, Holz; 90 × 24 × 12 cm

b) Thorakrone

1905; Silber; H 29 cm, Dm 24,5 cm
Hebräische Inschrift mit Jahreszahl 1905

c) Thorazeiger

1. Hälfte 19. Jh.; Silber, teilweise vergoldet; H 31 cm, Dm 2 cm

Praha, Státní židovské muzeum [Staatliches Jüdisches Museum] (80/82; 37 443; 7.393)

3/59* Die Schlacht bei Kolin in Böhmen *[H]*

August Querfurt (1696–1761)
2. Hälfte 18. Jh.; Öl/Lw.; 118 × 187 cm
Bez. u. M.: Querfurt pinxit
Wien, Heeresgeschichtliches Museum (BI 18 859)

Die Inschrift am oberen Bildrand erklärt mit vier Positionen die Aufstellung der Regimenter dieser offenen Feldschlacht in der Elbebene. Der österreichische Schlachtenmaler Querfurt gibt durch Staffagefiguren am vorderen Bildrand einen tiefenperspektivischen Einblick in die Landschaft bei Chotzemitz, dem eigentlichen Schlachtort. Die Bataille endete für das preußische Heer unter Führung des Königs nach sechseinhalb Stunden um acht Uhr abends am 18. Juni 1757 mit hohen Verlusten. *MLP*

3/59

3/60 »Plan der Bataille bey Kollin, den 18. Junius 1757«

1757; kolorierter Kupferstich mit sechs Klappen/Lw.; 35 × 34 cm
Berlin, Staatsbibliothek zu Berlin PK, Kartenabteilung (V.S. 17614)

Das Treffen bei Kolin bescherte dem preußischen Heer im Siebenjährigen Krieg unter Führung Friedrichs II. die erste Niederlage. Die gebräuchliche Taktik des Angriffs nach vorn ohne Deckung der Linien erforderte hohen Truppeneinsatz ohne Rücksicht auf Verluste, um die Front des Gegners zu durchbrechen oder wenigstens die eigene zu halten. Der Feind wurde im Nahkampf überrannt. *MLP*

3/61 »Friedrich bey Kollin«

»Der 18. Junius 1757 war der erste unglückliche Tag für das sieggewohnte preuss. Heer…«
Friedrich Wilhelm Bollinger nach einer Zeichnung von Karl Friedrich Hampe (1772–1848)
Um 1800; Radierung; 21 × 25,5 cm
Berlin, Staatsbibliothek zu Berlin PK, Handschriftenabteilung (SBB Einblattdrucke YB 7166 kl)

Die Schlacht bei Kolin, in der der österreichische Feldmarschall Graf Leopold von Daun Friedrich II. besiegte, kostete Preußen bei einer Truppenstärke von 32 000 Mann 13 768. Die Österreicher verloren von 44 000 Mann 9000. Die Verluste wurden trotz schlechter Heeresversorgung durch nachrückende Mannschaften ersetzt. *MLP*

3/64

3/62 Zwei Kompositionen von František Kmoch (1848–1912)

a) Walzer »Na stříbropěném Labi« (An der silberschäumenden Elbe)

Prag: Mojmír Urbánek (vor 1887)
Notendruck; 34 × 27 cm

b) Marsch »Kolíne, Kolíne…«

3. Aufl. Prag: Mojmír Urbánek (vor 1906)
Notendruck mit farbigem Deckblatt; 34,5 × 27 cm

Praha, Národní muzeum – Muzeum české hudby [Museum für tschechische Musik] (I C. 280; I C. 284)

Kmoch wirkte seit 1871 in Kolin als Kapellmeister der Blasmusik. Nach den Bemühungen, ein Konzertensemble zu bilden, setzte sich Kmochs Kapelle das erste Mal 1873 in Prag bei der Enthüllung des Denkmals Josef Jungmanns durch. Sie spielte mit großem Erfolg in vielen böhmischen und mährischen Städten und reiste seit den achtziger Jahren des 19. Jahrhunderts zu Konzerten auch ins Ausland (Krakau 1894, Budapest 1895, Nishni Nowgorod 1896, Wien 1899). Ein wichtiger Bestandteil ihres Repertoires waren neben den Arrangements populärer Arien aus Opern vor allem tschechische Kompositionen, insbesondere Kmochs Volkslieder, Tänze und Märsche. Seine Kompositionen bewirkten eine Stärkung des tschechischen Nationalbewußtseins unter der österreichischen Herrschaft. Das wiederholte sich in der Zeit der nationalsozialistischen Okkupation. Nach dem Vorbild von Kmochs Koliner Ensemble entstanden Blaskapellen auch anderswo. Seit dem Anfang der sechziger Jahre des 20. Jahrhunderts findet alljährlich das Blasorchester-Festival »Kmochs Kolin« statt. *MK*

3/63 Erste tschechische Polka

Josef Neruda (1804–1876)
Prag: Em. Starý. o. J.
Notendruck; 34 × 26,3 cm
Praha, Národní muzeum – Muzeum české hudby [Museum für tschechische Musik] (I.B. 557)

Josef Neruda gilt als erster Komponist der tschechischen Polka. Seine Komposition wurde jedoch erst im Jahre 1876 bei Em. Starý in Prag herausgegeben. Als Grundlage für den Druck diente ein Sammelband mit Handschriften Nerudas aus den dreißiger und vierziger Jahren des 19. Jahrhunderts. Der erste schriftliche Nachweis der Polka stammt von 1835. Innerhalb von drei Jahren nach Erscheinen eroberte der Tanz die Städte Europas. *MK*

3/66

3/64* Zwei Plakate der Jugendbewegung »Sokol« *[DH]*

Alfons Mucha (1860–1939)
1912 u. 1926; Lithographien; 166 × 82 cm, 122 × 86 cm
Praha, Umĕleckoprůmyslové muzeum [Kunstgewerbemuseum] (H7B 212, GP 21 186)

Die erste tschechische Sportorganisation »Sokol« (Falken), die 1862 in Kolin und Prag von Miroslav Tyrš und Jindřich Fügner als Verein mit großer nationaler Sendung gegründet wurde, band im Verlauf ihrer fast hundertjährigen Geschichte eine ganze Reihe bedeutender tschechischer bildender Künstler an sich. Einer davon war der Maler, Graphiker und Plakatgestalter Alfons Mucha, Repräsentant des internationalen Jugendstils. Für die tschechische (später tschechoslowakische) Sokolgemeinde schuf er einige gelungene Plakate, die die »All-Sokol-Kongresse« propagierten, an deren Erfolg er bedeutenden Anteil hatte. *KŠ*

≋

3/65 »Koenigl. Cameralstadt und Schloß Podiebrad süd-west...« *[P]*

Johann Venuto (1746–1833)
1818; aquarellierte Zeichnung; 15,3 × 25,7 cm
Bez. u.r.: nachgemahlt von Joann Venuto 1818
Wien, Österreichische Nationalbibliothek, Kartensammlung (FKB-Vues, Böhmen, Venuto)

Die für ihren Obstanbau bekannte Kleinstadt am rechten Elbufer gilt als Geburtsort Georgs von Podiebrad (1420–1471), des einzigen gewählten Königs (seit 1458) und letzten Tschechen auf dem böhmischen Thron. Die Herrschaft Podiebrad gehörte den Herren von Kunštát und von Podiebrad in der Zeit von 1351 bis 1495. Die Burg wurde bis ins 19. Jahrhundert wiederholt umgebaut und erweitert. Nach der Entdeckung eisenhaltiger Quellen wurden hier um 1850 Bade- und Trinkanlagen eingerichtet. *MLP*

3/66* Ansicht von Podiebrad mit Kettenbrücke *[DH]*

Thomas Andel
Mitte 19. Jh.; Aquarell; 59,5 × 72,5 cm
Podĕbrady, Polabské muzeum [Museum des Elbgebiets] (6082)

Das Aquarell zeigt die Heuernte auf den Wiesen des rechten Elbufers mit der »über die Elbe gespannten 50 Klafter langen 21 Schuh breiten Kettenbrücke, zu welcher am 21. Juni 1841 der Grundstein gelegt, am 14. September 1842 aber deren Passage feierlich eröffnet wurde« (J.G. Sommer 1844). In dem Schloßkomplex soll Baron Georg von Podiebrad, der »Hussitenkönig«, 1420 geboren worden sein. Der Turm diente mehrmals als Gefängnis für Gegner des Barons und späteren Königs: 1448 für Georgs Gegenspieler Meinhard von Neuhaus, 1450 für den Herrn von Gera, 1462 für den päpstlichen Legaten Kardinal Fantini. *WW*

3/67 Die neue Kettenbrücke in Podiebrad

R. Bürger
1845; Lithographie; 16,1 × 23,2 cm
München, Sudetendeutsches Archiv (00392)

Die 1841/42 errichtete Kettenbrücke am Mühlenwehr ersetzte die Eichenholzbrücke von 1775, die auf Schloß und Stadt Georg von Podiebrads zuführte. Die Holzbrücke mußte wegen Beschädigung durch starke Eisgänge erneuert werden. *MLP*

3/68 Georg von Podiebrad (geb. 1420, reg. 1458–1471)

Kopie nach einem Gemälde aus der 2. Hälfte des 17. Jhs.
1. Hälfte 20. Jh.; Öl/Lw.; 187,5 × 107 cm
Praha, Národní muzeum [Nationalmuseum] (H2–59 957)

Das Porträt, das Georg von Podiebrad recht kurios als barocken Magnaten mit Marschallstab darstellt, entstand wohl als Bestandteil einer nicht näher bekannten Porträtfolge tschechischer Herrscher in der zweiten Hälfte des 17. Jahrhunderts. Die Darstellung bewahrt getreu die Porträtzüge, wie sie z. B. das Bildnismedaillon in der Chronik Martin Luthers aus dem Jahre 1539 überliefert hat. *LS*

3/69 Ansicht von Nimburg an der Elbe *[DH]*

Antonín Mánes (1784–1843)
1834; Öl/Lw.; 50 × 70 cm
Praha, Národní galerie [Nationalgalerie] (O 7838)

Antonín Mánes konnte als Sohn eines Müllergesellen erst im Alter von 22 Jahren mit dem Studium der Malerei beginnen. 1806 bis 1817 studierte er bei Carl Postl Landschaftsmalerei an der Prager Akademie, wo er von 1836 bis 1843 auch als Professor wirkte. Am meisten beinflußte er als künstlerisches Vorbild die eigene Familie. Seine Kinder Amalie, Josef und Guido fanden in seinen Werken die Grundlage für ihre eigenen Naturdarstellungen. Mánes war von den holländischen Realisten des 17. Jahrhunderts, vor allem aber von den Romantikern Caspar David Friedrich und Johan Christian Claussen Dahl beeinflußt. Nach ihrem Vorbild ging er nach und nach von der idealen Landschaftskomposition auf freie Malerei über und schuf hauptsächlich vom Riesengebirge und der Umgebung von Prag Bilder, die die eigentümlichen Reize der tschechischen Landschaft wiederspiegeln. Dazu gehört auch seine Ansicht von Nimburg an der Elbe von 1834 mit den Mühlen Bašta und Komárno im Hintergrund. *NBH*

3/70 Doppelläufiges Gewehr (System Lefaucheux) *[DH]*

Nimburg: Pelikán
Um 1875; Eisen, Holz, Horn; Gesamtlänge: 118,3 cm, Lauf: 78,2 cm; Kaliber 12 mm
Bez. auf der rechten Schloßplatte (graviert im Inschriftband): Pelikan; auf der linken: Nimburg
Praha, Národní muzeum [Nationalmuseum] (H2–22 006)

3/71* Pistole mit Perkussionsschloß *[DH]*

Nimburg: Pelikán
Nach Mitte 19. Jh.; Eisen, Holz, Messing; Gesamtlänge: 33 cm, Lauf: 18,5 cm; Kaliber 13 mm
Bez. auf der Schloßplatte: Pelikán Nimburg
Praha, Národní muzeum [Nationalmuseum] (H2–182 762)

Die großen Büchsenmacherwerkstätten wie Lebeda in Prag und Nowotny in Leitmeritz waren nicht in der Lage, alle Waffeninteressenten in Böhmen zufriedenzustellen. Darum entstanden an vielen Orten, auch entlang der Elbe, weitere

3/71

kleinere Werkstätten, die nicht weniger hochwertige Feuerwaffen fertigten. Zu den Arbeiten dieser regionalen Büchsenmacherwerkstätten gehören die Perkussionsbüchsen und Pistolen sowie andere Gewehrsysteme des Meisters Pelikán aus Nimburg. *EvŠ*

3/72 Scheibenpistolen-Paar in Kassette mit Zubehör *[DH]*

Leitmeritz: Matthias Nowotny (in Böhmen nachweisbar 1829–1837)
Um 1835; Holz, Eisen, Messing, gelbes Metall, Textil;
L je 38,3 cm, Kassette: 44 × 29,5 × 6,5 cm; Kaliber 13 mm
Bez. auf dem Lauf: M. Nowotny; am Schloß: Leitmeritz
Praha, Národní muzeum [Nationalmuseum] (H2–32 920 – H2–32 930)

Pistolenschießen war im ersten Viertel des 19. Jahrhunderts eine neue Disziplin des Sportschießens. Das Scheibenpistolen-Paar ist ein Beispiel der Büchsenmachermeisterschaft des berühmten Matthias Nowotny aus Leitmeritz, der später nach Wien verzog. Dort wurde er im Jahre 1838 Meister der örtlichen Zunft und produzierte auch für die kaiserliche Waffenkammer. In Prag wurde er 1829 für seine Büchsenmacherarbeiten auf der Industrieausstellung mit einer Bronzemedaille ausgezeichnet. Er gehörte zu den Pionieren der Perkussionswaffenherstellung in Böhmen. *EvŠ*

3/73* Hochzeitstruhe *[DH]*

1814; Eichenholz, Intarsien; 66 × 115 × 70 cm
Praha, Národní muzeum, Národopisné oddělení [Volkskunde-Abteilung] (H4–50 922)

Die mit Vogeldarstellungen intarsierte, polierte Eichentruhe mit Zierschloß und Griffen steht auf vier gedrechselten Beinen in Form flachgedrückter Kugeln. Die Innenseite des Deckels ist mit einem Blumenkranz und zwei brennenden Herzen bemalt. Die Inschrift »Anno Domini 1814« erinnert an die Hochzeit. Die Truhe stellt den sogenannten »Elbintarsientyp« des volkstümlichen Möbels dar, das in der ersten Hälfte des 19. Jahrhunderts in den Werkstätten um Nimburg auf Bestellung zu Hochzeiten angefertigt wurde. *MT*

3/73

≋

3/74* Ansicht von Schloß Brandeis *[DH]*

Gabriel Stránský (1813–1871)
1856; Öl/Lw.; 50 × 63,5 cm
Bez.: Str 856
Brandýs nad Labem, Okresní muzeum [Kreismuseum] (H 6165)

Auf dem erhöhten linken Elbufer an der Hauptstraße von Prag nach Schlesien und in die Lausitz schützte eine Befestigung die Furt durch die Elbe (Branja Hrad/Wehrschloß). 941 urkundlich erwähnt, brannte sie 1552 ab. Kaiser Rudolf II. errichtete an dieser Stelle eine Schloßanlage mit einem großen Garten, der in seiner ursprünglichen Form heute noch weitgehend erhalten ist. Ein Brauhaus, eine Mühle, ein Wirtshaus und andere Bauten gehörten zum eigenständigen Schloßbezirk. Später wurde das Schloß Garnisonssitz, in dem Angehörige des kaiserlichen Hauses residierten. Stránský, ein Autodidakt, der im Stil von August Piepenhagen (1791–1868) und Josef Navrátil malte, hielt den baulichen Zustand und die Umgebung des Schlosses im Jahre 1856 fest. *WW*

3/74

3/75 »Das Schloss Brandeys in Böhme und verschantzungen des Schwedische Velds, welches Gen:Baner vor de Kayserischen verlassen im Martio 1640« *[DH]*

Matthäus Merian d. Ä. (1593–1650) nach einer Zeichnung von Carlo Cappi
Nach 1640; Kupferstich; 20,7 × 33 cm
Berlin, Deutsches Historisches Museum (Gr. S. 53/981)

Der Merian-Stich zeigt den Lieblingssommeraufenthalt Rudolfs II. mit Gartenanlage und Basteibefestigungen. Am oberen rechten Bildrand ist die von schwedischen Truppen zerstörte Kameralherrschaft Brandeis, im Vordergrund die Mauer des Capitular-Dechanten-Dominiums Altbunzlau erkennbar. Zur Linderung der Kriegsnöte wurden den Untertanen der Herrschaft 1649 Steuern und andere Abgaben erlassen. *MLP*

3/76 Die Ermordung des Hl. Wenzel in Altbunzlau

Faksimile einer Miniatur aus der Gumpolder Handschrift (vor 1006); 22,5 × 18 cm
Praha, Národní muzeum [Nationalmuseum] (Original: Herzog-August-Bibliothek, Wolfenbüttel)

Die lateinisch verfaßte Wenzellegende, die Bischof Gumpold von Mantua um 980 im Auftrag Kaiser Ottos II. (geb. 955, reg. 973–983) anfertigte, ist der älteste Beleg für die romanische Buchmalerei in Böhmen. Die Abschrift wurde für die Frau des tschechischen Herzogs Boleslav II. (reg. 972–999), Emma (gest. 1006), die im Widmungsblatt in Anbetung des Heiligen dargestellt ist, ausgeführt. Zwei weitere Bilder schildern die Tragödie des Brudermords am 28. September 929 oder 935 in Altbunzlau: Das erste zeigt ein Gastmahl, auf dem Herzog Wenzel seinem jüngeren Bruder Boleslav (reg. 929–972), der inmitten seines Gefolges ist, zutrinkt. Auf dem zweiten sieht man, wie Wenzel zunächst den Mordanschlag seines Bruders abwehrt, sich in die Kirche flüchten will, aber auf den Stufen den Tod findet, da ein verräterischer Priester die rettende Kirche verschließt. *EŠ*

≋

3/77 Funde aus Altbunzlau, um 1000 v. Chr. *[DH]*

a) Sechs Lockenringe und ein Kamm

Bronze, teilw. versilbert; Knochen; Dm 1–2 cm, 4 × 10,5 cm

b) Fünf Spinnwirtel

Ton; Dm je 2 cm

c) Dreieckige Fliese

Keramik; H 16 cm

d) Schlüssel, Sporen, Beil und Eisenwetz

Eisen; L 10 cm, 13 cm, 18 cm, 7,5 cm

Čelákovice, Městské muzeum [Stadtmuseum]

Zu den Orten, die eng mit der ältesten Geschichte des tschechischen Przemyslidenstaates verbunden sind, gehört Altbunzlau. Im ersten Viertel des 10. Jahrhunderts wurde in den ausgedehnten Auenwäldern am rechten Elbufer auf einer mäßig erhöhten Landzunge beim damaligen Zusammenfluß der Elbe mit der Iser eine Burgstätte mit Vorburg errichtet. Seit 1988 bezeugen archäologische Grabungen zahlreiche Besiedlungsspuren, z. B. Halberdhütten, gezimmerte Holzhäuschen, Feuerstellen, Grabstätten, Produktions- und Gebrauchsobjekte sowie Reste alter Wege. Die Keramikfunde, Knochen-, Ton-, Metall- und Glasgegenstände sind ein wichtiger Beitrag zur Erforschung der Kultur Mittelböhmens im 10. bis 13. Jahrhundert. *JŠ*

≋

3/78 Ansicht von Altbunzlau

R. Bürger
Um 1845; Lithographie; 16 × 23,1 cm
München, Sudetendeutsches Archiv (0637)

Das Ortsbild dieser wichtigen böhmischen Wallfahrtsstätte, die durch die von Kapellen gesäumte »heilige Straße« über Brandeis mit Prag verbunden war, beherrscht die Wallfahrtskirche von 1617 mit dem gotischen Gnadenbild »Palladium Bohemiae«, einem vergoldeten Relief der Mutter Gottes. Altbunzlau wurde zu Beginn der Gegenreformation in Böhmen zum Wallfahrtsort. So dürften auch politische Gründe bei der Aufstellung des »Palladium Bohemiae« an dem Ort der Ermordung Wenzels I. durch seinen Bruder Boleslav eine Rolle gespielt haben. Wenzel wurde schon im frühen 11. Jahrhundert als Heiliger verehrt und zum Schutzpatron Böhmens erhoben. *MLP*

3/79 Relief der Jungfrau von Altbunzlau mit Miniaturen aus dem Leben des Hl. Prokop

Replik des als »Palladium Bohemiae« verehrten Reliefs vom Anfang des 16. Jhs.
Nach 1669; Silber, vergoldet; Seide, Flittergold, Glas; 13 Miniaturen: Gouache/Pergament; Schrein: Holz, geschnitzt, vergoldet; 67,5 × 41,7 cm
Praha, Národní muzeum [Nationalmuseum] (H2–13.960)

Das Original, ein vergoldetes Kupferrelief der Jungfrau Maria, nach einer Legende von einem Bauern beim Pflügen in Altbunzlau gefunden, wird in der dortigen Wallfahrtskirche Mariä Himmelfahrt als Schutzbild Böhmens verehrt. Der Überlieferung nach stammt es aus der Zeit der Missionare Konstantin und Methodius. Um die Replik der Palladium-Madonna sind Miniaturen mit Szenen aus dem Leben des Heiligen Prokop gruppiert. Sie orientieren sich an einem Zyklus von Ölgemälden, die Christian Dittman von Lavenstein (um 1639–1701) 1668 für die Allerheiligen-Kirche auf der Prager Burg gefertigt hatte. *DS*

3/80 Fünf Votivbilder der Heiligen Jungfrau von Altbunzlau

a) Stich nach dem Relief vom Anfang des 16. Jahrhunderts

Jenny Larivière (1801–1885)
Paris, 2. Hälfte 19. Jh.; Stahlstich; 22 × 14,8 cm (Plr.)

b) Druckstock für a)

Jenny Larivière (1801–1885)
Paris, 2. Hälfte 19. Jh.; Stahl; 22 × 14,8 cm

c) Der Hl. Johannes von Nepomuk mit der Heiligen Jungfrau von Altbunzlau

2. Hälfte 19. Jh.; Aquarell/Pergament; 17,8 × 13,5 cm

d) Die Heilige Jungfrau Maria von Altbunzlau

Antonín Birckhard (1677–1748)
1. Hälfte 18. Jh.; Kupferstich; 10,4 × 5,9 cm

e) Die Heilige Jungfrau Maria von Altbunzlau mit den Hll. Wenzel und Ludmila

Václav Merklas (1809–1867)
Vor 1852; Stahlstich; 15,4 × 9,4 cm

Praha, Národní muzeum [Nationalmuseum] (H2–61 215; H2–60 867; H2–11.470; H2–114 264; H2–114 387)

Mit der Vormundschaft und Erziehung Wenzels I. betraut, hatte Ludmila, seine christliche Großmutter, großen Einfluß. Ludmila wurde im Jahre 921 von ihrer Schwiegertochter Drahomíra ermordet und wie ihr Enkel später heiliggesprochen. *VP*

3/81 Ansicht vom Schloß Obřistwi

Antonín Mánes (1784–1843)
1826; Aquarell; 41 × 54,1 cm
Bez.: A. Manes 1826
Praha, Národní muzeum [Nationalmuseum] (H2–7.371)

Das Aquarell des Klassikers der tschechischen romantischen Landschaftsmalerei fängt die bedeutendsten Bauten von Obřistwi in der Nähe des Zusammenflusses von Elbe und Moldau ein: das Schloß, dessen Umbau gerade beendet worden war, die ältere Kirche des Hl. Johannes des Täufers und die alte Mühle. Das ursprüngliche Flußbett der Elbe wurde später zugeschüttet. Obřistwi erlebte in dieser Zeit einen ungeheuren wirtschaftliche Aufschwung. In den Jahren 1841 bis 1851 wurde die Stadt Endstation der Prager Dampfschiffahrts-Gesellschaft, der ersten wirklich modernen Verkehrsverbindung in dieser Region. *LS*

3/82* Baron Franz Koller (1767–1826)

Vincenzo Abbati (1803–1866)
1821–1826; Öl/Lw.; 68 × 50,7 cm
Bez.: V. Abbati
Praha, Národní muzeum [Nationalmuseum] (H2–7.377)

Franz Koller, aus einer Bürgerfamilie stammend, errang dank seiner militärischen Karriere den Titel eines Barons, den Besitz Obřistwi, eine Reihe höchster Auszeichnungen und die Position eines der führenden Generäle der Anti-Napoleonkoalition. 1814 eskortierte er Napoleon von Fontainebleau nach Elba. Als Generalintendant der österreichischen Armee in Neapel sammelte er in Süditalien antike Gegenstände und trug einige Tausend davon auf seinem Schloß in Obřistwi zusammen, das er in den Jahren 1824 bis 1826 umbauen ließ. Diese Antikensammlung hatte damals und auch später in Böhmen nicht ihresgleichen. Nach Kollers Tod bemühte sich das Prager Nationalmuseum vergeblich um diese einmalige Sammlung. Einen großen Teil kaufte der preußische König Friedrich Wilhelm III. für das 1825 bis 1830 neu erbaute Museum in Berlin an. *LS*

3/83* Inserat »Kais. königl. privilegirte Elbe-Dampfschiffahrt...«

In: Prager Zeitung, 2. März 1848
Praha, Knihovna národního muzea [Bibliothek des Nationalmuseums] (Periodica 17–32/24)

Das Inserat preist die Bequemlichkeit und Schnelligkeit des kombinierten Reisens zu Wasser und zu Lande an. Das heute zur Elbe hin von einem Park umgebene Schloß Obřistwi lag bis zur Flußregulierung in den dreißiger Jahren unmittelbar am Elbufer. Es wurde für die gastronomische Betreuung der Reisenden benutzt. *WW*

3/84 Dampfschiff »Bohemia«

Modell im Maßstab 1:48
(Original: 1841); Holz, Metall; 31 × 21 × 80 cm
Praha, Muzeum hlavního města Prahy [Museum der Hauptstadt Prag] (37/88)

Der Engländer Joseph John Ruston (1809–1895) hatte die »Bohemia« 1841 nach eigenen Plänen als Holzschiff mit Glattdeck, das von zwei Zylindermaschinen mit Einspritzkondensation der Firma J. Penn aus Greenwich mit 30 PS angetrieben wurde, im Karolinental bei Prag bauen lassen. Das Schiff benötigte an den sächsischen Stromschnellen keine Unterstützung von Land. Es hatte eine reiche Innenausstattung. Mit einer Kapazität für 140 Personen verkehrte es auf der Elbe bis 1851 und wurde 1856 verschrottet.

WW

3/82

3/85* Landung des ersten böhmischen Dampfboots »Bohemia« zu Leitmeritz bei dessen erster Fahrt von Prag nach Dresden, 26. Mai 1841 *[DH]*

Lithographie; 13,7 × 18,7 cm
Praha, Národní galerie [Nationalgalerie] (R 63530)

Die Sächsische Dampfschiffahrtsgesellschaft hatte im Gründungsjahr 1836 mit dem Seitenraddampfschiff »Königin Maria« auf der Strecke Dresden – Leitmeritz ihren Betrieb eröffnet. John Andrew (1787–1847) und Joseph John Ruston (1809–1895) begründeten das Konkurrenzunternehmen der »K.k. priviligierten Elbe-Dampfschiffahrtsgesellschaft« und stellten nach der »Bohemia« 1845/46 zwei weitere Boote, die »Germania« und die »Constitution«, in Dienst, die auf der Strecke Obřistwi – Dresden verkehrten. Die Anfahrt von Prag erfolgte in Pferdekutschen, ebenso der Transport von Aussig oder Tetschen nach Teplitz, einem der weltbekannten Kurorte der Zeit. *WW*

3/86 Fahrplan und Preistabelle der »Tschechoslowakischen Schiffahrts Aktien Gesellschaft Elbe«

1936; 2 Drucke; 20,5 × 42 cm, 20,5 × 40,5 cm
Obříství, Anežka Svobodová

Nach dem gültigen Fahrplan erfolgte der Schiffsverkehr zwischen Raudnitz und Leitmeritz ab 1. Mai 1936 im wesentlichen fünfmal täglich in beide Richtungen und einmal täglich von Melnik über Brandeis nach Tauschim und zurück. Die Streckenführung über Melnik hinaus war erst nach den Regulierungsarbeiten der dreißiger Jahre möglich, bei denen das Bett der Elbe zum Teil verlegt, Flußbögen begradigt und zahlreiche Wehre und Schleusen eingerichtet worden waren. Die Preisangaben beziehen sich auf den üblichen und ermäßigten Personen- und Frachtverkehr. *WW*

3/87* Seitenradmotorschlepper »Masaryk«

Modell im Maßstab 1:13
1951 (Original: 1932/33); Holz, Metall; 38 × 36 × 135 cm
Děčín, Okresní muzeum [Kreismuseum] (3544/87)

Der Schlepper »Masaryk«, benannt nach dem tschechischen Staatspräsidenten Tomáš Garrigue Masaryk (1850–1937), wurde nach Plänen des Ingenieurs Neudörfl auf der Werft in Prag-Libeň und Aussig in den Jahren 1932/33 gebaut und galt als modernster und leistungsfähigster Schlepper seiner Zeit auf der Elbe. Mit zwei Motoren von je 450 PS zu 280 Umdrehungen konnte die »Masaryk« bis zu sechzehn Kähne

3/87

schleppen. Während der deutschen Okkupation wurde der Schlepper nach Dresden gebracht, zerlegt und zur Donau transportiert. Dort setzte man ihn für Öltransporte von Rumänien nach Deutschland ein. Er wurde im Zweiten Weltkrieg zerstört. *WW*

2187. Erh. 1. März.

Kais. königl. privilegirte

Elbe-Dampfschifffahrt

zwischen

Prag und Dresden.

Die Dampfboote

Bohemia und Germania

fahren

von Prag nich Dresden und retour: den 5., 7., 9., 11., 13., 15. März.

Abfahrt von Prag um 5 Uhr früh,
" von Obřistwi um 8 Uhr früh,
" von Dresden um 6 Uhr früh.

Zur Bequemlichkeit des Publikums und insbesondere der mit den Dampfbooten „Bohemia" und „Germania" P. T. Reisenden ist ein Theil des Schlosses Obřistwi als Hôtel eingerichtet nebst bester Bedienung, wodurch das zu frühe Aufstehen beseitigt werden könne. (1)

3/83

3/88 »Die verkaufte Braut« *[DH]*

Erstausgabe des Klavierauszugs
Friedrich Smetana (1824–1884)
Prag: »Matice hudebny«
1872; Notendruck; 31 × 26 cm
Praha, Národní muzeum – Muzeum české hudby [Museum für tschechische Musik] (MBS BK 4/122)

Die ersten Bindungen Smetanas an Obřistwi datieren von 1844, als sein Vater, Franz Smetana, hier eine Brauerei pachtete. Seit 1859 ist dieser Ort auch direkt mit Friedrich Smetana verbunden. Dieser wirkte damals zwar in Göteborg, verbrachte nach dem Tode seiner ersten Frau aber die Ferien 1859 in der Heimat. Während dieses Aufenthaltes besuchte er in Lamberk bei Obřistwi die Familie von Franz Ferdinandis, dessen eine Tochter mit Smetanas Bruder Karl verheiratet war. Smetana verlobte sich noch vor der Rückkehr nach Schweden mit Ferdinandis' jüngster Tochter Bettina. Im Juli 1860 heiratete er sie in Obřistwi. Danach war Smetana in den Sommermonaten oft dort. Angeblich entstanden hier Kompositionen zur »Verkauften Braut«. *MK*

3/89 Ansicht der Stadt Melnik

C.W. Arldt nach einer Zeichnung von R. Bürger
Um 1845; Lithographie; 16,7 × 24 cm
München, Sudetendeutsches Archiv (00307)

Die Chaussee von Prag über Melnik nach Böhmisch-Leipa und Rumburg wurde um 1840 fertiggestellt. Unter dem steilen Burgfelsen von Melnik mit dem Schloß der Fürstenfamilie Lobkowitz, umgeben von Auwäldern, mündet die Moldau in die Elbe. Karl IV. (geb. 1316, reg. 1347–1378) bestimmte die Burg zum Leibgedinge (Witwensitz) der böhmischen Königinnen. Die Gegend ist bis heute für ihre Burgunderreben berühmt, die der Kaiser auf den Hängen von Lobositz, Aussig, Melnik und Raudnitz anpflanzen ließ. *MLP*

3/90 Zwei Böhmische Denare »Emma Regina«

Um 990; Silber, geprägt; Dm je 2 cm
Praha, Národní muzeum, Sbírka mincí [Münzsammlung] (H5–4519, H5–4520)

Die Tradition der Leibgedinge der tschechischen Königinnen begründete wahrscheinlich Emma (in Melnik 985–995, gest. 1006), Gemahlin Herzog Boleslavs II. (reg. 972–999). Sie ließ in Melnik eigene Münzen als silberne Denare prägen, auf deren Kopfseite ihr Name Emma mit dem Titel »Regina« verbunden ist. Auf der Rückseite ist der Prägungsort »Melnic Civitas« verzeichnet. Emma war die erste Frau in Mitteleuropa, die aufgrund des Mitgiftmünzrechts eigene Münzen prägen konnte. *JH*

3/85

3/91 Büste der Heiligen Ludmila aus der Kirche in Trnowa

2. Viertel 17. Jh.; Lindenholz, gefaßt; 52 × 33 × 16 cm
Praha, Národní muzeum [Nationalmuseum] (H2–7.658)

Die Büste der Heiligen Ludmila entstammt der ursprünglichen Ausstattung der Heilig-Geist-Kirche in der Gemeinde Trnowa (Kreis Prag-West). Die frühbarocke Darstellung belegt die Rekatholisierungstendenzen in Böhmen nach der Schlacht am Weißen Berg. Die Kirche ließ nach 1620 den Kult der traditionellen tschechischen Schutzheiligen aufleben und verbreitete ihn mit Hilfe von Bildern und Plastiken, die die Vorstellung altertümlicher, verehrter Reliquien hervorrufen sollten. Daher zeichnet die Büste der Heiligen Ludmila, der angeblich aus Melnik stammenden Fürstin, Großmutter und Erzieherin des Hl. Wenzel, die am 15. September 921 mit einem Schleier auf der Burg Tetín erdrosselt wurde, erratische Starre und Ernst aus. Sie erinnert an mittelalterliche Kopfreliquiare, obwohl sie in Wirklichkeit keine Reliquie enthält. *LS*

3/92 Weinpresse aus der Kellerei von Lobkowitz *[DH]*

Ende 19. Jh.; Holz, Metall; 253 × 168 × 125 cm
Mělník, Okresní muzeum [Kreismuseum] (V 541)

3/93 Wirtshausschild *[DH]*

19. Jh.; Holz, bemalt; 150 × 152 cm
Mělník, Okresní muzeum [Kreismuseum] (24/82)

Erstmals 1057 in der Stiftungsurkunde des Leitmeritzer Kapitels erwähnt, erwarben Zisterziensermönche aus Altzell bei Meißen im Jahre 1251 mehrere Weinberge in der Umgebung von Lobositz und Czernosek »für 9000 Silbermark«. Angebaut wurden Traminer, Riesling, Muskateller, Gutedel, St. Laurentius, Wenduler und Portugieser. Kaiser Karl IV. (geb. 1316, reg. 1347–1378) förderte den Weinbau durch Rebenimport aus Burgund. Die Weinkeller von Czernosek und im Schloß zu Melnik sind die bedeutendsten dieser Gegend. Der Melniker Wein trägt den Namen der hier gebürtigen Pschowanenfürstin Ludmila. Wein wird an der böhmischen Elbe noch heute von Melnik bis Aussig angebaut. *WW*

3/94 Frauentracht des mittelböhmischen Elbstromgebietes

a) Mieder

1. Hälfte 19. Jh.; Seidenbrokat, Goldstickerei, Flittergold; 30 × 65 cm

b) Ziertuch

Ende 18. Jh.; Leinen, Seidenstickerei, Spitzensaum; 30 × 160 cm

Praha, Národní muzeum, Národopisné oddělení [Volkskunde-Abteilung] (H4–69 369, H4–93 188)

Das leinengefütterte Mieder zur Frauenfesttracht besteht aus kleingemustertem lila Samt und ist am oberen Rand reich mit Flittergold bestickt. Das festgeformte Mieder mit der schlanken Taille und dem weiten Rock bestimmte die Silhouette der Trachten. Ihre Goldstickereien gehören zu den Meisterwerken der volkstümlichen Textilkunst des mittelböhmischen Elbstromgebietes. *JL*

KAPITEL 4

Vom Böhmischen Mittelgebirge zum Elbsandsteingebirge

Bei Melnik verbreitert der Zusammenfluß mit der Moldau die Elbe von 96 auf 147 Meter. Ab Lobositz umschließen den Fluß wie am Oberlauf die steilen Felswände und Berghänge des Böhmischen Mittelgebirges in einem kaum 800 Meter breiten Tal. Die Industrialisierung verwandelte diese alte Siedlungs- und Nutzlandschaft, den »Garten Böhmens«, mit Lebensmittelwerken, Maschinenbau- und Chemiefabriken in ein Industrierevier. Die Elbe vermittelte dieser Region seit je rege Handelskontakte. Aus Böhmen ausgeführt wurde vor allem Getreide, Holz, Wein, Obst, Gemüse und Hopfen. Zurück nach Böhmen kamen Salz, Heringe, Tuch und Wolle. Heute wird vor allem Kohle aus Nordböhmen auf dem Fluß transportiert; die Elbe ist stromaufwärts über Melnik hinaus schiffbar. Der Handelsweg des Stroms förderte jahrhundertelang Streit und Konkurrenz unter den Königsstädten Melnik, Leitmeritz und Aussig ebenso wie unter den Herrschaften Raudnitz und Lobositz, die erst um 1600 zu Städten erhoben wurden.

Auf der Burgstätte von Leitmeritz am Zusammenfluß von Eger und Elbe saß vor den Przemysliden der Stamm der Lytomeritzer. Um 1057 wurde das Domkapitel eingerichtet, um 1227 erhielt der Ort Stadtrecht. Bis Anfang des 17. Jahrhunderts war Leitmeritz Sitz des Appellationsgerichts für ganz Böhmen; es urteilte nach Magdeburger Recht. Der Dreißigjährige Krieg trieb aus dieser Region viele Gegner der Rekatholisierung in die Emigration. Nach dem Aufstieg zur Episkopalstadt entstanden in Leitmeritz seit 1655 zahlreiche Kirchenbauten.

Im baufreudigen Barock wurde 1652 das Schloß von Raudnitz errichtet. Dieser alte Marktplatz an der Kreuzung der Handelswege von Prag nach Görlitz war jahrhundertelang Residenz und Besitz der Prager Bischöfe und Erzbischöfe. Das Dominialrecht erhielt Raudnitz im letzten Viertel des 13. Jahrhunderts. 1603 wurde die Herrschaft über Stadt und Domäne dem Magnatengeschlecht der Lobkowitz übertragen, die hier zielbewußt die Rekatholisierung, aber auch das kulturelle Leben förderten.

Nach Aussig wanderten aus Sachsen und anderen deutschen Gebieten Siedler zu. Nach der Eroberung durch die Hussiten im Jahr 1426 blieb die Stadt fast drei Jahre verödet. Der Dreißigjährige Krieg und die Schlesischen Kriege hinterließen tiefe Spuren. 1945 wurde die Stadt schwer verwüstet.

1780 wurde am Zusammenfluß von Eger und Elbe die Festung Theresienstadt erbaut; ihre strategische Funktion hat sie nie erfüllt. Die »Kleine Festung« diente von Anfang an als Gefängnis für politische Häftlinge. Im Ersten Weltkrieg als Gefangenenlager genutzt, erlangte die Festung Theresienstadt im Zweiten Weltkrieg traurige Berühmtheit als größtes KZ auf dem Gebiet der Tschechoslowakei. Hierher wurden im Vollzug der NS-Rassenverfolgung gewaltsam Juden aus ganz Mitteleuropa verschleppt. Die Jahre vor und während des Zweiten Weltkrieges lasten heute noch schwer auf dieser Elbregion, die jahrhundertelang die tschechische wie die deutsche Bevölkerung geprägt hat.

EŠ

4/3

4/1* Ansicht von Raudnitz

Ferdinand Päzelt (gest. 1863)
1845/46; Gouache mit Aquarell; 21 × 27,2 cm
Regensburg, Museum Ostdeutsche Galerie (9275)

Ferdinand Päzelt schuf eine Serie von 50 numerierten Ansichten mit dem Titel »Die Burgen und Burg-Ruinen Böhmens« als Vorlage für eine nie gedruckte Folge. Ernst von Pardubitz, Prager Erzbischof und Kanzler Karls IV., hielt in der Raudnitzer Burg 1350 den römischen Volkstribun Cola di Rienzo gefangen. Das Herzogtum war eine wichtige Einnahmequelle der Fürsten Lobkowitz, die es gegen Ende des 16. Jahrhunderts übernahmen und hier zwischen 1652 und 1684 das mächtige Barockschloß erbauten. Benannt nach einer eisenhaltigen Quelle namens Rudnice, handelt es sich wohl um eine der ältesten slawischen Ansiedlungen in der oberen Elbegegend. *MLP*

4/2 Sechs Keramiken aus Jaromer, Königgrätz, Kolin, Kostomlatek, Melnik und Raudnitz

13.–15. Jh.; Ton, gebrannt, bemalt; je H 11 cm, 27,3 cm, 14 cm, 7,3 cm, 22,3 cm, 13,5 cm
Praha, Národní muzeum [Nationalmuseum] (H2–2803, H2–5657, H2–2872, H2–17057, H2–25407, H2–25847, H2–2780)

Diese mit rotem Kaolin bemalten Gefäße mit dem charakteristischen hart gebrannten hellen Scherben aus dem 13. bis 15. Jahrhundert waren vor allem im Elbraum der nördlichen Hälfte Böhmens verbreitet. Einige Produktionsstätten sind dort archäologisch belegt (Lewin, Böhmisch-Leipa). Entlang der Elbe setzten sich die Erzeugnisse tschechischer Werkstätten auch im benachbarten Sachsen durch, wo Funde rot bemalter Keramik als Importe betrachtet werden können.

VB

4/3* Madonna aus dem Kapuzinerkloster Raudnitz *[D]*

Kopie nach dem Gemälde des Wittingauer Meisters in Raudnitz (nach 1380)
1513; Tempera/Lw., auf Lindenholz aufgezogen; Rahmen mit 8 Miniaturen aus dem Leben Mariä; Mitteltafel: 70,7 × 56 cm; 92 × 79,5 cm (mit Rahmen)
Bez. über dem Heiligenschein: Letha. M.CCCCC.XIII. BD
Praha, Národní galerie [Nationalgalerie] (D O 1003)

Das in drei Varianten bekannte Bild der »Madonna von Raudnitz« (Südböhmische Galerie, Hluboká; Gemäldegalerie des Stiftes Melk, Österreich) wurde in seiner Entstehungszeit häufig kopiert, da das Motiv der Marienverehrung von der Kirche für die Rekatholisierung eingesetzt wurde. Raudnitz war ein Zentrum der böhmischen Tafelmalerei. Dieses Bild, für die erzbischöfliche Residenz oder für die Kirche des Augustinerklosters gefertigt, stellt den ältesten Beleg des ikonographischen Typus der Budweiser Madonna dar, eines der wertvollsten Beispiele des böhmischen »schönen Stils« am Beginn seiner Entwicklung.

MLP

4/4 Ernst von Pardubitz (Erzbischof 1343–1364)

Kopie nach einer Sandsteinbüste der Prager Dombauhütte Peter Parlers
Nach 1380; 60 × 58 × 20 cm
Praha, Národní muzeum [Nationalmuseum] (Original: Veitsdom, Prag)

Der Zyklus der Porträtbüsten weltlicher Herrscher und geistlicher Würdenträger am unteren und oberen Triforium des Hochchores im Prager Veitsdom geht auf Pläne Parlers aus dem Jahr 1373 zurück und wurde von ihm und Mitgliedern seiner Bauhütte zwischen 1374 und 1385 ausgeführt. Die Inful (Mitra) hat ihren oberen Teil wahrscheinlich beim Beschuß des Hradschins 1757 durch preußische Truppen verloren. Die lateinische Inschrift lautete: »Ernst, der erste Prager Erzbischof, gründete, begabte und vollendete zur Gänze das Kloster der regulierten Chorherren zu Glatz, desgleichen die Klöster desselben Ordens zu Sadska und zu Rokytzan, auch gründete, vollendete und begabte er das Hospital zu Böhmisch-Brod, dieser starb zu Raudnitz im Jahre 1364 am letzten Tage des Monats Juni und liegt begraben zu Glatz. Er führte zuerst das Amt eines Correctors zur Unterdrückung des Übermuths der Geistlichen ein« (Übersetzung des 19. Jahrhunderts). *WW*

4/1

4/5

4/5* Zdeněk Adalbert (Vojtěch) Popel Graf von Lobkowitz (1568–1627) *[DH]*

19. Jh.; Öl/Lw.; 32 × 25 cm
Praha, Lobkowiczkoroudnická sbírka, t. č. ve správě Středočeské galerie [Lobkowitz-Sammlung, Raudnitz, in der Mittelböhmischen Galerie] (O-2643)

Zdeněk Adalbert Popel Graf von Lobkowitz bekleidete als Oberstkanzler das höchste Amt Böhmens. Als Führer der sogenannten »spanischen« Partei am kaiserlichen Hof, deren Ziele er konsequent vertrat, wurde er 1619 auf seine Besitzungen in Raudnitz verbannt. 1609 hatte er dort ein Kapuzinerkloster gegründet, 1620 wurde er zum Ritter des Goldenen Vlieses, 1624 in den Fürstenstand erhoben. Seit 1603 war er mit Polyxenia, Tochter des Oberstkanzlers Vratislav von Pernstein, verwitwete Rosenberg, verheiratet. Als überzeugte Katholiken wiesen beide Andersgläubige, die sich nicht bekehren ließen, aus ihrem Herrschaftsbereich aus.
WW

4/6* Josef Franz Maximilian von Lobkowitz (1772–1816)

Kopie nach einem Gemälde von Friedrich Oelenheinz (1745–1804)
19. Jh.; Öl/Lw.; 70 × 55 cm
Praha, Lobkowiczkoroudnická sbírka, t. č. ve správě Středočeské galerie [Lobkowitz-Sammlung, Raudnitz, in der Mittelböhmischen Galerie] (O-2316)

Josef Franz Maximilian, erster Herzog von Raudnitz, spielte eine bedeutende Rolle im böhmisch-österreichischen Kulturleben. Allseitig gebildet und außergewöhnlich musikalisch, spielte er Geige und Cello, übernahm anspruchsvolle Baßpartien in Oratorien und komponierte gelegentlich selbst. Er war Freund und Auftraggeber Ludwig van Beethovens, stiftete und initiierte künstlerische Einrichtungen, vor allem ein symphonisches Orchester in seinem Schloß in Raudnitz.
WW

4/7 »Die Schöpfung – ein Oratorium in Musik gesetzt von Hrn Jos: Haydn Doctor der Tonkunst, 1. Teil«, 1799

Joseph Haydn (1732–1809)
Bearbeitung für Klavier von Sigmund Neukomm
Wien: Verlag Artaria und Compagnie
Klavierauszug mit Kupferstichen; 24,5 × 35 × 7 cm
Praha, Národní muzeum – Muzeum české hudby [Museum für tschechische Musik] (X A f 2/1)

In der Lobkowitzer Musiksammlung in Raudnitz ist eine große Anzahl zeitgenössischer Abschriften und Drucke der Werke von Joseph Haydn (Messen, Symphonien, Kammerkompositionen, Oratorien) erhalten, die deren häufige Aufführung belegen. Der musikliebende Fürst Lobkowitz gehörte insbesondere in den neunziger Jahren des 18. Jahrhunderts zu Haydns Mäzenen. »Die Schöpfung« war in den Lobkowitzer Schlössern in Raudnitz und Eisenberg 1799, ein Jahr nach der Wiener Premiere, unter der Leitung von Anton Vranitzky (1761–1820) zu hören. Weitere nachweisbare Aufführungen von Oratorien folgten hier in den Jahren 1803, 1806 und 1807. Am 27. Oktober 1805 fand in Raudnitz auch die erste Aufführung der »Schöpfung« in tschechischer Sprache statt. Fürst Franz Maximilian Lobkowitz sang die Rolle des Rafael.
MK

4/6

4/8 »Missa Solennis in C«

Anton Vranitzky (1761–1820)
Orchesterpart
Um 1800; Notenhandschrift; 32 × 24 cm
Praha, Národní muzeum – Muzeum české hudby [Museum für tschechische Musik] (X a c 11)

Anton war der jüngere Bruder des Geigenspielers und Komponisten Paul Vranitzky. 1790 trat er als Geigenlehrer in die Dienste des Fürsten Franz Maximilian Lobkowitz. 1797 wurde er zum Kapellmeister der neugebildeten Fürstenkapelle ernannt, in der er zugleich Violine spielte. Er leitete sie bis zu seiner Pensionierung im Jahre 1816. Danach wurde sie infolge finanzieller Einschränkung der Hofhaltung aufgelöst. Vranitzky sorgte für ein reiches musikalisches Leben im Hause Lobkowitz in Wien wie auf den Landsitzen in Raudnitz und Eisenberg. Im Lobkowitzer Musikarchiv sind in zeitgenössischen Abschriften, Drucken und Autographen viele seiner Kompositionen (insbesondere Symphonien, Geigenkonzerte und Kammermusik) erhalten, die vorwiegend für den Bedarf der Lobkowitzer Fürstenkapelle komponiert wurden. Die handschriftlichen Stimmen dieser einzig in der Sammlung erhaltenen Messe Vranitzkys wurden in Wien um 1805 angefertigt. *MK*

4/9* Naturtrompete – Clarine in Es

Michael Leichamschneider
Wien 1716; Silber, getrieben, vergoldet; zisilierter Trichter; L 74,5 cm, Trichter: Dm 11,5 cm
Bez. im Trichter: Michael Leicham/Schneider in/Wien 1716
Praha, Národní muzeum – Muzeum české hudby [Museum für tschechische Musik] (950 E)

Das Instrument gehört zu den sechs Trompeten des bedeutenden Wiener Meisters aus dem Inventar der Lobkowitz-Kapelle in Raudnitz. Sein Gegenstück befindet sich im Wiener Kunsthistorischen Museum. Es ist anzunehmen, daß auch diese Trompete bei feierlichen Aufführungen auf dem Raudnitzer Schloß benutzt wurde, wo sich unter anderem Noten von Händels Messias mit Mozarts Korrekturen erhalten haben. *BČ*

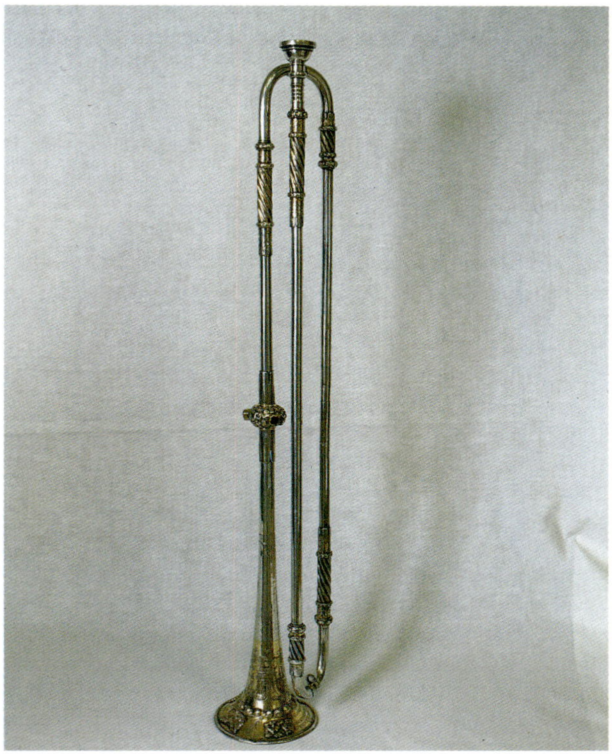

4/9

4/10 Klarinette in A aus der Sammlung Lobkowitz

Johann Ziegler
Wien, 1. Hälfte 19. Jh.; Holz, Metall; L 68 cm, Dm 9 cm
Praha, Národní muzeum – Muzeum české hudby [Museum für tschechische Musik] (1630 E)

Die Raudnitzer Kapelle der Fürsten Lobkowitz bestand bis weit ins 19. Jahrhundert. Neben klassischem Repertoire wurden auch Kompositionen der Frühromantiker gespielt. Außer anderen Instrumenten der Wiener Firma Ziegler blieben neun Klarinetten aus dem Bestand der Kapelle erhalten. *BČ*

4/11 Hakenharfe *[DH]*

Anfang 19. Jh.; Holz, Metall; 110 × 50 cm, Fuß: B 22 cm
Praha, Národní muzeum – Muzeum české hudby [Museum für tschechische Musik] (115 E)

Die Erfindung der sogenannten Hakenharfe, bei der durch Haken am Instrumentenhals ein größerer Ausschlag der Saite und somit eine Intensivierung des Tones erreicht werden kann, stammt aus der zweiten Hälfte des 17. Jahrhunderts aus Tirol. Dieses Volksmusikinstrument war in ganz Mitteleuropa verbreitet. Es wurde vielfach in Ostböhmen angefertigt und erhielt nach dem dortigen Zentrum der Produktion die Bezeichnung »Nechanicer Harfe«. *BČ*

4/12 Frauenfesttracht aus dem mittelböhmischen Elbstromgebiet

Praha, Národní muzeum, Národopisné oddělení [Volkskunde-Abteilung] (H4–80 475, H4–100, H4–C 2211, H4–48 395)

a) Mädchentracht

1. Hälfte 19. Jh.; Seide u. Seidenbrokat, Stickerei u. Spitze; 10 Teile

Die Mädchenfesttracht aus dem mittelböhmischen Elbstromgebiet, bestehend aus Spitzenhäubchen, weiß besticktem Hemdchen mit kurzen weiten Ärmeln, steifem Seidenmieder, Rock aus geblümtem Seidenbrokat und Stickerei auf weißem Tüll, reich verzierter Schürze und über der Brust gekreuztem Dreiecktuch, wurde mit weißen Strümpfen und bestickten Schuhen getragen. Es ist die Tracht der reichen, fruchtbaren Gegend nordöstlich von Prag. Die Mädchen trugen sie zu festlichen Gelegenheiten, am Sonntag zum Kirchgang oder zu großen Tanzvergnügen.

b) Schürze

Mitte 19. Jh.; Tüll mit durchbrochener Stickerei; 80 × 120 cm

Die Schürze zur Frauenfesttracht gehört der neueren Zeit an, in der sich traditionelle Machart mit neuzeitlichem, fabrikmäßig erzeugtem Material verbindet, aber dennoch regionale Eigenheit bewahrt. Der durchsichtige Tüll verlangte eine spezielle Sticktechnik. Charakteristisch ist das Durchziehen stärkerer Baumwollfäden. Die Schürze ist reich mit Pflanzenornamenten und feiner Bordüre verziert.

c) Kopftuch

1. Hälfte 19. Jh.; Baumwolleinen, Tüllapplikation, Stickerei; 96 × 96 cm

Das viereckige Kopftuch aus weißem Batist war für verheiratete Frauen zur Festtracht bestimmt. Die anspruchsvollen Stickereien in Kontrastmustern waren in der Umgebung von Raudnitz häufig und zeichneten die Garderobe reicher Bäuerinnen aus. Das Kopftuch wurde diagonal gefaltet und so gebunden, daß die bestickten Teile zu sehen waren.

d) Spenzer

2. Drittel 19. Jh.; Seide, wattiert, Zierborten; 50 × 120 cm

Der Spenzer belegt mit seiner präzisen Nähtechnik deutlich den Einfluß der städtischen Mode. Die Jacke ist mit farbigen Borten und Besätzen verziert und mit Hilfe kleiner Falten und Biesen geformt. Den vorderen Hakenverschluß verdeckt eine Patte mit einer Reihe kleiner Perlmuttknöpfe. Jacken dieses Stils trugen die Dorffrauen im mittleren Elbstromgebiet als Ergänzung der Festtracht. *JL*

4/13 Medaillen und Pokale von Ruderregatten

a) Vierzehn Medaillen für Ruderwettbewerbe in Raudnitz, Melnik, Leitmeritz und Tetschen

1876–1988; versch. Metalle; teilw. besetzt mit Granaten, Flußperlen u. Türkisen; Dm 3,8 cm; 3,5 × 6,5 cm – 6,5 × 15 cm

b) Ruderpokal »Aufforderungspreis – gewidmet K.B. Kober 14.9.1884«

Prag: Ruderklub Blesk, TJ Slavoj Vyšehrad
1884; Silber; H 36 cm, Dm 13 cm

c) Ruderpokal »VI. Internationaler Wettkampf des Tschechischen Athletic Clubs – der Preis für einen Ruderchampion Böhmens – in Roudnice n. L. am 11. 9. 1887«

1887; Silber; H 50 cm (mit Deckel), Dm 14,5 cm

Roudnice nad Labem, TJ Spartak-veslařský oddíl;
Praha, Muzeum hlavního města Prahy;
Praha, TJ Slavoj vyšehrad-veslařský klub (1–15, 2007)

Bedeutendstes Zentrum des Rudersports an der Elbe wurde bereits im 19. Jahrhundert die Stadt Raudnitz. 1881 fand hier durch die Rudersektion des »Sokol« (vgl. Kat. 3/64) der erste Wettkampf statt, an dem überwiegend Prager Clubs teilnahmen. Im gleichen Jahr wurden die private Rudergesellschaft »Triton« und 1882 der tschechische »Athletik Club« gegründet, dem neben Rudern auch andere Sportarten angeschlossen waren. Schwerpunkte im Rudersport wurden auch Melnik 1881, Nimburg 1905, Aussig 1923, Pardubitz (»AFK«) 1926 und im gleichen Jahr Leitmeritz. Im Sommer 1876 fuhr der berühmte Vierer des Prager Ruderclubs »Blesk« auf der Elbe von Raudnitz nach Hamburg, um dort an einem Wettkampf teilzunehmen. Ihm zu Ehren wurde nach 100 Jahren diese Fahrt wiederholt. *KŠ*

≈

4/14 Ansicht von Leitmeritz

C.W. Arldt
Um 1845; Lithographie; 15,9 × 23,6 cm
München, Sudetendeutsches Archiv (00311)

Bei Leitmeritz, jahrhundertelang bedeutendster Handelsplatz der böhmischen Elbe, öffnet sich das liebliche Elbtal zwischen Lobositz und Tetschen als vielbesungenes und gemaltes »Paradies Böhmens«. Bis zum Eisenbahnbau hatte die Stadt mit Bischofsdom St. Stephan und Bischofsresidenz Privilegien wie Stapel- und Marktrecht gegen ihre Konkurrenten Melnik, Lobositz und Aussig verteidigt. Die Industrialisierung gab der Entwicklung anderer Elbstädte Vorrang. *MLP*

4/15 »Ansicht der gedeckten Elbbrücke bey Leitmeritz – während dem am 24sten März 1814 durch den Eissturz bewirkten Einsturz dreyer steinerner Pfeiler« *[DH]*

Antonín Pucherna (1776–1862)
1814; Radierung mit Aquatinta; 16 × 29,4 cm
Praha, Národní galerie [Nationalgalerie] (R 9698)

Hochwasser und Eisgang brachen als Naturgewalten fast jährlich über die Uferregionen des noch nicht regulierten Flusses herein. Für Leitmeritz sind Brückenaufzeichnungen erhalten: 1454 wurde eine Holzbrücke weggeschwemmt, desgleichen 1501 und 1504. Eine neuerbaute Brücke wurde im Dreißigjährigen Krieg von schwedischen und kurhessischen Truppen am 22. Mai 1632 zerstört. Danach erfolgte der Verkehr von Ufer zu Ufer 80 Jahre lang mit Kähnen und Prahmen. 1712 wurde auf Stadtkosten eine hölzerne, auf zwei Steinpfeilern ruhende Brücke mit Figurenschmuck errichtet, die die Preußen am 4. Dezember 1744 verbrannten. Wiederhergestellt, zerstörten sie preußische Truppen 1757 abermals. Danach diente eine Schiffsbrücke zehn Jahre lang als Behelf. 1773 ließ Kaiserin Maria Theresia eine gedeckte Brücke für 48 900 Gulden errichten, die 1814 und 1815 erneut durch Eisgang zerstört wurde. Die 1824 erbaute höhere Brücke mit fünf Bögen von je 24 Klaftern Spannweite wurde 1845 vernichtet. *WW*

≈

4/16 »Elbschatz« aus der Bronzezeit

a) Drei Rasiermesser

b) Angelrute

c) Sichel und Beil mit Tülle

d) Halsschmuck, vier Armbänder und zwei Spangen

e) Kette aus elf Ringen

f) Sieben Schwerter

g) Schwertklinge und Lanzenspitze

10.–9. Jh. v. Chr.; Bronze
Litoměřice, Okresní vlastivědné muzeum [Kreisheimatmuseum] (467, 3768, 3769; 3765; 3766; 3792; 3772; 3775, 3779, 3780; 3770, 3771; 3764; 64, 3759, 3760, 3787, 52, 3762, 3758; 59; 3767)

Bei der Regulierung des Elbeflußbettes in den Jahren 1933 bis 1951 wurden viele frühbronzezeitlicher Gegenstände, der sogenannte »Elbschatz«, unterhalb der Burgstätte auf dem Dreikreuzberg bei Groß-Czernosek ausgebaggert: 22 Schwerter, 9 Lanzenspitzen, 1 Dolch, 6 Beile, 4 Rasiermesser, 2 Sicheln, 1 Angelhaken, 3 Messer, 2 Meißel, 2 rosettenförmige Spangen, 4 Halsschmuckstücke, 1 Kette, 3 Deckel und 26 Armbänder. Der »Elbschatz« kann ins 10. bis 9. Jahrhundert v. Chr. datiert und dem Übergang der Frühen zur Späten Bronzezeit (d.h. den Stufen Hallstatt A 2 bis B 2) zugeordnet werden. Die ursprünglichen Produktionsstätten (mittleres Donaugebiet und Süddeutschland – Ostalpen) sowie die große Waffenzahl legen nahe, daß es sich um Kriegsbeute handelt, die außerhalb Böhmens irgendwo im Donaugebiet oder bei einem Zusammenstoß mit einer fremden, bewaffneten Gruppe süddeutscher Abstammung erobert wurde. Mit größter Wahrscheinlichkeit wurde sie den Wassergöttern geopfert. Der »Elbschatz« spiegelt also indirekt die religiösen Vorstellungen der Bewohner der frühen und späten Bronzezeit wieder. Antike Autoren erzählten noch zu späterer Zeit von großen keltischen Schätzen in Tümpeln und Flüssen. *OK*

4/17* Eimerketten-Schwimmbagger *[DH]*

Modell im Maßstab 1:10
Firma A. Lanna
1935; Holz, Metallverblendungen; 109 × 122 × 226 cm
Praha, Národní technické muzeum [Technisches Nationalmuseum] (102)

Das Baggergut wird bei Versandung von Häfen, Kanälen und Flüssen durch Eimerketten mit durchlöchertem Boden zum Abfluß des Wassers vom Flußgrund hochgebracht. Der Eimerbagger ist auf zwei parallel liegenden Schiffskörpern installiert, in deren Mitte sich ein Kahn zur Aufnahme des Baggergutes befindet. Pro Eimer kann bis zu einem Kubikmeter Erdreich vom Grund gebaggert werden. *WW*

4/18 Keltischer Mühlstein aus der Gegend von Leitmeritz *[DH]*

2.–1. Jh.v. Chr.; Sandstein; H 17 cm, Dm 45 cm
Praha, Národní muzeum [Nationalmuseum] (H1–7/67 A)

In den Steinbrüchen an der Elbe unweit der Porta Bohemica sind schon lange vor Christi Geburt Mühlsteine gehauen, bearbeitet und über die Elbe transportiert worden. Mühlsteine aus keltischer Zeit sind bei Baggerarbeiten im Flußbett der Elbe bei Czernosek gefunden worden. Der altslawische Begriff »zrno« für Mühlstein hat sich in der Ortsbezeichnung erhalten. *JiB*

4/19* Kapitelurkunde des böhmischen Herzogs Spytihniew II. für Leitmeritz, 1057

Faksimile; 30 × 60 cm
(Original: Děčín, Státní oblastní archiv Litoměřice, pobočka Děčín)

Herzog Spytihniew II. (reg. 1055–1061) erließ »zum Heile seiner Seele« und zugunsten der neuen »erwürdigen Kirche, die er ebendaselbst zu Ehre Christi, der seligsten Jungfrau Maria, des Erstlingsmartyrs Stephanus und anderen Heiligen erbaut hatte«, ein Edikt, das die Einkünfte für die Geistlichkeit des Kapitels sowohl aus der Landwirtschaft als auch durch Abgaben aus Handel und Zöllen der Schiffahrt festlegte. Im Zusammenhang mit der Abgabepflicht ist auch der Weinbau erwähnt. Bei den Importen spielte das Salz eine wichtige Rolle. Die Urkunde wurde von König Przemysl Ottokar I. (geb. um 1155, reg. 1198–1230) im Jahr 1218 ausdrücklich bestätigt, weil man das Original verloren glaubte. *WW*

4/20 »Grundriß der Stadt Leitmeritz welche von den Schwedischen geplündert und verlassen im Martio 1640 Jahrs« *[DH]*

Matthäus Merian d. Ä. (1593–1650)
Nach 1640; kolorierte Radierung; 20,2 × 32 cm
Berlin, Deutsches Historisches Museum (Gr. 53/1257)

Merians Ansichten samt Grundriß geben den Zustand der befestigten Stadtanlage um den rechtwinkligen Marktplatz nach der Besetzung und Plünderung durch die Schweden im Jahr 1639 im Dreißigjährigen Krieg wieder. Domberg, St. Stephans-Vorstadt und Elbbrücke waren zerstört. 1655 wurde Leitmeritz Bischofssitz. *MLP*

4/17

4/19

4/21 »Lager bey Leitmeritz den 28. Juni 1757«

Karte im Maßstab 1:9000
Um 1757; kolorierte Federzeichnung; 21,5 × 42 cm
Berlin, Staatsbibliothek zu Berlin PK, Kartenabteilung
(SDb 1.396 c)

Dieser Plan aus dem Siebenjährigen Krieg zeigt den Elbverlauf von Leitmeritz bis Lobositz und die Aufstellung der preußischen Regimenter zwischen Lukowitz und Deutsch-Kopist parallel zur Elbe. Die gegenüberliegende Seite ist durch eine Brücke, die im Verlauf der Kriegshandlungen zerstört wurde, mit der damals befestigten Stadt Leitmeritz verbunden. Im Flußlauf sind noch die Inseln eingezeichnet, die späteren Regulierungen weichen mußten. *WW*

4/22* Karte der Moldau und der Elbe von Prag »bis an die sächsische Grenze« in 114 Sektionen

[DH]

1843; Druck; 53,5 × 67,5 cm
Praha, Státní ústřední archiv [Staatliches Zentralarchiv]
(SMP 559 [D X 2 J/82])

Diese Karte verzeichnet detailliert einen Abschnitt des jahrhundertealten Weinbaugebietes in der Umgebung von Leitmeritz. Zum Teil werden diese Anbauflächen entlang der Elbe zwischen Melnik und Aussig noch heute genutzt. *WW*

4/23 Buch der Lehrlinge und Meister der Fischerinnung

1654–1822; Handschrift (37 S.); Einband: Pergamentblatt aus einem lateinischen Kanzional des 14. Jh.;
31,5 × 10,5 cm
Terezín, Okresní archiv v Litoměřicích [Kreisarchiv Leitmeritz] (Inv.Nr. 5)

Dieses Buch enthält Eintragungen in tschechischer Sprache über Lehrlinge und Meister der Fischerinnung aus den Jahren 1654 bis 1822. Drei Eintragungen von 1788 und 1822 sind in deutscher Sprache abgefaßt. Es handelt sich um Geldbußen, Schulden, Ämter, Gesellenwanderungen und besondere Vorkommnisse. Ein Eintrag 1657 lautet: »3 Lachse und ein Wels von 100 Pfund«. Die Fischer in Leitmeritz, deren Gewerbe schon in der Gründungsurkunde des Domkapitels aus dem Jahre 1057 erwähnt ist, waren teils der Stadt, teils dem Kollegienkapitel unterstellt. Sie schlossen sich später zu einer Innung zusammen und unterhielten eine eigene Vorstadt unter dem Domhügel mit 50 Häusern. *JT*

4/24

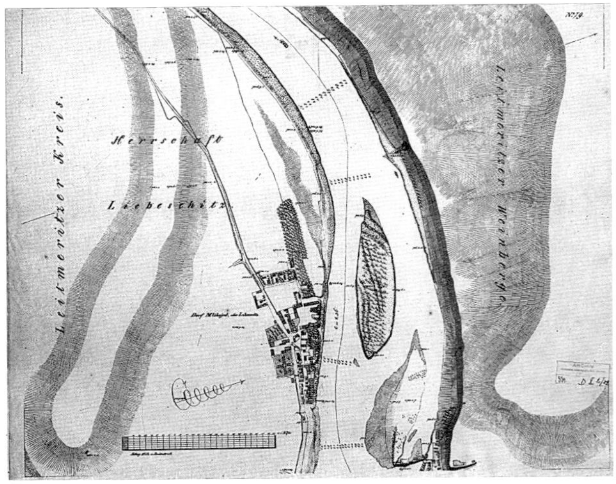

4/22

4/24* Zunftkanne der Fischer in Leitmeritz

1726; Zinn; H 51 cm
Bez. a. d. Henkel: H.B.N.; a. d. Kannenleib: ...1726...
Litoměřice, Okresní vlastivědné muzeum [Kreisheimatmuseum] (28 439)

Die ursprüngliche Fischerfigur über dem Deckel mit dem Abbild eines Störs ist verlorengegangen. Auf dem oberen Teil des Henkels sind Signaturen von Leitmeritzer Zinngießern erkennbar: das Stadtwappen mit Stadttor und Wällen von Leitmeritz und die Halbfigur eines Löwen über der Zinne sowie ein Pferd im Sprung mit den Initialen des Leitmeritzer Zinngießers H.B.N. Unter dem Ausguß ist eine abnehmbare Kartusche mit Fischerzeichen angebracht. Die Füße der Kanne sind aus drei Fischköpfen gebildet. Die Fischer ließen sich unterhalb der Georgskirche in der Nähe der Elbe in einer Ansiedlung nieder, die seit dem 13. Jahrhundert unter dem Namen Rybáře bekannt ist. Im 14. Jahrhundert wurde hier eine Fischerzunft gegründet, die sich im 19. Jahrhundert auflöste, als die Regulierung der Elbe und die schrittweise Industrieverschmutzung den Fischschwund bewirkten. Die Fischerzunft gehörte zu den ärmeren und weniger privilegierten Zünften der Stadt. Trotzdem beteiligte sie sich im 16. Jahrhundert am Umbau der Georgskirche, für die sie sogar den Steinaltar spendete. *OK*

4/25 Geräte für den Fischfang

Litoměřice, Okresní vlastivědné muzeum [Kreisheimatmuseum] (N 340; N 438; N 2193; N 2179; N 2174; N 2829; N 423)

a) Geräte zum Gießen der Netzgewichte: Tiegel, Schöpfer, Zange und Bolzen

Ende 19.– Mitte 20. Jh.; Messing; Eisen

Die Gewichte wurden an der unteren Schnur des Fischnetzes befestigt. Sie hielten das Netz in bestimmter Tiefe und sicherten mit den Schwimmern an der oberen Schnur die ständige Spannung. Die Gewichte, die wir schon aus der Urzeit kennen, waren zunächst aus Stein, Knochen oder Lehm. Erst später wurden sie aus Metall gefertigt. Die ältesten Funde von Bleigewichten stammen aus dem frühen Mittelalter von der Burgstätte in Libitz, die von Eisengewichten aus Nikl.

b) Werkzeuge zur Anfertigung und Reparatur von Fischernetzen: »Cvek« und Netznadel

Ende 19. Jh.; Holz; 13 × 2 cm; 28,5 × 2 cm

Diese Werkzeuge wurden zur Herstellung langer Fischnetze verwendet. Die Netznadel ist ein sehr altes Gerät, das in fast unveränderter Form von vorgeschichtlicher Zeit bis heute gebräuchlich blieb. Aus dem frühen Mittelalter sind Knochennetznadeln aus der Burgstätte aus Mikultschitz bekannt. Aufgrund ethnographischer Untersuchungen können wir annehmen, daß die Nadeln überwiegend aus Holz (Buche oder Esche) gefertigt wurden. »Cvek« (abgeleitet vom deutschen Wort »Zweck«) nannte man ein Gerät, auf das beim Netzstricken die Maschen der letzten Reihe gezogen wurden.

c) Kegelförmiger Fischkorb und Aalgabel (»Ošt«) mit Tülle

19. Jh. u. 1909; Holz, bemalt; Eisen, mit Holzetui; H 38 cm, Dm 20 cm; 24 × 7 cm

Archäologische Quellen bezeugen das Stechfischfanggerät schon aus der jüngeren Bronzezeit. An einem langen Holzschaft wurden bis zu zehn gabelförmige Metallzacken befestigt, die mit Widerhaken versehen waren, um das Herunterrutschen der Fische zu verhindern. Die Fangspitze bewährte sich vor allem in nicht allzu tiefen und ruhig fließenden Abschnitten der Gewässer. Diese Methode des Fischfangs wurde in Böhmen durch das Landesfischfanggesetz 1893 zwar verboten, doch weiterhin angewandt. Letzte Belege des Einsatzes dieser Fischgabel stammen aus dem Jahre 1960. Körbe in Form einer Reuse dienten zum Transport der Fische. Ikonographische Quellen bezeugen ihre Verwendung seit dem Mittelalter. *OK*

4/26 Elbfische bei Leitmeritz *[DH]*

Praha, Národní muzeum [Nationalmuseum] (5022, 5214, 5072, Z 366, 5206)

a) Großer Stör (Acipenser sturio)

In einer Abschrift des »Leitmeritzer Memoralienbuches« der Jahre 1560 bis 1607 von Vincenz Urban (Bezirksarchiv Leitmeritz) heißt es: »In den Tagen vom 11. bis 14. September 1589 wurden in den Fischfallen in Leitmeritz sieben Stück, der hier bis jetzt nie gesehenen Fische gefangen. Sie maßen eine Elle und waren mit einem Rüssel und vier Bartfäden dem Stör ähnlich.« Exemplare von über 100 Kilogramm und einer Länge von über zwei Metern wurden bis zur Jahrhundertwende besonders nach Hochwassern von Fischern in Raudnitz und Leitmeritz gefangen. Dennoch war der Stör selten in der Elbe. Handsch von Limus (1529–1578) überliefert den Volksglauben, daß bei gelungenem Störfang eine Pest im Anzuge sei. Den letzten Stör beobachteten Fischer am Schreckenstein im Jahre 1933.

b) Meeresforelle (Salmo trutta trutta)

Diese Art fand sich in geringerer Anzahl als der Lachs in der Elbe und ihren Zuflüssen. Nach der Jahrhundertwende sind Exemplare bei Fängen in der Gegend von Tetschen bis Leitmeritz mit Gewichten bis zu fünf Kilogramm bekannt. Das letzte Exemplar der Meeresforelle ist 1947 in der Gegend von Leitmeritz gefangen worden. Auf den Märkten wurde die Meeresforelle als Lachs verkauft.

c) Meeresneunauge (Petromyzon marinus)

Das Meeresneunauge, auch Lamprete genannt, gehört zu den Rundmäulern (Cyclostomatae) und wurde meist in Aalreusen gefangen. Ihr Vorkommen ist in der Elbe bei Tetschen und am Schreckenstein bis zur Mitte des 20. Jahrhunderts belegt.

d) Aal (Anguilla anguilla)

Der Aalfang war früher in der Elbe sehr ergiebig. Noch im Jahre 1928 wurde von Mitte Juni bis September bei Leitmeritz acht Tage lang der Zug junger Aale beobachtet. Als man im selben Jahr zu Beginn des Winters das Schleusenwehr IX umlegte, riß der Wasserstrom Schlammschichten mit, in denen die Aale eingebettet lagen. Aus einem einzigen Tümpel wurden 34 Aale gefischt. Regulierung und zahlreiche Einbauten von Wehren und Schleusen hindern die Aale an ihrer natürlichen Migration. Aus den sechziger Jahren sind nur noch einzelne Vorkommen bei Herrnskretschen, Tetschen, Aussig, Lobositz und Leitmeritz bekannt.

e) Lachs (Salmo salar)

Lachse zogen alljährlich aus der Nordsee an die Laichplätze der Elbzuflüsse und wurden in dieser Zeit massenweise gefangen. Erwähnungen dieses wichtigsten Elbfischs setzen um 1500 ein. Exemplare bis 36 Pfund sind für das Jahr 1575 belegt. Durch die Zerstörung zahlreicher Wehre in Sachsen in den Jahren 1752 bis 1763 zog der Lachs ungehindert in die Laichgebiete. Der Historiker J. Schaller (Topographie des Königreichs Böhmen, 1832) berichtet, das Gesinde mache bei Dienstantritt zur Bedingung, Lachs nicht öfter als zweimal die Woche als Speise zu verzehren. Seit der Verdopplung der Wasserschleusen bei Meißen (1777) ging der Lachsfang in den böhmischen Gewässern zurück. Durch Flußregulierungen und Schleusenbauten am Schreckenstein (1935) sowie die starke Verschmutzung des Flusses durch Industrien war der Fisch selten geworden. Der letzte Elblachs wurde am 22. Dezember 1949 vom Fischerverein in Aussig gefangen. *WW*

4/27

4/27* Keramik aus Lewin: Schüssel, Krug und Doppelgeschirr mit vier Traghaken

Ende 18./Anfang 19. Jh.; rotbrauner Scherben mit farbiger Glasur; H 7,5 cm, Dm 32 cm; H 36 cm, Dm 16 cm; H 10 cm
Litoměřice, Okresní vlastivědné muzeum [Kreisheimatmuseum] (N 1443; N 1445; N 881)

Die Anfänge der Töpferproduktion in Lewin reichen in das 14. Jahrhundert. In der Folgezeit entwickelte sich hier die Anfertigung sogenannter rot gemalter Keramik. Im 16. Jahrhundert veränderte sich die Produktion grundlegend durch die Verwendung von schnelldrehenden Töpferscheiben, Deckglasuren und neuen Öfen. Im 17. Jahrhundert gab der Historiker Bohuslav Balbín (1621–1688) Lewin den Beinamen »Heimat der Töpfer«. Lewiner Ware überschwemmte den Binnenmarkt und wurde in großer Menge auch ins Ausland exportiert. Den Höhepunkt erreichte der Export im 18. Jahrhundert, als hier außer alltäglichen Gebrauchsgegenständen auch anspruchsvolle engobierte Ware hergestellt wurde. Ende des 18. Jahrhunderts waren in Lewin die Fundstätten hochwertiger Tone erschöpft, die Produktion mußte allmählich auf weniger hochwertige Steinzeugware umgestellt werden und ab 1850 auf Steingut übergehen. Das Töpferhandwerk stagnierte und ging langsam unter. *OK*

4/28* Zwei figurale Bienenstöcke *[DH]*

Mitte 19. Jh.; Holz, geschnitzt, farbig gefaßt; männl. Figur: 166 × 78 × 98 cm (mit Bienenkasten); weibl. Figur: 177 × 38 × 38 cm
Ústí nad Labem, Muzeum

Der auffälligste der Bienenstöcke aus der reichen Sammlung des Museums in Aussig stellt einen Mann im Kampf mit einem Löwen dar. Er konnte vier Völker beherbergen. Die Fluglöcher befanden sich auf der Vorderseite der Skulptur, während die Versorgung der Bienen durch den Imker von der Rückseite erfolgte. Derartige Bienenstöcke hatten in der Umgebung von Aussig seit der Industrialisierung um 1850 vorwiegend Schmuckwert. Der zweite Bienenstock, dessen Ausflugsloch sich im Handinneren der Frau befindet, ist für nur ein Bienenvolk bestimmt. Empirekleidung, Kamm und Haarknoten verweisen auf die Vorliebe für Schmuckformen des bürgerlichen Lebens in den Kleinstädten der böhmischen Elbe dieser Zeit. *FrL*

4/29 »Die K.K. Priv. Landesbef. Kunst- & Dampfmühle von Gebrüder Conrath in Leitmeritz«

Aus: Album der Industrie des Reichenberger Handelskammer-Bezirks, hrsg. von A. Anschiringer, Reichenberg 1858
Wilhelm Kirchner
Mitte 19. Jh.; Lithographie; 14,5 × 19,5 cm
Praha, Národní muzeum [Nationalmuseum] (H2–182 649)

Anstelle der alten, mit Wasserkraft betriebenen Stadtmühle errichteten die Brüder Conrath 1852 ein neues Mühlengebäude. Nach Anschiringers Beschreibung von 1858 betrieben zwei Turbinen mit 48 PS acht Mahlgänge, neun Putzmaschinen, drei Ventilatoren, Getreide- und Mehlaufzüge, betreut von vierundzwanzig Arbeitern und drei Bürokräften. 1954 wurde ein Maschinenhaus für eine Dampfmaschine von 24 PS gebaut, die den Mühlenbetrieb vom Wasserstand unabhängig machte. Hauptprodukt neben Gries, Kleie und anderen Mehlarten war das »Kaiserauszugsmehl«. Die Unternehmer unterhielten neben der Mühle auch eine Glasraffinerie für Exportware in Steinschönau und eine moderne Großbrauerei in Leitmeritz. *WW*

≋

4/30 Karel Hynek Mácha (1810–1836) *[DH]*

Reproduktion einer Zeichnung von Max Švabinský (1873–1962) von 1907
1910; Photolithographie; 32,9 × 27,9 cm
Praha, Národní muzeum [Nationalmuseum] (H2–186 863)

Karel Hynek Mácha, einer der größten tschechischen Dichter des 19. Jahrhunderts, wurde neben seinen Erzählungen und Romanen vor allem durch seine lyrische Komposition »Máj« (1836) berühmt, die zu den Hauptwerken der tschechischen Romantik gehört. Nach seinem Studium in Prag erhielt Mácha im September 1836 in Leitmeritz eine Anstellung als Rechtspraktikant. Drei Tage vor seiner geplanten Hochzeit mit Lori Šimková, die ihm am 2. Oktober 1836 einen Sohn geboren hatte, starb er auf tragische Weise nach einem Brandeinsatz. Seine Leiche wurde 1939 aus Leitmeritz nach Prag auf den Vyšehrader Slavín (Ehrenfriedhof) überführt. Leider blieb kein einziges authentisches Porträt von Mácha erhalten. Švabinskýs ideales Bildnis fängt treffend die Ausstrahlung dieses romantischen Dichters ein. *LS*

≋

4/31* »Süd-oestliche Aussicht gegen Theresienstadt, Georgenberg, Bauschowitz und Doxan« *[D]*

Johann Venuto (1746–1833)
1818–1821; aquarellierte Zeichnung; 25,3 × 43 cm
Bez. u.r.:...im Jahre 1818 aufgenommen und 1821 gemahlt von Johann Venuto
Wien, Österreichische Nationalbibliothek, Kartensammlung (FKB-Vues, Böhmen, Venuto)

Von erhöhtem Standpunkt geht der Blick auf den Strom mit großer Seilfähre, die ein Pferdefuhrwerk befördert. Der Kirchturm der 1805 bis 1810 erbauten Auferstehungskirche der Festung Theresienstadt ragt in den sagenumwobenen Georgenberg (Říp). Der kunstsinnige Domherr in Königgrätz, Johann Venuto, schuf 300 Aquarelle einer böhmischen Ansichtenfolge, die die Österreichische Nationalbibliothek bewahrt. *MLP*

4/28

4/31

4/32 Plan der Festung Theresienstadt mit wehrtechnischen Erläuterungen und einem Memoire: Grundriß der Festung Theresienstadt und Vorwerk *[DH]*

Aus einem Konvolut von vier Plänen der Festung Theresienstadt im Maßstab 1: 3000 (Rheinländische Ruthen)
Plan: Carl Mathes; Memoire: Ludwig Wilhelm von Regler
1785; kolorierte Federzeichnung; 61 × 92,5 cm
Berlin, Staatsbibliothek zu Berlin PK, Kartenabteilung (SX 38 982)

Friedrich II. persönlich ließ »meinem lieben Obristen Pfau« mit Datum Potsdam, 12. Oktober 1785 einen neuen Plan der Festung mit dazugehörigem Memoire des Obristen von Regler aus Glatz zur Bewahrung in der Königlichen Plankammer zukommen. Bei dem Konvolut handelt es sich um eine genaue wehrtechnische Aufnahme der Festung Theresienstadt mit Vorwerk, die Kaiser Joseph II. (geb. 1741, reg. 1765–1790) zur Verteidigung nach den Schlesischen Kriegen hatte erbauen lassen. Die wehrtechnischen Erläuterungen des Glacis, der Bastionen und Schießscharten ergeben mit den Planzeichnungen ein Dokument preußischer Militärspionage. Der Theresienstädter Bauaufseher Carl Mathes, »weil er gar keine Theorie hat«, habe nur manches »nicht recht zu explicieren wissen«. *MLP*

4/33* Drei Zeichnungen aus dem KZ Theresienstadt *[DH]*

Praha, Státní židovské muzeum [Staatliches Jüdisches Museum] (174 149, 175 367, 174 241)

a) »Bewohnter Laden«

Fritz Fritta (= Fritz Taussig) (gest. 1944)
1942; lavierte Tuschzeichnung; 47,4 × 70,6 cm

Der Zeichner und Graphiker Fritz Fritta war Leiter der »Technischen Abteilung« im Konzentrationslager Theresienstadt. Seine zahlreichen Zeichnungen dienten der Lagerkommandantur als Illustrationen zu Berichten. Viele seiner Arbeiten sind erhalten. Wie andere KZ-Künstler, z. B. Peter Kien, Karl Fleischmann oder Otto Ungar, hat er das Lager nicht überlebt. Das Blatt »Bewohnter Laden« deutet auf einen Deportiertentransport alter Juden aus Berlin. Nur deutschen Juden war die gelbe Armbinde mit drei schwarzen Punkten vorbehalten.

b)* »In der Totenkammer«

Karl Fleischmann (1897–1944)
1942; schwarzer Fettstift, Pastell; 43,8 × 30 cm
Bez. u.r.: KF 42

Fleischmann nahm nach anfänglichem Medizinstudium an der Prager Universität Malunterricht. 1922 eröffnete er in Böhmisch Budweis eine dermatologische Praxis und veranstaltete dort auch Kunstausstellungen der Avantgarde, bis er am 18. April 1942 mit der Häftlingsnummer 68 nach Theresienstadt deportiert wurde. Als Arzt für die Altenbetreuung hatte er intimen Einblick in die Funktionsweise des KZ. Seine mehr als 600 Zeichnungen dokumentieren den tragischen Alltag im Lager zwischen Leben und Tod. Am 23. Oktober 1944 wurde er mit der Häftlingsnummer 580 nach Auschwitz verbracht.

c) »Transport nach Theresienstadt«

Ferdinand Bloch (1898–1944)
1942–1945; Federzeichnung; 30 × 44 cm
Bez. u.l.: feb.

Bloch arbeitete während des Ersten Weltkrieges als Graphiker in Wien, emigrierte 1938 nach Mailand und von dort nach Prag. Am 30. Juli 1942 wurde er mit der Häftlingsnummer 594 nach Theresienstadt deportiert. Im KZ arbeitete er zusammen mit Fritta (Fritz Taussig), Leo Haas und Otto Ungar in der Technischen Abteilung, bis er in der Kleinen Festung am 31. Oktober 1944 verstarb. Seine Arbeiten charakterisieren den Tagesablauf im Ghettoleben. *MLP*

4/34 Aufnäher und Armbinde aus dem Konzentrationslager Theresienstadt *[DH]*

a) Aufnäher »KZL Terezín Theresienstadt« mit Stempel des medizinischen Dienstes der jüdischen Selbstverwaltung

1942–1944; weißer Baumwollstoff, Einfassung im Schürzstich mit rotem Garn, violette Aufschrift und Stempel; 10 × 8 cm

b) Aufnäher ehemaliger Insassen des KZs aus der Auflösungszeit 1945

Weißer Baumwollstoff, dunkle Einfassung, Tintenbeschriftung, Stempel; 8,3 × 11,5 cm

c) Armbinde »K. L. Terezín« mit Stempel des medizinischen Dienstes der jüdischen Selbstverwaltung

1942–1944; weißer Baumwollstoff, rote Einfassung, violette Aufschrift, Stempel; 8 × 18 cm

Berlin, Deutsches Historisches Museum (KTe 83–159, KTe 80–24 14/1, KTe 83–158)

Seit Anfang 1942 richtete die nationalsozialistische Führung das Konzentrationslager auf den Bastionen der ehemaligen josephinischen Festung planmäßig zur Widerlegung der »Greuelpropaganda von der Endlösung der Judenfrage« ein und paßte das »Vorzugslager« wechselnden propagandistischen Erfordernissen an. Von dort wurden rund 88 000 Menschen in Vernichtungslager geschickt. Hierher wurden jüdische Häftlinge nicht deportiert, sondern sie »verlegten ihren Wohnsitz nach Theresienstadt«. Zur Vollendung des propagandistischen Scheins wurden Selbstverwaltungsrechte sowie sportliche und kulturelle Einrichtungen gewährt. Im Juni 1943 besuchten sogar Vertreter des Internationalen Roten Kreuzes das Lager. Noch im letzten Kriegsmonat stellten Eichmann und Himmler ihr »Vorzugslager« Theresienstadt Ausländern gegenüber so dar, als seien alle Konzentrationslager wie dieses geführt. *MLP*

4/35 Relikte aus dem KZ *[DH]*

a) Essenkarte No. 371209 der Judis Rawaraway für den Monat August

b) Transportnummer »AO 826«

c) Drei Schöpfkellen zur Essensausgabe

1941–1945; Papier; Messing; verzinktes Blech; 10,5 × 14,6 cm; 3,5 × 2,5 cm; L 52 cm, 51 cm, 29 cm
Praha, Státní židovské muzeum [Staatliches Jüdisches Museum] (327, Besitz von Zdenka Katz, 174 184/1, 101 768 a/b/c)

4/36 Zehn Photographien aus dem KZ Theresienstadt *[DH]*

a) Galgen in der »Kleinen Festung« 1945

b) Beerdigung in Massengräbern 1942

c) Massengräber hinter dem Krematorium (kurz vor der Befreiung) 1945

d) Überführung von Toten zum Krematorium

4/33 b

e) Waggon mit toten Häftlingen vor dem Krematorium, Mai 1945

f) Tote vor dem Krematorium, Mai 1945

g) Absperrung des KZs durch die tschechische Polizei 1942/43

h) Befreiung Theresienstadts: Im Hof der Sudeten-Kaserne, Mai 1945

i) Theresienstadt nach der Befreiung: »Typhus«, Mai 1945

j) Bahnhof Bauschowitz: Ankunft eines Evakuierungstransports in Theresienstadt, April/Mai 1945

Photographien (Reproduktionen)
(Originale: Terezín, Památník Terezín – Národní kulturní památka [Nationale Gedenkstätte Theresienstadt])

Die Wahrheit über das Sonder-KZ für Prominente und Gebrechliche vermitteln Photographien, die seit 1942 bis zur Befreiung nach Kriegsende im Mai 1945 von tschechischen Polizisten heimlich aufgenommen wurden. Gerüchte über die Zustände in den Anlagen der josephinischen Kaserne, den Wartezimmern des Todes, sollte ein Film zerstreuen. Mit dessen Konzeption beauftragte Joseph Goebbels' Propagandaministerium 1944 den jüdischen Ufa-Regisseur Kurt Gerron. Für die Filmaufnahmen wurden 60 000 Häftlinge jeden Alters als Statisten verpflichtet und neu eingekleidet. Wie Gerron selbst fanden die meisten nach Abschluß der Dreharbeiten, die vom 16. August bis zum 11. September 1944 dauerten, in den Gaskammern von Auschwitz den Tod, kleine Kinder wurden lebendig in brennende Naphtagruben geworfen. Die Ghettoinsassen von Theresienstadt wurden auf »12 000 liquidiert«. Gerron hatte zur filmischen Erfassung aller Abteilungen des Ghettos eine Konzeption von der Eger und der Elbe aus im Ghetto entwickelt. Der nationalsozialistische Film zeigte Theresienstadt als »Hollywood der KZ« (H. G. Adler: Die verheimlichte Wahrheit, Tübingen 1958) mit Kurzweil und Vergnügen zwischen Sport und Kulturveranstaltungen. Ausgeschmückte Einrichtungen der jüdischen Selbstverwaltung, Musikaufführungen, eine gestellte Operation im Spital und der Empfang eines Transports aus Holland dienten der entsetzlichen Fassade einer heilen Welt vor dem alltäglichen Grauen. Nach 1945 galt der Film als verschollen; 1965 wurden Fragmente bei Melnik gefunden.

MLP

4/37 Ansicht von Lobositz an der Elbe

C. W. Arldt
2. Viertel 19. Jh.; Lithographie; 14,6 × 22 cm
Berlin, Deutsches Historisches Museum (Gr.S. 55/1680)

Bei Lobositz wendet sich die Elbe in scharfem Bogen nach Nordosten. Unterhalb des Berges Lobosch, auf dem am 1. Oktober 1756 die erste Schlacht des Siebenjährigen Krieges stattfand, durchbricht sie den Gebirgsstock. Die zauberhafte Tallandschaft der Porta Bohemica begeisterte Dichter und Maler und schien Shakespeare recht zu geben, der im »Wintermärchen« vermutete, daß Böhmen am Meer gelegen sei.

MLP

4/38* Skizze der Schlacht bei Lobositz mit eigenhändigem Bericht König Friedrichs II. *[DHP]*

1756; Federzeichnung; Handschrift (4 S.); 22,5 × 18,5 cm *[D]*
Faksimile *[HP]*
Berlin, Geheimes Staatsarchiv PK
(GStAPK Rep. 96.89 Hh 1 [3 Bl.])

Der Einmarsch Friedrichs II. (geb. 1712, reg. 1740–1786) in Kursachsen mit einer Armee von 60 000 Mann eröffnete am 29. August 1756 den Siebenjährigen Krieg, in dem sich England und Preußen auf der einen, Frankreich mit Österreich, Rußland, Schweden und Sachsen auf der anderen Seite gegenüberstanden. Das erste Treffen zwischen einem preußischen und einem österreichischen Korps fand am 1. Oktober bei Lobositz statt. Unter großen Opfern konnten die Preußen die Vereinigung Österreichs mit der sächsischen Armee verhindern. *MLP*

4/39 »Plan de la Bataille de Lowositz, donné entre l'Armée prussienne, commandé par le Roi en Personne, & l'Armée Austrichienne, sous les ordres du Feldt-Maréchal Broune, le 1. octobre 1756«

Nach einer Zeichnung von Oebschelwitz
1758; Kupferstich; 35 × 64 cm (Plr.)
Berlin, Staatsbibliothek zu Berlin PK, Kartenabteilung
(S V 17270)

»Sie haben geglaubt, Sie kennten meine Armée, aber nach der gestrigen Probe können Sie glauben, daß nichts mehr in der Welt ihr unmöglich ist«, schrieb Friedrich II. am 2. Oktober triumphierend an den Generalleutnant Prinz Moritz von Anhalt-Dessau. Mit 24 Bataillonen hatte er 72 Bataillone der Österreicher besiegt und die eingeschlossene sächsische Armee, die auf den österreichischen Ersatz wartete, in der Folge bei Pirna zur Kapitulation gezwungen. *WW*

4/40 Grenadiermütze des Infanterieregiments Nr. 17

1756; Stoff, Metall; H 23,2 cm
Berlin, Deutsches Historisches Museum (U 427)

Das 1693 gegründete Regiment wurde von 1756 bis 1764 von Generalmajor Gerd Heinrich von Manteuffel geführt. Bei Lobositz nahm das Regiment nach einem fünfstündigen Feuergefecht am 1. Oktober 1757 die Ortschaft Welhoff ein, erlitt jedoch hohe Verluste. Friedrich II. schrieb dazu: »Niemals haben meine Truppen solche Wunder der Tapferkeit getan.« In der Infanterieschlacht vor den Toren Prags am 6. Mai 1757 stand das Regiment auf dem rechten Flügel. Bei Kolin hielt es am 18. Juni 1757 im Artilleriefeuer, zusammen mit dem Infanterieregiment Nr. 20, dem geschlagenen linken Flügel der preußischen Armee den Rücken offen. *GQ*

≋

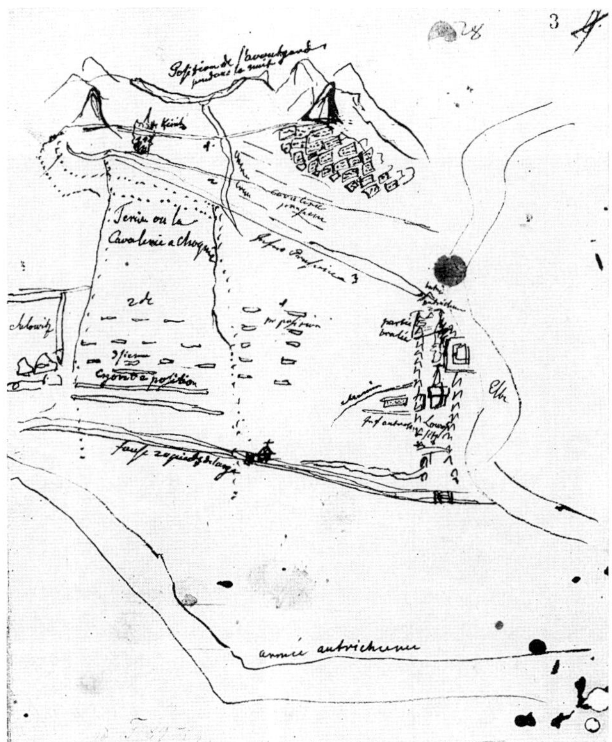

4/38

4/41* Schiffsmühle bei Lobositz

Modell im Maßstab 1:35
Baufirma Lanna
1911; Holz; Vitrine: 50 × 82 × 125 cm
Ústí nad Labem, Muzeum (T 2001)

Der Betrieb der letzten mobilen Schiffsmühle auf der Elbe bei Lobositz aus der Zeit des Dreißigjährigen Krieges wurde am 27. Januar 1911 wegen des Ausbaus der Lobositzer Wehr- und Stauanlage eingestellt. Für 14 000 Kronen wurde die Mühle von der Baufirma Lanna aufgekauft und dokumentiert. Schiffsmühlen waren einfache, schon im Altertum bekannte Mühlen auf Wasserfahrzeugen, die mit Ketten am Ufer oder mit Ankern am Grund des Flusses befestigt waren. Sie wurden durch den Aufprall des Wassers auf die Schaufeln des langsam drehenden Wasserrades angetrieben. Die Schwimmregelung garantierte ein gleichmäßiges Eintauchen des Wasserrads auch bei schwankendem Wasserspiegel. Der Betrieb war nur durch große Überschwemmungen und extreme Trockenheit bedroht. Auf dem tschechischen Abschnitt der Elbe befanden sich Schiffsmühlen in Wegstädtl, in Lobositz, bei Sebusein, in Krammel und bei Schwaden. *JM*

4/41

4/42 Chemieindustrie bei Lobositz

München: Ernst Hirsch
1991; Video; 31 Sek.
Berlin, Deutsches Historisches Museum

Die bereits 1903 für die Produktion von Schwefelsäure und Superphosphat gegründeten Nordböhmischen Chemiewerke in Lobositz entwickelten 1923 die Produktion von industriellen Düngemitteln und seit 1948 Viskosekunstfasern. Die beiden ursprünglichen Betriebe wurden 1958 zu einem Kombinat vereint, die Produktion teilweise automatisiert. Dem Kombinat ist eine Forschungs- und Entwicklungsabteilung für den Bereich der Düngemittel und anorganischen Säureproduktion angeschlossen. Das Werk hat ökologische Auswirkungen auf alle Lebensbereiche im Gebiet von Leitmeritz. *WW*

4/43 Aufziehendes Gewitter am Schreckenstein *[P]*

Adrian Ludwig Richter (1803–1884)
1835; Öl/Lw.; 88 × 115,3 cm
Bez. u. l.: L. Richter 1835
Leipzig, Museum der Bildenden Künste (199)

Ludwig Richter, der seit 1827 an der Meißner Porzellanmanufaktur Zeichenunterricht gab, unternahm im Herbst 1834 eine erste Wanderung in das böhmische Mittelgebirge. Hier fand er eine Landschaft vor, die seine bis dahin vorherrschende Vorliebe für Italien in den Hintergrund drängte. Anhand der böhmischen Reiseskizzen malte Richter eine ganze Reihe von Schreckenstein-Bildern. Das »Gewitter« gilt als das erste dieser Serie, kurz darauf entstand das wohl bekannteste, die »Überfahrt am Schreckenstein bei Aussig«. Richter zählte neben Caspar David Friedrich und Johan Christian Claussen Dahl zu den berühmtesten Dresdner Romantikern, er gehörte jedoch einer jüngeren Generation an und entwickelte einen veränderten Stil: Im Gegensatz zu Friedrichs mystischen, geheimnisumwobenen Landschaftsdarstellungen und Dahls Stimmungsbildern bevorzugte Richter eine liebliche, heitere Blickweise auf die Natur, in der die Staffagefiguren eine immer größere Rolle spielten und eine gewisse »Volkstümlichkeit« ausdrücken sollten. Aus heutiger Sicht zählt Richter eher zu den Vertretern des Biedermeier. *LK*

4/45

4/44 Ansicht vom Schreckenstein *[DH]*
Hugo Ullik (1838–1881)
1877; Öl/Lw.; 60 × 100 cm
Bez. u. r.: Hugo Ullik München 1877
Litoměřice, Galerie výtvarného umění [Galerie für Bildende Kunst] (O-327)

Die hoch über der Elbe gelegene Burg Schreckenstein war nicht nur für die Maler der deutschen Romantik eines der bedeutendsten Motive. Auch böhmische Maler stellten die Burgruine immer wieder in ihren Werken dar, so Ferdinand Lepié (1824–1883), Johann Ranzmayer (1847–1873), Antonín Mánes (1803–1873), Carl Robert Croll (1800–1863) und Ernst Gustav Doerell (1832–1877). Ulliks 1877 in München entstandenes Bild kann als Rückblick gelten, denn das Dampfboot »Bohemia« befuhr schon seit mehr als zwanzig Jahren nicht mehr die Elbe. *WW*

4/47

4/45* Aussig und der Schreckenstein

Ferdinand Lepié (1824–1883)
1856; Öl/Lw.; 57,5 × 73 cm
Bez. u.r.: FL
Ústí nad Labem, Muzeum (U 1125)

Lepiés Ansicht zeigt das Elbtal von Süden mit der Burg Schreckenstein auf dem Klingsteinfelsen. Auf der 1851 eröffneten Bahnstrecke am linken Ufer fährt ein Zug in Richtung Prag. Der Prager Maler schuf mehrere Gemälde des Elbtals, so eine Ansicht von Leitmeritz 1854 und eine weitere von Aussig 1855 im Auftrag des Texilunternehmers Carl Wolfrum, einem bekannten Kunstfreund. Die 1316 zum Schutz des Elbweges errichtete Burg Schreckenstein wechselte zunächst häufig den Besitzer. Seit dem 16. Jahrhundert verblieb sie unter der Herrschaft der Lobkowitz. Nach 1830 wurde die durch Kriegszerstörungen in der zweiten Hälfte des 18. Jahrhunderts verfallene Ruine baulich gesichert. Der außergewöhnlichen Lage wegen wurde der Schreckenstein zu einem der beliebtesten Sujets der Romantiker. Ihm widmeten sich Maler, Musiker und Dichter wie Ludwig Richter, Theodor Körner, Richard Wagner oder Karel Hynek Mácha und Hans Christian Andersen. *KK*

4/46 Kraft- und Stauwerk Schreckenstein

München: Ernst Hirsch
1991; Video; 1 Min. 13 Sek.
Berlin, Deutsches Historisches Museum

Das 1936 eingeweihte Kraft- und Stauwerk Schreckenstein gilt als die größte technische Einrichtung an der böhmischen Elbe mit einer Staustufe von etwa zehn Metern und dazugehörigen Schleusenkammern. Es sichert die ganzjährige Schiffbarkeit der Elbe und der Moldau bis Prag. Die Entwicklung der Industrie von Aussig bestimmen zum einen die Rohstoffbasis der großen Kohlevorkommen des Dux-Brüxer Beckens, zum anderen die Transportmöglichkeiten der Elbe. So wurde Aussig zum Zentrum einer Industrie, die aus der Gründung des »Österreichischen Vereins für chemische und metallurgische Fabrikation« in den sechziger Jahren des 19. Jahrhunderts hervorging. Die Schichtwerke und die Textilwerke Wolfrum erweiterten die Produktion. *WW*

≈

4/47* Elbtal mit der Ruine des Schlosses Schwaden

Ernst Gustav Doerell (1832–1877)
1874; Öl/Lw.; 47,5 × 66 cm
Ústí nad Labem, Muzeum (U 175)

Doerell zeigt das Elbtal von Südosten mit der Ruine des Schlosses Schwaden auf dem rechten Ufer. Unten am Fluß ist eine Säule mit der Pietà und den Heiligen Drei Königen gegenüber dem Ort Schönpriesen am jenseitigen Ufer aufgestellt. Eine urkundliche Erwähnung aus dem Jahre 1283 bezeugt die Verpfändung der Burg mit anderen nordböhmischen Burgen und Städten an Otto Braniborsky. Um 1600 wurde die Burg von den Herren von Salhausen zu einem Schloß umgebaut. Nach einem Brand im Jahre 1814 verfiel es allmählich. *KK*

4/48 Schießscheibe »Die Uiberschwämmung der K. Stadt Aussig am 30. März 1845«

1846; Tempera/Holz; 67 × 67 cm
Bez. u. r.: Johañ Lumpe 846
Ústí nad Labem, Muzeum (U 334)

Auf der Schießscheibe des Schützenvereins von Aussig, die der Sieger des Vorjahres Johann Lumpe für den Wettbewerb 1846 anfertigen ließ, ist die Stadt von Süden, vom Hang der Ferdinandshöhe aus, dargestellt. Überschwemmt ist fast die gesamte Vorstadt, die am Zusammenfluß von Bilin und Elbe liegt. Der Text auf dem Schild gibt an, daß 1845 die Wasserhöhe mit 38 Zoll = 9,50 Meter das Hochwasser von 1784 überstieg. *KK*

4/49* Aussig

Rudolf Zinagl
1850; Aquarell; 50 × 70 cm
Ústí nad Labem, Muzeum (U 217)

Man sieht die Stadt vom rechten, östlichen Ufer des Flusses aus. Auf der gegenüberliegenden Seite wird der Bau des Eisenbahndamms der Strecke von Prag über Aussig nach Bodenbach (heute Hauptbahnhof Tetschen) und weiter nach Dresden abgeschlossen. Die 1847 begonnene Strecke befuhr der erste Zug am 6. April 1851. Die Stadt Aussig wurde in dieser Zeit zum Zentrum des Kohleexports des Duxer Beckens vor allem nach Deutschland. Die Kohle wurde vorwiegend mit Segelschiffen befördert. *KK*

4/50* Landschaft bei Aussig *[DH]*

Johann Ranzmayer (1847–1873)
Nach 1850; Aquarell; 40 × 60 cm
Bez. u. r.: Joh. Ranzmayer 1850
Litoměřice, Galerie výtvarného umění [Galerie für Bildende Kunst] (R 3198)

Das Aquarell zeigt die weitgehend unzerstörte Elblandschaft bei Schönpriesen unweit Aussig. Die Eisenbahnlinie Prag–Dresden wurde 1851 eröffnet. Ein Jahrzehnt später veränderte die Industriebebauung des Elbufers mit zahlreichen Fabriken die Idylle. *WW*

≈

4/51 Vulkaniten aus dem Böhmischen Mittelgebirge: Basalt und Phonolit

Tertiär; 2 Gesteinsproben; 11 × 8 × 3 cm, 11 × 8 × 2 cm
Praha, Národní muzeum [Nationalmuseum] (P1–5094, P1–5447)

Die geologische Beschaffenheit der Elbniederung in Nordböhmen beeinflußt wesentlich der Jungtertiärvulkanismus des Böhmischen Mittelgebirges. Hier überwiegen Basaltlaven und Ergußgesteine (Phonolithe). Häufig bilden sie bedeutende Kuppen, die aus der sonst flachen Landschaft herausragen. *RP*

4/49

4/52 Versteinerungen aus dem Böhmischen Mittelgebirge

a) Diatomit mit Blattabdrücken der Ulme (Ulmus sp.) und des Ahorn (Acer sp.)

b) Diatomit mit Froschskelett (Paläobatrachus grandipes)

Tertiär; Abgüsse der Fossilien; 17 × 14 × 0,5 cm; 11 × 10 × 0,5 cm
Praha, Národní muzeum [Nationalmuseum] (P2-G6837, P2-36675)

Bestandteil des tertiären Gebiets des Böhmischen Mittelgebirges sind auch ausgedehnte Becken (ursprünglich Seen und Sümpfe), neben mächtigen Braunkohleflözen mit verschiedenen Typen von Süßwasserablagerungen angefüllt. Die erhalten gebliebenen Blattabdrücke von Jungtertiärbäumen zeigen, daß die Waldgemeinschaft dieser Zeit der heutigen schon sehr ähnlich war. Dieses Beispiel dokumentiert das Vorkommen von Ahorn und Ulme. In der Nähe der Jungtertiärvulkane entstanden kleine Seen und Sümpfe, Heimstatt verschiedener Froscharten. Am häufigsten sind Vertreter der Gattung Paläobatrachus, deren kleine Skelette stellenweise vollständig erhalten geblieben sind. *RP*

4/53* Hussitischer Kelch und Hostienteller (Patena) *[DH]*

Kupfer, vergoldet; Kelch: H 16,5 cm, Teller: Dm 10,8 cm
Jičín, Okresní muzeum a galerie [Kreismuseum und Galerie] (P/182/III; P/159/III)

In der christlichen Liturgie kommt dem Meßkelch eine besondere Bedeutung zu. Nach dem Tode von Jan Hus (ca. 1370–1415) wurde der Kelch zum Symbol der breiten Front des antiklerikalen Widerstands in Böhmen. Seine Anhänger, die sich zur Kommunion »in beiderlei Gestalt« bekannten (Brot und Wein als Symbol von Christi Leib und Blut), brachten mit dem Kelch nicht nur den Wunsch nach Rückkehr zur Urkirche zum Ausdruck, sondern auch ihr Bemühen, den Unterschied zwischen Laien und Klerus auszugleichen. Das Abendmahl »in beiderlei Gestalt« führten im Jahre 1414 die Hussitentheologen Jakoubek aus Mies und Nikolaus aus Dresden ein. Der Kelch als symbolischer Ausdruck des Hussitengedankens tauchte auf den Bannern des Hussitenheeres, auf Siegeln und in den Stadtwappen von Tabor, Chotzen und Kuttenberg auf. Während der Rekatholisierung wurde der Kelch aus dem Wappen von Kuttenberg entfernt und durch einen roten Schild mit weißem Babenberger Balken ersetzt, auf dem sich die Goldbuchstaben F III. (Ferdinand III., geb. 1608, reg. 1637–1657) befanden. Seit 1922 verwendet die Stadt wieder das Wappen aus der Hussitenzeit.

EŠ

4/54 Jistebnitzer Kanzional

Mit der Hymne »Die wir Gottes Streiter sind«
Jan Hus (ca. 1370–1415)
Faksimile der Handschrift aus dem 15. Jh.; 31 × 22 cm
Praha, Národní muzeum [Nationalmuseum] (K 269)

Die nach dem Fundort bezeichnete Handschrift (entdeckt im Jahre 1872 in der Pfarre in Jistebnitz in Südböhmen) ist ein »Gesangbuch« im weitesten Sinne des Wortes. Es handelt

4/50

4/53

sich um die Abschrift einer älteren Vorlage, die aus den zwanziger Jahren des 15. Jahrhunderts wahrscheinlich aus Prag stammt. Ihre Entstehung verdankt sie dem praktischen Bedarf nach einer Hussitenliturgie. Die leider nicht vollständig erhaltene Handschrift ist an einigen Stellen mit Initialen verziert. Angefertigt wurde sie von Jan Hus. Die durchweg altertümliche Notation entspricht der in Böhmen Ende des 14. und zu Beginn des 15. Jahrhunderts üblichen Schreibweise. Der Inhalt ist in drei Teile gegliedert: Messgesänge, geistliche Lieder, Vesper- und andere Gesänge. Zu den letztgenannten gehört auch der Choral »Die wir Gottes Streiter sind« als populärstes Hussitenlied. Dieser echte Kriegsgesang enthält alles, was ein Hussitenkrieger wissen und achten sollte. Die ersten drei Strophen sind ein Aufruf, sich an Gott zu halten und für dessen Wahrheit zu kämpfen, wie er es selbst befahl. In der vierten bis sechsten Strophe wird das Vertrauen auf Gott zum Ausdruck gebracht. Die siebente und neunte Strophe belehrt die Krieger über ihre Pflichten, die sie wegen der Beute nicht vernachlässigen sollen: wegen Habgier und Raub nicht ihr Leben riskieren, die Anweisungen der Hauptmänner befolgen, einer dem anderen helfen, sich gut im Verbande halten und ihn nicht verlassen. Zuletzt sollen sie sich mit dem Ruf »Los auf sie! Gott ist unser Herr!« auf den Feind stürzen. Der Choral, der den siegreichen Kampf der Hussiten in den zwanziger und Anfang der dreißiger Jahre des 15. Jahrhunderts begleitete, erklang erneut in der Welle der nationalen Bewegung seit den sechziger Jahren des 19. Jahrhunderts. 1863 wurde er über die Grenzen Böhmens hinaus durch den Leipziger Gesangverein unter Leitung seines Gründers und Dirigenten Karl Riedl (1827–1888) bekannt. In den siebziger Jahren nahm ihn Friedrich Smetana (1824–1884) in die tschechische moderne Musik auf: in der Prophezeiung der Fürstin Libuše in der gleichnamigen Oper und in den symphonischen Dichtungen »Tábor« und »Blaník« aus dem Zyklus »Mein Vaterland«. Zusammen mit dem »Wenzelchoral« ertönt er auch in der Ouvertüre »Hussiten« von Anton Dvořák (1841–1904).

EŠ

4/59

4/55 Kampf der Hussiten gegen die Kreuzritter und die Hussitische Wagenschanze

2 Faksimiles aus einer illuminierten Handschrift aus der Mitte des 15. Jhs.; je 31,5 × 23 cm
(Original: Wien, Österreichische Nationalbibliothek, Handschriften- und Inkunabelsammlung)

Die Handschrift zeigt die Besonderheiten der hussitischen Kampftechnik: Wagenburgen aus speziell dafür umgerüsteten Wagen, die an jedem Ort aufgestellt werden konnten. Sie waren mit Kanonen bestückt oder mit Holzblenden versehen, hinter denen Armbrustschützen und Musketiere Schutz fanden. Die Pavesen bildeten aneinandergereiht und in die Erde gerammt eine Mauer gegen die Angreifer. Spieße wurden mit Widerhaken versehen, um Reiter vom Pferde zu reißen, und gelten als Neuerung der hussitischen Kampfweise. Fahnen, Zelte, Waffen, Schilde und Rüstungen waren mit dem Kelch versehen, dem Symbol der Hussiten. *WW*

4/56 Waffen der Hussitenzeit: vier Igel

1. Viertel 15. Jh.; Eisen; Dm je 6 cm
Hradec Králové, Muzeum východních Čech [Ostböhmisches Museum] (A-837)

Eisengeschmiedete vierarmige Rosetten mit dreieckigem Abschluß (Igel) waren wirksame Waffen der Hussitentruppen. Sie wurden auf dem Schlachtfeld in angemessener Entfernung vom eigenen Lager verstreut. Ihre scharfen Spitzen, die sich in die Pferdehufe der feindlichen Kavallerie bohrten, erschwerten deren Manövrierfähigkeit und hinderten sie daran, sich auf die hussitischen Wagenburgen zuzubewegen. *EŠ*

4/57 Kriegsflegel

Mitte 15. Jh.; Holz, Metall; Schaft: L 79 cm, Schlagkörper: L 34 cm, Dm 3,4 cm
Berlin, Deutsches Historisches Museum (W 1799)

Mit großem Erfolg entwickelten die Hussiten eine nach Kampfwagen aufgegliederte Taktik. Aus geschlossenen Wagenburgen heraus schossen sie mit Bögen, Armbrüsten und Feuerwaffen auf ihre Angreifer. Im Nahkampf benutzten sie Kriegsflegel, Morgensterne, Streitkolben, Hellebarden und Spieße. *GQ*

4/58

4/58* Altarflügel mit der Darstellung des Hl. Sebastian und Jan Hus

Meister des Georg-Altars
Um 1470; Tempera/Holz; 177 × 81,5 cm (mit Rahmen)
Ústí nad Labem, Muzeum

Die Tafel gehörte zum Flügelaltar in der Kirche des Hl. Wenzel in Raudnig/Kreis Aussig. Ihr Gegenstück ist die Tafel mit der Hinrichtung des Hl. Jakob und der Folterung des Hl. Laurentius. Die Gestalt rechts von Hus wurde als der Hl. Wenzel identifiziert. Nach neuester Forschung handelt es sich jedoch um Reichsmarschall Hoppe von Poppenheim, der in Konstanz durch Händeklatschen die Anweisung zum Entzünden des Scheiterhaufens gab. Die Altartafeln mit der Verbrennung des Jan Hus stehen zweifelsohne in der Hussitentradition der Region um Aussig nach der siegreichen Schlacht von Behein. Am 16. Juni 1426 besiegten die vereinigten Hussitentruppen unter Prokop dem Kahlen die Armee des sächsischen Herzogs Friedrich des Kämpferischen. In der Renaissance wurde der Altar durch einen anderen ersetzt, die Altarflügel des 15. Jahrunderts wurden übermalt und als Türen benutzt. Nach der Wiederentdeckung der Tafeln (1966) beseitigte man die Übermalung. *KK*

4/59* Hussitenschild mit einer Darstellung des Hl. Wenzel mit Kelch

1470–1480; Leder, Tempera/Lw., Holz; 137 × 71 cm
Praha, Národní muzeum [Nationalmuseum] (H2–482)

Die über 130 Zentimeter hohen Schilde standen mit Streben fest auf der Erde und dienten wohl zum Schutz einer Wagenkolonne. Der Schild ist mit der Darstellung des Hl. Wenzel, einem Kelch und zwei Medaillons mit Motiven von Kuttenberg samt einer tschechischen Fassung der ersten Strophe des Liedes »Heiliger Wenzel« und des Hussitenlieds von Jan Čapek »Herr Gott gib Freiheit denen, die Dich lieben, mögen sie Deinen Glauben bekennen« bemalt. Kelch und gekreuzte Hammer sind Bestandteil des Stadtwappens. Der Kelch aber ist nicht nur Symbol von Kuttenberg, sondern allgemein Ausdruck der kalixtinischen Überzeugung. Die Schilde waren seit Mitte des 14. Jahrhunderts unentbehrlicher Bestandteil der Ausrüstung der »Gottesstreiter«, die zu Fuß kämpften. Die Bedeutung des Infanterieschildes wuchs Anfang des 15. Jahrhunderts mit dem Aufkommen von Armbrust und Handfeuerwaffen. *EvŠ*

4/60 »Der Hussiten Krieg – Darinnen begriffen, Das Leben/Die Lehr und Tod M. Johannis Hussii und wie derselbige von den Böhmen/besonders Johanne Zizka und Procopio Raso ist gerochen worden« *[DH]*

M. Zacharias Theobaldus d. J. (1584–1627)
Wittenberg: B. Samuel Selfisch 1609
Pergamenteinband mit Schweinslederrücken und Ecken mit Ornamentverzierung
Greiz, Staatliche Bücher- und Kupferstichsammlung (DB 1580)

Der in Austerlitz in Mähren geborene Renaissancegelehrte Theobaldus studierte 1602 an der Universität Wittenberg, wurde 1604 Magister der Philosophie, stand in adligen Diensten und predigte in Stadtgemeinden. 1605 bis 1607 sammelte er in Böhmen Materialien zu seinem Hauptwerk, das 1609 zum ersten Mal in Wittenberg gedruckt wurde. Weitere Auflagen erfolgten 1621, 1623, 1624 und 1750. 1618 war Theobaldus Prediger beim Grafen Mansfeld und stand mit dessen Truppen vor Pilsen. Schließlich erhielt er die Berufung zum Professor für Mathematik an die Universität Altdorf. Er starb 1627 in Nürnberg. *WW*

4/61

4/61* Kanzional der Gesangbruderschaft von Aussig in der Kirche Mariä Himmelfahrt *[DH]*

1. Hälfte 16. Jh.; illuminierte Handschrift/Pergament (671 S.); Einband (1894 von Paul Pollack, Wien): Holz mit geprägtem Lederbezug, Messingbeschläge; 66,5 × 43 × 21 cm
Ústí nad Labem, Muzeum (6207/64–1)

4/61

Das Kanzional der Bruderschaft der Mariä-Himmelfahrts-Kirche in Aussig enthält Texte der römisch-katholischen Liturgie. Die Initialen stellen unter anderem Christi Einzug in Jerusalem, Christus am Kreuz, Christus und die vier Evangelisten sowie Mariä Verkündigung dar. *WW*

≈

4/62 Chemische Fabrik in Aussig

Ernst Gustav Doerell (1832–1877)
1868; Öl/Lw.; 72 × 109 cm
Bez. u. r.: E.G. Doerell Aussig 1868
Ústí nad Labem, Spolek pro chemickou a hutní výrobu A. S. [Verein für chemische und metallurgische Produktion] (2865)

Der 1856 von Dr. Gustav Clemm begründete »Österreichische Verein für chemische und metallurgische Fabrikation« war seinerzeit die größte Produktionsstätte ihrer Art auf dem Kontinent. Die heute in der Stadt gelegenen Magazine, Lagerhallen und Produktionsstätten beschreibt Anschiringer 1858 als »10 Minuten vom Westende der Stadt Aussig« entfernt. Die Produktion betrug jährlich in Zentnern: Chlorkalk 12 000, Salpetersäure 3500, Schwefelsäure 120 000, Sulfat und Glaubersalz 100 000, Salzsäure 135 000, Kristall- und caustische Soda 60 000, Chlorcalcium 2000 sowie Leuchtgas 3 600 000 Kubikfuß. Die Kohle kam aus der umliegenden Region, Kalk aus Sachsen, Salze aus Preußen und der Schwefel aus Sizilien. Die noch heute produzierende Fabrik ist das Stammhaus des Kombinats »Spolchemie«. *WW*

4/63 Legitimationskarte des Aussiger Schiffervereins für die »Österreichische Nordwestbahn«

Ausgestellt für Heinrich Fischer, Aussig, 25. April 1885
11,5 × 9,5 cm
Ústí nad Labem, Muzeum (T 2000)

Der Ausweis berechtigte zu einer Preisermäßigung beim Kauf der Schiffskarte für die Strecke Tetschen – Prag oder für eine Zugfahrkarte der angeführten Eisenbahnstrecken der »Österreichischen Nordwestbahn« Tetschen – Lissa – Prag, Lissa – Chlumetz – Königgrätz – Mittelwalde und Großwossek – Kolin. Die »Österreichische Nordwestbahn« hatte Anteile an der »Österreichischen-Nordwest-Dampfschiffahrts-Gesellschaft«. *JM*

4/64 Landschaft mit Brücke *[DH]*

Stanislav Svoboda (1892–1956)
1924; Öl/Lw.; 55,5 × 68 cm
Bez. u. r.: St. Svoboda
Litoměřice, Galerie výtvarného umění [Galerie für Bildende Kunst] (O-564)

Svoboda vermittelt in diesem Gemälde die Trostlosigkeit der durch Jahrzehnte planlos industrialisierten Uferzone der Elbe bei Aussig. Wohnhäuser zwischen Bahntrassen, Industrieansiedlungen, kanalisierte Zuflüsse vergegenwärtigen eine veraltete Infrastruktur. Stanislav Svoboda besuchte die Prager Kunstakademie und lebte von 1922 bis 1937 als Lehrer in Aussig. *WW*

4/65 Werbung der Firma Georg Schicht in Aussig

a) Reklame für das Waschmittel »Lob der Hausfrau«

1914–1918; Druck; 11 × 14 cm

b) Zwei Reklamekalender für die Jahre 1916 und 1928

Broschüren; 22 × 14 cm, 21 × 14 cm

Praha, Národní muzeum, Oddělení novodobých českých dějin [Abteilung Neuere tschechische Geschichte] (H8–10.665, H8–10.667, H8–10.769)

Böhmische Betriebe hatten den größten Anteil an Industrie- und Gewerbezweigen im sudetendeutschen Gebiet entlang der Elbe zwischen den deutschböhmischen Zentren Aussig und Leitmeritz, die auf die traditionellen Textilmanufakturen zurückgingen. Die Firma Georg Schicht war der größte Hersteller von chemischen Waschmitteln und einer der reichsten Unternehmer mit Elbresidenz gegenüber der Burg Schreckenstein. Am 18. Juli 1945 wurde die Villa versiegelt, die Mitglieder der Familien wurden im Zuge der Übernahme deutscher Geschäfte durch tschechische Nationalverwalter evakuiert. *MLP*

4/66 Aufruf »Heraus mit den Volksschutz-Gesetzen« *[DH]*

Herausgeber: Sudetendeutsche Partei
Karlsbad/Eger: K.H. Frank 1938
Zweifarbiges Offset; 87 × 57,5 cm
Ústí nad Labem, Archiv města [Stadtarchiv] (Plakatsammlung/Umlauft)

Der Aufruf der Sudetendeutschen Partei zur Demonstration am 1. Mai 1938 warb für die Anwendung der »reichsdeutschen« Volksschutzgesetze im Prager Parlament. Die Einheitsbewegung der dreieinhalb Millionen Sudetendeutschen, vom Vorsitzenden und Abgeordneten der Sudetendeutschen Partei, Konrad Henlein, seit dem 1. Oktober 1933 zunächst als »Sudetendeutsche Heimatfront«, später als »Sudetendeutsche Partei« »in die Freiheit« geführt, bestand bis zum 1. Mai 1938. Zentren der Bewegung waren die Elbbezirke Aussig und Leitmeritz mit hohem »volksdeutschen« Anteil. *MLP*

4/67 Ledermanschette mit Messer

Um 1936; Leder, Metall; 17 × 10 cm
Litoměřice, Okresní vlastivědné muzeum [Kreisheimatmuseum] (č.př. 41/83)

Mit derartig heimtückisch getarnten Waffen agitierten die Henlein-Anhänger für die Ziele der »Sudetendeutschen Partei« als »einzig berufener Vertreterin des deutschen Volkes in der Tschechoslowakei«. *MLP*

4/68* Wandteller »Wir sind frei 1. – 10. Oktober 1938«

1938; Porzellan; Dm 22,7 cm
Litoměřice, Okresní vlastivědné muzeum [Kreisheimatmuseum] (13 069)

Hitlers Plan, die »Ostmark« dem Deutschen Reich einzugliedern, wurde nach dem Rücktritt Bundeskanzler Schuschniggs unter dessen Nachfolger Seyß-Inquart vollzogen, nachdem am 12. März 1938 Truppen der deutschen Wehrmacht Österreich besetzt hatten. Knapp vier Wochen später wurde am 10. April der »Anschluß« durch Volksentscheid bestätigt. Der Wandteller verherrlicht im Kartenbild die »Heimkehr des Sudetenlandes ins Reich« auf Beschluß der Münchner Viererkonferenz zwischen Hitler, dem britischen Premier Lord Chamberlain, dem französischen Ministerpräsidenten Daladier und Mussolini am 29. September 1938. In den sudetendeutschen Gebieten herrschte Ausnahmezustand. Durch Führererlaß vom 16. März 1939 erklärte Hitler das Protektorat Böhmen und Mähren zu einem Teil der nationalsozialistischen »Großdeutschen Volksgemeinschaft«. *MLP*

4/68

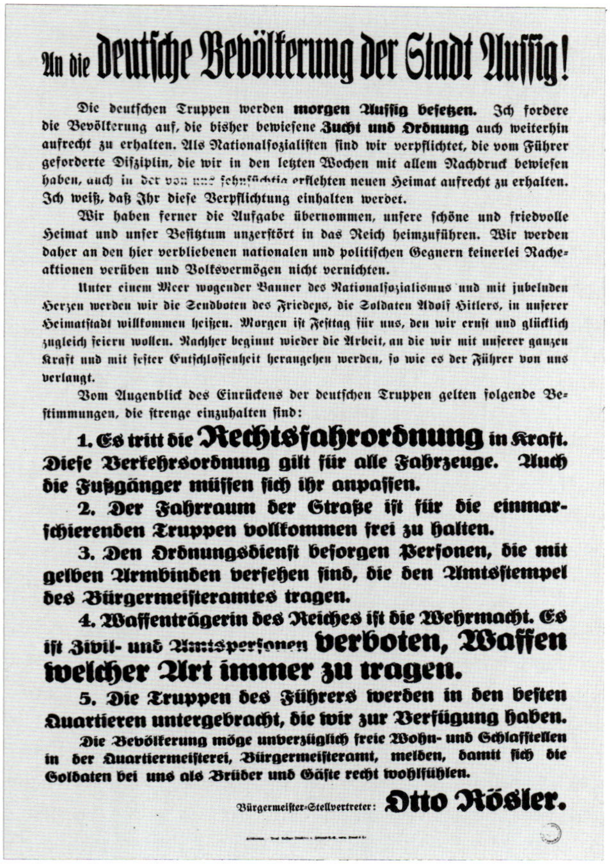

An die deutsche Bevölkerung der Stadt Aussig!

Die deutschen Truppen werden **morgen Aussig besetzen.** Ich fordere die Bevölkerung auf, die bisher bewiesene **Zucht und Ordnung** auch weiterhin aufrecht zu erhalten. Als Nationalsozialisten sind wir verpflichtet, die vom Führer geforderte Disziplin, die wir in den letzten Wochen mit allem Nachdruck bewiesen haben, auch in der von uns sehnsüchtig erflehten neuen Heimat aufrecht zu erhalten. Ich weiß, daß Ihr diese Verpflichtung einhalten werdet.

Wir haben ferner die Aufgabe übernommen, unsere schöne und friedvolle Heimat und unser Besitztum unzerstört in das Reich heimzuführen. Wir werden daher an den hier verbliebenen nationalen und politischen Gegnern keinerlei Racheaktionen verüben und Volksvermögen nicht vernichten.

Unter einem Meer wogender Banner des Nationalsozialismus und mit jubelnden Herzen werden wir die Sendboten des Friedens, die Soldaten Adolf Hitlers, in unserer Heimatstadt willkommen heißen. Morgen ist Festtag für uns, den wir ernst und glücklich zugleich feiern wollen. Nachher beginnt wieder die Arbeit, an die wir mit unserer ganzen Kraft und mit fester Entschlossenheit herangehen werden, so wie es der Führer von uns verlangt.

Vom Augenblick des Einrückens der deutschen Truppen gelten folgende Bestimmungen, die strenge einzuhalten sind:

1. Es tritt die Rechtsfahrordnung in Kraft. Diese Verkehrsordnung gilt für alle Fahrzeuge. Auch die Fußgänger müssen sich ihr anpassen.

2. Der Fahrraum der Straße ist für die einmarschierenden Truppen vollkommen frei zu halten.

3. Den Ordnungsdienst besorgen Personen, die mit gelben Armbinden versehen sind, die den Amtsstempel des Bürgermeisteramtes tragen.

4. Waffenträgerin des Reiches ist die Wehrmacht. Es ist Zivil- und Amtspersonen verboten, Waffen welcher Art immer zu tragen.

5. Die Truppen des Führers werden in den besten Quartieren untergebracht, die wir zur Verfügung haben.

Die Bevölkerung möge unverzüglich freie Wohn- und Schlafstellen in der Quartiermeisterei, Bürgermeisteramt, melden, damit sich die Soldaten bei uns als Brüder und Gäste recht wohlfühlen.

Bürgermeister-Stellvertreter: **Otto Rösler.**

4/69

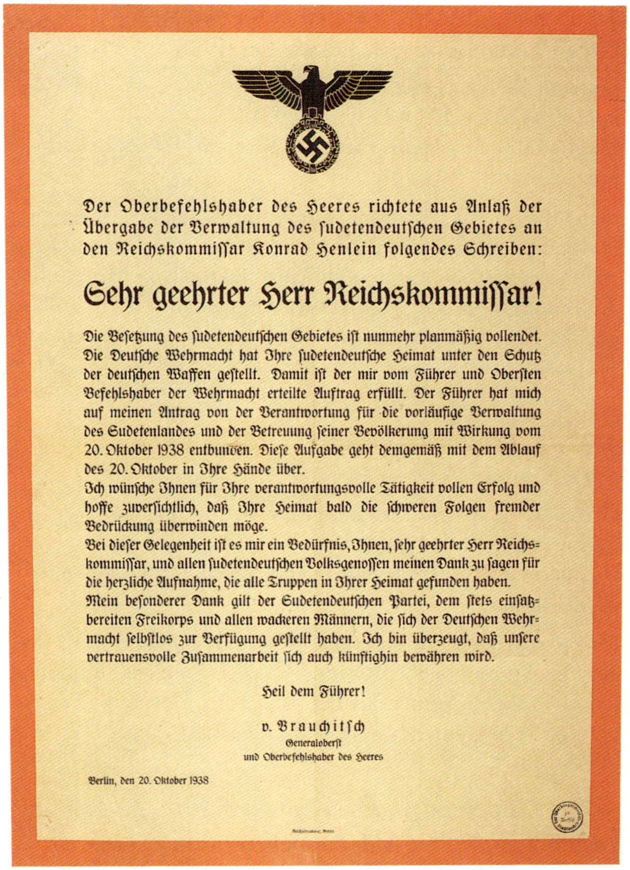

Der Oberbefehlshaber des Heeres richtete aus Anlaß der Übergabe der Verwaltung des sudetendeutschen Gebietes an den Reichskommissar Konrad Henlein folgendes Schreiben:

Sehr geehrter Herr Reichskommissar!

Die Besetzung des sudetendeutschen Gebietes ist nunmehr planmäßig vollendet. Die Deutsche Wehrmacht hat Ihre sudetendeutsche Heimat unter den Schutz der deutschen Waffen gestellt. Damit ist der mir vom Führer und Obersten Befehlshaber der Wehrmacht erteilte Auftrag erfüllt. Der Führer hat mich auf meinen Antrag von der Verantwortung für die vorläufige Verwaltung des Sudetenlandes und der Betreuung seiner Bevölkerung mit Wirkung vom 20. Oktober 1938 entbunden. Diese Aufgabe geht demgemäß mit dem Ablauf des 20. Oktober in Ihre Hände über.

Ich wünsche Ihnen für Ihre verantwortungsvolle Tätigkeit vollen Erfolg und hoffe zuversichtlich, daß Ihre Heimat bald die schweren Folgen fremder Bedrückung überwinden möge.

Bei dieser Gelegenheit ist es mir ein Bedürfnis, Ihnen, sehr geehrter Herr Reichskommissar, und allen sudetendeutschen Volksgenossen meinen Dank zu sagen für die herzliche Aufnahme, die alle Truppen in Ihrer Heimat gefunden haben.

Mein besonderer Dank gilt der Sudetendeutschen Partei, dem stets einsatzbereiten Freikorps und allen wackeren Männern, die sich der Deutschen Wehrmacht selbstlos zur Verfügung gestellt haben. Ich bin überzeugt, daß unsere vertrauensvolle Zusammenarbeit sich auch künftighin bewähren wird.

Heil dem Führer!

v. Brauchitsch
Generaloberst
und Oberbefehlshaber des Heeres

Berlin, den 20. Oktober 1938

4/70

4/69* Aufruf des Bürgermeisters Otto Rösler »An die deutsche Bevölkerung der Stadt Aussig«, 8. Oktober 1938

Plakatdruck; 94 × 62 cm
Ústí nad Labem, Archiv města [Stadtarchiv] (Plakatsammlung/Umlauft)

NS-Parteiverordnungen vollzogen die Eingliederung auch der Sudetendeutschen in die »öffentliche Ordnung«. Otto Rösler, Zweiter Bürgermeister der Stadt Aussig, unterstellt die deutsche Bevölkerung per Maueranschlag unter »Wehrmacht, Ordnungsdienst« und »Truppen des Führers«. Die Wehrmacht besetzte von 1. bis 10. Oktober die sudetendeutschen Gebiete, aus denen Tschechen und Juden durch Flucht zu entkommen suchten. Der tschechische Staatspräsident Edvard Beneš floh am 5. Oktober 1938 in die englische Emigration, nachdem Hitler Konrad Henlein vier Tage zuvor als Reichskommissar eingesetzt hatte. *MLP*

4/70* Bekanntmachung zur »Übergabe der Verwaltung des sudetendeutschen Gebietes an Reichskommissar Konrad Henlein«, 20. Oktober 1938 *[DH]*

Berlin: Reichsdruckerei
Zweifarbiges Offset; 59 × 42 cm
Ústí nad Labem, Archiv města [Stadtarchiv] (Plakatsammlung/Umlauft)

Das Dankschreiben, das Generaloberst von Brauchitsch als Oberbefehlshaber des Heeres am 20. Oktober 1938 nach der »planmäßigen Vollendung der Besetzung des sudetendeutschen Gebietes« an den Reichskommissar Konrad Henlein richtete, wurde per Anschlag propagandistisch eingesetzt.

MLP

4/71 »Die NSDAP ruft zu einer Wahl-Großkundgebung«, 1. Dezember 1938

Bodenbach: Druckerei F. Hampel
Farbiges Offset; 103 × 78 cm
Ústí nad Labem, Archiv města [Stadtarchiv] (Plakatsammlung/Umlauft)

Hans Krebs, Regierungspräsident und Gauleiter in Aussig, und Karl Hermann Frank, stellvertretender Gauleiter in Reichenberg, warben mit den üblichen aggressiven Mitteln für die Teilnahme an der Wahlversammlung der NSDAP anläßlich der Ergänzungswahl zum Großdeutschen Reichstag am 4. Dezember 1938. *MLP*

4/72 Wahlplakat für Adolf Hitler zum 4. Dezember 1938 – »Ja«

Gross-Schönau/Sudetengau: Franz Strobach & So.
Farbiges Offset; 111 × 81 cm
Ústí nad Labem, Archiv města [Stadtarchiv] (Plakatsammlung/Umlauft)

Eine plakative Monumentalhand fordert mit dem Zeigefinger die Stimmabgabe für die NSDAP-Spitzenkandidaten Adolf Hitler, Konrad Henlein und Karl Hermann Frank, den späteren Gauleiter des polnischen Warthegaus. *MLP*

4/73 »Sudetendeutsche Freiheitsfahrt«, 2.–4. Dezember 1938 – Graf Zeppelin – »Euer Dank ist Euer Ja am 4. Dezember«

1938; Postkarte mit Briefmarke: Hindenburg; Poststempel vom 11.5.1939
Berlin, Deutsches Historisches Museum (Do. 78/45 II)

Das Großdeutsche Reich setzte zur Werbung und Bekanntmachung der neu eingegliederten sudetendeutschen Gebiete seit dem 4. Dezember 1938 propagandistische Mittel wie Poststempel, Ansichtskarten mit Sonderaufdruck, Gruppenreiseveranstaltungen und auch Luftschiffe ein. *MLP*

4/74 Bekanntmachung über die Ausgabe von Lebensmittelkarten, Mai 1945

Aussig: Druckerei Gebrüder Kraus
Zweisprachiges Plakat; 63 × 94 cm
Ústí nad Labem, Archiv města [Stadtarchiv] (Plakatsammlung/Umlauft)

4/75* Leiterwagen mit Gepäckstücken der Familie Schulz *[DH]*

Mit einer Beschreibung der Flucht von Hohenelbe über Schwerin nach Marktoberdorf
Holz, Metallbeschläge; Handschrift; 120 × 55 × 60 cm
Marktoberdorf, Heimatkreis Hohenelbe/Riesengebirge e. V. (1.035)

Mehr als drei Millionen Sudetendeutsche wurden nach den auf der Potsdamer Konferenz im Juli 1945 festgelegten Maßnahmen aus ihrer Heimat vertrieben. Die Verfolgung setzte Mitte Mai 1945 ein. So fielen dem blutigen Massaker gegen die deutsche Bevölkerung in Aussig am 31. Juli 1945 2700 Menschen zum Opfer. Die radikalsten Auseinandersetzungen fanden auf der Elbbrücke statt, von der aus Frauen und Kinder in den Strom gestürzt wurden. Zahlreiche Sudetendeutsche wurden in die ehemaligen Konzentrationslager Lerchenfeld und Schöbitz überführt. Die von den tschechischen Behörden angeordneten Ausweisungen dauerten achtzehn Monate an. Von Januar bis November 1946 wurden in über 1000 Eisenbahnzügen etwa je 1200 Personen über die Grenze transportiert. 2,8 Millionen gelangten in das sogenannte »Vier-Zonen-Deutschland«. *MLP*

4/75

KAPITEL 5

Elbsandsteingebirge

Der einige hundert Kilometer lange böhmische Elbbogen endet hinter Aussig in anmutiger Landschaft. Nach den mäßigen Hängen des Böhmischen Mittelgebirges mit seinen Basalt- und Klingsteinkuppen fließt der Fluß in ein stellenweise kaum 200 Meter breites Tal mit steil abfallenden Sandsteinfelsen. Am Ende der böhmischen Bastei, die sich zu den Niederungen der deutschen Region hin öffnet, liegt die letzte der größeren böhmischen Elbstädte: Tetschen, einst Sitz des slawischen Stammes der Tetschaner, heute wichtiger Mittelpunkt für Verkehr, Industrie und Tourismus. Zur Stadt wurde Tetschen nach der Hälfte des 13. Jahrhunderts erhoben. Zunächst Landesbesitz, im 14., 15. und Anfang des 16. Jahrhunderts unter wechselnder Herrschaft, gingen Stadt und Domäne 1534 ins Eigentum der Ritter von Bünau über. Sie waren jedoch gezwungen, infolge der Niederlage der aufständischen böhmischen Stände nach der Schlacht am Weißen Berg 1620 und der von den Habsburgern durchgesetzten Rekatholisierung die Domäne zu verkaufen und wie Tausende anderer Böhmen, die sich zum protestantischen Glauben bekannten, das Land zu verlassen.

Nach dem Erlaß der wiedererneuerten Landesordnung von 1627 wurde das Tiroler Geschlecht der Reichsgrafen von Thun-Hohenstein als Obrigkeit von Stadt und Region Tetschen eingesetzt. Mehrfach während des Dreißigjährigen Krieges wurde die Stadt Ziel von Eroberung und Plünderung durch sächsische, schwedische und kaiserliche Truppen. Tetschen, 1604 zur Königsstadt erhoben, war zunächst dem Verfall preisgegeben. Die Heereszüge der Schlesischen wie der Napoleonischen Kriege hinterließen zusätzliche Verwüstungen. Erst die Gründung von Industriebetrieben und deren Entfaltung im 19. Jahrhundert brachten Tetschen und seiner Region neuen Aufschwung. Vor allem der Bau der Eisenbahnstrecke Prag – Bodenbach – Dresden, die 1851 in Betrieb genommen wurde, und weiterer Netzausbau bis 1874 förderten die wirtschaftliche Entwicklung.

Ähnlich wie seine Nachbarstadt Aussig dehnte sich Tetschen in diesen Jahren stark aus. Seit 1942 mit dem am jenseitigen Elbufer gelegenen Bodenbach vereint, ist Tetschen nunmehr die viertgrößte Stadt an der böhmischen Elbe. Die uralte Verbindung mit dem Fluß findet ihren Ausdruck im Symbol des Fisches im Stadtwappen, gehalten von den Tatzen des doppelschwänzigen tschechischen Löwen als heraldischem Ausdruck der Zusammengehörigkeit der Region mit der böhmischen Krone. Dies gilt auch für die Zeiten, als die aus Sachsen zugewanderten Siedler die Zahl der einheimischen Tschechen übertraf. Jahrhundertelang lebten sie in Gemeinschaft in dieser unberührten Naturregion an der tschechisch-deutschen Grenze, die heute wieder Tschechen wie Deutsche zu neuem Kennenlernen anzieht.

EŠ

5/1 Ansicht von Tetschen

Nach 1855; Öl/Lw.; 64,5 × 109 cm
Děčín, Okresní muzeum [Kreismuseum] (O. 568)

Sitz der Magnatenfamilie Thun, die der Kirche und dem Staat Böhmens zahlreiche Bischöfe und Kanzler stellte, war seit 1628 die Burgstadt Tetschen an der sächsischen Grenze, wichtiger Herrschaftssitz der Przemysliden in Nordböhmen und Glanzpunkt des romantischen Elbtals. Die große Kettenbrücke über die Elbe zum jenseits gelegenen Bodenbach wurde 1854/55 von einer Aktiengesellschaft erbaut.

MLP

5/2* Visitation der Steuerrolle aus dem Jahr 1654

»Bekandtnus Brieff. Die hohe Ansessigkeit der erarmeten Stadt Benssen, Nebst innen benenten Dorffschafften ... Betreffent.«
Georg Franz Bühr, Amtmann von Binsdorf
1654 u. 1680; Handschrift, gebunden (46 S.);
31,5 × 19,5 cm
Děčín, Státní oblastní archiv Litoměřice, pobočka Děčín [Staatliches Regionalarchiv Leitmeritz] (Vs Bynovec inv.č. 2, kart.č. 1)

Unter allgemein günstigen Bedingungen profitierte im 16. Jahrhundert auch die Gegend von Tetschen von Wirtschaft

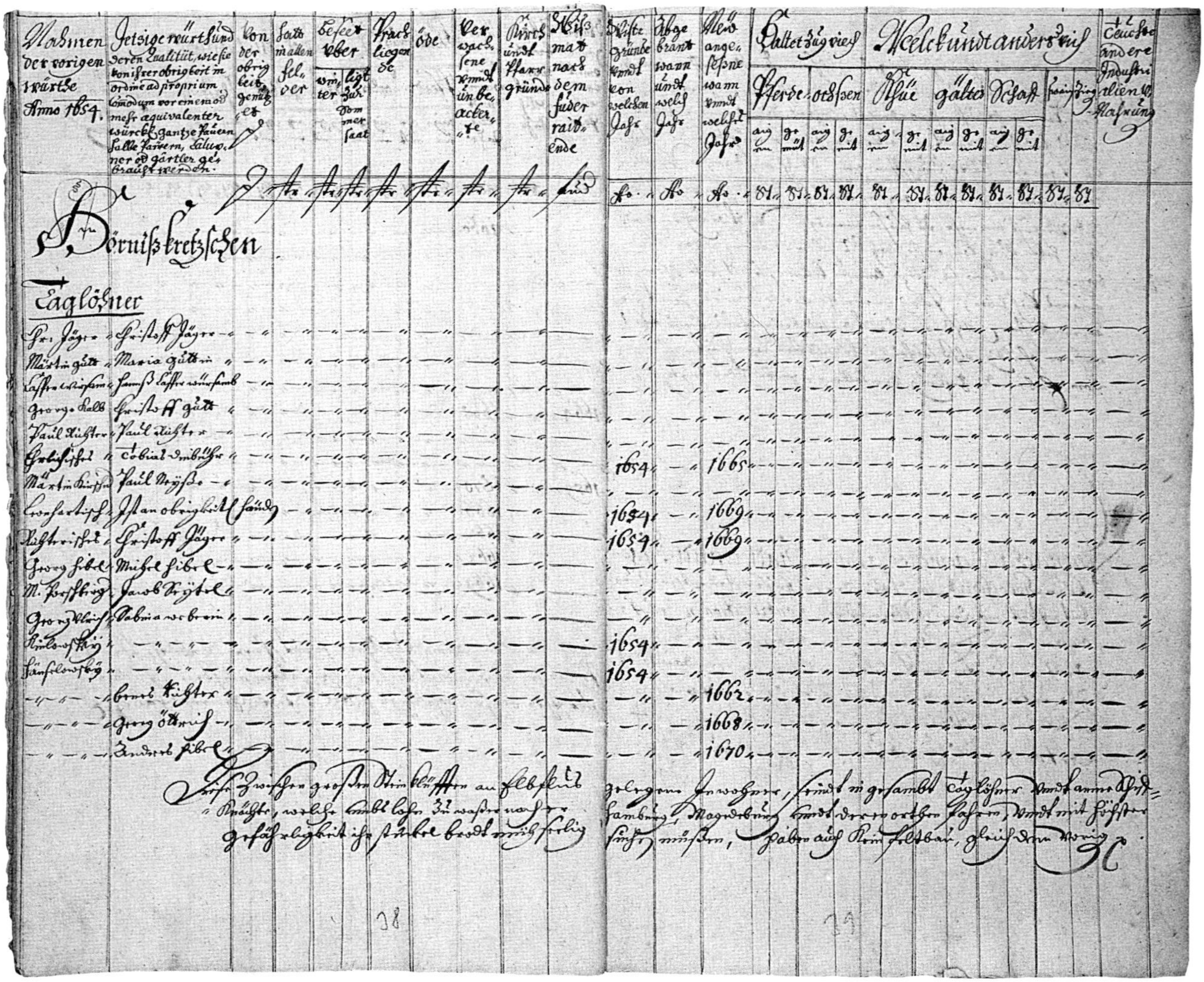

5/2

5/3

und Handel. Die damaligen Gutsbesitzer, die sächsischen Herren von Salhausen und von Bünau, unterhielten mit ihrer Verwandtschaft in Sachsen Handels- und Familienkontakte, die die starken Bande des Protestantismus festigten. Sie verbreiteten auf ihren böhmischen Gütern erfolgreich die lutherische Reformation, die wesentlich zur Entwicklung des kulturellen Lebens beitrug. Die Orientierung der Obrigkeit auf Dresden vermittelte Einflüsse und Anregungen für Architektur und bildende Kunst aus Sachsen nach Nordböhmen. Den Aufschwung, den die Städte und Dörfer im 16. Jahrhundert genommen hatten, bremste der Dreißigjährige Krieg. Mit den neuen Gutsbesitzern veränderten sich auch die religiösen Verhältnisse, denn die katholische Herrschaft (Thun-Hohenstein, Clary-Aldringen) leitete die auf Wien orientierte Rekatholisierung der protestantischen Bevölkerung ein. Die Steuerrolle von 1654, Kataster eines böhmischen Untertanenverbandes, berichtet über die Folgen des Dreißigjährigen Krieges im Leben der Gemeinden, über geplünderte und verbrannte Gehöfte und über brachliegende Böden. 1680 wurde die Revision der Steuerrolle durchgeführt. Sie verzeichnet die Besitzer der Gehöfte von 1654 und die neuen Eigentümer des Jahres 1680, angeführt als Tagelöhner und Schiffahrtsknechte, die auf dem Wasser etwa nach Hamburg oder Magdeburg ihren Lebensunterhalt verdienten. Sie hatten keine Äcker und hielten kein Vieh. Die hiesigen Dörfer wurden von der Rekatholisierung nach 1628 mehr betroffen als vom eigentlichen Krieg. Ein Teil der protestantischen Bevölkerung wanderte in mehreren Wellen (zuletzt 1670 und 1672) aus dem rekatholisierten Böhmen nach Sachsen aus. Die Gehöfte dieser »Glaubensflüchtlinge« fanden bald neue Besitzer.

HS

5/3* Karte des Mündungsgebiets der Kamnitz in die Elbe

»Mappa die gräfl. Clarische Flöss Strittigkeiten zwischen der Herrschaft Kämnitz, anbetrefende«
1737; aquarellierte Federzeichnung; 39 × 78 cm
Děčín, Státní oblastní archiv Litoměřice, pobočka Děčín [Staatliches Regionalarchiv Leitmeritz] (Vs Česká Kamenice, I OG-W 2/2–3)

Die Karte entstand im Zusammenhang mit dem Streit zwischen den Grafen Clary-Aldringen, Besitzer der Herrschaft Herrnskretschen, und den Grafen Kinsky, Besitzer der Nachbargemeinde Janov, um das Floßrecht auf der Kamnitz. Die gekennzeichneten Stellen sind Schluchten für das Floßholz zur Kamnitz: Nr. 21 ist ein Fuhrweg zur Gemeinde Janov, ein sogenannter Streckweg, auf dem Waren in die Gegend um Böhmisch-Kamnitz und Böhmisch-Leipa und zurück befördert wurden, Nr. 23 ein herrschaftlicher Speicher für Getreide, das auf der Elbe von den fruchtbaren Gegenden Mittelböhmens nach Böhmen und Sachsen transportiert und dort an die Untertanen verkauft wurde. Mit Nr. 24 ist ein Holzlager (elf Lagerflächen) gekennzeichnet und mit Nr. 25 eine an Säulen angehängte bewegliche Brücke, wo die Flöße gebunden wurden. Seit dem 14. Jahrhundert wurde bei Herrnskretschen auf der Kamnitz Holz geflößt und gelagert und von dort nach Sachsen und in andere deutsche Länder transportiert. An der seit 1226 schriftlich belegten Holzausfuhr über die Elbe beteiligten sich zahlreiche böhmische Herrensitze. *HS*

5/4 Brief von Martin Maximilian Goltz aus Zittau an Rudolf Thun in Leitmeritz, 26. Juli 1633

Handschrift (4 S.); Umschlag mit Regesten (4 S.) u. Siegel; 32 × 20 cm
Děčín, Státní oblastní archiv Litoměřice, pobočka Děčín [Staatliches Regionalarchiv Leitmeritz] (RA Thun-Hohensteinové Děčín, kart.č. 196)

Der Brief bezieht sich auf strategische Maßnahmen während des Dreißigjährigen Krieges. Goltz äußert die Annahme, daß der Graf (Thun) auch Graf Strozzi informiert habe und fragt, ob es möglich sei, das Schloß vom Wasser aus, von Meißen oder Dresden her, zu befreien. Er teilt mit, daß er mit siebzehn Kompanien nach Dresden marschiert sei, dort zwar große Aufregung verursacht habe, daß aber aus der Stadt niemand gekommen sei, und so sei er wieder zurückgekehrt. Diesen Heerzug habe er durchgeführt, um festzustellen, wie die Landschaft zerstört werden könne. *HS*

5/5 Franz Anton Graf Thun-Hohenstein (1786–1873) *[DH]*

Jan Brandeis (1818–1872)
1871; Öl/Lw.; 124 × 90 cm
Praha, Národní galerie [Nationalgalerie] (O 475)

Das Bildnis des Franz Anton Thun zählt zu den besten Arbeiten des vor allem in Adelskreisen bekannten Porträtmalers Brandeis. Graf Thun wurde für seine Beteiligung in den Befreiungskriegen gegen Napoleon als Komptur des Leopoldordens, mit dem Preußischen Roten Adlerorden 1. Klasse und dem päpstlichen Großkreuz des Heiligen Georg ausgezeichnet. Sein soziales Engagement veranlaßte ihn zur Gründung einer Pensionskasse für seine Beamten in der Herrschaft Tetschen. Seine Frau Theresa, Tochter des sächsischen Grafen Alois Friedrich von Brühl, vermittelte den Auftrag für das Tetschener Altarbild »Kreuz im Gebirge« an Caspar David Friedrich, nachdem sie die Vorzeichnung (vgl. Kat.Nr. 5/6) in einer Dresdner Ausstellung gesehen hatte. *MLP*

5/6* Kreuz im Gebirge *[P]*

Vorzeichnung zum »Tetschener Altar«
Caspar David Friedrich (1774–1840)
1805–1807; Bleistift, Sepia; 64 × 92,2 cm
Berlin, Staatliche Museen zu Berlin PK, Kupferstichkabinett (Friedrich 21 Hinz 360)

Auf den zahlreichen Wanderungen durch das sächsische und böhmische Mittelgebirge, die Caspar David Friedrich gemeinsam mit Freunden aus dem Dresdner Romantiker-Kreis unternahm, hielt er seine Landschaftseindrücke in Skizzen fest. Noch Jahre später griff er immer wieder auf diesen Motivschatz zurück. So entstand bereits am 9. Juli 1800 eine Bleistiftskizze, deren Bergmotiv sowohl für die Sepiazeichnung »Kreuz im Gebirge« (1805–1807) als auch für das Ölgemälde »Ausblick ins Elbtal« (1815–1820) als Vorlage gedient haben könnte. Friedrich entwarf die Studie zum »Kreuz im Gebirge« in der Absicht, das fertige Gemälde dem von ihm verehrten schwedischen König zu schenken. Er ließ sich dann aber überreden, das Ölbild mitsamt einem passenden, von ihm entworfenen Holzrahmen 1808 für die Hauskapelle des Schlosses des Grafen Franz Anton Thun-Hohenstein in Tetschen zu vollenden. *LK*

5/7 Grande valse brillante a-moll op. 34 Nr. 2 (1831)

Frédéric Chopin (1810–1849)
Wiesbaden: Breitkopf & Härtel, um 1840
Notendruck; Lithographie auf dem Titelblatt; 31,5 × 25 cm
Wiesbaden, Breitkopf & Härtel, Buch- und Musikverlag (Platten-Nr. 6033)

Josefine von Thun-Hohenstein (1815–1895) war Klavierschülerin Chopins, der im September 1835 Gast der Familie im Tetschener Schloß, in Karlsbad und Teplitz war. Neben Chopin wirkten für die Thuns Antonín Mánes (als Zeichenlehrer, der die romantische Umgebung und das Schloßinterieur in zahlreichen Skizzen festhielt), Carl Anton Graff (1774–1832), Carl Friedrich Grünwald (1791–1849), Wilhelm Kandler (1816–1896) und Josef Bergler, der erste Direktor der Prager Akademie. *MLP*

5/6

5/8 Vase mit Vedute von Schloß Tetschen

In der Art des Friedrich Egermann (1777–1864)
Um 1829; farbloses, mattiertes Glas, Email- und Transparentmalerei, Schwarzlotmalerei; H 25,5 cm, Fuß: Dm 10,3 cm, Hals: Dm 6 cm
Praha, Umĕleckoprůmyslové muzeum [Kunstgewerbemuseum] (39 295)

Friedrich Egermann erhielt 1829 ein kaiserliches Patent für die Erzeugung farbiger Gläser, das ihn aber nicht vor Nachahmern schützte. Er wirkte in Blottendorf in Nordböhmen, später in Haida. Er betrieb eine Glasraffinerie und ein Malatelier und lieferte seine Erzeugnisse als Kommissionsware nach Neuwelt, wo sehr bald ähnliche Gläser hergestellt wurden. *WW*

≋

5/9 »Panorama der Eisenbahn und Schiffahrt zwischen Prag und Dresden«

Mit »Orientierungs-Karte der Prag-Dresdner Staatseisenbahn«
Panorama: Josef Rybička nach Zeichnungen von Karl Brantl (1801–1871)
Karte: Johann Sandtner jun.
1858; Panorama: 6 Stahlstiche auf einem Blatt; Karte: Lithographie; 24 × 241 cm, Einbandkarton: 23,6 × 17 cm
Praha, Národní technické muzeum – Archiv [Archiv des Technischen Nationalmuseums] (I 7695 a/b)

Der Eisenbahnbau Prag – Dresden erfolgte in erster Linie aus militärstrategischen Gründen. Die Großmächte Europas verfolgten die Planung: Frankreich protestierte gegen den Bau, Rußland hatte Bedenken, England schickte Agenten an die kleinen deutschen Höfe, um das Vorhaben zu verhindern. So verwundert es nicht, daß der zeitgenössischen

5/10

Presse auffiel, »weshalb bei den Eröffnungsfeierlichkeiten der dresden-prager Bahn das Militär eine so hervorragende Rolle gespielt habe«. Die Bahnstrecke folgte den Tälern der Moldau und der Elbe und förderte die Industrialisierung der an der Elbe gelegenen Städte. Die Bahn übertraf schnell die zehn Jahre zuvor gegründete »K.k. priv. Prager Dampfschiffahrt« an Fracht- und Personenaufkommen. *WW*

5/10* Die neue Eisenbahnbrücke bei Tetschen

Beck [vermutl. August (1823–1872)]
Um 1870; Holzstich; 13,8 × 21,4 cm
Berlin, Deutsches Historisches Museum (GrS 56/6702)

Das Bild zeigt die »Österreichische Nordwestbahn« mit dem Schloß Tetschen im Hintergrund. Die Bahn führt auf dem rechten Elbufer von Tetschen über Nimburg in Richtung Königgrätz. Sie schließt die rechtselbischen Städte Schrekkenstein, Leitmeritz, Lissa, Nimburg und Podiebrad seit den siebziger Jahren des 19. Jahrhunderts an die linkselbisch verlaufende Haupttrasse Prag–Dresden an. Im Abschnitt von Herrnskretschen bis Melnik führten bei Tetschen, Aussig und Lobositz Eisenbahnbrücken über die Elbe. Die Tetschener Eisenbahnbrücke existiert noch heute. *WW*

5/11 »K.k. Priv. Landesbef. Chokoladenfabrik von Jordan & Timäus in Bodenbach« *[DH]*

Aus: Album der Industrie des Reichenberger Handelskammer-Bezirks ..., hrsg. von A. Anschiringer, Reichenberg 1858
Wilhelm Kirchner
Lithographie; 23 × 31,5 cm
München, Sudetendeutsches Archiv

Als Filiale des Dresdner Stammhauses 1854 in Bodenbach gegründet, zählte die Fabrik zu den bestrenommierten der österreichischen Monarchie. 150 000 bis 200 000 Pfund Trink-, Speise-, Dessert- und Figuren-Schokoladen wurden jährlich in den Kronländern abgesetzt. Nach dem »Album der Industrie des Reichenberger Handelskammer-Bezirks« beschäftigte die Fabrik 1858 »circa 70 Arbeiter und einen Maschinisten, welchen eine Dampfmaschine von 16 Pferdestärken, acht Hilfsmaschinen und zwei Mühlen zur Seite stehen. Die merkantilistischen Geschäfte besorgen acht Comptoiristen und zwei Reisende«. Hinter der Schokoladenfabrik liegt ein Meierhof der Grafen Thun. *WW*

5/12* Kettendampfschiff bei Obergrund *[DH]*

Raimund Gröschler (1848–1919)
1888; Öl/Lw.; 89 × 139 cm
Bez.: R. Gröschler 1888
Děčín, Okresní muzeum [Kreismuseum] (O.D. 202)

Seit den siebziger Jahren des 19. Jahrhunderts entwickelte sich die Kettenschiffahrt auf der Elbe. Die Kette mit einer Gliedstärke von 20 bis 27 Millimetern war auf einer Länge von 750 Kilometern in der Elbe verlegt. Sie wurde am Schiffsbug mit dem für Kettenschiffe typischen gewölbten Deck über Leitrollen aus dem Wasser gehoben, zu zwei durch Dampfmaschinen angetriebene Windetrommeln geführt und am Heck wieder ins Flußbett gesenkt. Begegneten sich zwei Schiffe, mußte die Kette geöffnet und nachher wieder mit einem Spezialglied geschlossen werden. *WW*

5/13 Kettenstück für Kettenschleppdampfer *[DH]*

1875–1925; Eisen; L ca. 240 cm
Ústí nad Labem, Muzeum (T 69)

Die geschmiedete Kette zum Betrieb von Kettenschleppdampfern wurde erstmalig bei Magdeburg und fast gleichzeitig bei Dresden in das Flußbett der Elbe verlegt. In den Jahren 1870 bis 1872 wurde die Kette Glied um Glied auf der böhmischen Strecke bis Magdeburg verbunden. Die wirtschaftlichen Kettenschleppdamper verbrauchten nur ein Drittel der Kohle gegenüber üblichen Schleppdampfern. Stromaufwärts erreichten sie eine Geschwindigkeit von fünf bis sechs Kilometern, stromabwärts von zehn bis zwölf Kilometern pro Stunde. Der letzte, 1906 gebaute Kettenschleppdampfer havarierte 1945 im Hafen von Aussig. *JM*

5/14* »Hirniskretzschen Grenzort von Böhmen« *[DH]*

Johann Carl August Richter (1785–1853)
2. Viertel 19. Jh.; kolorierte Radierung; 10,8 × 15,2 cm (Plr.)
München, Sudetendeutsches Archiv

Das in Felsen gebettete Grenzdorf zwischen ČSFR und Bundesrepublik Deutschland, seit Jahrhunderten Zollstation des Kaiserreichs Österreich nach dem Königreich Sachsen, ist die Pforte zum Sandsteingebirgszug der Dittelsbacher Heide, die Theodor Körner als romantische Kulisse zu seiner Liebeserzählung in Briefen »Die Reise nach Schandau« benutzte. Herrnskretschen beschließt die Wände und Klammen der Böhmischen Schweiz, die Anfang des 19. Jahrhunderts fußreisende Hochgebirgswanderer entdeckten.

MLP

≋

5/15 Grenzstein Nr. 343 *[D]*

1572; Sandstein; 55 × 30 × 22 cm
Bez. zur böhmischen Seite über d. Wappen d. Herrschaft Bünau: »GvB«; zur kursächsischen Seite über Wappen mit Schwertern: »C S«
Děčín, Okresní muzeum [Kreismuseum]

Die Grenze zwischen Kursachsen und dem Königreich Böhmen verlief beiderseits der Elbe. Seit 1534 hatte die Familie Bünau die ganze Herrschaft übernommen. Die Bünaus verbesserten die Landwirtschaft, führten die Obstbaumzucht ein und verliehen der Stadt Tetschen verschiedene Rechte. Als konsequente Vertreter des Protestantismus holten sie Pfarrer aus Sachsen in ihr Gebiet. Dies führte zu Spannungen mit der Bevölkerung, und so wurden die Bünaus durch das Religionsedikt Ferdinands II. (geb. 1578, reg. 1619–1637) gezwungen, die Herrschaft Tetschen 1628 an die aus Tirol stammende katholische Familie Thun-Hohenstein für 266 000 Österreichische Gulden zu verkaufen.

WW

5/12

5/14

5/16 »Hernisskrettschmer Handlungks Gedreydigk- undt Geldt Zettell von 2. bies 30. Septembris, Inn 4 Wochen«, 7. Oktober 1690

Tobias Kaliwoda
Handschriftliche Rechnung (4 S.); 32 × 20 cm
Děčín, Státní oblastní archiv Litoměřice, pobočka Děčín [Staatliches Regionalarchiv Leitmeritz] (Vs Bynovec Kart. č. 183)

Herrnskretschen, durch drei Landwege mit Sachsen, Schluckenau und Böhmisch-Leipa verbunden, wurde schon im 16. Jahrhundert zur Blütezeit des Elbhandels ein Marktzentrum für Holz. Der Umschlagplatz diente auch zum Lagern von Getreide, Glas und handwerklichen Erzeugnissen, die aus Böhmen ausgeführt wurden, und Salz, das besonders vom Salzmarkt in Magdeburg nach Böhmen eingeführt wurde. Mit dem schriftlich belegten Salzhandel aus dem Jahre 1057 (Leitmeritzer Kapitelurkunde) sind auch frühe Belege der Elbschiffahrt verbunden. Außer Holz und Getreide, den traditionellen Handelsgütern Böhmens mit den deutschen Ländern, wurden Lebensmittel (Brot, Mehl, Graupen, Butter, Hopfen, Bier, Wein, Obst), Textilerzeugnisse (Wolle, Tuch, Leinen, Hanf, Garn), Glas, Eisen, Kalk, Mühl- und Schleifsteine sowie Vieh von Böhmen über die Elbe ausgeführt. Nach Böhmen kamen außer Salz, Fischen, Käse und Südfrüchten auch Gewürze aus Holland, die in Herrnskretschen gelagert wurden. Ein Teil des Elbe-Getreidehandels wurde im Herrschaftssilo gelagert und an Hofangehörige, Fuhrleute und Bewohner sächsischer Dörfer verkauft. Der Getreideimport wurde zur ergiebigen Einnahmequelle, bis schließlich Hörige um 1750 das Getreidegeschäft betreiben konnten. *HS*

5/17 »Spezification wass in Hörnskrätschen, von nachfolgend unterschiedlichen alda niedergelegt werden den Holtzwahren, an Lager Stätt- und Platz Zünssgeldt bezahlet werde ...«, Binsdorf, 24. April 1739

Handschriftliche Aufstellung (4 S.); 33 × 21,3 cm
Děčín, Státní oblastní archiv Litoměřice, pobočka Děčín [Staatliches Regionalarchiv Leitmeritz] (Vs Česká Kamenice, OG-W-2/1)

Von Böhmen nach Deutschland wurden alle Arten von Holz (Balken, Bohlen, Bretter, Bauholz für Schiffe, Tischlereiwaren, Möbel, Brennholz, Schindeln, Holzgefäße, Werkzeuge usw.) ausgeführt. Besondere Ausfuhrartikel waren jahrhundertelang mächtige Stämme, die an Werften für Masten großer Hochseesegelschiffe geliefert wurden. Gewinnung, Verarbeitung, Transport und Handel mit Holz wurden für die Bewohner von Herrnskretschen und andere Gemeinden der Böhmischen Schweiz zur entscheidenden Erwerbsquelle und förderten den Wohlstand. Die gewaltigen Holzvorräte in den Wäldern und der billige Elbetransport ließen eine örtliche Schicht von Holzhändlern entstehen, die im Verlauf des 18. Jahrhunderts schrittweise der Obrigkeit das Handelsmonopol entzog. Die Lieferungen gingen nicht nur in die deutschen Länder, sondern auch nach Holland. *HS*

5/18 Edikt Maria Theresias über die Abstellung der Hindernisse für die Schiffahrt, 31. Mai 1777

Druck (6 S.); 31,6 × 20,2 cm
Ústí nad Labem, Archiv města [Stadtarchiv] (5162)

Seit Jahrhunderten schlichtete die königliche Kammer in Prag die langwierigen Streitigkeiten zwischen adligen Grundbesitzern, Klöstern, Städten und Gewerbetreibenden wie Fischern, Flößern und Müllern. Das Edikt regelt als Binnenordnung auf der Elbe Nutzung und Interessen der Anrainer. Es schreibt den Flößern Länge und Breite der Flöße vor und bestimmt, wie die Verbindungen der Flöße zu den sogenannten Strähnen auszusehen haben; es verpflichtet die Müller, deren Tätigkeit vom Stau des Wassers abhängig war, in bestimmten Fristen die Passage der Flöße durch die Schleusen und kleinen Wehre zu gewährleisten. Aber auch der ständig vom Hoch- und Niedrigwasser oder Eisgang gefährdete Uferbereich, der durch Aufschüttungen, Befestigungen und Bepflanzungen zu sichern war, wurde gegen Beschädigung durch Flößerei unter Strafe gestellt. *WW*

Aufnahme des Elbe Flusses von Tetschen nach Leitmeritz und der Gegend nach Kamnitz zu.
Neuschloss den 23ten August 1778
Kaatz
Leitmeritz
Kaatz
1:46000

5/19

5/19* »Aufnahme des Elbe-Flusses von Tetschen nach Leitmeritz und die Gegend nach Kamnitz zu Neuschloß den 23ten August 1778«

Karte im Maßstab 1:46 000
Kaatz
1778; farbige Zeichnung, auf Lw. aufgeklebt; 94 × 84 cm
Berlin, Staatsbibliothek zu Berlin PK, Kartenabteilung (Kart 02680)

Diese handgezeichnete kolorierte Karte zeigt den Elbverlauf von der sächsischen Grenze bis Leitmeritz mit genauer Wiedergabe seiner Ufer, landschaftlicher Besonderheiten und zahlreicher Siedlungen. Sie besteht aus mehreren Blättern. Die Zuflüsse Kamnitz und Polzen sind in ihrer ganzen Länge kartographisch erfaßt. *WW*

5/20 Kohlekahn

Modell
1935; Holz; 40 × 15 × 80 cm
Děčín, Okresní muzeum [Kreismuseum] (3524/87)

Dieser ganz aus Holz gebaute Schiffstyp ohne Abdeckung wurde im Volksmund »Nackter« genannt. Er war für den Transport von Salz und Steinen seit dem 16. Jahrhundert auf der Moldau, später auch auf der Elbe in Gebrauch. Schiff und Last wurden durch Menschenkraft, später mit Pferdegespannen gegen den Strom geschleppt. Der letzte Kahn dieses Typs beförderte noch im Zweiten Weltkrieg Kohle von Lobositz nach Prag. Seit Beginn des 19. Jahrhunderts wurden diese »Zillen« für den Transport von Steinen auf der ganzen Elbe benutzt. Bei einer Nutzlast von 75 Tonnen hatten sie eine Gesamtlänge von 35 Metern und kamen mit zwei Mann Besatzung aus. *WW*

5/21 Plakat »Elbe – Friedens- und Freundschaftsfahrt 20. – 27. Juli 1956« *[DH]*

Entwurf: Helmut Götze
1956; Offset; 57 × 41 cm
Berlin, Deutsches Historisches Museum

Dieses Plakat dokumentiert die ersten offiziellen Begegnungen ausgesuchter DDR-Bürger mit tschechischen Staatsbürgern, elf Jahre nach Beendigung des Zweiten Weltkriegs. Mit dem Seitenraddampfer »Weltfrieden« der Weißen Flotte Dresden ging die Fahrt stromaufwärts bis Aussig, von dort mit Bus und Bahn zur Gedenkstätte Theresienstadt und weiter nach Prag. *WW*

5/22 Ausflügler-Ausweis für den kleinen Grenzverkehr zwischen Herrnskretschen und Tetschen-Bodenbach

In einem Album mit Reiseandenken
1933; Ausweis: 10,5 × 16,3 cm; Album: 19 × 45 cm (aufgeschl.)
Berlin, Deutsches Historisches Museum (Do 88/178 II)

Walter Kropp aus Berlin-Adlershof benutzte auf seiner mehrtägigen Radtour in die Sächsische Schweiz für den Grenzübertritt in Herrnskretschen und in die nähere Umgebung diesen Tagesschein, ausgestellt am 27. Juli 1933 für 48 Stunden. Er kostete 50 Pfg. oder 4 Kčs. Kropps Erinnerungsalbum enthält außerdem Eintrittskarten zur Edmundklamm und zum Prebischtor sowie zahlreiche Photographien. *WW*

KAPITEL 6
Die Sächsische Schweiz – Von Bad Schandau bis Pirna

Den Begriff »Sächsische Schweiz« prägten Schweizer Künstler, die Ende des 18. Jahrhunderts an die neu gegründete Dresdner Akademie berufen worden waren. Auf ihren Wanderungen durch das Elbsandsteingebirge, das ihnen viele romantische Bildmotive bot, fühlten sie sich an die Schweizer Mittelgebirgslandschaft erinnert.
24 Kilometer lang ist der Elbabschnitt zwischen Bad Schandau und Pirna. Einen Großteil ihres Reizes gewinnt die Landschaft aus der Konfrontation von Strom und Felsen: Die Elbe und ihre Zuflüsse haben in das Sandsteinmassiv tiefe Furchen gegraben. An manchen Stellen beträgt das Gefälle zwischen Bergmassiv und schmalem Flußbett über 200 Meter. Der Dichter Karl Immermann hat die von der Felslandschaft ausgehende Faszination in seinem »Reisejournal« (1833, S. 331 ff.) festgehalten: »Da waren wir denn mit einem Zauberschlage im wildesten Felsental. Hier begann die Reihe der Erscheinungen, die mir dieses Gebirgsland gegeben hat. Entweder Aussichten auf ein weites, zerklüftetes Bergterrain mit hervorragenden Felshörnern in abgestumpfter konischer Form, oder labyrinthisches Tal, mauergrade aufsteigender Sandstein, viereckte, rundlich abgewaschne Quadern, weckenoder sackartig übereinander getürmt. Das steht oft in solchen Spitzen, in so schmalen Wänden einzeln, gesondert in der Lüfte, daß man kaum begreift, wie es nicht längst hat zusammenstürzen müssen.«
In den zum Teil bereits von slawischen Fischern gegründeten Orten entlang der Elbe hatten sich seit der zweiten Hälfte des 12. Jahrhunderts Zuwanderer aus Thüringen, Franken und Niedersachsen angesiedelt. Um das Gebiet, das im Mittelalter noch zum Königreich Böhmen gehörte, entbrannte im 15. Jahrhundert ein Streit zwischen den böhmischen Herrschern und den Markgrafen von Meißen, der 1459 im Vertrag von Eger zugunsten Sachsens entschieden wurde.
Für den wirtschaftlichen Aufschwung der Region rodeten Bauern im Mittelalter den dichten Baumbestand, der als Bau- und Brennholz auf der Elbe nach Dresden, Meißen und weiter flußabwärts geflößt wurde. Anläßlich einer Bestandsaufnahme der sächsischen Wälder stellte man bereits 1591 fest, daß das Revier »sehr verhauen« sei und es nur noch wenig schlagbare Althölzer gebe. Später wurde mit dem Holzeinschlag die Industrie von Königstein, Pirna und Heidenau beliefert.
Auch der zweite wichtige Rohstoff der Region – der Elbsandstein – nahm den Weg über die Elbe. Zuerst waren es nur Mahlsteine, später auch Bau- und Bildhauersteine, die verschifft wurden. Die gotischen Dome und Kirchen von Pirna, Meißen, Wittenberg und Magdeburg sind ebenso aus Elbsandstein gebaut wie die Schlösser in Dresden, Torgau und Annaburg und zahlreiche Brücken, die die Elbe überspannen.
Die Schiffahrt war für diesen Elbabschnitt vor allem dank der Elbzölle einträglich, deren Entrichtung im Mittelalter die Burgherren in Wehlen, Rathen, Königstein und Pirna überwachten. Später wurden in Bad Schandau und Königstein Schiffswerften gegründet. Mit dem Einsatz des ersten Dampfschiffs 1837 und erst recht nach der Einweihung der sächsisch-böhmischen Eisenbahnlinie 1851 strömten Touristen in die Sächsische Schweiz. Doch der Tourismus blieb nicht ohne Folgen. Bereits 1910 gründete sich ein Verein zum Schutze der Sächsischen Schweiz. Und nachdem das Basteigebiet schon seit 1938 unter Naturschutz stand, wurde die gesamte Sächsische Schweiz 1956 zum Landschaftsschutzgebiet erklärt. *LK*

6/1 »Vue de la partie méridionale de Schandau sur l'Elbe en Saxe à la frontière de Bohème« *[DH]*

Christian Gottlob Hammer (1779–1864)
1. Viertel 19. Jh.; Umrißradierung, Sepia koloriert; 43,3 × 53 cm (Plr.)
Dresden, Stadtmuseum (1981/k 2249)

Auf einem schmalen Uferstreifen rechts der Elbe, an der Mündung der Kirnitzsch, wurde Anfang des 15. Jahrhunderts das Städtchen Schandau gegründet. Der Ort gehörte damals zu Böhmen und lebte wie die weiter flußaufwärts gelegenen Elbestädte vor allem vom Holz- und Getreidehandel sowie von der Schiffahrt. Für das Jahr 1597 ist erstmals auch der Schiffbau nachgewiesen. In der Bildmitte des Stiches, links von Kirche und Brauhof, ist das 1544 erbaute und noch heute erhaltene »Schütthaus« zu erkennen. Das mit drei Getreideböden und einem durchgehenden Weinkellergewölbe ausgestattete Gebäude diente im 17. Jahrhundert als Geleitshaus für Elb- und Straßenzölle; von 1834 bis 1918 war dort das Hauptzollamt untergebracht. *LK*

6/2 Schandauer Badelisten der Jahre 1849 und 1850 *[DH]*

2 Gästebücher; je Din A 5 quer
Bad Schandau, Heimatmuseum (302, 303)

Mit der Entdeckung einer eisenhaltigen Quelle, des »roten Flößgen«, tat sich ab 1730 für Schandau ein neuer Wirtschaftszweig auf. 1799 konnte das erste Badehaus in Betrieb genommen werden. In der Zeit der Romantik, als das Elbsandsteingebirge für den Tourismus erschlossen wurde und sich Schandau als idealer Ausgangspunkt für Ausflüge in die Sächsische Schweiz anbot, wurde die Stadt zu einem gefragten Kurort. Anfang des 19. Jahrhunderts gehörten auch Theodor Körner und Carl Maria von Weber zu den Kurgästen. Den Zusatz »Bad« bekam Schandau allerdings erst 1920 verliehen. *LK*

6/3 Die Bastei im Elbsandsteingebirge *[D]*

Karl Gottfried Traugott Faber (1786–1863)
Öl/Lw., auf Holz aufgezogen; 37,5 × 46,3 cm
Kiel, Stiftung Pommern (B 1018/17 484)

Traugott Faber, seit 1820 Mitglied der Dresdner Akademie, malte verschiedene Bilder mit Motiven der Sächsischen Schweiz, unter anderem auch eine Aquarellserie im Auftrag des sächsischen Königs Friedrich August II. Zu den beliebtesten Ausflugszielen in dieser Landschaft gehörte die am rechten Elbufer gelegene Bastei. Den Besuchern bot sich von einer Brücke, die 1826 zur Sicherheit des Publikums mit einem Eisengeländer versehen worden war, ein weiter Blick in das Elbtal. *LK*

6/4* »Vue interieure des roches nommés la Bastey dans la Suisse Saxonne«

Christian Gottlob Hammer (1779–1864)
2. Viertel 19. Jh.; kolorierter Kupferstich; 43,7 × 53 cm
Dresden, Stadtmuseum (1953/92)

In seinen »Romantischen Wanderungen durch die Sächsische Schweiz« (Leipzig 1836) berichtet August von Cromlitz (d.i.: Carl August von Witzleben) von einem Besuch auf der Bastei: »Es war heute Sonntag, deshalb auch ein grosses Gewühl von Menschen auf der Bastei, denn dieser schöne Punkt ist, trotz seiner Entfernung ein Vergnügungsort der Bewohner Dresdens und der Umgebung, deshalb war es auch für mich, der ich mich gern ungestört meinen Empfindungen überlasse, viel zu lebendig; ich sah hier viel zu viel geputzte Frauen, die mehr um sich zu zeigen, als um zu beschauen sich versammelt hatten, und in sonderbarem Contraste mit der einfachen, grossartigen Natur standen.« *LK*

6/5 »Ansicht des Städtgen Wehlen, bey Königstein in Sachsen an der Elbe gelegen«

Nach einer Zeichnung von Johann Gottfried Jentzsch
Kolorierter Kupferstich; 20,5 × 31 cm (Plr.)
Dresden, Sächsische Landesbibliothek (Sax. H. 6790)

Wehlen liegt rechts der Elbe mitten im Elbsandsteingebirge und bietet ideale Voraussetzungen für touristische Ausflüge. Die beiden Wanderer im Vordergrund des Kupferstichs blikken über Wehlen hinweg Richtung Bastei flußaufwärts in das Elbtal. Auf der bereits im 16. Jahrhundert verfallenen Burg von Wehlen residierte im Mittelalter die Familie von Köckeritz. *LK*

6/4

6/6 Bergsteigerausrüstung

a) Wandring mit Karabinerhaken

b) Hanfseil

c) Rucksack

d) Bergschuhe

e) Proviantkasten und Feldflasche mit Alu-Becher

1920er Jahre; Stoff, Metall, Leder, Hanf, Zinkblech;
a) Ring: 18 × 8 × 5 cm, Karabiner: 14 × 7 × 2 cm;
b) Dm 1,8 cm; c) 45 × 60 × 35 cm; e) 25 × 25 × 20 cm
Dresden, Sächsischer Bergsteiger-Bund im Deutschen Alpenverein

Die Vorhut der sportlichen Kletterer im Elbsandsteingebirge bildeten Mitte des 19. Jahrhunderts ortsansässige Turnvereine, deren Mitglieder die steilen Sandsteinfelsen weitgehend ohne künstliche Hilfsmittel erklommen. Später ließen die Kletterregeln überhaupt keine Hilfsmittel außer Ringhaken und Seilen zu, und diese durften auch nur zur Absicherung eingesetzt werden. *LK*

6/7 Gipfelbuch vom Gamrig-Kegel mit Kassette

1981–1986; Kassette: 18 × 18 × 4 cm
Dresden, Sächsischer Bergsteiger-Bund im Deutschen Alpenverein

6/8

Auf allen herausragenden Gipfeln deponieren die Bergsteiger solche Bücher, in die sich die erfolgreichen Kletterer eintragen können. Aufbewahrt in Blechkapseln sind die Dokumente sicher vor den Einflüssen der Witterung. Für die Geschichte der Bergsteigerei im Elbsandsteingebirge sind insbesondere die Erstbesteigungen der höchsten Gipfel wichtig, z. B. 1874 die des Mönchs und 1906 die der Jungfer. Bereits Ende des 19. Jahrhunderts war Dresden nach München der bedeutendste Bergsteigerstützpunkt in Deutschland. 1911 wurde der »Sächsische Bergsteigerbund« gegründet, der in seinen Statuten die zugelassenen technischen Hilfsmittel eindeutig festlegte. Die Zahl der klettertechnischen Schwierigkeitsgrade wurde stets erweitert; gegenwärtig umfaßt die Skala zehn Stufen, von denen die höheren noch in a, b und c unterteilt sind. *LK*

6/8* Preistafel für Sesselträger

Um 1880; Holz, bemalt u. beschriftet; 40 × 57 cm
Bad Schandau, Heimatmuseum (872)

Für die weniger gut ausgerüsteten und unsportlichen Bergfreunde boten Sesselträger ihre Dienste an. Eine beliebte Route der Ausflügler ist der Preistafel zu entnehmen: von dem mitten im rechtselbischen Teil des Gebirges gelegenen Lichtenhainer »Wasserfall« südwärts über den »Kuhstall«, den kleinen und großen »Winterberg«, vorbei am »Prebischthor« bis nach »Hernskretschen« an der Elbe. Der Gesamtpreis für die Strecke betrug neunzehn Mark. *LK*

6/9 Versteinerungen aus dem Elbsandsteingebirge: vier Muscheln

Fossilien; je ca. 10 × 8 cm
Dresden, Staatliches Museum für Mineralogie und Geologie (K 1/22, K 6/18, K 6/14, K 7/2)

Muscheln stellen die häufigsten Fossilien in den Sandsteinen der Sächsischen Schweiz dar. Ihre typischen Vertreter werden zur Untergliederung der Oberkreide-Ablagerungen benutzt. Die vier ausgestellten Exemplare gehören den Gattungen Inoceramus, Neithea und Pinna an. Ihre kalkigen Schalen wurden im porösen Sandstein durch Sickerwasser aufgelöst, so daß heute nur noch die Abdrücke bzw. die Steinkerne (= ausgefüllte Innenräume) erkennbar sind. *GM*

6/10 Ammonit (Collignoniceras)

Obere Kreide; Fossil; 19 × 15 cm
Dresden, Staatliches Museum für Mineralogie und Geologie (268/18)

Als Ammoniten (Ammonshörner) wird eine Gruppe ausgestorbener Kopffüßer bezeichnet, deren weicher Körper in einem meist spiralig aufgerollten Gehäuse steckte. In den Kreideablagerungen des Elbtales bei Dresden sind Ammoniten relativ selten zu finden. Die größten Exemplare erreichen hier Durchmesser bis 80 Zentimeter. *GM*

6/11* Arbeiten im Steinbruch

a) Nach der Sprengung. Arbeit mit der Brechstange

b) Einbringen einer Stütze

c) Beladen eines Schleppkahns mit Sandsteinblöcken

1938/40; 3 Photographien (Reproduktionen)
(Originale: Dresden, Sächsische Landesbibliothek, Deutsche Fotothek)

Im Gegensatz zu heute, wo die Steinschichten von oben nach unten abgetragen werden, wurde der Elbsandstein früher durch Unterhöhlung der Wände und anschließende Sprengungen abgebaut. Die bearbeiteten Sandsteinblöcke wurden sodann verladen und über die Elbe abtransportiert. Steinbrüche, die direkt an der Elbe lagen, kaufte der 1910 gegründete »Verein zum Schutze der Sächsischen Schweiz« nach und nach auf, um die kahlen Halden und Hänge wieder zu bepflanzen. *LK*

6/11a

6/12 Treidler zu Pferde am Steilufer

Adolf Schmidt (1827–1880)
Öl/Holz; 27 × 40 cm
Dresden, Staatliche Kunstsammlungen, Gemäldegalerie Neue Meister (1521)

Transporte, die nicht mit der Strömung des Flusses, also elbabwärts, unterwegs waren, sondern stromaufwärts, mußten bis zum Einsatz der Dampfkraft bzw. der Kettenschiffahrt von Treidlern oder Bomätschern vom Ufer aus auf Treidelwegen gezogen werden. Für die Beförderung von Lasten bis zu 200 Tonnen wurden 20 bis 30 Männer gebraucht, Pferde waren seltener im Einsatz. In vielen Dörfern entlang der Elbe war die Benutzung von Zugvieh sogar gänzlich verboten, da das Treideln für die Bewohner die einzige Möglichkeit des Broterwerbs darstellte. *LK*

6/11b

6/13 »Representation der Facade von Ihro Königl – Mayt. Residentz Schlosse gegen dem Palais über«

E.D. Häusser
1731; lavierte Federzeichnung; 49 × 69,5 cm
Kopenhagen, Nationalmuseet – Oldtid og Middelalder, Antikvarisk-Topografisk Arkiv (Tegn.Nr.: 1233–125)

Überall in Europa wurde der Elbsandstein vor allem für öffentliche Repräsentationsbauten verwendet: für Schlösser in Preußen (Sanssouci) und Mecklenburg (Schwerin, Ludwigslust, Güstrow) ebenso wie für die Rathäuser in Hamburg und Bremen. Aber auch nach Skandinavien wurden die Steinblöcke verschifft, beispielsweise nach Kopenhagen, wo in den Jahren 1732 bis 1740 Schloß Christiansborg aus Pirnaischem Sandstein erbaut wurde. *LK*

6/11c

6/14* Anfrage des dänischen Königs Christian VI. wegen zollfreier Passage von »8000 differenten Quadern sächsischen Sandsteins« zur Ausschmückung des Residenzschlosses in Kopenhagen mit vier Antwortschreiben und einer Anweisung an die Elbzollbediensteten, Juni bis August 1737 *[DH]*

a)* Vorschreiben Christians VI. an die Souveräne der Elbanliegerterritorien

b) Antwortschreiben Herzog Christian Ludwigs von Mecklenburg, 3. Juni 1737

c) Antwortschreiben Georgs II. von Großbritannien, 12. Juni 1737

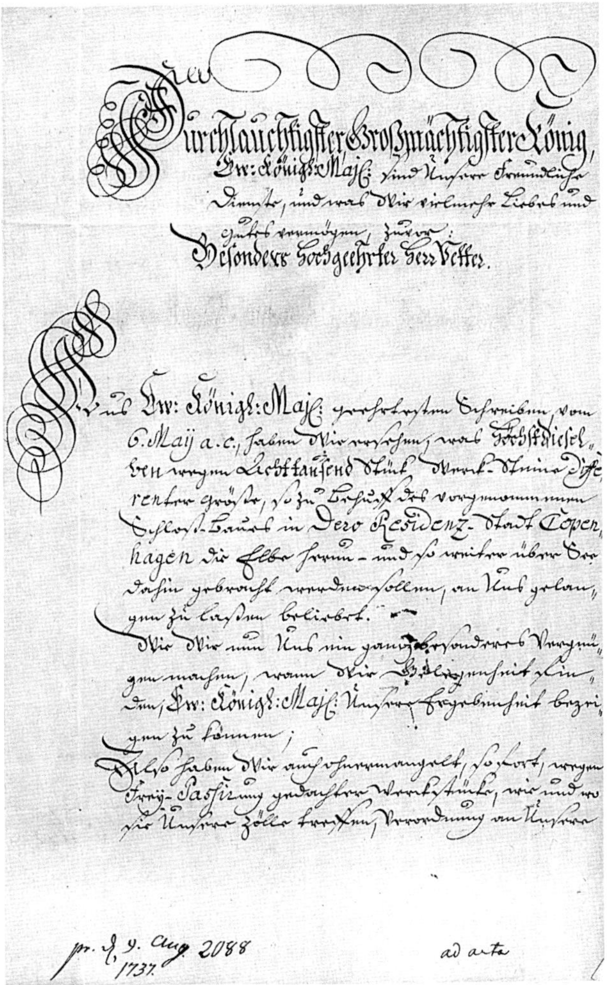

6/14f

d) Antwortschreiben des Herzogs Leopold von Anhalt-Dessau, 14. Juni 1737

e) Antwortschreiben Johann Augusts Fürst zu Anhalt-Zerbst, 9. August 1737

f)* Schreiben der »Zur Kayserl. Execution in Mecklenburg Verordnete Casse-Directores ... an die hiesige Elb-Zoll Bediente«, 12. Juli 1737

6 Schriftstücke, teils gesiegelt; 31 × 20,5 – 32 × 40 cm
Kopenhagen, Rigsarkivet (Partikulaerkammeret, Slotsbygningskommissionen, nr. 129, Adskillige Sager)

Das Bittschreiben Christians VI., »weßmaßen wir zu Unsern vorgenommenen Schloßbau in unseren Residentz Stadt Copenhagen Achttausend Stücke differente Größe sand Stein auß denen im Sächsischen befindlichen Stein Brüchen, theils den Elb-Strohm herunter, theils aber auch von der Elbe durch die Havel Spree und durch den Neuen Graben in den Oder-Strohm biß Stettin und von dannen wieder über See anhero transportiren zu laßen gesonnen«, war an die Könige Georg II. von Großbritannien, August I. in Sachsen, Friedrich Wilhelm I. in Preußen, an die Herzöge Georg Albrecht von Sachsen-Barby, Johann August zu Anhalt-Zerbst, Leopold zu Anhalt-Dessau und Christian Ludwig zu Mecklenburg gerichtet. Alle Fürsten genehmigten mit Brief und Siegel die erbetene zoll- und geleitfreie Passage »alß Fürstenguth, allerorten in dero Landen Schleusen auf Brücken und Bahnen« wie auch die Ausstellung der nötigen Freipässe für die mit dem Transport beauftragten Commissionäre Michael Fabritius und Berend Weßsely. Nach Zustimmung der Landesherren wurden die Elbzoll-Bediensteten von den »Casse-Directores« zur »Kayserlichen Execution« für die kostenfreie Passage der Sandsteinblöcke durch die Elbterritorien angewiesen.

MLP

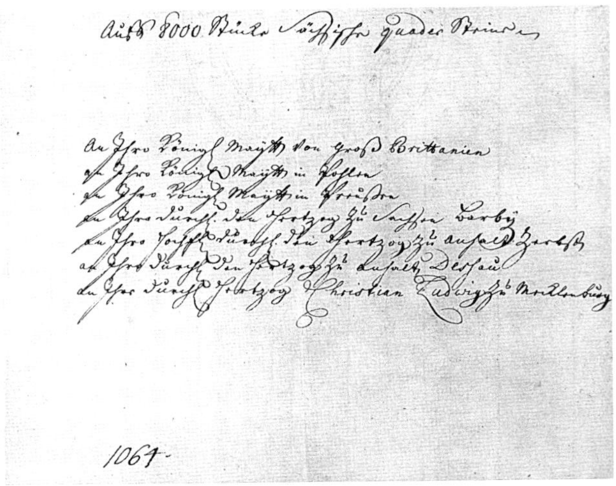

6/14a

6/15

6/15* Humpen mit einer Ansicht der Feste Königstein *[DH]*

Christoph Löbel von Platten (gest. 1653)
Erzgebirge: Glashütte Jugel
1638; grünes, blasiges Glas mit farbiger Emailmalerei, Reste von Vergoldung; H 38,2 cm
Bez. auf der Wandung: »I.G.H.Z.S.G.C.V.B.C. 1638. Bergfvehstung Königstein«, Glasmacherwappen mit Monogramm CLvP
Dresden, Staatliche Kunstsammlungen, Kunstgewerbemuseum (37 087)

Auf dem vor Pirna an der Elbe liegenden, hochragenden Königstein entstand vor allem seit dem 16. Jahrhundert eine der stärksten sächsischen Festungen. Eine frühe bildliche Darstellung der Feste zeigt der Deckelhumpen von 1638 mit dem sächsischen Gesamtwappen und den Initialen des Kurfürsten Johann Georg (I.), Herzog zu Sachsen, Jülich, Cleve und Berg (geb. 1585, reg. 1611–1656). Zusammen mit anderen ebenfalls 1638 datierten Gläsern gehörte das Trinkgefäß zum Bestand der Hofkellerei Königstein. Die großen Willkommgefäße sind vermutlich anläßlich der Heirat des sächsischen Kurprinzen und späteren Kurfürsten Johann Georg II. (geb. 1613, reg. 1656–1680) mit Magdalena Sibylla von Brandenburg-Bayreuth im Jahre 1638 gefertigt worden. Das unter der Festungsdarstellung angebrachte Glasmacherwappen des Christoph Löbel von Platten verweist auf die bedeutsame sächsische Glashütte Jugel im Erzgebirge, die der Exulant Löbel aus dem böhmischen Erzgebirgsort Platten von 1630 bis 1651 erfolgreich betrieb und von der er auch den sächsischen Hof mit Glas belieferte. *GH*

6/16 Elblandschaft mit Königstein *[D]*

Johann Alexander Thiele (1685–1752)
Öl/Lw.; 66,4 × 85 cm
Bez. u. r.: J. A. Thiele fec.
Kiel, Stiftung Pommern (B 1225)

6/17* Großer Prospekt der Festung Königstein *[H]*

Johann Alexander Thiele (1685–1752)
1748; Öl/Lw.; 105 × 150 cm
Bez. u. r.: Tit. Sommers, airganc.perf. Alexander Thielen K.P.S.S. 1748
Schwerin, Staatliches Museum – Kunstsammlungen, Schlösser und Gärten (G 210)

Die beiden Gemälde von Thiele, der 1738 als Hofmaler nach Dresden berufen worden war, zeigen die Landschaft um Königstein flußaufwärts gesehen. Anfang des 13. Jahrhunderts war die Burg Königstein auf einem Sandsteintafelberg errichtet worden. Bis 1408 gehörte sie zu Böhmen. Nach dem Wechsel in den Besitz der Markgrafen von Meißen wurde sie im 16. Jahrhundert zur stärksten sächsischen Festung ausgebaut. Über den Ort Königstein unterhalb der Festung heißt es in einer Reisebeschreibung aus dem 19. Jahrhundert: »Das Städtchen Königstein liegt am Einflusse der Biela in die Elbe, und am Fusse des steilen Berges, von welchem die Festung stolz darauf herabblickt; dasselbe hat mit den beiden dazu gehörigen Dörfern hundert und achtzig Häuser und tausend sieben hundert Einwohner, ist recht artig gebaut, hat eine schöne Kirche, besitzt zwar wenig Boden zum Ackerbau, jedoch bedeutende Steinbrüche, Fischerei und Elbzoll. Schiffahrt, Steinbrechen und Leinweben sind die Hauptnahrungszweige seiner Bewohner.«

(August von Cromlitz [d. i.: Carl August von Witzleben], Romantische Wanderungen durch die Sächsische Schweiz, Leipzig 1836). *LK*

6/18 »Plan der Churfürstl. Sächsischen Berg Vestung Königstein samt der Situation« *[DH]*
1759; kolorierte Radierung; 23,2 × 37,2 cm
Berlin, Deutsches Historisches Museum (Gr 53/1329)

Wie auf dem Plan deutlich zu erkennen, wurde die Festung in verschiedenen Stufen ausgebaut: In der ersten Phase nach 1589 entstanden das Torhaus, das Kommandantenhaus, die Streichwehr, das Brunnenhaus, die Alte Kaserne, die Christiansburg (später Friedrichsburg) und das Alte Zeughaus. Es folgten 1619 die Georgen- und 1622 die Magdalenenburg sowie 1631 das Neue Zeughaus. 1767 (nach Erstellung des Plans) wurde mit dem Bau der Kasematten begonnen. Die Festung diente den sächsischen Landesherren seit dem 16. Jahrhundert als Staatsgefängnis. Zu den Gefangenen gehörten der kursächsische Kanzler Nikolaus Krell (1591–1601), Johann Friedrich Böttger (1706/07), der Leipziger Bürgermeister Philipp Romanus (1707–1746), Thomas Theodor Heine und Frank Wedekind (beide 1899). Auch die Dresdner Kunstschätze wurden verschiedene Male auf der Festung in

6/17

Sicherheit gebracht, beispielsweise im September 1759, während des Siebenjährigen Krieges, als Teile der zu diesem Zeitpunkt bereits rund 1500 Bilder zählenden Gemäldesammlung auf der Elbe nach Königstein verschifft wurden.

LK

6/19 Panorama der Elbschleife bei Königstein – Südöstliche, östliche und nordöstliche Aussicht von der Festung Königstein *[D]*

C.W. Arldt nach einer Zeichnung von Leopold von Schirnding
1836; Lithographie in drei Teilen; je 57 × 50,5 cm
München, Bayerische Staatsbibliothek (Mapp. XII, 127 hf)

Der Tafelberg Königstein liegt 361 Meter hoch und bietet einen wunderschönen Ausblick in die Elblandschaft, der insbesondere die romantischen Künstler in der ersten Hälfte des 19. Jahrhunderts als Bildmotiv reizte. Am gegenüberliegenden Ufer, von der Elbschleife umflossen, erhebt sich der Berg Lilienstein (416 Meter). Am linken und rechten Bildrand im Vordergrund des dreiteiligen Panoramas sind ein Wachturm und Teile der Königsteiner Festungsmauern zu erkennen.

LK

6/20a

6/20b

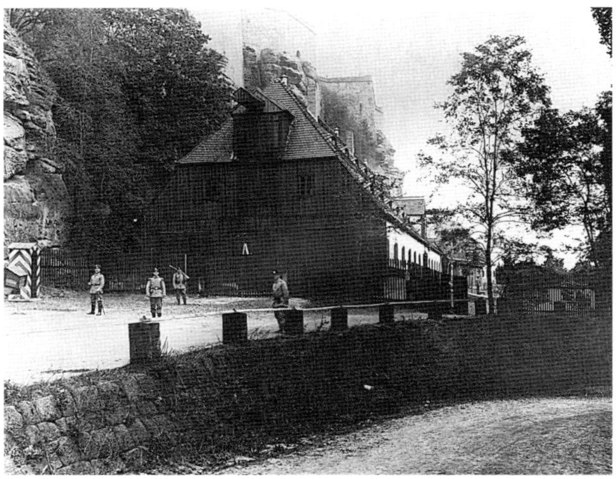

6/20c

6/20* Russische Offiziere als Gefangene auf der Feste Königstein *[DH]*

a) Offiziere auf dem Kasemattenwall

b) Trauerzug von Kriegsgefangenen anläßlich der Beerdigung eines russischen Generals

c) Wachposten der Königlich-sächsischen Armee unterhalb der Festung

1916/17; 3 Photographien (Reproduktionen)
(Originale: Dresden, Sächsische Landesbibliothek, Deutsche Fotothek)

Wie bereits 1870/71 diente die Festung Königstein auch im Ersten und Zweiten Weltkrieg als Kriegsgefängnis. Von 1914 bis 1918 wurden in der Anlage sowohl russische als auch französische Offiziere festgehalten. *LK*

6/21 Kriegsgefangenenlager-Geld aus dem Ersten Weltkrieg von der Festung Königstein *[DH]*

Aus dem Jahr 1915 je ein Schein zu 10 Pfennig, 1 Mark, 10 Mark, 20 Mark; aus dem Jahr 1917 je ein Schein zu 10 Pfennig, 2 Mark, 10 Mark
Farbiger Druck; je max. 8 × 12,6 cm
Königstein, Festung Königstein in Sachsen (V 266 M, V 269 M, V 273 M, V 274 M; V 251 M, V 254 M, V 257 M)

Für die Gefangenen des Ersten Weltkrieges gab es auf der Feste Königstein verschiedene Sorten von Geldnoten, die nur innerhalb des Lagers gültig waren. Während die Scheine von 1917 den Aufdruck »Offiziers-Gefangenenlager« tragen, steht auf den Noten von 1915 lediglich die Bezeichnung »Kriegsgefangenenlager«. *LK*

6/22 Französische Offiziere als Gefangene auf der Feste Königstein *[DH]*

a) Gruppenbildnis

b) Gefangene französische Offiziere auf dem Weg vom Bahnhof zur Festung

c) Ausflug nach Bad Schandau

Liebner
1940–1945; 3 Photographien (Reproduktionen)
(Originale: Dresden, Sächsische Landesbibliothek, Deutsche Fotothek)

6/24

Im Zweiten Weltkrieg waren auf der Feste Königstein französische Offiziere als Kriegsgefangene interniert. In der Annahme, die Anlage sei auf diese Art vor feindlichen Angriffen sicher, ließen die deutschen Behörden wie schon im Siebenjährigen Krieg die Dresdner Kunstschätze nach Königstein schaffen und in den Kasematten einlagern. Dazu gehörte unter anderem das gesamte Inventar des Grünen Gewölbes. Während der nächtlichen Überführungsaktionen wurden insgesamt etwa 450 Kisten auf die Festung transportiert. *LK*

≋

6/23 Pirna von Kopitz aus *[H]*

Bernardo Bellotto, gen. Canaletto (1720–1780)
1753–1755; Öl/Lw.; 133,5 × 237,5 cm
St. Petersburg, Staatliche Ermitage (208)

Von Bernardo Bellotto stammen die eindrucksvollsten Veduten der Städte Pirna und Dresden. Allein das Panorama von Pirna hat der Künstler in vierzehn Bildern festgehalten. Das heute zur Sammlung der Eremitage von St. Petersburg gehörende Gemälde malte Bellotto im Auftrag des sächsischen Ministers Graf von Brühl. 1769 wurde es an den russischen Hof verkauft. Das Bild zeigt den Blick über die Elbe auf Pirna. Über der Stadt thront die Feste Sonnenstein. Am linken Ufer der Elbe, wo das Elbsandsteingebirge endet und der Dresdner Elbtalkessel beginnt, hatte sich die Stadt aus einer um die Mitte des 12. Jahrhunderts entstandenen

6/25

Fischer- und Kaufmannssiedlung entwickelt. Mitte des 13. Jahrhunderts bekam der Ort das Stadtrecht verliehen. Und da Pirna, laut einer urkundlichen Bestätigung von 1325, auch das Niederlagsrecht für alle Waren besaß, die auf der Elbe oder auf der durch den Ort führenden Landstraße befördert wurden, ließ der wirtschaftliche Aufschwung nicht lange auf sich warten. *LK*

6/24* Blick auf Pirna *[DH]*

Fritz Beckert (1877–1962)
1947; Öl/Lw.; 47 × 62 cm
Bez. u. r.: Fritz Beckert 1947
Dresden, Sammlung F. Pappermann (III/468)

6/27

Am Ende des Mittelalters war Pirna der wichtigste Handelsplatz zwischen Böhmen und Sachsen. Aus dieser Zeit stammen die spätgotische Hallenkirche St. Marien im Zentrum der Altstadt sowie verschiedene Bauten des 16. Jahrhunderts im Renaissancestil. Auf dem Gemälde von Beckert sind im Umkreis der Kirche einige repräsentative Bürgerhäuser zu erkennen. Die qualmenden Schornsteine im Hintergrund gehören zu dem flußabwärts Richtung Dresden gelegenen Industriegebiet. *LK*

6/25* Industrie bei Pirna *[DH]*

Wilhelm Rudolph (1889–1982)
Öl/Lw.; 96 × 141 cm
Bez. u. r.: W Rudolph
Dresden, Staatliche Kunstsammlungen, Gemäldegalerie Neue Meister (1457 [85/05])

Pirna ist der wichtigste Industriestandort im Ballungsgebiet Dresden. Seit den siebziger Jahren des 19. Jahrhunderts wurden entlang der Elbe zwischen Pirna und Dresden-Heidenau verschiedene, die Umwelt stark belastende Produktionsstätten angesiedelt, unter anderen Zellulose-, Papier- und Kunstseidefabriken, verschiedene Chemiebetriebe und ein Heizkraftwerk. *LK*

6/26 Das Industriegebiet Pirna-Heidenau

München: Ernst Hirsch
1991; Video; 1 Min. 26 Sek.
Berlin, Deutsches Historisches Museum

Die Industriebetriebe der Pirna-Heidenauer Region liegen entweder direkt an der Elbe oder an der parallel zum Strom verlaufenden Bahnlinie. Zu den größten Werken gehörten zu Zeiten der DDR: der VEB Vereinigte Papierfabriken, der VEB Druckguß, der VEB Druckmaschinenwerk, der VEB Elbtalwerk, der VEB Maschinenfabrik, der VEB Bauelemente, der VEB Möbelindustrie, der VEB Reifenwerk und der VEB Schuhfabrik. *LK*

6/27* Karikaturistische Darstellung des Hochwassers am 31. März 1845 *[DH]*

Friedrich Moritz Wendler (1814–1872)
Um 1845; kolorierte Lithographie; 36 × 45 cm
Bad Schandau, Heimatmuseum (228)

Eines der schwersten Hochwasser, das am gesamten Verlauf der Elbe zu Überschwemmungen führte, ereignete sich im Frühjahr 1845. Die Karikatur schildert die komischen

6/28 b

Aspekte mancher Situationen: das Zusammenbrechen provisorischer Holzstege oder die Rettung von Hausbewohnern aus den oberen Geschossen in direkt vor den Fenstern schwimmende Kähne. In der Szene links unten präsentiert ein stolzer Stadtführer erschrockenen Touristen ein Gebäude mit einer Wasserstandsmarkierung in Höhe des Dachansatzes. *LK*

6/28* Hochwasserkatastrophe bei Pirna am 8./9. Juli 1927 *[DH]*

a) Zerstörte Eisenbahnbrücke bei Pirna-Neuendorf

b)* Schwemmgut in der Vorwerkstraße

c) Schwemmgut und Gebäudeschäden am Dorfplatz

Paul
1927; 3 Photographien (Reproduktionen)
(Originale: Dresden, Sächsische Landesbibliothek, Deutsche Fotothek)

Die häufigen Hochwasserkatastrophen im Stadtgebiet von Pirna werden zumeist nicht allein durch die Elbe, sondern auch durch die aus dem Erzgebirge kommenden Zuflüsse Gottleuba, Bahre und Seidewitz verursacht. Bei plötzlichen starken Regenfällen kann das von den Bergen stürzende Wasser nicht durch den Schiefer und Gneise-Boden abfließen. Spätestens am parallel zur Elbe verlaufenden Bahndamm, der nur zwei Durchlässe hat, kommt es zum Rückstau, und das Zentrum von Pirna steht unter Wasser. *LK*

KAPITEL 7

Der Dresdner Kessel – Von Pillnitz bis Scharfenberg

Bereits im Stadtgebiet von Pirna öffnet sich die enge, von Sandstein umklammerte Schlucht des Elbtals Richtung Westen zu einer sich großzügig ausbreitenden Talwanne, in deren Zentrum Dresden liegt. Am linken Elbufer folgen auf den Industrievorort Heidenau die seit den zwanziger Jahren des 20. Jahrhunderts eingemeindeten Dresdner Stadtteile Kleinzschachwitz und Laubegast. Jenseits der Altstadt schließen sich die Vororte Friedrichstadt und Briesnitz an.

Rechts der Elbe erheben sich zwischen Pillnitz und der Dresdner Neustadt direkt hinter dem relativ schmalen, flachen Uferstreifen Steilhänge, auf denen früher größtenteils Weinbau betrieben wurde. Dort haben sich seit dem 19. Jahrhundert Villenvororte wie Hosterwitz und Loschwitz ausgebreitet. Pillnitz und Hosterwitz gehören erst seit 1950 zum Dresdner Stadtgebiet.

Schon vor der Gründung Dresdens in der Zeit um 1200 hatten sich sorbische Siedler im Talkessel niedergelassen, denn die Elbe und die Straße von Meißen nach Böhmen kreuzten an dieser Stelle die Frankenstraße zwischen den Handelszentren Nürnberg und Krakau. Als Stadt wurde Dresden erstmals 1216 erwähnt, und zu dieser Zeit stand bereits eine steinerne Brücke. Die bis dahin in Meißen residierenden Landesherren erklärten schließlich Dresden 1485 zu ihrer ständigen Residenz.

Kurz nach Ausbau der Burg zu einem Renaissanceschloß und direkt nach Verleihung der Kurwürde durch Kaiser Karl V. im Jahre 1547 erhob der Wettiner Moritz (1521–1553) Dresden zur Hauptstadt des Kurfürstentums Sachsen. Anschließend sorgte er für die vollständige Erneuerung der Stadtbefestigung. Die barocke Stadtsilhouette entstand in der Blütezeit Dresdens im 18. Jahrhundert unter den Kurfürsten Friedrich August I. (der Starke, geb. 1670, reg. 1694–1733) und Friedrich August II. (geb. 1696, reg. 1733–1763): »Friedrich August (I.) war der erste sächsische Kurfürst, der als Prinz die sogenannte große Kavalierstour durch Europa gemacht hatte. Die Eindrücke von der Heiterkeit und Offenheit, der Lebhaftigkeit und der Gestaltenfülle des südlichen Lebens und der Feste südlicher Städte, von der Eleganz und dem Pomp französischer Hofhaltung – diese Reiseerinnerungen wollte er an seiner Elbe wiederaufleben sehen. Seine unbehagliche Residenz, die eine starke Festung mit engen Straßen und steilen schmalen Häusern war, sollte nach solchen Erinnerungen umgestaltet werden; schöner, leichter Lebensgenuß an die Stelle der rohen Amüsements seiner Vorfahren treten.« (Carl Justi: Das augusteische Dresden, in: Winckelmann und seine Zeitgenossen, 1866, Bd. 1).

Bis zum technischen Ausbau der Elbe in den sechziger Jahren des 19. Jahrhunderts galt lediglich die Dresdner Altstadt mit ihren Bastionen und Festungsmauern als einigermaßen sicher vor den alljährlich wiederkehrenden Hochwassern. Die Breite des Flusses wurde beim Ausbau auf durchschnittlich 113 Meter festgelegt. Während am Altstädter Ufer die Bebauung mit den Brühlschen Terrassen schon früher bis ans Wasser reichte, blieb am Neustädter Ufer ein etwa 100 Meter breiter unbebauter Grünstreifen erhalten, der dem Stadtpanorama Dresdens bis heute eine gewisse Großzügigkeit verleiht.

Seit der Elbuferkorrektur ist der Dresdner Raum weitgehend vor Hochwasserschäden geschützt. Bei einem Pegelstand von 4,7 Metern muß allerdings die Schifffahrt wegen zu niedriger Brückendurchlässe eingestellt werden. *LK*

7/1* Blick auf Schloß Pillnitz von der Elbinsel

Theophil Heinke (1876–1913)
Öl/Lw.; 76 × 101 cm
Bez. u. l.: Theophil Heinke
Dresden, Staatliche Kunstsammlungen, Gemäldegalerie Neue Meister (621 [3052])

Der kleine Ort Pillnitz mit dem idyllisch am rechten Elbufer gelegenen Schloß wurde Ende des 6. Jahrhunderts von sorbischen Siedlern gegründet. Ein erster Schloßbau ist für das 15. Jahrhundert nachgewiesen. Er wurde im frühen 17. Jahrhundert von Grund auf erneuert. Neben diesem alten Schloß errichtete der Kurfürstliche Landbaumeister Matthäus Daniel Pöppelmann (1662–1736) im ersten Viertel des 18. Jahrhunderts zwei »indianische« (= ostindische) Lustgebäude nach den Wünschen Augusts des Starken. 1721 bzw. 1723 waren die Bauarbeiten am Wasser- und am Bergpalais abgeschlossen. Die der Elbe zugewandte Fassade des Wasserpalais' ist am phantasievollsten gestaltet. Ähnlich wie bei dem Japanischen Palais in der Dresdner Neustadt und dem Schlößchen Übigau führte eine geschwungene Treppenanlage hinab zur Anlegestelle für die nach venezianischem Vorbild zwischen den Schlössern verkehrenden Gondeln. Für den Fährdienst auf der »Elbmagistrale Augusts des Starken« waren eigens aus Venedig angeworbene Gondolieri verantwortlich. In der ersten Hälfte des 18. Jahrhunderts wurden in Pillnitz viele höfische Feste gefeiert, später diente das Schloß der kurfürstlichen Familie als Sommerresidenz. Von 1788 bis 1792 wurden die hölzernen Anbauten durch steinerne Seitenflügel ersetzt. Das östlich angrenzende Neue Schloß entstand schließlich erst 1818 bis 1826, nachdem das aus dem 17. Jahrhundert stammende Alte Schloß durch ein Feuer zerstört worden war. *LK*

7/2 Das Monarchentreffen in Pillnitz

Johann Heinrich Schmidt (1749–1829)
1791; Öl/Lw.; 134 × 220 cm
Dresden, Staatliche Kunstsammlungen, Gemäldegalerie Alte Meister (S 1416)

Ende August 1791 fand im Schloß Pillnitz ein politisches Treffen statt, zu dem Kurfürst Friedrich August III. (geb. 1750, reg. 1763–1827) Kaiser Leopold II. aus Wien und den preußischen König Friedrich Wilhelm II. aus Berlin eingeladen hatte. Die Gäste wurden in den gerade neu errichteten Seitenflügeln des Bergpalais untergebracht. Für die Anreise des Kaisers war in der Nähe von Pillnitz eigens eine Schiffsbrücke aufgeschlagen worden. Ziel des Treffens war es, eine gemeinsame Strategie gegen die aus Frankreich herüberschwappende revolutionäre Bewegung zu entwickeln. Die »Pillnitzer Deklaration« blieb allerdings diplomatisch zurückhaltend in ihren Forderungen. Der ebenfalls anwesende Graf von Artois, Bruder des gestürzten französischen Königs Ludwig XVI., wurde in seiner Hoffnung enttäuscht, auch militärische Unterstützung gegen das revolutionäre Frankreich mobilisieren zu können. *LK*

7/3 »Natur und Liebe«, Kantate zur Feier der Augustustage 1818 zu Pillnitz *[DH]*

Carl Maria von Weber (1786–1826)
Faksimile einer Notenhandschrift; 24 × 32,5 cm
(Original: Berlin, Staatsbibliothek zu Berlin PK)

»Natur und Liebe« trägt eine Pillnitzer Widmung und ist eine Liebeserklärung an die Schönheit der Elblandschaft. Carl Maria von Weber hielt sich als Kapellmeister an der neu gegründeten »Deutschen Oper« seit 1817 in Dresden auf. Im »Sommernestchen«, einem Giebelzimmer im oberhalb von Pillnitz gelegenen Hosterwitzer Haus, wohnte er mit seiner Ehefrau Caroline während der Sommermonate. Dort entstanden »Euryanthe«, »Der Freischütz«, »Oberon«, »Natur und Liebe« und weitere kleinere Kompositionen. 1844, achtzehn Jahre nach Webers Tod in London, wurde sein Leichnam von dort mit dem Schiff bis Wittenberge an der Elbe überführt; da die Elbe zufror, wurde der Sarg mit der Eisenbahn zur Beisetzung nach Dresden befördert. *MB*

7/4 Elblandschaft bei Söbrigen und Pillnitz

Karl Robert Kummer (1810–1889)
Öl/Pappe; 32,5 × 47 cm
Dresden, Sammlung F. Pappermann (III/454)

Die Elblandschaft bei Pillnitz diente zahlreichen Malern als Bildmotiv, ebenso ließen sich Dichter und Komponisten von der Schönheit der Landschaft inspirieren. Über die Elbinsel schrieb Carl Gustav Carus (1789–1869) in seinen Erinnerungen: »... ich war kaum dort an Land gestiegen, als ich verwundert stand über die Freiheit, Schönheit und Macht dieser von Menschen ganz ungestörten Vegetation ... In der Mitte die Wiese wird mitunter gemäht, das übrige bleibt, von Vogelschwärmen belebt und von Seeschwalben umflogen, ganz seinem Schicksal überlassen.« Im 18. Jahrhundert wurde die Insel noch für höfische Feste und die kurfürstliche Fasanenzucht genutzt. Heute ist die seit 1924 unter Naturschutz stehende Insel Brutstätte für seltene Vogelarten und zugleich ein bevorzugtes Ziel durchreisender Zugvögel. *LK*

7/1

7/5 Vogelarten am Oberlauf der Elbe *[DH]*

1991 zusammengestellt von Siegfried Eck
Tierpräparate; H 25 – 60 cm
Dresden, Staatliches Museum für Tierkunde (C 42916, C 52482; C 49886; C 52484; C 42928; C 42942; C 50182; C 41540; C 36091; C 50323; C 42526; C 52483; C 41542, C 41668, o. Nr.; C 40136, C 40293, C 40295)

Der Oberlauf der Elbe hat als Brutgebiet für wasserliebende Vögel seinen Reiz verloren. Was die Flußlandschaft früher so anziehend machte, waren Dämme mit Weidendickicht (hier lebten z. B. Blaukehlchen), ruhige Altwasser, waren Sandbänke und Geröllflächen als bevorzugte Gebiete der Flußseeschwalben und Flußregenpfeifer oder auch heruntergebrochene Erdwände mit den Kolonien der Uferschwalbe. Im Laufe der Zeit hat sich der Elbstrom in seiner Uferzone jedoch stark verändert und ist dabei eintönig geworden, von der Qualität des Wassers selbst ganz zu schweigen. Ein Rückgang der Brutvogel-Arten war die Folge.
Zahlreiche Vögel folgen auf ihren alljährlichen Wanderungen Flußläufen. Für die Elbe gilt dies in ausgeprägtem Maße. Gänse, Enten, Säger, Schnepfenvögel und ungezählte Kleinvögel nutzen Tag und Nacht diese Zugstraße. Bei Schlechtwettereinbrüchen stauen sie sich bisweilen vor dem »Trichter« Sächsische Schweiz. Sie überraschen den Beobachter durch ihre Artenvielfalt: Von den vereisten Binnengewässern kommen Höckerschwan und Graugans, verschiedene Enten und Lachmöwen in großer Zahl, und mancher Seevogel (Seetaucher, Meertauchenten und Großmöwen) dringt winters längs des Stromes weit ins Binnenland vor. Tagelang an-

haltende Nordweststürme haben auch schon manchen Irrgast die Elbe heraufgetragen.
Unter den Vögeln bietet die Aaskrähe einen interessanten Fall. Eine schwarze Form (Rabenkrähe) des Westens und eine grau-schwarze Form (Nebelkrähe) des Ostens treffen an der Elbe zusammen und bilden, weiterhin dem Strome folgend, eine Mischzone. Seit über 60 Jahren ist dieses Mischgebiet ein aufschlußreiches Forschungsobjekt. Untersucht wurden die relativ geringe Breite des Mischgebietes und deren mögliche Ursachen, die Färbungsmuster der Mischlinge (»Rackelkrähen«), die Ansprüche dieser Krähen an ihren Lebensraum und die Ursachen der geographischen Lage dieser mitteleuropäischen Mischzone.

a) Uferschwalbe

Die Uferschwalbe ist zur Anlage ihrer Brutröhren auf Steilabbrüche angewiesen, die früher längs der Elbe, zwischen Pirna und Dresden, häufig waren. Inzwischen ist mit den Brutmöglichkeiten auch diese Schwalbe verschwunden.

b) Graureiher

Der Graureiher war in Sachsen nie ein verbreiteter Brutvogel, da dies die Fischereiwirtschaft nicht litt. Auf der Elbinsel bei Dresden-Pillnitz kann man allerdings fast in allen Monaten nichtbrütende bzw. überwinternde Graureiher beobachten, sowohl einzeln als auch in größerer Anzahl.

c) Graugans

Graugänse wurden vor wenigen Jahren in elbnahen Teichgebieten (Moritzburg) ausgesetzt, in denen sie früher nicht brüteten. Sie verlassen im Winter die zugefrorenen Teiche und halten sich an der Elbe auf.

d) Saatgans

Unter den im Elbtal durchziehenden Gänsen dominiert die Saatgans. Sie ist eine dunkelköpfige Gans mit zweifarbigem Schnabel. Ihr Auftreten erreicht im Oktober seinen Höhepunkt (Wegzug), der Heimzug erfolgt erst im März. Saatgänse brüten in Deutschland nicht.

e) Gänsesäger

Der Gänsesäger, ein Entenvogel, brütet vereinzelt in Mitteleuropa. An der oberen Elbe ist er regelmäßiger Wintergast.

f) Bleßhuhn

Das Bleßhuhn, ein Rallenvogel, gehört noch zu den häufigen Arten unserer Gewässer, soweit diese Röhricht haben, selbst im Gebirge. In der kalten Jahreszeit kommen Bleßhühner in großer Zahl an den Fluß und können hier auch überwintern.

g) Zwergtaucher

Der kleinste unserer Taucher, der Zwergtaucher, ist in Sachsen weit verbreitet, auch im Gebirge. Außerhalb der Brutzeit, namentlich im Winter, beobachtet man einzelne dieser Vögel zwischen Enten auf der Elbe. Sie halten sich meist in Ufernähe auf.

h) Samtente

Die Samtente gehört zu den im Norden Europas beheimateten Meertauchenten. Auf der Elbe und vorzugsweise dem Strom benachbarten stehenden Gewässern ist sie regelmäßiger Wintergast.

i) Höckerschwan

Höckerschwäne haben sich in jüngerer Zeit in Mitteleuropa stark vermehrt und ausgebreitet. Sie gehen überwiegend auf halbzahme »Parkschwäne« zurück, was ihre außerordentlich geringe Fluchtdistanz erklärt. An der Elbe sind sie an bestimmten winterlichen Sammelplätzen regelmäßig anzutreffen.

j) Kormoran

Es scheint, daß man noch im vergangenen Jahrhundert den Kormoran in Sachsen kaum kannte. Als Zugvogel ist er inzwischen eine regelmäßige Erscheinung geworden. Wenn es das Wetter erlaubt, unterbrechen die Vögel an geeigneten Nahrungsplätzen auch wochenlang ihre Wanderungen.

k) Lachmöwe

Lachmöwen sieht man das ganze Jahr an der Elbe. Viele pendeln täglich zwischen ihren Brutgebieten auf Teichen und dem Fluß. Nicht brütende und überwinternde Vögel kommen noch hinzu und sorgen dafür, daß diese Vogelart neben der Stockente die häufigste an der Oberelbe ist.

l) Haubentaucher

Unsere Teichlandschaften schmückt der Haubentaucher. Nur außerhalb der Brutzeit und wenn die Teiche zufrieren, besucht er einzeln die Elbe.

m) Aaskrähe

Die schwarze oder schwarz-graue Aaskrähe sucht beharrlich den Strom und seine Ufer nach Nahrung ab. Sie gehört so selbstverständlich ins Bild dieser Flußlandschaft wie die Lachmöwe. Die Aaskrähe (= Raben- oder Nebelkrähe) ist in Gestalt, Stimme und Verhalten stark verschieden von der Saatkrähe, die hier nicht brütet, aber allherbstlich in großen Scharen als Gast erscheint, der vor den Toren der Sächsischen Schweiz halt macht und im Flachland bleibt. *SE*

7/6 Neunzehn Schmetterlinge aus dem Elbtal

[DH]

Amathes lota, Araschnia levana (Frühjahrs- und Sommerform), Biston betularia, Cidaria rubiginata, Cossus cossus, Dicranura vinula, Drepana curvatula, Ennomos alniaria, Epione repandaria, Hypena proboscidalis, Hypena rostralis, Lithophane furcifera, Notodonta dromedarius, Notodonta ziczac, Phalera bucephala, Pterostoma palpinum, Smerinthus ocellata, Stilpnotia salicis

1991 zusammengestellt von Dr. Rüdiger Krause
Entomologische Präparate; Kasten: 46 × 40 × 6 cm
Dresden, Staatliches Museum für Tierkunde

Die Raupen der meisten Schmetterlingsarten sind Pflanzenfresser. Die Häufigkeit der Schmetterlingsarten hängt stark von der Häufigkeit der Pflanzen ab, an denen sie sich entwickeln. Weiden, Erlen, Brennesseln prägen oft das Uferbild. Einige der Arten, die sich ausschließlich, überwiegend oder zumindest auch an diesen Pflanzen entwickeln und somit typisch für den bewachsenen Uferbereich sind, wurden hier zusammengestellt. *RüK*

7/7 32 Wasser- und Uferinsekten der Elbe *[DH]*

Eintagsfliegen: Polymitarcis virgo
Köcherfliegen: Hydropsyche contubernalis
Libellen: Calopteryx splendens, Gomphus vulgatissimus
Wanzen: Saldula sp.
Käfer: Agapanthia villosoviridescens, Agelastica alni, Agonum marginatum, Apion urticarium, Aromia moschata, Bembidion articulatum, Bembidion dentellum, Bembidion tetracolum, Chalcoidea aurata, Cidnorhinus quadrimaculatus, Clivina fossor, Elaphrus aureus, Elaphrus riparius, Lamia textor, Melasoma aenea,

7/8

Melasoma vigintipunctata, Phaedon cochleariae, Phyllobius urticae, Phyllodecta latifrons, Plagiodera versicolora, Platynus assimilis, Platynus ruficornis, Potamophilus acuminatus, Pterostichus anthracinus, Pterostichus strenuus, Stenus bipunctatus

1991 zusammengestellt von Dr. Rüdiger Krause
Entomologische Präparate; Kasten: 46 × 40 × 6 cm
Dresden, Staatliches Museum für Tierkunde

Die starke Wasserverschmutzung führte zum Aussterben (Potamophilus acuminatus, Ephemera vulgata) oder zum Seltenwerden vieler Flußbewohner. Nur die Köcherfliege (Hydropsyche contubernalis) ist gegenüber Verschmutzung nicht so sehr empfindlich und noch häufig zu finden. Auf dem Ufer leben viele Käferarten, die den Wasserstandsschwankungen durch gute Flug- und Lauffähigkeit ausweichen können oder ihnen gut angepaßt sind. Ähnlich wie die pflanzenfressenden Arten sind sie zahlreich, werden aber auf Grund ihrer Kleinheit meist übersehen. *RüK*

7/9

7/8* Blick auf die Albrechtsschlösser über der Elbe *[DH]*

Franz Wilhelm Leuteritz (1817–1902)
1868; Öl/Lw.; 60 × 84 cm
Dresden, Stadtmuseum (1980/k 287)

Vor der Silhouette von Dresden zeigt das Gemälde die sogenannten Albrechtsschlösser. Diese drei Bauten bilden die Krönung einer Park- und Villenlandschaft, die im Laufe des 19. Jahrhunderts in den aufgelassenen Weinbergen entstand. Prinz Albrecht von Hohenzollern, Bauherr des Schlosses Albrechtsberg und der für seinen Kammerherrn bestimmten Villa Stockhausen, brachte Mitte des 19. Jahrhunderts den romantischen spätklassizistischen Stil König Friedrich Wilhelms IV. von der Havel an die Elbe. Das etwas später erbaute Schloß Eckberg zeigt den inzwischen vollzogenen Geschmackswandel hin zur englischen Gotik tudorscher Prägung. *MB*

7/9* Blick ins Elbtal *[DH]*

Eduard Leonhardi (1828–1905)
1863; Öl/Lw.; 144 × 121 cm
Bez. u. r.: ELeonhardi 1863
Dresden, Staatliche Kunstsammlungen, Gemäldegalerie Neue Meister (2737)

Das Bild vermittelt eine idyllische Geborgenheit, die an die »Gartenlaube« erinnert. Die biedermeierliche Szene im Vordergrund und der phantastische Ausblick ins Elbtal spiegeln das bekannte Loschwitzer Ambiente wieder. *MB*

7/10 Körners Weinberghäuschen in Loschwitz bei Dresden *[DH]*

Karl Gottfried Traugott Faber (1786–1863)
1824; Öl/Lw.; 21,5 × 32 cm
Bez. u. r.: T. Faber, 1824 in Dresden
Dresden, Sammlung F. Pappermann (III/404)

Hoch über der Elbe in den Weinbergen von Loschwitz hatten sich viele wohlhabende Dresdner Familien Sommersitze geschaffen, so auch Christian G. Körner und seine Ehefrau Minna. Im Hause Körner und im Weinberghäuschen verkehrten Goethe, Schiller, die Brüder Humboldt, Tieck, Novalis, die Brüder Schlegel, Kleist und andere Dichter und Denker. *MB*

7/11

7/12

7/11* Christian Gottfried Körner (1756–1831) *[DH]*
Dorothea Stock (1760–1832)
Öl/Kupfer, in vergoldetem Messingrahmen; 9,3 × 7,7 cm (oval)
Marbach a.N., Schiller-Nationalmuseum

Der vielseitig gebildete Christian G. Körner war als Jurist im Dresdner Oberkonsistorium tätig. Sein Freund Friedrich Schiller, der von 1785 bis 1787 im Hause Körner zu Gast war, schrieb in einem Brief vom 20. November 1788 an Charlotte von Lengfeld: »...ich habe sein Herz noch nie auf einem falschen Klang überrascht; sein Verstand ist richtig, uneingenommen und kühn; in seinem ganzen Wesen ist eine schöne Mischung von Feuer und Kälte.« *MB*

7/12* Anna Maria Jakobine (Minna) Körner, geb. Stock (1762–1843) *[DH]*
Dorothea Stock (1760–1832)
Öl/Kupfer, in vergoldetem Messingrahmen; 9 × 7,7 cm (oval)
Marbach a.N., Schiller-Nationalmuseum

Anna Maria Jakobine, genannt Minna Körner, war die jüngere Schwester der Dorothea Stock, der damals berühmten Pastellmalerin, die nach dem Urteil der Zeitgenossen die einzige porträtähnliche Zeichnung von Wolfgang Amadeus Mozart hinterließ. *MB*

7/13 Theodor Körner (1791–1813) *[DH]*
Miniatur in Elfenbeinrahmen; 8,2 × 6,2 cm (oval)
Berlin, Deutsches Historisches Museum (Kg 90/9)

Theodor Körner, der Sohn von Christian G. und Minna Körner, ging nach seinem Studium in Freiberg und Leipzig nach Wien, wo er Kontakte zu Friedrich Schlegel, Wilhelm von Humboldt und Joseph Freiherr von Eichendorff pflegte. Am 26. August 1813 fiel er im Gefecht bei Gadebusch, nachdem er sich erst kurz zuvor dem Lützower Freikorps angeschlossen hatte. Nach seinem Tod wurden seine Kriegs- und Freiheitslieder vertont, so das populäre Gedicht »Leier und Schwert« von Carl Maria von Weber. *MB*

7/14 Friedrich Schiller *[DH]*

Nach Dorothea Stock (1760–1832)
Öl/Holz; 14,6 × 10 cm
Marbach a.N., Schiller-Nationalmuseum (1956)

In Körners Weinberghäuschen in Loschwitz, wo Schiller sich von 1785 bis 1787 aufhielt, arbeitete er an »Dom Karlos« und schrieb das »Lied an die Freude. Ein Rundgesang für Freye Männer«, das zuerst von seinem Freund und Förderer Christian G. Körner vertont wurde. Bekannter ist heute die Fassung der Ode »An die Freude« von Ludwig van Beethoven im Schlußsatz der »Neunten Symphonie«. *MB*

7/15 Reiseutensilien aus der Zeit Friedrich Schillers *[DH]*

a) Reiseschreibzeug

Leder/ Pappe; 2 Metalleinsätze; H 3,9 cm, L 20,3 cm

b) Spazierstock

Holz; L 97 cm, Dm 4,2 cm

Marbach a.N., Schiller-Nationalmuseum (6344; 5237)

Ein Spazierstock war zu Schillers Zeit ein Accessoire der Herrenmode, und ebenso unverzichtbar war das Reiseschreibzeug, das den eleganten Herrn begleitete. *MB*

7/16 Thalia *[DH]*

Bd. 1, Heft IV; darin (S. 6–67): »Dom Karlos von Spanien. Fortsetzung«
Hrsg. von Friedrich Schiller (1759–1805)
Leipzig: Georg Joachim Göschen 1787
Berlin, Universitätsbibliothek der Freien Universität Berlin (48/74/1225 [3] – 1 Rara)

»... meine vorzügliche Absicht war, zwischen dem Publikum und mir ein Band der Freundschaft zu knüpfen«, schrieb Schiller im November 1784 in der Ankündigung der Zeitschrift Thalia, deren Herausgeber er von 1785 bis 1791 war. 1785 erschien in der Thalia der erste Akt des Dramas »Dom Karlos« in der ersten Fassung. 1787 verlegte Göschen in Leipzig das Werk in gekürzter Form. *MB*

7/17 Geologische Funde aus dem Elbtal bei Dresden *[DH]*

a) Backenzahn eines Mammuts (Mammuthus)

Pleistozän; 28 × 20 × 18 cm

b) Stoßzahn eines Mammuts

Pleistozän; L 170 cm

Zu den Säugetieren, die Mitteleuropa im Pleistozän – in den Zeitabschnitten der Eisvorstöße – bevölkerten, gehörte das Mammut, eine Tundrengattung der Elefantenfamilie. Mit dem Zurückweichen des Eises vor etwa 10 000 Jahren verschwand das Mammut aus Mitteleuropa und starb bald darauf ganz aus. Reste von Mammuten – neben Knochen vor allem Zähne – wurden in Deutschland häufig gefunden. Auch in den Talschottern der Elbe und ihrer Nebenflüsse findet man immer wieder Mammutzähne oder deren abgesplitterte Teile.

c) Haifischzähne (Oxyrhina angustidens)

Obere Kreide; ca. 100 Zähne; L je 1 cm

Vollständig erhaltene Fischskelette oder -abdrücke sind in der sächsischen Kreide bisher nicht gefunden worden. Vom Vorhandensein der Fische im Kreidemeer um Dresden künden nur einzelne Zähne, Wirbel und Schuppen. Am häufigsten erhalten sind Haifischzähne, die besonders im Brandungsbereich, an den zahlreichen Klippen in der Uferzone zusammengeschwemmt worden sind. Vom Gamighübel – einer berühmten, heute völlig verwachsenen Fundstelle – sind hier zahlreiche Exemplare von Zähnen der Haifischgattung Oxyrhina ausgestellt.

d) Wurmröhren (Serpula gordialis)

Obere Kreide; ca. 100 Fossilien; Dm je 1 cm

Bestimmte Würmer der Oberkreidezeit bauten als Schutz eine Wohnröhre aus Kalk auf. Diese Wurmröhren sind in manchen Horizonten der Elbtalkreide oft in großen Mengen vertreten. In Anlehnung an den »Gordischen Knoten« der Antike erhielten die hier ausgestellten, seltsam verdrehten Wurmröhren den Namen Serpula gordialis.

e) Austern-Gruppe (Ostrea)

Obere Kreide; Fossilien; 15 × 12 × 7,5 cm

Austern sind dickschalige Muscheln, die vor allem im Küsten- und Brandungsbereich leben. In der Klippenzone des Oberkreide-Meeres bei Dresden sind zahlreiche Reste solcher fossiler Austern geborgen worden. Einer der bekann-

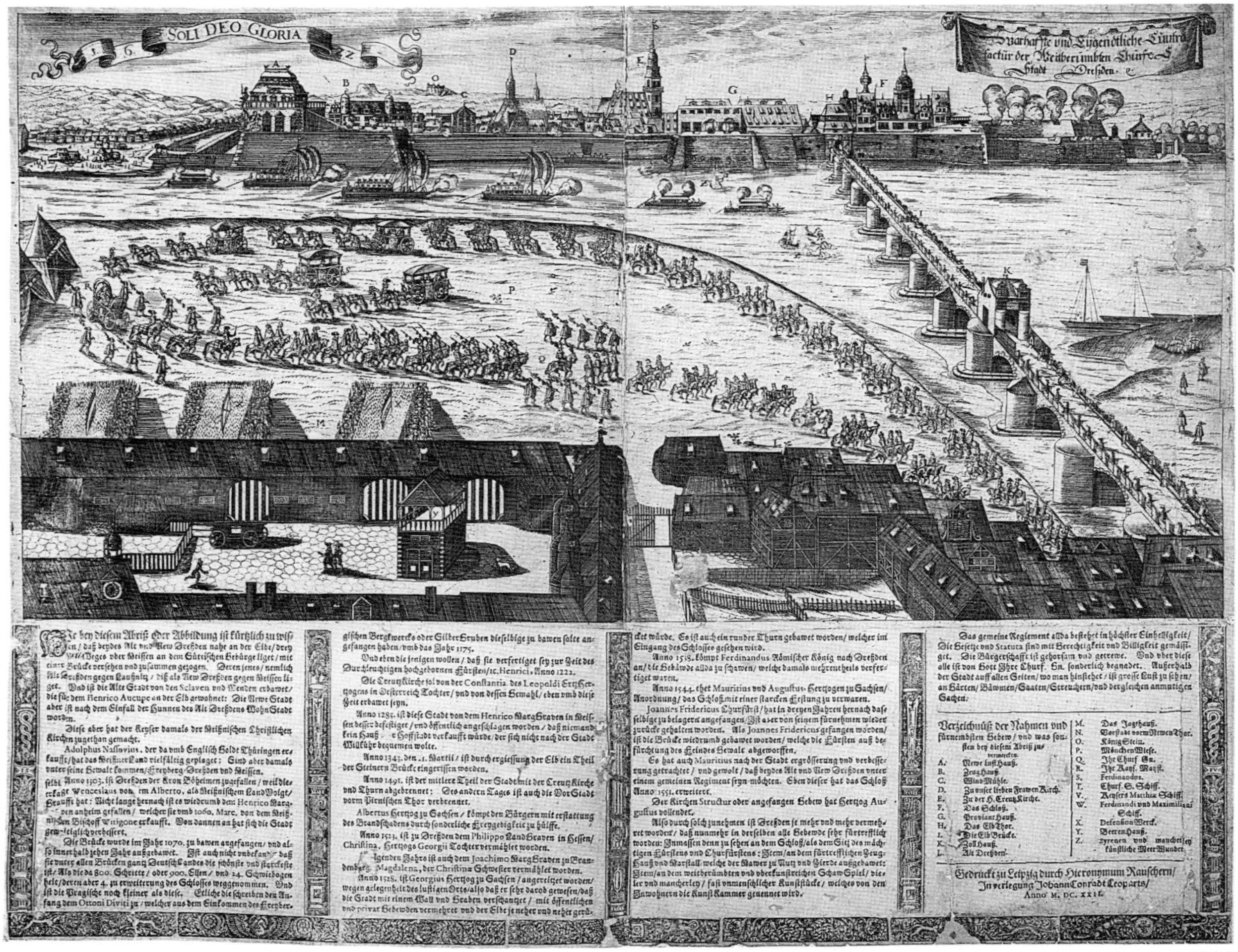

7/18

testen Fundpunkte ist der Aussichtsfelsen Hoher Stein oberhalb des Plauenschen Grundes am Südwestrand von Dresden. Die Brandungsklippen mit ihrem reichen Fossilinhalt stehen heute unter Naturschutz.

f) Belemniten (Actinocamax)

Obere Kreide; 2 fossile Schalenreste; je ca. 5 × 4 × 4 cm

Belemniten gehören zu einer ausgestorbenen Gruppe der Kopffüßer (tintenfischartige Lebewesen), deren weicher Körper durch ein hartes Kalkgebilde gestützt wurde. Das Ende dieses Stützapparates, ein zigarren- bis kegelähnliches Gebilde, bleibt beim Absterben des Tieres häufig erhalten und kann als fossiler Überrest – im Volksmund »Donnerkeil« genannt – in Gesteinen aufgefunden werden. Der Belemnit Actinocamax plenus ist ein Leitfossil für die sächsische Oberkreide.

GM

Dresden, Staatliches Museum für Mineralogie und Geologie (a) SaQ 580; e) 2/40/x; f) K 3/19; alle anderen o. Nr.)

≋

7/19

7/18* »Das varhaffte und Eygendtliche Cüntra factür der Weitberümbten Chürfe S. Stadt Dresden« *[DH]*

1622; Kupferstich; 44,5 × 59 cm
Berlin, Deutsches Historisches Museum (Gr. 53/1865)

Die mächtigen Festungswerke bestimmten weitgehend die Ansicht der Stadt. Das Bauprojekt »Festung Neu Dresden« wurde in den Jahren 1546 bis 1591 realisiert und damit die Residenzstadt zu einer der Hauptfestungen des Kurfürstentums Sachsen ausgebaut. Unter Leitung von Caspar Voigt von Wierandt, später von Rochus von Lynar und Paul Buchner entstanden die Festungsanlagen, bestehend aus Wällen, Bastionen, Wassergraben und Glacis. 1589 bis 1591 wurde durch Buchner die Elbefront der Festung um knapp 200 Meter nach Osten vergrößert und damit ein besserer Schutz des Zeughauses erreicht. Auf der Spitze der Neuen oder Jungfernbastei ließ Christian I. ein zweigeschossiges Lusthaus errichten, das jedoch erst Mitte des 17. Jahrhunderts vollendet war. Die Befestigung des rechtselbischen Altendresden erfolgte dagegen erst in den Jahren des Dreißigjährigen Krieges. *SN*

7/19* Heinrich Schütz in der Dresdner Schloßkapelle um 1660 *[DH]*

David Conrad (1604–1681)
1676; Kupferstich; 21,3 × 33 cm
Dresden, Stadtmuseum (1978/k 472)

Mit den Erweiterungsbauten des Dresdner Schlosses ließ Kurfürst Moritz im Nordflügel neben dem Hausmannsturm eine Hofkapelle errichten, deren Außenbau 1551 fertiggestellt war. Die seit 1554 genutzte Kapelle wurde 1602 bis 1604 und 1661/62 erneuert. In der reich ausgestalteten zweigeschossigen Kapelle mit dem spätgotischen Netzgewölbe ist Heinrich Schütz im Kreise seiner Kantorei dargestellt. Unter seiner Leitung erklangen hier viele seiner geistlichen Konzerte zum ersten Mal. Schütz, seit 1613 Hoforganist in Kassel, wurde 1615 als »Organist und Director der Musica« nach Dresden geholt. Als Hofkapellmeister blieb er trotz längerer Auslandsreisen 57 Jahre lang mit der Stadt Dresden verbunden, deren Ruf als Musikmetropole er begründete. »Heinricus Schützius. Seculi sui Musicus excellentis« (seines Jahrhunderts hervorragendster Musiker) stand auf der Grabplatte des am 17. November 1672 mit höchsten Ehren in der alten Frauenkirche beigesetzten Hofkapellmeisters. *SN*

7/20 Kleine geistliche Konzerte Teil II, Stimmbuch Primus *[DH]*

Heinrich Schütz (1585–1672)
Dresden 1639; Notendruck; 26,5 × 19 cm
Dresden, Sächsische Landesbibliothek (Mus. Gri. 29)

Schütz' »Kleine geistliche Konzerte« Teil 1 und 2, kleinere Oratorien und die Symphoniae sacrae II und III entstammen einer Schaffensperiode, die vom Dreißigjährigen Krieg und seinen verheerenden Auswirkungen überschattet war. In den dreißiger Jahren des 17. Jahrhunderts schmolz die Kapelle auf ein Minimum zusammen, Gehaltszahlungen blieben aus, Teuerungen stürzten die Musiker in tiefste Not, die Schütz nach seinem Vermögen zu lindern suchte. Um ein Musizieren in den schweren Kriegsjahren überhaupt zu ermöglichen, schuf Schütz Werke mit kleiner Vokalbesetzung. Trotz der beharrlichen Bemühungen des Kapellmeisters konnte sich die kurfürstliche Kapelle bis zum Tode Johann Georgs I. nie wieder ganz erholen. *SN*

7/21* Musikinstrumente aus der Zeit Heinrich Schütz' *[DH]*

a) Baß-Zugposaune

Peter Goltbeck
Cottbus 1635; Messing; L 146 cm (U-Stück 103 cm, O-Stück 49,7–90,1 cm)

b)* Virginal mit Tafelmalerei

2. Hälfte 17. Jh.; Fichtenholz, Rotbuche, Nußbaum; Bemalung auf Innendeckel und Resonanzboden; 23,5 × 153,0 × 48,3 cm

Leipzig, Musikinstrumenten-Museum der Universität Leipzig

Die Baß-Zugposaune und das Virginal sind Instrumente deutscher Herkunft, auf denen zur Zeit Heinrich Schütz' musiziert wurde. In der Festkultur des kurfürstlichen Hofes in Dresden spielten alle Künste eine wichtige Rolle. Aber geradezu musikgeprägt war das Hofleben im 17. und 18. Jahrhundert. Neben der fürstlichen Tafelmusik war der Dresdner Hofkapelle (Kantorei und Instrumentalisten) als vornehmste Aufgabe die Kirchenmusik aufgetragen. Musik begleitete das Turnierspiel, den Hoftanz, das Ballett oder das Sing-Ballett. Hofkapellmusiker wirkten bei Inventionsaufzügen mit, wofür ihnen auch trag- und fahrbare Musikinstrumente zur Verfügung standen. *SN*

7/22 »Des Churfürstenthumo Sachsen Meisnischer Creis« *[DH]*

Karte im Maßstab ca. 1:120 000
Adam Friedrich Zürner (1679–1742)
Um 1730; Tuschfederzeichnung mit Grenzbänderkolorit; 111,5 × 138 cm
Dresden, Staatsarchiv (Schr.II, F. 36, Nr. 4 in Schrank XXI.)

Seit dem 16. Jahrhundert war das Kurfürstentum Sachsen in sieben Kreise gegliedert. Dresden lag inmitten des Meißnischen Kreises, der mit 90 Quadratmeilen Ausdehnung beiderseits der Elbe von Torgau bis zum Elbsandsteingebirge

7/21

reichte. Jeder Kreis verfügte über eigene Steuereinnahmen, und insbesondere Dresden profitierte von den Einkünften aus den verschiedenen Wirtschaftszweigen der Region: der Landwirtschaft mit Ackerbau, Viehzucht, Garten- und Weinbau, der Wald- und Forstwirtschaft, dem Textilgewerbe, dem Bergbau, den Manufakturen für Luxusgüter und militärische Ausrüstungen etc. Ein Großteil der Steuereinnahmen floß in den Ausbau Dresdens zur barocken Residenz. *LK*

7/23 »Gesicht der Dresner Bruk über di Elbe gegen Unser Lieben Frauen Kirch«

Georg Balthasar Probst (1673–1748)
Um 1748; teilw. kolorierter Kupferstich; 26,1 × 39,8 cm
Dresden, Stadtmuseum (1952/886)

In der ersten Hälfte des 18. Jahrhunderts gewann die am linken Ufer der Elbe gelegene Altstadt von Dresden ein neues Gesicht. Der Stich von Probst, der große Ähnlichkeit mit den zeitgenössischen Stadtpanoramen des Malers Bellotto aufweist, zeigt einige der bedeutendsten barocken Neubauten der Epoche: die Augustusbrücke (1727–1731 ausgebaut von Pöppelmann), darüber (v.l.n.r.) die Kuppel der Frauenkirche (1726–1743 von George Baehr), das Brühlsche Palais, das Palais Fürstenberg und die Katholische Hofkirche (1738–1755 von Gaetano Chiaveri). Die beiden links und rechts hinter der Hofkirche aufragenden Türme gehören zur Kreuzkirche und zum Residenzschloß. *LK*

7/24 »Perspectiv der galerie und Garten des Herrn Grafen von Brühl und der anstossenden Gebäuden auf der Oster-Wiesen zu Dresden«

Georg Balthasar Probst (1673–1748)
Um 1748; kolorierter Kupferstich; 31,7 × 42,8 cm (Plr.)
Dresden, Stadtmuseum (1979/k 182)

Der Blick von Nordosten über die Elbe auf die Dresdner Altstadt rückt einen weiteren barocken Neubau in den Vordergrund: die Brühlsche Terrasse mit der Gemäldegalerie des Grafen von Brühl. 1734, ein Jahr nach dem Tode Augusts des Starken, hatte der Architekt Johann Christoph Knöffel von dem Staatssekretär und späteren Premierminister Heinrich Graf von Brühl (1700–1763) den Auftrag erhalten, in Dresden einige repräsentative Bauten zu errichten. Außer der Brühlschen Terrasse mit Galerie, Belvedere und Bibliothek gehörten dazu noch je ein Palais in der Augustusstraße und in der Friedrichstadt. *LK*

7/25* August der Starke (1670–1733)

Werkstatt des Louis de Silvestre (1675–1760)
Um 1723; Öl/Lw.; 77 × 63 cm
Dresden, Sammlung F. Pappermann (III/410)

Friedrich August, sächsischer Kurfürst (seit 1694) und König von Polen (seit 1697), liebte einen repräsentativen Lebensstil. Er hatte die meiste Zeit seiner Kindheit bei den Großeltern verbracht und bei ihnen bereits eine aufwendige Hofhaltung und große Feste erlebt. Noch stärker zeigte sich der Prinz von der Hofhaltung Ludwigs XIV. und den Karnevalsfeiern in Venedig beeindruckt, die er auf seinen Reisen 1687 bis 1689 und 1693/94 kennengelernt hatte. Sein erstes Fest als regierender Kurfürst feierte er in Form eines »Götteraufzuges« in der Karnevalszeit 1694/95 in Dresden. Er ließ die Stadt von in Italien und Frankreich geschulten Architekten wie Matthäus Daniel Pöppelmann, George Baehr und Zacharias Longuelune ausbauen und förderte mit der Beschäftigung zahlreicher Künstler und Kunsthandwerker insbesondere das Luxusgewerbe (Porzellan). Die Produkte aus Dresdner bzw. Meißner Manufakturen waren in allen europäischen Residenzstädten gefragt. Für den Transport der Luxusgüter bot sich zuallererst die Elbe an. *LK*

7/26 Ansicht aus der Vogelschau auf die Elbe und das Japanische Palais *[DH]*

Johann August Corvinus (1683–1738)
Kupferstich; 46 × 74 cm
Dresden, Sächsische Landesbibliothek (Sax. G. 1935)

Nachdem August der Starke 1717 das am rechten Elbufer vis-a-vis der Altstadt gelegene, 1715/16 errichtete Holländische Palais gekauft hatte, ließ er es zu einem »japanischen« Palais mit geschwungenen Eckpavillon-Dächern umbauen. Auch die der Elbe zugewandten Gartenanlagen mitsamt einer Schiffsanlegestelle wurden neu gestaltet. Sie wurden zur »Lieblings-Promenade der Bewohner der Neustadt, welche ausser der Esplanade in der Hauptstraße keinen Überfluß an Spaziergängen« hatten, berichtet B. G. Weinart in seiner »Topographischen Geschichte der Stadt Dresden« (Dresden 1777, S. 343). »Dieser Garten hat beym Eingange, welcher dem Pallais zur Seite ist, ein vortrefliches fer a Cheval, auf welchen man auf den Wall kömmt, wo man ein schönes berceau von Linden antrift, unter welchen man die herrlichste Aussicht von der Welt, und zugleich eine schöne Promenade auf einen großem Theil des Walls hat ... Die dabey fliessende Elbe giebt überdieß dem Garten eine gewisse Frische, die in den heißen Sommertagen sehr erquickend und angenehm ist.« *LK*

7/25

7/27 »Prospect von Übigau« *[DH]*

Christian Friedrich Boëtius (1706–1782)
1729; Radierung; 17,3 × 30,5 cm
Dresden, Sächsische Landesbibliothek (Sax. H. 6640)

Die ersten, weit ausgreifenden Pläne für das Schloß Übigau wurden noch zu Lebzeiten Augusts des Starken von dem Hofarchitekten Pöppelmann gezeichnet. Ausgeführt wurde später eine wesentlich bescheidenere Fassung. Kurfürst Friedrich August III. stellte Palais und Garten dem königlichen Nachwuchs als sommerliches Lustschloß zur Verfügung. Für die Fahrt von der Altstadt Dresdens zu dem am anderen Elbufer vier Kilometer flußabwärts gelegenen Schloß Übigau benötigte man eine halbe Stunde. Im 19. Jahrhundert, als sich der Stadtteil Übigau zu einem Zentrum der Schiffbau-Industrie entwickelte, bekam auch das Schloß eine neue Bestimmung: 1836 bis 1845 diente es beispielsweise dem Aktien-Maschinenbau-Verein als Verwaltungsgebäude, und zu Zeiten der DDR war dort die Verwaltung des VEB Dampfkesselbau untergebracht. *LK*

7/28* Steinkopf vom Zwinger *[DH]*

(Bruchstück)
Werkstatt des Balthasar Permoser (1651–1732)
Anfang 18. Jh.; Elbsandstein; 27 × 32 × 35 cm
Dresden, Staatliche Kunstsammlungen, Depot Landesamt für Denkmalpflege Sachsen

Der Zwinger, bestehend aus sechs durch Galerien miteinander verbundenen Pavillons, sollte ursprünglich mit seinen Flügelbauten bis ans Ufer der Elbe reichen. Nach Plänen des Dresdner Hofarchitekten Pöppelmann wurde er 1711 bis 1732 aus Elbsandstein errichtet. Auch die Bildhauerarbeiten, ausgeführt von Permoser und seiner Werkstatt, sind aus Elbsandstein. Aufgrund der Brüchigkeit des Materials mußten schon vor der Zerstörung 1945 zahlreiche Figuren durch Kopien ersetzt werden. *LK*

7/29 Satyr-Figur »Schellenschläger« *[DH]*

Anfang 18. Jh.; Elbsandstein; 142 × 54 × 33 cm
Dresden, Staatliche Kunstsammlungen, Depot Landesamt für Denkmalpflege Sachsen

Die Figur des Schellenschlägers stammt aus dem Innenhof des Dresdner Zwingers. Bereits 40 Jahre nach Fertigstellung des Baus hatte sich der Kunstgeschmack derart verändert, daß die Bildhauerarbeiten kritisiert und als »Marotte« Augusts des Starken charakterisiert wurden: »Das einzige was man an diesem Gebäude vielleicht tadelnswürdig antrift, ist die allzuhäufige Zierrathen von Bildhauern, welche sich aber jedennoch mit dem Geschmack der damahligen Zeiten entschuldigen läßt … Die äusserliche Bauart dieses Gebäudes, welches wie wir schon gesagt haben mit Bildhauerarbeit überladen ist, hat viele allegorische Figuren, welche sich sowohl auf die Erfindung, als Umstände des Baues, als auch auf die Seelen und Leibes Eigenschaften seines Durchlauchtigsten Stifters beziehen.« (B. G. Weinart, Topographische Geschichte der Stadt Dresden, Dresden 1777, S. 265 f.). *LK*

7/28

7/30

7/33

7/30* Selbstbildnis *[DH]*

Balthasar Permoser (1651–1732)
Um 1700; Öl/Lw.; 82 × 66,5 cm
Bez.: Balthasar Permoser
Kammer/Kr. Traunstein, Katholisches Pfarramt Johannes d. Täufer (8)

Permoser lebte seit 1689 mit Unterbrechungen als Hofbildhauer in Dresden und gehörte zu der langen Reihe von Künstlern, die August der Starke für den Ausbau und die Ausschmückung seiner Residenz beschäftigte. Auf der Gehaltsliste nahm der Bildhauer mit 200 Talern Jahreshonorar einen eher bescheidenen Rang ein. Zum Vergleich: Die Architekten Pöppelmann und Longuelune erhielten jeweils 1200 Taler, während der Maler Silvestre mit 1000, der Schiffbaumeister Papete mit 288 und die Gondolieri mit jeweils 24 Talern entlohnt wurden. *LK*

7/31 Darstellung des Feuerwerks auf der Elbe zu Ehren von König Friedrich IV. von Dänemark am 6. Juni 1709

Moritz Bodenehr (1665–1748)
1709; Kupferstich; 35 × 46 cm
Dresden, Staatsarchiv (OHMA F Nr. 15, Bl. 97–98)

Den Besuch König Friedrichs IV. von Dänemark im Juni 1709 nahm August der Starke zum Anlaß, auf der Elbe ein großes Feuerwerk abbrennen zu lassen. Ein von Pöppelmann mitten im Fluß errichteter Pavillon diente als Kulisse für die nächtliche Inszenierung. *LK*

7/32* Vier Jahreszeiten *[DH]*

Alessandro Mauro
Um 1720; 4 kolorierte Sepiazeichnungen; 51,5 × 76 cm; 51,8 × 73,5 cm; 52,3 × 74,5 cm; 51,7 × 76,2 cm
Bez. u. l.: Alessandro Mauro
Dresden, Staatsarchiv (OHMA, Pläne Cap. X, Nr. 3, Bl. e-h)

Anläßlich der Hochzeit des Kurprinzen Friedrich August mit Maria Josepha, der Nichte des in Wien residierenden Kaisers Karl VI., ließ der sächsische Kurfürst 1719 ein besonders prachtvolles Fest ausrichten. Das Brautpaar wurde an der böhmisch-sächsischen Grenze willkommen geheißen und per Schiff auf der Elbe nach Dresden gebracht. Während der Festlichkeiten, die sich über mehrere Tage hinzogen, wurden auf der Elbe verschiedene Schauspiele wie Wasserjagden, Feuerwerk und Schiffsparaden inszeniert. Der Italiener Alessandro Mauro, am Dresdner Hof als Theatermaler beschäftigt, entwarf für das Fest zwei Serien von Prunkgondeln: die vier Jahreszeiten und die vier Erdteile. *LK*

7/33* Maria Aurora Gräfin von Königsmarck (1662–1728)

Öl/Lw.; 79 × 46 cm
Stockholm, Statens Konstmuseer, Svenska Statens Porträttsamling (Grh 823)

Die Mätressen Augusts des Starken gehörten häufig zu den Ehrengästen der Hoffeste. Zwar hatte der Kurfürst 1693 die Hohenzollern-Prinzessin Christiane Eberhardine von Brandenburg-Bayreuth (1671–1727) geheiratet. Dies hielt ihn jedoch nicht davon ab, sich kurz darauf mit Aurora von Königsmarck einer Geliebten zuzuwenden, die ihm nur elf

7/32

Tage nach der Ehefrau, im Oktober 1696, einen Sohn gebar: Moritz von Sachsen (1696–1750), den späteren Marschall von Frankreich. Die Liebesbeziehung war allerdings nicht von langer Dauer. Aurora zog sich 1698 ins Stiftskapitel von Quedlinburg zurück und wurde dort im Jahr 1700 zur Pröbstin gewählt. *LK*

7/34 Ursula Katharina Fürstin von Lubomirska, seit 1700 Fürstin Teschen

Werkstatt des Louis de Silvestre (1675–1760)
Vor 1726; Öl/Lw.; 156 × 120 cm
Dresden, Staatliche Kunstsammlungen, Gemäldegalerie Alte Meister (75/84 [Inventar 1722–1728: A 1664])

Ursula Katharina von Boccum trug als Mätresse Augusts des Starken den Titel Gräfin Lubomirska. 1704 brachte sie einen illegitimen Sohn zur Welt: Johann Georg, den späteren Chevalier de Saxe. Über die Anzahl der Geliebten, mit denen August der Starke im Laufe der Jahre ein Verhältnis hatte, gibt es unterschiedliche Aussagen. Zwölf Mätressen waren offiziell anerkannt. Legenden, die unter anderem auch die preußische Prinzessin Wilhelmine Sophie Friederike (1709–1758) förderte, besagen, daß August der Starke 354 oder gar 365 illegitime Kinder gehabt habe. *LK*

7/35 Anna Constanze Gräfin von Cosel mit 31 Jahren (1680–1765)

Öl/Lw.; 81,5 × 65 cm
Stolpen, Burg Stolpen (V1 K28)

Neben der Türkin Fatima und der Französin Henriette Rénard zählte seit 1705 Anna Constanze von Hoym, geb.

7/32

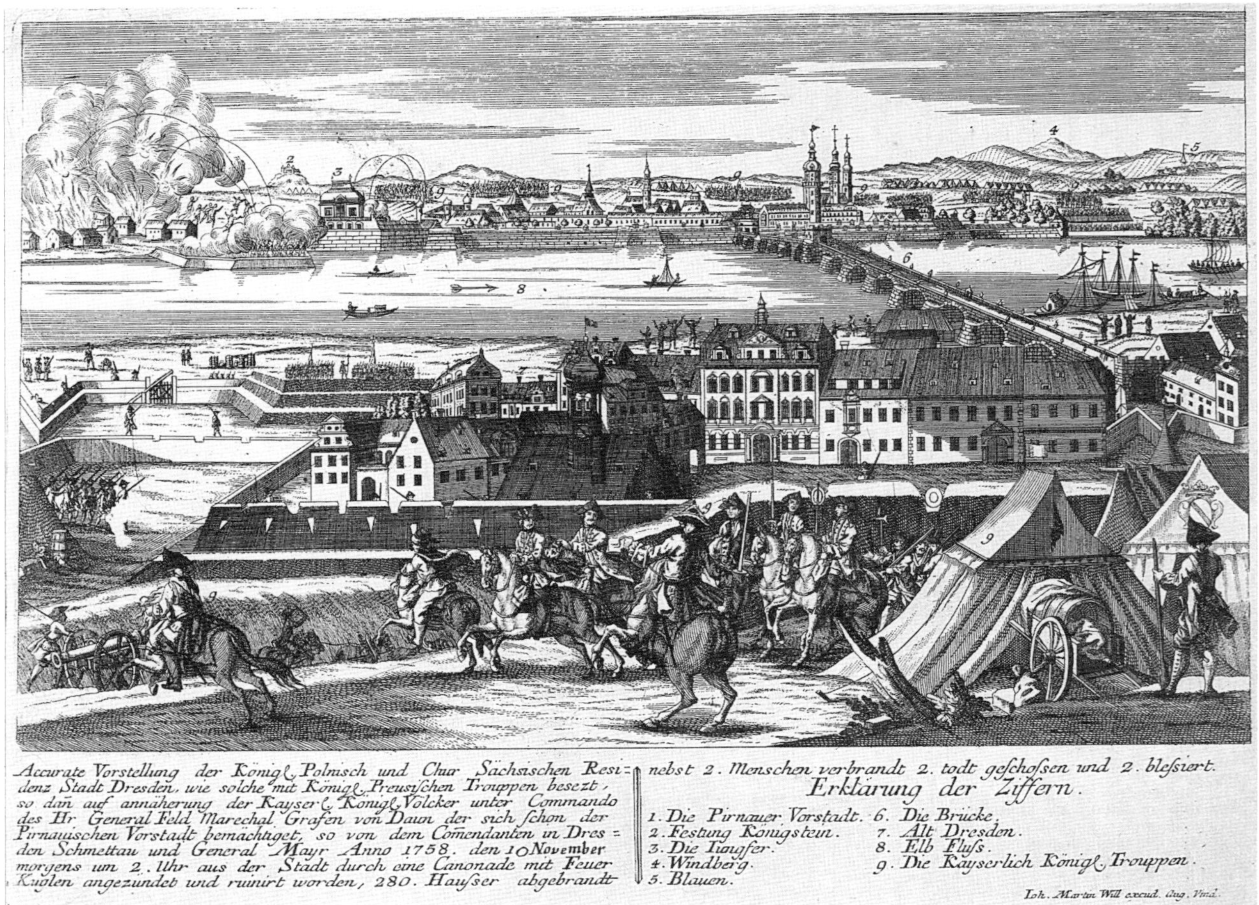

7/37

von Brockdorf, zu den Favoritinnen des Kurfürsten. Nach ihrer Scheidung von Adolph Magnus von Hoym bekam sie 1706 den Titel einer Gräfin Cosel verliehen. Außerdem schenkte ihr August der Starke 1705 das Taschenbergpalais und 1707 Schloß Pillnitz. Aus der Verbindung der beiden gingen drei Kinder hervor: 1708 die Tochter Augusta Constantine, 1709 Friederike Alexandria und 1712 der Sohn Friedrich August. Nachdem sich der Kurfürst Gräfin Dönhoff zugewandt hatte und Gräfin Cosel in Ungnade gefallen war, floh letztere 1715 heimlich aus Pillnitz. Sie wurde gefaßt und auf Geheiß des Kurfürsten auf der Burg Stolpen inhaftiert. *LK*

7/36 Maria Magdalena Gräfin von Dönhoff

Adam Mányoki (1673–1756)
Vor 1728; Öl/Lw.; 75 × 60 cm (oval; ursprüngl. rechteckig)
Dresden, Staatliche Kunstsammlungen, Gemäldegalerie Alte Meister (S 1376 [Inv. 1722–1728: A 1083])

Die polnische Gräfin Dönhoff wurde zur Nachfolgerin der Gräfin Cosel, als sich letztere zu sehr in die politischen Geschäfte Augusts des Starken einmischte und die Polenpolitik des Kurfürsten und Königs kritisierte. Daraufhin inszenierten einige Hofchargen die Begegnung des Monarchen mit der Gräfin Dönhoff am Warschauer Hof. Die Affäre der beiden dauerte von 1712 bis 1718. *LK*

7/37* Bombardement von Dresden am 10. November 1758 *[DH]*

August Ving nach einer Zeichnung von Johann Martin Will (1727–1806)
Kupferstich; 22 × 31,3 cm
Berlin, Deutsches Historisches Museum (Gr. 53/1859)

Mit dem Siebenjährigen Krieg begann für Dresden eine Zeit der Not und des Niedergangs. Die Stadt wurde im Laufe des Krieges mehrfach von preußischen und österreichischen Truppen belagert und unter Beschuß genommen. Am 10. November 1758 setzte der österreichische Generalfeldmarschall Graf von Daun die Pirnaer Vorstadt mit Feuerkugeln in Brand. 280 Häuser wurden zerstört. *LK*

7/38 »Deutliche Abbildung und Beschreibung der Belagerung und Bombardirung der Königlich Polnisch und Chur Sächsischen Residenz Stadt Dresden ...«, 13.–29. Juli 1760 *[DH]*

Johann Martin Will (1727–1806)
Radierung u. Buchdruck; 17,7 × 33,4 cm (Plr.), 34,5 × 41 cm
Berlin, Deutsches Historisches Museum (Gr. 53/1866)

Am 21. Juli 1760 wurde das Zentrum Dresdens, das mittlerweile von den Österreichern besetzt war, durch preußische Truppen bombardiert. 266 Häuser im Osten der Altstadt fielen in Schutt und Asche. Räumung und Wiederaufbau kamen nur langsam voran; das Brühlsche Belvedere blieb beispielsweise bis 1814 eine Ruine. *LK*

7/39 »Plan von der Churfürstl. Sächs. Residenz – Anzeigung des Elb-Stroms wie solcher durch die ao: 1784 erfolgte Fluth/große Wasser ausgetrethen«

Kolorierter Kupferstich; 49 × 44 cm
Dresden, Sächsische Landesbibliothek (Sax. G. 482)

Dresden wurde mehrfach von Hochwasserkatastrophen heimgesucht. Der Plan zeigt, daß die Vorstädte am linken Ufer der Elbe 1784 fast gänzlich überflutet waren, während Teile der Altstadt dank der Festungsmauern weitgehend verschont blieben. Zur Erweiterung der Festungsanlagen heißt es in einer Stadtchronik von 1777: »Der König Friedrich August gab endlich 1732 der Vestung das jezige Ansehen, indem er, nachdem 1714 einige Pulverthürme gebaut, und die Stadt um und um mit Pallisaden eingeschlossen worden war, die Fortressen erweitern, und einen tiefen Wassergraben um dieselben führen ließ ... Da die Vorstädte von Dresden sonst ganz frey und uneingeschlossen waren, sind sie wegen der 1703 im März bey dieser Stadt eingeführten Consumtions = Accise 1710 mit Pallisaden umher versehen ... worden.« (B. G. Weinart, Topographische Geschichte der Stadt Dresden, Dresden 1777, S. 50–53). *LK*

7/40 »Wasserhöhe des Elbstroms beym Eisgange 1799«

Christian Gottlieb Pötzsch
Kolorierte Federzeichnung; 47,5 × 35,3 cm
Dresden, Sächsische Landesbibliothek (Sax. G. 1746)

Bei den Hochwasserkatastrophen entlang der Elbe ging die größte Gefahr von den mit den Wassermassen beförderten Eisschollen aus, die in hoher Geschwindigkeit gegen Brükkenpfeiler und Uferbefestigungen prallten. Sie konnten ganze Brücken und Dämme zum Einsturz bringen. Bereits im 18. Jahrhundert wurden die Pegelstände bei Eisgang genauestens ermittelt. Auf dem Plan sind die im Februar und März 1799 gemessenen Werte von Dresden, Meißen, Wittenberg und Barby verzeichnet. *LK*

≋

7/41 Fragmente von der ersten steinernen Brücke Dresdens

a) Brückenkrampe vom mittleren Pfeiler

12./13. Jh.; Blei, Eisen; L 42 cm, B 3,5 cm

b) Kopfstein eines Pfeilers

12./13. Jh.; Sandstein; 43 × 60 × 60 cm; Gewicht ca. 5 t

Dresden, Landesamt für Archäologie Sachsen mit Landesmuseum für Vorgeschichte (D 1507/91; D 1508/91)

Der Bau der ersten Dresdner Elbbrücke wurde von früheren Chronisten überwiegend im Zusammenhang mit dem Entstehen der Stadt gesehen. Angaben des Pirnischen Mönches bzw. des Anton Weck über einen Brückenbau 1119, fortgesetzt 1173 und vollendet um 1220, galten als unwahrscheinlich. Ausgrabungen in jüngerer Zeit ergaben jedoch, daß gegen Ende des 12. Jahrhunderts eine italienische Bauhütte existierte, die den Bau der steinernen Brücke ausführte. Beim Freilegen des ersten Brückenbogens wurde das Signum des Brückenbaumeisters Matthaeus Focius entdeckt. Funde belegen auch die Existenz eines kastellartigen Hofes an der Brückenrampe aus der Zeit um 1230. Die Elbbrücke und die

Kirche der Kaufleute St. Nikolai, die spätere Kreuzkirche, bildeten einen gemeinsamen Vermögensfonds. Beide wurden als pia causa betrachtet. Einkünfte, Ablässe und Zuwendungen aller Art dienten dem Erhalt der Kirche, vor allem aber dem Ausbau der durch Hochwasser oder Eisgang häufig beschädigten Brücke. *SN*

7/42 »Der Diana-Aufzug über die Alt Dreßdnische Elbbrücken«

Aus dem Sammelwerk: Tzschimmers Gabriel durchlauchtigste Zusammenkunft…, Nürnberg 1680
Kupferstich; 36,5 × 158 cm
Dresden, Sächsische Landesbibliothek (Sax. G. 1661)

Gabriel Tzschimmer, seit 1682 Bürgermeister von Dresden, beschreibt in seinem umfassenden Werk »Durchlauchtigste Zusammenkunft« das Treffen des Kurfürsten Johann Georg II. mit seinen Brüdern, den Herzögen Moritz, August und Christian, im Jahr 1678. Seinen ausführlichen Schilderungen aller Festlichkeiten sind 30 großformatige Kupferstiche beigefügt, die einen Einblick in die schöne, reichbewegte Renaissancearchitektur der Stadt geben. Der Diana-Aufzug vom 11. Februar 1678 führte vom Jägerhof auf der Altendresdner Seite über die Elbbrücke, durch die vornehmsten Straßen Dresdens und durch das Schloß zum Reithaus. Beim Aufzug der Jägerei wurden von den daran beteiligten 271 Personen Wagen mit wilden Tieren und Jagdgerät jeder Art mitgeführt. Auf dem Bild ist der Festzug auf seinem Weg über die Elbbrücke dargestellt. Die Brücke mit ihren zinnenbekrönten Brüstungsmauern war beim Bau der Festungswerke im 16. Jahrhundert um vier bis fünf Pfeiler verkürzt worden. *SN*

7/43 »Prospect der in gantz Europa vortrefflichsten Königlichen Elb=Brücken zwischen Neustadt und Dreßden«

Aus: Carl Christian Schramm, Historischer Schauplatz in welchem die Merkwürdigsten Brücken …, Leipzig 1735
Kupferstich; 41,5 × 213,5 cm
Dresden, Sächsische Landesbibliothek (Sax. G. 1670)

Zu den sieben Wunderwerken Dresdens zählt Carl Christian Schramm in seinem Werk über die Brücken aus dem Jahr 1735 die von Matthäus Daniel Pöppelmann in den Jahren 1727 bis 1731 großzügig umgestaltete und verbreiterte Elbbrücke, nunmehr Augustusbrücke genannt. Schramm lobt die Dresdner Brücke als ein Meisterstück der Baukunst, nennt sie die längste, breiteste, vornehmste, allerprächtigste und vollkommenste Brücke der kultivierten Welt. Durch die leichte anmutige Krümmung wurde die von August dem Starken als Aufgabe gestellte künstlerische Steigerung erzielt. Die Verbreiterung der Brücke auf elf Meter gelang, indem Pöppelmann die alte Brückenbreite als Fahrweg nutzte und die Gehwege auf beiderseitig neu angebrachte Doppelkonsolen legte. Von den früheren Aufbauten verblieb nur das Kruzifix von Christoph Abraham Walther aus dem Jahr 1560, das auf einen sechs Meter hohen Felssockel aus Pirnaer Sandstein gesetzt wurde. Ein schmiedeeisernes Geländer und 48 Laternen zierten die Brücke, die 1907 wegen Behinderung des Elbeverkehrs abgebrochen wurde. *SN*

7/44 Die Dresdner Elbbrücke am 8. Mai 1813

Öl/Lw.; 67 × 81 cm
Dresden, Stadtmuseum (1978/k 434)

Nach dem Scheitern des Rußlandfeldzugs Napoleons gehörte Dresden als Hauptstadt des bis Oktober 1813 mit Napoleon verbündeten Königreichs Sachsen zu den hart umkämpften Gebieten. Am 19. März 1813 wurde die Dresdner Elbbrücke durch die Franzosen gesprengt, um den von Osten anrückenden russischen Truppen und ihren Verbündeten den Vormarsch zu erschweren. Bei der Sprengung wurden der dritte Strompfeiler und der dritte und vierte Brückenbogen auf der Altstädter Seite zerstört. Am 7. April war eine hölzerne Überbrückung der Kluft fertiggestellt. Der hölzerne Einbau wurde am 8. Mai 1813 von den fliehenden russischen Truppen in Brand gesetzt. Dieses Ereignis ist auf dem Gemälde dargestellt. Bereits am 11. Mai 1813 war die Brückenkluft auf Befehl Napoleons durch provisorische Einbauten wieder geschlossen. 1814 wurde die Brücke vollständig instandgesetzt. *CW*

7/45* Die neue Eisenbahnbrücke (Marienbrücke)

W. Bässler (gest. um 1853)
1849; kolorierte Lithographie; 43,5 × 65 cm
Dresden, Stadtmuseum (1980/k 2504)

Bis zur Mitte des 19. Jahrhunderts war in Dresden der Elbübergang allein über die Augustusbrücke möglich gewesen. Die westlich gelegene Marienbrücke wurde 1846 bis 1852 nach den Plänen des Wasserbaudirektors Johann Gottlieb Lohse erbaut. Als kombinierte Brücke diente sie dem Eisenbahn- und Straßenverkehr. Die Marienbrücke ermöglichte die Verbindung der für die wirtschaftliche Entwicklung der Stadt so bedeutsamen drei Eisenbahnlinien, der sächsisch-böhmischen mit der sächsisch-schlesischen und der Leipzig-Dresden-Linie. Erst der Bau der etwa 40 Meter stromabwärts gelegenen Eisenbahnbrücke (1898–1901) entlastete die Marienbrücke vom Eisenbahnverkehr. Die Lithographie vermittelt einen Eindruck vom Bau der mächtigen Gewölbe aus Elbsandstein, deren größte Spannweite 28,3 Meter beträgt.

SN

7/46 Festzug zum 800jährigen Jubiläum des Hauses Wettin 1889

Carl von Behrenberg
Um 1890; Öl/Pappe, zweiteilig; je 41 × 241 cm
Dresden, Stadtmuseum (1990/k 185)

Das 800jährige Regierungsjubiläum der Wettiner wurde vom 16. bis 19. Juni 1889 in Dresden glanzvoll gefeiert. Einen Höhepunkt bildete der große Festzug am 19. Juni, an dem sich die Stadt Dresden mit etwa 300 Personen in historischen Kostümen beteiligte. Dieser Teil des Festzuges ist auf seinem Weg über die Augustusbrücke dargestellt. Bemerkenswert ist ein Festwagen, auf dem vier Jungfrauen allegorisch die Stadt Dresden und die Flüsse Elbe, Prießnitz und Weißeritz darstellen. Mit seinem Gemälde knüpft der Maler formal an Darstellungen von Festzügen an, wie sie in Dresden vor allem im 17. und 18. Jahrhundert üblich waren.

CW

7/45

7/47 Ansicht von Dresden mit der Albert- und der Carolabrücke *[DH]*

Hans Kempen (geb. 1874)
1910; Öl/Lw.; 84 × 115 cm
Bez. u. l.: Hans Kempen 1910
Dresden, Stadtmuseum (1980/k 594)

Obwohl im Vordergrund des Gemäldes ein Ausschiffungsplatz und am linken Elbufer die Kulisse der historischen Altstadt breiten Raum einnehmen, sind die Elbbrücken das beherrschende Bildmotiv. Die vordere Brücke wurde 1875 bis 1877 als massive Steingewölbebrücke erbaut und erhielt ihren Namen nach dem regierenden sächsischen König Albert. Die nach seiner Gemahlin benannte Carolabrücke schließt sich stromabwärts an. 1892 bis 1895 erbaut, überspannte sie die Elbe mit kühn gewölbten Stahlbögen in drei Stromöffnungen von 59, 61 und 59 Metern Spannweite, an welche sich massive Gewölbefelder anschlossen. Im Hintergrund ist in heller Farbigkeit die 1910 fertiggestellte neue Augustusbrücke angedeutet. Am rechten Bildrand dominiert das 1900 bis 1904 erbaute Innenministerium. *CW*

7/48 Brückentafel der »Koenigin-Carola-Brücke« *[DH]*

Nach 1895; Bronze; 205 × 85 cm (oval, konvex)
Dresden, Stadtmuseum

Die Inschrift der Tafel liefert eine Fülle von Informationen über die »Meteorologischen Verhältnisse der Stadt Dresden nach den Beobachtungen in den Jahren von 1870 bis 1895« und über die Wasserverhältnisse der Elbe bei Nieder-, Null- und Hochwasser. Über die Baugeschichte der Brücke heißt es: »DIE KOENIGIN . CAROLA . BRÜCKE nach dem Entwurfe und unter Oberleitung des Stadtbaurathes Herm. Klette aus Dresden als vierte Elbbrücke im Stadtgebiete erbaut, wurde am 6. Juli 1895 nach 2 Jahren und 11 Monaten Bauzeit dem Verkehr übergeben. Constructeur: Stadtbmstr. Pressprich. Architekt: Adalbert Pasdirek. Entfernung zwischen den Brückenvorplätzen 500 m. Breite zwischen den Geländern 16 m. Grösste Neigung der Fahrbahn 1:72. Gründungstiefe der Strompfeiler unter Null 9,5 m. Menge des gesammten Mauerwerks rund 33 000 cbm. Gewicht des verwendeten Eisenmaterials 2 200 000 kg. Gesammtkosten 3 100 000 M.« Aufgeführt werden auch »Aussergewöhnliche Hochfluthen vom Jahre 1800 ab«, und zwar für den 28. Juni 1824, den 2. März 1830, den 31. März 1845, den 3. Februar 1862, den 20. Februar 1876 und den 7. September 1890. *LK*

7/49

7/49* Die Schlittschuhbahn auf der Elbe bei Dresden *[DH]*

Christian Friedrich Sprinck (1769–1831)
Um 1829; kolorierte Radierung; 11 × 16 cm (Plr.)
Dresden, Stadtmuseum (1978/k 398)

Ein beliebtes Wintervergnügen war bei anhaltenden Kältegraden das Schlittschuhlaufen auf der Elbe. Die vom Zeichner und Stecher Sprinck dargestellte Schlittschuhbahn befand sich östlich der Augustusbrücke und der Brühlschen Terrasse. Der Aufbruch des Eises wurde durch Kanonenschüsse verkündet und damit jeder gewarnt. Eisgang oder besonders strenge Winter sind in den Chroniken der Stadt ebenso vermerkt wie das Ereignis, daß am 16. Januar 1830 auf der »Morgenseite der Elbbrücke« ein Thermometer angebracht wurde, das kurze Zeit darauf 30 Minusgrade anzeigte. *SN*

7/50 Drei Paar Schlittschuhe *[DH]*

Mit Überschuhen; zum Anschnallen
19. Jh.; Eisen, Holz, Leder, Porzellan-Nägelköpfe;
9,5 × 6,8 × 25,5 cm; 3,5 × 6,5 × 40 cm; 9,5 × 7 × 29 cm
Bez. mit eingestempelten Marken »KHS«; »E.ENGELS REMSCHEID«
Dresden, Stadtmuseum (1980/823; 1980/827; 1983/716)

7/51* Zwei schlittschuhlaufende Paare *[DH]*

Alfred König (1871–1940)
Meißen 1909; Porzellan, bemalt in Aufglasurfarben;
20,7 × 11 × 15,5 cm; 21,1 × 17 × 10,5 cm
Dresden, Stadtmuseum (StM 1979/48/9 [Form Z 196];
1979/48/7 [Form 195])

7/52* Gondelhafen mit Flußbadeanstalten vor dem Bau der Carolabrücke *[DH]*

Um 1885; Öl/Lw.; 58 × 82 cm
Dresden, Stadtmuseum (1981/973)

Das erste Elbschwimmbad war in Dresden 1786 durch den Italiener Andreoli eröffnet worden. 1862 gab es bereits acht und 1890 schon dreizehn Flußbadeanstalten, die teils privat, teils von der Stadt betrieben wurden. Die Stadt subventionierte ihre Badeanstalten im Jahre 1910 z. B. mit 29 000 Mark. Der Aufbau aller Anstalten war im wesentlichen gleich: Holzkonstruktionen grenzten im Wasser einen Bereich ab, der von Aufbauten für Umkleideräume umgeben war. Als schwimmende Unterlage dienten bis 1900 vorwiegend Prahme, d.h. zu Flößen verbundene Holzbalken, später auch Pontons. Als letzte Dresdner Flußbadeanstalt schloß das von dem Fischermeister Höhle gepachtete Elbbad Loschwitz 1946 seine Pforten.

CW

7/51

7/52

7/53* Panorama von Dresden *[DH]*

Carl August Richter (1770–1848)
1824; Kupferstich; 59 × 54,5 cm
Lüneburg, Nordost-Bibliothek (SK – D5)

Die Frauenkirche von George Baehr, erbaut 1726 bis 1743, gilt als der bedeutendste protestantische Kirchenbau des Barocks in Deutschland. Ihre als steinerne Glocke bezeichnete Kuppel beherrschte als Wahrzeichen die Silhouette der Stadt. Von der Kuppel der 95 Meter hohen Kirche, die zugleich den Mittelpunkt des Bildes darstellt, wird dem Betrachter von Richter eine reizvolle Sicht auf Dresden geboten. Aus der Vogelperspektive gezeigt werden die prachtvollen Gebäude um den Neumarkt, das Coselpalais, das Hotel de Saxe, das Hotel Stadt Rom und das 1722 als Gemäldegalerie eingerichtete Stallgebäude mit dem Stallhof. Detailgetreu dargestellt sind auch das ferner stehende Zeughaus, die Gebäude auf der Brühlschen Terrasse, das Schloß und die Hofkirche. Die in schwungvollem Bogen fließende Elbe führt in die Ferne. *SN*

7/54* Blick von der Brühlschen Terrasse nach der Neustadt

Franz Wilhelm Leuteritz (1817–1902)
1865; Öl/Lw.; 61 × 92 cm
Bez. u. l.: Fz Leuteritz 1865
Dresden, Stadtmuseum (1979/k 190)

Im Vordergrund schildert Leuteritz die Brühlsche Terrasse als beliebten Aussichtspunkt und lenkt den Blick über die alte Augustusbrücke zum Neustädter Ufer. Links am Brükkenkopf ist das Blockhaus erkennbar, dahinter das Neustädter Rathaus mit seinem kleinen Türmchen, im schmalen

UMSICHT
AUF DER KUPPEL
DER FRAUENKIRCHE
IN DRESDEN.
Aufgenommen, gezeichnet und gestochen von C.A Richter, Profefsor d. Acad. d. K
Dresden, in der Arnoldischen Buchhandlung
1824

7/53

7/54

Durchblick zum Neustädter Markt der »Goldene Reiter«, das Denkmal Augusts des Starken. Dahinter ragt der 1854 bis 1857 erbaute, 87,5 Meter hohe Turm der Dreikönigskirche empor. Oberhalb der Augustusbrücke wird das Ufer von einer Reihe stattlicher Häuser gesäumt. An seinem Namensschild ist das Hotel »Stadt Wien« zu erkennen. Flußabwärts, oberhalb der Marienbrücke, leuchtet das Japanische Palais mit seinem grünen Kupferdach hervor. *CW*

7/55* Blick vom Quandt'schen Garten nach der Dresdner Altstadt

Franz Wilhelm Leuteritz (1817–1902)
1860; Öl/Lw.; 60 × 91 cm
Bez. u. l.: F Leuteritz 1860
Dresden, Stadtmuseum (1979/k 191)

Gegenüber dem Stadtbild des 18. Jahrhunderts ist eine Reihe von Veränderungen sichtbar. Am linken Bildrand ist mit dunkelblauem Dach der gedrungene Turm der 1838 bis 1840 errichteten Synagoge zu sehen, rechts davor, mit blauem Dach, das 1842 erbaute vierte Belvedere. Weiter rechts leuchten die Säulen des »Café Reale« von 1843 zwischen den Bäumen. Daran schließen sich an: die ehemalige Brühlsche Galerie, die Brühlsche Bibliothek (seit 1791 Kunstakademie), der Brühlsche Gartenpavillon und das Brühlsche Palais. Rechts neben der Katholischen Hofkirche sind die 1847 bis 1854 erbaute Gemäldegalerie und das 1838 bis 1841 errichtete Hoftheater Gottfried Sempers zu sehen. Am rechten Bildrand schließlich ist das 1853 eröffnete Hotel »Bellevue« dargestellt. *CW*

7/55

7/56 Dose mit der Ansicht des ersten Dresdner Hoftheaters *[DH]*

Berlin oder Dresden, um 1850; schwarzes Papiermaché; bildliche Darstellung farbig, Deckelinnenseite bräunlich lackiert; 9,1 × 6,2 × 2,2 cm
Dresden, Staatliche Kunstsammlungen, Kunstgewerbemuseum (34 676)

Bereits Matthias Daniel Pöppelmann hatte an eine »Erweiterung des Zwingers bis zur Elbe« gedacht. Gottfried Semper (1803–1879) ließ das elbnahe »Italienische Dörfchen« der welschen Baumeister aus der Barockzeit bis auf wenige Häuser abbrechen und schuf mit dem 1838 begonnenen Bau des Theaters und mit der Gemäldegalerie zwischen Elbe und Zwinger einen eindrucksvollen, im Osten von Hofkirche und Schloß begrenzten Platz. Die Darstellung des ersten Dresdner Hoftheaters folgt wohl einem Aquarell, das Christian Gottlob Hammer (1749–1864) um 1845 von dem klassisch ausgewogenen Bau malte. Von Nordosten aus gesehen wird das Hoftheater vor allem durch das Halbrund des Zuschauerraumes bestimmt, der auf das gegenüberliegende königliche Schloß ausgerichtet war. Das Haus wurde am 12. April 1841 mit Goethes Schauspiel »Torquato Tasso« eröffnet. 1869 wurde es durch Brand vernichtet und nach Plänen von Semper zwischen 1871 und 1878 etwas verändert neu errichtet.

MB/GH

7/57 Ankündigung der Vorstellung von Richard Wagners »Rienzi, der letzte der Tribunen« im Königlich Sächsischen Hoftheater, 20. Oktober 1842 *[DH]*

Programmzettel; 35,5 × 21 cm
Dresden, Stadtarchiv (Z 1882 97)

Seit 1842 brachte Richard Wagner seine Werke im Dresdner Hoftheater zur Aufführung. Die heute selten gespielte Oper »Rienzi« basiert auf dem Roman von E. G. Bulwer-Lytton (1803–1873) über den Aufstieg und Sturz des römischen Volkstribunen Cola di Rienzo (1313–1354). Die Vorstellung 1842 in Dresden war ein großer Erfolg, so daß kurz nach der ebenfalls erfolgreichen Uraufführung des »Fliegenden Holländers« im Januar 1843 Wagner im Februar desselben Jahres zum »Kgl. Sächs. Hofkapellmeister« in Dresden berufen wurde. In Graupa bei Pillnitz vollendete er unter anderem 1845 »Tannhäuser«, 1847 »Lohengrin« und entwarf »Siegfrieds Tod«. 1846 dirigierte Wagner Beethovens »Neunte Symphonie« mit der Ode »An die Freude« (Schlußsatz), die Schiller in Loschwitz geschrieben hatte. Wagner beteiligte sich 1849 am Dresdner Volksaufstand, dessen Scheitern ihn zur Flucht nach Zürich zwang. *MB*

7/58 Vorderseite des Königlichen Hoftheaters zu Dresden *[DH]*

Gottfried Semper (1802–1879)
1870; Tuschzeichnung; 66,5 × 98,2 cm
Zürich, Semper-Archiv – Institut für Geschichte und Theorie der Architektur – ETH Zürich (20-0196-9)

»Es ist ein Bauwerk von seltener Großartigkeit der äußeren Erscheinung. An majestätischer Wirkung, an imposanter Wucht der Gliederung, an Kraft des Ausdrucks steht es über allen Theatern der Welt«, so urteilte Cornelius Gurlitt 1878. Semper, der inzwischen in Zürich und seit 1870 in Wien

7/61

7/62

lehrte, lieferte auch für diesen zweiten Theaterbau die Pläne; die Bauaufsicht übernahm 1871 bis 1878 sein Sohn Manfred. An der Ausführung waren fast alle namhaften Dresdner Künstler beteiligt. Das Haus wurde mit Webers »Freischütz« eröffnet und fand seitdem ausschließlich als Opernhaus Verwendung. 1945 stark zerstört, konnte die rekonstruierte Oper am 13. Februar 1985 wieder mit dem »Freischütz« eingeweiht werden. *MB*

≋

7/59 Blick auf Dresden bei Sonnenuntergang

Carl Gustav Carus (1789–1869)
Um 1822; Öl/Lw.; 22 × 30,5 cm
Chemnitz, Städtische Kunstsammlungen (211)

Carl Gustav Carus, ein Freund Caspar David Friedrichs, hat seine Eindrücke von Dresden und der Elblandschaft nicht nur in Bildern, sondern auch in Briefen und Tagebüchern geschildert. So berichtet er über seine Gefühle beim Anblick des abendlichen Dresden in seinen Lebenserinnerungen: »Übrigens fühlte ich nun immer mehr und mehr, wie sehr meine neue Heimat nach allen Richtungen mir zusagte. Der eigene poetische Schimmer, der über Dresdens Terrassen und Kirchen und Brücke gebreitet war, er war ganz für mein Wesen geeignet. Welche Abende verlebte ich nicht mit meinen Phantasien, wenn Nebelduft über die Elbe dämmerte und der Mond über den fernen bewaldeten Hügeln heraufkam ...« In seinem Hauptberuf war Carus ein erfolgreicher Arzt: 1814 hatte er die Professur für Geburtshilfe an der Chirurgisch-medizinischen Akademie in Dresden übernommen, seit 1827 war er auch königlich-sächsischer Leibarzt. *LK*

7/63

7/64

7/60 Sonnenuntergang an der Elbe

Johan Christian Claussen Dahl (1788–1857)
1821; Öl/Papier, auf Holz aufgezogen; 23 × 34 cm
Bez. u. r.: Dahl d. 5 Novbr. 1821
Oslo, Nasjonalgalleriet (931)

Zu dem Kreis der Dresdner Romantiker gehörte auch der Norweger Dahl. Nachdem er 1821 von einer längeren Italienreise zurückgekehrt war, entstanden erste Studien der Elblandschaft. 1823 zog er in das direkt an der Elbe gelegene Haus, in dem bereits Caspar David Friedrich wohnte. Eine enge Freundschaft verband Dahl auch mit Carl Christian Vogel von Vogelstein, dessen Haus am linken Ufer der Elbe schräg gegenüber von Schloß Pillnitz gelegen war. So malte Dahl auch einige Bilder mit Pillnitzer Motiven. *LK*

7/61* Dresden bei Sonnenuntergang

Johan Christian Claussen Dahl (1788–1857)
1845; Öl/Papier; 25,5 × 37 cm
Bez.: J Dahl d. 19 August 1845
Bergen, Bergen Billedgalleri (148)

Auf diesem romantischen Gemälde hat Dahl nicht allein die Stimmung eines Dresdner Sonnenunterganges eingefangen, sondern auch ein aktuelles Ereignis dokumentiert: die Reparaturarbeiten an der Augustusbrücke nach der Hochwasserkatastrophe vom 30./31. Mai 1845. Der Schauspieler und Regisseur Eduard Devrient (1801–1877) beschrieb den Einsturz von Brückenteilen in seinem Tagebuch: »... vor einer Stunde war das Kruzifix auf der Brücke samt dem Pfeiler, auf dem es gestanden, eingestürzt, was einen furchtbaren Eindruck gemacht ... Ich sah noch die beiden steinernen Schilderhäuschen nach und nach stürzen. Die Brücke war für Wagen gesperrt; einzelne Fußgänger ließ man hinüber, die alle wie toll liefen, als ob jeder Stein unter ihnen schon wankte ... Das Wasser war über den Stand von 1784.« *LK*

7/62* Winter an der Elbe

Johan Christian Claussen Dahl (1788–1857)
1853; Öl/Lw.; 62,5 × 91,5 cm
Bez. u. r.: J Dahl 1853
Oslo, Nasjonalgalleriet (209)

Als Dahl dieses Winterbild malte, war er bereits 65 Jahre alt. Das Spätwerk erinnert stark an die Gemälde Caspar David Friedrichs. Die vom Baum herabgefallenen Zweige und die auf dem Fluß schwimmenden Eisschollen könnten als Symbole der Vergänglichkeit angesehen werden. *LK*

7/63* Bildnis des Prinzen Ernst von Sachsen als Kind mit Fensterausblick auf die Elbe

Carl Christian Vogel von Vogelstein (1788–1868)
1837; Öl/Lw.; 133 × 99 cm
Bez. u. l.: C.Vogel pinx. AD. 1837
Potsdam, Stiftung Schlösser und Gärten Potsdam-Sanssouci (G K I 3476)

1824 wurde Carl Christian Vogel zum sächsischen Hofmaler berufen. Die Wandmalereien im Neubau des Pillnitzer Schlosses sind ebenso sein Werk wie eine ganze Serie von Porträts, die der Künstler als Auftragsarbeiten malte. Mit dem Prädikat »von Vogelstein« wurde er 1831 nobilitiert. Im Gegensatz zu Dahl war Vogel während eines Italienaufenthaltes zum Katholizismus konvertiert und hatte sich der Bewegung der Nazarener angeschlossen. Entsprechend »süßlich« wirken manche seiner Bilder. Typisch für die romantische Malerei sind die Porträts mit Blick aus dem Fenster. Vogel wählte die Elblandschaft bei Pillnitz als Hintergrund für das Bildnis des Prinzen Ernst, der bereits 1847 im Alter von nur 16 Jahren starb. *LK*

7/64* Bildnis einer sächsischen Prinzessin mit Fensterausblick auf die Elbe

Carl Christian Vogel von Vogelstein (1788–1868)
1849; Öl/Lw.; 131 × 96 cm
Dresden, Staatliche Kunstsammlungen, Gemäldegalerie Neue Meister (1886 [3351])

Obwohl Vogel von Vogelstein das Porträt des Mädchens – vermutlich einer sächsischen Prinzessin – zwölf Jahre nach dem Bildnis des Prinzen Ernst malte, wirkt es wie dessen Gegenstück. Die Elblandschaft mit der Pillnitzer Insel ist ebenso naturgetreu wiedergegeben wie die Gitter auf den Balkons des Pillnitzer Schlosses. *LK*

7/65 Seitenraddampfschiff »Königin Maria« *[DH]*

Modell im Maßstab 1:25
Modellbau: Niemz
1967; Holz, Metall; 65 × 35 × 162 cm
Dresden, Verkehrsmuseum (III/219)

Der Seitenraddampfer »Königin Maria« war der erste für die Oberelbe gebaute Personendampfer, der von Johann

7/66

Andreas Schubert (1808–1870) konstruiert und in Übigau gefertigt wurde. Im Juli 1837 fand die erste Probefahrt statt, und am 23. September wurde er für die öffentliche Fahrt freigegeben. *MB*

7/66* Dampfschiff »Königin Maria« *[DH]*

Um 1837; Lithographie; 28,4 × 37,2 cm
Berlin, Deutsches Historisches Museum (Gr. 78/129)

Das erste Personendampfschiff, das auf der oberen Elbe verkehrte, wurde benannt nach Maria Prinzessin von Bayern (1805–1877), der zweiten Gemahlin des sächsischen Königs Friedrich August II. (geb. 1797, reg. 1836–1854). *MB*

7/67* Maschinenfabrik und Schiffswerft Übigau

Hans Nadler (1879–1958)
Um 1910; Öl/Lw.; 95 × 100 cm
Bez. u. r.: H. Nadler
Dresden, Stadtmuseum (1979/k 290)

1905 hervorgegangen aus der Vereinigung der Dresdner Maschinenfabrik und Schiffswerft und der Schiffswerft der Elbeschiffahrtsgesellschaft »Kette« zu Übigau, war dieses Werk um 1910 eine der größten Binnen- und Flußschiffswerften Deutschlands. Außerdem befand sich hier, unter Beteiligung der sächsischen Regierung errichtet, seit 1904 die größte und modernste deutsche Versuchsanstalt für Schiffahrtswesen. Die Werft baute Ketten-, Rad- und Schraubendampfer, Motorschiffe und Schwimmbagger, aber auch Eisbrecher, Werkstattschiffe und Lotsendampfer. Außerdem befaßte sich das Werk mit stationärem Maschinen- und Kesselbau. *CW*

7/67

7/68 Verbunddampfmaschine eines Elbfährboots
Schiffswerft Übigau Dresden
1927; Stahlguß; 160 × 140 × 80 cm
Dresden, Verkehrsmuseum (Original III/64)

Mit Dampfmaschinen wie dieser wurde nur ein Teil der auf der Elbe verkehrenden Fähren ausgerüstet. Keinerlei maschinellen Antrieb benötigen die sogenannten Gierfähren, die noch heute vor allem im mittleren Abschnitt der Elbe im Einsatz sind. *LK*

7/69 Fähre in Laubegast

Bernhard Kretzschmar (1889–1972)
1935; Öl/Lw.; 120 × 160 cm
Bez. u. r.: B. Kretzschmar
Dresden, Staatliche Kunstsammlungen, Gemäldegalerie Neue Meister (868 [86/47])

In Höhe des Dresdner Stadtteils Laubegast verkehrte bereits um 1500 eine Fähre zwischen den Elbufern. Auch heute ist Laubegast mit dem gegenüberliegenden Ufer lediglich durch eine Personenfähre verbunden. *LK*

7/70 Schiffsmühle im Pieschner Winkel *[DH]*

Modell
Dresden: Hermann Ranft
Nach 1945; Holz, Leinensäckchen; 58 × 88 × 103 cm
Dresden, Stadtmuseum (1973/231)

7/71* Alte Schiffsmühle im Pieschner Winkel *[DH]*

Carl Julius von Leypold (1806–1874)
1867; Öl/Pappe; 23,5 × 33,5 cm
Dresden, Stadtmuseum (1978/k 571)

Die Zahl der Schiffsmühlen, auf der Elbe seit dem 13. Jahrhundert gebräuchlich, wuchs in Sachsen mit zunehmenden Getreideerträgen im 16. Jahrhundert. Auf der Elbe bei Dresden sind sie seit dem 16./17. Jahrhundert mit Unterbrechungen urkundlich nachgewiesen. Das Modell der Pieschner Schiffsmühle zeigt Mahlwerk und Schlafkammer unter einem Dach. Die meisten Schiffsmüller hatten neben ihrem Wellschiff noch ein Haus- oder Wohnschiff auf dem Wasser stehen. Nach Einführung der Kettenschleppschiffahrt im Jahre 1869 mußten die Mühlen dem wachsenden Verkehr weichen. Als Wracks, am Ufer verankert, blieben die Mühlen teilweise länger bestehen. *CW*

7/71

7/72 Panorama-Ansichten von Dresden während des Zweiten Weltkrieges

a) Heimkehr reitender Feldartillerie, August 1940

b) Dresden, 13./14. Februar 1945

c) Brennendes Dresden, 16. Februar 1945, 13.30 Uhr

3 Photographien (Reproduktionen)
(Originale: Dresden, Sächsische Landesbibliothek, Deutsche Fotothek)

Die 1940 noch glanzvolle, anläßlich einer Parade heimkehrender Feldartillerie mit Hakenkreuzen ausgeschmückte Stadt stand nach dem Bombardement am 13. Februar 1945 in Flammen. Dresden war zur Zeit des Luftangriffs mit Flüchtlingen und Evakuierten übervölkert. Um 22.03 Uhr begann der erste Angriff mit der Zielmarkierung des Bombardierungsgebietes, das vorwiegend den historischen Stadtkern umfaßte. Wenige Minuten später warfen 243 Lancaster-Flugzeuge ihre todbringende Last ab. Sprengbomben rissen die Häuser auf, Brandbomben erzeugten einen alles vernichtenden Feuersturm. Um 1.23 Uhr des 14. Februar setzten 529 Lancaster-Bomber den Angriff fort und weiteten die Bombardierungsfläche aus. Beschossen wurden der Große Garten und die Elbwiesen, wo viele Menschen nach dem ersten Angriff Schutz gesucht hatten. Den dritten Schlag führten 311 B-17-Bomber der amerikanischen Luftflotte. Innerhalb von insgesamt 70 Angriffsminuten wurden 2000 Tonnen Spreng- und Minenbomben und etwa 1500 Tonnen Brandbomben auf Dresden abgeworfen. Ein weiterer Tagesangriff erfolgte am 15. Februar. Die Stadt brannte mehrere Tage und Nächte. Bis weit in die Tschechoslowakei hinein war der Feuerschein wahrzunehmen. *SN*

7/73* Dresden nach der Bombardierung vom 13./14. Februar 1945

a) Blick vom Rathausturm nach Nordwesten

b) Blick von der Hofkirche zur Ruine der Semperoper

c) Zwinger, Ruine des Wallpavillons und nördliche Bogengalerie

Richard Peter sen.
1945; 3 Photographien (Reproduktionen)
(Originale: Dresden, Sächsische Landesbibliothek, Deutsche Fotothek)

7/73 a

7/73 b

7/73 c

Nach den alliierten Luftangriffen am 13., 14. und 15. Februar 1945 bot Dresden ein Bild des Grauens. Fünfzehn Quadratkilometer dichtbebauter Fläche waren eine Trümmerwüste. Nahezu alle bedeutenden Kunstdenkmäler waren zerstört oder schwer beschädigt, darunter der Zwinger, die Oper, die Hofkirche, das Schloß, die Frauenkirche. Im Tagesbefehl Nr. 17 des Befehlshabers der Ordnungspolizei vom 22. März 1945 wurde festgehalten, daß 19 Kirchen, 6 Kapellen, 22 Krankenhäuser, 2 Museen, 72 Schulen, 5 Theater, 18 Lichtspielhäuser, 24 Banken, 26 Versicherungsgebäude, 31 Waren- und Kaufhäuser, 31 größere Hotels, 25 Großgaststätten, 62 Verwaltungsgebäude und 647 Geschäftshäuser vernichtet seien. Ungenau sind die Zahlen der getöteten Menschen, in der Literatur werden 35 000, 70 000 und wesentlich mehr Tote genannt. *SN*

7/74* Burg Scharfenberg bei Nacht *[DH]*

Ernst Ferdinand Oehme (1797–1855)
1827; Öl/Lw.; 59,5 × 83 cm
Bez. u. M.: 18 OE 27
Berlin, Staatliche Museen zu Berlin PK, Nationalgalerie (A II 384)

Im Mondschein eilt ein Reiter der »Burg« Scharfenberg zu; hinter den erleuchteten Fenstern sind Schatten zu erkennen, anscheinend wird ein Fest gefeiert. Oehme läßt mit diesem Bild die Atmosphäre des Scharfenberger Romantiker-Kreises wiederaufleben: Das Schloß wurde 1812 bis 1824 von Carl Borromäus von Miltitz bewohnt. 1816 waren die Dichter Friedrich de la Motte Fouqué und August Apel Gäste des Hauses. Zu ihnen gesellte sich auch der Maler Moritz Retzsch. Gemeinsam verherrlichten sie die Tugenden des mittelalterlichen Rittertums und ersannen Ritter- und Geistergeschichten, die von Miltitz in Musik umsetzte und zu denen Retzsch Zeichnungen entwarf. *MB*

7/75 Schloß Scharfenberg bei Meißen *[DH]*

Karl Christian Sparmann (1805–1864)
1859; Öl/Lw.; 52,5 × 75 cm
Bez. u. r.: Sparmann 1859
Dresden, Staatliche Kunstsammlungen, Gemäldegalerie Neue Meister (1642 [3316])

Sparmann, ein Schüler Dahls an der Dresdner Akademie, widmete sich der romantischen, doch realistischen Landschaftsmalerei. 1859 entstand das Gemälde des Schlosses Scharfenberg. Das nach 1200 als Burg konzipierte Bauwerk wurde im Laufe der Jahrhunderte mehrfach umgebaut. Ende des 18. Jahrhunderts überließ der Eigentümer Dietrich von Miltitz, der das benachbarte Schloß bewohnte, Schloß Scharfenberg Freunden als Sommerwohnung, so auch dem Dichter Novalis (Pseudonym des Freiherrn Friedrich von Hardenberg, 1772–1801). *MB*

≋

7/76 Scharfenberger Silbererze *[DH]*

Zinkblende auf Calcit und Silberhaltiger Bleiglanz
1890 gefördert aus der »Güte Gottes Grube«
Erzgesteine; 10 × 45 × 25 cm; 6 × 18 × 11 cm
Dresden, Staatliches Museum für Mineralogie und Geologie (9748/3152, 15973 Sa.)

Das alte Silberbergbaurevier von Scharfenberg an der Elbe ist der nördlichste Ausläufer des Freiberger Reviers. Um 1225 entdeckt, blühte der Bergbau aber erst Ende des 16. und Anfang des 17. Jahrhunderts und erneut um die Mitte des 18. Jahrhunderts. 36,5 Tonnen Silber sollen von 1563 bis 1805 gewonnen worden sein. 1899 erlosch der Bergbau von

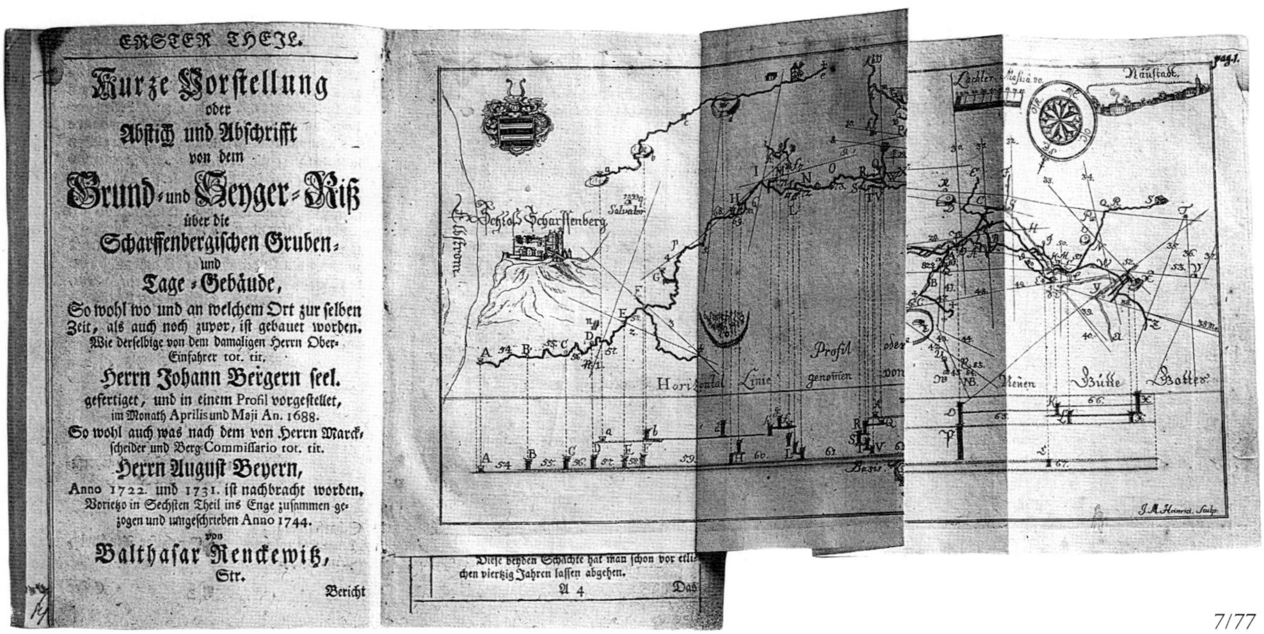
ERSTER THEIL.
Kurze Vorstellung
oder
Abstich und Abschrifft
von dem
Grund- und Seyger-Riß
über die
Scharffenbergischen Gruben-
und
Tage-Gebäude,
So wohl wo und an welchem Ort zur selben Zeit, als auch noch zuvor, ist gebauet worden.
Wie derselbige von dem damaligen Herrn Ober-Einfahrer tot. tit.
Herrn Johann Bergern seel.
gefertiget, und in einem Profil vorgestellet, im Monath Aprilis und Maji An. 1688.
So wohl auch was nach dem von Herrn Marckscheider und Berg-Commissario tot. tit.
Herrn August Beyern,
Anno 1722. und 1731. ist nachbracht worden.
Vorietzo in Sechsten Theil ins Enge zusammen gezogen und umgeschrieben Anno 1744.
von
Balthasar Renckewitz,
Str.
Bericht

7/77

7/74

Scharfenberg endgültig. Wichtigste Erze waren Bleiglanz, Zinkblende, Fahlerze, seltener auch Silberglanz und gediegenes Silber. *WQ*

7/77* »Kurze Vorstellung oder Abstich und Abschrifft von dem Grund= und Seyger=Riß über die Scharffenbergischen Gruben= und Tage=Gebäude« *[DH]*

Balthasar Renckewitz nach Vorarbeiten von Johann Bergern (1688) und August Beyern (1722/1731)
Leipzig 1744; Buch mit ausfaltbarer Karte;
Karte: 20 × 50 cm
Dresden, Dr. Werner Quellmalz

Üblicherweise werden Grubenrisse nur im Auftrage der Bergämter angefertigt und dort geführt. Selten werden sie – zumal mit beschreibenden Texten – veröffentlicht. Dieses kleine Büchlein diente der Gewinnung von »bergbaulustigen« Interessenten zwecks finanzieller Beteiligung am Grubenbetrieb, also Käufern von Kuxen, gibt doch der Autor für die zwei Jahre vor Erscheinen des Büchleins eine Ausbeute von fast 5000 Talern an. *WQ*

KAPITEL 8

Lausitzer Granitplatte und Elbetiefland – Von Meißen bis Wittenberg

Nach der Weite des Dresdner Kessels verengt sich das Elbtal zu einem schmaleren, von Berghängen gesäumten Flußbett. Die Elbe durchfließt die Lausitzer Granitplatte, einen von Süden nach Norden abfallenden, weitgehend aus Syenodiorit-Granit bestehenden Grundgebirgssockel, auf dem auch andere wertvolle Gesteinsarten wie Buntsandstein und Porphyr zu finden sind. An manchen Stellen zwischen Meißen und Leckwitz ragt das von der Elbe durchschnittene Granitgestein bis zu 90 Metern auf. Direkt am Flußufer bei Diesbar-Seußlitz wurde der rot leuchtende Baustoff bis in die sechziger Jahre abgebaut und auf Elbkähnen verschifft. Zwischen Radebeul und Seußlitz werden die sonnigen, steilen Talhänge rechts der Elbe auch vielfach für terrassenförmig angelegte Weinkulturen genutzt.

Im weiteren Flußverlauf beginnt kurz vor Riesa das Elbetiefland mit vereinzelten Erhebungen wie dem Weidaer Berg am linken Elbufer Riesas. Bis zum Stromausbau im 19. Jahrhundert hat sich der Flußlauf in diesem Abschnitt wegen der lockeren Sand- und Kiesböden häufig verändert.

Bis zur Erhebung Dresdens zur alleinigen Hauptstadt des Kurfürstentums Sachsen (1547) residierten die wettinischen Markgrafen, Herzöge und Kurfürsten auch in anderen von ihnen erbauten Burgen und Schlössern entlang der Elbe: in Meißen (seit 1089 Sitz der sächsischen Markgrafen und späteren Herzöge), in Torgau (seit 1482 Residenz des Kurfürsten Ernst) und in Wittenberg (seit 1422 Sitz der sächsischen Kurfürsten). In Seußlitz wurde nach 1250 von Markgraf Heinrich dem Erlauchten ein Landschloß erbaut, das er allerdings 1268 den Klarissinnen als Kloster stiftete. Im späteren Riesa existierte bereits 1111 ein Benediktinerkloster – das älteste der Mark Meißen.

Auch wenn in den alten Zentren der Städte dieses Elbabschnitts prachtvolle Renaissancebauten erhalten sind, so haben sich die Stadtsilhouetten von Riesa und Wittenberg seit dem 19. Jahrhundert durch Industrie-Ansiedlungen entscheidend verändert. Die Stahlwerke von Riesa und die Gummi- und Stickstoff-Fabriken bei Wittenberg beeinträchtigen nicht nur das Landschaftsbild, sie sind vor allem auch Hauptverursacher der Elbverschmutzung in dieser Region. *LK*

8/1

8/1* »König Heinrich gründet im Jahr 929 die Burg Misni«

Studie zum Wandgemälde im Großen Saal der Albrechtsburg in Meißen
Anton Dietrich (1860–1904)
1876/77; Öl/Lw.; 120 × 100 cm
Meißen, Albrechtsburg

Als Heinrich I. 928/929 den am linken Elbufer gelegenen, von den beiden Elbzuflüssen Triebisch und Meisa eingerahmten Berg von Meißen eroberte, war dieser noch dicht bewaldet. Die erste Burg, bestehend aus Holzhäusern und Palisaden, wurde noch im Jahr der Eroberung errichtet. Sie diente anfangs lediglich militärischen Zwecken und gehörte zu einer Kette von Grenzburgen entlang des westlichen Elbufers. Vom Burgberg aus konnte der Verkehr sowohl auf als auch entlang der Elbe kontrolliert werden. Der West-Ost-Verkehr verlief ebenfalls direkt unterhalb des Berges über eine Elbe-Furt. Die nach dem Fluß Meisa genannte Festung Meißen wurde zum wichtigsten östlichen Vorposten des Reiches. Erst später kam die Bedeutung als sächsische Residenz hinzu. Die wildbewegte, auf dem Burgberg spielende Gründungsszene übertrug der Historienmaler Dietrich nicht in dieser Form auf die Mauern der Albrechtsburg. Das ausgeführte Wandgemälde zeigt einen eher undramatischen Staatsakt. *LK*

8/2 Wasserspeier vom Meißner Dom

Sandstein; L ca. 110 cm
Meißen, Hochstift Meißen

968 wurde der Burgberg von Meißen auch zum Sitz des neuernannten Bischofs. Damit verlor die Festung ihren rein militärischen Charakter und gewann zusätzlich eine zentrale Bedeutung für die Christianisierung des Landes östlich der Elbe. *LK*

8/3 St. Benno

Nach einem Gemälde von Joseph Albrecht (1906)
Öl/Lw.; 59 × 50 cm
Bautzen, Bischöfliches Ordinariat des Bistums Dresden-Meißen

Benno, der 1066 zum Bischof von Meißen berufen wurde, trieb die Missionierung der ostelbischen Gebiete voran. Dafür wurde er 1523, vier Jahrhunderte nach seinem Tode, heiliggesprochen. Seine Reliquien ruhen seit 1580 in der Münchner Frauenkirche, nachdem sie aus Angst vor den sächsischen Anhängern des Protestantismus aus dem Meißner Dom entfernt und nach Bayern geschafft worden waren. Auf dem Gemälde ist Bischof Benno mit einem Fisch dargestellt, der zwei Kirchenschlüssel im Maul hält. Der Legende nach hatte Benno die Schlüssel des Doms nach der Eroberung Meißens durch Heinrich IV. in die Elbe werfen lassen. Als der Bischof später unerkannt in ein Meißner Gasthaus einkehrte und einen Fisch bestellte, fand man in dessen Maul die Schlüssel wieder. *LK*

8/4 Reliefbrüstungsplatte vom Großen Wendelstein der Albrechtsburg mit dem Wappen des Herzogtums Sachsen-Wittenberg

Kopie nach dem Relief von Christoph Walter I. (gest. 1546) (Original: 1520–1525); Sandstein; 80 × 60 × 20 cm
Meißen, Albrechtsburg

Seit 1089 residierten die Wettiner als sächsische Markgrafen auf der Burg Meißen. Die ursprüngliche reichspolitische

Funktion der Burg ging zunehmend verloren. Von Meißen aus betrieben die Wettiner in den folgenden Jahrhunderten eine erfolgreiche Territorialpolitik. Der Grundstein zur Albrechtsburg, die erst im 17. Jahrhundert in Erinnerung an Herzog Albrecht von Sachsen (geb. 1443, reg. 1464–1500) ihren Namen erhielt, wurde 1471 gelegt. Die Reliefs in den beiden unteren Umgängen des Großen Wendelsteins schuf der Bildhauer Christoph Walter in der Zeit um 1520/25. Mittlerweile war allerdings die Markgrafenburg Dresden zur bevorzugten Residenz aufgestiegen, so daß der Neubau der Burg Meißen die ihm ursprünglich zugedachte Funktion nie übernommen hat. Er wurde nicht einmal mehr zu Zwecken der Hofhaltung genutzt: Die großzügigeren Anlagen der neuen Schlösser in Dresden und Torgau entsprachen eher den gewachsenen repräsentativen Ansprüchen. *LK*

≋

8/5 Porphyrit mit beginnender Kaolin-Verwitterung

Seilitz: Kaolin- und Tonwerke Löthain GmbH
Oberkarbon; Ergußgestein; 14 × 25 × 16 cm
Dresden, Staatliches Museum für Mineralogie und Geologie

Zwei größere Vulkangebiete westlich und nördlich von Meißen verdanken ihre Entstehung einem sauren, d.h. kieselsäurereichen Vulkanismus am Ende der Steinkohlenzeit, dem Oberkarbon. Die wichtigsten Gesteine dieser Region sind Quarzporphyre (Rhyolithe), Pechstein (Perlite), Porphyrite und vulkanische Tuffe. Eine in der Kreidezeit beginnende Verwitterung, die sich in der Braunkohlenzeit (Tertiär) verstärkt fortsetzte, zersetzte diese Gesteine tiefgründig zu Kaolin. Dies geschah an Ort und Stelle oder die Zersetzungsprodukte wurden an anderen Stellen zusammengeschwemmt (Schwemmkaoline). *WQ*

8/6 Porzellanerde – Rohstoff des Meißner Porzellans

Seilitz: Kaolin- und Tonwerke Löthain GmbH
Tertiär; Rohkaolin, natürliches Verwitterungsprodukt; 12 × 20 × 15 cm
Dresden, Staatliches Museum für Mineralogie und Geologie

Große Niederschlagsmengen, warmes Klima und saure Bodenlösungen (Humussäuren) führten zur intensiven Zersetzung des Feldspates in den Vulkaniten des Meißner Massivs. Aus dem Kalium-Aluminium-Silikat Orthoklas ($KAlSi_3O_8$) wird das silikatische Tonmineral Kaolinit ($Al_4[(OH)_8/Si_4O_{10}]$). Alkalimetalle wie Kalium werden weggeführt, ebenso ein Großteil der Kieselsäure und das Eisen, welches in Vulkaniten verbreitet ist. Zurück bleiben die »Porzellanerde« und unverwitterte Minerale wie Quarz und Glimmer. Durch Umlagerung findet bei Schwemmkaolinen bereits eine natürliche Reinigung statt. *WQ*

8/7 »Haupteingang der Meissner Porzellan-Fabrik«

R. B.
1840; Lithographie; 28 × 22,7 cm
Berlin, Deutsches Historisches Museum (Gr. 53/842)

1710 wurden in der Albrechtsburg die Fabrikationsräume der ersten europäischen Porzellanmanufaktur untergebracht, die August der Starke im selben Jahr in Dresden gegründet hatte. Die steinernen Deckengewölbe boten eine gewisse Sicherheit vor der von den Brennöfen ausgehenden Brandgefahr, und die Lage an der Elbe war ideal für die Anlieferung des Brennholzes aus den nordböhmischen Wäldern. Das Brennholz wurde zuerst mit Pferdefuhrwerken und ab 1732 über einen Schienen-Seilaufzug auf den Burgberg befördert. Seit 1749 konnten sämtliche Stockwerke der Burg mittels eines Pumpwerkes mit Wasser versorgt werden. Nach Aufstellung der ersten Dampfmaschinen in den vierziger Jahren des 19. Jahrhunderts fürchteten Denkmalschützer, daß das Mauerwerk durch die von den Maschinen hervorgerufenen Erschütterungen Schaden nehmen könnte. Schließlich wurde die Porzellanmanufaktur 1863 in die neu errichteten Fabrikationsräume im Triebischtal verlegt. *LK*

8/8* Muffelofen

Nürnberg oder Augsburg, um 1575; Bronze, Messing, Eisen; gegossen, graviert vergoldet; Schamotte; 37,8 × 34,5 × 34,5 cm
Dresden, Staatliche Kunstsammlungen, Kunstgewerbemuseum (40919)

Der Muffelofen wurde vermutlich für Kurfürst August I. (geb. 1526, reg. 1553–1586) und seine Schmelzversuche hergestellt. Johann Friedrich Böttger (1682–1719) soll in diesem Ofen seine Goldtingierversuche und keramischen Brennproben August dem Starken vorgeführt haben. Es gibt aber dafür keine archivalischen Belege. 1707 gelang Böttger die Erfindung des rotbraunen Böttgersteinzeuges, 1708 die des weißen Porzellans. Der Ofen ist reich verziert durch flach

8/10

reliefierte Platten mit Jagdszenen und Szenen aus der alttestamentarischen Josephgeschichte. Die vier großen, zum Teil gewölbten Bronzeplatten zeigen graviertes Band- und Blattwerk (Mauresken) nach Virgil Solis (1514–1562). Auf der Vorderseite erscheinen die Personifikationen der sieben Sterngebilde mit ihrer metallurgischen Bedeutung: Sonne = Gold, Mond = Silber, Merkur = Quecksilber, Mars = Eisen, Jupiter = Zinn, Saturn = Blei, Venus = Kupfer. Der Ofen ist 1815 aus dem Dresdner Schloß in die chirurgisch-medizinische Akademie Dresden, 1863 in die Technische Hochschule Dresden und 1907 in das Kunstgewerbemuseum Dresden gekommen. *GH*

8/9 Die Porzellanfabrik zu Meißen: Saal der Dreher und Saal der Maler und Vergolder

Um 1850; 2 Holzstiche; je 18,3 × 25,2 cm
Meißen, Stadtarchiv (VI m 15; VI m 16)

Das Porzellan wurde in folgenden Arbeitsschritten hergestellt: 1. Aufbereitung der Rohstoffe Kaolin, Feldspat, Kreide und Quarz zu einer Masse, 2. Drehen auf einer Scheibe, 3. Formen, 4. Bossieren (Zusammensetzen einzelner Figurenteile), 5. Brennen (vor und nach dem Glasieren) sowie 6. Malen und Vergolden. *LK*

8/10* Flußgott Albis

Johann Joachim Kaendler (1706–1775)
Meißen 1752 (Ausformung 19. Jh.); Porzellan, Aufglasur, Poliergold; 34 × 35 × 18 cm
Meißen, Staatliche Porzellan-Manufaktur Meissen GmbH, Schauhalle (06 088 [Form Nr. 1952])

8/8

Johann Joachim Kaendler, der diese allegorische Darstellung der Elbe entworfen hat, gilt als der bedeutendste Künstler der Meißner Porzellanmanufaktur. Er stammte aus der Schule des Bildhauers Permoser und lieferte unzählige Entwürfe für phantasievolle Figurengruppen voller Ironie und zum Teil auch boshafter Anspielungen. Der Flußgott Albis war im 18. Jahrhundert ein beliebtes Motiv sowohl für Maler als auch für Modellierer und Bildhauer. Allerdings sind nur wenige dieser Werke erhalten. Kaendlers Flußgott, auf einem muschelbewachsenen Fels thronend, hält in der einen Hand ein Füllhorn, mit dem anderen Arm stützt er sich auf eine Vase, aus der sich ein Wasserstrom ergießt und die das große Wappen der Wettiner (albertinische Linie) trägt. *LK*

8/11

8/11* Tritonenfang

Johann Theodor Paul Helmig (1859–1939)
Meißen 1909; Porzellan, Aufglasur; 20 × 38 × 28 cm
Meißen, Staatliche Porzellan-Manufaktur Meissen GmbH, Schauhalle (16547 [Form T 53])

Da die Elbe in die Nordsee mündet, kann das Meerwesen Triton als Gegenstück zum Flußgott Albis angesehen werden, auch wenn ihn der Meißner Modelleur Helmig erst ca. 150 Jahre später geschaffen hat. Triton, nach der griechischen Mythologie mit einem Fischunterleib versehen, betrachtet mit Wohlgefallen eine Meerjungfrau, die ihm ins Netz gegangen ist. *LK*

8/13 b

8/12 Kaffeeservice mit Veduten

1 Kanne und 2 Tassen mit Untertassen
Meißen, um 1820; Porzellan, bemalt, vergoldet; Kanne: H 25 cm, Tassen: H je 7 cm, Untertassen: Dm je 13,5 cm
A. d. Unterseite: Manufakturmarke u. handschriftl. Angabe der Darstellung
Praha, Umĕleckoprůmyslové muzeum [Kunstgewerbemuseum] (BII 232; BII 225a/b,–227a/b)

Das Kaffeeservice im Empire-Stil (Schwertermarke 1818–1924) ist mit sächsischen Elbmotiven bemalt: Krippen, Königstein und die Dresdner Altstadt liegen jeweils am linken Ufer des Stroms. *LK*

8/14

8/13* Zwei Ansichten der Stadt Meißen

a) »Stadt = Meissen«

b)* »Schloss Albrechts = Burg gegen Mitternacht«

C. G. Werner nach Zeichnungen von Probsthaha 1767; 2 Kupferstiche; 18,7 × 30,5 cm, 18,4 × 30 cm
Berlin, Deutsches Historisches Museum (Gr. 53/1857; Gr. 53/1858)

Die beiden Stiche zeigen Meißen vom rechten Elbufer aus, von Süden und von Norden gesehen. Die Brücke unterhalb des Burgberges war nach der Zerstörung im Siebenjährigen Krieg neu errichtet worden. Bei der Flucht Napoleons 1813 ging wiederum der obere, hölzerne Teil der neuen Brücke in Flammen auf. *LK*

8/13 a

8/14* Meißner Elbbrücke

Modell nach dem Entwurf von Christian Gottlob Reuß (1716 – um 1792)
1764; Holz; 50 × 42 × 132,5 cm
Bez.: Christian Gottlobreus
Meißen, Stadtmuseum (331)

Das Modell der Meißner Brücke nach dem Reuß'schen Entwurf entspricht der auf den Ansichten von 1767 dargestellten Brücke. *LK*

8/15* Feuerlöschboot aus dem 18. Jahrhundert

Modell
Um 1900; Holz; 30 × 53 × 50 cm
Meißen, Stadtmuseum (318)

In der Stadt Meißen wurde auf Anregung des Bürgermeisters und des Seifensieders am 7. Juli 1841 eine Feuerwehr gegründet, die sich »Freiwilliges Lösch- und Rettungscorps« nannte; sie bestand aus einer Rettungs-, einer Lösch- und einer Wachschar und gilt als erste freiwillige Feuerwehr auf vereinsmäßiger Basis in Deutschland. *MB*

8/16* »Paul Knoll – Der erste Wintzer in Sachsen ward Bau- und Berg Schreiber in der Hof Loesnitz Anno 1660« *[DH]*

S. Focke
1797; Öl/Lw.; 86 × 77 cm (oval)
Bez.: S. Focke fec. 1797
Radebeul, Museum Hoflößnitz (V 270 K 1)

8/15

Der noch trübe junge Wein scheint Paul Knoll zu munden, dem ersten Winzer der Hoflößnitz. Im 18. Jahrhundert begann der sächsische Hof mit der Förderung des Weinbaus an der Elbe besonders in den Pillnitzer Bergen und im Gebiet um Lößnitz. Auch in Meißen, wo Bischof Benno I. bereits im 11. Jahrhundert den Anbau von Rebstöcken anregte, wurde zur gleichen Zeit Weinbau betrieben. *MB*

8/16

8/17 Weinpresse *[DH]*

1763; Holz; 86 × 46 × 80 cm
Radebeul, Museum Hoflößnitz (V 2764 J)

Nach dem Pflücken bzw. Schneiden wurden die Trauben in hölzernen Bütten oder Kannen (»Stütze«, »Storz«) gesammelt, in Butten umgefüllt, auf dem Rücken aus dem Weinberg getragen und in große Tröge gekippt. Das Maischen der Trauben erfolgte durch Treten in den großen Stellbütten oder durch eine mechanische Weinpresse, auch Kelter genannt. *MB*

8/18 »Die Weinlese« *[DH]*

Johann Joachim Kaendler (1706–1775)
Meißen, um 1740 (Ausformung 19. Jh.); Porzellan, Aufglasur; H 30 cm, Dm 24 cm
Meißen, Sächsische Winzergenossenschaft Meißen e.G.

8/19* »Die Weinpresse« *[DH]*

Johann Joachim Kaendler (1706–1775)
Meißen, um 1740 (Ausformung 19. Jh.); Porzellan, Aufglasur, Poliergold; 25 × 21 × 16 cm
Meißen, Staatliche Porzellan-Manufaktur Meissen GmbH, Schauhalle (03069 [Form 240])

Mit der Darstellung der geschäftigen Winzerkinder in den beiden Kleinplastiken »Weinlese« und »Weinpresse« zeigt Kaendler sowohl das Heitere des Rokoko als auch das gesellige und fröhliche Element, das gemeinhin mit Wein und Weinanbau verbunden ist. *MB*

8/20 Granitsteinbruch am »Bösen Bruder« bei Diesbar-Seußlitz mit Verladeanlagen an der Elbe – vor den Sprengungen 1937/38 *[DH]*

Um 1935; Photographie (Reproduktion)
(Original: Dresden, Sächsische Landesbibliothek, Deutsche Fotothek)

An den Elbtalhängen unterhalb von Meißen wurde zwischen 1870 und 1900 in etwa 25 Steinbrüchen Granit abgebaut und verschifft. Einer der markantesten Felsvorsprünge war der »Böse Bruder«, dessen Name auf folgender Sage beruht: Einst liebten zwei Brüder dasselbe Mädchen. Und während die Liebe des einen erwidert wurde, verwandelte ein Zauberer den zurückgewiesenen in einen Felsen. Der auskragende Vorsprung verschwand nach Sprengungen in den Jahren 1937/38 und 1961 gänzlich. Zur weiteren Sicherung der Wohnhäuser unterhalb des 1965 stillgelegten Steinbruchs wurde 1975 ein Damm errichtet. *LK*

8/21 Sechs Granitwerksteine *[DH]*

Je 29 × 16 × 15 cm
Dresden, Staatliches Museum für Mineralogie und Geologie

Granitische Gesteine bilden den Untergrund der Stadt Meißen und bestimmen dort den Charakter des Elbtales mit zahlreichen auflässigen Steinbrüchen. Ein besonders dekoratives Gestein, der rötliche »Riesensteingranit«, wurde hier bereits im 13. Jahrhundert für Bauwerke genutzt. Die industrielle Gewinnung setzte jedoch erst im 19. Jahrhundert ein. Aus Großblöcken entstanden Denkmalpostamente, unter anderem für das Böttger-Denkmal vor der Porzellanmanufaktur in Meißen selbst. Granitsteine fanden später beim Autobahnbau Verwendung und dienten als Verblendsteine bei neueren Brückenbauten in Dresden, Hamburg und anderen Orten. Polierte Platten als Wandverkleidungen, Stufen und Grabsteine sowie Säulen zeugen über die Grenzen Deutschlands hinaus von der Qualität und Beliebtheit des Materials. *DB*

8/23

8/19

8/22 Steintrage aus einem Granitsteinbruch *[DH]*
Um 1890; Holz; L 205 cm, B 68 cm
Meißen, Stadtmuseum (140/91)

8/23* Schmuckstein-Gerölle *[DH]*
Elbsedimente aus dem Raum zwischen Dresden und Torgau; verschiedene Steine u. Halbedelsteine, 24 Proben: u. a. Amethyst, Achat, Jaspis; je ca. 3 × 9 × 6 cm
Dresden, Staatliches Museum für Mineralogie und Geologie und Sammlung M. Kaden

Minerale, die sich durch besondere Härte auszeichnen und im Einzugsbereich der Elbe und ihrer Nebenflüsse auf Gängen oder in Hohlräumen vulkanischer Gesteine auftreten, finden sich in Elbschottern oft weit ab vom Primärfundpunkt. Ihre schöne Färbung oder große Reinheit läßt sie zuweilen als Schmucksteine geeignet erscheinen. Achatmandeln kommen aus dem Riesengebirgsvorland, Amethyste aus dem Osterzgebirge. *WQ*

8/24 Zwei Urnen des »Prager Typs«

Slawisch; 6.–8. Jh.; Ton; H ca. 20 cm
Riesa, Heimatmuseum (361; 362)

Die Gefäße gehören zu einem Grab, das ursprünglich aus drei Urnen bestand und in Nünchritz am rechten, der Stadt Riesa gegenüberliegenden Elbufer gefunden wurde. Die Bestattung fällt in die erste Besiedlungswelle des Elbraumes um Riesa durch slawische Einwanderer. *GD*

8/25* Die Eisenbahnbrücke bei Riesa *[DH]*

C. Müller nach einer Zeichnung von Gustav Täubert (1817–1913)
Lithographie; 18,6 × 28,1 cm
Berlin, Deutsches Historisches Museum (Gr. S 56/6590)

Die Einweihung der ersten Eisenbahnbrücke Deutschlands im April 1839 in Riesa ermöglichte die Zugverbindung Dresden – Leipzig. Der Brückenbau hatte mit dem Einsetzen der Sandsteinpfeiler in die Elbe 1836 begonnen, darauf wurde eine mit Holz verkleidete Fachwerkbogenkonstruktion gesetzt. Auf der 340 Meter langen Brücke lief parallel zu den Bahngleisen eine Fahrbahn. *MB*

8/26 Schwelle der ersten Dresden-Leipziger Eisenbahn *[DH]*

1839; Eiche; 5,5 × 92,5 × 57,5 cm
Riesa, Heimatmuseum

8/25

Die Eichenbohle diente als Eisenbahnschwelle, die den Druck der Schienen auf die Bettung und den Unterbau übertragen und die Spurhaltung der Geleise gewährleisten sollte. *MB*

8/27 Zwei Fahrschienenprofile *[DH]*

a) Schiene von 1839

b) heute gebräuchliche Schiene

Eisen; 2 × 25 × 9,5 cm, 2 × 25 × 11 cm
Riesa, Heimatmuseum

Anstelle der im 16. Jahrhundert im Bergbau gebräuchlichen hölzernen Spurbahnen wurden 1787 erstmals eiserne Platten mit Leitkanten für die Spurführung gegossen. Den Prototyp der späteren Eisenbahnschiene führte Jessop 1789 ein, doch erst seit 1820 war es möglich, Stahlschienen zu walzen. Vergleiche der Schienenprofile der ersten Dresden-Leipziger Eisenbahn mit den heute gebräuchlichen Breitfußschienen zeigen, daß die ersten wesentlich massiver waren. *MB*

8/28 Tragbarer Kinderabort der ersten Dresden-Leipziger Eisenbahn *[DH]*

Um 1840; Leder, Messing; 50 × 36 × 37 cm
Riesa, Heimatmuseum

Der Service der Dresden-Leipziger Eisenbahn war vorbildlich. Auch an die jüngsten Reisenden wurde gedacht: Für Notfälle stand der tragbare Kinderabort bereit. *MB*

8/29 Passagierdampfer »Riesa« *[DH]*

Modell
Holz; 50 × 35 × 120 cm
Riesa, Heimatmuseum (122)

Das Modell zeigt den ersten Passagierdampfer mit Schaufelradantrieb der Sächsisch-Böhmischen Dampfschiffahrtsgesellschaft. Die jährlichen Fahrgastzahlen sind seit ihrer Gründung 1836/37 dank erhaltener Statistiken überliefert: Während 1839 immerhin schon 33 441 Reisende mit dem Dampfschiff fuhren, wurde 1865 bereits die Millionengrenze überschritten. Für 1905 weist die Bilanz 2 507 491 Passagiere aus. *GD*

8/31

8/30 Die Dampfschiffahrt von Dresden nach Meißen und Riesa – Ein Führer für Reisende *[DH]*

Karl Meißner
Meißen u. Riesa: F.W. Goedsche's Buchhandlung (o. J.)
Dresden, Sächsische Landesbibliothek (H. Sax. F 293)

≋

8/31* Flußholzhandlung und Sägewerk C. C. Brandt, gegr. 1851

Heinrich Georg Michaelis (geb. 1837)
1876; Öl/Lw.; 112 × 142 cm
Bez. u. r.: H Michaelis 1876
Riesa, Heimatmuseum (588)

Das 1851 gegründete Sägewerk C.C. Brandt gehörte zu den größten holzverarbeitenden Betrieben der Stadt Riesa. Die Besonderheit dieser technischen Anlage war ein direkter Zugang von der Elbe zu den Förderbändern, die das geflößte Holz in das Gatter transportierten. Dieser Zugang ist noch heute teilweise erhalten. *GD*

8/32 Industriestandort Riesa

München: Ernst Hirsch
1991; Video; 1 Min. 2 Sek.
Berlin, Deutsches Historisches Museum

Riesa wurde Mitte des 19. Jahrhunderts durch Anbindung an die Bahnstrecken nach Dresden, Leipzig und Berlin sowie den Ausbau des Elbehafens zu einem wichtigen Verkehrsknotenpunkt. Dieser günstige Standort förderte die Schwerindustrie, angefangen mit der Gründung eines Hammerwerkes 1843. Stahlwerke kamen hinzu. Die Stahlindustrie expandierte besonders in den zwanziger Jahren, und noch heute steht der Name Riesa vor allem für Stahl, obwohl dort auch holzverarbeitende und chemische Industrie, Reifenwerke, Baumwollspinnereien, Großmühlen, Seifen- und Nährmittelwerke angesiedelt sind. *MB*

8/33* Das Heer Karls V., die Elbe bei Mühlberg überquerend *[DH]*

»Imp. Caroli V. Albis Apud Milburgum Felicissimo Numine Traiectio«
Enea Vico (1523–1567)
1551; Kupferstich; 53,4 × 37,5 cm
Berlin, Deutsches Historisches Museum (1988/1859)

Am 24. April 1547 fand bei Mühlberg an der Elbe die entscheidende Schlacht des Schmalkaldischen Krieges statt. Das Heer Karls V. bestand aus ca. 30 000 Mann, die von Süden in Sachsen einmarschiert waren und denen sich bei Eger der Albertiner Moritz von Sachsen mit einer Truppe von 1600 Reitern angeschlossen hatte. Auf der Gegenseite kämpfte der ernestinische Kurfürst Johann Friedrich von Sachsen mit seinen Leuten als Vertreter des 1531 von Anhängern der Reformation gegründeten Schmalkaldischen Bundes. Johann Friedrich wurde geschlagen und gefangengenommen. *LK*

8/34 »Ferdinandus von Toleto von Gottes Gnaden Herzog zu Alba« (1507–1582) *[DH]*

Kupferstich; 28,5 × 17,5 cm
Bez.: AK fuit
Berlin, Deutsches Historisches Museum (1990/22)

Das Heer Karls V. bestand zum großen Teil aus spanischen Truppen unter dem Befehl des Herzogs von Alba. Das Bildnis zeigt ihn in der Rüstung, die er in der Schlacht von Mühlberg trug. In der kurzen Vita im unteren Bildteil werden seine militärischen Erfolge aufgezählt, insbesondere die Gefangennahme des Kurfürsten Johann Friedrich von Sachsen »nicht weit von Mühlberg an der Elbe«. *LK*

8/35 Riefelküriß Johann Friedrichs Kurfürst von Sachsen (geb. 1503, reg. 1532–1547, gest. 1554) *[DH]*

Nürnberg: Hans Ringler
1530; Eisen, geschwärzt, geätzt; Leder; 185 × 92 × 60 cm
Bez.: Ätzermonogramm »MG« (Matthias Gerung von München zugeschr.)
Wien, Kunsthistorisches Museum, Hofjagd- und Rüstkammer (A 347)

Wie seine Kontrahenten Kaiser Karl V., Herzog Moritz von Sachsen und der Herzog von Alba trug auch Kurfürst Johann Friedrich von Sachsen in der Schlacht von Mühlberg eine Rüstung, wie sie heute in der Leibrüstkammer des Wiener Kunsthistorischen Museums verwahrt wird. Der geschlossene Helm ist mit Faltenvisier und Kragen ausgestattet, der Brustharnisch mit Bauchreifen und angehängten, geschobenen Beintaschen, der Rücken mit Gesäßreifen. An die asymmetrischen Blechrandschultern schließen sich dreiteilige Armzeuge und ungeriefelte Fingerhandschuhe an. Die Beinröhren enden in sogenannten Kuhmaulschuhen. *LK*

8/36 Mantelhelm Karls V. (geb. 1500, reg. 1519–1556, gest. 1558) *[DH]*

Augsburg: Desiderius Helmschmid
Eisen, geätzt; H 42,5 cm, B 28,8 cm
Berlin, Deutsches Historisches Museum (W 618)

Der Helm ist eine Arbeit des berühmten Augsburger Plattners Desiderius Helmschmid, der das Werk seines Vaters Colman fortsetzte. Die Plattnerfamilie der Helmschmid zählte Kaiser und Könige zu ihren Kunden. Desiderius verfeinerte noch die Gestaltung der Harnische und stellte eine ganze Reihe von Garnituren für Karl V. her. Verschiedene Ätzmaler haben für ihn gearbeitet. Für den Mantelhelm war Daniel Hopfer d.Ä. (1470–1536) tätig. *GQ*

IMP·CAROLI·V·ALBIS APVD
MILBVRGVM FELICISSIMO
NVMINE TRAIECTIO·
RERVM PRO=
PAGATRIX
INVICTA
VIRTVS·

8/33

8/37* Humpen mit einer Ansicht von Schloß Hartenfels in Torgau

Sachsen 1688; hellhornfarbenes Glas mit farbiger Emailmalerei, Reste von Vergoldung; H 25,5 cm
Bez. auf der Wandung: I.G.D.D.H.Z.S.I.C.U.B.C. – C.S.H.K. Hartten Felß zu Torgau Anno.1688
Dresden, Staatliche Kunstsammlungen, Kunstgewerbemuseum (39 306)

Schloß Hartenfels in Torgau wurde zwischen 1482 und 1485 als kurfürstliche Residenz der Wettiner erweitert, und 1533 bis 1536 baute Konrad Krebs den prächtigen Johann-Friedrich-Bau, der zu den bedeutenden Frührenaissancearchitekturen in Sachsen zählt. In der mächtigen Schloßanlage an der Elbe weihte Martin Luther am 5. Oktober 1544 die erste protestantische Kirche. Noch im 17. Jahrhundert besaß das Schloß eine Hofkellerei, in die sächsische Erzgebirgshütten Gläser lieferten. Vermutlich ist dieser prunkvolle Humpen mit dem sächsischen Gesamtwappen und der Ansicht des Hartenfelser Schlosses sowie der Elbbrücke in der Hütte zu Ingel gefertigt worden. Die Initialen beziehen sich auf »Johann Georg Den Dritten Herzog zu Sachsen, Jülich, Cleve und Berg Churfürst« (geb. 1647, reg. 1680–1691). *GH*

8/37

8/38* »Churfürstl. Sächs. Stadt u. Ambt Torgau«

Hanns Sigismund Ulrici
1. Hälfte 18. Jh.; aquarellierte Federzeichnung; 64,5 × 97 cm
Dresden, Staatsarchiv (Schr. XIV, F. IV, Nr. 8)

Der Stadt Torgau kommt als Ort der Reformation eine wichtige Bedeutung zu: Hier schlossen Johann der Beständige (von Sachsen) und Philipp von Hessen 1526 den Torgauer Bund; 1530 wurde der Torgauer Artikel veröffentlicht und 1576 entstand das Torgauer Buch. *MB*

8/39* »Plan von der Action bey Torgau ...«, 8. September 1759 *[DH]*

Kolorierter Kupferstich; 53 × 76 cm
Dresden, Sächsische Landesbibliothek (Sax. H. 6522)

8/40 »Plan der Stadt und Vestung Torgau...« *[DH]*

1759; kolorierte Radierung; 22,5 × 37,8 cm (Plr.)
Berlin, Deutsches Historisches Museum (Gr. 53/1618)

Der Elbbrücke bei Torgau, die mit einer Schanze besonders gesichert war, kam im Siebenjährigen Krieg eine besondere Bedeutung zu. Die Kämpfe der Sachsen gegen die Preußen in Torgau 1759 endeten mit dem Abzug der preußischen Truppen aus der Stadt. Die Zivilbevölkerung hatte während des langen Krieges viel zu leiden, mehrere Nachbardörfer Torgaus wurden ein Raub der Flammen. *MB*

8/41 »Accurate Vorstellung der blutigen Bataille In Saxen bey Torgau ... den 3. Nov. 1760« *[DH]*

Kupferstich; 18 × 33 cm
Berlin, Staatsbibliothek zu Berlin PK, Handschriftenabteilung (YB 85 68 m.)

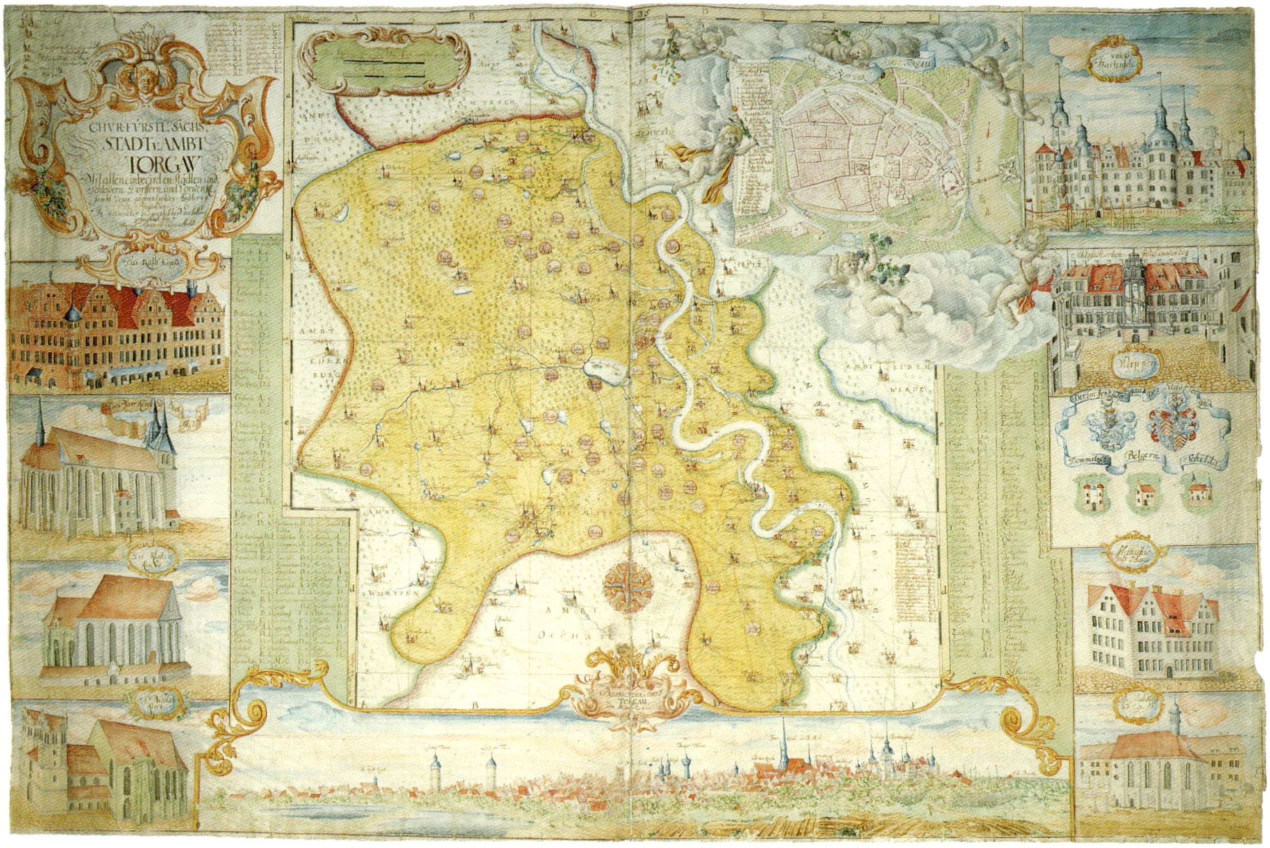

8/38

8/42 »Friedrich II. in der Schlacht bei Torgau, d. 3ten November 1760« *[DH]*

1. Hälfte 19. Jh.; Kupferstich; 17,2 × 27 cm
Berlin, Deutsches Historisches Museum (Gr. 76/39)

Nachdem die Preußen die Schlacht bei Hochkirch gegen die Österreicher verloren hatten, griff Friedrich II. das bei Torgau lagernde österreichische Heer unter dem Kommando des österreichischen Feldmarschalls Daun am 3. November 1760 an. Daun konnte sich gegen die von zwei Seiten angreifenden Preußen zuerst wehren, doch die Offensive Ziethens, der die Österreicher unvermutet von hinten angriff, führte am späten Abend zur Niederlage der Österreicher. Nach diesem blutigen Kampf – 15 200 Österreicher und 16 700 Preußen wurden getötet – sah sich Friedrich im weiteren Kriegsverlauf vorerst zur Defensive gezwungen. *MB*

8/43 »Friedrich der Grosse ertheilt in der Nacht in einer Dorffkirche am fusse des Altars nach der Schlacht bey Torgau als Sieger Seine Befehle« *[DH]*

Aus: C.D. Küster (Hrsg.), Lebensstellungen Friedrichs II. im Siebenjährigen Kriege, Berlin 1793
Kupferstich; 23 × 27 cm
Berlin, Deutsches Historisches Museum

Bis zum frühen Morgen des 4. Novembers 1760 waren sich die Preußen ihres Sieges nicht sicher. Daun war verwundet und hatte sich bereits auf die andere Elbseite begeben. Friedrich II. zog sich in die Kirche von Elsnig, nordwestlich von Torgau, zurück und wurde dort über den Ausgang der Schlacht informiert. *MB*

8/39

8/44 Vollstreckungsliste des Reichskriegsgerichts, Torgau 1940–1945

Akte mit alphabethischem Namensverzeichnis
Praha, Vojenský historický archiv [Militärhistorisches Archiv] (Reichskriegsgericht 39/14-9)

8/45 Liste der gegen Generale ergangenen Urteile, Torgau 1941–1945

Maschinenschrift (2 S.); Din A 4
Praha, Vojenský historický archiv [Militärhistorisches Archiv] (Reichskriegsgericht 39. 9/19–6)

1943 wurde das Reichskriegsgericht von Berlin nach Torgau verlegt und ein »Sonderstandgericht für die Wehrmacht« berufen. In Torgau befanden sich bereits zwei Wehrmachtsgefängnisse, »Fort Zinna« und das Außenlager »Brückenkopf«. Die vom Kriegsgericht gefällten Todesurteile wurden in Halle und Torgau vollstreckt; außerdem starben viele Häftlinge an den Folgen unmenschlicher Haftbedingungen. Nach dem Krieg war »Fort Zinna« stalinistisches Internierungslager. Seit 1950 wird der Komplex als Strafvollzugsanstalt genutzt.

MB

8/46* Begegnung an der Elbe

a) Zusammentreffen amerikanischer und sowjetischer Soldaten bei Torgau am 26. April 1945

b) Historisches Treffen amerikanischer und sowjetischer Offiziere bei Torgau am 26. April 1945

2 Photographien (Reproduktionen)
(Originale: Dresden, Sächsische Landesbibliothek, Deutsche Fotothek)

» ... da ist sie, die letzte Wassergrenze! Dahinter – die Verbündeten – und folglich das Ende des Krieges...«, so erinnert der amerikanische Leutnant Albert L. Kotzebue das Treffen der sowjetischen und amerikanischen Armee am 25. April 1945 in Strehla und Torgau an der Elbe. Erst am nächsten Vormittag fand an der zerstörten Elbbrücke in Torgau das offizielle Zeremoniell der legendären historischen Begegnung zwischen den Alliierten statt. *MB*

8/46 a

8/47 Denkmal zur Erinnerung an das Treffen der Delegationen der USA und der UdSSR 1945 in Torgau

Modell
Um 1950; Holz, Keramik; H 40 cm
Torgau, Kreismuseum (X – Mo 34)

»Hier an der Elbe, am 25. April 1945, vereinten sich Truppen der I. Ukrainischen Front der Roten Armee mit den amerikanischen Truppen« lautet eine Inschrift auf dem Denkmal am Elbufer nahe der Elbbrücke in Torgau. Die Steinmetze Köhler (Dresden) und Hacker (Leipzig) schufen es noch im Sommer 1945 unter der Leitung des sowjetischen Architekten Milezky. *MB*

8/46 b

≋

8/48* Prettin: »Lichtenburg. Die Hof=Seite gegen Mittag« *[DH]*

Kolorierte Radierung; 17 × 18 cm
Dresden, Sächsische Landesbibliothek, Kartensammlung (Sax. H. 3364)

Schon die Antoniter befaßten sich mit der Urbarmachung und Entwässerung des Umlands von Kloster Lichtenburg, das 1501 säkularisiert wurde. Unter Kurfürst August I. von Sachsen (geb. 1526, reg. 1553–1586) begann die Umgestaltung des Klostergebäudes zum Schloß. Nach verschiedenen Erweiterungen diente es im 17. Jahrhundert den sächsischen Kurfürstinnen als Witwensitz. Während der französischen Belagerung wurde das Schloß 1812 Zuchthaus, und bis zu dessen Auflösung 1928 behielt es diese Funktion. Bereits im Juni 1933 wurde die Burg Konzentrationslager und blieb es bis 1939. Danach nutzte die SS die Gebäude seit 1940 als Hauptzeugamt und Versorgungslager. Eine Mahn- und Gedenkstätte für die Opfer des KZs wurde 1965 eingerichtet. Das Kreismuseum Jessen zeigt seit 1974 in einigen Räumen seine Exponate. *MB*

8/48

8/49 Kurfürstin Anna von Sachsen (1532–1585)

[DH]

16. Jh.; Öl/Lw.; 59,5 × 45,3 cm
Annaburg, Stadt Annaburg

Kurfürstin Anna von Sachsen, genannt Mutter Anna, die erste Frau von Kurfürst August, lebte seit 1580 ständig auf der Lichtenburg. Sie verfaßte ein »Erzneibüchlein« und gilt wegen ihrer Heilmittelherstellung als eine der ersten Apothekerinnen Deutschlands. Sie pflegte außerdem den Wein- und Obstbau in der Gegend und bemühte sich um die Eindeichung der Elbe bei Prettin. *MB*

8/50 Konzentrationslager Lichtenburg (Prettin)

[DH]

a) Polizei-Bescheid über die Auflösung des KZs Lichtenburg, Berlin, 6. August 1937

Maschinenschrift; 21 × 14,8 cm

b) Brief vom Lagerdirektor des Frauen-KZs Lichtenburg an den Bürgermeister von Prettin, Prettin, 15. April 1939

Maschinenschrift mit handschriftl. Anmerkungen; Din A 4

c) Häftlingseßgeschirr aus dem KZ Lichtenburg

Metall, weiß emailliert

Prettin, Kreismuseum Jessen – Schloß Lichtenburg (143 G; 747 G; 813 G)

Von Mai 1933 bis 1937 war die Lichtenburg Konzentrationslager für männliche Gefangene. Danach waren dort Frauen arretiert, die im Mai 1939 in das KZ Ravensbrück überführt wurden. Ein Brief der im KZ Lichtenburg inhaftierten Elise Ewert vom 24. März 1939 schildert die Endzeitstimmung: »...Wieder teilhaben an einem normalen menschlichen Dasein, sich wieder als ein Stück vom Ganzen fühlen, das in allen Lebensfunktionen tätig ist und nicht seine schönsten erhabensten Empfindungen verdorren lassen müssen – es muß wunderbar sein. Sterben kann leicht sein, aber absterben ist bitter, solange man noch das Gefühl für das Absterben hat. Vielleicht erreicht man einen Grad, wo man auch das noch verliert, wo man so lange schon tot ist und es doch nicht weiß. Aber ich wünsche das nicht für mich, ich fürchte das nur. Vielleicht auch überschätzt man, was man nicht genießen kann, das Leben in Freiheit – aber wenn man sie entbehrt, bleibt sie das einzige, wonach man sich sehnt...« *MB*

8/51 Zwei Pfahlenden mit Eisenschuhen von den beiden ältesten Elbbrücken bei Wittenberg

Um 1428 u. vermutl. um 1486; Eichenholz, Eisen; 126 × 23 × 26 cm, 115 × 25 × 21 cm
Wittenberg, Melanchthonhaus (V/H/167, V/H/168)

Mit Hilfe von Baggern und Kränen wurden 1943 über 40 bis zu 6,5 Meter lange Holzpfähle mit eisenbewehrten Spitzen aus dem Flußbett der Elbe entfernt. Einer gehörte zur ersten Brücke Wittenbergs, die der sächsische Kurfürst Friedrich der Sanftmütige 1428 als leichte Holzkonstruktion hatte errichten lassen. Diese hielt nur etwa drei Jahrzehnte und wurde durch starken Eisgang zerstört. Die zweite Brücke ließ Kurfürst Friedrich der Weise 1486 bauen. Wesentlich stabiler konstruiert und mit starken Eisabweisern ausgerüstet, hielt sie allen Witterungseinflüssen stand, bis sie im Dreißigjährigen Krieg 1637 von schwedischen Truppen zerstört wurde. Sowohl für die Militärs als auch für den Handel war der Elbübergang bei Wittenberg strategisch wichtig. *LK*

8/52

8/52* Das Reformationszeitalter – Begrüßung der Reformatoren durch die Humanisten *[DH]*

Friesartiges, auf Goldgrund ausgeführtes Gemälde für den Neubau der Berliner Universitätsbibliothek
Otto Knille (1832–1908)
1880; Öl/Lw.; 153 × 558 cm
Berlin, Staatliche Museen zu Berlin PK, Nationalgalerie (A I 428)

Wittenberg wurde 1502 Universitätsstadt. Zu den ersten Dozenten zählte Martin Luther, der 1513, ein Jahr nachdem er den Doktortitel erworben hatte, seine Vorlesungstätigkeit aufnahm. An seinem weiteren Werdegang und der Entwicklung der Reformation hatten sowohl kirchliche Mitstreiter als auch an der Universität lehrende Humanisten großen Anteil. Der Historienmaler Knille hat eine Reihe von ihnen porträtiert (v.l.n.r.): Philipp Melanchthon, Johannes Bugenhagen, Andreas Bodenstein von Karlstadt, Luther, Kurfürst Friedrich den Weisen, Georg Spalatin, Ulrich von Hutten, Rubeanus Crotus, Franz von Sickingen, Erasmus von Rotterdam und Eobanus Hessus. Dank des großen Zulaufs an Studenten, die die Wittenberger Universität aufgrund des attraktiven Lehrangebots besuchten, erlebte die Stadt auch einen wirtschaftlichen Aufschwung. Es wurden neue Häuser gebaut, das Gewerbe, insbesondere der Buchhandel, blühte auf. Lukas Cranach, der für sich und seine Werkstatt das größte Privathaus in Wittenberg erbauen ließ, stellte seine verlegerische Arbeit in den Dienst der Reformation. *LK*

8/53 Flugblatt gegen den Ablaßhandel

1520; Holzschnitt; 30 × 23 cm
Berlin, Deutsches Historisches Museum (1989/2583)

Mit Flugblättern bekämpfte Luther den Ablaßhandel Johannes Tetzels, der in marktschreierischen Predigten verkündete, daß Reue und Beichte nicht nötig seien, um den Ablaß, d. h. den Nachlaß zeitlicher Sündenstrafen, zu erlangen; wende man diesen Ablaß einem bestimmten Verstorbenen zu, sei die unmittelbare Wirkung gewiß (»Wenn das Geld im Kasten klingt, die Seele aus dem Fegefeuer springt«). *LK*

8/54* Taufe Christi in der Elbe vor Wittenberg *[DH]*

Jacob Lucius (um 1530–1597)
Text u. d. Darst.: Johannes Vuillebrochius
1555; Holzschnitt; 34,6 × 54,6 cm
Berlin, Staatliche Museen zu Berlin PK, Kupferstichkabinett (793–10)

Die Versetzung der Taufe Christi vom Jordan – wo sie nach dem Evangelium des Matthäus stattfand – in die Elbauen vor Wittenberg ist eine für die Reformationszeit typische Form des Bekenntnisses sowohl zum Evangelium Christi als auch zu den Reformen Luthers. Der Stich von Jacob Lucius zeigt Johannes bei der Taufe Christi in Gegenwart von Luther sowie dem Kurfürstenpaar Johann Friedrich und Sibylle von Sachsen und dessen drei Söhnen. Im Zentrum der Stadtsilhouette Wittenbergs steht die Stadtkirche, deren doppelter Turmabschluß 1547 in Erwartung der Belagerung durch die Truppen Karls V. abgetragen worden war und der erst zwischen 1555 und 1558 wieder aufgesetzt wurde. *LK*

8/55* »Des Aller-Durchlauchtigsten-Großmechtigsten … Herrn Karoli des V. Römischen Kaiisers Feldlager Beij Wittenberg« 1547

Monogrammist M.S.
Um 1550; Holzschnitt; 155 × 156 cm
Stockholm, Kungliga Biblioteket, De la Gardie Sammlung (Nr. 180)

Wie sein Vorgänger Friedrich der Weise unterstützte Johann Friedrich der Großmütige die Reformation und gedachte diese notfalls auch mit militärischen Mitteln zu verteidigen. So ließ er die mittelalterliche Stadtmauer Wittenbergs durch moderne Befestigungsanlagen ersetzen. 1546 hatte sich Wittenberg auf einen Belagerungszustand eingestellt, nachdem Kaiser Karl V. mit seinem 30 000 Mann starken Heer Richtung Norden aufgebrochen war, um die Einheit der Kirche und die kaiserliche Macht gegenüber den Reichsständen wiederherzustellen. Im April 1547 marschierte der Kaiser in Sachsen ein. Sein Feldlager schlug er direkt an der Elbe bei Wittenberg auf. Die Verhandlungen nach der Schlacht von Mühlberg mündeten am 19. Mai in der Kapitulation Wittenbergs. Die Stadt blieb von Plünderungen und Zerstörung verschont, dafür wechselten aber große Teile Sachsens aus dem Besitz des Ernestiners Johann Friedrich in den des Albertiners Moritz, obwohl dieser wie der entmachtete Kurfürst dem protestantischen Glauben anhing. Letztendlich war die Konfession für die Machtpolitik Karls V. nicht ausschlaggebend. Moritz wurde am 4. Juni 1547 im Feldlager von Wittenberg zum neuen Kurfürsten von Sachsen ausgerufen.

LK

8/56 Das Industriegebiet Wittenberg-Piesteritz

München: Ernst Hirsch
1991; Video; 25 Sek.
Berlin, Deutsches Historisches Museum

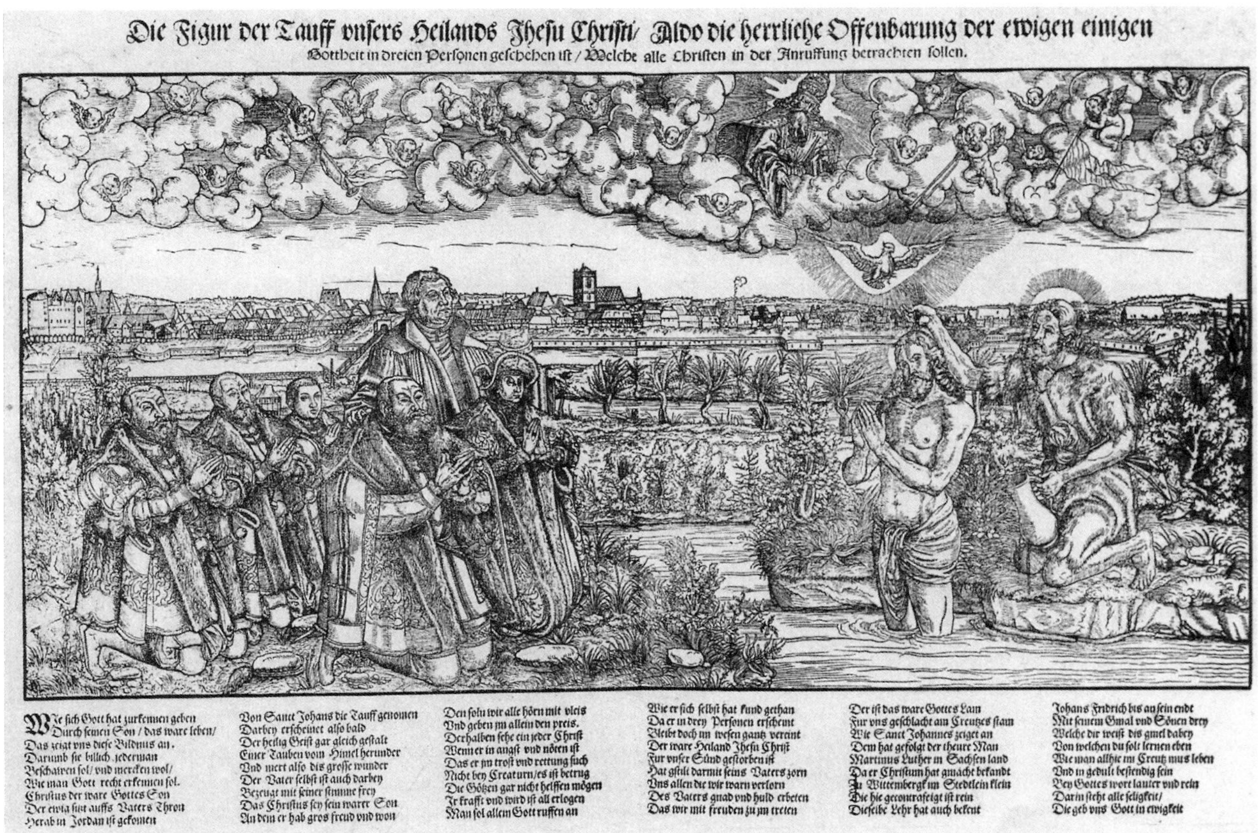

8/54

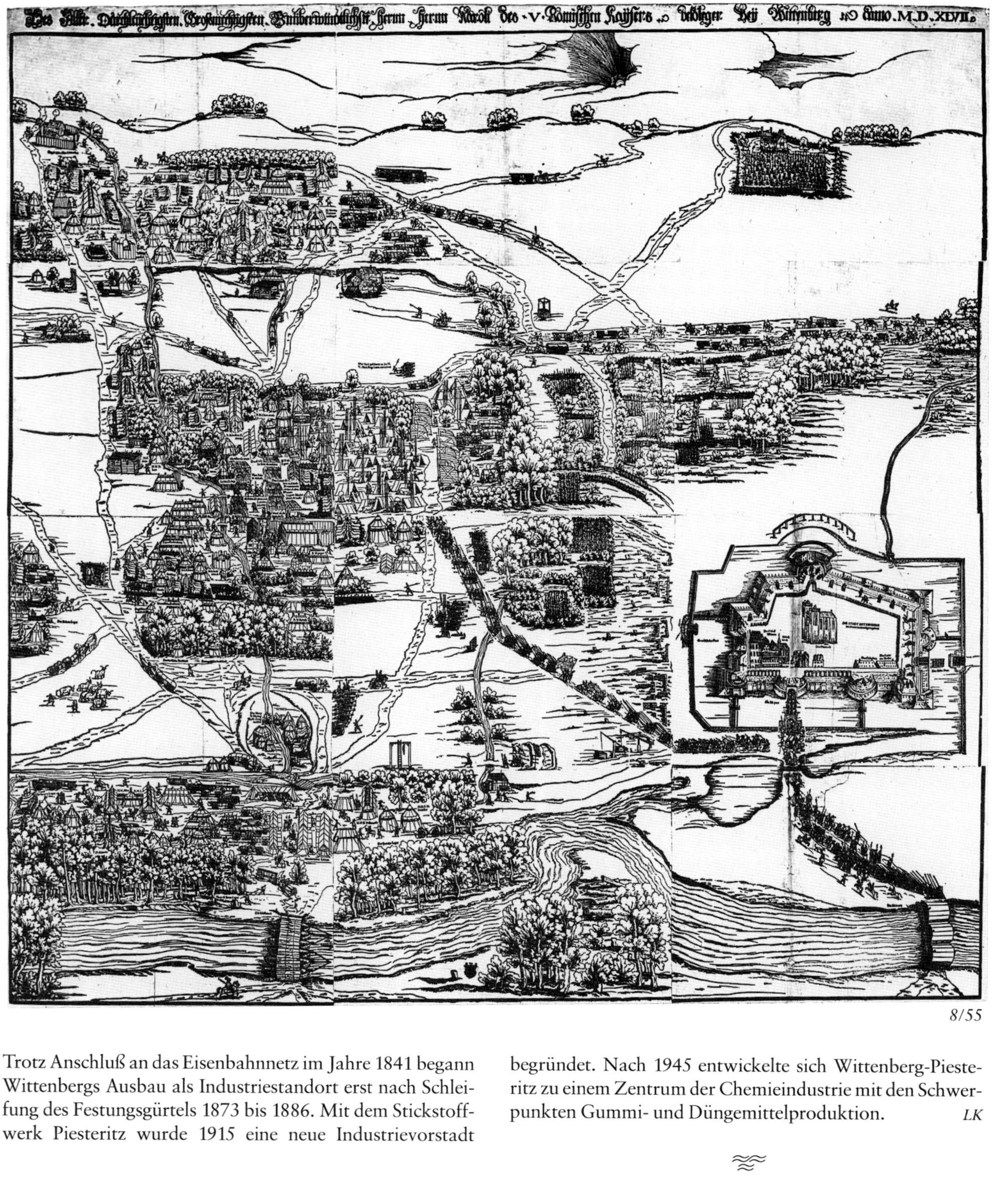

8/55

Trotz Anschluß an das Eisenbahnnetz im Jahre 1841 begann Wittenbergs Ausbau als Industriestandort erst nach Schleifung des Festungsgürtels 1873 bis 1886. Mit dem Stickstoffwerk Piesteritz wurde 1915 eine neue Industrievorstadt begründet. Nach 1945 entwickelte sich Wittenberg-Piesteritz zu einem Zentrum der Chemieindustrie mit den Schwerpunkten Gummi- und Düngemittelproduktion. *LK*

KAPITEL 9
Zwischen Fläming und Börde – Von Coswig bis Magdeburg

Flankiert von dem überwiegend flachwelligen Fläming zur Rechten und der ebenfalls nur leicht hügeligen, äußerst fruchtbaren Börde zur Linken fließt die Elbe zwischen Coswig und Magdeburg in einem sechs bis acht Kilometer breiten Urstromtal. Bis Dessau schlängelt sie sich in vielen Windungen, von ausgedehnten Auenwäldern, Wiesenflächen, Tümpeln und Seen gesäumt. Früher hatte sich der Strom in diesem Abschnitt über ein weitverzweigtes Netz von Nebenarmen in einer Sumpflandschaft ausgebreitet, bis Fürst Leopold von Anhalt-Dessau (der »Alte Dessauer«, geb. 1676, reg. 1693–1747) Anfang des 18. Jahrhunderts Deiche und Entwässerungsgräben anlegen ließ.

Bei Aken nimmt der Flußlauf eine »scharfe Kurve« Richtung Norden, um kurz vor Barby mit der Saale – dem sowohl wirtschaftlich wie auch territorialgeschichtlich wohl bedeutendsten Nebenfluß der Elbe – zusammenzutreffen. Im Magdeburger Raum wurde die Breite des Hauptstroms erst nach Gründung der preußischen Elbstrombauverwaltung 1866 verringert, und zwar durch Ausbau des Flußbettes von bis dahin 250 bis 350 Metern auf rund 170 Meter, im Stadtgebiet sogar auf nur 130 Meter.

Die Länge des Elbabschnitts von Coswig bis Magdeburg beträgt 91 Kilometer. Mit Dessau und Magdeburg liegen zwei ehemals bedeutende Residenzstädte in diesem Bereich. Während Magdeburg bereits im Mittelalter als Bischofssitz und Handelsmetropole eine Blütezeit erlebte, entwickelte sich Dessau erst unter der Regentschaft der Fürsten von Anhalt-Dessau im 17. und 18. Jahrhundert zum kulturellen und wirtschaftlichen Zentrum. 1945 wurden das ehemalige Fürstentum Anhalt-Dessau und das frühere Herzogtum Magdeburg und spätere preußische Land Sachsen (seit 1815) zum Land Sachsen-Anhalt zusammengefaßt.

Im Dreißigjährigen Krieg wurden an den Elbübergängen bei Dessau und Magdeburg entscheidende Schlachten geschlagen. Insbesondere Magdeburg hatte 1631 unter der Zerstörungswut der kaiserlichen Truppen zu leiden. Nach Wiederaufbau im 18. Jahrhundert und Industrialisierung im 19. Jahrhundert folgte in den dreißiger Jahren des 20. Jahrhunderts der Anschluß sowohl von Magdeburg als auch von Dessau an das Autobahnnetz mit den über die Elbe führenden Autobahnbrücken bei Coswig und Hohenwarthe. Als Zentren des Schwermaschinen- und Flugzeugbaus sowie der Chemie-Industrie waren beide Städte 1945 Ziele alliierter Luftangriffe. Über 80 Prozent der innerstädtischen Bausubstanz wurden jeweils zerstört.

Die besonders starke Verschmutzung des Elbestroms durch den Zufluß des chemieverseuchten Saalewassers stellt für die Region eine zusätzliche Belastung dar. Von den vierzehn Flußbadeanstalten, die es noch 1928 allein im Magdeburger Raum gab, wurden die letzten nach 1945 geschlossen. *LK*

9/1* **Die Elbbrücke bei Coswig (Plaste und Elaste aus Schkopau)** *[DH]*

Matthias Koeppel (geb. 1937)
1986; Öl/Lw.; 120 × 160 cm
Bez. u. r.: M.K. 1986
Berlin, Jürgen Seidel

Wie ein Meilenstein ragt der Turm aus den dreißiger Jahren an der Elbbrücke der Autobahn Berlin–Nürnberg bei Coswig auf. Noch heute ist die inzwischen abgenommene Neonreklame »Plaste und Elaste aus Schkopau«, die zu DDR-Zeiten dort unübersehbar war, für Reisende auf der ehemaligen Transitstrecke ein Begriff. *MB*

9/2* **Ansicht der Stadt Coswig mit Elbfähre (Alter Elbübergang)** *[DH]*

C.W. Arldt
Um 1850; Lithographie; 16,4 × 23,8 cm
Coswig/Anh., Museum Coswig (DSF 25)

Der Elbübergang bei dem 1187 gegründeten Ort Coswig mit seinem prächtigen Schloßbau aus dem 17. Jahrhundert (heute Archiv) diente besonders dem kleinen Handelsverkehr zwischen Coswig und Wörlitz. *MB*

9/3 **Tarifschild für Elbüberfahrten** *[DH]*

1837; Holztafel, bemalt; 35 × 50 cm
Bez.: Berlin, d. 20. März 1837. gez. Fr. Wilhelm
Mühlberg, Stadtmuseum

9/2

9/4 **Giebelsporn des Coswiger Fährhauses** *[DH]*

1799; Eisen; 152 × 49 cm, »Krone«: Dm 16 cm
Coswig/Anh., Museum Coswig (H 99 V [E])

In Fährhäusern waren häufig Gastwirtschaften eingerichtet, in denen die Reisenden rasten und auf das Übersetzen warten konnten. Fährhaus, Landestelle und Fähre hatten Fährmeister gepachtet. Mit Rudern und Staken wurden die Fähren in Coswig bis Mitte des 19. Jahrhunderts bewegt, so daß eine Überfahrt – je nach Wasserstand – 40 bis 60 Minuten dauerte. Heute benötigt die Fähre etwa 5 bis 10 Minuten. *MB*

9/5 **Fährboje** *[DH]*

Aken: Böttchermeister Hennig
Um 1920; Holz, Eisen; H 80 cm, Dm max. 60 cm
Aken, Heimatmuseum (II/40/Tg)

1863 wurde am Coswiger Elbübergang eine »Gierfähre«, auch »fliegende Fähre« genannt, eingerichtet. Das Prinzip ist einfach: Etwa zweihundert Meter oberhalb des Übergangs wird ein Seil an einem Punkt im Strom verankert und mit Bojen gekennzeichnet. Dieses lange Seil ist mit zwei kürzeren verbunden, deren Enden jeweils am Bug und Heck der Fähre befestigt sind. Werden die Längen der beiden kurzen Seile zueinander verändert, ändert sich auch die Stellung der Fähre zum Strom. Steht die Fähre schräg zur Strömung, wird sie durch den Wasserdruck zwangsläufig an eins der Ufer gedrängt. *MB*

9/6 **Lastkahn (Kaffenkahn)** *[DH]*

Modell
Holz, Tuch; 50 × 35 × 120 cm
Riesa, Heimatmuseum (125)

Diese Lastkähne fanden auf der Elbe Verwendung, bis sie von der Kettenschiffahrt verdrängt wurden. Ihre Bauzeit lag zwischen 1840 und 1880. *GD*

9/1

9/7* Erklärung des Grundrisses des Gartens zu Wörlitz

Israel Salomon Probst nach einer Zeichnung von Neumark (Original: 1784); Faksimile eines Kupferstichs; 53 × 46 cm
Wörlitz, Staatliche Schlösser und Gärten – Wörlitz, Oranienbaum und Luisium

Die Kultivierung der Elblandschaft zwischen Wittenberg und Dessau in der zweiten Hälfte des 18. Jahrhunderts geschah auf Geheiß des Fürsten Franz von Anhalt-Dessau (geb. 1740, reg. 1758–1817), dessen kreatives Schaffen in der Gestaltung des Gartens von Wörlitz seinen Höhepunkt fand. 1764 wurden die Arbeiten daran von dem Gärtner Johann Friedrich Eyserbeck (1734–1818) aufgenommen. Eyserbeck, der seine Ausbildung unter anderem in Holland erhalten hatte, wurde von dem Fürsten noch mehrfach nach England geschickt, um dort die allerneuesten Erkenntnisse der Landschaftsplanung zu studieren. Nachdem ein Hochwasser 1770/71 fast sämtliche bis dahin vorgenommenen Erdarbeiten zunichte gemacht hatte, ließ Fürst Franz die Elbuferbefestigung nochmals erhöhen und von dem Gärtner Neumark 1784 einen erweiterten Plan zeichnen, der dann auch weitgehend realisiert wurde. Durch die Verbindung von Architekturelementen, freistehenden Skulpturen und Gartengestaltung entstand ein klassizistisch-romantisches Gesamtkunstwerk von 112,5 Hektar Größe, das in dieser Form in Deutschland einmalig ist, auch wenn es vielen später geschaffenen Parkanlagen als Vorbild diente. *LK*

9/8

9/8* Das Schloß zu Wörlitz

Carl Kuntz (1770–1830)
Radierung; 52 × 68 cm (Plr.)
Dessau, Staatliche Galerie Schloß Georgium (G II 423)

Fürst Franz von Anhalt-Dessau ließ sich den Wörlitzer Park als Sommerresidenz anlegen. Den Mittelpunkt dieses Gesamtkunstwerks bildete der Schloßgarten mit dem Schloß, das 1769 bis 1773 an Stelle eines abgetragenen Jagddomizils errichtet wurde. Es ist eines der frühesten klassizistischen Bauwerke Deutschlands. Der Baumeister Friedrich Wilhelm von Erdmannsdorff, ein enger Freund des Fürsten, stattete auch die Innenräume mit Skulpturen und Wandschmuck nach antiken Vorbildern aus. Erdmannsdorff bezog im zweiten Obergeschoß einige Räume, die ihm der Fürst zur privaten Nutzung zur Verfügung stellte. *LK*

9/9 Fürst Leopold III. Friedrich Franz von Anhalt-Dessau (1740–1817)

Friedemann Hunold (1773–1840)
Um 1810; Marmor; H 54,5 cm
Wörlitz, Staatliche Schlösser und Gärten – Wörlitz, Oranienbaum und Luisium (II-769)

Fürst Franz von Anhalt-Dessau, der 1758 die Regierungsgeschäfte übernahm, gilt als ein Kunstkenner, der sich mit den Ideen der Aufklärung verbunden fühlte. Gemeinsam mit seinem Freund, dem Architekten Erdmannsdorff, unternahm er 1763/64 eine erste Reise nach England. Die dort gewonnenen Eindrücke fanden in den Planungen für Wörlitz und Dessau ihren Niederschlag. Fürst Franz ging jedoch nicht nur seinen künstlerischen Interessen nach: Durch Gründung von Mustergütern hob er die Landwirtschaft auf ein bis dahin in Deutschland unbekanntes Niveau. Die Marmorbüste des Fürsten stammt von Friedemann Hunold, einem Schüler Johann Gottfried Schadows, der 1800 als Hofbildhauer nach Dessau verpflichtet worden war. *LK*

9/10 Friedrich Wilhelm von Erdmannsdorff (1736–1800)

Friedemann Hunold (1773–1840)
(Original: um 1798); Gipsabguß; H 50,5 cm
Dessau, Kulturbund Dessau-Wörlitz e.V.

Seit 1757 stand der Architekt Erdmannsdorff in den Diensten des Fürsten Franz von Anhalt-Dessau. Sein klassizistischer Baustil orientierte sich zuerst an englischen Vorbildern – modernen Landhäusern und Herrensitzen, die wiederum an die Architektur Palladios anknüpften. Auf seinen Italienreisen 1765/66 und 1770/71 hatte Erdmannsdorff dann Gelegenheit, die Werke von Andrea Palladio (1508–1580) selbst in Augenschein zu nehmen. Unter der sachkundigen Anleitung des Altertumsforschers Johann Joachim Winckelmann (1717–1768) studierte er auch die Architektur und Plastik der Antike. Erdmannsdorff errichtete mit dem Schloß,

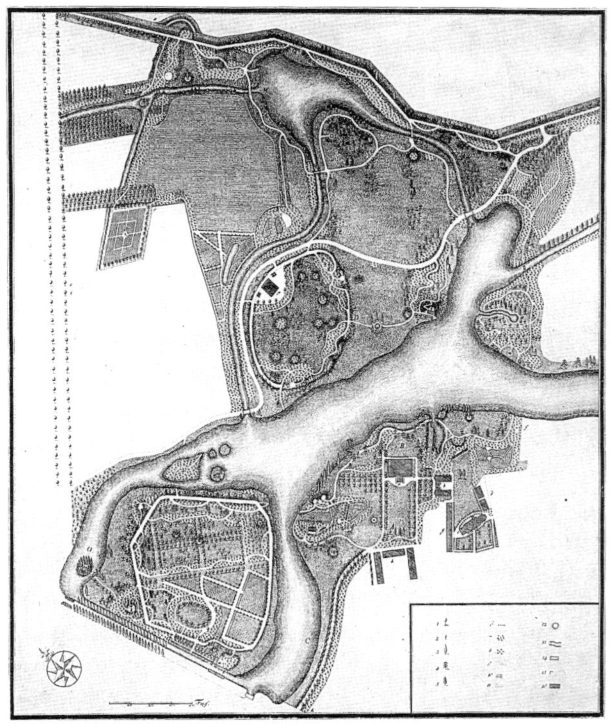

9/7

9/11

dem Pantheon und den verschiedenen Tempeln nicht nur die großen und kleinen Bauten im Wörlitzer Park, er schuf unter anderem auch die neuen Repräsentationsräumlichkeiten in der anhaltinischen Residenzstadt Dessau sowie die Wirtschafts-, Wohn- und Gasthäuser des Mustergutes Wörlitz.

LK

9/11* »Apoll von Belvedere«

Giacomo Zoffoli (1731–1785)
Um 1765; Bronze; H 34 cm
Wörlitz, Staatliche Schlösser und Gärten – Wörlitz, Oranienbaum und Luisium (II-641)

Auf seinen Italienreisen kaufte Erdmannsdorff zahlreiche Kleinplastiken für die Innenausstattung des Wörlitzer Schlosses. Bei seiner Sammeltätigkeit wurde er von dem Altertumsforscher Johann Friedrich Reiffenstein beraten, der auch für andere europäische Fürstenhäuser als Kunstagent tätig war. Neben den Werken zeitgenössischer Künstler wurden auch antike Originale erworben, die für eine Aufstellung im Pantheon des Wörlitzer Parks bestimmt waren.

LK

9/12* Statuette des Merkur

Giacomo Zoffoli (1731–1785) nach Giovanni da Bologna
Um 1765; Bronze; H 53 cm
Wörlitz, Staatliche Schlösser und Gärten – Wörlitz, Oranienbaum und Luisium (II-645)

Der Silberschmied Giacomo Zoffoli war seit 1760 in Rom tätig und hatte sich auf die Nachbildung von antiken Skulpturen spezialisiert. Die handlichen Kopien eigneten sich hervorragend als Reisesouvenirs. Erdmannsdorff kaufte ein Großteil der Produktion Zoffolis auf und verteilte die Kleinplastiken nach englischem Vorbild auf den Kaminsimsen des Wörlitzer Schlosses. Die Zoffoli-Sammlung gilt mit achtzehn Werken als die größte Europas.

LK

9/12

9/13 Das Kohlekraftwerk Vockerode

München: Ernst Hirsch
1991; Video; 1 Min.
Berlin, Deutsches Historisches Museum

Das »Kraftwerk Elbe« wurde in zwei Bauphasen – von 1936 bis 1938 und von 1953 bis 1959 – in Sichtweite des Landschaftsgartens Wörlitz errichtet. Das Wärmekraftwerk hat eine Leistung von 384 Megawatt; pro Stunde werden 60 000–80 000 Kubikmeter mechanisch und chemisch gereinigtes Elbwasser bei der Energieerzeugung benötigt. Die Emissionen des Kraftwerks entsprechen nicht den heutigen Gesetzen. Da eine Umrüstung unrentabel wäre, soll die Schließung des Werkes für 1996 geplant sein. *MB*

9/14

9/14* Dessau vom Wasserturm aus

Gustav Frank
1. Hälfte 19. Jh.; Lichtdruck nach einer Lithographie; 48 × 64 cm
Dessau, Staatliche Galerie Schloß Georgium (G II 290/I)

Um 1180 entwickelte sich an der Muldemündung nahe einer Askanier-Burg ein Marktflecken, der bereits 1228 als »oppidum« Erwähnung fand. Ihre kulturelle Blütezeit erlebte die Stadt im 17. und 18. Jahrhundert als Sitz der Fürsten von Anhalt-Dessau. Der Ausbau des Elbehafens förderte in der zweiten Hälfte des 19. Jahrhunderts die Entwicklung Dessaus zur Industriestadt mit den Schwerpunkten Maschinenbau und Chemie. Wegen seiner bedeutenden Fabriken war Dessau Ziel der alliierten Luftangriffe: Im März 1945 wurden 84 Prozent des Stadtzentrums zerstört. *MB*

9/15* »Eigentliche Vorbildung der Mansfeldischen Niederlag bey der Tessawer brücken geschehen den 25. Aprilis ... Anno 1626«

1626; Kupferstich; 35 × 38,5 cm
Coswig/Anh., Museum Coswig ([B] K V 522)

Albrecht von Wallenstein errang in der Schlacht an der Dessauer Brücke am 25. April 1626 seinen ersten größeren militärischen Erfolg. Sein Sieg verhinderte den Vormarsch des Grafen Ernst von Mansfeld nach Sachsen und Böhmen. Mit der Aufstellung immer größerer Armeen wuchsen auch die Produktion und der Handel mit Waffen, an denen sich auch Elbstädte beteiligten. Vor allem Hamburg verschiffte viele Rüstungsgüter und machte gemeinsam mit niederländischen Produzenten und Handelshäusern große Gewinne. Auch für die Armee Wallensteins wurde die Elbe nach dem Sieg bei der Dessauer Brücke zu einem wichtigen Weg der Heeresversorgung. *GQ*

9/16 Kettenkugel, zwei Eisenkugeln und drei Steinkugeln aus dem Dreißigjährigen Krieg

Eisen, Stein; Kettenkugel zweiteilig, L je 46 cm
Havelberg, Prignitz-Museum (V 976; V 978; V 974; V 975; V 977)

Während des Dreißigjährigen Krieges gewann die Artillerie an Bedeutung. Besonders König Gustav Adolf setzte leichte Feldgeschütze mit großem Erfolg ein. Zur besseren Koordinierung der verschiedenen Waffengattungen war deshalb die Feldartillerie den Infanterieregimentern direkt zugeordnet. Bereits seit dem Ende des 15. Jahrhunderts hatten sich gußeiserne Kugeln durchgesetzt. Da sie schwerer als Steinkugeln sind, ließ sich auch mit kleineren Kalibern Wirkung erzielen. Nur für Mörser und Haubitzen verwendete man noch längere Zeit Steinkugeln. Zur Zerstörung der Takelage auf Segelschiffen setzte man häufig geteilte und mit einer Kette oder Stange verbundene Kugelhälften ein. In der ersten Hälfte des 16. Jahrhunderts begann die Systematisierung der Geschütze nach dem Kugelgewicht, die Zahl der Geschützarten wurde reduziert. *GQ*

9/17 Wallensteins Degen

Mailand: Antonio Piccinino (1509–1589; Degen)
München: Daniel Sadler (Gefäß mit Eisenschnittarbeiten)
1610; Eisen, vergoldet; Messing; L 85 cm
Berlin, Deutsches Historisches Museum (W 610)

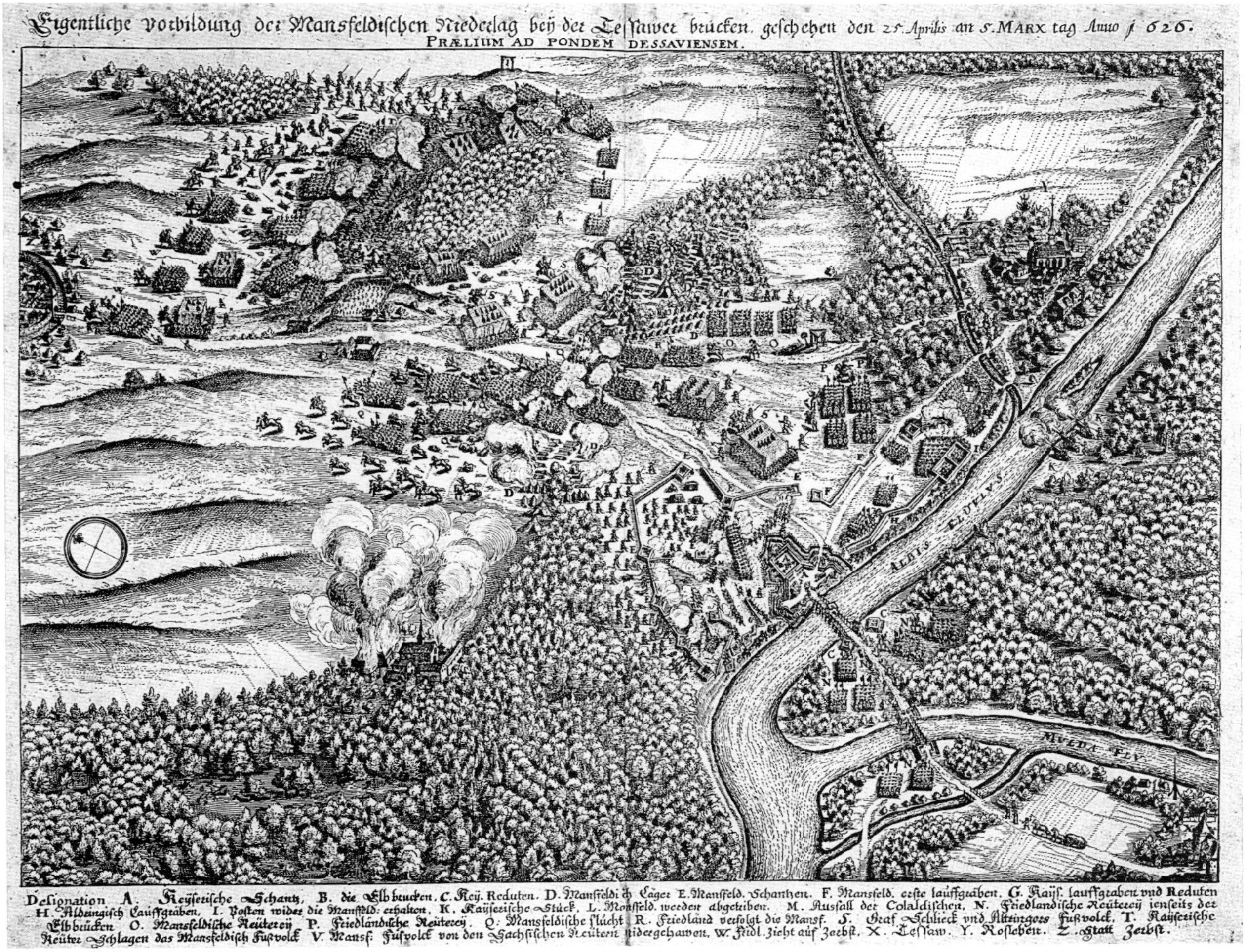

9/15

Der Degen wurde vermutlich im Auftrag Kaiser Ferdinands II. als Geschenk an Albrecht von Wallenstein angefertigt. Auf der Vorderseite des Knaufes ist ein viergeteiltes Wappen, auf der Rückseite sind ein auf einer Hand sitzender Jagdfalke und die Devise »fide et obsequio« (durch Glauben und Gehorsam) eingeschnitten. Der Degen gehörte sicherlich zu einer Reihe politisch motivierter Geschenke, mit denen der Kaiser die Haltung Wallensteins während des Böhmischen Aufstandes honorierte. *GQ*

≋

9/18 Johann Bernhard Basedow (1724–1790) *[DH]*

Friedrich Wilhelm Eugen Doell (1750–1816)
Gipsabguß nach dem um 1795 entstandenen Grabmalmedaillon aus Marmor in Magdeburg; 63,5 × 50 cm
Wörlitz, Staatliche Schlösser und Gärten – Wörlitz, Oranienbaum und Luisium (II-741)

Johann Bernhard Basedow (1724–1790) war der Begründer und Leiter des »Philanthropinums« (Schule der Menschenfreundlichkeit), das zwischen 1774 und 1793 in Dessau bestand. Das moderne Erziehungs- und Bildungsprogramm dieser Einrichtung wurde in zahlreichen europäischen Ländern angewandt. Es galt zugleich als Bestandteil eines großen Reformprogramms des Fürsten Leopold III. Friedrich Franz von Anhalt-Dessau (1740–1817), der sein Land in humanistischem und sozialem Verantwortungsbewußtsein regierte. Zu seinen Zielen gehörten auch die Verbesserung der Agrarwirtschaft, die Erhöhung der kulturellen und sozialen Belange der Bevölkerung, Förderung von Handel und Gewerbe sowie Erweiterung des Medizinalwesens. Anhalt-Dessau galt in jener Zeit als tolerant und weltoffen gegenüber Andersgläubigen. *HE*

9/19 »Des Elementarwerks Erster (Zweyter ...) Band. Ein geordneter Vorrath aller nöthigen Erkenntniß ... In Verbindung mit einer Sammlung von Kupferstichen ...« *[DH]*

Johann Bernhard Basedow (1724–1790)
Berlin und Dessau 1774; 4 Bde. u. 1 Tafelbd.
Halle, Universitäts- und Landesbibliothek Sachsen-Anhalt (II g 350) *[D]*
Berlin, Universitätsbibliothek der Freien Universität Berlin (14 A 266–1-4, 14 A 266-Tafelbd.) *[H]*

Das Erziehungs- und Bildungsprogramm des Dessauer »Philanthropinums« war auf allseitige Bildung des Menschen orientiert. Wesentliche Bestandteile des Unterrichts nach Basedow waren: 1. eine »natürliche«, d.h. dem Kind bzw. Jugendlichen angepaßte Erziehung auf der Basis von Toleranz und Aufklärung, 2. Orientierung auf naturwissenschaftliche Unterrichtsfächer, 3. praktischer Unterricht in verschiedenen Handwerkertechniken und Gartenarbeit, den sogenannten »Realien«, als Vorbereitung für das spätere Berufsleben, 4. Einführung eines systematischen Schulsports. Die Kupfer des Elementarwerkes dienten im wesentlichen in höheren Klassen als Anschauungsmaterial zur Vorbereitung des praktischen Unterrichts. *HE*

9/20

9/21

9/20* Dessauer Flußbadeanstalt *[DH]*

Modell, als Schülerarbeit im praktischen Unterricht des Philanthropinums entstanden
Dessau, um 1776; Holz u. Pappe, bemalt; Floß: 50 × 30 cm, Badehaus: 40 × 27 cm
Dessau, 1. Gymnasium »Philanthropinum«

Auf einem Floß, das seitlich zusätzlich mit zwei schmalen Kähnen verbunden ist, erhebt sich das Badehaus mit einzelnen Badezellen. Mit hoher Wahrscheinlichkeit stand das einstige Wellenbad, in der Mulde unmittelbar an der Herzoglichen Mühle zu Dessau gelegen, bei dieser Schülerarbeit Modell. Im Handwerksunterricht am »Philanthropinum« entstand eine Fülle von Modellen des praktischen Lebens, die zum größten Teil im Unterricht als Anschauungsmodelle zur Anwendung kam. Neben handwerklichen Geräten wie dem Modell eines Pfluges oder Pumpwerks entstanden auch Turngeräte wie Pferd, Barren und Reck sowie Demonstrationsmodelle für den Physikunterricht, um z. B. die Wirkung des Blitzschlags und des Blitzableiters zu demonstrieren. *HE*

≋

9/21* »Der Propeller«

Werkzeitung der Junkers Flugzeug- und Motorenwerke AG, Stammwerk Dessau, Oktober 1938, Heft 10
Dessau: Dünnhaupt Druckerei
Aken, Heimatmuseum

Die 1892 gegründete Firma Junkers entwickelte sich in den zwanziger Jahren zu einem führenden Flugzeugbau-Unternehmen. Neben der Fachzeitschrift »Junkers-Nachrichten«, die von der Werbeabteilung der Junkerswerke auch mehrsprachig für den ausländischen Interessentenkreis herausgegeben wurde, galt die Werkzeitung »Der Propeller« als interne Veröffentlichung für die Belegschaft der Junkerswerke. Ab 1935 geriet diese Werkzeitung stark in den Propagandaapparat, und heroisierte Ideale wie Kameradschaft, Wertarbeit und Schöpfertum. *HE*

9/22 Flugzeug-Luftschraube für »Junkers A 50« (»Heine-Propeller«)

Berlin: Fa. Hugo Heine
1929; verpreßtes Lagenschichtholz; Blattstirnseite mit Messingblech verkleidet; L 228 cm, Blattbreite 20 cm, Naben-Dm 6,5 cm
Bez.: Luftschraubennr. 49394, Dm 2250, Steigung 1550
Dessau, Privatsammlung Erfurth

Das Flugzeug »Junkers A 50«, genannt Junkers-Junior, entstand als zweisitziges Ganzmetall-Leichtflugzeug 1929. Von der Grundkonzeption her war es als Privatflugzeug gedacht, das in Konstruktion und Flugsicherheit hohen Ansprüchen genügte. Als Luftschraube wurde eine Standard-Luftschraube der Firma Hugo Heine, Berlin, genutzt, die man unmittelbar durch eine unverkleidete Bolzennabe mit der Kurbelwelle des Motors durch Verzahnung verband. *HE*

9/23 a

9/23* Restaurant »Kornhaus« an der Elbe

a)* Ein Junkers-Flugzeug landet vor dem »Kornhaus« auf der Elbe

b) Aufsicht auf das Terrassenrestaurant »Kornhaus«

c) Ausblick vom »Kornhaus« auf die Elbe

Emil Theiß u. Junkers-Luftbild-Zentrale
1930; 3 Photographien; je 9 × 14 cm
Dessau, Museum für Stadtgeschichte

In den Jahren zwischen 1925 und 1931 entstand in Dessau eine Reihe von Bauwerken, die in der Architektur-, Design- und Kunstgeschichte unter dem Begriff Bauhausbauten zusammengefaßt werden. Sie verkörpern eine in sich geschlossene Homogenität in bezug auf Außen- und Innenarchitektur, Design sowie Anpassung der Bauten an ihre unmittelbare Umwelt. Zwischen Oktober 1929 und Juni 1930 entstand nach einem Entwurf von dem Architekten Carl Fieger die noch heute existente Gaststätte »Kornhaus«. Der Neubau liegt auf historischer Stätte, nahe dem Leopoldhafen und Junkers-Wasserflughafen sowie der städtischen Badeanstalt an der Elbe. Dabei nutzte der Architekt die Höhenabstufung des Elbwalles, so daß sich das Bauwerk seiner Umgebung harmonisch anpaßte. *HE*

9/24 Stahlrohrsessel

Entwurf: Marcel Breuer (1904–1981)
1925/26; vernickeltes Stahlrohr, Eisengarnbespannung; 68,5 × 73 × 77 cm
Berlin, Bauhaus-Archiv

Zwischen Herbst 1925 und Mai 1926 entwickelte Marcel Breuer, Leiter der Tischlerei am Bauhaus Dessau, in Zusammenarbeit mit dem Schlosser Karl Körner in den Dessauer Junkerswerken seine ersten Stahlrohrsessel. Als erste Möbel dieser Art gelten sie zugleich als Prototypen der später unter dem Namen »Wassily« international bekannt gewordenen Stahlrohrmöbel. Das Stahlrohr spielte für die Gestaltung der Möbel dieselbe Rolle wie der Stahlbeton in der Architektur. Es ermöglichte die Herstellung skelettartiger Konstruktionsteile in großen Stückzahlen, d.h. in Serien. So wurde der Stahlrohrstuhl zu einem Inbegriff der »Neuen Gestaltung«, da er symptomatisch für die Synthese von Kunst und Technik steht. Er demonstriert den »Sieg« der Industrie über das Handwerk. *HE*

9/25 Seitenradschleppdampfer »Brandenburg« *[DH]*

Modell im Maßstab 1:75
(Original: 1907; Werft: Gebr. Sachsenberg, Rosslau/Elbe)
Modellbau: Günter Wahring
Holz, Metall; 25 × 27 × 100 cm
Duisburg, Museum der Deutschen Binnenschiffahrt
(80–85)

Die einstige Werft der Gebrüder Sachsenberg in Roßlau/Elbe, eine der wichtigsten Binnenwerften Deutschlands, war die größte ihrer Art in der ehemaligen DDR. 1866 entstanden die ersten Anlagen der Werft stromabwärts unmittelbar neben der Dessauer Elbbrücke am Roßlauer Ufer. Mit dem Bau des Frachtdampfers »Hermann« 1868/69 begann die Sachsenberg-Werft ihr Eigenprogramm. Neben Fluß- und Saugbaggern entstanden auch Seitenradschleppdampfer mit Dampfantrieb wie das vorliegende Modell. Dieser Schiffstyp war nahezu ein halbes Jahrhundert bestimmend für den Transport von Frachtgut auf Binnenwasserstraßen. *HE*

9/26 Firmenschild der Werft »Gebr. Sachsenberg, Rosslau/Elbe« für eine Raddampfermaschine *[DH]*

Nachguß nach der Originalform von 1898
1990; Messing, lackiert; 30 × 16 × 120 cm
Lauenburg, Elbschiffahrtsmuseum – Archiv Gotthard Sachenberg-Stiftung e.V.

Die bereits 1844 durch die Gebrüder Sachsenberg in Roßlau gegründete Maschinenfabrik fand durch den Aufbau einer Werft ab 1866 eine Erweiterung. Dadurch war es möglich, wesentliche Bauteile im Eisenschiffbau selbst herzustellen. Ab 1887 erfolgte der großzügige Ausbau der Schiffswerft zu einem Großwerfthafen. 1898 erwarben die Gebrüder Sachsenberg die Schiffswerft in Köln-Deutz. Zehn Jahre später gründeten die Eigentümer eine Schiffswerft in Stettin. Gefertigt wurden Frachtschiffe und technische Fahrzeuge wie Ketteneildampfer, speziell für die Elbeschiffahrt entwickelt, Seitenrad-, Heckrad- und Schraubenschlepper mit Dampfantrieb, Motorgüterschiffe, Leichter, Bagger und Spüler. Ab 1933 entstanden leichte Kriegsschiffe und Sturmboote. Nach 1945 erfolgte eine Verstaatlichung der Schiffswerft, die Produktion beschränkte sich auf den Bau von Fahrgastschiffen, vorwiegend für die Sowjetunion. Nach der Vereinigung Deutschlands erfolgte die Reprivatisierung der Schiffswerft Roßlau/Elbe. *HE*

9/27 Kettenschlepper (No. 1) *[DH]*

Modell
Modellbau: Fischer
(Original: 1866); Holz, Metall; 30 × 16 × 120 cm
Dresden, Verkehrsmuseum (III/302)

Kettendampfer wurden unter anderem in den Werften von Roßlau und Dresden-Übigau gebaut. Bug und Heck waren jeweils abgerundet und mit beweglichen Auslegern ausgestattet, über die die Kette aus dem Flußbett aufgenommen und wieder zurückgeführt wurde. Da für beide Fahrtrichtungen nur eine Kette zur Verfügung stand, mußte bei Gegenverkehr eines der Schiffe vorübergehend »aus der Kette gehen«. In bestimmten Abständen verteilte Kettenschlösser ermöglichten das »Ein- und Ausklinken«. Das System der Kettenschiffahrt wurde auf der Elbe 1866 erstmals in Magdeburg zur Überwindung des Domfelsens eingesetzt. Die »Hamburg-Magdeburger Dampfschiffahrts-Compagnie« verlegte in den folgenden Jahren im Flußbett der Elbe eine durchgehende Kette. Die erste Etappe reichte von Hamburg bis Magdeburg. Die Weiterführung durch Sachsen und Böhmen wurde 1885 mit dem Endpunkt Melnik abgeschlossen. *LK*

9/28 Zahnradtrommeln auf einem Kettenraddampfer *[DH]*

Um 1920; Photographie (Reproduktion)
Bad Schandau, Heimatmuseum (264)

Nach Übernahme über den Bugausleger wurde die Kette in einer Rinne weitergeleitet. Anschließend lief sie, wie auf dem Photo zu erkennen, in mehreren Windungen über eine oder zwei Zahnradtrommeln von ca. einem Meter Durchmesser, die von 60 PS starken Dampfmaschinen angetrieben wurden. Mit der Zugkraft eines Kettendampfers konnten bis zu zwölf Kähne stromaufwärts geschleppt werden. *LK*

9/29 Kettenstück eines Kettenschleppdampfers *[DH]*

Eisen; L 187 cm, Dm 12 cm
Tangermünde, Heimatmuseum

Von Melnik bis Hamburg erstreckte sich die Kette über ca. 730 Kilometer. Die einzelnen Glieder hatten eine Stärke von 23 Millimetern. Auf Dauer war die Kette der starken Belastung nicht gewachsen, so daß die Kettenschiffahrt in den zwanziger Jahren etappenweise eingestellt werden mußte. Nur im Bereich des Magdeburger Domfelsens blieb die Technik bis 1945 im Einsatz. *LK*

9/30 Prospekt für die Kettenschleppschiffahrt auf der Oberelbe von Magdeburg bis Schandau *[DH]*

Gründungskomitee Ketten-Schleppschiffahrt
1869; Broschüre; 20 × 15 cm
Dresden, Verkehrsmuseum (1.8.531)

≈

9/31 Die Fischfauna der Ober- und Mittelelbe *[DH]*

17 Fischpräparate in Glasküvetten
1991 zusammengestellt von Dr. Axel Zarske
Dresden, Staatliches Museum für Tierkunde (5429, 5445, 5442, 5443, 5444, 5439, 5440, 5441, 5436, 5437, 5438, 5433, 5434, 5435, 5430, 5431, 5432)

Untersuchungen über die Fischfauna der Elbe gehören zu den ältesten naturwissenschaftlichen Forschungen in Sachsen. Durch die Artenlisten von Kentmann (veröffentlicht von Gesner 1556 und 1560) sowie von Fabricius (1569) und die Bestandserhebungen aus den Jahren 1868 (Reibisch), 1884 (Sächs. Fischereiverein), 1895 (Steglich) und 1903 (Leonhardt und Schwarze) läßt sich die Entwicklung der Fischfauna der Elbe in den letzten Jahrhunderten gut verfolgen. Dabei zeigt sich, daß das Artenspektrum bis etwa zum Anfang dieses Jahrhunderts zwar unverändert geblieben ist, wohl aber bereits deutliche Schwankungen in der Bestandsdichte einzelner Arten erkennbar waren.
Etwa um 1820 begannen die ersten Regulierungsarbeiten in der Elbe. Ab etwa 1870 wird ein auffälliger Rückgang des Lachses beobachtet. 1900 wurden 94, 1912 noch 42 Lachse gefangen und in den zwanziger Jahren waren sporadisch auftretende Einzelstücke große Raritäten. Diese negative Entwicklung konnte auch nicht durch das Aussetzen von Lachsbrut verhindert werden. Heute ist diese Art vollständig verschwunden. Die starke Beeinträchtigung der Fischerei durch Industrie und Schiffahrt führte bereits am 11. Oktober 1917 zu einer Eingabe der Fischerinnung an das Königlich Sächsische Ministerium des Innern. Das Ministerium gab daraufhin eine Studie in Auftrag, in der die Schädigung der Elbe mit ihrem negativen Einfluß auf die Fischerei vollständig bestätigt wurde. Gleichzeitig wurde aber betont, daß der Leistungsfähigkeit der Fabriken eine höhere Priorität als der Erhaltung des Fischbestandes in der Elbe beizumessen sei.
Heute leben in der Elbe erstaunlicherweise noch recht viele Fischarten. Von diesen sind jedoch nicht wenige in ihrem Bestand gefährdet. Das Vorkommen anderer Arten wiederum ist entsprechend der lokalen Abwasserbelastung des

Flußes starken Schwankungen unterworfen. Durch die intensive Verschmutzung der Elbe mit Industrieabwässern sind die Elbfische für die menschliche Ernährung heute völlig ungeeignet. Im Gewebe der Fische haben sich giftige Chemikalien angereichert, die sie ungenießbar machen.
Folgende Fischarten sind seit der ersten Erfassung durch Kentmann aus der Elbe verschwunden: Stör, Lachs, Forelle, Äsche, Finte, Elritze,Bitterling, Schneider, Steinbeißer, Schmerle, Groppe, Quappe, Meerneunauge, Bachneunauge und Flunder. Bei mehreren der hier aufgeführten Arten können sich durch eine Besiedelung aus Zuflüssen in der Elbe zeitweise Bestände aufbauen, die aber bei der nächsten Wasserverschlechterung wieder zusammenbrechen.

a) Rotfeder (Scardinius erythrophthalmus)

Die allgemein recht weit verbreitete und häufige Rotfeder ist in der Elbe erstaunlicher Weise nicht allzu häufig. In der Regel werden die Tiere bis zu 30, selten bis zu 45 Zentimeter groß. Fischereiwirtschaftlich hatte die Rotfeder im Elbgebiet nur als Futterfisch für größere Nutzfische Bedeutung.

b) Kaulbarsch (Gymnocephalus cernua)

Von Kentmann wurde er bereits für das Gebiet der Elbe nachgewiesen. In Sachsen ist die Art allgemein verbreitet, jedoch im Rückgang begriffen. In der Oberelbe wird die Art nur in geringen Stückzahlen unterhalb Meißens gefangen.

c) Flußneunauge (Lampetra fluviatilis)

Das Flußneunauge zählte früher zu den im Elbgebiet verbreiteten Arten. 1903 wird es bereits als selten eingestuft. Heute zählt es zu den verschollenen Arten, die seit mehr als zehn Jahren nicht mehr beobachtet wurden. Das Flußneunauge ist ein Wanderfisch, der im Frühjahr aus dem Meer kommend in die Flüsse aufsteigt, um in den Nebenflüßen und Bächen abzulaichen und dann den Erschöpfungstod zu sterben.

d) Bachforelle (Salmo trutta f. fario)

Die Bachforelle war früher auch regelmäßig in der Elbe anzutreffen. Durch die Verschlechterung der Wasserqualität lebt sie heute nicht mehr in der Elbe. Sie gehört zu den ersten Arten, die aus der Elbe verschwanden.

e) Äsche (Thymallus thymallus)

Charakterfisch einer bestimmten Flußregion, die sich durch klares, kaltes und sauerstoffreiches Wasser auszeichnet. 1868 wird die Äsche von Reibisch noch für die Elbe erwähnt. Heute ist sie jedoch aufgrund der Verschlechterung der Wasserqualität schon lange aus der Elbe verschwunden.

f) Güster (Blicca bjoerkna)

Die Lebensweise des Güsters ähnelt der des Bleis. Aus diesem Grunde ist der Güster auch ähnlich weit verbreitet und häufig wie der Blei. Die wirtschaftliche Bedeutung des Güsters war nicht sehr groß.

g) Karpfen (Cyprinus carpio)

Von Kentmann (1556) wird der Karpfen bereits aus der Elbe unter der Rubrik »III. Elbfische die da schuppen haben« beschrieben, dabei dürfte es sich aber um züchterisch beeinflußte Tiere handeln. Verwilderte Karpfen lassen sich auch heute noch in der Elbe beobachten, wobei der Schuppenkarpfen regelmäßig in geringer Stückzahl gefangen wird. Die anderen Formen wie Spiegelkarpfen und Nacktkarpfen sind deutlich seltener.

h) Hasel (Leuciscus leuciscus)

Sein Vorkommen in der Elbe wurde bereits von Kentmann (1556) erwähnt. Heute wird die Art noch regelmäßig beobachtet, ohne jedoch sehr häufig zu sein. Wirtschaftlich hatte der Hasel nur als Futterfisch für andere Nutzfische Bedeutung, als Speisefisch war er stets wenig beliebt.

i) Blei (Abramis brama)

Der Blei ist einer der häufigsten mitteleuropäischen Süßwasserfische und ist auch im Elbgebiet noch weit verbreitet. Ein bevorzugtes Winterquartier ist der Elbhafen Prossen bei Bad Schandau. Bei der Abfischung dieses Hafens kann die Art auch heute noch in Massen erbeutet werden. Ein Verzehr des an sich von Kennern geschätzten Fisches aus dem Elbgebiet führt jedoch aufgrund der Schadstoffanreicherungen im Gewebe des Fisches zu mehr oder weniger starken Vergiftungserscheinungen.

j) Zährte (Vimba vimba)

Die Zährte ist im Elbgebiet ein verbreiteter Fisch, der noch in mehreren isolierten kleinen Populationen vorhanden ist. Aufgrund der permanenten Bedrohung derartig kleiner Bestände durch kurzzeitige Verschlechterungen der Lebensverhältnisse muß die Art in der Elbe als gefährdet eingeschätzt werden. Fischereiwirtschaftlich spielte die Zährte nur eine untergeordnete Rolle im Elbgebiet.

k) Schleie (Tinca tinca)

Die Schleie zählt zu den widerstandsfähigsten Fischen Mitteleuropas. Sie verträgt neben recht extremen Wassertemperaturen auch einen verhältnismäßig geringen Sauerstoffgehalt des Wassers und ist in der Elbe auch noch regelmäßig anzutreffen. Aufgrund ihres wohlschmeckenden Fleisches ist die Schleie früher auch im Elbgebiet wirtschaftlich genutzt worden.

l) Döbel (Leuciscus cephalus)

Noch heute in der Elbe relativ häufiger Karpfenfisch. Die Fische sind sehr gefräßig. Durch den Verzehr von Laich und Jungfischen richtet der Döbel großen Schaden unter den Nutzfischen an.

m) Plötze (Rutilus rutilus)

Auch heute ist die Plötze in der Elbe noch recht zahlreich vorhanden und stellt die häufigste Fischart dar. Früher diente sie im Elbgebiet als Nahrungsfisch, wurde aber auch als Futterfisch für wertvollere Nutzfische verwendet.

n) Rapfen (Aspius aspius)

Unter den mitteleuropäischen Karpfenfischen stellt der Rapfen die einzige typische Raubfischform dar. Die Nahrung der Altfische besteht aus Fischen, Fröschen und Kleinsäugern, gelegentlich erbeuten sie sogar junge Wasservögel. Aufgrund des wohlschmeckenden wenn auch grätenreichen Fleisches wurde der Rapfen in der Vergangenheit gern verzehrt. Er war früher im Elbgebiet relativ weit verbreitet und häufig. Heute sind die Bestände oft größeren Schwankungen unterlegen, so daß der Rapfen als gefährdet eingeschätzt werden muß.

9/33

o) Wels (Silurus glanis)

Der Wels kann als der größte Fisch der Elbe angesehen werden, nachdem der Stör ausgestorben ist. Alte Tiere verfügen meist über eine Gesamtlänge von ein bis eineinhalb Metern, sehr alte Exemplare erreichen sogar eine Gesamtlänge von etwa drei Metern und sind dann etwa 150 Kilogramm schwer. Die Fische leben in der Bodenregion pflanzenreicher stehender sowie fließender Gewässer und halten sich tagsüber in Verstecken auf. Nachts gehen sie auf Nahrungssuche. Große Tiere können dabei auch Wasservögel und Kleinsäuger erbeuten. Heute ist der Wels in der Elbe sehr selten und nur noch unterhalb Meißens anzutreffen.

p) Ukelei (Alburnus alburnus)

Friedlicher Schwarmfisch, spielt fischereiwirtschaftlich keine Rolle, ist aber seinerseits als Nahrungsquelle für größere Nutzfische wie Zander, Barsch, Rapfen und Hecht von Bedeutung. In der Elbe kommt die Ukelei noch regelmäßig vor.

q) Barbe (Barbus barbus)

Charakterfisch einer Region, die vornehmlich den Mittellauf eines Flusses umfaßt, die sogenannte Barbenregion. Das Fleisch der Fische ist wohlschmeckend, aber grätenreich. Zur Laichzeit (Mai, Juni) führt der Genuß von Laich und der um die Ovarien gelegenen Muskeln zu mehr oder weniger starken Vergiftungserscheinungen (Erbrechen, Durchfall u.ä.). Früher wurde die Barbe in der Elbe regelmäßig gefangen. Heute sind nur vereinzelt Funde bekannt geworden, so daß die Barbe als sehr selten eingestuft werden muß. *AZ*

9/32 Holzhandel mit Stadtpanorama von Aken

[DH]

Um 1830; Kupferstich; 14,8 × 22 cm
Aken, Heimatmuseum (II/3/kg)

Seit dem 13. Jahrhundert besaß Aken das Stapelrecht, d.h. alle die Elbe herabkommenden Holzflöße mußten »drei Sonnenschein« (Tage) stilliegen und ihre Ware den Bürgern feilbieten. Das gab Anlaß zur Entwicklung des Holzhandels, der zunächst für die Salzsiedereien in Groß-Salze, Schönebeck und Halle betrieben wurde und eine wichtige Einnahmequelle für die Fürsten bildete. Der Holzhandel erlebte in den späteren Jahrhunderten Höhen und Tiefen, erst mit der Einführung der westfälischen Gewerbefreiheit 1808 entwickelte sich wieder ein freier Handel. Die erforderlichen Stapelplätze lagen am städtischen Ufer oberhalb des Ratswerders, die zur damaligen Zeit der Schiffswerftbesitzer Georg Placke gepachtet hatte. *OB*

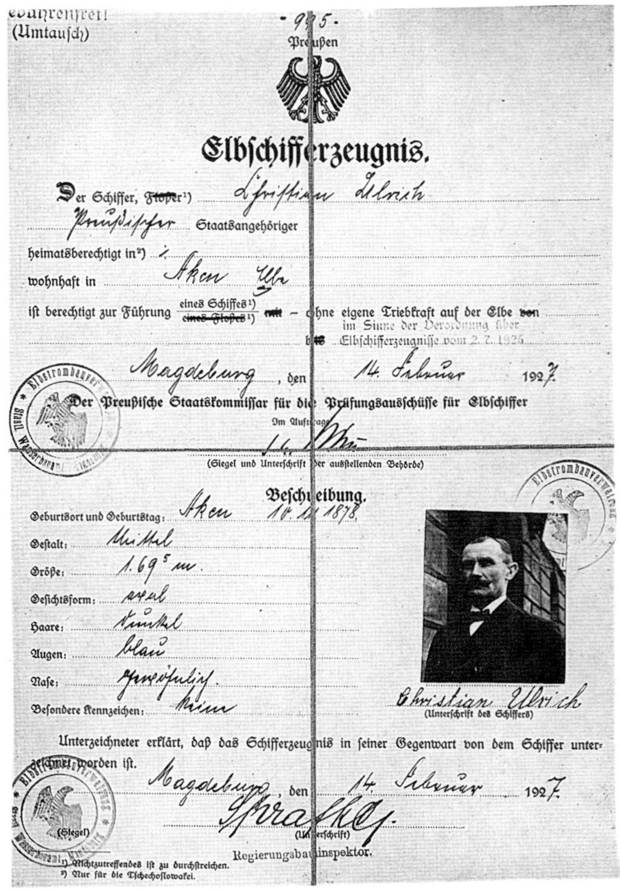

(Umtausch)
Preußen

Elbschifferzeugnis.

Der Schiffer, ~~Flößer~~ [1]) Christian Ulrich
Staatsangehöriger
heimatsberechtigt in [2])
wohnhaft in Aken
ist berechtigt zur Führung eines Schiffes [1]) ~~eines Floßes~~ [1]) – ohne eigene Triebkraft auf der Elbe im Sinne der Verordnung über Elbschifferzeugnisse vom 2. 7. 1926

Magdeburg, den 14. Februar 1927.

Der Preußische Staatskommissar für die Prüfungsausschüsse für Elbschiffer
Im Auftrage
(Siegel und Unterschrift der ausstellenden Behörde)

Beschreibung.

Geburtsort und Geburtstag: Aken 1878
Gestalt: Mittel
Größe: 1.69[5] m
Gesichtsform: oval
Haare: dunkel
Augen: blau
Nase:
Besondere Kennzeichen: keine

Christian Ulrich
(Unterschrift des Schiffers)

Unterzeichneter erklärt, daß das Schifferzeugnis in seiner Gegenwart von dem Schiffer unterzeichnet worden ist.

Magdeburg, den 14. Februar 1927.

(Siegel)
(Unterschrift)
Regierungsbauinspektor.

[1]) Nichtzutreffendes ist zu durchstreichen.
[2]) Nur für die Tschechoslowakei.

9/35

9/33* Schiffbauer-Zunftfahne »Gott segne das Schiffbauer Handwerk« *[DH]*

1896; Seide, bemalt; 135 × 150 cm
Auf Fahnenband die Aufschrift: »Gewidmet von den Frauen und Jungfrauen der Schiffbauer zur Erinnerung an die Fahnenweihe«
Aken, Heimatmuseum (II/43/Te, II/42/Te)

Die Zunftfahne von 1896 der Schiffswerft »Georg Placke«, Aken (gegr. 1825) wurde zu besonderen Anlässen – zum Geburtstag der Werft am 6. April, zum Geburtstag des Besitzers Major Georg Placke am 16. August, bei Versammlungen, Umzügen mit den Akener Schiffervereinen, bei Besuchen des Kronprinzen in Aken und an Fest- und Feiertagen – von einem gewählten Mitarbeiter der Belegschaft feierlich aufgerollt und voller Stolz getragen. *OB*

9/34* Banner des »Schiffer-Clubs Kehrwieder Aken A.E. 1921« *[DH]*

1928; Seide, bestickt; Kordeln u. Quasten;
140 × 120 cm
Aken, Heimatmuseum (II/26/Te)

Bei den Schiffervereinen zeigt sich das Zusammengehörigkeitsgefühl als besondere Organisationsform des Berufes. Der Schifferverein »Kehrwieder« war einer von acht Schiffervereinen in Aken. Zur Mitternachtsstunde wurde die Vereinsfahne während der Ballfestlichkeit in die Mitte des Saales gebracht. Alle Festteilnehmer umfaßten die Fahne, der Festredner hielt eine Ansprache, selbstgedichtete Sprüche wurden vorgetragen, Schifferlieder nach bekannten Melodien gesungen. Symbolisch brachte man dadurch das feste Zusammenhalten in treuer Kameradschaft zum Ausdruck. Gegen Morgen wurde die Fahne mit Musikbegleitung zum Fahnenträger nach Hause getragen und in einem Schrank sorgfältig verwahrt. *OB*

9/35* Elbschifferzeugnis für Christian Ulrich (1878–1963) aus Aken, Magdeburg, 14. Februar 1927 *[DH]*

Urkunde mit Lichtbild; Din A 4
Aken, Heimatmuseum

9/36 Schifferkleidung des Steuermanns Christian Ulrich, Aken *[DH]*

Um 1900; Textil, Leder; Schuhe und Hosenträger bestickt
Aken, Heimatmuseum (II/33/Te, /34/Te, /36/Te, /35/Te, /38/Te, /37/Te, /39/Te, /40/Te)

a) Bluse

In der wärmeren Jahreszeit ist die Schifferbluse die am meisten getragene Oberbekleidung. Geschnitten wie ein Jackett, ist sie bis zum Hals knöpfbar und senkrecht blau/weiß gestreift. Der blaue Streifen ist breiter als der weiße, für den Feierabend und Sonntag an Bord schmal blau und schmal weiß.

b) Englisch-Lederne

Schifferhosen sind nicht mit Schlitz und Patte, sondern mit einer Klappe versehen. Sie sind aus ganz besonders festem sammetähnlichem Gewebe gearbeitet, aber ohne die Rippen des Manchesters.

c) Roßlauer Schuhe und Hosenträger

Diese Hausschuhe sind statt mit Oberleder mit Plüsch besetzt und farbig bestickt. Sie dienen dem Schiffer als Sonntagsschuhe.

9/34

d) Südwester

Der ölgetränkte Leinwandhut schützt Kopf und Nacken bei Regenwetter.

e) Halblange Stiefel aus Leder

f) Bänder eines Tragkorbes

Die handgefertigten Tragebänder schmückten Kiepen, die durch einen kunstvoll geflochtenen oberen Rand als Akener Besonderheit unter den preußischen Kiepen bekannt waren.

g) Schiffermütze

Die typischen Schiffermützen für Elbschiffer stellte nur der Mützenmachermeister Fritz Wehlmann in Aken her, der sie als einziger in Aken in der Elbstraße verkaufte. Sie wurde zum Ausgehen aufgesetzt, abgetragene später während der Arbeit. Die Ausgehmütze zierte vorn ein angesteckter goldener Anker. Um die »Schiffer-Vereins-Mütze« lag eine goldene oder silberne Kordel, vorn war das Vereinsabzeichen angesteckt. *OB*

9/37 b

9/40

9/37* Zwei Lübecker Marzipanformen mit Motiven aus Aken *[DH]*

a) Marktplatz mit dem Kriegerdenkmal 1870/71

b)* Rathaus

Lübeck, um 1930; Gips; H 4,5 cm u. 4 cm, Dm je 20 cm
Aken, Heimatmuseum (II/30a/HS, II/30b/HS)

Akener Schiffer erreichten über den Elbe-Trave-Kanal auch Lübeck. Marzipanfirmen beschafften sich Akener Motive, stellten Reliefs aus Marzipan her und verkauften sie besonders gut in der Vorweihnachtszeit. *OB*

9/42

9/43

9/38 Die Anlage der IG Farbenindustrie AG, Werk Aken *[DH]*

1935/36; 7 Photographien; je 13 × 18,3 cm
Aken, Heimatmuseum

Das Werk Aken der IG Farbenindustrie AG wurde 1934 gegründet und gehörte zur Betriebsgruppe Mitteldeutschland der IG Farbenindustrie mit dem Hauptwerk in Bitterfeld. Als Rüstungsbetrieb in Vorbereitung des Zweiten Weltkrieges aufgebaut, wurden Halbfabrikate hergestellt, d. h. Profile aus den Metallen Magnesium, Elektron, Hydronalium und Aluminium, die dann vorwiegend nach Dessau in die Junkerswerke zum Flugzeugbau geliefert wurden. Arbeitslose, besonders aber Schiffer, denen bessere Verdienstmöglichkeiten geboten wurden, fanden hier neue Lebensgrundlagen. *OB*

≋

9/39 Zwei Schilder »Biosphärenreservat«

1990/91; Blech, gelb/schwarz lackiert; je 59,5 × 41 cm
Dessau, Biosphärenreservatsverwaltung Mittlere Elbe

Bereits 1979 erkannte die UNESCO das Biosphärenreservat »Steckby-Lödderitzer Forst« an und bezog es in das Forschungsprogramm »Man and The Biosphere« ein. 1990 wurde das Reservat auf 43 000 Hektar erweitert; es beginnt östlich von Coswig, schließt die Dessau-Wörlitzer Kulturlandschaft und die untere Mulde sowie die Landgraben Saaleniederung ein und reicht im Norden bis Dornburg. Auf diese Weise wird in dem größten zusammenhängenden Auwaldkomplex Mitteleuropas die sehr artenreiche Flora und Fauna ebenso wie die älteste, im 18. Jahrhundert bewußt gestaltete Kulturlandschaft auf europäischem Festland geschützt. *MB*

9/45

9/40* Biber

Tierpräparat; L 85 cm
Dresden, Staatliches Museum für Tierkunde (B 2601)

»Wiewohl in allen Landen dies ein gemeines Tier, so sind sie doch zum liebsten, wo große Wasserflüsse rinnen«, so schrieb Konrad Gesner 1583 über den Biber, der auch in der Elbe und allen ihren Zuflüssen häufig vorkam. Das Tier war eine willkommene Jagdbeute in vergangenen Zeiten. Der tote Biber erbrachte wasserabstoßende Felle zur Pelzverarbeitung, Castorhüte aus Biberfell, schmackhaftes Fleisch und den Leckerbissen »Biberschwanz« zur Fastenzeit sowie Arzneimittel aus Bibergeil. Der Biber galt als Fischfresser und konnte deshalb, ebenso wie der Otter, auch zur Fastenzeit gegessen werden, ohne daß glaubensbedingte Grundsätze verletzt wurden. Das Bibergeil diente als wahres Wundermittel der Medizin. Es wurde aus zwei Drüsen des Bibers, den Geilsäcken, hergestellt. Männchen und Weibchen besitzen solche Duftstoffe erzeugende Drüsen. Die ständige Verfolgung des Tieres führte schließlich gegen Ende des vorigen Jahrhunderts beinahe zur Ausrottung. Die letzten deutschen Biber überlebten lediglich im mittleren Elbegebiet. In den letzten Jahrzehnten führten Schutzmaßnahmen zur Zunahme seiner Bestände und zur Vergrößerung seines Verbreitungsgebiets. *AlF*

9/41 Elbebiber am angeschnittenen Stamm

Ernst Zehle (1876–1920)
1929; Öl/Lw.; 60 × 50 cm
Bez. u. l.: Ernst Zehle 1929
Schönebeck, Museum des Landkreises Schönebeck (V K1/114)

Zum Schutz des Elbebibers (Castor fiber albicus) erließ die Kreisdirektion Zerbst im Januar 1929 eine Verordnung, die als Gründungsdokument des Naturschutzgebietes Steckby-Lödderitzer Forst angesehen werden kann. Heute gehört diese Landschaft zum »Biosphärenreservat Mittlere Elbe«, in dem viele selten gewordene Tiere und etwa zweihundert Elbebiber leben.

MB

9/42* Wollhandkrabbe

1984; Tierpräparat; 4 × 30 × 16 cm
Aken, Heimatmuseum (I/170/2)

Ende der zwanziger Jahre wurden die ersten bis dahin unbekannten Wollhandkrabben in der Elbe und der Havel festgestellt. Sie gehören zur Gruppe der Zehnfußkrebse und kamen mit dem Ballastwasser der Seeschiffe von China nach Europa. Diese Süßwasserkrabben, etwas größer als Untertassen, fanden günstige Umweltbedingungen in der Elbe, wie ihre riesige Vermehrung bewies. Sie verbreiteten sich auch in den Nebenflüssen der Elbe und ihren Altarmen und moldauaufwärts sogar bis Prag. Wollhandkrabben unterwühlten die Uferbauten, fraßen Fische, Fischlaich, zernagten die Netze der Fischer, störten die Angler bei ihrem Sport, und selbst die Badenden ängstigten sich. Sich am Flußgrund fortbewegend, schafften Wollhandkrabben pro Tag etwa drei Kilometer. Viele Versuche, die Wollhandkrabbe nützlichen Zwecken zuzuführen oder intensiv zu bekämpfen, blieben erfolglos. Erst mit der zunehmenden Schadstoffbelastung der Elbe in den fünfziger Jahren verschwand sie. 1983 fingen Akener Fährleute wieder vier Wollhandkrabben.

OB

≈

9/43* Schloß Barby *[DH]*

1755; Kupferstich; 17,5 × 23 cm (Plr.)
Schönebeck, Museum des Landkreises Schönebeck (V K2/168)

Von 1680 bis 1746 residierte in Barby am linken Ufer der Elbe Herzog Heinrich, der der wettinischen Seitenlinie Sachsen-Weißenfels angehörte. Er ließ 1687 bis 1715 anstelle der alten Burg das Schloß errichten. 1748 wurde der Komplex von der Herrenhuter Brüdergemeine übernommen, die hier zuerst ein Theologisches Seminar, später auch ein Gymnasium, eine Druckerei und eine Sternwarte unterbrachte. Der preußische Staat, der das Schloß 1855 kaufte, belegte es mit einem Schullehrer-Seminar.

LK

9/44 Grundbuch-Aktendeckel aus dem Grundbucharchiv im Schloß Barby *[DH]*

Pappe; je Aktendeckel ca. 46 × 32 cm
Barby, Grundbucharchiv

Nachdem Schloß Barby der Regierung der DDR einige Zeit als zentrales Aufnahmeheim für Übersiedler aus der Bundesrepublik gedient hatte, wurde in den Räumen 1979 ein Archiv für ausgelagerte Grundbuchakten der gesamten DDR eingerichtet. Heute ist das Schloß Ziel vieler ehemaliger Grundstückseigentümer auf der Suche nach Beweisstükken für ihre Besitzansprüche.

LK

≈

9/45* »Gr. Salze mit seiner Umgebung« (Bad Salzelmen)

Karl Mehl
Um 1850; Öl/Lw.; 38,5 × 57 cm
Schönebeck, Museum des Landkreises Schönebeck (VK1/24)

Der Ort Elmen am linken Elbufer entstand im 12. Jahrhundert in der Nähe von Solequellen. Dem nördlich benachbarten Ort Groß-Salze wurde bereits 1291 das Stadtprivileg nach Magdeburger Recht zuerkannt. 1705 gründete Friedrich I. die Königliche Saline Schönebeck und gliederte die Salinen in Elmen und Groß-Salze ein. 1802 entstand in Elmen ein Solbad, das 1932 als Bad Salzelmen mit Schönebeck zusammengeschlossen wurde.

MB

9/46

9/46* »Concert in Bad Elmen« (Kurhaus »Hotel Evers«)

Um 1900; Öl/Hartfaser; 40,5 × 53,5 cm
Schönebeck, Museum des Landkreises Schönebeck (VK1/26)

Seit Schönebeck 1839 an die Eisenbahnstrecke Magdeburg–Leipzig angeschlossen war, erfuhr das 1802 gegründete Solbad im Ortsteil Elmen einen starken Besucherzustrom. Neben balneologischen Anwendungen und Spaziergängen am Gradierwerk standen den Gästen auch Lese-, Spiel- und Musiksäle, Tennis- und Croquet-Spielplätze zur Verfügung. Einen besonderen Höhepunkt bildeten die Kurkonzerte. *MB*

9/47* Die Saline Schönebeck im Jahr 1771 (Salzhafen)

1771; Öl/Lw.; 110 × 147 cm
Schönebeck, Museum des Landkreises Schönebeck (VK1/116)

Der Schönebecker Hafen war Umschlagplatz für das in Fässern verpackte Salz und für die Anlieferung von Holz und Reisig, das in den Siedehäusern für die Pfannen zur Salzgewinnung benötigt wurde. Um diesen immensen Bedarf an Brennmaterial einzudämmen, errichtete man 1763 bis 1765 ein Gradierwerk, das 1776 auf 1832 Meter verlängert wurde. *MB*

9/48 Salzkorb

19. Jh.; Korbgeflecht; H 100 cm, oberer Dm 48 cm
Schönebeck, Museum des Landkreises Schönebeck (Sz/21)

Die Salzsieder schaufelten das auskristallisierte Salz aus den Siedepfannen in spitze Weidenkörbe, damit die sogenannte Mutterlauge ablaufen konnte. Die Salzkörbe wurden unter dem Dach oder in speziellen Kammern zum Trocknen aufgehängt. *MB*

9/49* Wappenschild der Salzwirkerbruderschaft zu Schönebeck

18. Jh.; Silber, getrieben; 33 × 33 cm
Bez.: Der Salzwurck Bruderschaft zu Schönebeck
Schönebeck, Museum des Landkreises Schönebeck (Sz/11)

Das Wappenschild der Salzwirker aus dem 18. Jahrhundert zeigt ihr Emblem, den gefüllten Salzkorb und Salzschaufeln der Pfänner. *MB*

9/50 Fahne des »Königlichen Salinen Knappschafts-Vereins« in Schönebeck

1871; Seide, beidseitig bemalt; 136 × 153 cm
Schönebeck, Museum des Landkreises Schönebeck (VD4/32)

Den Bergmannsgruß »Glückauf« hat sich der Knappschaftsverein auf seine Fahne geschrieben, der im 19. Jahrhundert aus der Salzwirkerbruderschaft hervorging und die traditionellen Bräuche pflegte. *MB*

9/51 Zwei Salzpäckchen: »Glocken-Siede-Speise-Salz« und »Echtes Deutsches Jod-Siede-Salz«

Um 1960; Papier, Salz; je 16 × 7,5 cm
Schönebeck, Museum des Landkreises Schönebeck (Sz/18 u. 18a)

Der »VEB Schönebeck« lieferte ca. 60 Prozent des gewonnenen Salzes nach Skandinavien und Afrika. Am 1. Oktober 1967 wurde das Werk geschlossen, da die Salzgewinnung durch Pfannenbetriebe im Vergleich zu den Bedingungen im Steinsalzbergbau unrentabel geworden war. *MB*

9/49

9/47

9/52 Opferfunde aus der Elbe bei Magdeburg *[DH]*

a) Spiralplattenfibel

b) Armberge (= Armring)

c) Halsring

d) Vier Beile

1600–700 v. Chr.; Bronze, teils gedreht, punziert;
a) 30 × 5,7 cm, b) B 18 cm, Dm 8 cm, c) Dm 20 cm,
d) 17,3 × 4,6 cm, 19,5 × 6 cm, 17,4 × 4,6 cm, 9 × 3,6 cm
Magdeburg, Magdeburger Museen, Kulturhistorisches Museum (77:119, 77:120, 76:54, 62:7, 62:8, 62:9, 69:122)

Bei dem Abbau von Flußablagerungen der Elbe (Kiese) zur Baustoffgewinnung wurden in und um Magdeburg auch zahlreiche ur- und frühgeschichtliche Funde geborgen. Obwohl diese unter dem heutigen Grundwasserspiegel herausgebaggert wurden und demzufolge die Fundart nicht beobachtet werden konnte, ließ sich feststellen, daß zu verschiedenen Zeiten Siedlungen in der Elbaue meistens am Rande alter Flußläufe bestanden. Die hier gezeigten Bronzefunde – Schmuck (Fibel, Arm- und Halsring) und Arbeitsgeräte (Beile) – konzentrieren sich auf einen engen Bereich und sind im Laufe von etwa 900 Jahren in einen Flußlauf geraten. Deshalb erscheint in diesem Falle die Deutung als Opferfunde am wahrscheinlichsten. *GB*

9/53 Pferdegeschirr *[DH]*

Zwei Seitenteile mit Ring und Zierscheibe einer Trense
3./4. Jh.; Bronze; L 6,2 cm, Ringe: Dm 8,5 cm
Magdeburg, Magdeburger Museen, Kulturhistorisches Museum (73:157)

Derartige Trensen wurden bisher neben den Exemplaren aus Magdeburg nur vereinzelt im provinzialrömischen Gebiet Süddeutschlands und in Dänemark sowie an der Weser gefunden. Hergestellt sind sie möglicherweise im provinzialrömisch-germanischen Kontaktgebiet. Überwiegend wurden sie in alten Gewässern und Mooren gefunden, was an Opfer denken läßt. In Magdeburg wurden sie zusammen mit römischem Importgut, aber auch mit heimischer Keramik in der Elbaue ausgebaggert. Hier liegt die Vermutung nahe, sie mit einem alten, später bezeugten Flußübergang in Verbindung zu bringen. *GB*

9/54 Knochenschlittschuhe *[DH]*

Nach 900; Knochen; L 20–25 cm, B 5 cm
Magdeburg, Magdeburger Museen, Kulturhistorisches Museum (79:270; 79:271)

Die aus tierischen Röhrenknochen gefertigten Schlittschuhe waren seit dem Beginn des Mittelalters weit verbreitet. Die Unterseite hat eine geschliffene Gleitfläche. An den Durchbohrungen waren sie mit Lederriemen an den Füßen befestigt. Bei unvollständigen Durchbohrungen sind Holzzapfen zur Fixierung des Fußes denkbar. Diese Stücke stammen aus einem alten Stadtbefestigungsgraben von Magdeburg. Weitere nicht so gut erhaltene Stücke wurden in der Elbaue ausgebaggert und bezeugen das Schlittschuhlaufen auf den sicher zahlreichen Wasserflächen des Elbtales. *GB*

9/55* »Otto I. stiftet das Erzbistum Magdeburg«

968; Faksimile der Urkunde; 47 × 65 cm
Magdeburg, Landeshauptarchiv Sachsen-Anhalt (Rep.U1,Tit.1,Nr.31)

968 stiftete Kaiser Otto I. (912–973) das Erzbistum Magdeburg. Mit der Gründung des Erzbistums und der dazugehörigen Bistümer Meißen, Merseburg und Zeitz wird Magdeburg zum Ausgangspunkt der Missionierung des Ostens, die zumeist mit kriegerischen Mitteln durchgesetzt wurde. Infolge der Reformation wurde das Erzbistum ab 1550 von protestantischen Administratoren verwaltet; 1680 fiel die Stadt dem Kurfürsten von Brandenburg zu. *MB*

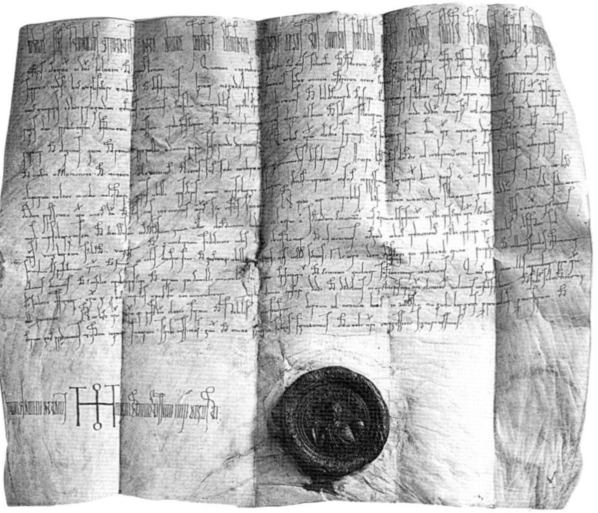

9/55

9/56 »Kaiser Otto II. gewährt den Magdeburger Kaufleuten Zollfreiheit im ganzen Reich ...«, 26. Juni 975

Faksimile der Urkunde; 45 × 62 cm
Magdeburg, Landeshauptarchiv Sachsen-Anhalt (Rep.U1,I43[975 Juni 26 Magdeburg])

»Kaiser Otto II. (geb. 955, reg. 973–983) gewährt den Magdeburger Kaufleuten Zollfreiheit im ganzen Reich ausgenommen zu Mainz, Köln, Tiel, Bardowick, und verhütet jede Belästigung derselben und Störung ihres Handels.« Dieses Privileg gestattete den Kaufleuten also auch, jeden Hafen entlang der Elbe anzulaufen, ohne die damals übliche Zollgebühr entrichten zu müssen. *MB*

9/57 Magdeburger Reiter

(Original: um 1240); Gipsabguß; 220 × 90 × 200 cm
Magdeburg, Paul Schuster KG (Original: Kulturhistorisches Museum Magdeburg)

Das Wahrzeichen Magdeburgs ist – neben dem gotischen Dom – der Reiter vor dem Rathaus. Es ist die erste freiplastische nachantike Reiterstatue, die um 1240 in Anlehnung an den Bamberger Reiter geschaffen wurde. Vermutlich stellt sie Otto I. (den Großen, 912–973, seit 936 deutscher König) dar, der sich als Kaiser des Heiligen Römischen Reiches (seit 962) bevorzugt in Magdeburg aufhielt. *MB*

9/58* Die Alt- und Neustadt von Magdeburg

Aus: Kölner Kosmographie von Georg Braun und Franz Hogenberg
Georg Braun (1542–1622)
1574; kolorierter Stich; 50 × 48,5 cm
Magdeburg, Magdeburger Museen, Kulturhistorisches Museum (Gr. 2721)

Die Altstadt mit Dombezirk, Altem Markt und Siedlung an der Johanniskirche wurde bereits im 13. Jahrhundert im Norden durch planmäßig angelegte Neubauten unter Einbeziehung des Dorfes Frohse erweitert und 1240 mit einer gemeinsamen Stadtmauer umgeben. Beinahe gleichzeitig entwickelte sich nördlich vor den Toren der »Alten Neustadt« eine weitere Siedlung, die mit einer eigenen Stadtmauer umgeben wurde. Es entstand somit ein städtebauliches Kuriosum: Drei administrativ selbständige Siedlungsteile bildeten die für damalige Zeit riesige Stadt. *MB*

≈

9/59 »Eigentlicher Abriß/ Auch Waarhafftiger Bericht wie es mit Eroberung der uhralten Weltberühmten Stadt Magdeburg hergangen«, Mai 1631 *[DH]*

1631; Kupferstich; 2 Blätter (Karte und Text); zus. 58 × 40 cm
Berlin, Deutsches Historisches Museum (1990/458)

9/58

Während des Dreißigjährigen Krieges im März 1631 stritten die feindlichen Heere um die strategisch bedeutende Festung Magdeburg, nachdem Gustav Adolf Pommern und Teile der Neumark besetzt hatte und Neubrandenburg durch das Heer der kaiserlichen Liga unter dem Oberbefehl Tillys erobert worden war. In der Hoffnung auf baldigen Einsatz durch Gustav Adolf leisteten die Magdeburger Bürger, unterstützt durch eine kleine schwedische Besatzung unter Oberst Falkenberg der seit Monaten andauernden Belagerung durch die Kaiserlichen erfolgreich Widerstand. Verhandlungen mit Tilly führten zu keinem Ergebnis. Am 10. Mai 1631 stürmte die ligistische Armee die Stadt. Magdeburg wurde dabei bis auf den Dom und einzelne steinerne Gebäude ein Raub der Flammen. Von den etwa 36 000 Einwohnern entgingen nur wenige Tausend dem Tod. Die Soldaten hatten viele Frauen in ihr Lager verschleppt, bevor sie zur Plünderung in die Stadt zurückkehrten. Überlebende Bürger konnten ihre Frauen loskaufen, die meisten mußten aber mit den Soldaten mitziehen. Gegenseitige Schuldzuweisungen für den Brand blieben nicht aus. Andeutungen Falkenbergs lassen vermuten, daß er das Feuer legen ließ, um die Stadt nicht unversehrt Tillys Truppen in die Hand zu geben. Das Schicksal der Stadt beschäftigte die Zeitgenossen noch lange. Aus zahlreichen Berichten sprach der Abscheu vor der sinnlosen Zerstörung der Stadt und Mitgefühl für die schwer betroffenen Bürger. *GQ*

9/61

9/60 »Johann Tserclaes Tilli Kayserl. General etc.« *[DH]*

Mitte 17. Jh.; Kupferstich; 28 × 17,3 cm
Berlin, Deutsches Historisches Museum (Gr. 63/464)

Johann Tserclaes von Tilly (1559–1632) gewann mit dem von ihm reorganisierten bayerischen Heer am 22. November 1620 die Schlacht am Weißen Berg und wurde zum Feldherrn der Liga ernannt. Nach der Absetzung Wallensteins erhielt er den Oberbefehl über das kaiserliche Heer. Als Meister der spanischen Taktik errang er eine Reihe bedeutender Siege, konnte aber der beweglichen schwedischen Kriegsführung nichts entgegensetzen und verlor die Schlacht bei Breitenfeld am 17. September 1631. In der Schlacht bei Rain am Lech (5. April 1632) wurde er erneut geschlagen und schwer verwundet. Am 20. April 1632 starb er in Ingolstadt. *GQ*

9/61* Reiterharnisch mit Zieschägge *[DH]*

Um 1630; geschwärztes Eisen; 150 × 75 × 70 cm
Berlin, Deutsches Historisches Museum (1988/894)

Der einfache Gebrauchsharnisch aus geschwärztem Eisen besteht aus einem Helm vom Typ der Zieschägge, Kragen, Armzeugen, Brust- und Rückenteil. Die Beintaschen sind abnehmbar. Die von türkischen Helmen beeinflußte Zieschägge verbreitete sich am Ende des 16. Jahrhunderts in ganz Europa. Rüstungen dieser Art wurden vorwiegend von schwerer Reiterei getragen, die infolge der zunehmenden Wirkung der Feuerwaffen aber immer häufiger auf komplette Harnische verzichtete. Die Reiter waren im Gefecht mit nur einem Helm und einem Brust- und Rückenpanzer weitaus beweglicher. *GQ*

9/62 Die Plünderung Magdeburgs *[DH]*

Eduard Steinbrück (1802–1882)
1852–1866; Öl/Lw.; 220 × 325 cm
Bez. u. r.: E. Steinbrück 1852/66
Berlin, Staatliche Museen zu Berlin PK, Nationalgalerie [Dauerleihgabe im Kulturhistorischen Museum Magdeburg] (A I 330)

Steinbrücks phantasievolle Schilderung der Plünderung Magdeburgs durch die Truppen Tillys ist eine historisierende Darstellung des 19. Jahrhunderts, die sich vermutlich an zeitgenössischen Augenzeugenberichten wie dem des späteren Bürgermeisters von Magdeburg, Otto von Guericke, orientiert: »Da ist nichts als Morden, Brennen, Plündern, Peinigen, Prügeln gewesen. Insonderheit hat ein Jeder von

9/66

den Feinden nach vieler und großer Beute gefraget. Wenn dann eine solche Partei in ein Haus gekommen, und der Herr etwas zu geben vermocht gehabt, hat er sich und die Seinigen so lange salviren und erhalten können, bis eine andere, die auch was haben wollen, wieder angekommen. Endlich aber, es alles hingegeben und nichts mehr vorhanden gewesen, alsdann ist die Noth erst angegangen ... Unter welcher währenden Wütherei dann ... sind mit gräulichem ängstlichen Mord- und Zetergeschrei viel tausend unschuldige Menschen, Weiber und Kinder kläglich ermordet und auf vielerhand Weise erbärmlich hingerichtet worden, also daß es mit Worten nicht genugsam kann beschrieben und mit Thränen beweint werden.« (Geschichte der Belagerung, Eroberung und Zerstörung Magdeburgs von Otto von Guericke, Magdeburg 1860, S. 80) *LK*

9/63 Bürgermeister Otto von Guericke (1602–1686)

Kopie von Michael Emig nach dem Gemälde von Johannes Lauch (1650)
1986; Öl/Lw.; 78 × 57 cm
Magdeburg, Magdeburger Museen, Kulturhistorisches Museum (G 622)

Nach diversen Studien im In- und Ausland ließ sich Guericke in seiner Heimatstadt Magdeburg nieder. Nach der Niederbrennung der Stadt durch Tillys Truppen 1631 fertigte er 1632 einen maßstabsgetreuen Stadtplan an und beaufsichtigte als Ingenieur den Wiederaufbau der Elbbrücken und der Stadtbefestigung. 1646 wurde er zum Bürgermeister ernannt. Da Magdeburg 1680 an das Kurfürstentum Brandenburg fiel, sah er sich gezwungen, zu seinem Sohn nach Hamburg zu ziehen. Dort starb er 1686, wurde aber in Magdeburg beigesetzt. *MB*

9/64 Magdeburger Halbkugeln

Nachbildungen, angefertigt für die Weltausstellung in Montreal 1967 nach den Originalen von Otto von Guericke (1663)
Metall; Dm 55 cm
München, Deutsches Museum (0000–77440)

Auf dem Reichstag in Regensburg 1654 führte Guericke seinen bekanntesten Versuch, das Halbkugelexperiment, als Demonstration des Vakuums vor: Sechzehn Pferde waren nicht in der Lage, die beiden luftleeren Kugelhälften auseinanderzubringen. Erst als ein Ventil Luft in das Vakuum einließ, zerfiel die Kugel wie von selbst in zwei Teile. *MB*

9/65 Experimenta Nova (ut vocantur) Magdeburgica De Vacuo Spatio

Otto von Guericke (1602–1686)
Amsterdam: Joann Jansson 1672
Mit einem Titelkupfer und einem Porträt des Autors auf dem Frontispiz
Magdeburg, Technische Universität Otto von Guericke (0010)

Über Magdeburgs Grenzen hinaus berühmt wurde Guericke durch seine experimentellen Forschungen, denen er sich seit etwa 1637 widmete. 1672 erschien sein vierteiliges Buch »Experimenta Nova«, in dem er nicht allein seine Experimente beschrieb, sondern mit dem er zugleich eine Art Lehrbuch der kosmischen Physik verfaßte. *MB*

9/66* »Magdeburg die Haupt Statt eines Herzogthumß gleiches Nahmens, an der Elb, dem König in Preussen zuständig ...« *[DH]*

Matthäus Seutter (1678–1756/57)
Um 1730; kolorierter Kupferstich; 49,6 × 56,3 cm
Magdeburg, Stadtarchiv (I/10 [F4])

Von der Zerstörung im Dreißigjährigen Krieg erholte sich Magdeburg nur langsam. In einem Vertrag mit dem brandenburgischen Kurfürsten mußte die Stadt 1666 einer Belegung als Garnisonsstadt zustimmen. Nachdem das Herzogtum Magdeburg 1680 endgültig Brandenburg-Preußen angegliedert worden war, wurde die ehemals reichsfreie Stadt zur stärksten Festung Preußens ausgebaut. Leopold von Anhalt-Dessau, seit 1701 Gouverneur von Magdeburg, veranlaßte 1715/16 die Errichtung eines zweiten Befestigungsringes mit elf Bastionen, der den bereits vorhandenen Mauerring umschließen sollte. Dafür mußten Teile der Vorstadt abgerissen werden. Der Plan von Seutter zeigt den Zustand vor dem Bau des zweiten Festungsringes. Die bereits Ende des 17. Jahrhunderts auf der Elbinsel errichtete fünfeckige »Zitadelle« erfuhr keine weiteren baulichen Veränderungen. *LK*

9/67* Magdeburg von Cracau aus

Um 1825; Öl/Lw.; 71 × 100 cm
Magdeburg, Magdeburger Museen, Kulturhistorisches Museum (G 56)

9/68 Magdeburg – Ansicht von Nordosten

Carl Hasenpflug (1802–1858)
1836; Öl/Lw.; 27 × 33 cm
Bez.: C. Hasenpflug 1836
Magdeburg, Magdeburger Museen, Kulturhistorisches Museum (G 3)

1815 wurde Magdeburg zur Hauptstadt der preußischen Provinz Sachsen erklärt. Während die Bilder aus der ersten Hälfte des 19. Jahrhunderts die Stadtsilhouette noch nahezu unberührt von der Industrialisierung zeigen, wandelte sich in der zweiten Hälfte des Jahrhunderts das Erscheinungsbild der Stadt: durch den Bau der Eisenbahn, den Einsatz von Dampfschiffen auf der Elbe, den Ausbau des Hafens sowie die Errichtung großer Fabrikkomplexe für die Stahl- und Maschinenbauindustrie. *LK*

9/67

9/69 Entwurf »Mitteldeutsche Ausstellung und landwirtschaftliche Ausstellungshalle« *[DH]*

Bruno Taut (1880–1938)
1921; Photographie (Reproduktion einer Zeichnung)
(Original: Magdeburg, Stadtarchiv)

Bruno Taut war von 1921 bis 1924 Stadtbaumeister in Magdeburg. In dieser Zeit entwickelte er erste Pläne für das Ausstellungsgelände auf der Elbinsel Rotehorn. Aus Anlaß der »Mitteldeutschen Ausstellung für Siedlung, Sozialfürsorge und Arbeit« 1922 wurde der Sternbrückenzug errichtet, der eine direkte Verbindung zwischen Stadtzentrum und Elbinsel schuf. *LK*

9/70* Das Ausstellungsgelände Rotehorn *[DH]*

a)* Zwei Entwürfe zur Theaterausstellung 1927
Albin Müller (1871–1941)
1926; 2 Photographien (Reproduktionen der Zeichnungen)

b) Luftbildaufnahme
1938; Photographie (Reproduktion)
(Originale: Magdeburg, Stadtarchiv)

Für die Theaterausstellung 1927 wurde auf der Insel Rotehorn das Ausstellungsgelände erweitert und ein neues Kulturzentrum geschaffen. Für die Zufahrt zur Sternbrücke lieferte der Darmstädter Architekt Albin Müller neue Entwürfe. Die Luftaufnahme von 1938 zeigt, daß Tauts Skizzen aus den beginnenden zwanziger Jahren weitgehend realisiert wurden. 1945 wurden sowohl das Ausstellungsgelände als auch die Sternbrücke zerstört. *LK*

9/70 a

9/70 a

9/71* »Strombad des Herrn Louis Sintenis in Magdeburg«

Nach 1860; Farblithographie; 20,9 × 25,6 cm
Berlin, Deutsches Historisches Museum (Gr. S 55/3035 [Kasten 41, Magdeburg])

Die Ideen Turnvater Jahns inspirierten Louis Sintenis, 1860 auf der Elbe in Magdeburg eine Badeanstalt zu errichten: Über eine Terrasse, die mit Statuen und Pflanzen ausgestattet war, gelangten die Badegäste in eine im pompejanischen Stil ausgemalte Vorhalle. Dahinter lagen die Badekabinen, der Zeit entsprechend für Männer und Frauen getrennt, und das Schwimmbecken. Nach dem Bade konnten sich die Besucher in Salons mit Buffets entspannen. *MB*

9/72 »Henrichs Streckkarte für Faltboot- und Kanufahrer – Elbe – Herrnskretschen – Magdeburg«

Maßstab 1:100 000
Bearbeitet von Otto Heinicke
Leipzig u. Zürich: Grethlein & Co.
Faltkarte, 16-teilig; 17 × 21 cm (geschl.), 21 × 272 cm (ausgelegt)
Magdeburg, Stadtarchiv (Rep.KS II/18 [F5])

Die Elbe war auch Tummelplatz für Wassersportler. Deshalb gibt die Karte neben einer genauen Streckenbeschreibung und Fahranweisung auch Auskunft über Kanuvereine, Faltbootclubs, Rudervereine, Bootshäuser und Bäder. *MB*

9/73* Karte »Staustufe Magdeburg« *[DH]*

Magdeburg: Elbstrombauverwaltung
1936; Zeichnung, Elbstrom koloriert; 49 × 150 cm
Magdeburg, Wasser- und Schiffahrtsamt

Am linken Elbufer Magdeburgs wurden bis ins 19. Jahrhundert im »Kauf- und Packhof« unter anderem Holz aus Böhmen, Silber aus Sachsen, Pelze aus Polen und Tuche aus Flandern umgeschlagen. Die Entwicklung der Dampfschiffahrt setzte neue Maßstäbe für die Umschlagplätze: In Magdeburg konnte 1893 ein neuer leistungsfähiger Hafen mit Speichern, Kränen und Gleisanschluß eröffnet werden. Nach Inbetriebnahme des Schiffshebewerks Rothensee 1938, das den Mittellandkanal mit der Elbe verbindet, wurde ein weiterer Hafen parallel zum Abstiegskanal angelegt. Im Zweiten Weltkrieg stark zerstört, wurden die Hafenanlagen wieder aufgebaut. Heute gilt der Magdeburger Hafen als der größte an der mittleren Elbe. *MB*

9/74 Fahrplan für den Eildampfer-Stückgut-Verkehr der Sächsisch-Böhmischen Dampfschiffahrts-Gesellschaft *[DH]*

Dresden, April 1901
Pappe; 50 × 60 cm
Mühlberg, Stadtmuseum

Der Eildampfer für Stückgut der Sächsisch-Böhmischen Dampfschiffahrtsgesellschaft benötigte 1901 nur noch drei Tage für die Strecke von Magdeburg nach Dresden, obwohl er an achtzehn Stationen anlegte. *MB*

9/71

9/75* Dampfschiff »Stadt Magdeburg« *[DH]*

Modell
Holz, Metall, Textilien; 48 × 32 × 100 cm
Magdeburg, Magdeburger Museen, Kulturhistorisches Museum (St. 2444)

Die »Stadt Magdeburg« war der erste Raddampfer, der in Magdeburg in der »Alten Bude«, der späteren Firma Buckau-Wolf, 1837 vom Stapel lief. *MB*

9/76* Schiffsdampfmaschine mit Abdampfturbine

Modell im Maßstab 1:10 (Typ: 2450/90; 2450 PS)
Magdeburg: VEB Schwermaschinenkombinat »Karl Liebknecht«
Um 1960; Metall; 68 × 112 × 63 cm (incl. Bodenplatte)
Magdeburg, Magdeburger Museen, Kulturhistorisches Museum (V HT 15)

Bereits Mitte des 19. Jahrhunderts wurden in Magdeburg-Buckau Dampfmaschinen und Schiffe gebaut. Nach der Konstruktion des Maschinentyps 2450/90 war eine Weiter-

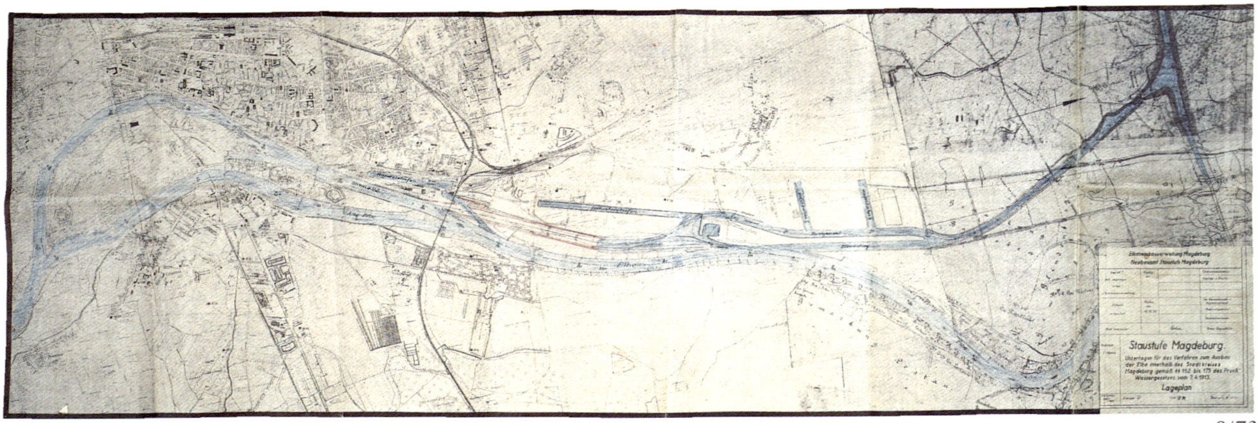

9/73

entwicklung der Kolbendampfmaschine nicht mehr zeitgemäß und der Betrieb wurde auf die Produktion von Verbrennungsmotoren etc. umgestellt. Nach 1989 wurde das Werk reprivatisiert. *MB*

9/77 Balkenwaage *[DH]*

Um 1850; Eisen; 118 × 55 × 8 cm
Bad Schandau, Heimatmuseum (183)

9/78 Pommritzer Rübenrodepflug *[DH]*

2. Viertel 20. Jh.; Eisen, lackiert; 116 × 106 × 270 cm
Ummendorf, Börde-Museum – Agrarethnographisches Regionalmuseum (V: 04/04/02/01)

In der Magdeburger Börde, einem fruchtbaren Löß-Schwarzerde-Gebiet westlich der Elbe, werden neben Weizen seit den dreißiger Jahren des 19. Jahrhunderts Zuckerrüben angebaut. Der Rübenrodepflug wurde von zwei Pferden gezogen und erleichterte die Rübenernte erheblich. Aus den Zuckerrüben gewannen die einheimischen Zuckerfabriken den Rübenzucker. *MB*

9/79 Handelsgebräuche im Großhandel und Schiffahrtsverkehre in Magdeburg. Festgestellt von den Aeltesten der Kaufmannschaft zu Magdeburg *[DH]*

Magdeburg: Heinrichshofen'sche Buchhandlung 1893
Magdeburg, Stadtarchiv (140/5)

9/75

9/76

Magdeburg und Hamburg waren vor 1914 die bedeutendsten europäischen Zuckermärkte. Die Richtlinien für den Handel, Qualitätsmerkmale, Preise und Liefermodalitäten wurden vom »Deutschen-Zucker-Export-Verein« in Magdeburg festgesetzt. *MB*

≋

9/80* Das zerstörte Magdeburg

a) Übersicht über die zerstörten Gebäude

b) Versenkte Schiffe in der Elbe

c) Flammenherd im Süden der Stadt

d) Brand im Norden der Stadt

P. Gehlert
1940–1945; 4 Photographien (Reproduktionen)
(Originale: Magdeburg, Stadtarchiv)

Die meisten der 16 000 Menschen, die im Zweiten Weltkrieg in Magdeburg ihr Leben lassen mußten, wurden bei dem schweren anglo-amerikanischen Luftangriff am 16. Januar 1945 getötet. Die Altstadt wurde zu 80 Prozent zerstört, darunter 15 Kirchen, 3 Theater, 3 Museen und 14 Krankenhäuser. Wo Barockbauten neben kleinen Gassen und Plätzen das Stadtbild prägten, begann in den fünfziger Jahren der Neuaufbau in Großblock- und Plattenbauweise, der der Stadt heute einen völlig anderen Charakter gibt. *MB*

9/81 Plattenbau in Magdeburg

München: Ernst Hirsch
1991; Video; 1 Min. 46 Sek.
Berlin, Deutsches Historisches Museum

Das Bild Magdeburgs wird seit dem 19. Jahrhundert zunehmend von Industriebetrieben und der großen Hafenanlage geprägt. Während des Zweiten Weltkriegs wurden auch große Teile der Fabriken im Norden und Süden zerstört. Nach langwierigen Räumungsarbeiten begann 1951 der Neuaufbau: Im Zentrum und in Elbufernähe entstanden öffentliche Gebäude und Wohnkomplexe in DDR-spezifischer Platten- und Großblockbauweise; der Betrieb im Hafen und in den Industriebezirken wurde wiederaufgenommen. *MB*

≋

9/80 b

9/80 c

9/80 d

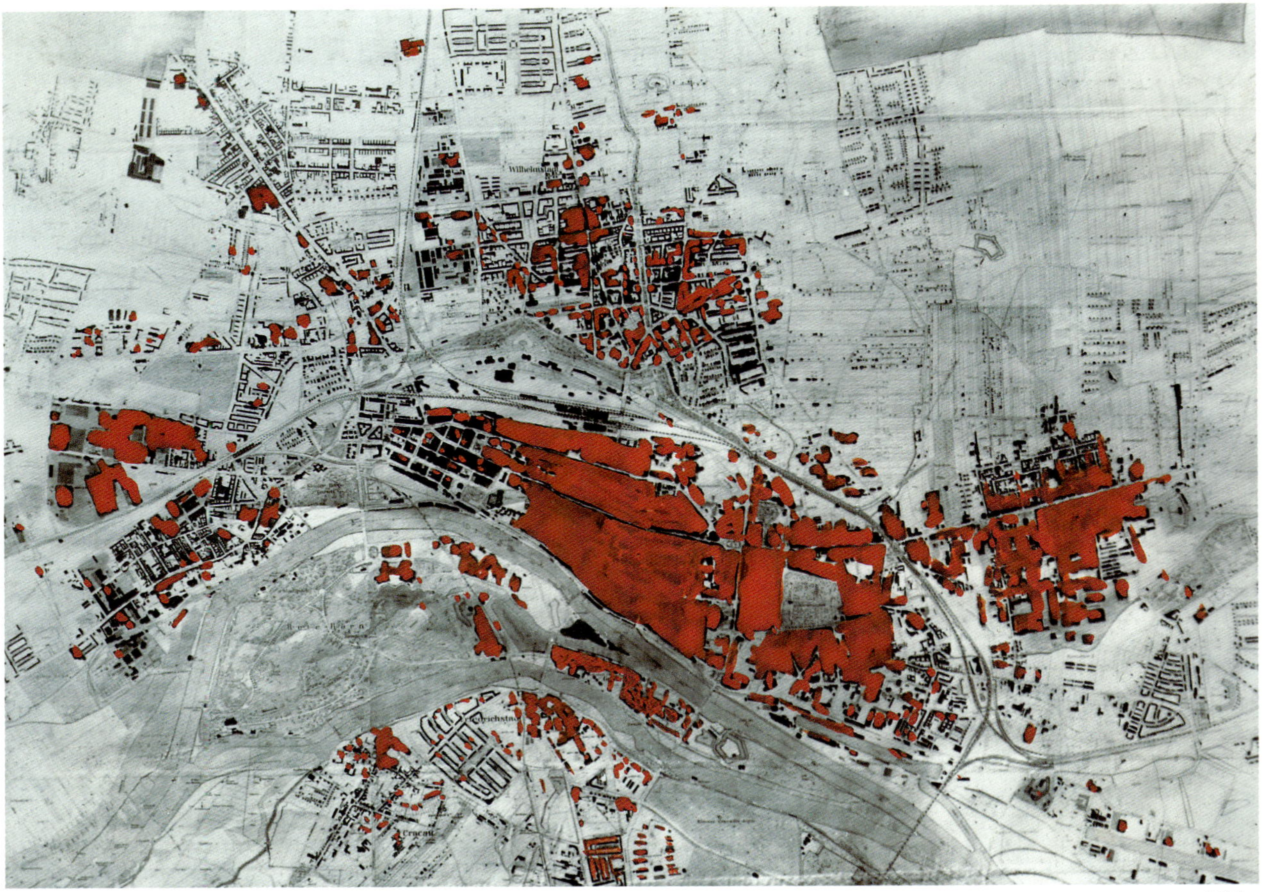

9/80 a

KAPITEL 10

Die Altmark – Von Jerichow bis Cumlosen

Der Elbabschnitt von Jerichow bis Cumlosen erstreckt sich über 85 Kilometer. Am linken Ufer der Elbe schließt sich an die fruchtbare Region der Magdeburger Börde der eher karge Sandboden der Altmark an. Die sandigen Ackerfluren und Wiesen eignen sich am ehesten für Viehzucht. Das rechts der Elbe gelegene Elbe-Havel-Land wurde dagegen in den vergangenen Jahrhunderten vielseitiger genutzt: Der Lehmboden vieler stillgelegter Elbarme lieferte den Rohstoff für die bis ins 20. Jahrhundert florierende Backsteinproduktion in zeitweilig bis zu 132 Ziegeleien.

Albrecht der Bär (um 1100–1170), der sich seit 1144 Markgraf von Brandenburg nannte, war 1134 von Kaiser Lothar mit der Nordmark belehnt worden. Die Umbenennung in Altmark erfolgte erst im 14. Jahrhundert, um das alte Stammland der Askanier von der Mittel- und der Neumark zu unterscheiden. Die Altmark und das Land zwischen Elbe und Havel bildeten die Basis für die weitere Ostkolonisierung.

Eine herausragende Stellung innerhalb der Altmark nahm bis ins 16. Jahrhundert die Stadt Stendal ein, die ursprünglich durch einen mittlerweile stillgelegten Seitenarm mit dem Hauptstrom der Elbe verbunden war. Tangermünde übernahm erst im 14. Jahrhundert dank der Protektion Kaiser Karls IV. eine führende Rolle. Demgegenüber war das um 930 auf einer Insel im Mündungsbereich der Havel gegründete rechtselbische Havelberg als Bischofssitz für die kirchliche Kolonisierung Ostelbiens von zentraler Bedeutung.

Wie Magdeburg gehörte auch der Elbabschnitt zwischen Jerichow und Wittenberge bis 1807 zu Brandenburg-Preußen. 1815 wurde er als Teil der Provinz Sachsen wiederum Preußen zugeschlagen. Seit 1945 schließlich gehört er zu Sachsen-Anhalt, nur die rechtselbischen Orte Wittenberge und Cumlosen liegen heute auf brandenburgischem Territorium.

Erst seit dem Ausbau der Elbe im 19. Jahrhundert fließt der Strom in geregelten Bahnen. Wegen der Breite des Flußbettes erschien der Bau von Brücken in dieser Region lange Zeit als nahezu unmöglich bzw. unbezahlbar. 1933 erhielt Tangermünde eine Elbebrücke. Sie war mit 833 Metern Länge seinerzeit eine der längsten in Deutschland.

Mit dem Bau einer Eisenbahnbrücke entwickelte sich Wittenberge seit 1851 zu einem wichtigen Verkehrsknotenpunkt, an dem sich innerhalb kürzester Zeit verschiedenste Industriezweige niederließen. Andere Städte wie Havelberg, die bis heute weder an das Eisenbahnnetz angeschlossen noch in das Netz der großen Durchgangsstraßen eingebunden sind und bis in die jüngste Zeit allein von der Schiffahrt und der Fischerei lebten, bekamen die Folgen der Wasserverschmutzung und der Verlagerung des Frachtverkehrs vom Wasser auf die Straße besonders stark zu spüren.

LK

10/1 Kirche zu Jerichow

Eduard Meyerheym (1808–1879)
1830; Lithographie; 27,5 × 34,3 cm
Berlin, Deutsches Historisches Museum (Gr. 53/294)

Die romanische Backsteinbasilika von Jerichow, erbaut im letzten Viertel des 12. Jahrhunderts und ursprünglich an einem rechten Nebenarm der Elbe gelegen, diente vielen Kirchenbaumeistern zwischen Elbe und Havel als Vorbild. Um die Mitte des 12. Jahrhunderts war das Stift Jerichow auf Veranlassung des Bischofs von Havelberg gegründet worden. Von hier aus orientierten sich die Prämonstratenser, deren Orden erst 1121 im französischen Prémontré von Norbert von Xanten, dem späteren Erzbischof von Magdeburg, ins Leben gerufen worden war, weiter Richtung Osten. Eine Hochwasserkatastrophe im Jahre 1336 veränderte den Lauf der Elbe allerdings derart, daß der Strom nur noch in ca. drei Kilometern Entfernung an Jerichow vorbeifloß. Damit begann der Niedergang des Klosters. Nachdem die Zisterzienser östlich der Elbe verstärkt Fuß gefaßt hatten, wurde Mitte des 16. Jahrhunderts der Wirtschaftshof der Klosteranlage von Jerichow in eine landwirtschaftliche Domäne umgewandelt. *LK*

10/2 Der Hl. Nikolaus

Kunststoffabguß von einem Sandsteinrelief (1. Viertel 13. Jh.); 58 × 30 cm, Backsteinblende: 110 × 80 × 18 cm
Jerichow, Klostermuseum Jerichow (Original: Evangelische Kirchengemeinde Jerichow)

Eines der drei Reliefs über dem Portal der Jerichower Klosterkirche stellt den Heiligen Nikolaus dar. Er wird als Schutzheiliger der Schiffer, aber auch der Weber und Notare verehrt und hält als Attribute entweder Schiff und Anker, drei Brote oder auch ein Buch mit drei goldenen Kugeln in der Hand. An dem beschädigten Relief sind die Attribute nicht vollständig erhalten. *LK*

10/3* »Tangermünd«

Matthäus Merian d.Ä. (1593–1650)
1631; Kupferstich; 17 × 25 cm
Berlin, Deutsches Historisches Museum (Gr. 53/1698)

Die Stadt Tangermünde geht zurück auf eine Kaufmannssiedlung, die um 1200 an der Kreuzung zweier wichtiger Handelswege entstanden war: Die Elbuferstraße und die Querverbindung von Stendal und Gardelegen über die Elbe nach Jerichow und Genthin trafen hier aufeinander. Der Stich von Merian zeigt die Belagerung Tangermündes im Dreißigjährigen Krieg durch die Truppen des schwedischen Königs Gustav Adolf, der die Stadt am 22. Juli 1631 eroberte. Vierzehnmal schlugen die verschiedenen Kriegsparteien zwischen 1626 und 1644 bei Tangermünde ihr Lager auf. Die Stadt wurde immer wieder Opfer von Plünderungen und Zerstörung. *LK*

10/4* Relief vom Denkmal für Kaiser Karl IV. in Tangermünde

Ludwig Cauer (1866–1947)
(Original: 1897–1900); Bronzeabguß; 74 × 60 cm
Berlin, Deutsches Historisches Museum (Original: Stadt Tangermünde)

Ende des 19. Jahrhunderts ließ Tangermünde Karl IV. in Erinnerung an seine Verdienste für die Stadt und den Ausbau der Burg ein Denkmal errichten. Das überlebensgroße Standbild von Ludwig Cauer im Innenhof der Burg ist mit Blick auf die Elbe ausgerichtet, das dazugehörige Sockelrelief symbolisiert das Heilige Römische Reich: In der Mitte thront der Heilige Michael, in der einen Hand das Reichsschwert, in der anderen die Kaiserkrone. Zwei Adlerköpfe tragen die Wappen Tangermündes und des Reiches. Seine größte Blütezeit erlebte Tangermünde im 14. und 15. Jahrhundert, als die Stadt dem Bund der Hanse angehörte und Kaiser Karl IV. die Burg 1373 bis 1378 als seine brandenburgische Residenz nutzte. Über die wirtschaftlichen Motive Karls IV., der die meiste Zeit in Prag residierte, berichtet George Gottfried Küster in seinen »Tangermündischen Denkwürdigkeiten« (1728): »Der Käyser wolte die Schiffarth aus Böhmen in die Elbe anrichten, und die Mulda schiffbar machen lassen, zu Tangermünde aber eine Niederlage anlegen, von der die Wahren nach Hamburg oder Lübeck solten gebracht werden.« *LK*

10/5 Zunftlade der Maurer

1660; Holz, geschnitzt; 40 × 35 × 60 cm
Tangermünde, Heimatmuseum

Auch wenn Tangermünde im 16. und 17. Jahrhundert nicht mehr dieselbe wirtschaftliche Glanzzeit erlebte wie im ausgehenden Mittelalter, so blieb doch das Maurerhandwerk von zentraler Bedeutung für die Stadt. Im Dreißigjährigen Krieg waren zwei Drittel der Häuser zerstört worden, die es wieder aufzubauen galt. *LK*

10/3

10/6 Formsteine mit unterschiedlichen Profilen

Backstein
Tangermünde, Heimatmuseum

Für die prächtigen gotischen Bauten des Mittelalters – die Burg, die Stadttore, die Schloßkirche und das Rathaus – wurde der für diese Region typische Backstein in äußerst kunstvoller Weise verwendet. Die einzelnen Steine erhielten verschiedenste Ausformungen und Profile, so daß sie sich beispielsweise an Pfeilern und Wölbungen zu durchgehenden Profilierungen und Mustern zusammenfügen. Als Rohstoff für die Ziegelsteine boten sich reichliche Lehmvorkommen in den urzeitlichen Flußtälern rechts der Elbe an. Mitte des 19. Jahrhunderts zählte man in diesem Landstrich 63 Ziegeleien. Der Höchststand mit 132 Ziegeleien im Jerichower Land wurde 1883 erreicht, als auch in Großstädten wie Berlin und Hamburg die Backsteinarchitektur geschätzt wurde. *LK*

10/7 »Stromkarte der Elbe ... am Pegel zu Tangermünde«

Maßstab 1:10 000
Bogdan Gisevius
1903, ergänzt bis 1925; kolorierte Photolithographie; 34 × 44 cm
Magdeburg, Wasser- und Schiffahrtsamt (Plankammer)

Tangermünde besaß das Stapelrecht für die Altmark. Aus der Region um Tangermünde wurden über die Elbe unter anderem Ziegelsteine und Zucker verschifft. Der Hafen wurde allerdings erst von 1887 bis 1890 ausgebaut. *LK*

10/8 Kettendampfer

Modell
Holz; 74 × 15 × 22 cm
Tangermünde, Heimatmuseum

10/4

In den siebziger Jahren des 19. Jahrhunderts setzte sich auf der Elbe die Kettenschiffahrt durch, eine technische Neuerung, die sich bereits in Frankreich auf der Seine bewährt hatte (vgl. 9/27–29). *LK*

≋

10/9 »Schönhausen, Besitzthum des deutschen Reichskanzlers« *[DH]*

Aus der Zeitschrift: »Über Land und Meer«, Bd. 54
Otto Günther-Naumburg (1856–1941)
1885; Holzstich; 30,2 × 23,1 cm
Berlin, Privatbesitz

Laut schriftlicher Überlieferung ist der Ort Schönhausen am rechten Ufer der Elbe von niederländischen Kolonisten gegründet worden, die dem Ruf der Prämonstratenser nach Osten gefolgt waren. 1212 wurde die Backsteinkirche von Schönhausen geweiht. Im 16. Jahrhundert kam Schönhausen in den Besitz der Familie Bismarck. Der spätere Reichskanzler Otto von Bismarck wurde 1815 dort geboren. *LK*

10/10* »Das Gehalt der Deichhauptleute von Brauchitsch und von Bismark...«, Magdeburg, 19. November 1846 *[DH]*

Schreiben der Regierungshauptkasse
Faksimile; Din A 4
Magdeburg, Landeshauptarchiv Sachsen-Anhalt (Rep.C 28 I d, Nr. 456 vol.I. S.4)

Nachdem es im Frühjahr 1845 zu einer schweren Hochwasserkatastrophe mit mehreren Dammbrüchen bei Fischbeck, Lübars und Hohengöhren sowie schweren Verwüstungen rund um Schönhausen gekommen war, wurde der junge Otto von Bismarck, gerade aus Pommern auf das väterliche Gut zurückgekehrt, für die Elbstrecke von Jerichow bis Sandau zum Deichhauptmann gewählt. In dem Schreiben der zuständigen Magdeburger Finanzbehörde wird das Gehalt für die Deichhauptleute namentlich aufgeführt. Über seine verantwortungsvolle Tätigkeit berichtete Bismarck in Briefen an seine Braut. So schrieb er am 25. Februar 1847: »Endlich ist die Elbe über Nacht 2 Fuß höher geworden. Wenn sie übrigens alle Jahr so langweilig sanftmütig sein will wie bisher in diesem, so würde ich das Kommando über die Fluten niederlegen.« *LK*

10/11 Seilfähre »Fürst Bismark« *[DH]*

Modell
Vor 1930; Holz; 71 × 23 × 17 cm
Tangermünde, Heimatmuseum

Die nach dem Reichskanzler benannte Seilfähre verkehrte zwischen Tangermünde und dem gegenüberliegenden Ostufer der Elbe. Die ursprünglich für diesen Standort geplante Eisenbahnbrücke war 1868 bis 1871 bei Schönhausen errichtet worden, da dort die zu überbrückende Distanz um 150 Meter kürzer war. *LK*

≋

10/12 Das Atomkraftwerk Stendal an der Elbe

München: Ernst Hirsch
1991; Video; 42 Sek.
Berlin, Deutsches Historisches Museum

In den achtziger Jahren wurde nordöstlich von Stendal am linken Ufer der Elbe ein Atomkraftwerk errichtet – nach Greifswald und Rheinsberg das dritte auf dem Gebiet der ehemaligen DDR –, dessen Inbetriebnahme nach den jüngsten politischen Veränderungen äußerst fraglich erscheint. Über Abriß oder sicherheitstechnische Nachrüstung ist noch keine endgültige Entscheidung gefallen. *LK*

≋

10/13 »Ansicht vom Dom und der Stadt Havelberg« mit der Werft von Rabenau *[DH]*

1812/13; kolorierter Kupferstich; 38 × 57 cm
Havelberg, Prignitz-Museum (V 1074)

Die Stadtsilhouette Havelbergs wird überragt vom Dom St. Marien, 1170 geweiht, mit romanischem Westwerk und gotischen Umbauten aus dem 14. Jahrhundert. Havelberg spielte eine bedeutende Rolle bei der kirchlichen Ostkolonisation. Bereits um 930 war auf dem rechts der Elbe, an der Havelmündung gelegenen Hügel eine Burg errichtet worden, die ab 948 auch als Bischofssitz diente. Nachdem dieser 983 zerstört und der Ort ca. 150 Jahre von einem slawischen Fürsten regiert worden war, fiel er 1136 in die Hände von Markgraf Albrecht dem Bären, der dort 1170 ein Domkapitel gründete. Die Stadt Havelberg, unterhalb des Doms auf einer Insel in der Havel gelegen, ist erstmals 1160 erwähnt. Auf Dauer konnte sich Havelberg als Bischofssitz nicht halten. Seit 1571 gehörte es endgültig zum Kurfürstentum

Brandenburg. Gleichzeitig wurde auch das Domkapitel von der evangelischen Kirche übernommen. Für die wirtschaftliche Entwicklung der Stadt war die Lage an der wichtigen Binnenschiffahrtsverbindung Berlin – Hamburg entscheidend. Die Stadtansicht aus dem 19. Jahrhundert zeigt im Vordergrund die 1779 gegründete Werft für Lastkähne. *LK*

10/14* Havelberger Werft *[DH]*

Peter (Pieter o. Petrus) Schenk (1660–1718/19) nach
Michiel Madderstegh (1659–1709)
Um 1680; Kupferstich; 22 × 24 cm
Havelberg, Prignitz-Museum (V 1081)

Zur Bedeutung des Schiffbaus bereits im 17. Jahrhundert heißt es in Zoellners »Chronik der Stadt Havelberg« (1893): »Der Schiffsbau ist besonders unter dem Großen Kurfürsten Friedrich Wilhelm in großer Ausdehnung betrieben. – Es wurden Elbschiffe bis 120 Fuß Länge und 16 Fuß Breite in großer Menge hier verfertigt, außerdem kleine Gefäße als Schuten, Gelten, Wracken, Anhange und dergleichen. Unter König Friedrich unternahm es ein Holländer namens Kornels auch Seeschiffe zu bauen. Er errichtete zu diesem Behuf am Schöneberge einen großen Bauhof, starb aber bald darnach, und hiernächst ist dieser Gewerbszweig verfallen.« Die Stadtchronik berichtet von insgesamt 20 Seeschiffen, die in Havelberg fertiggestellt wurden. 1702 wurden die Reste der Werft vom Havelberger Domkapitel erworben. *LK*

10/15* Hamburgisches Kauffahrteischiff um 1680 *[DH]*

Modell im Maßstab 1:50
Havelberg: Joachim Sasse
Holz, genagelt, teilw. bemalt; Zinn, Leinen, Bindfaden;
104 × 30 × 100 cm (mit Ständer)
Havelberg, Prignitz-Museum (V 70 M)

Die im 17. Jahrhundert auf der Havelberger Werft gebauten Hochseeschiffe waren relativ klein, die größeren von ihnen hatten eine Wasserverdrängung von 900 bis 1000 Tonnen. Die fertigen Schiffe wurden nach Hamburg oder nach Emden zum Heimathafen der »Afrikanischen Handelskompagnie« überführt. Zum Schutz gegen Piraten und Kaperer wurden sie mit Kanonen bestückt. *LK*

10/15

10/16* Willkomm des Havelberger Schiffbaugewerbes *[DH]*

1783; Zinn; H 50 cm
Havelberg, Prignitz-Museum (V 679 H)

Das Schiffbaugewerbe erlebte in Havelberg durch die Gründung der »Königlichen Seeschiffbau-Werft« 1779 noch einmal einen Aufschwung. Später setzte die Werft von Rabenau und Stutzer, die sich auf die Fertigung von Lastkähnen spezialisierte, die Havelberger Schiffbautradition fort. *LK*

10/17 Die Elbe bei Hochwasser mit Eisstau und Deichbruch *[DH]*

1909; 12 Postkarten u. Photographien (z. T. Reproduktionen)
Havelberg, Prignitz-Museum (U 3262, U 3077–78,
U 3079a-f, U 546Z, U 596Z, U 597Z)

Havelberg war von den alljährlichen Hochwassern der Elbe durch seine Lage an der Havelmündung besonders stark betroffen: »Obwohl der, das rechte Ufer der Elbe begleitende Deich ein direktes Uebertreten des Flusses verhindert, so ist die zwischen Elbe und Havel liegende Niederung doch fortdauernd bei jedem hohen Wasserstande der Elbe durch den Rückstau des Stromes, dessen Gewässer sich alsdann, durch die ungleichartigen Gefälle beider Ströme bedingt, in die Havel ergießen, den Ueberschwemmungen ausgesetzt.« (»Chronik der Stadt Havelberg«, 1893). Seit 1887 war die Stadt an den telegraphischen Frühwarndienst angeschlossen, der Pegelmessungen an den Stationen Dresden, Barby, Wittenberg und Trotha unternahm. Alarm gegeben wurde bei besonders hohen Wasserständen, Deichdurchbrüchen, Aufbruch der geschlossenen Eisdecke und Blockierung des Stroms durch Eisschollen.

LK

≋

10/14

10/18 Ansichten von Wittenberge *[DH]*

a) Altstadt – Fliegeraufnahme

b) Altstadt – Hafen

c) Singer Nähmaschinenfabrik

d) Singer Nähmaschinenfabrik von der Elbe aus

Um 1930; a) Photographie; 10,5 × 15 cm; b) – c) Postkarten
Wittenberge, Stadtmuseum »Alte Burg« (Z 1937, Z 2064 – 66)

Wittenberge, um 1225 im Schutz einer Burg entstanden, entwickelte sich im 19. Jahrhundert zu einer bedeutenden Industriestadt. Der Hafen wurde ausgebaut, unterschiedlichste Industrie siedelte sich an, 1845 wurde die Stadt an die Eisenbahnstrecke Hamburg – Berlin angeschlossen. Entsprechend rapide stieg die Einwohnerzahl; betrug sie um 1800 nur ca. 850 und 1900 bereits 16 000, so sind es heute mehr als 30 000 Einwohner. *MB*

10/19 »Eisenbahnbrücke zu Wittenberge a/Elbe« *[DH]*

G. Heisinger nach einer Zeichnung J. Gottheil
Stahlstich; 22,2 × 31,4 cm
Berlin, Deutsches Historisches Museum (Gr. S. 55/1730 [Kasten 22, Die Elbe])

10/24 c *10/24 b*

Wittenberge erhielt 1845 Anschluß an die Eisenbahnstrecke Hamburg – Berlin, doch erst mit Fertigstellung der Brücke über die Elbe 1851 war die Verbindung mit Magdeburg geschaffen; Wittenberge wurde Eisenbahnknotenpunkt. Ein Teil der auf 35 Pfeilern ruhenden hölzernen Bahn- und Straßenbrücke war als Drehbrücke konstruiert, so daß auch größere Schiffe passieren konnten. *MB*

10/20 Die Brücken der Elbe für Schiffahrttreibende *[DH]*

Magdeburg: Albert Rathke's Verlagsbuchhandlung 1904
15 × 102 cm (mit ausgefaltetem Leporello)
Magdeburg, Stadtarchiv (140/139)

Das Buch zeigt alle Brücken der deutschen Elbe von 1904 mit Angabe der Spannweiten und Schiffahrtsöffnungen. Es lassen sich auch die höchsten und niedrigsten noch schiffbaren Wasserstände ablesen. *MB*

10/21 Nähmaschine der Firma Singer *[DH]*

Wittenberge: Singer Nähmaschinenfabrik
1900; Metall, bemalt; Holz; 100 × 75 × 42 cm
Wittenberge, Stadtmuseum »Alte Burg« (1235629)

Jeder kennt die Marke »Singer Nähmaschinen«. Es ist aber kaum bekannt, daß die amerikanische Singer Manufacturing Company ihr erstes Zweigwerk in Europa 1903 in Wittenberge eröffnete. Der Betrieb entwickelte sich bald zur größten und modernsten Nähmaschinenfabrik auf dem Kontinent. Im Dritten Reich wurde er Rüstungsbetrieb und während des Krieges teilweise zerstört. 1946 begann die Produktion von Pumpen und Öfen, bald aber wurden wieder Nähmaschinen hergestellt. *MB*

10/22 Fahne des »Schiffer- und Fischer-Vereins Wittenberge« *[DH]*

1889; Seide, mit Goldfäden bestickt; 140 × 140 cm, Fahnenstange: L 190 cm
Wittenberge, Stadtmuseum »Alte Burg« (DI 4561)

»Arbeit und Fleiß ziert Jüngling und Greis« lautete das Motto des Wittenberger Schiffer- und Fischer-Vereins 1889. Der bedeutende Hafen, der 1850 auch Hauptzollhafen war, zog Treidler und Schiffer in die Stadt und lockte Kaufleute aus der ganzen Umgebung an. *MB*

10/16

10/23 Wittenberge als Industriestandort *[DH]*

München: Ernst Hirsch
1991; Video; 1 Min. 13 Sek.
Berlin, Deutsches Historisches Museum

Aufgrund seiner verkehrsgünstigen Lage mit der Elbbrücke im Zentrum eines Eisenbahnkreuzes und dem Umschlaghafen an der Stepnitzmündung entstanden in Wittenberge seit dem 19. Jahrhundert wichtige Industrieansiedlungen: eine Ölmühle, eine Tuchfabrik sowie ein Eisenbahn-Ausbesserungswerk. 1903 wurde das Nähmaschinenwerk gegründet, 1935 die Maschinenfabrik und 1937 die Zellwollfabrik. Die Zellstoff- und Zellwollwerke waren die einzigen Produzenten von Zellglas in der DDR. *MB*

≋

10/24* Vier Fischspeere *[DH]*

a) Zwei Fischspeere zum Lachsfang

Um 1800; Eisen; 18 × 8 cm, 23 × 8 cm
Bad Schandau, Heimatmuseum (39, 40)

b)* Hechtspeer

Um 1900; Eisen; 26 × 20 cm
Cumlosen, Heimatstube (200)

10/25

c)* Aalspeer

Um 1900; Eisen; 50 × 30 cm
Cumlosen, Heimatstube (199)

Der heute verbotene Fischfang mit dem Speer wurde auch von den Elbfischern praktiziert. Sie montierten die Eisenspeere auf Holzstiele; die Form der »Gabeln« und die Anzahl der Zinken variierten nach der Größe und Form der zu fangenden Fische. *MB*

10/25* Fischeimer *[DH]*

19. Jh.; Messing, mit punziertem Blumendekor; H 50 cm, Dm (oval) oben 33–29 cm, unten 24–21 cm
Havelberg, Prignitz-Museum (V 994)

Der praktische Fischeimer wurde von der Hausfrau zum Fischkauf auf dem Markt verwendet. Besonders schöne Exemplare wie dieses wurden zur Hochzeit verschenkt und als Prunkstück in die »gute Stube« gestellt. *MB*

10/26 Fischkiepe *[DH]*

Um 1910; Korbgeflecht; H 70 cm, Dm 70 cm
Cumlosen, Heimatstube (161)

In einer aus Weidenruten geflochtenen Kiepe trugen die Fischerfrauen morgens den frisch gefangenen Fisch zum Markt. *MB*

10/27 Eisaxt *[DH]*

Um 1910; Eisen, Holz; 155 × 45 cm
Cumlosen, Heimatstube (158)

Um auch im Winter Fischfang betreiben zu können, wurden Löcher in die Eisdecke gehauen. Mittels einer Stange zogen die Fischer von Eisloch zu Eisloch ein Netz durch das Wasser. *MB*

10/28 Fischnetz *[DH]*

Ende 19. Jh.; Netz, Holzreifen; Dm 200 cm
Torgau, Kreismuseum (V-L 3)

Fischnetze, Hamen und Reusen gab es in regional sehr unterschiedlichen Formen. Netze wurden entweder durch das Wasser gezogen oder fest installiert; dabei richtete sich die Maschenweite nach der Größe der zu fangenden Fische, welche mit den Kiemendeckeln in den Maschen hängenbleiben sollten. Allen Netzen gemein ist, daß sie – im Gegensatz zu den Fischspeeren – die gefangenen Fische nicht verwunden. *MB*

KAPITEL II

Von der Festung Dömitz bis vor die Tore Hamburgs

Mehrere Jahrzehnte lang war der Charakter dieses Elbabschnitts durch die innerdeutsche Grenze geprägt, die hier auf fast 100 Kilometer dem Flußlauf folgte. Bis 1989 versperrten die Grenzsicherungsanlagen am rechten Ufer den Zugang zum Wasser und die Sicht auf die andere Seite. Inzwischen sind Teile des Metallgitterzauns und der Selbstschußanlagen zu Objekten der Heimatmuseen geworden, und Fährverkehr und Brückenbau deuten auf die Wiederherstellung alter Verbindungen. Die breit und niedrig am Flußufer hingelagerte Dömitzer Festung zeigt sich heute wieder so, wie sie sich wohl schon vor über 400 Jahren dem Reisenden an der Elbe dargeboten hat. Neben der Einfahrt der Elde-Müritz-Wasserstraße gelegen, ist dieses Bollwerk an der Grenze zu Braunschweig und Brandenburg ein Symbol für die Geschichte jener Gebiete, die die Elbe als natürliche Grenze getrennt oder als Schiffahrtsweg verbunden hat. Die Festungsanlagen von Dömitz, Hitzacker, Bleckede und Boizenburg sicherten den Landesherren auch die Durchsetzung erheblicher Elbzolleinnahmen. Beim Salzhandel, dem wichtigsten Querverkehr über die Elbe, hatte der Lübecker Rat mit dem Bau des Stecknitzkanals die Kontrolle über den Transport entlang der »Via Regia«, der alten Königsstraße, erlangt. Projekte, die den Lüneburger Salzherren und Ilmenauschiffern eine Umgehung der Lübecker Privilegien hätten ermöglichen können, scheiterten. Weder über die im 15. Jahrhundert eingerichtete Schaalfahrt noch über die im 16. Jahrhundert entworfene Wasserstraße von Dömitz nach Wismar konnte eine alternative Verbindung zur Ostsee hergestellt werden.

Vor der Zeit deutscher Ostkolonisation und der Territorialstaatsbildung hatten sich slawische Stämme auch in linkselbischen Gebieten angesiedelt, in denen manche Ortsnamen an diese Nachbarschaft von slawischen und sächsischen Bevölkerungsgruppen erinnern. Daß die Elbregion schon Jahrtausende früher als Siedelland genutzt wurde, belegen ur- und frühgeschichtliche Funde. Die Menschen hatten ihre Wohnplätze vorzugsweise an den Rändern der Geest und auf höher gelegenen Sandinseln gesucht, während die breite Niederung des häufig überschwemmten Urstromtals unkultiviert geblieben war.

Die der Ilmenaumündung gegenüber gelegene Elbmarsch der Vierlande ist dagegen durch Landgewinnungsmaßnahmen seit dem Ende des 12. Jahrhunderts erschlossen worden. Dank des fruchtbaren Bodens erbrachten Deichbau und Feldentwässerung beachtliche Ernteerträge. Auf den bäuerlichen Wohlstand gegründet, entwickelte sich in Wechselbeziehungen zur nahen Stadt Hamburg, auf deren Märkten die Produkte aus Landwirtschaft und Gartenbau angeboten wurden, jene reiche Vierländer Kultur, die in Tracht, Hausbau, Kirchenausstattung und Möbeldekoration ihren Ausdruck findet.

In der Gegenwart kündigt sich die Nähe Hamburgs bereits ein Stück oberhalb der Vierlande durch technische Bauwerke an, die für die Versorgung und Infrastruktur der Stadt realisiert wurden: dem bei Artlenburg in die Elbe einmündenden Elbe-Seitenkanal folgt das Kernkraftwerk Krümmel, das neuerdings mit Fällen von Leukämieerkrankung und -tod in der nahen Elbmarsch in Verbindung gebracht wird. Das Pumpspeicher-Kraftwerk Geesthacht dient dem Ausgleich der Strombedarfsschwankungen im Großraum Hamburg, die Staustufe Geesthacht wurde durch die Fahrrinnenaustiefung der Unterelbe notwendig. Seit ihrer Fertigstellung im Jahre 1960 beginnt hier am Wehr die Tideelbe.

TvE/FS

11/1 Elbzollprivileg für das Stift Ratzeburg, 1271 *[DH]*

»Die Herzöge von Sachsen bestätigen dem Stift Ratzeburg die Zollfreiheit auf der Elbe«
Pergament; 3 anhängende Siegel (ein 4. Siegel fehlt); 55 × 47 cm
Schwerin, Mecklenburgisches Landeshauptarchiv (Urkunden Ratzeburg II, 41)

Im Mittelalter hemmten zahlreiche Zollstellen den Warenverkehr auf der Elbe. Privilegien und Stapelrechte der Anlieger führten dazu, daß der bequeme Wasserweg von Produzenten und Kaufleuten für die Verteilung ihrer Waren nur sehr eingeschränkt genutzt werden konnte. Mit der Urkunde von 1271 befreien die Herzöge von Sachsen für ihren Herrschaftsbereich das Stift Ratzeburg von solchen Abgabelasten. In dem Dokument wird Bischof Ulrich von Ratzeburg, der in den Jahren 1257 bis 1284 amtierte, wörtlich versichert: »Außerdem erkennen wir das freie Recht des Bischofs und des Stifts an, ihren Jahresertrag und ihre ganze Ernte über die Elbe von unserem Herzogtum bis Hamburg oder anderen Orten zu bringen ohne Zoll oder Ungeld zahlen zu müssen, auch bei der Rückführung alles zu ihrem Vorteil verglichen werden wird.« *TvE*

11/2 24 Postkarten mit Ansichten der Stadt Dömitz *[DH]*

Vorwiegend Dömitz: Verlage Edmund Mattig, Franz Schröder 1901–1942; Lithographien u. Lichtdrucke; 8,8 × 13,8 cm – 10,7 × 14,9 cm
Dömitz, Museum Dömitz

Die zum größten Teil bei Dömitzer Verlagen erschienenen Postkarten zeigen neben historischen Straßenzügen und dem Hafen an der Elde vor allem die Festung Dömitz, auf der der mecklenburgische Schriftsteller Fritz Reuter (1810–1874) bis August 1840 die letzten vierzehn Monate seiner insgesamt siebenjährigen Festungshaft verbrachte. Als herausragende architektonische Merkmale der Stadt erscheinen die Dömitzer Elbbrücken, die nur in Rudimenten erhalten sind. Beide Brücken – die im Auftrag der »Berlin-Hamburger Eisenbahn-Gesellschaft« von Häseler entworfene, 1870 bis 1873 von Joh. Caspar Harkort ausgeführte Eisenbahnbrücke und die im Jahre 1936 einige hundert Meter stromabwärts erbaute Straßenbrücke – wurden kurz vor dem Ende des Zweiten Weltkrieges demoliert und unbenutzbar gemacht. Danach galt die unterbrochene, ehemals ca. 1000 Meter lange Eisenbahnbrücke jahrzehntelang als ein Wahrzeichen der deutschen Teilung. *FS*

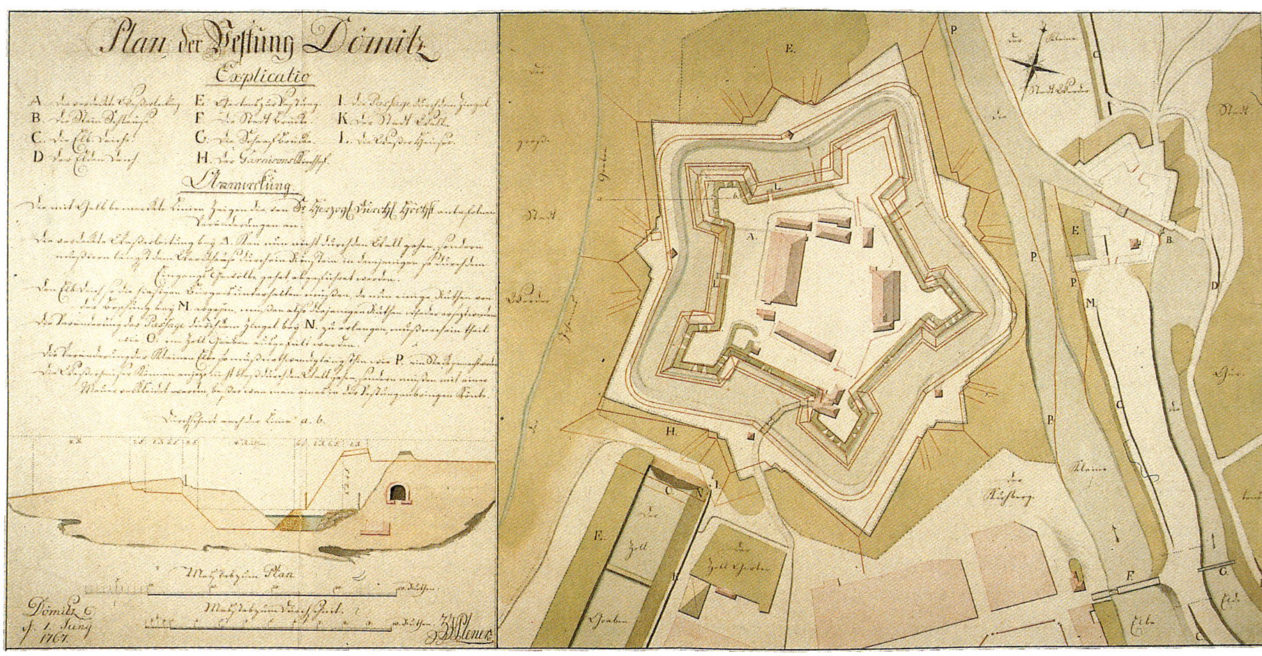

11/3

11/4

11/3* »Plan der Vestung Dömitz« *[DH]*

J. Z. Plener
1767; kolorierte Zeichnung; 35 × 55 cm
Schwerin, Mecklenburgisches Landeshauptarchiv (Kartenbestand, Nr. 173 [1767])

Der italienische Baumeister Francesco à Borneau hat die mächtige Zitadelle in Form eines gleichmäßigen Fünfecks für den mecklenburgischen Herzog Johann Albrecht in den Jahren 1559 bis 1565 geschaffen. Die Bastionen tragen die Namen »Cavalier«, »Burg«, »Greif«, »Drache« und »Held«; sie sind durch Mauern aus Felsen und Raseneisenstein verbunden. Die ganze Anlage ist von einem Wassergraben und dem »Gegenwall« zusätzlich geschützt. Die Zeichnung von 1767 illustriert das komplexe System der Verteidigungsanlagen, in denen auch Sträflinge und psychisch Kranke gefangengehalten wurden. Heute ist die Dömitzer Festung die einzige original erhaltene Flachlandfestung Nordeuropas.

TvE

≋

11/4* Karte der projektierten Wasserstraße von Dömitz nach Wismar *[H]*

Tilemann Stella (1524/25–1589)
1576; aquarellierte Federzeichnung/Papier, auf Lw. aufgezogen; 67,5 × 114,5 cm
Lüneburg, Museumsverein für das Fürstentum Lüneburg (38:1960)

Da der Verkehr auf dem 1398 fertiggestellten Stecknitzkanal zwischen Lauenburg und der Ostsee in den Händen Lübecks lag, sollte im 15. Jahrhundert auf Initiative Lüneburgs mit der sogenannten Schaalfahrt eine alternative Verbindung zur Ostsee eingerichtet werden. Diese konnte aber nur zwischen Boizenburg und dem Schaalsee hergestellt, nie jedoch bis zum angestrebten Ostseehafen Wismar vorangetrieben werden. Im 16. Jahrhundert richtete sich das Interesse Lüneburgs auf das mecklenburgische Projekt einer Wasserstraße von Dömitz über die Elde und den Schweriner See nach Wismar. Der Siegener Kartograph und Mathematiker Tilemann Stella, der sich in mecklenburgischen Diensten fast zwanzig

11/5

Jahre für das Unternehmen einsetzte, wurde mit der Anfertigung der Karte beauftragt. Auch dieser Verkehrsweg konnte jedoch aufgrund der geographischen Gegebenheiten sowie des großen Unterhaltungsaufwandes der notwendigen Bauwerke nicht fertiggestellt werden. *FS*

11/5* »Plan des Elb-Stroms von Wilkensdorf bis Bitter im Jahre 1792«

J. F .P. Plener
1814; aquarellierte Feder- und Bleistiftzeichnung; 46 × 67 cm
Bez.: gezeichnet von J. F. P. Plener. 1814
Hitzacker, Stadt Hitzacker

Die nach Aufzeichnungen des Jahres 1792 entstandene Elbkarte Pleners deutet mit den Markierungen der Deichlinien von 1740 und 1775 die strombaulichen Veränderungen eines Flußabschnittes an. Seinen dekorativen Charakter erhält das Blatt durch die unten links als Aussparung der Karte erscheinende bildliche Darstellung. Diese zeigt eine sich am Elbufer gegenüber der Stadt Hitzacker ereignende Auseinandersetzung der Wassergottheit mit einigen Deichbauern, die mit Material und Gerätschaften gewaltsam gegen den erbosten Flußgott und seine Wasserwesen vorgehen. Anknüpfend an die aus dem 18. Jahrhundert überlieferten Darstellungen des Meeresgottes Poseidon auf dem von Pferden gezogenen Muschelwagen zeichnete Plener eine Allegorie auf das menschliche Bemühen, durch regulierende Eingriffe der Naturgewalt der Fluten Herr zu werden. *FS*

11/6 Fahrt der ersten Elbefähre am 19. November 1989 in Hitzacker

Norbert Erler
1989; Video; 2 Min. 8 Sek.
Hitzacker, Studio Erler

Der Elbe, von Schnackenburg bis Lauenburg Grenzfluß zwischen der ehemaligen DDR und der Bundesrepublik über eine Länge von knapp 100 Kilometer, kam in der Grenzfrage stets eine besondere Bedeutung zu, die unter anderem in der Uneinigkeit über den Verlauf der Elbegrenze begründet war: Während sich die DDR an der Strommitte oder der Fahrrinne orientierte, beanspruchte die Bundesrepublik die Elbe über ihre gesamte Breite. Nachdem am 9. November 1989 die jahrzehntelange Unerreichbarkeit des jenseitigen Ufers durch die Öffnung der Grenze formal aufgehoben worden war, wurde in Hitzacker eine alte Fährverbindung wieder eingerichtet. Die Bilder vom Fährschiff, das im Pendelverkehr bis in die Abendstunden Begegnungen von Menschen aus dem Osten und dem Westen ermöglichte, lassen den Symbolcharakter der Elbegrenze und ihrer Überwindung deutlich werden. *FS*

11/7 Grenzsäule der DDR *[DH]*

August 1967 im Raum Büchen aufgestellt; vierkantiger Holzpfahl, lackiert; Plakette mit Staatswappen aus Zinkguß; 190 × 23 × 23 cm
Hamburg, Deutsches Zollmuseum (ZM/HH 1508)

Bis zum Beitritt der DDR am 3. Oktober 1990 bildete die obere Elbe die innerdeutsche Grenze. Das Fünf-Kilometer-Sperrgebiet am rechten Elbufer war mit umfangreichen Grenzsicherungsanlagen und Zugangsverboten massiv gesichert. Neben der Bewachung durch die Grenztruppen sorgten Minenfelder, Hundelauf- und Selbstschußanlagen am Metallgitterzaun dafür, daß Flüchtlinge kaum je die andere Elbseite erreichten. Die Grenzsäule markierte vor den Sperranlagen das Staatsgebiet der DDR an der Grenze zur Bundesrepublik Deutschland. *TvE*

≋

11/8* Fahne der Boizenburger Schiffbauer *[DH]*

1863; Ölbemalung/Baumwollstoff; 166 × 131 cm (linker Rand beschnitten)
Bez.: Schiff-Bau-Kunst./Boizenburg. 1863.
Boizenburg/Elbe, Heimatmuseum (431/91)

Als in Anlehnung an zünftische Traditionen die Fahne der auf der Boizenburger Werft tätigen Schiffbauer entstand, wurden in dem 1793 durch Franz Jürgen Lemm gegründeten Betrieb noch ausschließlich Holzschiffe gefertigt. Dem ersten bedeutenden Schiffsneubau von 1840 (Raddampfer »Alexandrine«, eingesetzt im Liniendienst zwischen Hamburg und Boizenburg) war eine Vergrößerung des Betriebes auf etwa 60 Beschäftigte bis zum Jahre 1850 gefolgt. Das Motiv der Fahne zeigt eine Poseidongestalt auf einem von zwei fischschwänzigen Pferden durch die Fluten gezogenen antiken Streitwagen. *FS*

11/9 Werkzeugkiste und Werkzeug des Schiffbauers Heinrich Hagen *[DH]*

Um 1900; Holz, Eisenbeschläge; 52 × 128 × 49 cm
Boizenburg/Elbe, Heimatmuseum (876/91; 853; 854; 856; 857; 858 1 + 2; 859 – 863; 864 1 – 3; 866; 871)

Die Werkzeugkiste Heinrich Hagens (1878 – 1957) enthält unterschiedliche für den Holzschiffbau benötigte Geräte. Neben Säge und Bohrern befinden sich auch Kalfathammer

11/8

und -eisen unter den Werkzeugen. Heinrich Hagen, der einer um Boizenburg ansässigen Familie entstammte, hatte – wie seine Vorfahren ab etwa 1800 – auf der Lemm'schen Werft den Schiffbau erlernt. *FS*

11/10 Binnenfahrgastschiff *[DH]*

Modell im Maßstab 1:100
Berlin: DEWAG-Werbung
1989; Holz, Metall, Kunststoff; 27 × 15 × 129 cm
Boizenburg/Elbe, Elbewerft Boizenburg GmbH

Gegen Ende des 19. Jahrhunderts wandte sich die Boizenburger Werft dem Eisenschiffbau zu und hatte etwa 250 Beschäftigte. Der Betrieb, der seit 1917 die Bezeichnung »Elbewerft« führt, erlangte ab 1973 durch Aufträge aus der Sowjetunion einen besonderen Produktionsschwerpunkt mit der Herstellung sogenannter Binnenfahrgastschiffe (BIFA), vorwiegend bestimmt für den touristischen Verkehr auf Wolga und Don. Das Modell zeigt den für 332 Passagiere ausgelegten, knapp 130 Meter langen Typ 302 dieser Fahrzeuge, von denen bis 1990 bereits 45 in Dienst gestellt wurden. *FS*

11/11 Eilfrachtdampfer »Beta« vor dem Lauenburger Elbufer *[DH]*

Heinrich Murjahn (1835–1901)
1898; Öl/Pappe; 46 × 64 cm
Bez. u. r.: H. Murjahn. 1898
Lauenburg, Elbschiffahrtsmuseum

Von Hohnstorf am südlichen Elbufer geht der Blick über den belebten Strom hinweg auf das romantisch gelegene Lauenburg. Die Residenz der askanischen Herzöge profitierte vom Elbübergang für die von Lüneburg ausgehenden Salztransporte und von den Privilegien des Stecknitzkanals, der von hier aus die Elbe mit Lübeck und so mit der Ostsee verband. 1861 wurde eine Eisenbahnverbindung über die Elbe geschaffen. Das »Trajekt«, die Eisenbahnfähre, galt als technische Besonderheit, bis 1878 die Elbebrücke als kombinierte Straßen- und Eisenbahnbrücke entstand. In der begradigten Linie der alten Stecknitzfahrt betrieb Lübeck den Bau eines neuen leistungsfähigen Schiffahrtsweges, der 1900 als Elbe-Trave-Kanal eröffnet wurde. *TvE*

11/12

11/12* Gewand der »Lustigen Person«, Traditionsfigur der »Lauenburger Schifferbrüderschaft von 1635« *[DH]*

Vor 1900; versch. Textilien
Lauenburg, Elbschiffahrtsmuseum, Lauenburger Schifferbrüderschaft v. 1635

In vielen Orten längs der Elbe haben sich die Schiffer in Gilden, Vereinen oder Brüderschaften zusammengeschlossen, um gemeinsame Interessen zu vertreten. Die Vereinigung der »Lauenburger Schifferbrüderschaft« entstand in den Notzeiten des Dreißigjährigen Krieges, als »Steuerleute und Schiffsbediente« darüber berieten, wie sie sich gegenseitig stützen und helfen könnten. Sie legten ihre Beschlüsse in 24 Artikeln einer Satzung fest. Die »Lauenburger Schifferbrüderschaft« feiert bis heute jeden Winter ihren Schifferball, die »Schipperhöge«. Dabei werden die alten Schmuckmodelle von Elbschiffen im festlichen Umzug durch die Stadt getragen. Der

Gesellschaft voran schreitet und tanzt die »Lustige Person« in ihrem mit Schiffahrtszeichen und anderen Symbolen bunt bestickten Narrengewand. *TvE*

11/13 »Ausflüge mit den Lauenburger Dampfschiffen« *[DH]*

Leporello der Reederei Theodor und Hugo Basedow
Hamburg: Mühlmeister & Johler
Um 1900; Offsetdruck; 22 × 75,5 cm
Dömitz, Museum Dömitz

Die Stadt Lauenburg war sowohl ein Zentrum der Frachtschiffer als auch der Sitz der auf die Passagierschiffahrt ausgerichteten Reederei Basedow, deren Dampfschiffe noch während des Zweiten Weltkrieges im Liniendienst die beiderseits der Elbe, stromaufwärts bis Dömitz, stromabwärts bis Hamburg gelegenen Orte verbanden. Auf der um 1900 entstandenen Karte sind die Ausflugsziele entlang der Elbe durch charakteristische Ansichten hervorgehoben. *FS*

11/14 Fahrkartenschrank für die Passagierschiffahrt der »Lauenburger Dampfschiffe« auf der Oberelbe *[DH]*

Um 1935; Holz; 80 × 75 × 15 cm
Lauenburg, Elbschiffahrtsmuseum

Der Fahrkartenschrank mit seinen nach Entfernung und Tarif farblich unterschiedenen Papptickets bewahrt die Erinnerung an jene Zeit, als die »Lauenburger Dampfschiffe« den regionalen Verkehr beherrschten. Sie transportierten die Menschen zu den Arbeitsplätzen und Märkten in den Nachbargemeinden, und die Reederei garantierte »schnellste Beförderung von Eilgütern und Paketen«. Für die Strecke Hamburg – Dömitz mit ihren über 30 Anlegestationen benötigte der Dampfer allerdings eine Fahrtzeit von mehr als zwölf Stunden. Zeitweise waren bis zu zwölf Dampfern im Einsatz. Der letzte im Liniendienst zwischen Lauenburg und Hamburg, der Seitenraddampfer »Hugo Basedow«, wurde 1961 außer Dienst gestellt. *TvE*

≋

11/15 Karte des Alster-Beste-Kanals und des Stecknitzkanals

1528; aquarellierte Federzeichnung; 32,2 × 38,7 cm
Schleswig, Schleswig-Holsteinisches Landesarchiv
(Abt. 402 B III Nr. 299)

Die Karte aus einer Prozeßakte des Reichskammergerichts dokumentiert in skizzenhafter Darstellung zwei der vier Wasserwege von der Elbe an die Ostsee, wie sie im ausgehenden Mittelalter projektiert und zum Teil auch verwirklicht worden sind. Lübeck vereinbarte 1390 mit Herzog Erich IV. von Sachsen-Lauenburg den Bau eines Grabens, der die in die Trave mündende Stecknitz mit der in die Elbe fließenden Delvenau verbinden sollte. Die Fertigstellung der Stecknitzfahrt in nur siebenjähriger Bauzeit stellt eine Meisterleistung mittelalterlicher Wasserbaukunst dar. Der ohne Vorbild gebaute erste Wasserscheidenkanal Europas mit zuletzt siebzehn Schleusen war bis ins 16. Jahrhundert von überragender Bedeutung für den Salztransport nach Lübeck, während die Tauschgüter des Nordens den umgekehrten Weg nahmen. Danach verlagerte sich das Frachtaufkommen auf Schiene und Straße, aber erst nach fast 500 Betriebsjahren ersetzte der zum Teil in der alten Trasse gebaute und 1900 eröffnete Elbe-Trave-Kanal die mittelalterliche Kanalkonstruktion. *TvE*

11/16* Die Palmschleuse bei Lauenburg *[DH]*

F. Seivert
1841; aquarellierte Federzeichnung; 41 × 55 cm
Bez.: nach der Natur gezeichnet von F. Seivert – 5.Oct.1841
Lauenburg, Elbschiffahrtsmuseum

Die Palmschleuse bei Lauenburg, so genannt nach dem um 1600 amtierenden ehemaligen Schleusenmeister Palm, ist das besterhaltene Bauwerk des ehemaligen Stecknitzkanals, der vielfach gewundenen, 98 Kilometer langen mittelalterlichen Schiffahrtsverbindung nach Lübeck. Als hölzerne Kistenschleuse ausgeführt, ließ die Anlage bei Schleusungen

11/16

der am gemeinsamen Staudamm gelegenen Mühle genügend Wasser für den Mahlbetrieb. 1724 wurde sie nach dem Entwurf des Lübecker Baumeisters Joseph Wilhelm Petrini aus Sandsteinquadern neu aufgebaut. Die Schleusenkammer bekam ihre charakteristische ovale Form und bot nun mehr Platz für die damaligen Stecknitzschiffe. Heute gilt die Palmschleuse als die älteste erhaltene Kammerschleuse Europas. *TvE*

11/17 Stein der Stecknitzfahrer *[DH]*

Vor 1841; Sandstein; 38 × 25 × 17 cm
Inschrift: Stecknitzfahrerplatz 1841
Mölln, Fa. Heinrich Murjahn

Die »Knechte« der lübeckischen Salzherren verrichteten körperliche Schwerarbeit, wenn sie ihre zehn bis zwölf Meter langen Prähme mit einer Traglast von 7,5 Tonnen und mehr in bis zu dreiwöchiger Fahrzeit nach Lübeck brachten. Die mit dem Schwall der an »Zapfeltagen« geöffneten Stauschleusen fahrenden Schiffe waren nur mit Hilfe von Treidlern, den »Linien-Treckers«, voranzubringen. Da bei diesem Prinzip, die Kähne auf einer Flutwelle von einer Schleuse zur nächsten zu ziehen, auch die angrenzenden Wiesen überschwemmt wurden, gingen die Treidler oft bis an die Knie im Wasser. Der Stein mit gekreuzten Haken und Staken wurde 1968 bei einem früheren Lösch- und Ladeplatz gefunden. Zu den Zeugnissen der Stecknitzfahrer gehören auch das eigene Kirchengestühl in der Möllner Nicolaikirche und der 1654 gestiftete Kronleuchter im Lübecker Dom. *TvE*

11/18 Elbe-Seitenkanal und Schiffshebewerk Lüneburg bei Scharnebeck

München: Ernst Hirsch
1991; Video; 2 Min. 21 Sek.
Berlin, Deutsches Historisches Museum

Die neue, 1976 nach achtjähriger Bauzeit mit Gesamtkosten von 1,3 Milliarden DM fertiggestellte Bundeswasserstraße verbindet in Nord-Süd-Richtung den Seehafen Hamburg mit dem mitteldeutschen Kanalsystem. Unabhängig von den langen Niedrigwasserperioden der Elbe können Europaschiffe (1350 Tonnen Tragfähigkeit bei 80 Meter Länge, 9,5 Meter Breite und 2,5 Meter Abladetiefe) die 115 Kilometer lange Strecke von der Abzweigung bei Artlenburg bis zum Anschluß an den Mittellandkanal in Richtung Ruhrgebiet oder Magdeburg/Berlin befahren. Mit nur zwei Abstiegsbauwerken, dem Schiffshebewerk bei Lüneburg und einer Schleuse bei Uelzen, wird die Höhendifferenz von 61 Metern zwischen Elbe und Mittellandkanal überwunden, so daß die Reedereien mit schnellen Fahrtzeiten kalkulieren können. Besonders imponiert die Leistungsfähigkeit des senkrecht fördernden Doppelschiffshebewerks: Wie in einem Fahrstuhl werden die Schiffe in zwei von einander getrennt arbeitenden, wassergefüllten Trögen von je 5700 Tonnen Gewicht innerhalb von drei Minuten über einen Höhenunterschied von 38 Meter geliftet. Der diensthabende Angestellte lenkt und überwacht Schiffahrtsbewegungen und Hebevorgänge im Zentralsteuerstand zwischen den beiden mittleren Türmen. Wirtschaftlich hat der Elbe-Seitenkanal bisher allerdings noch nicht die Erwartungen erfüllt. Statt prognostizierter 8,4 Millionen Gütertonnen pro Jahr stagnieren die Beförderungsmengen bei einem Viertel davon. Erst die deutsche Vereinigung und die Grenzöffnung der früheren Ostblockstaaten hat der modernen Wasserstraße eine neue Bedeutung als Alternative zum hydrologisch umstrittenen Elbeausbau bis Magdeburg gegeben. *TvE*

11/19 Hortfund Handorf: drei Tüllenbeile, eine Lanzenspitze, zwei Sicheln

1000–900 v. Chr.; Bronze; 3,4 × 5,4 × 13,1 cm, 4 × 5,3 × 12,2 cm, 3,5 × 5 × 10,1 cm; 2,9 × 4,3 × 21,6 cm; 1,2 × 2,5 × 13 cm, 0,4 × 2,5 × 10,2 cm
Hamburg, Helms-Museum (Mus.f.V. 1891:20–25)

Der Hortfund aus dem Niederungsgebiet der Elbe enthält abgenutzte und zerbrochene Gerätschaften sowie Handelserzeugnisse. Eines der Tüllenbeile stammt aus der ungarischen Tiefebene und ist über den Elbeweg nach Norddeutschland verhandelt worden. *FL*

11/20 Vier Gefäße aus dem Echemer Brunnenfund

Um 150 v. Chr.; Keramik; H 9,6 cm, Dm 16,5 cm; H 8,6 cm, Dm 12 cm; H 8,6 cm, Dm 10 cm; H 9 cm, Dm 12 cm
Lüneburg, Museumsverein für das Fürstentum Lüneburg (19:45; 21:45; 22:45; 23:45)

Bei dem Fund handelt es sich um Gefäße aus der späten vorrömischen Eisenzeit (Ripdorf-Stufe). Sie zeigen die beginnende Besiedlung der Marschen an; die zugehörige Siedlung lag auf einem der Dünenzüge im Elbtal. *FL*

11/21* Willkomm der Lüneburger Schiffer

Meister Niclas Simons
Um 1650; Silber, gegossen, getrieben, ziseliert, graviert; H 36,1 cm
Bez. unter dem Gefäßkörper: Lüneburger Beschau, Meistermarke NS
Lüneburg, Museumsverein für das Fürstentum Lüneburg (12:1968)

Ausgehend von dem 1392 verbrieften Straßenzwangs- und Stapelrecht Lüneburgs gelang der Stadt bis ins 16. Jahrhundert hinein die Niederhaltung des Verkehrs auf der Mittelelbe zugunsten der Handelswege über Land und die Ilmenau. Nach der Freigabe der Elbschiffahrt und dem unter anderem durch Hamburger Salzimporte aus Frankreich verursachten Monopolverlust der bereits im 10. Jahrhundert belegten Lüneburger Saline ist der aufwendig gearbeitete, mit Symbolen der Ilmenauschiffer versehene silberne Pokal ein Ausdruck des gesteigert hervortretenden Bedürfnisses der Schiffergilde nach Identitätsstiftung und Fixierung des Status'.

FS

11/21

11/22

11/22* Tafel der Lüneburger Schiffer

1649; Öl/Holz; 104 × 133 cm
Lüneburg, Kirchengemeinde St. Nicolai

Die jüngste der mittelalterlichen Kirchen Lüneburgs wurde ab 1407 im aufstrebenden Wasserviertel der Stadt errichtet und dem Patronat des Schutzheiligen der Schiffahrt, des Hl. Nikolaus, unterstellt. Die Schiffer und Salztonnenböttcher, die vermutlich bereits den Bau der Kirche unterstützt hatten, trugen in der Folgezeit immer wieder zu deren Ausschmükkung bei, unter anderem durch ein 1598 von den Schiffern gestiftetes bemaltes Fenster, das ein mit Salztonnen beladenes Schiff zeigte. Die beste bildliche Überlieferung eines Ilmenau-Ewers findet sich auf der Tafel der Schiffer von 1649. Das Schriftfeld wurde zwar mehrfach übermalt (1784, 1886), die Darstellung des Schiffes unter Segel mit den Schiffern in Kleidung des 17. Jahrhunderts blieb jedoch weitgehend unverändert erhalten. Der überwiegend in die Diktion des 19. Jahrhunderts übertragene Text nennt in der letzten Zeile die Stifter der Tafel, die Ekenführer und Ekenknechte. »Ecken« (Eichen) war eine Bezeichnung für die größeren Frachtfahrzeuge der Salzschiffer.

FS

11/23

11/23* Bankwangenbügel des Schiffergestühls *[DH]*

17. Jh.; Schmiedeeisen; 93 × 94 cm
Lüneburg, Kirchengemeinde St. Nicolai

Außer in den Stiftungen der Schiffer und Böttcher fand deren Zugehörigkeit zur Nicolaigemeinde ihren besonderen Ausdruck in den Privilegien der beiden Ämter. So hatten sie Anspruch auf ein freies Begräbnis auf dem Nicolaikirchhof und besaßen feste Plätze an bevorzugter Stelle in der Kirche. Zum Gestühl der Schiffer gehörig, sind im nördlichen Seitenschiff noch fünf mit geschnitzten Emblemen (Anker und Ruderhaken) versehene Bankwangen erhalten. Je zwei werden überspannt von kunstvoll geschmiedeten Bügeln, bekrönt von einer Blume bzw. einem Schiff. Das Schiff (23 × 21 cm), ein einmastiges Lüneburger Frachtfahrzeug mit einem Rahsegel, läßt sich anhand der charakteristischen Form des Stevenruders im Vergleich mit anderen Lüneburger Schiffsdarstellungen ins 17. Jahrhundert datieren. *FS*

11/24 Pumpspeicherwerk Geesthacht und Staustufe

München: Ernst Hirsch
1991; Video; 2 Min. 40 Sek.
Berlin, Deutsches Historisches Museum

Das 1958 von Bundespräsident Heuss eingeweihte Pumpspeicherwerk der »Hamburgischen Electricitäts-Werke AG« dient der ergänzenden, variabel steuerbaren Stromerzeugung zur Deckung der täglichen Bedarfsspitzen im Großraum Hamburg. Das Werk bietet außerdem eine kostengünstige, in weniger als zwei Minuten verfügbare Eingreifreserve bei Störungen im Stromversorgungssystem. Das Wasser wird mit dem preiswerten Nachtstrom der Grundlastkraftwerke, der zum Beispiel in den Atomkraftwerken Krümmel, Stade, Brokdorf und Brunsbüttel an der Elbe erzeugt wird, aus dem Fluß in das 80 Meter höher liegende Speicherbecken gepumpt. Bei Bedarf stürzen dann die Wassermassen auf Knopfdruck durch die drei Rohrleitungen den Geesthang herab und treiben über Turbinen die Generatoren an. Der Wasservorrat reicht für fünf Stunden volle Leistung von 120 Megawatt. Die 1957 bis 1960 errichtete Staustufe Geesthacht garantiert mit einer konstanten Stauhöhe von 4 Metern über Normalnull einen von der Zuflußmenge des Oberwassers unabhängigen Betrieb des Pumpspeicherwerks. Vor allem aber schützt die Stauanlage die Oberelbe vor den negativen Folgen der Ausbaggerung des Elbefahrwassers bis Hamburg (Vergrößerung des Fließgefälles, Austiefung der Stromsohle, Absinken der Wasserstände). Wehr und Schleusenanlage sichern auch den vollschiffigen Anschluß des Elbe-Seitenkanals, der – noch im Staubereich – zwölf Kilometer oberhalb abzweigt. *TvE*

11/25 Giebel des E. Hardenschen Hufnerhauses in Neuengamme *[DH]*

Hermann Haase (1862–1934)
1906; Aquarell/Büttenkarton; 33,2 × 26 cm
Bez.u. l.: H. Haase 06 Neuengamme Tf. 8
Hamburg, Privatbesitz

Das südöstlich von Hamburg gelegene, durch die Elbe und ihre abgedämmten Nebenarme fächerartig aufgeschlossene Marschengebiet der vier Dörfer Curslack, Kirchwerder, Alten- und Neuengamme wurde 1556 erstmals Vierlande genannt. Eine überragende Agrarkonjunktur Ende des 16. Jahrhunderts und die gute Wasserstraßenverbindung nach

11/28

Hamburg bewirkten den Wohlstand der Getreidebauern, der im Schaugiebel des Hufnerhauses von 1593 sichtbar wird. *AF*

11/26 Hof Peter Peters, Neuengamme *[DH]*

Hermann Haase (1862–1934)
1910; Aquarell/Büttenkarton; 36,8 × 46,7 cm
Bez.u. r.: H. Haase 1910 Peter Peters Neuengamme
Hamburg, Privatbesitz

11/27 Bäuerin auf dem Flett

Hermann Haase (1862–1934)
1908; Gouache/Karton; 27,4 × 34,5 cm
Bez.u. r.: H. Haase Hbg 1908 Haus H. Hitscher, Neuengamme
Hamburg, Museum für Kunst und Gewerbe, Graphische Sammlung (795)

Die bedeutende wirtschaftliche Entwicklung der Vierlande bewirkte seit Ende des 16. Jahrhunderts die Ansiedlung vieler Kleinstbesitzer (Kätner). Während auf den schweren Böden Getreide angebaut wurde, bildeten die aus Sand- und Moorboden bestehenden Parzellen der Kätner die Grundlage für die typische Vierländer Gartenkultur mit dem Anbau von Obst, Gemüse und Blumen. Wie das Hufnerhaus entspricht die kleinere Kate dem Typ des Niederdeutschen Hallenhauses. *AF*

11/28* Bäuerin auf der Diele

Hermann Haase (1862–1934)
1923; Gouache/Karton; 30,2 × 53 cm
Bez.u. r.: H. Haase 1923 Haus H. Hitscher, Neuengamme
Hamburg, Museum für Kunst und Gewerbe, Graphische Sammlung (796)

Hermann Haase, als Maler und Illustrator Autodidakt, schilderte mit volkskundlichem Interesse in den seit 1890 für den Hamburger Syndikus G. H. Sieveking gefertigten mehr als 1200 Tafeln (»Haasesche Tafeln«) Details der Vierländer Kultur. Seit 1895 war er fast ausschließlich mit Darstellungen von Gebäuden und volkskundlichen Realien der Vierlande für das Hamburger Museum für Kunst und Gewerbe und für die Denkmalpflege tätig. *AF*

11/31

11/29* Vierländer Stollentruhe für Hans Eggers *[DH]*

1824; Eiche, Einlagen in Mahagoni, Mooreiche, Pflaume, Padouk; 103 × 142 × 77 cm
Hamburg, Altonaer Museum (1923/22)

Der Wohlstand der Vierländer Getreide- und Obstbauern und ihr gefestigtes Selbstbewußtsein gegenüber dem Absatzmarkt Hamburg bewirkten eine eigene geschlossene Volkskultur, die sich vor allem in Tracht und Innenraumkunst ausdrückte und die Hamburger schon im 18. Jahrhundert zu Ausflügen und literarischer Würdigung veranlaßte. Insbesondere die seit 1600 unter braunschweigischem Einfluß etablierte Intarsienkunst selbständiger Landtischler, wie an dieser Stollentruhe mittelalterlichen Typs, verbreitete den Ruhm der Vierländer Kultur. *AF*

11/30 Vierländer Frauenstuhl für Becke Witten

Hartwig Schwart (geb. um 1795)
1818; Ahorn, Jakaranda, Mahagoni; 98 × 62 × 40 cm
Bez. auf der Rückenlehne: Becke Witten Anno 1818
Hamburg, Museum für Kunst und Gewerbe (1901/362)

Die Landtischler der Vierlande griffen zwischen 1600 und 1800 in der Intarsiengestaltung im wesentlichen auf den im Lande vorhandenen Formenschatz zurück, der vorwiegend aus ornamentalen Blumen- und Vogeldarstellungen bestand. Innerhalb des weitgehend geschlossenen Kulturraums kam es zur Ausbildung einer eigenen Formensprache, die auf Vereinheitlichung und Prägnanz gerichtet war. Anfang des 19. Jahrhunderts hatte der Musterkanon seine volle Gültigkeit erreicht. Der Frauenstuhl war gekennzeichnet durch geringere Höhe und die Noppen der Armlehnen, da Frauen das Auflehnen nicht erlaubt war. *AF*

11/31* Zwei Huthalter *[DH]*

1755 u. 1783; Schmiedeeisen, bemalt u. vergoldet;
79 × 20,5 × 10,5 cm, 74,5 × 30 × 22 cm
Bez.: Claus Putfarcen 1755 u. (Monogramm) 1783
Hamburg, Kirchengemeinde St. Nicolai, Altengamme

Auch in den Kircheninnenräumen wurde dem durch die Landwirtschaft der Elbmarsch erworbenen Wohlstand Ausdruck verliehen. Einzigartig in Vierländer Kirchen ist neben dem reichen Intarsienschmuck des Gestühls dessen dekorative Ausstattung mit schmiedeeisernen, meist in floralen Formen ausgebildeten, bemalten bzw. vergoldeten Huthaltern. Über die Kennzeichnung der für die männlichen Kirchgänger bestimmten Plätze hinaus weisen sie, ähnlich wie die Intarsienarbeiten der Banktüren in St. Nicolai, durch Monogramme oder vollständige Namen der Auftraggeber diejenigen Höfe aus, denen die Bänke vorbehalten waren. *FS*

11/32* Vierländer Gemüse-Ewer *[H]*

1922; Holz, Eisen; 653 × 220 × 920 cm
Bez. innen am Heck: Mündel u. Riege
Hamburg, Altonaer Museum (1960/12)

Das noch 1922 gebaute und bis 1950 benutzte Fahrzeug ist ein Vertreter jenes Schiffstyps, mit dem während des 19. Jahrhunderts in großem Umfang Obst und Gemüse aus den Vierlanden vom Erzeuger über die Elbe nach Hamburg befördert wurde. Auf dem Hamburger Markt machten sich die Vierländer unter anderem als Anbieter frischer Erdbeeren einen Namen, die, wie die anderen Produkte, häufig direkt vom Ewer aus verkauft wurden. *FS*

11/33 Vierländer Gemüse-Ewer um 1850 *[DP]*

Modell im Maßstab 1:30
Kirchwerder-Zollenspieker: Schiffbauer Grube
Holz, Segel aus Leinen; 64 × 28 × 88 cm
Hamburg, Museum für Hamburgische Geschichte
(1911, 535/36)

Aus »Hamburgs Gemüse- und Obstgarten«, den Marschgebieten an der Oberelbe, wurden die Erzeugnisse von den Bauern selbst oder von Kommissionären mit jeweils eigenen Ewern in die nahe Großstadt gebracht. Die Transportfahrzeuge wurden meist auf den kleinen, den Vierlanden benachbarten Werften gebaut. Das hier gezeigte Modell eines Gemüse-Ewers ist nur vorn bis zur Kistluke gedeckt, die der Beförderung besonderen Ladeguts diente. Der offene Holzrumpf wird komplettiert durch Seitenschwerter und Besegelung, Bugspriet und das Ruder samt Pinne am Heck. Deutlich ist zu erkennen, daß der Mast zur Durchfahrt unter den Fleetbrücken gelegt werden kann. *TvE*

11/34 Zwei Vierländer Trachten

Frauen- und Männertracht
Um 1850; Tuch, Leinen, Seidentuch, Haarfilz, Cordonnet-Seide (Stickerei)
Hamburg, Altonaer Museum (Ψ 1703, Ψ 1705)

Ab der Mitte des 18. Jahrhunderts war in den Vierlanden eine besondere Entwicklung des Kleidungsstils zu verzeichnen, die sich vor dem Hintergrund der wirtschaftlichen Beziehungen zur nahe gelegenen Stadt Hamburg vollzog. Entstanden auf der Grundlage einer sich ausbildenden Vierländer Identität, garantierte die Tracht schließlich die Unverwechselbarkeit der Vierländer Händlerinnen und Händler, die ihre über die Elbe verschifften landwirtschaftlichen Produkte auf dem Hamburger Markt anboten. Ein besonders auffälliges Element der Frauenkleidung war der große Rundhut aus Rispengras, der in der hier gezeigten Spätform kleiner und flacher ist. *FS*

11/32

11/29

KAPITEL 12

Blicke auf Hamburg

810 als fränkischer Stützpunkt Karls des Großen angelegt, bewahrte Hamburg über die Jahrhunderte seine Eigenständigkeit. Frühe Ansichten wie das Gemälde »Stadt Hamburg in der Elbe Auen« zeigen die prächtige Stadtanlage von der Elbseite, gerahmt von den Festungswerken des holländischen Baumeisters Jan van Valckenburgh, allen Gefahren des Dreißigjährigen Krieges zum Trotz. In der Barockzeit wurde Hamburg zu einem Zentrum deutscher Musikkultur, geprägt von dem Wirken Georg Philipp Telemanns und Carl Philipp Emanuel Bachs. Der Klassiker der deutschen Literatur, Gotthold Ephraim Lessing, bereicherte hier das Geistesleben der Aufkärung.

Mit der politischen Eigenständigkeit und kulturgeschichtlichen Bedeutung der Hansestadt sind ihre hervorgehobene geographische Lage und ihr wirtschaftlicher Erfolg untrennbar verbunden. Bis zur Alstermündung trägt der Gezeitenstrom Seeschiffe die Elbe hinauf, hier ist der natürliche Umschlagplatz von Binnen- und Seeschiffahrt. Baggerfunde aus dem Gebiet des Stromspaltungsgebietes der Norder- und Süderelbe, dem »rückverlegten« Mündungsdelta, belegen, daß schon in vor- und frühgeschichtlicher Zeit die Elbe als Handelsweg genutzt wurde. Im Mittelalter setzte sich Hamburg gegenüber den Konkurrenzhäfen an der Süderelbe durch und sicherte sich mit dem Barbarossaprivileg von 1189 die Vorherrschaft über den Fernhandel. Die Grundstruktur der hamburgischen Hafenanlagen – Binnenhafen in der Alstermündung, Niederhafen mit der Reede im Strom für die seegehenden Schiffe –, bildete sich aus. Das »Brauhaus der Hanse« entwickelte sich zur Welthandelsstadt, die ihre überseeischen Verbindungen mit eigenen Kriegsschiffen schützte und deren Handel mit den unabhängig gewordenen Staaten Südamerikas nach der »Franzosenzeit« den Wiederaufstieg im 19. Jahrhundert einleitete.

Bilder der Hafenszenerie beim Baumhaus oder die Suhrschen »Hamburgensien« von biedermeierlichem Wintervergnügen auf der Elbe unterstreichen die Kontinuität alt-hamburgischer Traditionen. Der Schock des Hamburger Brands von 1842 forderte jedoch die Bürger zur städtebaulichen Erneuerung heraus. Nach den Plänen des Wasserbaudirektors Johannes Dalmann wurden die neuen Kais, Speicher und Umschlagplätze des offenen Tidehafens geschaffen, die Dampfkraft revolutionierte Schiffahrt, Schiffbau und Verladetechniken. Nachdem der Streit um Hamburgs Beitritt zum Zollgebiet des Deutschen Reiches beigelegt worden war, profitierte die Hansestadt von dem Streben Kaiser Wilhelms II. nach »Seegeltung«. Der Aufstieg der HAPAG zur größten Reederei der Welt ist eng mit der Bedeutung Hamburgs als Auswanderungshafen verbunden. Aber Albert Ballins Ozeanriesen der Imperatorklasse symbolisieren auch Hamburgs führende Position als Deutschlands Tor zur Welt und den Großmachtanspruch des Kaiserreiches. Der technische Fortschritt ermöglichte bessere Verbindungen des Landverkehrs nach den Elbinseln und nach Harburg; Dampffähren wurden eingerichtet, die Elbbrücken sowie der St. Pauli-Elbtunnel gebaut, heute ergänzt durch den sechsspurigen Autobahn-Elbtunnel und die Köhlbrandbrücke. Hafenerweiterungsgebiete auf den Fischerinseln Altenwerder und Finkenwerder sollen Hamburgs Konkurrenzfähigkeit im Zeitalter der Containerschiffahrt sichern helfen. Die gewaltigen ökologischen Probleme der künftigen Hafenwirtschaft zeigen schon jetzt großflächige Landschaftsversiegelungen, Hafenschlickdeponien und die Anlagen der Reynolds Aluminiumhütte. *TvE*

12/1

12/4

12/1* Drei Geweihhacken *[DH]*

Funde aus der Elbe
9000–5000 v. Chr.; 4,7 × 8,4 × 18,5 cm, 4,6 × 6,8 × 23 cm, 7,5 × 23,5 × 67,5 cm
Hamburg, Helms-Museum (H.M.V. 58:17, H.M. 63221, H.M. 63228)

Die Geweihhacken aus den Flußsanden der Elbe von den Spülfeldern bei Hamburg-Neuland und Hamburg-Moorwerder dienten als Waffen und Gerätschaften der spätaltsteinzeitlichen Sammler- und Jägergemeinschaften, die am Hochufer der Elbe ihre Rast- und Lagerplätze hatten. *FL*

12/2 Drei Steinäxte *[DH]*

Funde aus der Elbe
3500–2800 v. Chr.; Stein, durchlocht; 3,6 × 6 × 12,5 cm, 5,2 × 5,5 × 20,5 cm, 4,1 × 4,9 × 17 cm
Hamburg, Helms-Museum (H.M.V. 53:213, Mus.f.V. 1937:51a, MHG [Bodendenkmalpflege] 1959:121)

Bei den drei Äxten, die aus der Elbe ausgebaggert wurden, handelt es sich um Waffen aus dem Bereich der ältesten mitteldeutschen Bauernkulturen. Die Äxte sind auf dem Handelsweg – Elbe abwärts – zum späteren Auffindungsort gelangt. *FL*

12/3 Beil, Dolch, Axt *[DH]*

Funde aus der Elbe vor Harburg
1800–1600 v. Chr.; Flintstein, Gneis; 2,5 × 6,3 × 17,2 cm, 1,3 × 5 × 29 cm, 4,2 × 4,9 × 16,8 cm
Hamburg, Helms-Museum (H.M. 49429, H.M.V. 56:376, H.M. 49427)

Die drei Fundstücke, eine durchlochte Streitaxt, ein dicknakkiges poliertes Feuersteinbeil und ein Dolch, wurden bei Ausbaggerungsarbeiten in der Fahrrinne gefunden. Sie sind Zeugnisse eines regen Verkehrs auf dem Fluß während der ausgehenden Jungsteinzeit und beginnenden Bronzezeit. *FL*

12/4* Langobardisches Urnengrab *[DH]*

Hamburg-Marmstorf (Grab 216)
Modell im Maßstab 1:1 nach dem um 100 n. Chr. angelegten Grab; Lackprofil; 102 × 76 cm
Hamburg, Helms-Museum (V 54 : 700)

Das Modell zeigt einen Grabungsbefund vom langobardischen Urnenfriedhof Hamburg-Marmstorf. Die Überreste des verbrannten Toten wurden in einer Tonurne beigesetzt, seine unbrauchbar gemachten Waffen, das verbogene Schwert, die abgebrochene Lanze und der abgerissene Schildbuckel unterhalb der Urne niedergelegt. Die senkrecht neben der Urne in die Erde gesteckte Lanzenspitze weist auf eine oberirdisch sichtbare Grabmarkierung hin. *FL*

12/5* Elbkarte nach Dominicus Drever *[DH]*

Ende 16. Jh.; aquarellierte Federzeichnung/Papier, auf Lw. aufgezogen; 29,5 × 188 cm
Stade, Niedersächsisches Staatsarchiv (Kartensammlung 40/23k)

Die Karte ist eine um ein Drittel verkleinerte Nachzeichnung der 1569 entstandenen Dreverschen Elbkarte, die in einem langen Rechtsstreit in den sechziger Jahren des 16. Jahrhunderts vor dem Reichskammergericht zur Untermauerung der Position der Prozeßgegner Hamburgs diente. Die Herzöge zu Braunschweig und Lüneburg in Harburg sowie die Städte Stade, Buxtehude und Lüneburg umgingen das bestehende Hamburger Stapelrecht zugunsten Harburgs, indem sie die dort vorbeifließende Süderelbe zu einem eigenen Strom erklärten, auf den das Elbstapelprivileg nicht anzuwenden sei. Die Nachzeichnung der Karte zeigt die Elbe von Geesthacht bis zur Mündung, während die Vorlage Drevers in ihrem heutigen Erhaltungszustand nur bis zur Ostemündung reicht. Hamburg legte seine Rechtsauffassung anhand der berühmten, von Melchior Lorichs geschaffenen Elbkarte des Jahres 1568 dar. *FS*

12/6* Acht Königskettenschilde der Harburger Schützengilde

1655–1876; Silber, getrieben, graviert, ziseliert; 8,2 × 6,8 cm – 12,8 × 10,2 cm
Jeweils dat. u. bez. mit dem Namen des Königs
Hamburg, Helms-Museum (Depositum der Harburger Schützengilde von 1528 e. V.)

Mit einem im Jahre 1528 von Herzog Otto I. von Braunschweig-Lüneburg in Harburg veranstalteten Vogelschießen begann die nur zeitweise unterbrochene Tradition dieses bis in die Gegenwart jährlich stattfindenden Festes der Harburger Schützengilde. Die acht ausgewählten, jeweils von dem durch das Vogelschießen ermittelten König zur Ergänzung der Königskette gelieferten Schilde weisen ihre Stifter als Harburger Schiffer aus, die bis 1844 das Privileg für den Fährverkehr zwischen Harburg und Hamburg innehatten und einen wichtigen gesellschaftlichen wie wirtschaftlichen Faktor der Stadt ausmachten. Gleichzeitig spiegeln die Schiffsmotive der Schilde die Entwicklung von der Ewer- zur Dampfschiffahrt auf der Elbe wider. *FS*

12/6

12/7* Festung und Stadt Harburg nebst Umgebung zur Zeit der Belagerung von 1757

Franz Nikolaus Rolffsen (1719–1802)
Um 1757; kolorierter Kupferstich; 33,5 × 39,2 cm
Hamburg, Staatsarchiv (430–90, VI c 6 m [1757])

Während des Siebenjährigen Krieges kam es im Jahre 1757 zu einer vorübergehenden Besetzung Harburgs durch französische Truppen. Die dargestellte Belagerung durch die

12/5

Verbündeten führte nach 33 Tagen zur Rückeroberung der Festung. Bereits 1784 erfolgte allerdings in Hannover der Beschluß, die der Siedlung zur Elbe hin vorgelagerte Zitadelle, die im 16. und 17. Jahrhundert unter Verwendung von Pirnaer Elbsandstein zu der auf dem Stich wiedergegebenen Anlage ausgebaut worden war, aufgrund ihrer geringen militärischen Bedeutung zu entfestigen. *FS*

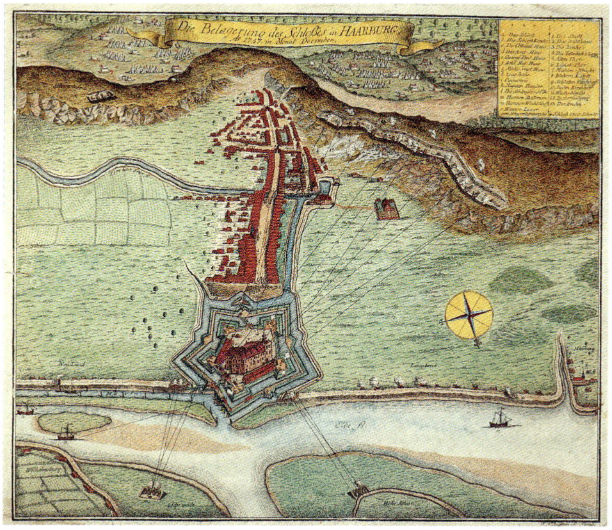

12/7

12/8 Hafen- und Industriebezirk Harburg-Wilhelmsburg *[DH]*

Modell im Maßstab 1:3000
Hamburg: Willibald Hartel
1951, ergänzt 1962; 151 × 274 cm
Hamburg, Helms-Museum

Das Erscheinungsbild Harburgs um 1960 läßt die Anlage des ehemaligen Schlosses nur noch erahnen. Erkennbar sind die Überreste des Festungssterns, dessen Graben im nordwestlichen und südöstlichen Bereich in den Jahren 1845 bis 1848 beim Bau des Seehafens (heute Binnenhafen) zur Gewinnung zweier Hafenbecken diente. Die Öffnung Harburgs für die Seeschiffahrt war in Verbindung mit dem 1847 fertiggestellten Eisenbahnanschluß eine entscheidende Grundlage für die schwunghafte Entwicklung der Industrie in der zweiten Hälfte des 19. Jahrhunderts. Ein weiterer Ausbau des Harburger Hafens erfolgte 1904 mit der Anlage eines drei Becken umfassenden Tidehafens. *FS*

12/9 Die Elbe von Geesthacht bis zur Mündung

[DH]

Willem Janszoon Blaeuw (1571–1638)
1628; kolorierter Kupferstich; 30,9 × 53,4 cm
Hamburg, Staatsarchiv (430–90, III 2 m [1628])

Die den Hamburger Ratsherren und Senatoren gewidmete Karte Blaeuws spiegelt in Entsprechung zu Lorichs' Elbkarte Hamburgs Vormachtstellung an der Elbe wider. Dem regen Schiffsverkehr zwischen der Flußmündung und der Stadt entlang der Hamburger Betonnung steht die isolierte Lage Harburgs im inselreichen Stromspaltungsgebiet des 17. Jahrhunderts gegenüber. Der Köhlbrand wurde erst im 19. Jahrhundert zur schiffbaren Verbindung Harburgs mit der Norderelbe ausgebaut. *FS*

12/10* Die Hanseatische Legion auf der Elbbrücke

Christoffer Suhr (1771–1842)
1814; Aquarell; 52,5 × 79,5 cm
Hamburg, Museum für Hamburgische Geschichte
(1912, 1004)

Nachdem russische Truppen unter Oberst Tettenborn im März 1813 das französische Militär zunächst zum Verlassen der besetzten Stadt gezwungen hatten, wurde in Hamburg die Aufstellung einer »Hanseatischen Legion« veranlaßt. Dennoch gelang den Franzosen im Mai die Wiedereinnahme der Stadt, die daraufhin auf Anordnung Napoleons zur wirksameren Verteidigung mit Harburg, dem Brückenkopf am linken Elbufer, verbunden werden sollte. In nur 83 Tagen wurde im Stromspaltungsgebiet ein aus vier Pfahlbrücken-, einem Chaussee- und zwei Zugfährabschnitten bestehender Elbübergang eingerichtet, der jedoch die endgültige Aufgabe Hamburgs im Mai 1814 nicht verhindern konnte. Suhr zeigt den Rückmarsch der aus Richtung Harburg kommenden Hanseatischen Legion nach Hamburg im Juni 1814. Wegen rasch einsetzender Baufälligkeit blieb die Brückenverbindung nur bis 1817 benutzbar. *FS*

12/11 »Carte topographique militaire des Quatre Départements de l'Empire Français« *[DH]*

F.W. Streit (Kartograph)
Hamburg: Fr. Perthes
1812; 4 Karten: je 60,5 × 80 cm, Schuber: 21 × 16 cm
Hamburg, Helms-Museum (E I.15)

Militärische Zwecke, unter anderem die Durchsetzung der 1806 verhängten Kontinentalsperre, waren auch der Anlaß für die von Frankreich betriebene Anfertigung genauer Karten der Region zwischen Weser und Elbe, denen zum Teil Aufnahmen von C. F. Beautemps-Beaupré zugrundeliegen. Streits 1812 entstandene vierteilige Karte umfaßt vier Départements, darunter das Département des Bouches de l'Elbe, das als Gebiet der ehemaligen Herzogtümer Bremen und Verden nach kurzer Zugehörigkeit zum Königreich Westfalen unter Jérome Bonaparte im Jahre 1811 wieder direkt dem Französischen Kaiserreich angegliedert worden war. *FS*

12/10

12/12 »Wintervergnügen auf der Elbe zwischen Hamburg und Altona im Februar 1838«

Peter Suhr (1788–1857)
1838; Lithographie; 30 × 54,4 cm
Hamburg, Altonaer Museum (AB 4893)

Die uns aus Hamburg überlieferten Bilder vom Eisvergnügen auf der Elbe konzentrieren sich auf die Jahre 1833, 1838 und 1835, alle Eis-Sturmflutbilder auf die Nacht vom 8. zum 9. Januar 1839. Eisgang, und sei es auch nur für einige Tage, war auf der Elbe nahezu alljährlich zu verzeichnen; aber daß die Elbe für längere Zeit »stand«, so daß sie trotz Tide- und Strömungsbewegung auch tragfähig wurde, war selten. 1858 und 1865 waren auch solche Jahre, ebenso 1871, aber da bewährte sich schon der erste Hamburger Eisbrecher. War die Alster im 18. Jahrhundert nahezu alljährlich zugefroren und stand für Eisvergnügen zur Verfügung, so bedeutete die feste Eisdecke auf der Elbe schon eine kleine Sensation, die man zu Vergnügen und Geschäft zu nutzen wußte. Peter Suhr zeigt hier die Strecke zwischen Altonaer Fischmarkt und den Vorsetzen unterhalb der St. Michaelis-Kirche auf einem Einzelblatt von fast doppelter Größe wie die Blätter aus seinen Ansichtenwerken. *GK*

12/13* Kutschschlitten *[DH]*

Um 1820; Linden- u. Eschenholz, farbig gefaßt;
100,5 × 105 × 245 cm
Hamburg, Altonaer Museum (1955/352)

Der Schlitten, dessen Erstbesitzer dem städtischen Bürgertum zuzurechnen sein dürfte, stimmt in bemerkenswerter Weise überein mit dem auf einer Darstellung Christoffer Suhrs von 1806. Suhrs Blatt »Schlittenfahrt auf der Elbe«, das im Rahmen seiner Folge »Hamburgische Trachten« erschien, zeigt einen elegant gekleideten Kutscher, den rückwärtigen Sitz und die Halteschuhe auf den Kufen benutzend, mit seiner Dame beim sogenannten Rüschen, einer Spazierfahrt auf dem zugefrorenen Fluß. Während sich die bäuerlichen Kutschschlitten der Elbmarschen und -inseln im frühen 19. Jahrhundert in der Gestaltung ihrer Schlittenkästen mit verziertem Rückbrett an Traditionen des Boots- und Schiffbaus anzulehnen scheinen, werden bei diesem bürgerlichen Schlitten deutlich Formen und Dekor klassizistischer bzw. frühbiedermeierlicher Möbel aufgegriffen. *FS*

12/13

12/14* Landleute von den Elbinseln bei Hamburg auf der zugefrorenen Oberelbe

Hermann Kauffmann (1808–1889)
1850–1860; Öl/Lw.; 53 × 71 cm
Hamburg, Altonaer Museum (1980/55)

Die »Landleute von den Elbinseln«, die im 19. Jahrhundert in beträchtlichem Umfang Milch und Milchprodukte nach Hamburg lieferten, konnten in manchen Wintern über den zugefrorenen Fluß im Stromspaltungsgebiet schnell in die nahe gelegene Stadt gelangen. Auf die Gefahren eines solchen Transports weist der im Vordergrund des Gemäldes dargestellte Riß in der Eisdecke hin, den das nach erfolgtem Verkauf der Ware heimkehrende Schlittengespann gerade überquert. Zu seiner Rechten passiert es dabei einen Unterstand, an dem warme Getränke und Branntwein angeboten werden, zu seiner Linken zwei männliche Personen, die zu Fuß mit einem Handschlitten noch auf dem Weg in die Stadt sind. Ausgebildet an der Münchner Akademie, gehörte der Landschaftsmaler Hermann Kauffmann neben den Brüdern Gensler zu den bedeutendsten Vertretern der Hamburger Realisten, die sich ab 1832 im Hamburger Künstlerverein zusammenschlossen. *FS*

12/15 Handschlitten *[DH]*

2. Hälfte 19. Jh.; Holz, Eisen; rotbrauner Anstrich;
84 × 84,2 × 160 cm
Hamburg, Museum der Elbinsel Wilhelmsburg

Wenn es die winterlichen Verhältnisse zuließen bzw. erforderten, wurden die Milchprodukte von den Elbinseln nicht mit Ewern verschifft, sondern über die geschlossene Eisdecke der Elbe nach Hamburg geliefert. Dies war weniger aufwendig und trotz vorhandener Gefahren weniger risikoreich als eine Schiffsüberfahrt bei Eisgang. Vor allem bis zum

12/14

Bau der Straßenbrücke über die Norderelbe im Jahre 1887, die einen durchgehenden Gebrauch von Karren und Wagen zwischen Wilhelmsburg und Hamburg ermöglichte, wurden neben Pferdeschlitten, wie auch Kauffmanns Gemälde der »Landleute von den Elbinseln« zeigt, Handschlitten zum Transport von Milcheimern und Rahmfässern über die Elbe verwendet. *FS*

12/16 Bau der Süderelbbrücken

a) Bau der ersten Brücke

J. H. Schönscheidt
Um 1871; Photographie (Reproduktion)

b) Portal des zweiten Brückenzuges

Um 1899; Photographie (Reproduktion)

c) Umbau der ersten Brücke

Photoalbum der Fa. Steffens & Nölle AG, 1921;
24,5 × 33 cm

Hamburg, Helms-Museum

Erst in den Jahren 1868 bis 1872 kam die Verlängerung der 1847 bis Harburg geführten Hannoverschen Eisenbahnstrecke über die Süderelbe, die Insel Wilhelmsburg und die Norderelbe nach Hamburg zustande. Dem raschen Anwachsen des Personen- und Güterverkehrs folgte um 1900 der viergleisige Ausbau der Elbquerung. Im Jahre 1919 wurde schließlich mit der bereits 1915 ausgeschriebenen

12/17

Erneuerung des alten Brückenzuges über die Süderelbe begonnen, der seit dem Ausbau der Eisenbahnstrecke nur noch dem Personenverkehr gedient hatte. Die Reproduktionen zeigen die Stromöffnungen der ersten Süderelbbrücke mit einer Spannweite von je 100 Metern sowie ein Portal des zweiten Brückenzuges um 1899. Das von der Baufirma Steffens & Nölle AG vorgelegte Album dokumentiert den Umbau der alten Brücke in den Jahren 1919 bis 1921. *FS*

12/17* Heimkehrende Werftarbeiter auf der Elbe *[DH]*

Leopold Karl Walter Graf von Kalckreuth (1855–1928)
1894; Öl/Lw.; 70 × 100 cm
Bez.u. r.: Kalckreuth d.j.94
Hamburg, Hamburger Kunsthalle (1815)

Seit den achtziger Jahren des 19. Jahrhunderts war der Hamburger Hafen in rascher Entwicklung über das nördliche Elbufer hinausgewachsen. Auf dem Kleinen Grasbrook entstanden die Kaianlagen der Spezialhäfen, und auf Steinwerder wandelten sich die Schiffbauplätze am Reiherstieg zu modernen Großwerften, allen voran Blohm & Voss. Schauerleute und Werftarbeiter, die nicht den zeitraubenden Umweg über die 1872 fertiggestellten Elbbrücken machen oder von ihrem kargen Lohn die Überfahrt mit den HADAG-Fähren bezahlen wollten, schlossen sich zu Fahrtgemeinschaften in Ruderbooten zusammen, um ihre Arbeitsplätze auf der anderen Elbseite zu erreichen. Kalckreuth war in jenen Jahren auf Betreiben Alfred Lichtwarks, des Direktors der Hamburger Kunsthalle, mehrfach in Hamburg und malte dieses Gemälde für die von Lichtwark initiierte »Sammlung von Bildern aus Hamburg«. *TvE*

12/18 Preßluftausbruch beim Bau des St. Pauli-Elbtunnels – Vortrieb der Tunnelrohre von der Steinwerder Seite *[DH]*

Hamburg: Baubüro Otto Stockhausen
1910; kolorierte Handzeichnung; 76 × 119 cm
Hamburg, Wirtschaftsbehörde

Mit dem weiteren Ausbau der Häfen auf dem linken Elbufer wurden die Verkehrsverhältnisse immer problematischer. Unter Androhung von Streiks und unter dem Druck der Hafenwirtschaft beschloß der Senat nach 1900 das Projekt eines 450 Meter langen Tunnels für Fahrzeuge und Fußgänger zwischen St. Pauli-Landungsbrücken und dem Industrie- und Hafengebiet auf Steinwerder. Nach dem ersten Spatenstich 1907 wurden Schachtgebäude und zwei Tunnelrohre – 21 Meter tief unter dem Elbwasserspiegel gelegen – in vierjähriger Bauzeit fertiggestellt. Die Eröffnung am 7. September 1911 wurde von Zehntausenden gefeiert. Das Bild zeigt den Zustand der Baustelle nach einem der gefährlichsten Zwischenfälle: Bei den Schildvortriebsarbeiten unter Druckluft von 2,6 bar kam es am 24. Juni 1909 zu einem Preßluftausbruch mit gleichzeitigem Bodeneinbruch der Sohle. Wunderbarerweise gab es bei diesem Unfall keine Toten oder Verletzten. Auch nach dem Bau des neuen, 1975 vollendeten Autobahn-Elbtunnels wird der »Alte Elbtunnel« als Nahverkehrsverbindung im Hamburger Hafen von monatlich etwa 38 000 Kraftfahrzeugen und 80 000 Fußgängern und Radfahrern genutzt. *TvE*

12/19 Geologischer Schnitt vom Baugrund des neuen Elbtunnels *[DH]*

Reproduktion im Maßstab 1:10000 (zehnfach überhöht)
28 × 40 cm
Hamburg, Tiefbauamt/Abt. Brücken- und Ingenieurbau

Am 10. 1. 1975 fand die Eröffnung des neuen Elbtunnels statt, dessen Erweiterung um eine vierte Tunnelröhre wegen seiner hohen Verkehrsbelastung heute bereits geplant ist. Im Zuge der westlichen Autobahnumgehung Hamburgs unterquert die über 2,5 Kilometer lange geschlossene Tunnelstrecke die Norderelbe und den steilen nördlichen Elbhang. Zur Erkundung des Baugrundes wurden Bohrungen von 30–80 Meter, zur Erfassung des Salzstockes Othmarschen-Langenfelde von bis zu 300 m Tiefe vorgenommen. Ihre Auswertung sowie Ergebnisse der in den 1930er Jahren für den Bau einer riesigen Hochbrücke durchgeführten Bohrungen bilden die Grundlage für den Längsschnitt, der die unterschiedlichen Schichtungen eiszeitlicher Kies-, Sand-, Schluff- und Geschiebemergelablagerungen über tertiärem Glimmerton schematisch darstellt. *FS*

12/20 Bernstein aus den Elbsanden *[DH]*

Mehrere Stücke
Hamburg, Universität – Geologisch-Paläontologisches Institut und Museum

Bei den Bernsteinfunden aus der Elbe, die neben anderen geologischen, paläontologischen und historischen Zeugnissen in größerer Menge beim Tunnelbau zutage kamen, handelt es sich wie beim Bernstein aus Nord- und Ostsee um fossiles Harz eozäner Nadelbäume, das im Unter-Oligozän durch das nach Osten vorgedrungene Meer aus dem Boden der baltischen Wälder herausgespült wurde und an die verschiedenen Ablagerungsstellen gelangte. *FS*

12/21 Hornzapfen eines Auerochsen *[DH]*

12,5 × 50 × 23 cm
Hamburg, Universität – Geologisch-Paläontologisches Institut und Museum

Der Fund entstammt den eiszeitlichen Ablagerungen im Flußbett der Elbe. Die Wildrindart (Bos primigenius) lebte in lichten Wäldern und Flußniederungen und kam noch im Mittelalter in der Region vor. *FS*

12/22* Werft von Ernst Dreyer, Neuhof am Reiherstieg

1845; Öl/Lw., auf Sperrholz aufgezogen; 114,5 × 156 cm
Hamburg, Altonaer Museum (AB 5226)

Die auf der Elbinsel Neuhof gelegene Werft des Altonaer Schiffbaumeisters Dreyer war die größte Holzschiffswerft im Hamburger Raum. Dreyer hatte sie 1839 von dem Altonaer Schiffbaumeister Johann Beenck übernommen. 1846 erwarb er von Beenck auch dessen zweiten Schiffszimmerplatz an der Großen Elbstraße in Altona. Dargestellt sind die letzten Vorbereitungen auf Neuhof für den Stapellauf der Brigg »Ernst Lorenz« für die väterliche Reederei in Altona. 1848 gelang mit der Bark »Steinwärder« für den Hamburger Reeder Godeffroy der Durchbruch zum Großschiffbau. Bis zur Betriebseinstellung 1896 wurden 119 Schiffe auf Neuhof gebaut; die Umstellung zum Eisenschiffbau gelang nicht. *AF*

12/22

12/23 Schiffswerft am Reiherstieg mit Blick auf die Speicherstadt *[DH]*

Friedrich Kallmorgen (1856–1924)
1905; Öl/Lw.; 42,2 × 49,8 cm
Bez.u. r.: Fr. Kallmorgen 1905
Hamburg, Museum für Hamburgische Geschichte (1957,2)

Die an der Einfahrt zur Norderelbe gelegene Reiherstiegswerft vollzog Mitte des 19. Jahrhunderts den Übergang vom Holz- zum Eisenschiffbau. Um die Jahrhundertwende konnte sie erfolgreich mit den englischen Werften konkurrieren. Der Einsatz von Stanzen, Preßlufthämmern und anderen Maschinen sowie von Ausrüstungskranen brachte den allmählichen Wandel von der Handwerksarbeit zur industriellen Fertigung. Kallmorgen stammte aus Altona, hatte in Düsseldorf, Karlsruhe und Berlin studiert und lehrte damals an der »Hochschule für bildende Künste« in Berlin. Dieses Gemälde entstand wie einige weitere vom rasch sich modernisierenden Hamburg anläßlich eines Besuchs bei seinem Bruder, dem Altonaer Architekten Georg Kallmorgen.

TvE

12/24* Sommertag auf Finkenwerder *[DH]*

Friedrich Schaper (1869–1956)
1895; Öl/Lw.; 83 × 114 cm
Bez.u. r.: Fr. Schaper 95
Hamburg, Museum für Hamburgische Geschichte (1930, 214)

Die impressionistische Darstellung der kleinen Fischerhäuser an der Innenseite des Deiches mit Ausblick auf die Elbe, überwölbt von einem weiß-blauen Sommerhimmel, scheint der dichterischen Überhöhung des Fischerlebens bei Gorch Fock zu entsprechen: Wenn die Männer draußen auf ihren Hochseekuttern vor der Elbmündung nach Hering fischen, bestimmen die Frauen das Bild der Alltagsszene. Schaper, der seine Ausbildung in Hamburg und Berlin erhalten hatte, war Mitglied des damals avantgardistischen »Hamburgischen Künstlerclubs von 1897«, dessen Hauptanliegen die künstlerische Thematisierung der heimatlichen Landschaft um Hamburg war. *TvE*

12/25 Finkenwerder Hochseefischkutter HF 258 »Senator von Melle«

Modell im Maßstab 1:25
1. Hälfte 20. Jh.; Holz; 110 × 27 × 123 cm
Hamburg, Altonaer Museum (1955/342)

Bis etwa 1820 stand die Finkenwerder Fischerei im Schatten der Blankeneser Ewerflotte. Mit Beginn der Nordseefischerei und dem gleichzeitigen Niedergang der Blankeneser Fischerei seit der Kontinentalsperre nahm die Finkenwerder Fischereiflotte ihren Aufstieg. Bis 1875 wurde mit Ewern, dann mit den runder geschnittenen Kutterewern nach Heringen gefischt. Seit Einführung der aus England stammenden Form des scharf gebauten Kutters 1880 wuchs die Finkenwerder Flotte bis 1887 auf 182 Kutter. Die 1905 auf Finkenwerder gebaute »Senator von Melle« galt als schnellster Segler der Niederelbe. Als Schiff der Kriegsmarine ging sie 1945 durch Bomben verloren. *AF*

≈

12/26 Industrialisierung von der Süderelbe bis Stade

München: Ernst Hirsch
1991; Video; 1 Min. 47 Sek.
Berlin, Deutsches Historisches Museum

In seinem 1908 erschienenen Buch über die Niederelbe begeisterte sich Richard Linde für die herbe Schönheit schilfgesäumter Marschenidylle in unmittelbarer Nähe zur Großstadt: »Nach Waltershof zu breitet sich noch unbezwungene Elbwildnis, Reet und Sumpfholzdickicht, elbische Dschungelnatur, von Jägern besucht, die mühselig auf engem Priel zur Flutzeit einzudringen vermögen.« Heute schwingt sich die 1974 fertiggestellte, fast vier Kilometer lange Köhlbrandbrücke als moderne Schrägseilkonstruktion mit einer lichten Durchfahrtshöhe von 54 Metern über den Hauptarm der Süderelbe. Sie verbindet schon länger bestehende Hafen- und Industriegebiete mit dem Containerterminal Waltershof und dem Hafenerweiterungsgebiet auf Altenwerder und Finkenwerder. Der frühere Hamburger Wirtschaftssenator Helmuth Kern und der Erste Bürgermeister Herbert Weichmann hatten vor über zwanzig Jahren der massiven Industrialisierung des Unterelberaums den Weg gewiesen: Im September 1970 bezeichnete Bürgermeister Weichmann den Baubeginn des Reynolds-Aluminium-Werkes auf den Auwiesen des Finkenwerder Sandes als »ein Symbol für die Ansiedlungspolitik Hamburgs«. Die Bilder zeigen die Aluminiumhütte mit den roten Bauxithalden sowie weitere großindustrielle Anlagen: In den siebziger Jahren entstanden beim Atomkraftwerk Stade und dem neugeschaffenen Tiefwasserhafen Stadersand Produktionsstätten der »Dow Chemical GmbH« und der »Vereinigten Aluminiumwerke«. *TvE*

12/24

≈

12/27* Der Heilige Ansgar mit dem Modell des Hamburger Doms

Hans Bornemann (seit 1448 in Hamburg tätig, gest. 1473)
Um 1460; Eichenholz, Goldgrund; 189 × 75 cm
Hamburg, Hauptkirche St. Petri

Mit Karl dem Großen, der das Gebiet Nordelbiens 810 in das fränkische Reich eingliederte, und mit Ansgar, dem

12/27

»Apostel des Nordens«, beginnen die Bücher über die Geschichte Hamburgs. Der Keim der Stadtanlage, die alte Hammaburg, hatte schon zuvor bestanden. Auf dem Geestsporn zwischen Alster und Bille gelegen, sicherte sie seit frühgeschichtlicher Zeit die Furt des Elbuferhöhenweges am Nordrand des Urstromtals. Aber erst als der kaum dreißigjährige Mönch aus Corvey an der Weser 831 zum Bischof mit der Anwartschaft auf eine Erzdiözese Hamburg geweiht wurde, entstand hier eine Art Brückenkopf für die Christianisierung der »heidnischen« Dänen, Schweden und Slawen. Westlich der Klosterburg siedelten sich Kaufleute und Handwerker an, eine Wiksiedlung mit Schiffslände entstand. Ansgar mußte jedoch 845 der dänischen Invasion weichen und den Sitz des Erzbistums nach Bremen zurückverlegen. Die Votivtafel von Hans Bornemann zeigt Ansgar mit dem Modell des Hamburger Doms. Das Bild ist eine Stiftung des Domprobstes Johann Middelmann (gest. 1457), der zu Füßen Ansgars abgebildet ist. Nach dem Abbruch des Doms 1804 kam das Bild in die Hauptkirche St. Petri. *TvE*

12/28 Kaiser Rudolf II. (geb. 1552, reg. 1572–1608) *[DH]*

1648/49; Sandstein; 115 × 53 × 35 cm
Hamburg, Museum für Hamburgische Geschichte
(A.B. V 6r)

15 Kaiserstandbilder in drei Reihen übereinander gliederten die Vorderfront des repräsentativen Rathauses von 1602. Auch der ein Jahr nach Abschluß des Westfälischen Friedens fertiggestellte Erweiterungsbau wurde mit sechs Kaiserstatuen geschmückt, zu denen die Rudolfs II. gehörte. Als Vorlage für die Steinmetzarbeiten diente vermutlich einer der von Johann Baptist de Cavalleriis gefertigten Kupferstiche in dem 1590 erschienenen Buch von Thomas Treterus, »Romanorum imperatorum Effigies ...«. Die Figur konnte aus dem Schutt des beim Hamburger Brand 1842 zerstörten Rathauses geborgen werden. Die Architektur des neuen, 1897 eingeweihten Hamburger Rathauses zitiert die Tradition Hamburgs als freie Reichsstadt, um nach der Einbindung ins Deutsche Reich von 1871 die gleichberechtigte Stellung mit dem Kaisertum der Hohenzollern zu betonen. Zwanzig Kaiserstatuen schmücken die Schauseite des Gebäudes zum Rathausmarkt mit den Standbildern Karls des Großen als legendärem Gründer der Stadt und Kaiser Barbarossas, der Hamburg den Freibrief verliehen hat, an hervorgehobener Stelle. *TvE*

12/29* Klaus Störtebeker

Reproduktion eines Kupferstichs aus Wolfgang Henrich Adelungk, Kurtze Historische Beschreibung der Uhralten Kayserlichen und des Heil. Römischen Reichs Freyen An-See- Kauff- und Handels-Stadt Hamburg…, Hamburg 1696
Hamburg, Museum für Hamburgische Geschichte

Das Barbarossaprivileg von 1189, das die Hamburger von jeglichem Zoll elbabwärts bis zum offenen Meer befreite, und die Gründung einer neuen Hafenstadt auf dem Gebiet der Neuen Burg mit dem Hafen in der Alsterschleife des Nikolaifleets bezeichnen den Beginn hamburgischen Handelserfolges in der Blütezeit der Hanse. Die Vitalienbrüder führten jedoch seit dem Ende des 14. Jahrhunderts ihren Seeräuberkrieg in den Wattengebieten der Nordsee und der Elbmündung, bis sie 1401 von den Hanseflotten bei Helgoland und an der Emsmündung geschlagen wurden. Die Hamburger machten den Anführern Klaus Störtebeker und Godeke Michels den Prozeß und ließen sie mit den anderen Gefangenen auf dem Grasbrook hinrichten. Die Namen der Seeräuber wurden zum Mythos, aber auch den Hamburger Bürgermeister Simon von Utrecht, der 1432 die Seeräubergefahr endgültig gebannt zu haben schien, feierte man noch Jahrhunderte später als Sieger über Störtebeker und Godeke Michels. Passend zur Legendenbildung zeigt das auf »Claus Stortzenbecher der Berrühmte Seeräuber« bezogene Porträt wohl kaum die Physiognomie des Vitalienbruders, denn es ist mit einer Darstellung im »Ehrenspiegel des Hauses Österreich …« identisch, der bereits 1561 in Druck erschien. Dort heißt der Mann mit dem verwegenen Gesicht Kuntz von Rosen, bekannt als Vertrauter und persönlicher Berater Kaiser Maximilians I. *TvE*

12/29

12/30

12/30* Heckfigur »Admiral«

Um 1700; Eichenholz, farbig gefaßt; H 190 cm
Hamburg, Museum für Hamburgische Geschichte
(AB 626)

Im 17. Jahrhundert hatten sich die Gefahren der Kaperei auf den sonst sehr ertragreichen Handel mit Spanien und Portugal vor die Küsten des Mittelmeers verlagert. Vor allem drohten Überfälle durch nordafrikanische Seeräuber aus den Barbaresken-Staaten Algier, Tunis und Tripolis. Die Heckfigur stammt von einem jener hamburgischen Kriegsschiffe, wie sie nun zum Schutz der Kauffahrer gebaut wurden. Mit der »Wapen von Hamburg I« und der »Leopoldus Primus« besaß Hamburg ab 1668 zwei stark armierte und repräsentative Konvoischiffe, die den Unternehmungen der Kaufleute Begleitschutz boten. *TvE*

12/31 Drei »Sklavenfiguren« *[DH]*

3. Viertel 17. Jh.; Holz; 29 × 10,5 × 8 cm;
34,5 × 12 × 10 cm; 30 × 11,5 × 6,5 cm
Hamburg, Museum für Hamburgische Geschichte
(AB 579i, AB 580c, AB 580f)

Hamburgische Seeleute, die von Piraten gefangengenommen und auf den Sklavenmarkt gebracht worden waren, hatten die Chance, von der Admiralität freigekauft zu werden. Dafür war 1624 eine obrigkeitliche Zwangsversicherung eingerichtet worden. Für deren Kasse wurde auch mit den roh geschnitzten Holzarbeiten in den Kirchen gesammelt. Die Figuren in der Tracht um 1750 stehen mit bittend erhobenen Händen, eine grobgliedrige Kette fesselt das linke Bein. Am Standblock ist das Loch zum Einstecken des Dorns im Kollektenteller zu erkennen. *TvE*

12/32

12/33

12/32* »Hamburgum« – Festungsanlagen im 17. Jahrhundert

Arnold Pitersen
1644; Kupferstich; 57,5 × 91 cm
Hamburg, Staatsarchiv (PL 131–1/164.41 [1644])

Der Hamburg-Plan zeigt die Einrichtungen der mittelalterlichen Hansestadt am Alsterhafen: die Liegeplätze im Binnenhafen vor der Hohen Brücke und die Wasserschleife des Nicolaifleets hinauf zum Zentrum an der Trostbrücke mit Kran, Waage und dem 1583 fertiggestellten Börsengebäude neben dem alten Rathaus. Sie sind aufgehoben in dem 1616 bis 1625 geschaffenen Festungsbau des holländischen Militärarchitekten Jan van Valckenburgh, der die Stadtlandschaft völlig veränderte. Das grandiose Bollwerk, eine der stärksten Festungen Europas, hat die Hansestadt wirkungsvoll vor den Gefahren des Dreißigjährigen Krieges und auch später bis zur Zeit Napoleons beschützt. Die Darstellung der Schiffe vor den Bastionen verweist schon auf die Entstehung des Niederhafens am Elbstrom. Das Kartenbild ist umgeben von 26 Wappen der damals lebenden Mitglieder des Senats samt einem Bildnis des Bürgermeisters Barthold Moller.

TvE

12/33* Stadt Hamburg in der Elbe Auen

Um 1700; Öl/Lw.; 56 × 79 cm
Hamburg, Museum für Hamburgische Geschichte (1911,382)

Der Betrachter schaut auf die prächtige hamburgische Stadtanlage zur Barockzeit. Besonders herausgehoben sind die

Hauptkirchen: Von links nach rechts folgen auf den Turm der Michaeliskirche St. Nikolai und St. Katharinen, weiter im Hintergrund ist der Turm der Petrikirche zu sehen, dem jener der Domkirche folgt. Ganz rechts erkennt man die Jakobikirche. Das im 19. Jahrhundert zum Hafenerweiterungsgebiet aufgehöhte Vorland der Insel Grasbrook dient noch als Viehweide. Bei dem Segler unter holländischer Flagge im Vordergrund handelt es sich um den besonders erfolgreichen Typus des gaffelgetakelten Bojers. Rechts fährt ein Oberelbekahn mit großem Rahsegel; das sehr lange Ruderblatt – im Wasser angedeutet – hält den Kahn bei Talfahrten ohne eigenen Antrieb steuerfähig. *TvE*

12/34* Der »Neue Krahn« und Waage *[DH]*

Elias Galli (um 1650 – nach 1701)
Um 1700; Öl/Lw.; 72 × 94,5 cm
Hamburg, Museum für Hamburgische Geschichte (1930,164)

Seit dem Ende des 13. Jahrhunderts konnten größere Seeschiffe nicht mehr die Einfahrt zum Nikolaifleet passieren und mußten vor der Hohen Brücke im Binnenhafen festmachen. Der 1352 installierte »Neue Krahn« diente zum Löschen der Waren, die 1669 rechts daneben errichtete Stadtwaage der Kontrolle des Güterumschlags. Gallis großformatige Hamburggemälde gehören zu den frühesten Ansichten der Hansestadt. *TvE*

12/34

12/35 Prunkgeschütz »Goldene Kanone« *[H]*

1643; Kupferrohr mit lederbezogenem Holzkern, Lafette aus Holz mit ziseliertem Eisenbeschlag; 132 × 132 × 448 cm (Kaliber 6,8)
Inschrift: H.R.M. 1643
Hamburg, Museum für Hamburgische Geschichte (AB II 1)

Das Prunkgeschütz ist ein Ausdruck des Selbstbewußtseins der Hamburger Bürger, die in ihrer unbezwingbaren neuen Stadtbefestigung vor den Schrecken des Dreißigjährigen Krieges sicher waren und dank einer klugen Neutralitätspolitik ihren Wohlstand weiter mehren konnten. Der äußere Mantel des Kanonenrohrs ist vergoldet und reich ziseliert. Die Handhaben zeigen verschlungene Fabelwesen, das Verschlußstück ist als Elefantenkopf gearbeitet. Seit 1675 ist das Prunkgeschütz wiederholt in verschiedenen Reisebeschreibungen erwähnt. *TvE*

12/36 Singspiel zu Ehren des 100-jährigen Jubiläums der hamburgischen Admiralität *[DH]*

Text von Michael Richey (gest. 1761), Musik von Georg Philipp Telemann (1681–1767)
Hamburg: »sel. Joh. Niclas Gennagels Witwe« 1723
Textheft mit Holzschnitten
Hamburg, Staats- und Universitätsbibliothek Carl von Ossietzky (2 in A/70016)

Die allegorischen Gestalten des Singspiels feiern die Hansestadt an der Elbe mit barocker Lust. Mercurius, dem Gott des Handels und des Gewerbes – »In der Börse gepresstem Getümmel / Find ich meinen ergetzlichen Himmel« –, sind Themis als Schützerin des göttlichen Rechts und der Kriegsgott Mars an die Seite gestellt. Zu Hamburgs Glück verbinden sich Gewerbefleiß, Recht und Tapferkeit in der »Admiralitaet«. Telemann war seit 1721 städtischer Musikdirektor in Hamburg. Die meisten seiner Opern und Oratorien, Passionen, Kantaten, Konzerte und Werke der Kammermusik, darunter viele Gelegenheitsarbeiten wie die Musiken für die Admiralität, sind hier während seiner über vierzigjährigen Tätigkeit entstanden. *TvE*

12/37 Geistliche Gesänge mit »Melodien zum Singen bey dem Claviere vom Herrn Kapellmeister Carl Philipp Emanuel Bach«

Mit einem Titelkupfer von J. Christian G. Fritzsch nach dem Entwurf von Adam Friedrich Oeser (1717–1799)
Hamburg: Johann Henrich Herold 1781
Hamburg, Staats- und Universitätsbibliothek Carl von Ossietzky (MB/1576:2)

Schiffe auf der Elbe und die Silhouette Hamburgs zieren die Titelei der Liedersammlung. Das Doppelporträt Carl Philipp Emanuel Bachs mit dem Hauptpastor von St. Petri, Christoph Christian Sturm, wird von allegorischen Figuren gehalten. C. Ph. E. Bachs Wirken als städtischer Musikdirektor und Kantor des Johanneums (1767–1788) steht am Ende einer großen Epoche des Musiklebens in Hamburg zur Barockzeit. Seit alters her gereichten die Ratsmusiker der Stadt zu »ornamentum und Zierath«. Georg Philipp Telemann, der seinem 1714 geborenen Patensohn C. Ph. E. Bach im Amt des städtischen Musikdirektors voranging, schrieb an einen Freund: »Ich glaube nicht, daß irgendwo ein solcher Ort wie Hamburg zu finden, der den Geist eines in dieser Wissenschaft arbeitenden mehr aufmuntern kann.« *TvE*

12/38 Gotthold Ephraim Lessing (1729–1781)

Modell für das 1881 von der Gießerei Gladenbeck mit geringfügigen Änderungen ausgeführte Denkmal
Fritz Schaper (1841–1919)
Um 1880; Alabaster; H 65 cm
Hamburg, Museum für Hamburgische Geschichte (1981, 32)

1781 beschloß der Senat, von der Trauerfeier hamburgischer Theaterleute für den in Wolfenbüttel verstorbenen Lessing »keine Notiz« zu nehmen. Zwar hatte der Dichter in seiner Hamburger Zeit (1767–1770) das Geistesleben der Aufklärung als Dramaturg und Kritiker für das neu eröffnete Deutsche Nationaltheater belebt, hier auch seine »Hamburgische Dramaturgie« geschrieben; Frucht seiner in Hamburg entwickelten Theorie wurde zwei Jahre später das Trauerspiel »Emilia Galotti«. Aber die städtische Obrigkeit war noch gebannt von dem Streit über die Sittlichkeit des Schauspiels, der die lutherische Orthodoxie Hamburgs besonders in der Person des Hauptpastors Goeze herausgefordert hatte. Erst hundert Jahre später ehrten die Hamburger den Vorkämpfer für Toleranz und Freiheitsrechte mit der großen Bronzeplastik auf dem Gänsemarkt. *TvE*

12/39* Das Blockhaus »Neptunus« am Binnenhafen

Louis Mecklenburg (1820–1882)
Um 1850; Öl/Lw.; 108 × 151,5 cm
Bez. u. r.: Louis Mecklenburg, München
Hamburg, Museum für Hamburgische Geschichte
(1944, 21)

Seit dem Mittelalter hatte sich der Schwerpunkt des Hafenumschlags vom Alsterhafen über das Nikolaifleet zum Binnenhafen verlagert. Wachsende Schiffsgrößen, seit dem 18. Jahrhundert verstärkter Atlantikhandel im Rahmen des Direktimportes von Kolonialwaren – die Zuckerindustrie wurde zum wichtigsten Gewerbe in der Stadt – erforderten die Erweiterung in die Elbe hinein. Vor den Festungsanlagen entstand eine lange Brücke mit dem 1655 auf Pfählen erbauten Blockhaus zur Überwachung der Hafeneinfahrt. Um 1850 passierten nur noch kleinere Schiffe die Einfahrt, während die Tiefwassersegler an »Duckdalben«, Pfahlbündeln im Strom, festmachten. Der in Hamburg geborene Mecklenburg, Schüler von J. J. Faber, war Vedutenmaler und Lithograph. Seit 1843 war er in München tätig. *TvE*

12/40* Fleet am Klingberg *[DH]*

Eduard Niese (1833–1898)
1885; Aquarell; 49,8 × 38,5 cm
Bez. u. l.: E. Niese 12 April 1885
Hamburg, Museum für Hamburgische Geschichte
(1942, 509)

Erst allmählich ersetzte die Modernisierung des Hafens den »Umschlag im Strom«. Die Fleetpartie vermittelt einen Eindruck von der Enge, wenn kleine Lastschiffe wie Schuten, Ewer und Prähme mit ihrer von den Seeschiffen übernommenen Ladung zu den Speichern gestakt wurden. Bauern und Gewerbebetriebe aus der benachbarten Elbregion nutzten ebenfalls den Wasserweg vom Binnenhafen bis in die Fleete, um ihre Waren an die Speicher zu bringen oder um sie gleich von Bord weg an die Verbraucher zu verkaufen. Der Hamburger Maler und Lithograph Niese verdiente seinen Unterhalt vor allem als Dekorations- und Reklameschildermaler. Hamburg verdankt ihm aber eine große Anzahl aquarellierter Ansichten von Orten, denen sich sonst weder Maler oder Zeichner noch Photographen zuwandten. *TvE*

12/40

12/41 Der Oberhafen in Hamburg

Aus: Peter Suhr, »Hamburgs Vergangenheit in bildlichen Darstellungen«
Alexander Lill (1807–1879) nach einer kolorierten Zeichnung von Peter Suhr (1763–1857)
1832; Lithographie; 22,5 × 32,5 cm
Hamburg, Museum für Hamburgische Geschichte
(1923, 345)

Am Zuflußarm der Bille in die Elbe endete die Reise der Elbkähne mit Gütern aus Mitteldeutschland oder Böhmen, und hier wurden sie neu beladen. Das Blatt zeigt die charakteristische Form der Schiffe, angepaßt an die Fahrwasserverhältnisse des unregulierten Flußlaufs: Der flache Holzboden überstand unvermeidliche Grundberührungen, die kurze Wasserlinie erlaubte wendiges Manövrieren; gleichwohl verfügten die Elbkähne wegen ihrer Breite und der starken Überhänge an Bug und Heck über eine beachtliche Ladefläche. Als die Elbuferstaaten die »Elbschiffahrts-Additional-Acte« von 1844 vorbereiteten, legte man für dieses traditionelle »Normalschiff« eine Länge von 44 Metern, eine Breite von 4,50 bis 5 Meter und einen Tiefgang von 117,5 Zentimetern fest. Die zu garantierende allgemeine Mindestfahrwassertiefe von 94 Zentimetern bei Niedrigwasser reichte allerdings nur für die halbe Ladekapazität aus.

12/39

Der Maler und Lithograph Peter Suhr betrieb zusammen mit seinen Brüdern Christoffer und Cornelius seit 1828 eine gut gehende lithographische Anstalt, aus der zahlreiche, hauptsächlich von Peter Suhr gezeichnete Hamburgensien hervorgingen. *TvE*

12/42 Hamburger Vollschiff um 1840 *[DH]*

Seemannsmodell mit voller Besegelung
Vor 1914; Holz, Leinen, versch. Materialien; 200 × 76 × 286 cm
Hamburg, Museum für Hamburgische Geschichte (1914, 450)

Bis ins 20. Jahrhundert hinein beherrschte »der Schiffe Mastenwald« das Bild des Niederhafens. Als nach der napoleonischen Besatzungszeit der Fernhandel mit den unabhängig gewordenen Staaten Südamerikas die Konjunktur belebte, erweiterten neue Reihen von Duckdalben die Außenreede im Elbstrom. Schuten, Leichter und Flußfahrzeuge brachten die Waren im Pendelverkehr von den Liegeplätzen über Binnenhafen und Fleete zu den im ganzen Stadtgebiet verteilten Speichern. *TvE*

12/43 Bark »Charybdis« *[DH]*

Schmuckmodell mit voller Besegelung
Um 1825; Holz, versch. Materialien; 170 × 68 × 216 cm
Hamburg, Museum für Hamburgische Geschichte (1946, 109)

12/44* Schnupftabaksdose *[DH]*

Geschenk des einjährigen Sohnes Napoleons I. an einen Hamburger Schützenkönig, 1812
Paris: Adrien-Jean Maximilien Vachette
Um 1810; Gold mit ziseliertem Dekor u. dem Initial »N«; 2 × 9,3 × 6,1 cm
Hamburg, Museum für Hamburgische Geschichte (1917,14)

Die Schrecken der Franzosenzeit der Jahre 1806 bis 1814, die Kontinentalsperre gegen England, zahlreiche finanzielle Lasten und neue Abgaben fügten der Wirtschaft schweren Schaden zu. Mit der vollständigen Einverleibung Nordwestdeutschlands in das französische Kaiserreich war die freie Reichsstadt zur »bonne ville de l' Empire français« erklärt worden. Aber die Franzosen belebten das hamburgische Leben auch durch Bälle, Illuminationen, Lotterien und andere Volksbelustigungen. Beim Vogelschießen anläßlich des Geburtstages von Napoleon und zu Ehren seines kleinen Sohnes tat der Konditor Johann Peter Tümler 1811 und 1812 den Königsschuß. Als die Gouvernante des Prinzen, die Herzogin von Montesquieu, davon erfuhr, ließ sie dem Hamburger Schützenkönig durch den Präfekten zu Hamburg, den Baron de Conick, die goldene Tabatière mit dem Initial des Prinzen überreichen. *TvE*

12/44

12/45* Aufnahme der vertriebenen Hamburger in Altona *[DH]*

Jeß Bundsen (1766–1829)
Vermutl. 1814; aquarellierte Feder- u. Bleistiftzeichnung; 35,5 × 51,3 cm
Hamburg, Altonaer Museum (AB 5268)

Während der zweiten Belagerung durch die französischen Truppen seit Mai 1813 erlangte Hamburgs Grenze zu Altona und damit zum dänischen Gesamtstaat strategische

12/45

und menschliche Bedeutung. Die Besetzung Altonas unterblieb, da Dänemark seit 1807 mit Frankreich verbündet war. Weihnachten 1813 ließ General Davoust jene Armen aus Hamburg vertreiben, die keine Vorräte für die nächsten sechs Monate besaßen. Von 20 000 kamen 5000 nach Altona. Sie wurden dort aufgenommen, obwohl die Stadt durch die Kontinentalsperre selbst verarmt war. 1200 starben und wurden bei Altona begraben. *AF*

12/46* Panorama von Hamburg nach dem Brand von 1842

Wilhelm Heuer (1813–1890)
1842; kolorierte Lithographie; 42 × 63,7 cm
Hamburg, Museum für Hamburgische Geschichte (E 1897, 1165)

Nach den Freiheitskriegen folgte auch in Hamburg der restaurative Rückgriff auf die Vielzahl kirchlicher und staatlicher Einrichtungen des 18. Jahrhunderts. Der Hamburger Brand entlarvte jedoch die Handlungsunfähigkeit des Rats und der Erbgesessenen Bürgerschaft. Die sich vom 5. bis zum 8. Mai 1842 über die ganze Innenstadt ausbreitende Feuersbrunst zerstörte nicht nur Alt-Hamburg mit dem Zentrum bei der Trostbrücke, sondern demonstrierte auch die Machtlosigkeit der Stadtregierung, die den Brand mit halbherzig angesetzten Sprengungen nicht aufhalten und des panikartigen Durcheinanders nicht Herr werden konnte. Der Wiederaufbau bot die Chance einer umfassenden städtebaulichen Modernisierung und führte zu einer Reform der politischen

Verfassung. Der Blick vom Katharinen-Turm zeigt inmitten der zerstörten Innenstadt das unversehrt gebliebene Gebäude der neuen Börse, das – als klassizistischer Putzbau von Carl Ludwig Wimmel und Gustav Forsmann entworfen – ein Jahr zuvor eingeweiht worden war. Daß Löschmannschaften und freiwillige Helfer diese neue Zentrale hamburgischen Kaufmannsgeistes erfolgreich verteidigt hatten, bedachte Heinrich Heine in seinem Poem »Deutschland – ein Wintermärchen« mit den spöttischen Versen:

»Die Bank, die silberne Seele der Stadt,
Und die Bücher, wo eingeschrieben
Jedweden Mannes Banko-Wert,
Gottlob! sie sind uns geblieben!«

Wilhelm Heuer war einer der erfolgreichsten Hersteller von Hamburg-Ansichten im 19. Jahrhundert. Er lernte bei den Gebrüdern Suhr, bildete sich in Dresden und Wien weiter und ging 1842 nach Hamburg zurück. Das Blatt war seine erste Arbeit nach der Rückkehr. *TvE*

12/47* Blick über das neu erbaute Zentrum an der Binnenalster auf den Niederhafen und die Unterelbe *[DH]*

Albert Henry Payne (1812–1902)
Um 1860; Stahlstich; 20,5 × 32,4 cm
Hamburg, Museum für Hamburgische Geschichte (1926, 231)

Die neue Börse wurde in den großzügigen Wiederaufbau der abgebrannten Bereiche einbezogen. Schon eine Woche nach der Katastrophe hatte der englische Ingenieur William Lindley führenden Beamten der Stadt fertige Pläne präsentiert. Die darauf basierenden Pläne der »Technischen Kommission« wurden mit Gegenentwürfen der Architekten Gottfried Semper und Alexis de Châteauneuf abgestimmt, die auch die eindrucksvolle Neugestaltung des Stadtzentrums schufen. Der Stich zeigt die bauliche Einfassung der Binnenalster – auch die Uferseite zum Alsterdamm war nun in das

12/46

Ensemble klassizistischer Architektur einbezogen – und die Verbindung über die kleine Alster zum Rathausmarkt vor der Börse. *TvE*

12/48 Kleine Alster und Rathausmarkt

Wilhelm Heuer (1813–1890)
Um 1860; kolorierte Lithographie; 29,5 × 47,7 cm
Hamburg, Museum für Hamburgische Geschichte
(EB-AB 11165)

Den wohl schönsten Blick auf das städtebauliche Zentrum an der Alster, vom Kunsthallendirektor Alfred Lichtwark und dem Architekten Fritz Schumacher als »Kunstwerk Hamburg« gepriesen, hat man von den Alsterarkaden, schräg gegenüber der im Viertelkreis angelegten Wassertreppe. Auf der Lithographie von 1860 fehlt jedoch noch das vor der Börse errichtete, 1897 fertiggestellte Hamburger Rathaus. Sie zeigt aber schon Reiz und Charakter der Anlage, die sich im wesentlichen bis heute erhalten haben. Die Ruderboote illustrieren die Bedeutung des Wassersports für das gesellschaftliche Leben der Hansestadt. Traditionsvereine wie der »Allgemeine Alster Club« oder der »Hamburger Ruder-Club« wirkten mit bei der Schillerfeier 1859, Wassersportler im Trikot standen Spalier bei der Zollanschlußfeier. *TvE*

12/49 »Kaiser Wilhelm bei der Zollanschlussfeier in Hamburg am 29. Oktober 1888« *[DH]*

Mappe mit 6 Phototypien nach Vorlagen von G. Arnould
Hamburg: Strumper & Co. 1888
Leineneinband, goldener und schwarzer Prägedruck; 49 × 33,6 × 1,1 cm
Hamburg, Staats- und Universitätsbibliothek Carl von Ossietzky (E 913)

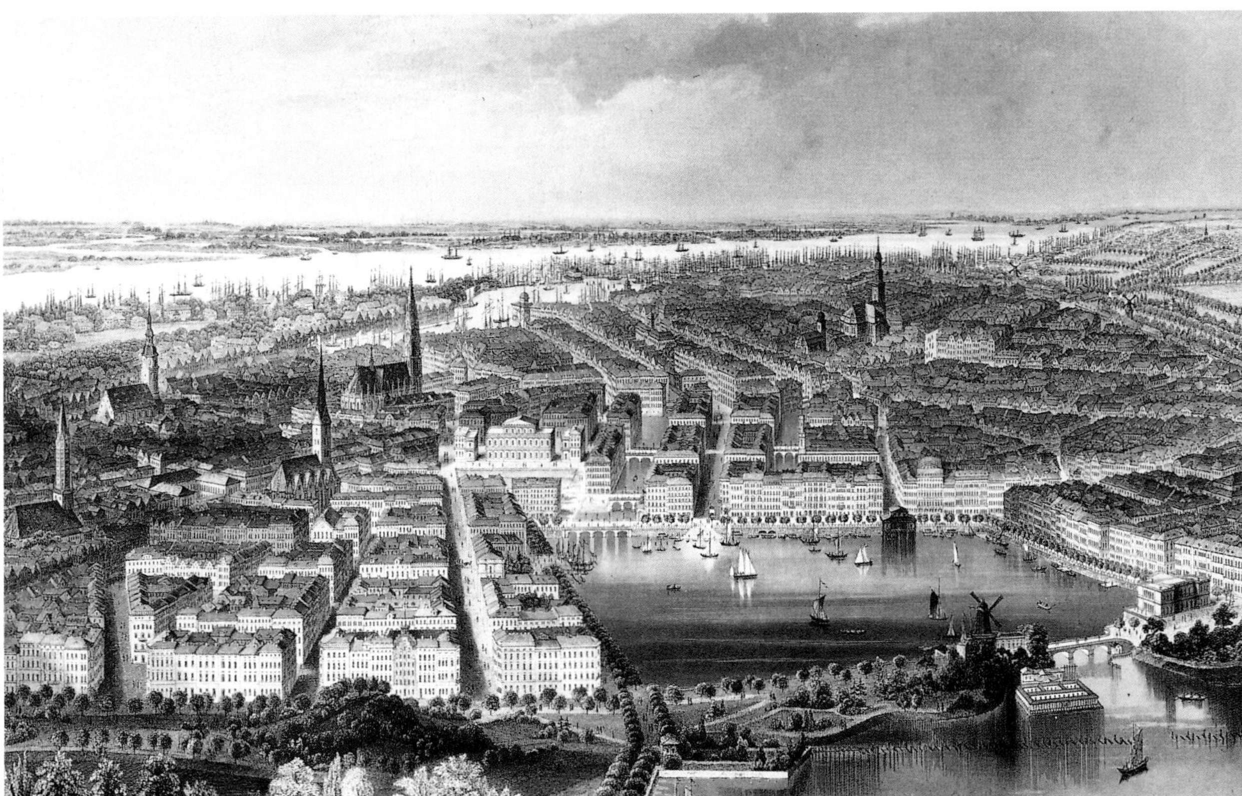

12/47

12/51

Die alte Stadtrepublik war auch nach der Reichsgründung 1871 Zollausland geblieben. Nach der Wende Bismarcks zur Schutzzollpolitik erkannte jedoch der hamburgische Bürgermeister Johannes Versmann, daß die verfassungsmäßig garantierte Freihafenstellung der Stadt politisch nicht länger aufrechtzuerhalten war. Er erwirkte beim Reichskanzler für den Beitritt Hamburgs wesentliche Zugeständnisse. Vor allem sicherte der Vertrag von 1881 den Fortbestand eines begrenzten Freihafengebietes zwischen Kehrwiederspitze und Wandrahmsbrücke.
In einem städtebaulichen Kraftakt ohnegleichen entstand auf dem Gebiet des »niedergelegten« Brook- und Wandrahmviertels – an die 24 000 Menschen mußten umquartiert werden – das moderne Warenumschlagsystem der Speicherstadt, bei dem das architektonische Konzept der Lagerhäuser ebenso beeindruckte wie die Versorgungseinrichtungen mit der elektrischen »Centralstation« und der Dampfkraft, die über ein Rohrnetz für den Betrieb der Winden, Krane und Aufzüge verteilt wurde. *TvE*

12/50 Hammerschlaggeschirr (Kelle u. Hammer) zur Schlußsteinlegung durch Kaiser Wilhelm II. bei der Zollausschlußfeier am 29. Oktober 1888 *[DH]*

1888; Silber, gegossen, getrieben; Elfenbein (Griffe); 10 × 34 × 29 cm, 4 × 26 × 20 cm
Gravur auf den Griffen: »Kelle, gebraucht von Kaiser Wilhelm II. am 29. October 1888« u. »Kaiser Wilhelm II., 29. October 1888«
Hamburg, Senat der Freien und Hansestadt Hamburg (Ratssilberschatz)

Der Akt des Hammerschlags stand im Mittelpunkt des Kaisertages beim Anschluß Hamburgs an das Deutsche Zollgebiet. Der Platz am Brookstor war festlich geschmückt: Auf den Sockeln am Brückenportal erhoben sich die überlebensgroßen Figuren der Germania und der Hammonia, beim Flaggenschmuck wechselten die deutsche und die hamburgische Fahne, und an einem Transparent prangte das große Hamburger Staatswappen mit dem Spruch »Heil unserem Kaiser!« Das Museum für Kunst und Gewerbe wurde angewiesen, Kelle und Hammer »während eines angemessenen Zeitraums zur Besichtigung seitens des Publikums auszustellen« und für die »fernere Asservierung« zu sorgen. *TvE*

12/51* Blick auf den Hamburger Hafen mit Sandtorkai und Kaiserspeicher

1882; Xylographie nach einer Zeichnung von Adolf Eltzner; 36,5 × 51 cm
Hamburg, Museum für Hamburgische Geschichte (1917, 173)

Das Bild zeigt die Industrialisierung des Hamburger Hafens. Segelschiffe liegen dicht an dicht auf Reede, davor ist der Turm des Kaiserspeichers zum Wahrzeichen des offenen Tidehafens geworden, dessen Realisierung Wasserbaudirektor Johannes Dalmann durchgesetzt hatte. Die Schiffe konnten nun direkt an den Kaimauern des 1866 zuerst fertiggestellten Sandtorkais und des Grasbrookhafens festmachen. Das neue System mit dampfgetriebenen Kranen, Schuppen für Wareneingangskontrolle und Zwischenlagerung sowie direktem Anschluß an Straße und Schiene verkürzte drastisch die Liegezeiten der Schiffe und begründete Hamburgs Ruf als »schneller Hafen«. Die Schlote und der runde Gasometerbau auf dem Grasbrook gehören zur »Gasfabrik«, die über große Ladekais hauptsächlich mit englischer Steinkohle beliefert wurde. *TvE*

12/52 Stückgutumschlag im Strom

Um 1900; Photographie (Reproduktion)
(Original: Hamburg, Staatliche Landesbildstelle)

Die Photographie illustriert die Verpackungsvielfalt, mit der die Schauerleute früher beim Be- und Entladen der Schiffe zu tun hatten: Links oben ist eine Schute mit Kohle oder anderem Schüttgut im Schlepp einer Dampfbarkasse zu sehen, andere Hafenfahrzeuge transportieren Metallfässer, Kisten und Warenballen verschiedenster Größe. Der arbeitsinten-

12/55

sive Güterumschlag sicherte den Speicherarbeitern nur ein knappes Einkommen. Um 1890 erhielten sie bei einem Zwölfstundentag zwischen 3 und 5,40 Mark Tagelohn (zum Vergleich: Ein Vier-Pfund-Roggenbrot kostete damals rund 50 Pfennige, ein Liter Milch 11 Pfennige). *TvE*

12/53 »Bismarck-Flag« der Hamburger Zollbehörde *[DH]*

Um 1900; Wimpel aus Blech an einem Holzstab; 50 × 30 cm
Hamburg, Deutsches Zollmuseum (ZM/HH 1509)

Der mit Bismarck ausgehandelte Zollanschlußvertrag erhielt weitgehend den freien Warenverkehr von Übersee in den Hamburger Hafen. Mit der Zollflagge signalisierten die Schiffe den patroullierenden Zollkreuzern, ob sie einen

Unterelbehafen zur Abfertigung anlaufen oder ob sie bis zum Freihafen durchfahren wollten. Hatte der Kapitän vergessen, »Flagge zu zeigen«, wurde er von der Besatzung des Zollkreuzers durch Schwenken der »Bismarck-Flag« auf sein Versäumnis aufmerksam gemacht. *TvE*

12/54 Teekiste mit Geräten zur Probeentnahme *[DH]*

Kiste: Sperrholz, Blechbeschläge; 50 × 41 × 61 cm
Hamburg, Firmen Adolf Tiede & Söhne und HTH, Hamburger Teehandel GmbH

In der Speicherstadt werden die Produkte aus Übersee nicht nur zwischengelagert, sondern auch veredelt und abgepackt. Die Teeimporteure nehmen zum Beispiel regelmäßig Geschmackstests vor, um ihren Kunden eine gleichbleibende Qualität der jeweiligen Sorte zu garantieren. *TvE*

12/56

12/55* Blick auf das Bismarckdenkmal und die brennende Michaeliskirche *[DH]*

Max Priester
1906; Photographie (Reproduktion)
(Original: Museum für Hamburgische Geschichte)

Gegen Ende der Kanzlerschaft von Bismarck hatten sich hamburgische Vorbehalte gegenüber seiner Politik ganz aufgelöst. Nach der Demission des Reichskanzlers entwickelte sich sogar eine Art Hamburger Bismarck-Kult: An seinem Geburtstag ehrten national gesinnte Hanseaten den »örtlichen Nachbarn« mit Fackelzügen nach Friedrichsruh. Das wuchtige Denkmal nach dem Entwurf Hugo Lederers von 1906 wurde auf dem hohen Elbufer vor dem alten Michel errichtet, der bisher allein die Seefahrer auf der Elbe gegrüßt hatte. Kritiker des »Steingötzen« meinten, daß sich der Michel vor Gram selbst entzündet habe: »De ole Michel mag nich mehr, denn Bismarck käm em in de Quer...« Der Brand der von Ernst Georg Sonnin (1713–1794) geschaffenen Hauptkirche St. Michaelis war bei einer Dachreparatur am Turm entstanden. 1907 bis 1912 wurde die Kirche in alter Gestalt wieder aufgebaut. *TvE*

12/56* »Ehrenpreis der freien und Hansestadt Hamburg« *[DH]*

Deckelpokal des »Norddeutschen Regatta-Vereins«
Hamburg: Brahmfeld & Gutruf
1895; Silber, gegossen, getrieben, graviert; Email; dreiteilig; H 74 cm, Dm 40 cm
Hamburg, Museum für Hamburgische Geschichte (1985,145)

1895 bewilligte der Senat 2000 Mark für diesen Silberpokal. Der Deckel zeigt als bekrönende Figur einen Triton mit geblähtem Segel, darauf das Hamburger Wappen in rotem Email. Die Sommerregatta zwischen Brunsbüttel und Cuxhaven gehörte wie Nordlandfahrt und Hamburg-Besuch zum regelmäßigen Reiseprogramm des Kaisers. Während der marinebegeisterte Wilhelm II. an Bord seiner Yacht »Meteor« mitsegelte, genossen andere Gäste des Senats auf der ähnlich ausgerüsteten »Hamburg« des »Vereins für Seefahrt« die Wettfahrt der größten Rennklasse. *TvE*

12/58

12/57* Bürgermeister Heinrich Burchard *[DH]*

Max Liebermann (1847–1935)
1911; Öl/Lw.; 200 × 151 cm
Hamburg, Hamburger Kunsthalle (1698)

Johann Heinrich Burchard (1852–1912), seit 1885 Senator, ab 1902 in mehreren Amtsperioden Bürgermeister bis zu seinem Tod, vereinte in seiner charismatischen Persönlichkeit die Anpassung an die Lebensverhältnisse der Kaiserzeit mit traditionsreicher, nach der Reichsgründung zunehmend protokollarisch und symbolisch dargestellter hamburgischer Souveränität. Als »königlicher Bürgermeister« war er bei den regelmäßigen Sommerbesuchen Wilhelms II. bei den Horner Rennen und der Unterelbe-Regatta der bevorzugte Gesprächspartner des Kaisers, und in vielen Reden begrüßte er Flottenrüstung und Kolonialpolitik, die den Ausbau des Hamburger Hafens zum »Tor der Welt« beförderten. Burchard gewann aber auch Sympathien bei der Arbeiterschaft, als er gegen die Wahlrechtsverschlechterung von 1906 votierte, und unter der Devise »Kunst ist kein Luxus« setzte er sich inmitten seiner nüchtern rechnenden Mitbürger für die Bestrebungen des Kunsthallendirektors Alfred Lichtwark ein. Max Liebermann weilte auf Veranlassung Lichtwarks seit 1890 mehrfach in Hamburg. Unter seinen Gemälden und Skizzen für die »Sammlung von Bildern aus Hamburg« befinden sich viele Porträts. *TvE*

12/58* Schnelldampfer »Imperator« der HAPAG

Hans Bohrdt (1857–1945)
Um 1913; Gouache/Pappe; 64 × 92 cm
Bez.u. l.: Hans Bohrdt
Hamburg, Museum für Hamburgische Geschichte (1934, 379)

12/61

1913 hatte der Stapellauf des bei der Vulcan Werft gebauten Vier-Schrauben-Turbinen-Dampfers »Imperator« die Elbestadt in den Mittelpunkt des nationalen Interesses gerückt. Die »Hamburg-Amerika Linie« übertrumpfte mit ihrem neuen Ozeanriesen von 276 Metern Länge und 52 117 Bruttoregistertonnen alles bisher Dagewesene. Der seinerzeit sehr erfolgreiche und von Kaiser Wilhelm II. sehr geschätzte Marinemaler Bohrdt begeistert sich für die Dynamik des mächtigen Schiffes in voller Fahrt und vermittelt damit jenes Gefühl nationaler Stärke, das auch die Schiffstaufen der beiden folgenden Schiffe der Imperatorklasse mit den programmatischen Namen »Vaterland« und »Bismarck« beherrschte. *TvE*

12/59 Schiffsglocke der »Imperator« *[DH]*

1912/13; Bronzeguß; H 54 cm, Dm 60 cm
Hamburg, Museum für Hamburgische Geschichte
(1984, 312)

HAPAG-Direktor Albert Ballin (1857–1918) versuchte zu verhindern, daß der deutsche Schiffbau die englische Konkurrenz bis zur Kriegsgefahr herausfordern könnte. Dem bösen Wort des »Ballinismus« setzte er in Werbeschriften entgegen, daß es nichts Friedlicheres gebe als die völkerverbindende Handelsschiffahrt. Die »Imperator« wurde gedeutet als das »reisige« Friedensschiff. Ballins Verständigungswillen blieb jedoch ohne Erfolg. Nach dem Ersten Weltkrieg an die Entente ausgeliefert, verbrannte das auf den Namen »Berengaria« umgetaufte Schiff 1938 im New Yorker Hafen. Dabei wurde auch die Glocke stark beschädigt. *TvE*

12/57

12/60 Mittagessen im Speisesaal der HAPAG-Auswandererhallen

Johann Hamann
1909; Photographie (Reproduktion)
(Original: Museum für Hamburgische Geschichte)

Ende des 19. Jahrhunderts profitierte Hamburgs Überseeschiffahrt von der zweiten Welle des Auswandererstroms aus Rußland und Südosteuropa in die Neue Welt. Albert Ballin, dem die »Hamburg-Amerikanische Packetfahrt-Actien-Gesellschaft« (HAPAG) 1886 die Leitung der Passageabteilung übertragen hatte, und der ab 1899 als Generaldirektor wirkte, betrachtete das Auswanderergeschäft als Grundlage für den Aufstieg der HAPAG zur größten Reederei der Welt. Im Einklang mit der Gründung privater und staatlicher Stellen zum Schutz der Auswanderer errichtete die HAPAG im Cholerajahr 1892 Auswandererbaracken am Amerika-Kai, die 1901 durch größere und bessere Anlagen auf der Veddel ersetzt wurden. Ihr hygienischer Standard galt damals in der ganzen Welt als vorbildlich. Hier konnten sich die Auswanderer zu einem mäßigen Preis bis zu ihrer Einschiffung aufhalten, so daß sie nicht mehr, wie oft zuvor, betrügerischen Wirten in die Hände fielen. *TvE*

12/61* Plakat der »Hamburg-Amerika Linie«

Hans Bohrdt (1857–1945)
Um 1900; Lithographie; 38 × 26,3 cm
Hamburg, Museum für Hamburgische Geschichte
(EB-AB 11164)

Die oben auf dem Plakat abgebildete »Deutschland« gewann im Jahre 1900 die begehrte Trophäe des »Blauen Bandes« für die schnellste Atlantiküberquerung. Das Schiff erwies sich dann allerdings als unwirtschaftlicher Kohlefresser. Während die »Grösste Dampfschiffs-Gesellschaft der Welt« Liniendienste zu Häfen aller Kontinente eingerichtet hatte, verbinden sich mit den Namen anderer hamburgischer Reedereien bestimmte Fahrtgebiete und Warengruppen. Die »Hamburg-Süd« importierte zum Beispiel Zucker, Kaffee und Tabak aus Brasilien und profitierte von der wachsenden Nachfrage nach tierischen Produkten aus Uruguay und Argentinien; auf der Salpeterroute um Kap Horn setzte die Reederei »F. Laeisz« technisch perfektionierte Großsegler, die »Flying P-Liner«, ein, und die Unternehmungen Adolph Woermanns stehen für den Handel mit den neu erworbenen »Schutzgebieten« in Afrika. *TvE*

12/62* Blick auf den Köhlbrand *[DH]*

Lovis Corinth (1858–1925)
1911; Öl/Lw.; 114,5 × 135 cm
Hamburg, Hamburger Kunsthalle (1644)

Vom Haus Johann Gurlitts an der Palmaille 61 in Altona aus hat Corinth den Blick auf die Elbe und den Köhlbrand, den Hauptstrom der Süderelbe zur Norderelbe, festgehalten. Die Fabrikschlote ragen über das Grün des Elbufers im Vordergrund und das Gewimmel der Schiffe aller Typen und Größen auf dem Strom bis in den bewegten Sommerhimmel, und wie gehißte Flaggen unterstreichen die Rauchfahnen die Vitalität der Hafenszene, den Glauben an Industrialisierung, technischen Fortschritt und Weltverkehr in damaliger Zeit. Auch dieses Gemälde entstand auf Grund einer Einladung des Kunsthallendirektors Lichtwark, der damit einerseits zeigte, daß die Stadt und ihre Umgebung Künstlern von Rang lohnende Sujets bieten konnte, und der andererseits die Hamburger an herausragende zeitgenössische Malerei heranführen wollte. *TvE*

12/63 Schleppbarkasse »Paul Ahrens« *[DH]*

Modell im Maßstab 1:25
Holz, versch. Materialien; 28 × 22 × 67 cm
Hamburg, Museum für Hamburgische Geschichte (1980,5)

Der Einsatz von Maschinenkraft rationalisierte den Warenumschlag im Strom: Mußten früher Schuten und Prähme mit der Tide von den Liegeplätzen zu den Lagerhäusern gestakt werden, konnten jetzt Dampfschlepper die Kähne ohne Zeitverlust an die Zielorte bugsieren. Die »Paul Ahrens« der Fa. »Vereinigte Ewerführereien«, erbaut 1896, war zunächst mit einem 6-PS-Dieselmotor ausgerüstet gewesen, 1909 wurde ihre Maschinenleistung auf 11 und 1948 auf 23 PS erhöht. *TvE*

12/64 Frachter »Cap San Nicolas« *[DH]*

Modell im Maßstab 1:100
Hamburg: Ihlenfeldt & Berkefeld KG
Feinblech; 47 × 22 × 165 cm
Hamburg, Museum für Hamburgische Geschichte
(1984,337; Dauerleihgabe der Hamburg-Südamerikanischen Dampfschiffahrts-Gesellschaft Eggert & Amsinck)

Das Schiff, 1961 nach Entwürfen des Hamburger Architekten C.F. Pinnau für die »Hamburg-Süd« gebaut, bediente als einer der berühmten »Cap-San-Frachter« mit Einrichtungen

12/62

auch für zwölf Passagiere die Route nach der Ostküste Südamerikas. Seine elegante, an eine Yacht erinnernde Form des Rumpfes ohne Schornsteine – die Abgase der MAN-Dieselmotore wurden durch zwei Pfahlmasten an der Achterkante der Aufbauten abgeleitet – und ihre Schnelligkeit (20 Knoten) machten sie zum Inbegriff moderner Schiffbautechnik, bis die Entwicklung vom Stückgut- zum Containerumschlag und der Spezialschiffbau (Roll-On/Roll-Off-Verkehr) den Einsatz kombinierter Fracht- und Passagierschiffe mit eigenem Ladegeschirr unwirtschaftlich werden ließ. 1981 wurde die »Cap San Nicolas« nach Panama verkauft. Als Museumsschiff ist das Schwesterschiff »Cap San Diego« mit Liegeplatz im Hamburger Hafen dem Abwrack-Schicksal entgangen.

TvE

12/65 Containersegment *[H]*
Hamburg: Fa. HCCR Container- und Chassis-Reparatur
1991; Stahl, Eisenblech; Boden aus Hartholz;
260 × 244 × 170 cm
Hamburg, Fa. HCCR Container- und Chassis-Reparatur GmbH

Seit der Einführung des Containerverkehrs Mitte der sechziger Jahre müssen Stückgüter verschiedenster Verpackungsgröße nicht mehr arbeits- und kostenintensiv einzeln umgelagert und kunstvoll gestaut werden, sondern sie werden in den genormten »großen Kisten« – Containern von zwanzig oder vierzig Fuß Länge (das entspricht sechs bzw. zwölf Metern) – direkt vom Seeschiff auf Bahn, LKW oder Binnenschiffe verladen. Von einem Anteil von 17 Prozent aller im Hamburger Hafen umgeschlagenen Güter im Jahr 1973 stieg der Containerisierungsgrad auf 69 Prozent im Jahr 1990. Am Aufstieg des Containerverkehrs in Hamburg ist vor allem die »Hamburger Hafen- und Lagerhaus-Aktiengesellschaft« (HHLA) mit dem Ausbau des 1,5 Quadratmeter großen Burchardkais beteiligt gewesen. Über diesen Terminal mit seinen Containerbrücken, Van-Carriern und elektronischen Kommunikationssystemen laufen gut 50 Prozent des Hamburger Containerumschlags. *TvE*

12/66

12/66* Containerschiff »Hannover Express«
Modell im Maßstab 1:200
Flensburg: Fa. Günter Schmidt
Versch. Kunststoffe; Glasvitrine: 38,5 × 28,5 × 160 cm
Hamburg, Hapag-Lloyd AG (836 02 27)

Der Neubau der Hapag-Lloyd Flotte lief Anfang 1991 als erstes von acht bestellten hochmodernen Containerschiffen der vierten Generation in Korea vom Stapel. Die Schiffe dieser Klasse sind 294 Meter lang und können bei einer Tragfähigkeit bis zu 64 500 Tonnen über 4400 20-Fuß-Einheiten (TEU) aufnehmen. Als »Rekordschiff« beförderte die »Hannover Express« auf ihrer Jungfernreise von Fernost nach Hamburg 4402 Einheiten, die größte Anzahl, die jemals ein Containerschiff transportiert hat. Für den maximalen Tiefgang von 13,5 Meter reicht allerdings die jetzige Fahrwassertiefe der Unterelbe nicht aus. Die Reederei hat ihre Schiffe zu »schwimmenden High-Tech-Produkten« optimiert: Neue Materialien und Konstruktionsformen ermöglichen bei unveränderter Schiffsbreite eine Vergrößerung des nutzbaren Raums (Beschränkung auf die sogenannte »Panmax-Breite«). Bei einer Maschinenleistung von fast 50 000 PS beträgt die wirtschaftliche Dienstgeschwindigkeit 23 Knoten und das von Hapag-Lloyd entwickelte Schiffsbetriebskonzept erlaubt es, die Schiffe mit nur fünfzehn Mann Besatzung sicher zu führen und zu fahren. Dabei werden Fahrpläne und Liegezeiten zwischen Schiff und Land via Satellit koordiniert. *TvE*

12/67* »Die Hamburger Admiralitäts Jacht« *[DH]*
J. S. Petz
Um 1816; aquarellierte Federzeichnung; 40,5 × 55 cm
Bez.u. r.: J.S.Petz
Hamburg, Staatsarchiv (PL 997a/253–10 (1816))

Die Admiralität als Beschützerin der im Konvoi segelnden Handelsschiffe bekam 1787 Aufgaben einer Hafenpolizei. Zur besseren Überwachung des Schiffsverkehrs hatte die »Commerz-Deputation« eine Verstärkung der Besatzung der Convoi-Jacht gefordert, und auch der Senat verlangte wegen der Zunahme von Ladungsdiebstählen die Einrichtung von Patrouillen, damit das Kaufmannsgut »bey Tage und bey Nacht möglichst gesichert werde«. Im Oktober 1787 nahmen zehn Männer, ausgestattet mit Erkennungsschild und Seitengewehr, auf denen das Admiralitätswappen zu sehen war, ihren Dienst auf. 1799 wurden sie organisatorisch mit den Kräften der »Oberhafen-Patrouille« zur »Hafenrunde« vereint. *TvE*

12/67

12/68 Uniform des Chefs der Wasserschutzpolizei

[DH]

Getragen von dem 1949 bis 1968 amtierenden Leitenden Polizeidirektor Hans Ottenstreuer
Baumwolle; goldfarbene Ankerknöpfe und »Kolbenringe«
Hamburg, Landespolizeidirektion, Wasserschutzpolizei

Die dunkelblaue Marineuniform soll den Männern der Wasserschutzpolizei, eingestellt mit seemännischer Ausbildung, das nötige Ansehen zur Durchsetzung hoheitlicher Aufgaben verleihen. Der »Polizey-Herr« Senator Dammert stellte schon 1832 fest: »Das fremde Schiffsvolk, mit dem die Hafenpolizey täglich in Berührung kommt, erkennt auf dem Wasser nur Mariniers als Authorität an.« Und um der »Respektlosigkeiten« seitens der Kapitäne ausländischer Schiffe besser begegnen zu können, beschloß der Senat 1856, Messingknöpfe und Stadtwappen durch goldene Ärmelstreifen, sogenannte »Kolbenringe«, wirkungsvoll zu ergänzen.

TvE

12/69* Strandung des Seglers »Cuba« bei starkem Eisgang im Januar 1839 *[DH]*

Peter Suhr (1788–1857)
1839; aquarellierte Bleistiftzeichnung; 28 × 40 cm
Bez. u. r.: nach der Natur gezeichnet von P. Suhr. D. 9. Jan. 1839
Hamburg, Staatsarchiv (PL 126–8/183.91 [1839])

Wie ein Spielzeug haben »Sturm und hohe Fluth« die Schonerbrigg »Cuba« an das Elbufer beim Grasbrook geworfen. Am Ufer türmen sich die vom Oberwasser herangeführten Schollen zu »Packeisbarrieren«; Arbeiter löschen die Ladung mit Hilfe eines improvisierten Bohlenweges, den sie über die »20 Fuß dicke Eisdecke der Elbe« gelegt haben.
Bilder aus dem ungewöhnlich kalten Winter 1838/39 sowie die Schiffsstrandungen im Gefolge des Orkans über dem nordwestlichen Europa, der in der Nacht vom 8. zum 9. Januar 1839 seinen Höhepunkt erreichte, haben auch andere Maler eindrucksvoll festgehalten. Peter Suhr hat das Ereignis 1842 auch in etwas kleinerer Version als Blatt 1 dem zweiten Teil der Folge »Hamburgs Vergangenheit...« eingefügt.

TvE

12/69

12/70* Badeanstalt auf Steinwerder *[DH]*

Um 1930; Photographie (Reproduktion)
(Original: Hamburg, Staatliche Landesbildstelle)

Trotz Industrialisierung und Hafenerweiterung hat die Flußbadeanstalt auf Steinwerder bis Anfang der dreißiger Jahre bestanden. Direkt gegenüber von den St. Pauli-Landungsbrücken und neben dem Werftplatz von Blohm & Voss gelegen, bot sie gerade für die ärmeren Schichten einen schnell erreichbaren Erholungsort. Anschläge der Polizeibehörde regelten Badeordnung – »Das Baden ohne Badehose ist Personen, die über 12 Jahre alt sind, verboten« – und Tarife – »für Benutzung einer Kabine (mit einem Spiegel, einem Wasserkübel und einem Stiefelknecht) M –,20«.

TvE

12/70

12/71* »Stadt-Wasserkunst entworfen und ausgeführt von W. Lindley in den Jahren 1844–1861, fortgesetzt bis 1863« *[DH]*

2 Pläne zur Trinkwasserversorgung und zur Stadtentwässerung
Um 1863; Farbdrucke, 39,6 × 37,7 cm; 32,1 × 42 cm
Hamburg, Museum für Hamburgische Geschichte
(EB-AB 11166, 11167)

Nach dem Hamburger Brand wurde William Lindley mit dem Wiederaufbau der Straßen und Versorgungssysteme beauftragt. Innerhalb von zwanzig Jahren sollte der Ingenieur aus dem Mutterland der Industrie ein völlig neues Abwassersystem schaffen: Die Schwemmkanalisation mit zehn Stammsielen für die ganze Stadt löste die stinkende offene Ableitung in Gräben oder Rinnsteinen ab. Lindley plante und realisierte auch eine zentrale Wasserversorgung mit der 3,5 Kilometer elbaufwärts gelegenen Entnahmestelle bei Kalte Hofe und zentraler Verteilstelle vom 65 Meter hohen Wasserturm in Rothenburgsort. *TvE*

12/72 Die Kahnfahrt des deutschen Kronprinzen durch die Hamburger Sielgewölbe *[DH]*

H. Kaeseberg
Um 1877; Xylographie; 19,9 × 28,5 cm
Hamburg, Museum für Hamburgische Geschichte
(1966, 48)

Beim Besuch des Kronprinzen Friedrich Wilhelm im April 1877 schlugen Kaisertreue und Kaiserbegeisterung hohe Wellen. Leichtes Befremden mag der Programmpunkt Besichtigung des Geeststammsiels als besondere hamburgische »Eigenthümlichkeit« ausgelöst haben. Der Kronprinz befuhr – begleitet von Bürgermeister Kirchenpauer, Syndikus Merck, Oberingenieur Meyer und anderen hohen Herren – die ganze Strecke des Siels von der Lombardsbrücke bis zum St. Pauli-Landungsplatz, genoß den Anblick bengalisch beleuchteter Sielgewölbe und lobte die Akustik, als ihm zu Ehren die Lieder des Bieberschen Gesangvereins von einem Einsteigeschacht her erschallten. *TvE*

12/73* Wasser-Kochstation, errichtet anläßlich der Choleraepidemie 1892

E. Damm
Photographie (Reproduktion)
(Original: Hamburg, Museum für Hamburgische Geschichte)

Die Katastrophe der Choleraepidemie, die in den heißen Augusttagen des Jahres 1892 in Hamburg ausbrach und die in gut sechs Wochen an die 10 000 Opfer fordern sollte, offenbarte die Schwächen der Lindleyschen »Stadtwasser-Kunst«. Mit der Flut konnte die bei St. Pauli eingeleitete Fäkalfracht aus dem Mischwasser-Sielsystem die zentrale Trinkwasserentnahmestelle oberhalb Hamburgs erreichen, die zu dieser Zeit immer noch nicht – wie von Lindley gefordert – mit einer Sandfiltrieranlage ausgerüstet war. Während viele Haushalte der Wohlhabenden von der Cholera verschont blieben, weil man dort regelmäßig das trübe, kontaminierte Elbwasser abkochte, verbreitete sich die Seuche explosionsartig in den Vierteln der ärmeren Bevölkerung. Die eilig eingerichteten »Wasser-Kochstationen« gehörten zu den Desinfektions- und Hygienemaßnahmen des aus Berlin herbeigerufenen Arztes und Bakteriologen Robert Koch. Seine Erfahrungen in Hamburg halfen ihm bei der Entdekkung des Choleraerregers 1893. *TvE*

12/74* Die Februarflut von 1962 in Hamburg *[DH]*

2 Photographien (Reproduktionen)
(Originale: Hamburg, Staatliche Landesbildstelle)

Die Photographien von den ersten Aufräumarbeiten nach der Sturmflut vom 17. Februar 1962 – die Bergung persönlicher Habe aus der Schrebergartenlaube bei Wilhelmsburg und die Beseitigung ertrunkener Rinder am Moorburger Deich – bezeugen nur unvollkommen die Dramatik der

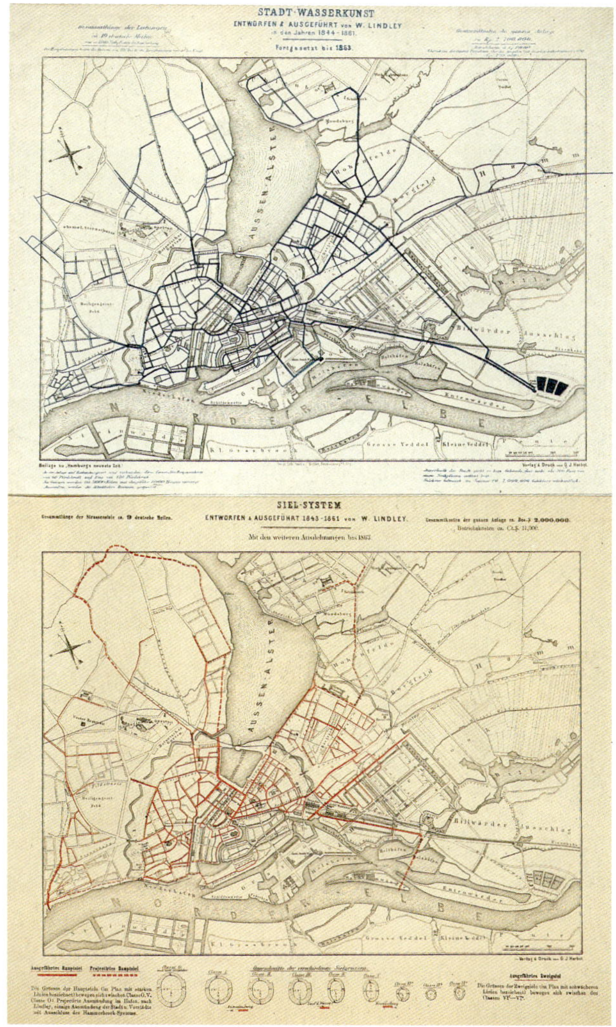

12/71

Ereignisse: Die 5,7 Meter über Normalnull aufgelaufene Flut überraschte die Stadt im Schlaf, an über 60 Stellen brachen die Deiche, und die Wassermassen überschwemmten die Elbinseln bis hin zum Geestrand bei Harburg. Trotz des Engagements der städtischen Behörden und des mutigen Einsatzes der Helfer vom Technischen Hilfswerk bis zur Bundeswehr, deren Hubschrauberpiloten über 1000 Personen von Hausdächern und Baumkronen retteten, kamen auf hamburgischen Gebiet 315 Menschen ums Leben. Umfangreiche Küstenschutzmaßnahmen haben in den folgenden zehn bis fünfzehn Jahren die Sicherheit entscheidend verbessert. *TvE*

12/73

12/75 Hertzfliessende Betrachtungen von dem Elbe-Strom *[DH]*

Peter Hessel (Petrus Hesselius, 1639 – 1677)
Altona: Victor de Leeu 1675
Mit zahlreichen Kupferstichen, Pergamenteinband
Hamburg, Altonaer Museum (Lb² 60)

Neben der in dem Werk des Hamburger Geistlichen enthaltenen Schilderung des Fischreichtums der Elbe fällt im Hinblick auf den gegenwärtigen Grad der Flußverschmutzung besonders die Darstellung der heilenden Kraft und Gesundheit des Elbwassers auf. Sie findet ihren allegorischen Ausdruck in dem beigegebenen Kupferstich Hans Martin Wintersteins mit dem Motiv einer elbeumspülten Apotheke. Hessels Abhandlung über den heimatlichen Elbstrom – stets die Zeugnisse göttlicher Weisheit und Allmacht preisend – gibt ungeachtet ihrer barocken Weitschweifigkeit einen wichtigen Einblick in das Alltags- und Wirtschaftsleben an der Elbe im 17. Jahrhundert. Die insgesamt elf Kapitel und 28 Kupferstiche informieren über Schiffahrt, Fischerei, Handel und Gewerbe, aber auch über Wintervergnügungen, besondere Begebenheiten, Schiffs- und Naturkatastrophen.

FS

12/76 Wasserprobennahme per Hubschrauber

1987; Photographie (Reproduktion)
(Original: Hamburg, Wassergütestelle Elbe)

Die in der ARGE ELBE (Arbeitsgemeinschaft für die Reinhaltung der Elbe) zusammengeschlossenen Bundesländer führen in ihren Meßstationen ein Standard-Meßprogramm zur Ermittlung von Wassergütedaten der Elbe durch. Für eine von den Stationen unabhängige Probenentnahme aus der Strommitte finden zusätzlich Hubschrauberflüge statt, die auch eine rasche Probengewinnung bei akuten Verschmutzungen ermöglichen. Das Photo zeigt einen Hubschraubereinsatz zwischen Teufelsbrück und Finkenwerder.

FS

12/77 Gerät zur Wasserprobennahme *[DH]*

Bad Bevensen: Albrecht Gaumert
1991; Plexiglas; 50 × 50 × 26 cm
Hamburg, Wassergütestelle Elbe

Mit Hilfe des eigens für den Hubschraubereinsatz entwickelten Gerätes können gleichzeitig mehrere, für unterschiedliche Analysen benötigte Wasserproben gewonnen werden, um ein nachträgliches, das Ergebnis einer Schadstoffanalyse möglicherweise verfälschendes Abfüllen zu vermeiden. Die Beschaffenheit des Gefäßes für das zur Untersuchung des Sauerstoffgehaltes bestimmte Wasser gewährleistet, daß das Wasser beim Füllvorgang nicht durch Luftblasen mit Sauerstoff angereichert wird.

FS

12/78 Gewässergütekarte

Karte im Maßstab 1:100 000
Hrsg. von der Umweltbehörde Hamburg
1991; 39 × 52,5, cm
Hamburg, Amt für Umweltuntersuchungen

In unterschiedlichen Farben verzeichnet die Karte die Verschmutzungsgrade der im Hamburger Bereich befindlichen Gewässer, deren Güteklassifizierung auf der Grundlage biologischer und chemischer Untersuchungen vorgenommen wurde. Neben der starken Verschmutzung des Elbewassers bei völligem Fehlen gering belasteter Fließgewässer besteht ein gravierendes Problem der Stadt Hamburg in der notwendigen Beseitigung des hochbelasteten Schlicks, der sich im strömungsarmen Hafengebiet vermehrt ablagert.

FS

12/74

KAPITEL 13

Altona – Stadtentwicklung unter dem Einfluß Dänemarks und Hamburgs

Seit der Errichtung der ersten Häuser um 1535 nahe dem Grenzbach zwischen der Grafschaft Pinneberg und Hamburg war die Entwicklung Altonas stets von der Konkurrenz zur größeren Nachbarstadt bestimmt. 1567 bewirkten die Besetzung der reformierten Niederlande durch das katholische Spanien und die nachfolgenden Schrecken der Inquisition den Zuzug Tausender Glaubensflüchtlinge in das protestantische Norddeutschland. Niederländische Kaufleute und Handwerker, die nach Hamburg kamen, wurden dort bald in der Ausübung ihres Glaubens eingeschränkt und den strengen Bestimmungen des Zunftzwangs unterworfen. Da die Pinneberger Landesherren, die Grafen von Schauenburg, zunftfreien Handwerkern die Berufsausübung erlaubten, wanderten viele der Flüchtlinge nach Altona ab. Um den Aufschwung des Ortes zu beschleunigen, gewährten die Schauenburger nach den Niederländisch-Reformierten 1612 auch den portugiesischen Juden die Religionsausübung. So wurde Altona schon in seiner Frühzeit zu einer Stätte uneingeschränkter Glaubensfreiheit.

Nach dem Aussterben der Schauenburger besetzte der dänische König Christian IV. die Grafschaft Pinneberg. Dadurch kam Altona unter die Oberhoheit Dänemarks, das die Entwicklung des Ortes künftig mit dem Ziel förderte, Hamburgs wirtschaftliche und politische Macht zu schwächen. 1649 bestätigte König Frederik III. die Religionsfreiheit, 1664 erteilte er Altona das Stadtrecht. Durch die hieraus entstehenden wirtschaftlichen Vorrechte und die gewährten Freiheiten wuchs Altona bis um 1700 zur zweitgrößten Stadt im dänischen Gesamtstaat heran.

Mit dem Wiederaufbau Altonas nach der Verbrennung durch die schwedischen Truppen 1713 bekräftigte der dänische König Frederik IV. seine Position im Elberaum. Dem wirtschaftlichen Aufschwung, den die Stadt durch die Gewährung der Zollfreiheit für Altonaer Produkte in Dänemark und Norwegen und durch den Ausbau des Hafens nahm, folgte der kulturelle: Der holsteinische Landbaumeister Christian Frederik Hansen, der bis 1784 in Kopenhagen gewirkt hatte, schuf mit den klassizistischen Bauten der Palmaille eine Prachtallee von europäischem Format. Hamburger und Altonaer Kaufleute begannen, sich auf Landsitzen entlang der Elbe zwischen Altona und Blankenese anzusiedeln. Die hier gepflegte geistige und gesellschaftliche Kultur zog Maler und Dichter an.

1866 wurde Altona nach dem Deutsch-Dänischen Krieg dem preußischen Staat einverleibt und der hamburgischen Zollhoheit unterstellt. Da dies Altonas wirtschaftliche Entwicklung behinderte, wurde der Zollverbund 1888 aufgelöst. Von nun an konnte sich die Stadt selbständig weiterentwickeln und wurde durch die Eingemeindung des benachbarten Ottensen zur bedeutenden Industriestadt. 1937 wurde Groß-Altona, inzwischen mit den Elbvororten vereinigt, nach Hamburg eingemeindet. *AF*

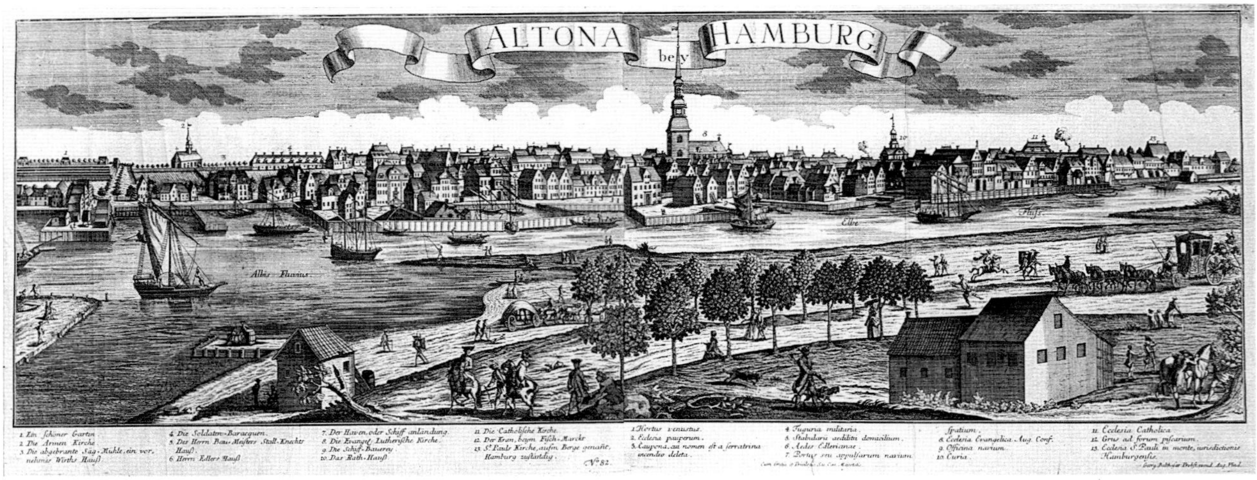

13/2

13/1 Altona und die de Voßsche Mühle *[DH]*

Gemälde nach einem Stich von H. von Winterstein; dieser nach einem verschollenen Gemälde von Franz von Amama (1670)
18. Jh.; Öl/Holz; 34,4 × 48 cm
Hamburg, Altonaer Museum (AB 1939)

Der Siedlungskern Altonas lag beim heutigen Fischmarkt, an dem die Altenau durch eine Talmulde des Geestrückens in die Elbe mündete. Die Fischer- und Handwerkersiedlung nahm um 1600 einen plötzlichen Aufschwung, als der Pinneberger Landesherr Graf Ernst von Schauenburg dem Ort Glaubens- und Gewerbefreiheit gewährte. Das Gemälde nach der ältesten topographischen Ansicht Altonas zeigt die Mühle, die der mennonitische Prediger Abraham de Voß, Sohn niederländischer Glaubensflüchtlinge, in dem schon sehr entwickelten Ort 1670 am Elbstrand errichtete. *AF*

13/2* »Altona bey Hamburg«

Georg Balthasar Probst (1673–1748)
Um 1730; Kupferstich; 44,5 × 118,2 cm
Hamburg, Altonaer Museum (AB 2691)

Seit 1640 die Grafschaft Pinneberg an Dänemark fiel, garantierte die Regierung in Kopenhagen der südlichsten Stadt im dänischen Gesamtstaat die religiöse und gewerbliche Freiheit vor allem als merkantilem Bollwerk gegenüber Hamburg. 1713 im Nordischen Krieg von schwedischen Truppen verbrannt, erlebte Altona nach dem Wiederaufbau seit 1730 sein »Goldenes Zeitalter«. Vom Fischmarkt aus entwickelte sich die Stadt unterhalb des Rathauses (1716–1720) und der Hauptkirche (1688–1743) am inzwischen erhöhten und befestigten Elbufer entlang. Die Elbstraße wurde zur bedeutendsten Geschäfts- und Wohnstraße der Stadt. *AF*

13/4

13/3* Altonaer Fischmarkt *[DH]*

Wilhelm Thämer (1849–1907)
1884; lavierte Bleistiftzeichnung; 42,7 × 60,6 cm
Bez. u. r.: WT
Hamburg, Altonaer Museum (AB 2684,1)

Bis zum Ende des 19. Jahrhunderts war der Fischmarkt Mittelpunkt des städtischen Lebens in Altona. Hier befand sich auf der linken Seite der dargestellten Kleinen Elbstraße die Stadtwaage, auf dem jetzt von Fischständen besetzten freien Platz die 1861 abgerissene Wache. Rund um den Fischmarkt waren Tuch-, Gewürz-, Tabak- und Weinhandelshäuser, Lebensmittelhändler, Kneipen und Gaststätten angesiedelt. Ein Marktvogt übte die Aufsicht über den Marktbetrieb der Fischer und Bauern aus dem Umland aus. Der Laienmaler, der uns die gründerzeitliche Bebauung zeigt, besaß hier selbst ein Weißwaren- und Aussteuergeschäft. *AF*

13/4* »Tabakneger« *[DH]*

Um 1840; Holz, farbig gefaßt; 171 × 71 × 45 cm
Hamburg, Altonaer Museum (1956/63)

Die naiv aufgefaßte Figur eines »Indianers« oder eines schwarzen Sklaven von den Tabakfeldern Südamerikas stammt vom Altonaer Fischmarkt. Dort war sie über einem Tabakgeschäft in der Höhe des ersten Stockwerks auf einer steinernen Konsole angebracht. Die Tabakrolle in der linken und die lange Pfeife in der rechten Hand weisen sie als Werbefigur für den Tabakhandel, aber auch allgemein für den Handel mit überseeischen Gütern (Kaffee, Tee, Kakao, Gewürzen etc.) aus. Das Tabakgeschäft hatte in Altona seit der Mitte des 18. Jahrhunderts unter Ausschaltung des holländischen Zwischenhandels stark zugenommen. Bis zum Beginn unseres Jahrhunderts entwickelte sich hier eine bedeutende Tabakindustrie. *AF*

13/3

13/5

13/5* »Candace«, Bark aus Altona *[DH]*
Peter Christian Holm (1823–1888)
1860; Öl/Lw.; 45,6 × 72,7 cm
Bez. u. r.: P. Holm/1860
Hamburg, Altonaer Museum (AB 5288)

Das sicher für den Eigentümer des Schiffes, den Altonaer Schiffbauer und Reeder Ernst Dreyer, gemalte Schiffsporträt zeigt im Vordergrund die Altonaer Landungsbrücke mit hölzernem Ponton, der unterschiedliche Wasserstände zwischen Ebbe und Flut ausgleicht. Für die Anlage des Altonaer Hafens gab es keine natürlichen Ufereinschnitte; er mußte an schmaler Uferstrecke unterhalb des Geesthangs aus Reihen von Pfahlgruppen mit Pontonanlagen geschaffen werden. Im Hintergrund des seegehenden Schiffs wird der Köhlbrand, ein Seitenarm der Elbe, sichtbar. *AF*

13/6* Altona: Fischereihafen, Fischauktionshalle, Fischindustrie

a) Altonaer Hafen am Fischmarkt
G. Koppmann
1899

b)* Altonaer Fischauktionshalle
Ende 19. Jh.

c) Auktion in der Altonaer Fischauktionshalle
Emil Puls
Um 1905

d) Altona-Ottensen: Fischarbeiterinnen
Um 1905

4 Photographien (Reproduktionen)
Hamburg, Altonaer Museum

Nach Einführung der Hochseefischerei mit Dampfern nahm die Altonaer Fischwirtschaft einen bedeutenden Aufschwung. 1887 wurde die erste Fischauktion abgehalten, 1896 die Halle am Altonaer Fischmarkt errichtet. 1907 wurden hier 39,3 Millionen Pfund Fische verauktioniert. Altona wurde Zentrum der deutschen Fischindustrie. Folgeindustrien für Fischverarbeitung und -zubereitung, für Verpackung und Abfallverwertung siedelten sich vor allem im eingemeindeten Ottensen an. Um 1913 waren hier 100 fischindustrielle Betriebe ansässig, in denen überwiegend Frauen arbeiteten. *AF*

13/7 Frederik VI. von Dänemark (1768–1839) *[DH]*

Christoph Wilhelm Wohlien (1811–1869) nach einem 1809 entstandenen Gemälde von Friedrich Carl Gröger (1766–1838)
1855; Öl/Lw.; 64,5 × 54 cm
Bez. u. l.: C.W. Wohlien pinxit 1855
Hamburg, Altonaer Museum (AB 1067)

1808 übernahm Frederik VI. für seinen geisteskranken Vater Christian VII. die Regentschaft, unter der Dänemark durch soziale Reformen und wirtschaftliche Maßnahmen zu ökonomisch-kultureller Blüte aufstieg. Die britischen Angriffe auf Kopenhagen 1807 bewogen ihn zum Bündnis mit Frankreich. Dadurch entging Altona während der Hamburger Franzosenzeit der französischen Besetzung. 1817 erhob Frederik den Oberpräsidenten Blücher wegen seiner Verdienste um Altona in den Grafenstand. Einfach gemalte Bildnisse des Staatsoberhaupts wie dieses hingen in den Altonaer Amtsstuben. Das Original des seit 1814 in Hamburg ansässigen Bildnismalers Gröger, der zu seiner Zeit als angesehenster Porträtist Norddeutschlands galt, hängt in Schloß Rosenborg in Kopenhagen, eine weitere Kopie seines Schülers Wohlien in Schloß Gottorf in Schleswig. *AF*

13/6 b

13/8 Graf Conrad Daniel von Blücher-Altona (1764–1845) *[DH]*

Christoph Wilhelm Wohlien (1811–1869) nach einem Gemälde von Friedrich Carl Gröger (1766–1838)
1830; Öl/Lw.; 56 × 45,5 cm
Bez. u. l.: Wohlien 1830
Hamburg, Altonaer Museum (1934/119)

Neffe des preußischen Feldmarschalls Gebhard Leberecht von Blücher, Sohn eines dänischen Obersten und seit 1802 Amtmann von Apenrade, wurde Blücher 1808 durch Frederik VI. von Dänemark zum Oberpräsidenten von Altona ernannt. Besondere Verdienste um die Stadt erlangte er 1813/14 während der Besetzung Hamburgs durch die Franzosen. Durch diplomatisches Geschick verhinderte er die Besetzung Altonas durch die bei Pinneberg lagernden russischen Truppen und nahm den Franzosen damit den Anlaß zu einer ihrerseitigen Besetzung oder Beschießung der Stadt. Wohlien, der das Porträt nach einem Original seines in Hamburg lebenden Lehrers Gröger schuf, war nach seiner Ausbildung an verschiedenen Akademien seit 1837 Zeichenlehrer an der Altonaer Sonntagsschule. *AF*

13/9* Pokal des Grafen Blücher-Altona *[DH]*

Johann Andreas Hölbeling (nachweisbar 1791–1826)
1817; Silber, getrieben, gegossen, graviert, innen feuervergoldet; H 30 cm, Dm 15,5 cm
Bez. a. u. Rand: AH, Hamb. 18, 14 Lot-Marke, frz. Kontrollstempel
Hamburg, Altonaer Museum (1978/210)

Der 1816 anläßlich eines Besuchs des Feldmarschalls Fürst Blücher von Hamburger und Altonaer Bürgern gegründete Blücher-Club schenkte den Pokal 1817 dem Altonaer Oberpräsidenten Conrad Daniel von Blücher zu seiner Ernennung zum Lehnsgrafen von Blücher-Altona. Die oben genannten Verdienste um die Rettung der Stadt hatten diesen weithin populär gemacht. Der aus dem Boden des Pokals wachsende Eichenstamm mit Blätterkrone ist zusammen mit dem eingravierten Motto »Freundschaft, Eintracht, Deutscher Gemeinsinn« Ausdruck der patriotischen Gesinnung nach den Befreiungskriegen. *AF*

13/9

13/10 Löwe vom Tor des jüdischen Friedhofs in Altona *[DH]*

Um 1747; Sandstein; 73 × 62 × 30 cm
Hamburg, Altonaer Museum (AB 7821)

Die seit 1575 aus Furcht vor der Inquisition von der iberischen Halbinsel nach Hamburg zugewanderten »portugiesischen« (sefardischen) Juden erwarben 1611 vom Pinneberger Landesherrn am Heuberg in Altona einen Begräbnisplatz, dessen Besitz König Christian IV. von Dänemark 1641 bestätigte. Im 17. Jahrhundert mehrfach vergrößert und bis 1877 genutzt, ist der Friedhof an der Altonaer Königstraße das bedeutendste Gesamtdenkmal jüdischer Geschichte in Nordwest-Deutschland. Seine Grabmäler sind wesentliche Zeugnisse der regionalen Steinmetzkunst des 17. und 18. Jahrhunderts. Größere Teile des Friedhofs wurden zwischen 1933 und 1945 durch Vandalismus und durch Bomben zerstört. *AF*

13/11* Thora-Vorhang mit Monogramm König Christians VII.

Altona 1804; Samt, Seide, Applikationen aus Samt und Metallfäden; 129 × 111 cm
Hamburg, Altonaer Museum (AB 2110)

1611 gründeten die vier in Altona ansässigen jüdischen Familien ihre erste Gemeinde und erwarben einen Begräbnisplatz. Die Garantie der Glaubensfreiheit durch den dänischen König bewirkte 1649 bei der Vertreibung der Hamburger Juden, daß diese hier Schutz suchten. Die Altonaer Schutzjuden, die Tribut an den König bezahlen mußten, konnten einige Jahre später wieder in Hamburg arbeiten und sich dort ansiedeln. Synagoge und Friedhof hatten sie jedoch nur in Altona. Aus der Blütezeit der Altonaer Gemeinde Ende des 18. Jahrhunderts stammt der Behang des Thora-Schreins, dessen Monogramm den dänischen König als Schutzgaranten ausweist. *AF*

13/11

13/12* Segelmacherwerkstatt Tiemann in Blankenese

Julius von Ehren (1864–1944)
1892; Öl/Lw.; 100 × 130 cm
Bez. u. r.: Julius von Ehren 92
Hamburg, Altonaer Museum (1956/39)

Wie in allen Hafenstädten prägten auch in Altona die Zuliefererbetriebe für die Schiffahrt das Gesamtbild von Handel und Gewerbe. 1892 waren in Altona elf Segelmachermeister, sämtlich an der Großen Elbstraße und am Fischmarkt, angesiedelt. Mit dem Beginn der Blankeneser Schiffahrt Ende des 18. Jahrhunderts ließen sich auch dort Segelmacher nieder. In Neumühlen gab es 1840 zwei Segeltuchfabriken. Die Arbeit der Segelmacher erforderte eine kräftige Hand, da die Leinwand sehr steif ist. Zum Durchstechen des Stoffes mit der dreikantigen Nadel wird ein Handschuh benutzt; dabei wird das Segel von einem Bankhaken festgehalten.

AF

13/12

13/13 Auftragsbuch des Altonaer Segelmachers I.N.G. *[DH]*

Inliegend »Arbeitsreglement für die Segelmacher-Arbeiter in Hamburg, Altona und St. Pauli«
1861–1870er Jahre; handgeschriebenes Buch mit Bleistiftzeichnungen; 52 × 36 cm
Hamburg, Altonaer Museum (1987/930)

Die Abmessungen der Segel bestimmte der Segelmacher an Bord des Schiffes nach Länge der Masten, Rahen, Giekbäume und Stagen. Auf einer Zeichnung setzte er die Längen der einzelnen Bahnen und die Schrägung für die »Gillung«, die Rundung der Unterkanten, fest. Er übernahm auch das Auftakeln der Schiffe. Außerdem stellte er Schutzbezüge für Kompasse, Lüfter und Beiboote, Persenninge, Sonnensegel und Windsäcke her.

AF

13/14 Sextant im Holzkasten mit Prüfschein der Deutschen Seewarte

Gradbogen: 23 cm
Altona: Heinrich Petersen, Königl. Preußischer Hof-Optiker
Um 1870; versch. Metalle; Kasten: 25,5 × 27 × 12,5 cm
Hamburg, Altonaer Museum (1973/903)

Zu den Schiffsausrüstern in einer Seestadt wie Altona gehörte auch der Optiker, der unter anderem »alle Arten Compasse, Sextanten, Octanten, Fernrohre ... verfertiget und reparirt« und in diesem Fall (wie die Segelmacher) an der Großen Elbstraße ansässig war. Der Sextant, der zusammen mit Chronometer (Weltzeit) und astronomischen Tabellen bei der Messung des Höhenwinkels von Gestirnen die Bestimmung der geographischen Länge und Breite ermöglicht, trat erst außerhalb der Elbmündung in Aktion, wenn bei Ortsbestimmung des Schiffes keine Landmarken mehr sichtbar waren.

AF

13/15 Nautische Instrumente der Altonaer Seefahrtschule *[DH]*

a) Fluid-Kompaß der Marine

1917; versch. Metalle, Glas; H 24, Dm 24 cm

b) Schiffsbarometer

2. Hälfte 19. Jh.; versch. Metalle, Holz, Glas;
85 × 38 × 8 cm

Hamburg, Altonaer Museum (1960/356 e; 1960/356 c)

In den deutschen Seeufer-Staaten bis zum Ende des 18. Jahrhunderts und in Schleswig-Holstein bis zum Ende der dänischen Zeit 1864 lag das nautische Unterrichtswesen in den Händen von Privatlehrern. 1869 regelte der Norddeutsche Bund das Verfahren für nautische Prüfungen, 1870 wurden die staatlichen Seefahrtschulen in Apenrade, Flensburg und an der Elbe in Altona eröffnet. Hier wurde die Ausbildung zur Großsteuermanns- und Großschifferprüfung vorgenommen. Lehrgänge für Schiffer auf Kleiner Fahrt berechtigten zum Führen kleinerer Schiffe auf der Elbe und ihren Seitenarmen, auf der Nordsee und im Englischen Kanal. *AF*

13/17

13/16 Schiffschronometer im Holzkasten *[DH]*

London: Joseph Hughes (Chronometer); A. Johannsen & Co, Chronometer, Watch & Nautical Instruments (Kasten)
2. Hälfte 19. Jh.; Messing, Glas; Holz mit blauem Samtfutter; Kasten: 27,2 × 19,2 × 27,5 cm (geöffnet)
Grünendeich, Seefahrtschule

Das Schiffschronometer, mit einem kardanisch aufgehängten Werk versehen, ermöglicht bei der Navigation den Vergleich einer Ausgangsuhrzeit mit der ermittelten Ortszeit und damit die Bestimmung der geographischen Länge. Das in England gefertigte Instrument gehört zum Inventar der 1847 in dem der Stadt Altona elbabwärts gegenüberliegenden Ort Cranz gegründeten dritten Navigationsschule des Königreichs Hannover, die 1858 in einen nahe der Lühemündung errichteten, bis heute von der Seefahrtschule Grünendeich genutzten Neubau am Elbdeich übersiedelte. Nachdem 1879 der Status einer Navigationsschule zugunsten einer Gründung in Geestemünde für mehrere Jahrzehnte verlorengegangen war, befand sich die Grünendeich nächstgelegene prüfungsberechtigte Institution zur Erlangung des Steuermannspatentes in Altona. *FS*

13/17* Eröffnung der Altona-Kieler Eisenbahn am 18. 9. 1844 *[DH]*

Vermutl. 1844; Öl/Holz ; 43,5 × 59,5 cm
Hamburg, Altonaer Museum (1934/143)

Neun Jahre nach der Eröffnung der ersten Eisenbahnlinie Nürnberg – Fürth wurde 1844 zwischen Altona und Kiel die »König-Christian-VIII.-Ostseebahn« eingeweiht. Sie sollte eine schnelle Verbindung zwischen der Elbe und der Ostsee herstellen. Aufgrund von Rentabilitätsberechnungen des Jahres 1840 über die geographisch einfachste Streckenführung hatte der dänische König der Gründung einer Aktiengesellschaft und der Eröffnung an seinem Geburtstag am 18. September des Jahres zugestimmt. Der Altonaer Endbahnhof wurde am Westende der Palmaille in der Nähe des Elbhangs errichtet. Damit begann für Altona die Zeit der Industrialisierung. Bei der Verlegung des Bahnhofs an den heutigen Platz wurde das klassizistische Bahnhofsgebäude in den Neubau des Altonaer Neuen Rathauses miteinbezogen.

AF

13/18* Service des Eisenbahndirektors Eduard Friedrich Carl Dietz *[DH]*

24 Teile: Tee- und Kaffeekanne, Zuckerdose, Sahneguß, Kuchenteller, Spülkumme, Tassen und Untertassen
Ottensen: Brodersen & Hansen
1867; Porzellan mit farbiger Überglasurmalerei, Golddekor
Hamburg, Altonaer Museum (1919/49 – 51, 1930/362, AB 2213)

Erbauer und erster Direktor der Altona-Kieler Eisenbahn war der Ingenieur Dietz, der zuvor an der Erbauung der Dresden-Leipziger Bahn mitgewirkt hatte. Das Service, das Dietz zu unbekanntem Anlaß geschenkt wurde, zeigt neben

13/18

13/22

topographischen Ansichten aus Schleswig-Holstein die Bahnhöfe von Dresden, Leipzig und Altona sowie zwei Lokomotiven mit den Namen »Elbe« und »J. Watt«. Die Teekanne zeigt eine Ansicht der »geneigten Ebene«, die den Altonaer Hafen mit dem auf dem Geestrücken hoch über der Elbe gelegenen Bahnhof verband. *AF*

13/19 Kalkbrennerei in Neumühlen *[DH]*

Georgine Fries zugeschr.
Um 1850; Öl/Lw.; 49,4 × 67,6 cm
Hamburg, Altonaer Museum (1913/1)

In Neumühlen unterhalb Altonas war um 1770 neben einer Papierfabrik, Segeltuchfabriken, einer Zichorien- und einer Tabakfabrik auch eine Kalkbrennerei entstanden, die Kalk aus Muscheln herstellte. Ihre Gebäude lagen, durch Holzvorsetzen geschützt, hart am Strand vor dem bewaldeten Hang. Zur Zeit der Frühindustrialisierung wurden diese Betriebe, für die die Elbe der kürzeste Transportweg war, nicht als störend empfunden; die Malerin schildert vielmehr die idyllische Lage. 1857 wurde am selben Ort die erste Altonaer Gasanstalt errichtet. Am rechten Bildrand sind ein Kai mit Transportloren und die zum Altonaer Bahnhof emporführende »geneigte Ebene« zu erkennen. *AF*

13/20 Die Wasserwerke Altonas *[DH]*

Julius Gottheil (geb. 1838; 1850–1864 in Hamburg)
Um 1860; Kreide-Ton-Lithographie; 46,8 × 54,4 cm
Hamburg, Altonaer Museum (1921/83)

1857/58 wurde am Fuß und auf dem bewaldeten Höhenrükken des Baursberges in Blankenese das Wasserwerk der Stadt Altona errichtet. Zwei Sammelbecken am Falkensteiner Ufer nahmen das Rohwasser aus der Elbe auf. Durch Sperrvorrichtungen wurde das Wasser nur während der Flut aufgenommen, wenn das von der Elbmündung zurückströmende Wasser einen gewissen Reinigungsprozeß durchgemacht hatte. 1912 bis 1914 wurden große Sandfilteranlagen gebaut, da die Sammelbecken wegen des wachsenden Schiffsverkehrs ihre Wirkung verloren hatten. Das Altonaer Trinkwasser erreichte nun eine höhere Qualität als das in Hamburg; dennoch bewirkten Cholerakeime, die aus den Abwassereinleitungen Hamburgs und Altonas zwölf Kilometer flußaufwärts in das Altonaer Trinkwasser gelangten, bis in die dreißiger Jahre eine der höchsten Säuglingssterblichkeitsraten in Deutschland. *AF*

13/21* Altonia *[DH]*

Otto Marcus (1863–1952)
1900; Öl/Lw.; 227 × 425 cm
Bez. u. l.: Marcus 1900
Hamburg, Altonaer Museum (1959/74)

Otto Marcus, in Berlin ansässiger Maler und Zeichenlehrer an der Kunstgewerbeschule, trat durch Wandbilder für die Rathäuser in Quedlinburg und Berlin-Schöneberg hervor. Das Bild der »Altonia« ist eine Auftragsarbeit, die er für das 1896 bis 1898 anstelle des ehemaligen Bahnhofsgebäudes errichtete Altonaer Neue Rathaus schuf. Es ist angefüllt mit Symbolen des wirtschaftlichen Aufschwungs, dessen Garant die Elbe ist. Die weibliche Verkörperung Altonas, in ihrer Linken die Fahne der Stadt, steht am Bug einer Buttjolle mit Fanggeschirr, Sinnbild der Fischwirtschaft. Ein stattliches modernes Dampfschiff mit dem Namen »Vorwärts Altona« steuert über backbord dem Altonaer Hafen mit seinen Fischkuttern, Großseglern und Dampfern zu. Rauchende Schlote auf dem Elbhang künden von ungebrochener Wirtschaftskraft. *AF*

13/21

13/22* Schiffsschraubenfabrik Theodor Zeise, Altona-Ottensen *[DH]*

Max Kuchel (1859–1933)
1920; Öl/Lw.; 86 × 67,5 cm
Bez. u. l.: Max Kuchel 1920
Hamburg, Altonaer Museum (1981/163)

Nach der Schleswig-Holsteinischen Erhebung 1848 bis 1852 verlor Altona das Privileg der zollfreien Ausfuhr in den dänischen Gesamtstaat. Das Altonaer Gewerbe siedelte sich nun im außerhalb der Zollgrenze liegenden Ottensen an, das, 1871 zur nunmehr preußischen Stadt erhoben, 1889 nach Altona eingemeindet wurde. Neben Glashütten, Eisengießereien, Fisch-, Tabak- und Maschinenfabriken, die ihren Aufschwung der Elbe als Transportweg und der rasanten Entwicklung der Hamburger und Altonaer Häfen verdankten, entstand hier 1868 Deutschlands bedeutendste Propellerfabrik. Kuchels Ansicht der Dreherei ist eines von drei Gemälden, die der in Altona ansässige Landschaftsmaler als Auftragsarbeit für seinen Schwager Theodor Zeise schuf. Sie schildert die Arbeitswelt eines der größten Ottensener Betriebe. *AF*

13/23 Produktionsmodell eines Zeise-Propellers *[DH]*

Altona-Ottensen: Theodor Zeise GmbH & Co, Spezialfabrik für Schiffsschrauben
1. Hälfte 20. Jh.; Holz, rote Ölfarbe; 104 × 115 × 52 cm
Hamburg, Stadtteilarchiv Ottensen e. V.

1889 erhielt Adolf Zeise, Sohn des Firmengründers, das Patent für den gegenüber den bekannten Dampfschraubenformen verbesserten Zeise-Propeller. Nach Erprobung an Dampfbarkassen auf der Elbe erfolgte bereits im Erfindungsjahr der Einbau in Transatlantikdampfer. Während der Weltkriege arbeitete die Firma für die Rüstungsproduktion. Nach einem Aufschwung seit den fünfziger Jahren ging sie in der Zeit der Schiffbaukrise 1979 in Konkurs. Das Holzmodell diente der Herstellung der Gußform in Lehm oder Zementsand, in der der Bronzeguß der Propeller erfolgte. *AF*

13/24* Südseite der Palmaille

Jeß Bundsen (1766–1829)
Um 1827; Öl/Lw.; 68 × 101,5 cm
Hamburg, Altonaer Museum (1934/146)

Eine wesentliche Erweiterung Altonas nach Westen erfolgte, nachdem der mennonitische Kaufmann H. van der Smissen 1706 den Elbhang erworben hatte. Seit 1786 siedelten sich hier Altonaer Bankiers und Kaufleute an. Einem nicht realisierten Plan König Christians VI. von Dänemark für eine Residenz folgte erst um 1800 der vollständige Ausbau zu einer vielgerühmten Prachtallee durch den an der Kopenhagener Akademie ausgebildeten holsteinischen Landbaumeister Christian Frederik Hansen, der für verschiedene Auftraggeber klassizistische Wohnhäuser (bevorzugt zur Elbseite) errichtete. Einige dieser architektonisch bedeutenden Bauten haben die Zerstörungen des Zweiten Weltkriegs überdauert. Der Straßenname leitet sich von »Pallamaglio« her, einem aus Italien eingeführten Kugelspiel, für das 1638 an diesem Ort eine schnell verfallene Anlage mit einer vierreihigen Allee gebaut worden war. *AF*

13/24

13/25* Johann Heinrich Baur (1730–1819)

Um 1780; Öl/Lw.; 115 × 93 cm
Hamburg, Privatsammlung

Der Konferenzrat und Altonaer Bürgermeister war offenbar einer der ersten Kaufleute, die sich an der Palmaille ansiedelten. Das erste Altonaer Adreßbuch nennt 1802 Palmaille 440 als seinen Wohnsitz. Der Fensterausschnitt zeigt den Blick auf die Elbe. Der Brief in der Hand des Porträtierten weist ihn als Geschäftsmann aus, und die stromabwärts fahrenden Schiffe symbolisieren den Handel mit Übersee. In barocker Manier mit einem Vorhang drapiert, wird der Blick vom hohen Ufer auf die Elbe selbst zu einem Symbol für den Kaufmannsstand und die privilegierte Wohnlage. Noch in der Mitte des 19. Jahrhunderts wurden Elbansichten als repräsentative Versatzstücke in Bildnissen Altonaer Kaufleute gern verwendet. *AF*

13/26* Blick über die Elbe vom hohen Ufer oberhalb Neumühlens bei Altona

Johann Joachim Faber (1778–1846)
Um 1840; Öl/Holz; 57 × 81 cm
Hamburg, Altonaer Museum (1983/92)

Der Blick geht von einem Park am Nordufer über die Elbe auf die vom Köhlbrand durchzogenen Inseln des Stromspaltungsgebiets bis zu den Harburger Bergen im Süden. Gartenpavillons gab es in etlichen der Parks reicher Hamburger und Altonaer Kaufleute. Von den vielen vor einer Sandbarre bei Neumühlen zum Leichtern liegenden Schiffen sieht man die Mastspitzen, die Brigg auf der Elbe führt die hannoversche Flagge, die beiden Dampfschiffe befördern Ausflügler. Heute erinnert nichts mehr an die stille Insellandschaft. Sie ist Hafengebiet geworden mit Containerterminals und Petroleumhafen im Westen, Stückguthafen und Werften im Osten. Die Elbe ist auf sechzehn Meter Tiefe (mittleres Tidehochwasser) ausgebaggert, den Köhlbrand überspannt seit 1974 Deutschlands höchste Brücke, auf der Insel vorn befindet sich heute die Einfahrt des 1975 fertiggestellten Elbtunnels. Faber erhielt seine Ausbildung in Hamburg, Dresden, Prag, Wien und Rom. 1816 bis 1827 war er erneut in Italien und wandte sich dort ganz einer spätromantischen Landschaftsmalerei zu. *GK*

13/27 Briefwechsel zwischen Meta Moller (1728–1758) und Friedrich Gottlieb Klopstock (1724–1803) *[DH]*

Hamburg und Quedlinburg, 29. Juli u. 2. August 1752; braune Tinte/Bütten; 22,5 × 18,2 cm, 23,8 × 38,2 cm (aufgeschl.)
Hamburg, Staats- u. Universitätsbibliothek Carl von Ossietzky, Klopstocknachlaß (45 M 50; 45 K 56)

1751 hatte Klopstock auf der Reise von Zürich an den Kopenhagener Hof bei einem Hamburgaufenthalt Meta Moller, eine glühende Verehrerin seiner Dichtkunst, kennengelernt, mit der er sich ein Jahr später verlobte. Briefe wie diese nach Hamburg und Quedlinburg, dem Geburtsort Klopstocks, blieben oft die einzige Verbindung der Lie-

13/25

13/26

benden, die 1754 heirateten. Meta berichtet über eine kleine Gesellschaft im Haus des Vaters, eines Hamburger Kaufmanns, und über die Aussicht auf die Elbe, die man von dort aus genießt. Klopstock antwortet enthusiastisch. *AF*

13/28* Vase mit Ansicht der Christianskirche und Klopstocks Grab *[DH]*

Um 1830; weißes Porzellan, vergoldet; Emailmalerei; 42,2 × 26 × 13 cm
Hamburg, Altonaer Museum (1988/258)

Metas Tod bei der Geburt des ersten Kindes 1758 zerstörte Klopstocks glückliche Zeit in Dänemark. Für Meta und sich selbst erwarb er eine Grabstelle auf dem Kirchhof in Ottensen bei Altona oberhalb des Elbhangs wegen der idyllischen Lage. Nach dem Sturz seines Förderers am dänischen Hof, des Ministers Johann Graf Bernstorff, kehrte Klopstock 1770 mit diesem nach Hamburg zurück. Bis zu seinem Tod 1803 war der Dichter des »Messias« geistiger Mittelpunkt der Hamburger Kaufmannsfamilien an der Elbchaussee. Seinem Leichenzug folgten 25 000 Trauergäste, das Grab war über hundert Jahre lang ein beliebtes künstlerisches Motiv. *AF*

13/29 Rundgesang »Die Elbfahrt« *[DH]*

In: Musenalmanach für 1777, hrsg. von Joh. Heinrich Voß, Hamburg 1776, S. 154–163
Johann Heinrich Voß (1751–1826)
1775; Bütten, Ledereinband, mit eingeheftetem Notenblatt; 9,5 × 7 cm
Hamburg, Staats- und Universitätsbibliothek Carl von Ossietzky (A/2041)

Voß und andere Mitglieder des Göttinger Dichterkreises wie Boie, Bürger, Hölty und die Grafen Stolberg waren wegen des von ihnen hochverehrten Vorbilds Klopstock eng mit Hamburg verbunden. 1775 übersiedelte Voß nach Wandsbek bei Hamburg, um Matthias Claudius und Klopstock nahe zu sein. Der Hamburger Kreis, dem auch Philipp Emanuel Bach angehörte, traf sich im Sommer des Jahres bei Claudius oder in den Gärten der Grafen Stolberg und Bernstorff an der Elbe. Eine romantische Elbfahrt mit Klopstock regte Voß zu seinem Rundgesang an. *AF*

13/30 »Die Hafenfeier« *[DH]*

Richard Dehmel (1863–1920)
1912/13; Feder mit Bleistiftkorrekturen, Ganzledereinband; 26,8 × 41 cm (aufgeschl.)
Bez. a. d. Ledereinband: »D«
Hamburg, Staats- und Universitätsbibliothek Carl von Ossietzky, Handschriftenabteilung (Dehmel-Archiv 223)

13/28

13/31

Zunächst in Berlin und Heidelberg ansässig, weilte der Dichter Richard Dehmel 1896 bis 1899 wiederholt in Altona an der Palmaille, um seinem Freund Detlev von Liliencron nahe zu sein. 1901 ließ er sich endgültig in Blankenese nieder. Wie Liliencron fesselte ihn die niederelbische Landschaft. »Wie ein Rausch kam es oft über ihn, wenn er an dem Hügelrand der Elbe entlangschritt«, schrieb seine Frau Ida Dehmel. Dem Schiffsverkehr und dem Arbeiten und Treiben der Menschen im Welthafen Hamburg widmete er sein visionäres Gedicht »Die Hafenfeier«. *AF*

13/31* Baron Caspar von Voght (1752–1839) *[DH]*

Jean Laurent Mosnier (1743–1808)
1801; Öl/Lw.; 129 × 99 cm
Hamburg, Altonaer Museum (1929/505)

Sohn eines Hamburger Kaufmanns, durch Reisen in ganz Europa gebildet, mit Goethe, Klopstock, Voltaire und Pestalozzi bekannt, wurde Caspar von Voght durch den Überseehandel seit 1790 einer der reichsten Männer Hamburgs. Früh wandte er sich der Reform des Armenwesens zu. 1785 erwarb er Ländereien oberhalb des Elbufers in Klein Flottbek, die er zu einem Mustergut mit einer Landwirtschaftsschule ausbaute. Hier wurden die Verbesserung der sozialen Lage der Bauern und Landarbeiter sowie moderne Anbaumethoden erprobt. Kaiser Franz II. und König Friedrich Wilhelm III. von Preußen ehrten ihn 1802/03 für Reformvorschläge zum Wiener bzw. Berliner Armenwesen. Der in Paris und St. Petersburg arbeitende Porträtmaler Mosnier lebte nur von 1797 bis 1801 in Hamburg. *AF*

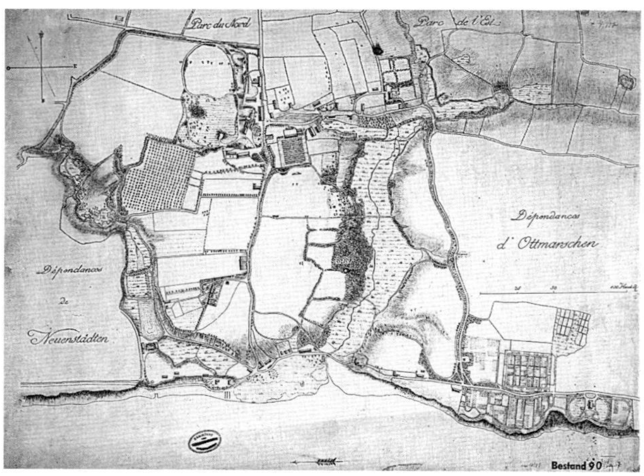

13/32

13/32* Karte von Klein Flottbek *[DH]*

Um 1810; Feder/Lw.; 50,5 × 70,5 cm
Hamburg, Staatsarchiv (PL 151–10/1/31 [1810])

Das Landhaus Caspar von Voghts, 1793 nach Entwürfen von Johann August Arens im klassizistischen Stil errichtet, bildete zusammen mit den Gebäuden des Gutshofes den Mittelpunkt des Versuchsgutes. Von hier aus wurde der Landschaftsraum nach dem englischen Vorbild der »ornamented farm« zu einer veredelten Kulturlandschaft umgestaltet, einem Landschaftspark mit landwirtschaftlicher Nutzung. Die Karte zeigt im Zentrum den Süderpark. Westlich vom Gutshof erstreckte sich der Westerpark mit dem Quellental, großen Feldern und der Fruchtbaumwiese mit dichtgereihten Obstbäumen. Nur der Süderpark, der heutige Jenisch-Park, ist als Parkanlage erhalten. *AF*

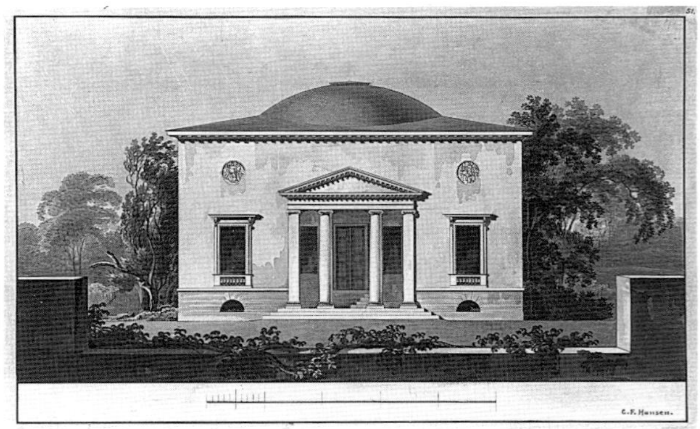

13/35

13/33 Abendgesellschaft bei Baron Caspar von Voght *[DH]*

Um 1820; Aquarell, Deckweiß; 46,5 × 58 cm
Bez. a. u. Rand mit den Namen der Dargestellten
Hamburg, Altonaer Museum (AB 5688)

Als dieses Aquarell entstand, war der durch Kaiser Franz II. geadelte Caspar von Voght (1752–1839) schon 70 Jahre alt, und das Landhaus auf seinem Mustergut in Klein Flottbek stand gut zwanzig Jahre. Um Voght, dem das eigene Kapital während der Franzosenzeit zusammengeschmolzen war, wurde es ruhiger. Im Sommer in Flottbek, im Winter im Stadthaus am Dammtor, führte er das Leben eines Weisen, dessen letzte Arbeiten vor allem der Hamburger Armenanstalt galten. Sein Freund Pieter Poel war 1815 mit seiner Familie mit in das Flottbeker Landhaus gezogen. Mit seinem Freundeskreis, einschließlich der Kinder, sieht man Voght – rechts neben der Tür mit dem Rücken zum Betrachter – beim abendlichen Schachspiel. *GK*

13/34* Ansicht von Baurs Park mit Blick auf die Elbe

Ludwig Philipp Strack (1761–1836)
1811; Öl/Lw.; 66 × 101 cm
Bez. u. l.: Ludw. Strack 1811
Stocksee, Dr. Friedrich Baur

Der dritte Sohn des Altonaer Konferenzrats Johann Heinrich Baur, der Überseekaufmann Georg Friedrich Baur (1768–1865), erwarb zwischen 1802 und 1817 auf dem Geesthang zwischen der heutigen Elbchaussee und dem Ufer in Blankenese elf Grundstücke mit vier größeren Landsitzen und faßte sie zu einem zwanzig Hektar großen Park zusammen. Zur Bodenverbesserung wurde Muttererde vom jenseitigen Elbufer herangeschafft, mit Bäumen und Gewächsen auch aus dem Ausland ein englischer Park gestaltet. Dem Zeitgeschmack entsprechend schmückten Tempel, ein chinesischer Turm, Turmruine, Grotte und eine Orangerie den Park. Strack, Neffe und Schüler Johann Heinrich Tischbeins und von 1799 bis zu seinem Tod oldenburgischer Hofmaler, hatte bereits 1806 für Baurs Wohnhaus an der Palmaille acht Panneaus mit italienischen Landschaften geschaffen. Als sich der Oldenburger Herzog während der französischen Invasion außer Landes befand, erteilte Baur den Auftrag für mehrere Ansichten des neuen Parks, für dessen Durchführung sich Strack seit Juni 1810 in Baurs Landhaus in Blankenese einquartierte. *AF*

13/35* Landhaus des Johann Heinrich Baur an der Elbchaussee *[DH]*

Aufrisse der Straßen- und der Gartenfront
Christian Frederik Hansen (1756–1845)
1804–1806; 2 lavierte Federzeichnungen; 23,4 × 38,3 cm, 22,8 × 37,7 cm
Bez. u. r. (später): C.F.Hansen
Kopenhagen, Kunstakademiets Bibliotek (268 u. 269)

Johann Heinrich Baur d. J. (1767–1807), ein Bruder Georg Friedrich Baurs und Mitinhaber des Handelshauses, erwarb 1803 das Grundstück Elbchaussee 372 und ließ darauf von Hansen ein Landhaus errichten. Das »Elbschlößchen« war das letzte von sieben Sommerhäusern, die Hansen für reiche Hamburger und Altonaer Kaufleute direkt an der Elbchaussee baute, von wo aus sie auch die eigenen Schiffe auf der Elbe beobachten konnten. In ihren an Villen Palladios und Gartenpavillons fürstlicher Parkanlagen orientierten Landhäusern hatte hier eine Gruppe von Handelsherren einen eigenen bürgerlichen Lebensstil entwickelt. *AF*

13/34

13/36

13/36* Vollschiff »Sovereign of the Seas« *[DH]*

S. D. Skillett (erwähnt 1845–1856)
1857; Öl/Lw.; 49 × 74,5 cm
Bez. u. l.: Skillett Limehouse
Johann-Heinrich Müller-Godeffroy

Der Hamburger Kaufmann Cesar VI. Godeffroy (1813–1885), der von der englischen Konkurrenz im Südpazifik »The South Sea King« genannt wurde, pflegte von dem ca. 30 Hektar großen Landsitz »Hirschpark« am hohen Elbufer bei Blankenese seine elbaufwärts fahrenden Schiffe mit Salutschüssen zu begrüßen. Der »Sovereign«, einer der größten Schnellsegler der Welt und in der New-York-Fahrt eingesetzt, war nie dabei: Wegen zu großen Tiefgangs hat er seinen Heimathafen Hamburg nie gesehen und mußte auf der Unterelbe vor Anker bleiben. *JHG*

13/37 »Falkenflagge« der Familie Godeffroy *[DH]*

Vermutl. Shanghai, um 1865; Seidenstickerei auf Seide;
157 × 185 cm
Ascheberg/Holstein, Charlotte Zerelda Hahn-Godeffroy

Nach dem Falken, dem Wappentier der Hugenotten-Familie, hieß bereits 1680 ein Westindien-Segler Cesars I. Godeffroy von La Rochelle aus »Le Faulcon«. Die Repräsentationsflagge aus dem Nachlaß von August Godeffroy hing vor 1884 in Apia/Samoa. Dort lag seit 1855 die Zentrale der etwa 45 Godeffroyschen Insel-Stationen zwischen Hawaii und Australien. Als um 1872 das Elbufer zwischen Nienstedten und Blankenese nahezu geschlossen im Besitz der Familie war, erhielt auch der ca. 100 Hektar große Falkenstein seinen Namen nach dem Wappentier. *JHG*

13/38 Tafelaufsatz für Adolph Godeffroy (1814–1893)

Berlin: Sy & Wagner
1880; Silber, gegossen, getrieben, graviert, teilvergoldet; Email; 46 × 68 × 48 cm
Hamburg, Senat der Freien und Hansestadt Hamburg (Ratssilberschatz) (72)

1847 Mitbegründer der HAPAG-Reederei und über dreißig Jahre Vorsitzender des Direktoriums, erhielt Adolph Godeffroy den Tafelaufsatz anläßlich seines Ausscheidens aus der Firma. Die HAPAG wird hier durch eine weibliche Gestalt in einem mit dem Hamburger Wappen verzierten und von Seepferden gezogenen Muschelboot personifiziert. Der Sohn Adolph E. Godeffroy, Eisenbahnunternehmer in den USA, stiftete den Aufsatz 1911 dem Hamburger Ratssilberschatz, dessen Sammlung aus Pokalen, Kannen, Kandelabern und Tafelaufsätzen selbstbewußte Darstellung der hanseatischen Kaufmannschaft ist. *AF*

13/39 Journal des Museum Godeffroy – Ornithologie *[DH]*

»Geographische, ethnographische und naturwissenschaftliche Mitteilungen. Zur Ornithologie der Südsee-Inseln. Über neue und weniger gekannte Vögel von den Viti-, Samoa- und Carolinen-Inseln«
Hamburg: Verlagsanstalt L. Friederichsen 1876
Mit zahlreichen Chromolithographien
Hamburg, Familienarchiv Godeffroy

Cesar VI. Godeffroy, der »Südsee-König«, sandte 1860 den Züricher Ethnologen E. Graeffe und nach ihm ein halbes Dutzend Forscher, darunter Amalie Dietrich, für zoologische, ethnographische und botanische Forschungen in die Südsee und nach Australien. Für die zurückgebrachten Sammlungen errichtete er am Hamburger Hafen, am Alten Wandrahm 26, das Museum Godeffroy. 1875 wurde aus Nordaustralien eine Insekten-Sammlung von 40 000 aufgesteckten Exemplaren nach Hamburg verschifft. Das »Journal«, das diese Schätze zwischen 1873 und 1909 veröffentlichte und eine wissenschaftliche Sensation der Zeit darstellte, umfaßt siebzehn Hefte in sechs Bänden. Schon 1885 wurde ein großer Teil der völkerkundlichen und anthropologischen Sammlungen aus finanziellen Gründen an das Museum für Völkerkunde in Leipzig verkauft. Vom Hamburger Völkerkunde-Museum konnten nur rund 700 Objekte aus Ozeanien erworben werden. *JHG*

13/40 Journal des Museum Godeffroy – Fische der Südsee *[DH]*

»Andrew Garrett's Fische der Südsee, beschrieben und redigiert von Albert C. L. G. Günther, Assistant Keeper des Zoologischen Departments des Britischen Museums«
Hamburg: Verlagsanstalt L. Friederichsen & Co 1873
Mit zahlreichen farbigen Lithographien, von Hand nachkoloriert
Bez. a. d. Tafeln: G.H. Ford, Mintern Bros.imp., Lith. Anst. J.G. Bach
Hamburg, Familienarchiv Godeffroy

Diese Fische – einer wurde »Acanthopt. Eleotris godeffroyi« benannt – waren zuvor in Europa unbekannt. Ihre Bestimmung erfolgte, wie auch bei den anderen Sammlungen des Museums, in Zusammenarbeit mit dem Britischen Museum. Berater Cesars VI. Godeffroy für die anthropologischen Sammlungen war sein Freund Rudolf Virchow, auf dessen Betreiben er 1875 Ehrenmitglied der Berliner Anthropologischen Gesellschaft wurde. Der Reeder und Südsee-Kaufmann hatte sich damit auch in der Naturforschung einen Namen gemacht. *JHG*

≋

13/41* Hitler, Speer, Gauleiter Kaufmann und Architekt Gutschow vor dem Modell der geplanten »Führerbauten« und der Elbbrücke *[DH]*

1936; Photographie (Reproduktion)
(Original: Hamburg, Staatsarchiv)

Architekt Konstanty Gutschow demonstriert Hitler anhand eines ersten, nicht überlieferten Modells die Idee, »das Gesicht Hamburgs von der Alster weg zum Elbstrom zu wenden«. *TvE*

13/42 »Führerbauten« am Elbufer *[D]*

Entwurfsmodell im Maßstab 1:1000
Konstanty Gutschow (1902–1978)
1938; Lindenholz; 47 × 156 × 35 cm
Hamburg, Museum für Hamburgische Geschichte

1935 brachte Hitler den Gedanken einer Hängebrücke über die Elbe auf und beabsichtigte, Hamburgs Bedeutung als Seehafen und Tor zur Welt mit einer repräsentativen Neugestaltung des Elbufers zu unterstreichen. Die Eingemeindung Altonas 1937 bot die Voraussetzung für eine neue Uferbebauung zwischen Othmarschen und der Hamburger Neustadt. Nachdem der Architekt Konstanty Gutschow mit seinen Entwürfen Hitlers Zustimmung gefunden hatte, wurde er 1939 im Range eines Staatsrats zum Leiter eines Amtes für die Umgestaltung Hamburgs bestimmt. Gutschows Pläne folgten dem Stil nationalsozialistischen Größenwahns: Neben der gigantischen Hängebrücke auf der Höhe von Neumühlen war ein Gauhochhaus der NSDAP von 250 Metern Höhe, eine Volkshalle für 50 000 Menschen und ein Aufmarschplatz mit doppelt so großem Fassungsvermögen vorgesehen. Anstelle der alten Parkanlagen sollte eine Uferhochstraße mit Bürohochhäusern zwischen Altona und Hamburg die neue City an der Elbe bilden. Zur Realisierung dieser gewaltigen Projekte paktierte die nationalsozialistische Führung Hamburgs unter Reichsstatthalter Kaufmann mit dem für die SS arbeitenden Betrieb »Deutsche Erd- und Steinwerke GmbH«. Die Abmachungen sahen den Erwerb des Klinkerwerks bei Neuengamme vor, um von den Gefangenen des dort eingerichteten KZs die benötigten Ziegelmengen produzieren zu lassen. Als erste Maßnahme wurde mit dem Bau eines Stichkanals zur Verschiffung der Klinker über die Elbe begonnen. Bei den schweren Erdarbeiten ohne ausreichende Kleidung und Nahrung starben viele Häftlinge, deren Tod die SS als »Vernichtung durch Arbeit« bewußt eingeplant hatte. *TvE*

13/41

13/43 Panorama des Elbufers von Hamburg bis Blankenese *[DH]*

Berlin: Lith. Anstalt M. v. Storch & Kramer
1857; Farblithographie, in roter Leinenkassette;
13,2 × 650 cm (entfaltet)
Hamburg, Staatsarchiv (PL 126/7/5/81 [1857])

Die vielleicht schönste Partie an der Unterelbe, das Elbufer zwischen Blankenese und Altona, ist wiederholt auf Panoramakarten dargestellt worden, die sich im 19. Jahrhundert großer Beliebtheit erfreuten. Mit großer Genauigkeit zeigt der unbekannte Künstler Landhäuser und Parks der wohlhabenden Hamburger und Altonaer Kaufleute, Reeder und Würdenträger, wie sie seit der Mitte des 18. Jahrhunderts an der Elbchaussee entstanden waren. Dabei verband sich das patrizisch Vornehme mit Großzügigkeit und klassizistischer Gestaltungsweise, Lokalpatriotismus ging einher mit liberalem Weltbürgertum. *TvE*

13/44* Ansicht von Teufelsbrück bei Flottbek

Ludwig Mattias Anton Brammer (1774–1847)
1830; Öl/Lw.; 64 × 87 cm
Bez. u. l.: A Brammer
Hamburg, Museum für Hamburgische Geschichte (1984, 182)

Brammers Landschaftsbild mit Staffage zeigt dieses bei vielen zeitgenössischen Malern beliebte Motiv in romantischer Abendstimmung. Vorn links wird ein Segelkahn am Ufer festgemacht, dahinter beleben kleinere und größere Schiffe die Wasserfläche. Das Haus rechts steht hell im Abendlicht vor dem dichten Grün des Elbufers, das die Masten des aufgeslipten Seglers überragen. Trotz der harmonischen Bildkomposition erscheint die Natur dem heutigen Betrachter urwüchsig und fremd. *TvE*

13/45 27 Elblotsenschilder

1656–1933; Silber, Messing; je ca. 8,7 × 3 cm
Hamburg, Lotsenbrüderschaft Elbe

Obwohl Hamburg im 15. und 16. Jahrhundert Tonnen und Baken an den Untiefen und Sänden des Flußlaufes ausgelegt hatte, mußten sich Kapitäne großer Kauffahrschiffe auch weiterhin Helgoländer Fischern als »Piloten« anvertrauen, die die Schiffe gegen Gebühr nach Hamburg brachten. Den Gefahren des freien Pilotenwesens (Raub und Havarie) begegnete die Hamburger Admiralität 1656 durch Erlaß einer Pilotageordnung und Aushändigung von Lotsenschildern an examinierte Admiralitätslotsen, die in Cuxhaven/

13/44

Ritzebüttel saßen. In Oevelgönne gründeten 1744 fünfzig Lotsen eine Brüderschaft, um gegen »billigere« Lotsen in Neumühlen und Blankenese vorzugehen. Unter Protest der dänischen Regierung gab Hamburg 1748 auch an sie Lotsenschilder aus. *AF*

13/46 »Lootsen-Eyd« *[DH]*

Hamburg, Anfang 19. Jh.; Buchdruck auf Bütten;
31,5 × 20,3 cm
Hamburg, Lotsenbrüderschaft Elbe

Die Lotsordnung der Hamburgischen Admiralität von 1656 und in verbesserten Fassungen bis 1750 bestimmte, daß nur Lotse werden konnte, wer vier- bis sechsjährige Erfahrung im Elbfahrwasser nachweisen konnte, zwischen 25 und 60 Jahre alt war und vor den Schifferalten sein Examen abgelegt hatte. Danach folgte die Vereidigung und Aushändigung des Lotsenschildes. In Cuxhaven/Ritzebüttel wurde der im »Eyd« genannte Lotsen-Inspector eingesetzt, der das Lotswesen und die Betonnung des Fahrwassers überwachte. »Wilden Lotsen« drohte eine empfindliche Geldstrafe. *AF*

13/47 Baden in der Elbe *[DH]*

a) Badekarren in Neumühlen

Ernst Roepke
1892

b) Strand am »Kühlhaus Union«

Emil Puls
Um 1930

13/48

2 Photographien (Reproduktionen)
Hamburg, Altonaer Museum (2326/1051; 2326/319 [1982])

Schon zwischen 1820 und 1860 gehörte es bei Hamburger Kaufmannsfamilien zum guten Ton, in einer der Lotsenwohnungen in Neumühlen und Oevelgönne den Sommer zu verbringen. »Man hatte Jahr auf Jahr das gleiche Haus ... die Kinder tummelten sich den ganzen Sommer am Strand.« Bis um 1900 war hier der Strand mit Badekarren belebt, die in Deutschland zuerst 1797 auf Norderney aufgetaucht waren. Um 1930 badete man in Neumühlen schon in der Nähe der Kai- und Eisenbahnanlagen und des kurz zuvor erbauten zwölfstöckigen »Kühlhauses Union«. Um die Menschen, die sich in den zwanziger Jahren nach »Licht und Luft« sehnten, aus der Industrienähe wegzubringen, pachtete die Stadt Altona 1926 die Nordseeinsel Trischen als Jugenderholungsgebiet. *AF*

13/48* Die Elbe bei Blankenese *[H]*

Adolf Friedrich Vollmer (1806–1875)
1844; Öl/Lw.; 93 × 139,5 cm
Bez. u. r.: A. Vollmer 1844
Hamburg, Hamburger Kunsthalle (3422)

Der in Hamburg geborene A. F. Vollmer erhielt seine erste Ausbildung in Hamburg und Altona, verdankte seine weitere Unterweisung Carl Friedrich von Rumohr und schließlich Christoffer Willem Eckersberg an der Akademie in Kopenhagen. Dieses Gemälde von Blankenese ist eines seiner besten. Dorf und heidebewachsene Hügelhänge sind nur angedeutet. Es ist Ebbe. Der Wind kommt aus Südwesten. Die trockengefallenen Ewer werden entladen. Eine Hamburger Brigg segelt stromaufwärts, eine Kuff kommt ihr entgegen. Man spürt die Frische des Windes und die Nähe des Meeres, das doch noch rund 100 Kilometer entfernt ist. Das Fischerdorf Blankenese wurde von Malern seit Anfang des 19. Jahrhunderts und damit für Hamburger Verhältnisse früh aufgesucht. Die pittoreske Landschaft mit der hier rund 2,5 Kilometer breiten Elbe, das bunte Volksleben und die günstige Verbindung mit Hamburg und Altona machten den Ort für Maler äußerst anziehend. *GK*

13/49 Blankeneser Pfahlewer

Modell
Holz; 75 × 20 × 81 cm
Hamburg, Altonaer Museum (AB)

Die Blütezeit der Blankeneser Fischerei begann, als man um 1710 anfing, von hier aus in der Nordsee zu fischen. Die Zahl der hier beheimateten Fischewer stieg zwischen 1750 und 1806 von 60 auf 172. Der aus Holland stammende und schon um 1300 auf der Unterelbe nachweisbare plattbodige Schiffstyp mit Seitenschwertern hat in Blankenese einen auffällig hohen Mast (»Pfahl«). Ein Drittel des Schiffsraums beansprucht die »Bünn«, ein im Boden mit Löchern versehener Fischraum, der stets voll Wasser stand und in dem die Fische lebend auf den Markt gebracht werden konnten. Mit drei Mann Besatzung fischten die Blankeneser vor den holländischen Inseln auf Schollen, Butt und Seezungen. *AF*

13/50

13/50* Festtagstracht der Blankeneser Fischersfrau

Um 1820; Tuch, Seidendamast, Brokatell, Tonderner Spitze
Hamburg, Altonaer Museum (Ψ 694)

Blankeneser Fischersfrauen, die auf dem Altonaer oder Hamburger Fischmarkt ihre Ware feilboten, waren an der Tracht deutlich zu erkennen. Ein alter Bestandteil war der »Kragen«, ein nach vorn und hinten gearbeiteter Latz aus buntem Kattun (alltäglich) oder aus Seidendamast (für Festtage), der seitlich mit Bändern zusammgehalten wurde. Die Mütze, die über die Ohren herunterreichte, unterschied sich von der seitlich kürzer gehaltenen Form bei der Bäuerinnentracht. Wohl bis ins dritte Viertel des 19. Jahrhunderts wurde in Blankenese Tracht getragen. *AF*

13/51 Fischerhaus in Blankenese *[DH]*

Wilhelm Claudius (1854–1942)
1927; Öl/Lw.; 65,2 × 54,8 cm
Bez. u. l.: Wilh. Claudius. 1927
Hamburg, Altonaer Museum (1970/1091; Leihgabe aus Privatbesitz, Hamburg)

In Blankenese standen die Häuser der Fischer und Schiffer an den Elbhängen; von der Stube aus hatte man den Blick auf die Elbe. Meist lebte der Fischer mit seinem Vormaat oder Knecht in einem strohgedeckten Doppelhaus. Durch die »Klöndöör«, die quer geteilte Haustür, betrat man den Küchenraum. Auf dem Gemälde des in Altona geborenen, in Dresden ausgebildeten und ansässigen Malers ist an der rechten Wand der offene Herd zu sehen, von dem aus auch der Beilegeofen in der dahinter liegenden Stube beheizt wurde. Hinter Küchenraum und Stube zog sich durch das ganze Haus die Diele, in der die Netze getrocknet und ausgebessert oder neue Netze gestrickt wurden. *AF*

13/52 Schonerbrigg »Catharina« von Blankenese

Lorenz Petersen (1803–1870) u. Peter Christian Holm (1823–1888)
1864; Öl/Lw.; 46,4 × 65 cm
Bez. u. r.: L. Petersen & P. Holm Gebr. 1864
Hamburg, Altonaer Museum (AB 5292)

Aus der Blankeneser Fischerei entwickelte sich die zunächst mit Ewern, seit 1827 mit größeren Kielschiffen (Galeassen) durchgeführte Frachtschiffahrt. In der Zeit der Kontinentalsperre war nur der Handel mit Dänemark möglich, nach 1812 entwickelte sich die Schiffahrt nach England und Rußland. Bald nach 1830, nach Beendigung des Seeräuberunwesens an der nordafrikanischen Küste durch Frankreich, fuhren die ersten Schiffe auf Fruchtfahrt ins Mittelmeer. Schoner, wie die vor der Ansicht von Cuxhaven dargestellte »Catharina«, wurden typisch für die Blankeneser Schiffahrt. Schnellreisen, für die wegen der geringen Haltbarkeit der Früchte Prämien gezahlt wurden, brachten den Schiffen den Namen »Fruchtjager« ein. Die Brüder Petersen und Holm, die aus einer Flensburger Seemannsfamilie stammten, waren seit den dreißiger Jahren des 19. Jahrhunderts die führenden Schiffsporträtmaler in Hamburg. *AF*

13/53* Blick von der Elbe auf Blankenese mit dem Süllberg und dem Fährhaus *[DH]*

Um 1890; Chromolithographie; 50,5 × 73,3 cm
Hamburg, Altonaer Museum (1966/ 624)

Das einst malerische Fischer- und Schifferdorf Blankenese, bevorzugter Wohnort rund zwölf Kilometer westlich der Hamburger Stadtmitte, hat trotz aller Umgestaltung bis heute viel von seiner reizvollen Atmosphäre behalten. Seit dem Ende des 19. Jahrhunderts wurde der Ausflugsverkehr immer lebhafter. Ihn schildert die leicht plakathaft-naive Chromolithographie. Der Raddampfer gehört der 1864 gegründeten »Stade-Altländer Dampf-Schiffahrt- und Reederei-Gesellschaft«, die sowohl eine Linie von Hamburg als auch eine zum anderen Elbufer bediente. Das Fährhaus rechts oben unter Bäumen (nicht das weiße Haus darüber) geht schon auf den mittelalterlichen Fährbetrieb über die Elbe zurück. Auf dem Süllberg links, auf dem im 11. Jahrhundert eine befestigte Probstei und im 13. Jahrhundert eine Burg der Schauenburger Grafen gestanden haben, entwikkelte sich seit 1837 aus einem Milchausschank das noch heute bestehende Ausflugslokal. *GK*

13/54* Novemberabend an der Unterelbe

Friedrich Kallmorgen (1856–1924)
1916; Öl/Lw.; 111 × 166 cm
Bez. u. r.: Fr. Kallmorgen 1916
Hamburg, Museum für Hamburgische Geschichte (1988, 40)

Vom Blankeneser Ufer schauen wir auf die weite Wasserfläche der Niederelbe und über das Alte Land in den Abendhimmel. Die Ewer haben das Kentern der Tide abgewartet, um nun gleichzeitig – wie bei einer Regatta – mit der Flut elbaufwärts nach Hamburg und Finkenwerder zu gelangen. Dagegen muß der Dreimaster am rechten Bildrand zur Ausreise in die Nordsee gegen Strömung und westliche Winde geschleppt werden. Kallmorgens Alterswerk huldigt jedoch nicht nur dem Gezeitenstrom. Tageszeit und Novemberstimmung unterstreichen den wehmütigen Abschied vom vertrauten Bild der braunen Segel auf der Elbe – zehn Jahre später hatte sich die Motorisierung der kleinen Flußschiffe durchgesetzt. *TvE*

13/55 »Der arme Vetter« *[DH]*

a) »Vortitel«

b) »Ansteigendes Paar«

c) »Zwei Männer im Gespräch«

d) »Schlechtes Gewissen«

Ernst Barlach (1870–1938)
1919; 4 Lithographien; je 34,5 × 49 cm
Hamburg, Ernst-Barlach-Haus, Stiftung Hermann F. Reemtsma (1964/8M:Schult-Nr. II, 115, 117, 125, 141)

Barlach, 1870 in Wedel geboren, nach seinem Studium 1898 in Altona und 1902 bis 1904 wieder in Wedel ansässig, bekannte, daß »das Niederelbegebiet auf mein Schaffen von Einfluß war ... Wittenbergen ... wo der 'arme Vetter' spielt, war mein Zentrum«. Schon 1907 war hier an der Elbe die Idee zu dem Drama entstanden: »Die Osterfeuer, vom Wind-Abend umgraut am Elbstrand. Da könnten damatische Dinge geschehen.« In der Person des Hans Iver, der am Strand von »Lüttenbargen« die Pistole auf sich richtet, stellte Barlach auch sich selbst dar. *AF*

13/56 Drei Kupferbarren und zwei Rohkupferscheiben aus dem Wrack von Wittenbergen *[DH]*

Funde aus der Elbe
Barren: je 40 × 15 × 5 cm, Scheiben je Dm 60 cm
Hamburg, Museum für Hamburgische Geschichte (1980, 50 a, b, c; 1976, 152 a, b)

Nach einer Jahresringuntersuchung ist das mit der Kupferladung untergegangene Schiff gegen Ende des 16. Jahrhunderts gebaut, als in Hamburg während der spanisch-nieder-

13/53

ländischen Auseinandersetzungen der ebenso einträgliche wie gefährliche Waffenhandel mit den kriegführenden Mächten blühte. Das Kupfer hatte den größten Teil des Laderaums beansprucht; aus dem Wrack stammen aber auch andere Fundstücke wie Messingschalen, Gebrauchsmesser und die Läufe von 22 Luntenschloßgewehren. Die Fracht dieses »Waffenschmugglers« aus der Zeit um 1600 hätte bei einem Verkauf in Spanien wohl höchste Gewinnspannen versprochen. *TvE*

13/57 Schiffsexplosion bei Wittenbergen, 1622

[DH]

Reproduktion eines Flugblattes
Hamburg, Museum für Hamburgische Geschichte
(EB-AB 11168)

Das zum Auslaufen bereite Fahrzeug – »ungefähr von 70 Lasten und mit allerhand köstlichen Waaren beladen« – schmuggelte ebenfalls kriegswichtige Güter in jener Epoche, als niederländische Schiffe die Seewege im Elbmündungsgebiet kontrollierten: Der Hauptbestandteil der Ladung war zwar offiziell als »Amidam«, ein Stärkeprodukt, deklariert worden. Daß es sich aber um Schießpulver und nicht um Stärke handelte, sollte sich nach dem Unglück schnell herumsprechen. *TvE*

≋

13/54

KAPITEL 14

Die Elbmarschen zwischen Hamburg und Glückstadt

Die Erfolge der Landwirtschaft in den Elbmarschen, die eine besonders repräsentative Wohnkultur der bäuerlichen Schicht mit eindrucksvollen Beispielen Niederdeutscher Hallenhäuser hervorbrachten, sind das Ergebnis der planmäßigen Marschenkolonisation seit dem 11. Jahrhundert. Holländische Fachleute halfen nicht nur bei den Schritt für Schritt vorgenommenen Eindeichungen, sondern brachten auch die notwendigen Erfahrungen für die Anlage eines durchdachten Kanal- und Schleusensystems mit, das die Sammlung und Ableitung des Oberflächenwassers aus der tiefgelegenen und abgedämmten Marsch in die Elbe und ihre Nebenflüsse gewährleistete. Den Anstrengungen, die zum Schutz gegen Sturmfluten bis heute erforderlich sind, standen die Möglichkeiten der kontrollierten Be- und Entwässerung des ertragreichen Bodens sowie die Nutzung der zahlreichen Wasserwege zum Transport der Erzeugnisse gegenüber. Ein reger Waren- und Kulturaustausch verband sowohl die heute niedersächsischen als auch die holsteinischen Elbmarschen mit der Stadt Hamburg.

In Stade, dem bereits im frühen Mittelalter bestehenden Handelsplatz mit einem 1259 verbrieften Stapelrecht, wurde im Jahre 1596 eine Fährordnung für den regelmäßigen Frachtverkehr nach Hamburg aufgestellt. Anlaß war die Handelstätigkeit englischer Tuchkaufleute, der »merchant adventurers«, die ihre Niederlassung zwischen 1578 und 1611 von Hamburg nach Stade verlegt hatten.

Die Stadt Stade, nach dem Dreißigjährigen Krieg zur schwedischen Festung ausgebaut, blieb bis zur Übernahme der Herzogtümer Bremen und Verden durch Hannover (1715/19) von den schwedisch-dänischen Auseinandersetzungen um die Territorialherrschaft südlich der Elbe betroffen. Schwere Folgen hatte die Beschießung und Inbrandsetzung der Stadt durch die Dänen im Jahre 1712.

Als südlichen Stützpunkt Dänemarks am holsteinischen Elbufer hatte Christian IV. 1617 die Festung Glückstadt gegründet. Ihr Seehafen, der vom 17. bis zum 19. Jahrhundert durch die Grönlandfahrt und schließlich durch den Heringsfang von Bedeutung war, konnte jedoch entgegen den Plänen Christians nie die Stellung des Hamburger Hafens erreichen.

Sowohl Seeschiffe als auch die für den Frachtverkehr auf der Elbe bestimmten Fahrzeuge wurden in den zahlreichen Holzschiffbaubetrieben an der Unterelbe gefertigt. Die zumeist kleinen Werften bauten auch die sogenannten Stein-Ewer, mit denen die Produkte der niederelbischen Ziegeleien verschifft wurden. Außerordentlich große Steinmengen wurden nach dem Hamburger Brand von 1842 für den Wiederaufbau der zerstörten Stadtteile benötigt. Das inzwischen auf einige wenige Betriebe zurückgegangene Ziegeleigewerbe nahm in den siebziger Jahren des 19. Jahrhunderts mit über 130 Werken allein in Kehdingen seine größte Ausdehnung an. Bereits zu Anfang des 19. Jahrhunderts wurde es als die »einzige Industrie« der Elbmarschen bezeichnet, deren wirtschaftliche Struktur bis zu der vor etwa 20 Jahren einsetzenden Industrieansiedlung durch Landwirtschaft und Kleingewerbe geprägt blieb.

FS

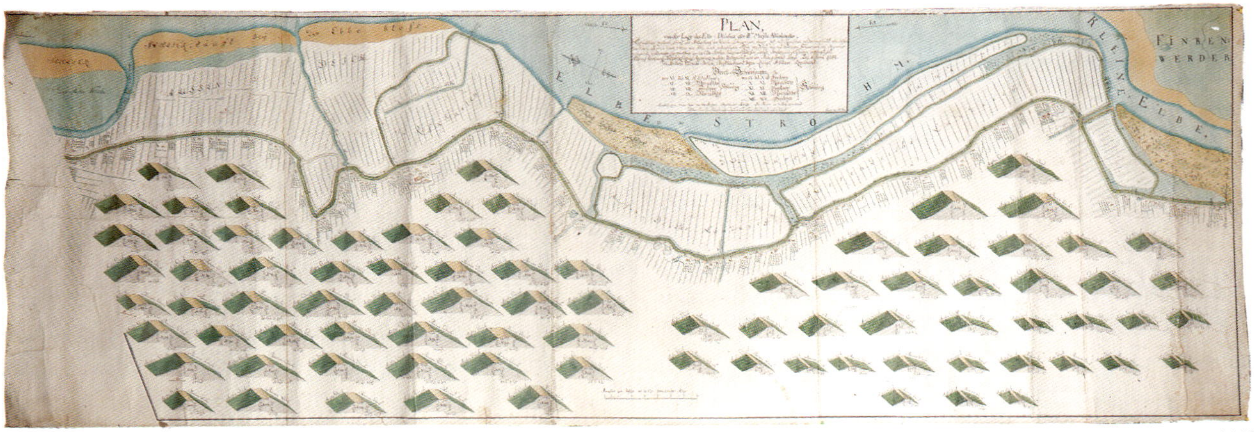

14/3

14/1 Steinschlagplatz der Rentierjäger am Hochufer der Elbe bei Buxtehude-Immenbeck *[DH]*

Modell im Maßstab 1:1
8000 v. Chr.; Lackfilm mit aufgelegten Fundstücken;
Grundplatte: 60 × 55 cm
Hamburg, Helms-Museum (61 280)

Um einen Amboßstein herum liegen Quarzite, die als Schlagsteine bei der Herstellung von Feuersteinwerkzeugen gedient haben. Klingen, Kernsteine und Abschläge weisen auf den Arbeitsplatz eines Steinschlägers. *FL*

14/2 Zehn Beile und eine Axt *[DH]*

Hortfund von Ilsmoor bei Buxtehude-Neukloster
Um 1500 v. Chr.; Bronze; Beile:
L 15–16,5 cm, Axt: L 20,8 cm
Hannover, Niedersächsisches Landesmuseum,
Urgeschichtsabteilung (50:15)

Die Mehrzahl der Beile, die aus drei verschiedenen Gußformen stammen, ist westeuropäischer Herkunft (Normandie und Bretagne). Die schwere Axt wurde in Nordeuropa gefertigt. *FL*

14/3* »Plan von der Lage des Elbe-Deiches der III^ten^ Meyle Alten Landes« *[DH]*

Zeitgenöss. Kopie von F.W. Witte nach Anton Ulrich Braun 1752; aquarellierte Federzeichnung/Papier, auf Leinen aufgezogen; 67 × 200 cm
Bez. im Textfeld u. r.: Copiirt von F.W.Witte
Stade, Niedersächsisches Staatsarchiv (Kartensammlung 41f/13k)

An der sich durch die Nebenflüsse der Elbe ergebenden Einteilung des Alten Landes in drei sogenannte Meilen orientiert sich auch diese Karte. Neben den Zuständigkeiten für die Abschnitte der regelmäßigen Deichschauungen verzeichnet sie die damals ausgedehnten Außendeichsflächen der Dritten Meile, die meist von Vordeichen umgeben waren. Diese konnten jedoch, wie die beigegebenen Deichprofile zeigen, die Ländereien nur gegen das sommerliche Hochwasser schützen, während das Wasser bei stärkeren Fluten bis an den deutlich höheren Hauptdeich herantrat. *FS*

14/4* Zwei Deichbrüche des Jahres 1962 *[DH]*

Bruno Jebramek
17. u. 18. Februar 1962; 2 Photographien (Reproduktionen)
(Originale: Jork, Altländer Archiv)

Die in Harschenfleth und Lühe entstandenen Photographien zeigen, mit welcher Gewalt die Wassermassen nach den Deichbrüchen in die tiefgelegene Elbmarsch eindrangen. Die Sturmflut vom 16./17. Februar 1962 erreichte in Hamburg eine zuvor nie gemessene Höhe von fast sechs Metern über Normalnull und traf den auf der Deichprofilkarte des 18. Jahrhunderts vorgestellten Bereich durch insgesamt

48 Deichbrüche besonders stark. Im Zuge der Deichbaumaßnahmen nach der Flut wurde der Hauptdeich bis an die Uferlinie vorverlegt und bis heute auf eine etwa doppelte Höhe gebracht, die schließlich auch durch den Verlust des Vorlandes notwendig wurde. *FS*

14/5 Grabenreinigung im Alten Land *[DH]*

Um 1920; Photographie (Reproduktion)
(Original: Jork, Altländer Archiv)

Die für eine landwirtschaftliche Nutzung notwendige Ableitung des Binnenwassers erfolgte im Alten Land ursprünglich durch Gräben und einfache Schleusen in die Elbe oder ihre Nebenflüsse. Das sich in kleinen, in geringen Abständen voneinander angelegten Gräben sammelnde Oberflächenwasser wurde dabei zunächst breiteren Abzugskanälen, sogenannten Wettern, zugeführt. Das Photo zeigt gemeinschaftliche Reinigungsarbeiten (»Kleigraben«) an einem dieser Hauptgräben. Solche Maßnahmen waren regelmäßig durchzuführen, damit die Gräben sich nicht durch Schlick oder Pflanzenwuchs zusetzten. *FS*

14/6 Wasserschnecke *[DH]*

Neuenfelde: Ernst Rehder
1947; Holz, Eisen; 84 × 66 × 378 cm (mit Bügel)
Hamburg, Altonaer Museum (1991/1200)

Bevor das eigentliche »Kleigraben« vorgenommen werden konnte, mußte das Wasser aus dem zuvor abgesperrten Graben herausgeschöpft werden. Hierzu bediente man sich sogenannter Wasserschnecken, Archimedischer Schrauben, die mit der Hand oder über einen Göpel angetrieben wurden. Bei dem von einem Altländer Stellmacher in einer seit dem 18. Jahrhundert in der Region bestehenden Tradition angefertigten Gerät fallen vor allem die aus einzelnen Segmenten zusammengefügten hölzernen Schraubenwindungen auf. *FS*

14/4

14/7

14/7* Grabenleerung mit Hilfe einer Wasserschnecke *[DH]*

Um 1920; Photographie (Reproduktion)
(Original: Jork, Altländer Archiv)

Die Aufnahme zeigt die Leerung eines Grabens mittels einer schräg angesetzten, durch einen Pferdegöpel angetriebenen Wasserschnecke. Das Gerät diente aber auch dazu, die kleinen Gräben besonders hoch mit Wasser anzufüllen, wenn diese als Wärmespeicher einen gewissen Schutz der dazwischen liegenden Obstbaumanlagen gegen geringe Frostgrade bieten sollten. *FS*

14/8 Hamburger Schapp *[DH]*

1. Drittel 18. Jh.; Eichen- u. Nadelholz, Nußbaum;
227 × 236 × 85 cm
Hamburg, Altonaer Museum (AB 1902)

Der Typus des nach seinem Herstellungszentrum als »Hamburger Schapp« bezeichneten großen Dielenschranks entwickelte sich im letzten Drittel des 17. Jahrhunderts und erlebte seine Hauptzeit etwa zwischen 1680 und 1720. Begünstigt durch die einträgliche Landwirtschaft in den Elbmarschen und einen regen Waren- und Kulturaustausch der ländlichen Regionen mit Hamburg fand das Hamburger Schapp weite Verbreitung bei den wohlhabenden Bauern der umliegenden Marschen. Es war jedoch kein bäuerliches Möbel im eigentlichen Sinne, denn die Auftraggeber der Möbeltischler stammten ebenso aus begüterten städtisch-bürgerlichen Kreisen. Das Konstruktionsholz des Schapps ist häufig Eiche, während die aufwendigen Schnitzereien und Furniere in Nußbaum gearbeitet sind. Dem Hamburger Schapp ähnliche Barockschränke waren in Variationen, deren wesentliches Unterscheidungsmerkmal die verschiedenartig ausgeformten Gesimse sind, in ganz Norddeutschland unter den Bezeichnungen Lübecker, Danziger, Braunschweiger und Bremer Schapp anzutreffen. *FS*

14/9 Altländer Koffertruhe *[DH]*

2. Hälfte 18. Jh.; Holz, farbig gefaßt; Schmiedeeisen; 92,5 × 127 × 57,5 cm
Stade, Heimatmuseum des Stader Geschichts- und Heimatvereins (3317)

14/10

Neben Beispielen barocker Dielenschränke finden sich noch heute historische Truhen als repräsentative, zum Teil bis in die Gegenwart zur Aufnahme von Textilien dienende Möbel auf den Fluren einiger Bauernhäuser des Alten Landes. Wie diese Koffertruhe, deren Typus sich im 18. Jahrhundert in der Region verbreitete, unterliegen sie entsprechend der Kontinuität ihrer Funktion sowohl einer gewissen Abnutzung als auch Veränderungen des Zeitgeschmacks und zeigen daher kaum noch ihre ursprüngliche Farbigkeit. Die mit plastisch ausgearbeiteten, zum Teil durchbrochenen Zierbeschlägen und den charakteristischen Engelsmotiven ausgestattete Koffertruhe ist im 19. Jahrhundert mit einer holzimitierenden Fassung versehen worden. *FS*

14/10* Altländer Stuhl *[DH]*

1852; Holz, gedrechselt, geschnitzt; 106,5 × 61 × 44 cm
Bez.: J. Margareta Böhling 1852
Hamburg, Helms-Museum (K:85:13)

In der Regel wurden die meist mit Armlehnen ausgestatteten bäuerlichen Stühle des Alten Landes zunächst jeweils als Paar, bestehend aus einem höheren Männer- und einem niedrigeren Frauenstuhl, von ortsansässigen Handwerkern anläßlich einer Hochzeit angefertigt und waren somit auch ein dinglicher Ausdruck der Eheschließung. Dieser Stuhltyp, dessen früheste Belegstücke aus dem beginnenden 18. Jahrhundert stammen, hat stets mehr oder weniger reich gedrechselte Pfosten und Sprossen, einen einfachen mit einem Kissen zu belegenden Brettersitz und, als hauptsächliches Dekor, ein mit Flachschnitzerei verziertes, unter anderem mit einem Namen oder Monogramm und dem Hochzeitsjahr versehenes Rückenlehnenbrett. Im Unterschied zu bunt bemalten älteren Stücken zeigt dieser Stuhl den ab der Mitte des 19. Jahrhunderts üblichen rotbraunen Anstrich. Ungewöhnlich ist das von den vorherrschenden Tulpen-, Kranz- und Vogeldarstellungen abweichende Schmuckmotiv der spiegelbildlich angeordneten Segelschiffe, das auf eine enge Beziehung des Auftraggebers zur Schiffahrt hinweist. *FS*

14/11* Hamburger Trachtenfiguren vor der Börse

Christoffer Suhr (1771–1842)
1806–1830; Aquarell, Collage von Aquatinta und Radierungen, Deckweiß; 59,5 × 81,8 cm
Hamburg, Altonaer Museum (1986/76)

Auffällige Figuren der bunten Marktszene sind die beiden »Altenlaenderinnen« (Suhr), die, gekennzeichnet durch das spitze, um den Kopf gebundene »Scheiddok«, vor dem Hin-

14/11

tergrund der Hamburger Börse ihr Obst anbieten. Wie bei den Vierländerinnen scheint auch die regelmäßige Präsenz der Altländer Händlerinnen auf dem Hamburger Markt eine gewisse Beharrung im Kleidungsstil mit sich gebracht zu haben. Sowohl der in seiner ballonartigen Form eher in das 18. Jahrhundert weisende Rock als auch das eigentümlich wirkende »Scheiddok«, dessen Höhe von ca. zwölf Zentimetern im 18. Jahrhundert sich im 19. Jahrhundert sogar noch deutlich steigerte, trugen sicherlich zur Wiedererkennung der Obstanbieterinnen bei. Die fehlende geschlossene Wirkung von Suhrs Marktszene erklärt sich daraus, daß es sich um eine Kompilation seiner zwischen 1801 und 1806 entstandenen Blätter mit Einzelpersonen- und Gruppendarstellungen Hamburger Dienstboten und ländlicher Händler handelt, die bis 1838 in Suhrs »Hamburgischen Trachten« in mehreren Ausgaben erschienen. *FS*

14/12* Puppe mit Altländer Brauttracht (»Mönöloke«)

Um 1850; Tracht: Seide, Wolle, Samt (bestickt), Silberschmuck; Puppe: Wachs mit Glasaugen (Kopf), Holz mit Stoff bezogen (Korpus); 62 × 30 × 23 cm
Hamburg, Altonaer Museum (1983/784)

Lagen der Entstehung des Typus' der »Mönöloke« noch Vorstellungen von Schadenabwehr bzw. glückbringender Wirkung zugrunde, hatte diese Puppe vor allem die Funktion eines repräsentativen Hochzeitsgeschenks. Die Kleidung ist eine detailreiche Nachbildung der zeitgenössischen Altländer Brauttracht, bei der neben Brautkrone, Seidenband und weißer Schürze vor allem der reiche Silberfiligranschmuck auffällt, dessen Herstellungszentrum die am Rande der Marsch gelegene Stadt Buxtehude war. *FS*

14/12

14/13* Zwei Schüsseln

1810; bleiglasierte Irdenware mit Einritzungen; H 8 cm, Dm 33,3 u. 32,5 cm
Aufschrift: »Hinrich Segler/Maria Seglers/o Herr Will Sie bewahren /Alle die mitt diese Jolle/zu Wasser fahren« – »Ein jeder ist sein Nächster Erbe ich thue mir gutes ehe ich sterbe/1810«
Hamburg, Museum für Kunst und Gewerbe (1902,151; 1902,152)

Die beiden Schüsseln, vermutlich Bestandteile eines zur Hochzeit angefertigten Ziersatzes, weisen durch ihre Inschrift und das Motiv des Elbewers – hier Jolle genannt – auf die große Gruppe der im niederelbischen Speditionswesen tätigen Altländer hin, die vor allem auch das Obst aus dem Alten Land verschifften. Der als Berufsbezeichnung entstandene Familienname findet sich in der Abwandlung »Segeler« auf den ausgestellten Schiffer-Zeugnissen wieder und existiert in der Region in dieser Form bis heute. *FS*

14/14 Dokumente Hinrich Segelers *[DH]*

a) Zwei Zeugnisse
Stade 1865 u. 1871; ein Dokument auf Leinen aufgezogen; 31,2 × 40,8 cm; 32,7 × 21,5 cm

b) Schreibbuch
Grünendeich 1864; 33,2 × 21,4 cm

c) Lichtbild
Hamburg: Otto Haase
Um 1890; 10,4 × 6,3 cm

Grünendeich, Seefahrtschule

Sofern sie nicht als Gesinde in der Landwirtschaft arbeiteten, bestritten Personen ohne nennenswerten Landbesitz im Alten Land ihren Lebensunterhalt im 19. Jahrhundert häufig durch ein Handwerk, eine Beschäftigung auf den Frachtfahrzeugen der Elbschiffer oder durch die Seefahrt. Das 1864 angelegte »Einschreibbuch« führte Hinrich Segeler (1840–1924) während seiner Ausbildung auf der Seefahrtschule Grünendeich. Sein Steuermannszeugnis führt neben den Stationen seiner seemännischen Praxis auch eine Bewertung für die »Einsegelung in die Elbe« auf. *FS*

14/15* Schonerbrigg »Europa«

Um 1860; Öl/Lw., auf Hartfaser aufgezogen; 45,5 × 59,7 cm
Bez. u. M.: Europa. Capt. J. Wahlen
Hamburg, Altonaer Museum (1962/84)

Die über den Elbeverkehr hinausgehende Schiffahrt des Alten Landes schloß bereits im 19. Jahrhundert die Überseeschiffahrt ein und führte Fahrzeuge wie die Schonerbrigg »Europa« von der Lühe unter anderem bis nach China.

14/13

Allein im Ort Cranz an der Elbe, aus dem J. Wahlen stammte, waren zwischen 1860 und 1875 etwa 40 Kapitäne ansässig, die auf »große Fahrt« gingen. Das Schiffsporträt, das die »Europa« vor der Küste von Hongkong zeigt, ist vermutlich für den Schiffseigner oder Kapitän von einem unbekannten chinesischen Maler angefertigt worden. *FS*

14/16* Schwert aus der Wikingerzeit

Fund aus der Elbe bei Lühesand
Um 850; Eisen, Klinge damasziert; 94,4 × 5,4 cm
Hamburg, Museum für Hamburgische Geschichte (1925,50)

Das Schwert, das möglicherweise in einem zeitlichen Zusammenhang mit dem Erscheinen der Wikinger in Stade und Hamburg im 9. Jahrhundert steht, wurde 1923 bei Lühesand aus der Elbe gebaggert. Die Klinge ist damasziert, und unterhalb der Parierstange finden sich beidseitig Ornamente in Eisentauschierung auf der Klinge. Parierstange und Knauf sind reich verziert. *FL*

14/16

14/17 Stader Stapelprivileg von 1259 *[DH]*

Pergament, Siegel an Seidenfäden; 52,4 × 44 cm
Stade, Stadtarchiv (Urk. Nr. 8)

Der zu den ersten Hansestädten zählenden Stadt Stade wurde durch Erzbischof Hildebold von Bremen im Jahre 1259 das Stapelrecht verliehen. Dieses Monopol führte von Seiten des konkurrierenden Hamburgs zu einer Fälschung des sogenannten Barbarossa-Privilegs von 1189 mit dem Ziel der Ausnahme Hamburger Kaufleute vom Stader Stapel. Ihre Befreiung wurde daraufhin bestätigt, ebenso aber das grundsätzlich bestehende Stader Stapelprivileg. Die lateinisch abgefaßte Urkunde beinhaltet den Landungszwang für alle von See einkommenden Kauffahrer für die Dauer von drei Tiden. Die Waren mußten in der Stadt zum Kauf angeboten und bei Wiederausfuhr verzollt werden. *FS*

14/15

14/18 Funde aus dem Alten Hafen in Stade *[DH]*

a) Vier Schreibgriffel
Messing, Eisen, Knochen; L 7,1 – 16,2 cm

b) Vier Petschafte
Messing; Dm 2 – 2,5 cm

c) Drei Pilgerzeichen
Blei-Zinn; H 3 – 3,9 cm

d) Fünf Tuchplomben
Blei-Zinn; Dm 1,9 – 2,9 cm

e) Münz-Prüfgewicht
1584; Messing; 1,45 × 1,45 × 0,3 cm

Stade, Stadt Stade – Stadtarchäologie (106/66, 106/225, 106/212, 106/65; 106/222, 106/269, 106/298, 106/1224; 106/183/2, 106/1223, 106/1229; 106/182/104, 106/182/114, 106/182/118, 106/905, 106/1225; 106/886)

1989 wurde im historischen Alten Hafen von Stade eine archäologische Grabung durchgeführt. Erfaßt wurden insgesamt vier Fluß- bzw. Hafenperioden mit einem ersten künstlich angelegten Hafenbecken aus der Zeit um 1000. Die in großen Mengen geborgenen Fundgegenstände (ca. 800 000 Einzelstücke) – offensichtlich großenteils als Abfall in den Hafen gelangt, zu einem kleineren Teil einfach verloren – sind ein Spiegel des Lebensalltags und der Handelsaktivitäten dieses alten Hafenortes über mehr als zehn Jahrhunderte. Die kleine Auswahl zeigt Gegenstände aus dem Geschäftsbetrieb der Fernhandelskaufleute: Schreibgriffel für Wachstafeln, Petschafte (Siegelstempel), Tuchplomben

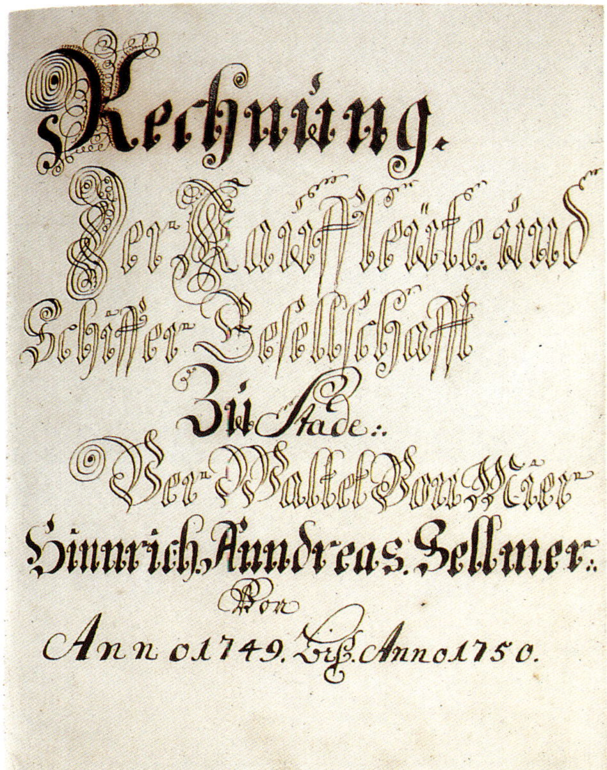
Rechnung.
Der Kauffleüte und
Schiffer-Gesellschafft
Zu Stade.
Verwaltet Von Mier
Hinrich Andreas Sellner.
Von
Anno 1749. Biß Anno 1750.

14/20

14/20

und ein Münzgewicht. Hinweise auf andere Fernbeziehungen der Stadt sind die ebenfalls zahlreich geborgenen Pilgerzeichen, von denen hier drei gezeigt werden. *TL*

14/19 Plan von Stade

Aus: Civitates orbis terrarum, Bd. 5, Köln 1572–1618
Georg Braun (1542–1622), Franz Hogenberg (um 1540–1590)
Um 1598; aquarellierte Radierung; 38 × 50,5 cm
Hamburg, Altonaer Museum (AB 6275)

Als typische Geestrandstadt liegt Stade auf einem höheren Geestsporn, bei dem der Fluß Schwinge in die Marsch eintritt. Bis zum Ende des 11. Jahrhunderts erreichte er nach nur knapp zwei Kilometern die Elbe. Schon in vorgeschichtlicher Zeit gab es hier einen Siedlungsschwerpunkt. Die Stadt wuchs spätestens seit dem 8. Jahrhundert aus mehreren Wurzeln zusammen und wurde unter Heinrich dem Löwen bis 1180 mit einer Befestigungsanlage umgeben. Der Handelsplatz, an dem sich Fernstraßen von Itzehoe und Jütland im Norden nach Bremen, Verden und Walsrode im Süden mit der Geestrandstraße von Lüneburg durchs Alte Land nach Kehdingen kreuzten, übertraf Hamburg bis zum Ende des 12. Jahrhunderts an Fläche, Einwohnerzahl und wirtschaftlicher Kraft. Handelsprodukte, für die die Stadt das Stapelrecht besaß, waren vor allem flandrische und englische Tuche, nordische Fische, Lüneburger Salz. Hinzu kamen heimisches Getreide, Bier und Holz. Die Verlagerung der Elbe etwa 2,5 Kilometer nach Norden, die Versandung der Schwinge und die Konkurrenz Hamburgs führten zur Stagnation. 1645 kam die Stadt an die Schweden, die sie zu einer der modernsten Festungen der Zeit ausbauten und aus der Kaufmannsstadt eine Verwaltungsstadt für ihr Territorium südlich der Elbe machten, das ab 1715/19 zu Hannover gehörte. *GK*

14/20* Drei Rechnungsbücher der »Kaufleute- und Schiffer-Gesellschaft zu Stade«

Hinrich Andreas Sellmer, Johann Falgenberg, Otte Steffens
1749/50, 1768/69, 1770/71; Ledereinbände; je
20,4 × 33 cm (aufgeschl.)
Stade, Stadtarchiv (Abt. IV-2, Fach 6, Nr. 24; Abt. IV-2, Fach 7, Nr. 17 u. Nr. 19)

Die Gründung der Stader Kaufleute- und Schifferbrüderschaft vollzog sich vor dem Hintergrund des Streits um das von Hamburg beanspruchte Kornstapelrecht, das sich auch auf das unterhalb Hamburgs erzeugte Getreide erstreckte, welches über die Elbe nach Westen ausgeführt werden sollte. Das Stiftungskapital der Brüderschaft stammte aus einem im Jahre 1556 erfolgreich gegen die Ansprüche Hamburgs durchgesetzten Korntransport durch bewaffnete Stader Schiffe. Die zwischen 1578 und 1611 bestehende Niederlassung englischer Tuchkaufleute, der »merchant adventurers«, veranlaßte 1596 die Aufstellung einer Fährordnung, die eine regelmäßige Frachtschiffahrt nach Hamburg durch die vom Stader Rat privilegierten Fährschiffer gewährleisten sollte. Einige der von den Rechnungsführern der Brüderschaft angelegten Bücher des 18. Jahrhunderts schmücken Schiffsdarstellungen, darunter eine recht getreue Wiedergabe eines großen Elbewers von 1768/69. *FS*

≋

14/21* Flagge der Königlich Hannoverschen Elbzollfregatte »The Piercer« *[DH]*

1814–1850; Leinen, Wachstuch, bemalt; 152,5 × 246 cm
Stade, Schwedenspeicher-Museum

Bereits 1650 wurde der Stader Elbzoll durch die Stationierung eines schwedischen Kriegsschiffes vor der Schwingemündung bei Brunshausen gesichert. Das rotgrundige Hoheitszeichen der letzten Elbzollfregatte zeigt in der Gösch die Großbritannisch-Hannoversche Flagge, im Zentrum einen von Eichenlaub umfaßten schreitenden Löwen. Im Jahre 1814 war die mit zwölf Kanonen bestückte Gun-Brigg »The Piercer« von England, das mit dem Königreich Hannover durch Personalunion verbunden war, nach Stade überführt worden, um das von französischen Truppen zerstörte Wachtschiff auf der Elbe zu ersetzen. Aufgrund ihrer Nichteinsetzbarkeit bei Eisgang und der zunehmenden Wirkungslosigkeit der Brigg gegenüber den schnell vorbeifahrenden Dampfern erfolgte 1850 schließlich die Einziehung des Schiffes. Bis zur völligen Aufhebung des Zolls im Jahre 1865 wurden Hannovers Hoheitsrechte durch das »Elb-Zoll-Wachtschiff-Kommando zu Brunshausen« von der Zollbatterie an der Schwinger Schanze aus wahrgenommen. *FS*

14/21

14/22

14/22* Tasse mit Ansicht von Brunshausen *[DH]*

Tiefenfurt: Tiefenfurter Porzellanmanufaktur
Um 1855; weißes Porzellan, teilvergoldet; Emailmalerei;
H 9,1 cm, Dm 16,3 cm (Untertasse)
Hamburg, Altonaer Museum (1982/259 a,b)

Die Ansicht der Schwingemündung auf der Tasse wird links flankiert von der Häuserzeile am Brunshausener Fähranleger, an deren Ende sich das Gebäude des Königlichen Elbzolls und die Zollbatterie befinden. Der gerade anlegende Dampfer »Concordia« der »Vereinigten Stade-Altländer Dampfschiffahrts-Gesellschaft« wurde 1848 in Vegesack an der Weser gebaut und verkehrte im Liniendienst zwischen Stade und Hamburg. Ein weiteres Symbol moderner Technik und Kommunikation ist die in der Bildmitte dargestellte, 1848 als erstes europäisches Beispiel in Betrieb genommene Morse-Telegraphenlinie, die den ab 1836 eingerichteten optischen Telegraphen ablöste und die Nachrichtenübermittlung zwischen der Elbmündung und Hamburg entscheidend verbesserte. *FS*

14/23 König Georg V. von Hannover

C. Wildt nach einer Zeichnung von Conrad l' Allemand (1809–1880)
Vermutl. 1851; Lithographie; 45 × 34 cm
Hannover, Historisches Museum am Hohen Ufer (VM 10741)

Die Darstellungsweise des fast ins Profil gewendeten Brustbildes trägt dem Umstand Rechnung, daß Georg in seiner frühen Jugend erblindet war. Georg V. war der letzte König von Hannover, das im Jahre 1866 von Preußen annektiert wurde. Der Besetzung der Garnisonsstadt Stade durch preußisches Militär am 18. Juni des Jahres war eine Operation des Panzerschiffs »Arminius« und der Kanonenboote »Cyclop« und »Tiger« vor der Schwingemündung vorausgegangen. Da Stade nicht unter Waffeneinsatz verteidigt werden sollte, hatten die ca. 50 gelandeten preußischen Matrosen die Zollbatterie unbesetzt vorgefunden und sich nach Unbrauchbarmachung der sechs Geschütze zunächst wieder zurückgezogen. *FS*

14/24 Halb- und Fertigprodukte der Bandreißerei *[DH]*

Gespaltene und gehobelte Stöcke, Reifen
Hetlingen: Fa. Arthur Koopmann
1991; Weide
Berlin, Deutsches Historisches Museum

In der Haseldorfer Marsch wurden im 18. Jahrhundert Anpflanzungen von Weidenruten als ausgezeichneter Küstenschutz im Außendeichsbereich erkannt. 1726 waren entlang der Elbe über 20 Morgen Weidenruten angebaut. Um 1800 ließen sich in Hetlingen die ersten Bandreißer nieder. Ihr Gewerbe gab es in Deutschland nur hier. Die Anbauflächen wuchsen in den folgenden Jahrzehnten auf mehrere 100 Hektar. Zur Produktion von Faßreifen wurden dreijährige Stöcke entrindet, aufgespalten, geglättet und mit Biegemaschinen und Setzscheiben gebogen. Nach dem Verschwinden des Butterfasses Ende der fünfziger Jahre dieses Jahrhunderts wurde Material für (Advents-) Kränze produziert, bis die Verwendung von Kunststoffen 1991 den letzten Bandreißer zur Aufgabe zwang. *AF*

14/25* Herrenhaus Haseldorf *[DH]*

Aufrisse der Eingangs- und der Gartenfront
Christian Frederik Hansen (1756–1845)
1804; 2 farbig lavierte Federzeichnungen; je 58,5 × 93,3 cm
Haseldorf, Gut Haseldorf

Im gleichen Jahr, als Hansen von Altona nach Kopenhagen zurückging, entstand nach seinen Entwürfen das klassizistische Herrenhaus für die Familie von Schilden-Huitfeld. Es ist eines der sechs Herrenhäuser des holsteinischen Landbaumeisters. Seit 1887 lebte hier der Dichter Prinz Emil von Schönaich-Carolath-Schilden, der Mitglieder des niederelbischen Dichterkreises, vor allem Rilke, Dehmel, Liliencron, gelegentlich auf Haseldorf um sich versammelte. *AF*

14/25

14/26 Fern ragt ein Land… *[DH]*

Emil von Schönaich-Carolath (1852–1908)
Leipzig: G. J. Göschen'sche Verlagshandlung 1907
Pergamenteinband mit Goldprägung
Erstes von 100 Exemplaren; mit Widmung: Für Dich, mein Lieb, ein später Erntekranz, doch…
Haseldorf, Gut Haseldorf

Nach seinem Studium in Zürich, Italienreisen und seiner Heirat mit Katharina von Knorring siedelte sich der in Breslau geborene Dichter 1887 auf Haseldorf an. Er hinterließ vor allem Gedichte, aber auch Balladen und Novellen, die von einem tiefen Leiden am unvollkommenen Erdendasein künden und eine religiös-sittliche Lebensgesinnung vertreten. Seine Schilderung der schleswig-holsteinischen Landschaft und ihrer Menschen im Wandel der Jahreszeiten sind Liliencron Vorbild gewesen. *AF*

14/27 Poggfred. Kunterbuntes Epos in zwölf Cantussen *[DH]*

Detlev von Liliencron (1844–1909)
Berlin: Schuster und Loeffler 1896 (Erstausgabe)
Hamburg, Staats- und Universitätsbibliothek Carl von Ossietzky (Dehmel-Archiv 307)

Liliencron, seit 1891 in Altona ansässig, schuf dort sein dichterisches Hauptwerk. »Poggfred« ist sein fiktives Herrenhaus in der Elbmarsch, das in rasanten Kutschfahrten von Hamburg und Altona aus zu erreichen ist und das ihm Stoff bietet für die Schilderung der niederelbischen Landschaft und des gesellschaftlichen und kulturellen Lebens zwischen Land und Stadt. Das Werk widmete er dem befreundeten Dichter Richard Dehmel. *AF*

14/28 »Familien-Interieur. 20. Poggfred-Cantus« *[DH]*

2 Manuskriptblätter
Detlev von Liliencron (1844–1909)
1908; Feder mit Bleistiftkorrekturen; je 33,1 × 21 cm
Hamburg, Staats- und Universitätsbibliothek Carl von Ossietzky (Liliencron-Nachlaß 106–109, Fasz. 106 [Chant 29, 1908])

1904 erweiterte Liliencron den Poggfred auf 24, 1909 auf 29 »Cantusse«. In diesen Jahren war er häufig beim Prinzen Schönaich-Carolath auf Gut Haseldorf zu Gast. Die Cantusse 20 bis 22 sind hier entstanden. Immer wieder zog es ihn jedoch auch zurück in seine Wohnung an der Palmaille in Altona, die den Ausblick auf die Elbe, den Hafen und die stillen Gegenden der Insellandschaft am gegenüberliegenden Ufer gewährte und in der der Schriftsteller Gustav Falke und der Dichter Richard Dehmel zu den ständigen Gästen gehörten. *AF*

14/29 Die Letzten *[DH]*

Rainer Maria Rilke (1875–1926)
Berlin: Axel Juncker 1902
2 Erstausgaben mit gedruckten u. handschriftlichen Widmungen des Autors an den Prinzen und die Prinzessin von Schönaich-Carolath
Haseldorf, Gut Haseldorf

Auf der in der Elbmündung gelegenen Insel Neuwerk, auf Haseldorf und in Blankenese fand der 1899 von Reisen aus Rußland zurückgekehrte Rilke vorerst eine neue Heimat. 1900 wurde der verarmte Dichter eingeladen, den Sommer auf Haseldorf zu verbringen. Dort entstanden Teile des 1905 erschienenen »Stundenbuchs«. Die Landschaft der Niederelbe hat Eingang in einige der Gedichte gefunden. Nach seiner Übersiedlung nach Worpswede schrieb er unter dem Titel »Die Letzten« drei Erzählungen, die er dem Prinzen von Haseldorf widmete. *AF*

≋

14/30* Husmannshus in der Krempermarsch

19. Jh.; Öl/Lw.; 54 × 69,5 cm
Hamburg, Altonaer Museum (AB 5413)

Das Gemälde eines Laienmalers stammt aus der (im Altonaer Museum befindlichen) reich ausgemalten Sommerstube des dargestellten Hauses in Landweg bei Siethwende. Das Husmannshus, eine Form des niederdeutschen Fachhallenhauses, ist neben dem Barghus der vorherrschende Haustyp der Wilster- und Krempermarsch. In dem querstehenden

14/30

14/35

Trakt (»Kreuzhaus«) sind Wohn- und Sommerstube untergebracht, das Langhaus enthält die Diele, in die der Erntewagen hineinfahren konnte und in der zu beiden Seiten das Vieh stand. Das zum Schutz gegen Überflutung auf einer Wurt gebaute Haus ist von einem Hausgraben umgeben, der die Viehtränke speist. *AF*

14/31 Wandvertäfelung aus der Sommerstube des Hofes Robert Rave in Moorhusen *[DH]*

1772; eines von 2 Paneelen; Ölfarben/Holz;
277 × 300 × 15 cm
Schleswig, Schleswig-Holsteinisches Landesmuseum

Aus der Sommerstube eines Husmannshus' der Seestermüher Marsch stammt die Vertäfelung, auf deren ausgestelltem linkem Teil der damalige Besitzer und seine Frau mit einem Pferdehändler und einem Knecht, ein typisches Holsteiner Pferd haltend, vor ihrem Haus zu sehen sind. Die Zucht von Holsteiner Warmblutpferden für den Handel mit Remonten und die Ausfuhr bis nach Frankreich und Italien waren seit dem 18. Jahrhundert ein wichtiger Erwerbszweig der holsteinischen und hannoverschen Elbmarschen. Seit 1850 war ein bedeutender Absatz Holsteiner Luxuspferde nach Italien zu verzeichnen. Die Malerei dürfte von einem in der näheren Umgebung des Hofes ansässigen Malermeister stammen. *AF*

14/32 Pflug aus der Wilstermarsch *[DH]*

Mitte 19. Jh.; Eiche, Eisenbeschläge; 103 × 325 × 80 cm
Hamburg, Altonaer Museum (AB 2130)

In den schleswig-holsteinischen Elbmarschen waren bis zur Mitte des 19. Jahrhunderts wegen der schweren Böden besonders große Pflüge aus Holz im Gebrauch, die von sechs, in lockerem Brachland von vier Pferden gezogen wurden. Die Sohle mit der Pflugschar, die am vorderen Ende keilförmig verbreitert und zusammen mit dem Streichbrett mit einem eisernen Schuh versehen ist, hat wegen ihrer Form dem Pflug den Namen »Swienskopp« eingebracht. Seit 1860 bauten einheimische Schmiede eiserne Pflüge nach englischem Vorbild, für die nur vier Pferde benötigt wurden, bald darauf kamen Fabrikpflüge auf. *AF*

14/33* Oberlichtfassung »Pflügender Bauer«

Krempermarsch, um 1770; Holz, geschnitzt, farbig gefaßt;
52,2 × 109 × 5 cm
Hamburg, Altonaer Museum (1932/652)

Darstellungen des sechs- oder vierspännigen Pflügens (hier mit dem pflügenden Bauern und einem Treiber auf dem hin-

14/33

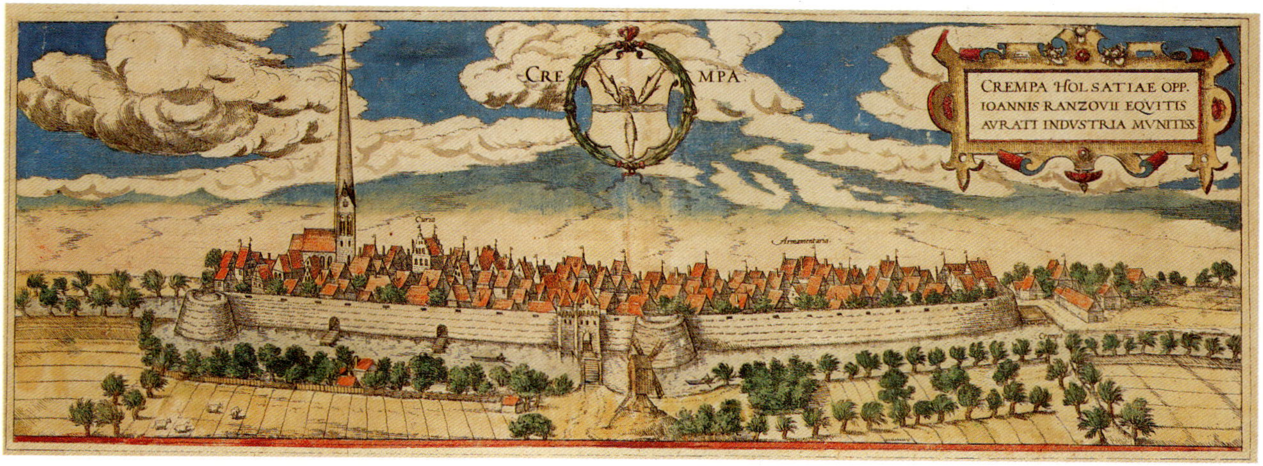

14/34

teren Pferd) kommen als prunkvolles durchbrochenes Schnitzwerk in Oberlichtern von Haustüren bei Bauernhäusern der Wilster- und Krempermarsch vor und sind Ausdruck des Stolzes auf die eigene Wohlstand bringende Tätigkeit. Zugleich verweisen sie auf die Zucht des Holsteiner Pferdes, die in der Seestermüher und Krempermarsch ihr Zentrum hatte. Insgesamt sind realistische Darstellungen des Pflügens jedoch selten. *AF*

14/34* Ansicht von Krempe

Aus: Civitates orbis terrarum, Bd. 4, Köln 1576–1590
Ursprünglich mit einer Ansicht von Rendsburg auf einem Blatt
Georg Braun (1542–1622), Franz Hogenberg (um 1540–1590)
1588; aquarellierte Radierung; 18,8 × 50 cm
Hamburg, Altonaer Museum (1921/16)

Krempe war im Zug der Kultivierung und Besiedlung der umliegenden Marsch um 1235 an einer zur Elbe fließenden Au gegründet und 1250 zur Stadt erhoben worden. Die Au war voll schiffbar und bot gute Voraussetzungen für einen blühenden Agrarexport, besonders von Getreide nach Portugal und Oberitalien. 1333 entstand erstmals eine Befestigung, die mehrfach modernisiert wurde. Zur Zeit dieser Ansicht hatte die rund 4000 Einwohner zählende Stadt hohen strategischen Wert zum Schutz der wohlhabenden Marsch vor Angriffen von der Elbe. Auch im Dreißigjährigen Krieg hielt die Festung 1628 einer Belagerung durch Wallenstein stand, doch Hunger zwang zur Übergabe. Plünderung, die Gründung Glückstadts und die Pest führten danach zum Niedergang. Der Seehandel verfiel, die Au verschlickte, die Festungswerke wurden zwischen 1695 und 1712 demoliert. 1976 zählte die Stadt rund 2200 Einwohner. *GK*

14/35* Deckelpokal für König Christian IV. von Dänemark *[H]*

Jacob Mores d. Ä. (um 1540–vor 1612)
Vermutl. 1598; Silber, gegossen, getrieben, punziert, vergoldet; H 58 cm
Bez.: De Stadt Crempe
Moskau, Kreml Museum (MZ-397/1–2)

Zwischen 1595 und 1600 bereiste der dänische König die Elbmarschen, um einen Standort zum Ausbau seiner handelspolitischen Macht insbesondere gegenüber Hamburg zu finden. Viermal weilte er in Krempe, das Handel bis nach Spanien und ins Mittelmeer führte, und ließ die Befestigungen ausbauen. Für eine Vergrößerung erwies es sich jedoch als ungünstig, weil die Krempau als Schiffahrtsweg zur Elbe für größere Handelsschiffe nicht ausreichte. Der Pokal dürfte ebenso wie derjenige der Wilstermarsch anläßlich der Krönung Christians IV. 1596 gestiftet worden sein. Die überaus kostbare Ausführung sollte den König wohl für eine Förderung der Stadt gnädig stimmen. Der schon zu seiner Zeit berühmte Hamburger Goldschmied Mores d. Ä., der bereits zuvor auf Empfehlung des Grafen Rantzau für den dänischen Hof gearbeitet hatte, besaß bei Krempe selbst umfangreiche Ländereien. *AF*

14/37

14/36 Deichpokal des »Dritten holsteinischen Deichbandes Krempermarsch«

Glückstadt: Meister FPM
1661; Silber, getrieben, graviert und punziert; H 33 cm, Dm 15,5 cm
Bez.: Marke FPM, Glückstädter Beschau
Krempe, Deich- und Hauptsielverband Kremper Marsch

Bereits die älteste Urkunde von 1438, in der Graf Adolf VIII. die Beschlüsse der Wilstermarschbauern zum Deichwesen genehmigte, berichtet über die Funktion der Deichgrafen. So waren die Deichverbände bis ins 18. Jahrhundert selbständige Genossenschaften der deichanliegenden Bauern, denen der gewählte Deichgraf vorstand und in dessen Dienst die Geschworenen in den Deichbezirken standen. Der Pokal der Krempermarsch, der vom gewählten Deichgrafen in einem Zug geleert werden mußte, wird durch das zugehörige Protokollbuch in das Jahr 1661 datiert. Die naiven Darstellungen des Deichgrafen und der namentlich genannten Geschworenen deuten auf einen in der ländlichen Umgebung von Krempe oder Glückstadt ansässigen Silberschmied. *AF*

14/37* Arbeit mit der Wasserschaufel auf dem Hof F. Breckwoldt in Seestermühe

1962; Photographie (Reproduktion)
Schleswig, Schleswig-Holsteinisches Landesmuseum (VI/1071/36)

Mit der Eindeichung der Elbmarschen im 13. und 14. Jahrhundert ergab sich die Notwendigkeit, sich gegen das Oberflächenwasser, das in nassen Zeiten weite Flächen überschwemmte, zu schützen. Das Land wurde planmäßig durch parallele Entwässerungsgräben unterteilt, deren Hauptvorfluter (»Wettern«) durch Schleusen in die Elbe oder hier in der Seestermüher Marsch in die Krückau münden. Die in die Wettern mündenden Gräben wurden gegen das Zuwachsen alle sieben bis acht Jahre, wenn das Land in der Fruchtwechselfolge brach lag, gereinigt (»Grabenkleien«). Um zuvor das Wasser aus den Gräben zu entfernen, wurde es mit Hilfe von Wasserschnecken oder von großen an Dreibeinen aufgehängten Wasserschaufeln über die Siele hinweg in die Wettern geschöpft. *AF*

14/38 Wasserschaufel *[DH]*

Anfang 20. Jh.; Holz; 25 × 42,5 × 221 cm
Hamburg, Altonaer Museum (1991/ 1201)

Die große Wasserschaufel (»Wörpschüffel«) wurde an dem zwischen Stiel und Blatt eingedrehten Rundhaken mit einem Strick an einem Dreibeingestell über dem Graben aufgehängt. Sie faßte zehn bis zwölf Liter Wasser und wurde von einem Mann in etwa fünfzehn Schwüngen pro Minute flach durchs Wasser geführt. Ein Mann schaffte etwa 20 Kubikmeter in der Stunde. Zum anschließenden Säubern des Grabens gab es verschiedene kleinere Muttschaufeln und Kleispaten. *AF*

14/39* König Christian IV. von Dänemark (geb. 1577, reg. 1588–1648)

Kopie nach Karel van Mander III (um 1609–1670)
Nach 1645; Öl/Lw., auf Pappe aufgezogen; 94 × 75 cm
Glückstadt, Rathaus (14/76)

Als Christian IV. die Regierung übernahm, war Dänemark stärkste Macht in Nordeuropa, deren Einflußgebiet sich von der Elbe bis zum Nordkap erstreckte. Sein wirtschaftliches und politisches Interesse konzentrierte sich auf die Elbmarschen: Der wesentliche Handelsstrom, an dem er teilhaben wollte, ging von Hamburg aus über die Unterelbe. Zugleich benötigten Dänemark und Norwegen für ihre Einfuhr aus den landwirtschaftlichen Überschußgebieten der Elbmarschen einen großen Seehafen. Um das nach Selbständigkeit strebende Hamburg, das de jure noch zu Holstein gehörte, in seinem Handel zu behindern und gefügig zu machen, gründete er, nachdem sich Krempe als untauglich erwiesen hatte, 1617 als Handelsplatz und militärischen Stützpunkt Stadt und Festung Glückstadt. Der aus Delft stammende Karel van Mander war seit 1638 als königlicher Hofmaler und Inspektor der Kunstkammer in Kopenhagen ansässig und vor allem als Porträtmaler für Christian IV. und seine Söhne tätig. *AF*

14/40* Gründungsurkunde der Stadt Glückstadt, 22. März 1617 *[DH]*

Pergament, braune Tinte; Holzkapsel mit Wachssiegel und Bändern; 30 × 40 cm, Band und Siegel: L 40 cm
Schleswig, Schleswig-Holsteinisches Landesarchiv (Urk. Abt. B Nr. 286)

Nachdem 1615 die »Wildnis« zu beiden Seiten der Mündung des Flüßchens Rhin in die Elbe eingedeicht und im Jahr darauf das Gebiet der Stadt abgesteckt war, fertigte Christian IV. am 22. März 1617 in Frederiksborg die Gründungsurkunde nach lübischem Recht aus und gab der Stadt den optimistischen Namen »Glückstadt«. Die Glücksgöttin Fortuna, die auf einer Kugel vor der aufgehenden Sonne schwebt, wurde der Urkunde zusammen mit dem königlichen Siegel als Stadtwappen beigegeben. *AF*

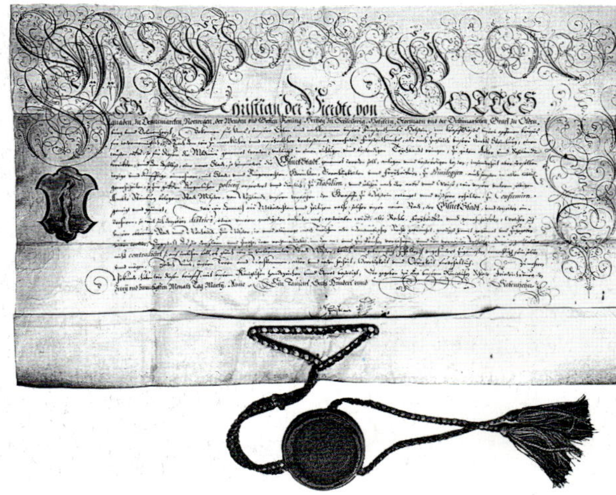

14/40

14/39

14/41* »Plan de la Ville de Gluckstadt«

Um 1725/30; aquarellierte Federzeichnung; 50,5 × 71 cm
Hamburg, Altonaer Museum (1928/68)

Die Festung Glückstadt sollte ein Stützpunkt für Christians IV. nach Süden gerichtete Expansionspolitik und Konkurrenz für Hamburg, Altona und Tönning sein, Städte, über die er keine Hoheitsrechte hatte. Der Baugrund war zwar ungünstig, aber das Hauptfahrwasser der Elbe führte unmittelbar vorbei, und die Stadt war von Land aus kaum erreichbar. Der Plan, etwa 110 Jahre nach der Gründung 1617 entstanden, zeigt eine ideale Renaissancefestung und mischt Realität mit Wunschvorstellungen. Der rote Nordostteil ist so entstanden, beim Nordwestteil mußten Abstriche gemacht werden, vom violetten Südteil konnte nur das wenigste verwirklicht werden; das Schloß war schon wegen Baufälligkeit abgebrochen und wurde nicht wieder aufgebaut. Der dänisch-schwedische Krieg 1643 bis 1645 und der Tod des Königs 1648 hatten das Projekt zum Stillstand gebracht, das 1640 an den König gekommene Altona war als Konkurrent für Hamburg besser geeignet. Glückstadt blieb lediglich Grenzfestung und seit 1649 Verwaltungsmittelpunkt. *GK*

≋

14/42* »Ansicht des Rethügels zu Glückstadt in der Nacht vom 3ten auf den 4ten Februar 1825«

Vermutl. 1825; Gouache/Papier, auf Karton aufgezogen; 43,5 × 53,3 cm
Hamburg, Altonaer Museum (AB 1707)

Der Zufluß des Kremper Rhin in die Elbe bildete seit Gründung der Festung Glückstadt den Hafen. Er bot zugleich die größte Angriffsfläche für Sturmfluten und mußte daher mit Schleusen verschlossen und überdeicht werden. Immer wieder – 1717, 1751 und 1754 – wurde Glückstadt von Sturmfluten bedroht. Bei der Flut 1825 brach der Rethövel, eine eingedeichte Anhöhe an der Südseite des Rhin. Der Laienmaler zeigt den Augenblick des Deichdurchbruchs, bei dem ein Grönlandschiff zwischen Zuchthaus und Mühle durch die Bruchstelle bis ans Schwarze Wasser geschleudert wurde.

AF

14/43* Filtergefäß zur Trinkwassergewinnung *[DH]*

Manchester: Slack & Brownlow
Mitte 19. Jh.; Steingut, Messingmontierung; Kohlefilter; 41 × 25 × 31 cm
Glückstadt, Detlefsenmuseum (2500)

Oberflächen- und Grundwasser ist in den Elbmarschen wegen der hohen Zahl an Schwebstoffen meist nicht als Trinkwasser zu verwenden. In Glückstadt wurden die Festungsgräben als Trinkwasserreservoir benutzt: Siele ließen bei Flut frisches Elbwasser in die Gräben, bei Ebbe Schmutzwasser zurück in die Elbe fließen. In den Häusern wurde das mäßig reine Trinkwasser durch große ausgehöhlte Tropfsteine oder die aus London oder Manchester stammenden Kohlefilter noch einmal gereinigt.

AF

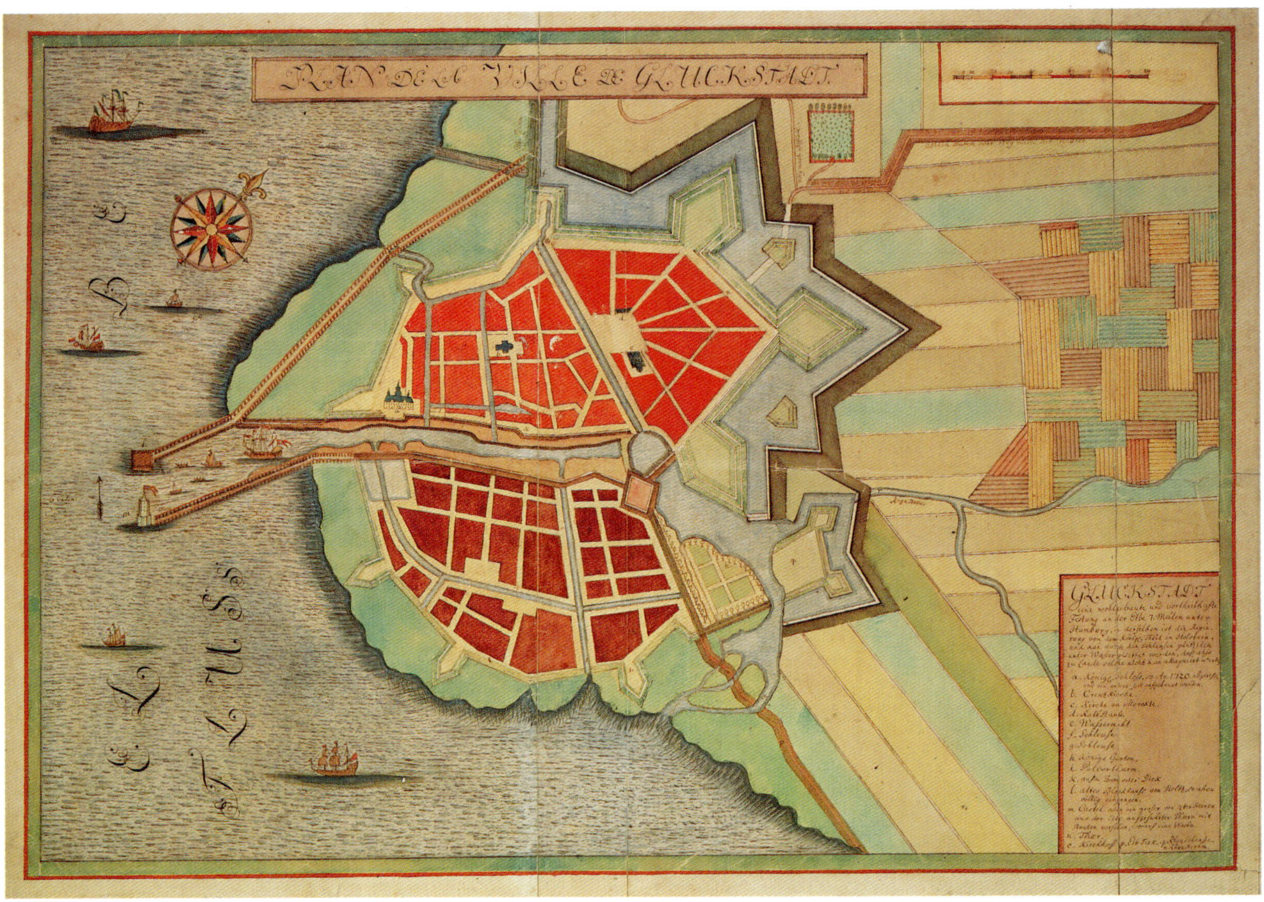

14/41

14/42

14/44 Geräte für Walfang und Robbenschlag

a) Zwei Walharpunen

Um 1850; Eisen, Tauwerk; 61 × 12,5 cm, 85 × 5 cm, Tau: 56 cm

b) Speckforke

Um 1850; Eisen, Holzgriff; 160 × 10 cm

c) Zwei Speckmesser

Nachbildungen der 1937 verlorenen Originalstücke (um 1850); Eisen, Holzgriffe; 84 × 4,5 cm, 51 × 6 cm

Glückstadt, Detlefsenmuseum (2367, 1035; 2632; 2634, 2638)

Seit der Hamburger Reeder Johan Been 1644 die ersten Schiffe auf Walfang und Robbenschlag nach Spitzbergen sandte, gehörten Walfangschiffe bis 1863 zum Erscheinungsbild der Elbe. Die Hamburger Flotte erreichte 1675 ihren Höchststand von 83 Schiffen. Seit 1671 beteiligten sich Glückstadt, seit 1722 Altona und später Elmshorn an der Jagd im Eismeer. Glückstadt besaß in seiner Glanzzeit 1818 siebzehn Dreimastvollschiffe und Briggs mit zusammen 800 Seeleuten auf Grönlandfahrt. Die Besatzungen stammten von den Inseln der Westküste und von den Höfen der Elbmarschen, auf denen sie zwischen den Fangreisen arbeiteten.

AF

14/45 Walprodukte *[DH]*

a) Walwirbelknochen

Nördliches Eismeer, Ende 18. Jh.; 66 × 71 × 22 cm

b) Barte eines Finwals *[DH]*

Nördliches Eismeer, Ende 18. Jh.; Horn; 101 × 23 cm

Glückstadt, Detlefsenmuseum (2646; 4836)

Am Fangort wurde die Speckschicht von dem am Schiff vertäuten Wal gelöst, zerkleinert und in Fässer verpackt. Sonst wurden nur noch Knochen und Barten gewonnen. 1649 wurden in Hamburg, 1674 in Glückstadt erste Tranbrennereien an der Elbe errichtet, in denen der Speck zu Tran zerkocht wurde. Die Barten wurden in Fischbeinreißereien aufbereitet und dann zu Kämmen, Knöpfen, Korsettstangen und anderem verarbeitet. Die hohe Verwertbarkeit des Materials führte zur fast völligen Ausrottung der arktischen Bartenwale. Walknochen dienten in den holzarmen Elbmarschen als Baustoff etwa für Brunnen, Zäune und Torpfosten.

AF

14/43

14/46 Heringslogger SG 19 »Otter« *[DH]*

Modell
Glückstadt: Werft J. & H. Gehlsen
Um 1906; Holz, versch. Materialien; 75 × 13 × 73 cm
Glückstadt, Detlefsenmuseum (2701)

Um in den Genuß eines Reichsfonds zur Förderung der Hochseefischerei zu kommen, gründeten Bürger 1893 die »Glückstädter Fischerei A.G.«, die den Heringsfang mit den neuen, zuvor von Emdener Fischern erprobten eineinhalbmastigen Loggern betreiben sollte. Im gleichen Jahr wurden vier Logger in Wewelsfleth, in Emden und bei Gehlsen in Glückstadt in Auftrag gegeben. Der Heringsfang (norwegische Küste, Shetlands, Doggerbank) wurde einer der wichtigsten Erwerbszweige der Stadt. 1911 bestand die Flotte aus 22 Schiffen. 1960 waren bei einem Umschlag von 3,5 Millionen Pfund Frischfisch 200 Mann auf See, 100 Männer und Frauen im Hafen und in der Netzstrickerei beschäftigt. Der Rückgang der Heringsbestände seit Mitte der sechziger Jahre und die Einführung der EWG-Fangquotierungen bewirkten eine Reduzierung der Fangflotte. 1979 wurden die letzten drei Schiffe verkauft. *AF*

14/47 Fährschiff »Elbe« des »Unterelbe-Fährbetriebs Glückstadt–Wischhafen« *[DH]*

Modell im Maßstab 1:50 (Original Wewelsfleth: Schiffswerft Hugo Peters 1962)
Bremen-Nord: Unterweser-Modellbau Birkholz & Co.
1963; Feinblech, Holz, Kunststoff; 26 × 25 × 67 cm
Wewelsfleth, Schiffswerft Hugo Peters

Vor dem Ersten Weltkrieg betrieb die »Glückstädter Dampfschiffs-Actien-Gesellschaft« mit drei Abfahrten täglich den Fährverkehr zwischen Glückstadt und Wischhafen. Die Fahrzeit des Schraubendampfers »Kaiser Friedrich« betrug 40 Minuten, und die Gesellschaft warb: »Für Erholungsbedürftige und Sommerfrischler sind sehr billige Abonnements eingerichtet.« Das Fährschiff »Elbe«, ausgerüstet mit zwei 170-PS-Motoren bei einer Kapazität von 30 Personenwagen, wurde im Frühjahr 1988 von der größeren »Wischhafen« abgelöst (2 × 715 PS und Bugstrahlruder 300 PS, 60 Personenwagen). Mit drei weiteren Fährschiffen bedient der »Unterelbe-Fährbetrieb Glückstadt–Wischhafen GmbH & Co.KG« die einzige Elbquerung für Kraftfahrzeuge unterhalb Hamburgs – bei Bedarf im Zwanzig-Minuten-Takt.

TvE

14/48

14/48* »Geographische Vorstellung der jämerlichen Wasser-Flutt in Nieder-Teutschland…«
[DH]

Johann Baptist Homann (1663–1724)
Um 1717/20; kolorierter Kupferstich; 49,5 × 59 cm (Plr.)
Hamburg, Altonaer Museum (1948/9 K 901)

Das graphische Blatt des Nürnberger Graveurs und Atlantenverlegers Homann, der insgesamt ca. 200 verschiedene, mit reichem künstlerischen Beiwerk ausgestattete Karten herausgab, macht ungeachtet einiger Unrichtigkeiten hinsichtlich topographischer Details und der Ausdehnung der Überschwemmungsgebiete eindrucksvoll deutlich, daß es sich bei der verheerenden Flut des Jahres 1717 nicht lediglich um ein den Bereich der Niederelbe betreffendes Hochwasser handelte, sondern um die schwerste Sturmflutkatastrophe des 18. Jahrhunderts, durch die an der gesamten Nordseeküste zwischen Holland und Dänemark mehr als 11 500 Menschen ihr Leben verloren. Den Ansturm der Naturgewalten von Wind und Meer auf die Küste sowie den Untergang von

Siedlungen versinnbildlicht Homann durch eine allegorische Darstellung, in welcher die Wassergottheit (entsprechend der ausgestellten Karte der Elbe bei Hitzacker und der Fahne der Boizenburger Schiffbauer), mit dem Dreizack des Poseidon bewehrt, seine ungestümen wasserschnaubenden Pferde antreibt. *FS*

14/49* »Prospect des Wischhavener Teich=Baues Anno 1720« *[DH]*

1720; aquarellierte Feder- und Tuschzeichnung;
51 × 73,6 cm
Stade, Niedersächsisches Staatsarchiv (Kartensammlung 42g/ Wischhafen 15pm)

Die sogenannte Weihnachtsflut von 1717, durch die allein in Kehdingen-Freiburg 342 Menschen umkamen, führte zu zahlreichen Deichbrüchen entlang der Elbe. Die Karte zeigt die Ausdehnung der Überschwemmungen nach dem Deichbruch bei Wischhafen sowie die durch die Ausspülungen entstandene »Grosse Bracke«, einen Kolk, der zunächst mit Hilfe zweier »Defensionsdeiche« vorläufig abgedämmt wurde, bevor die auf dem Schaubild wiedergegebene Reparatur des Hauptdeiches vorgenommen werden konnte. Die Arbeiten wurden von dem vermutlich rechts dargestellten Oberdeichgrafen Eibe Siade Johans aus dem Lande Wursten geleitet, der jedoch die Fertigstellung nicht mehr erlebte. Nach neuerlichen Flutschäden konnte der Elbdeich erst 1742 endgültig geschlossen werden. *FS*

14/50 Hammer des Schleusenbaumeisters Carl Hinrich Ernst Hahn (1762–1834) *[DH]*

Um 1800; Holz, Eisen; 11 × 30 × 3 cm
Bez. (Siegelmonogramm auf der Hammerspitze): CHEH, am Hammerende: Kp (für den Ort Koppel)
Hechthausen-Koppel, Dipl.Ing. Ernst Hahn

Der Signierhammer diente zur Kennzeichnung von Eichenholzstämmen für den Schleusenbau. Hahn war vereidigter Schleusenbaumeister der Kgl. Hannoverschen Landdrostei Stade für das Alte Land, das Land Kehdingen und die Ostemarsch. Seine ins 17. Jahrhundert zurückreichende Wasserbaufirma besteht bis heute. Der Urenkel Diederich Hahn (1859–1918) gewann 1891 für Bismarck den Reichstagswahlkampf und zog 1893 selbst für die linksseitige Niederelberegion in den Reichstag. *JHG*

14/51 Ziegelkarre mit Handstrichziegeln *[DH]*

2. Hälfte 19. Jh.; Kiefer, Eiche, Eisen; Tonziegel; Karre: 90 × 62 × 166 cm
Schleswig, Schleswig-Holsteinisches Landesmuseum (1967/2245)

Zu Beginn des 19. Jahrhunderts entwickelte sich im Zuge der wirtschaftlichen Expansion Hamburgs im Alten Land, in Kehdingen und an der Oste eine blühende Ziegelindustrie, die nach dem Hamburger Brand im Jahre 1842 eine Hochkonjunktur erlebte, in den siebziger Jahren mit mehr als 260 Betrieben jedoch ihre größte Ausdehnung annahm. Mit der zunehmenden Verbreitung anderer Baustoffe erfuhr das niederelbische Ziegeleigewerbe in den ersten Jahrzehnten des 20. Jahrhunderts einen steten Rückgang. Für die Mehrzahl der Ziegelwerke, die zum überwiegenden Teil als landwirtschaftliches Nebengewerbe betrieben wurden, blieben frühindustrielle Produktionsformen bestimmend. Die Ziegelkarre war das Arbeitsgerät des »Karrenmannes«, der die ungebrannten Rohlinge von den Trockenschuppen zum Ofen und schließlich die gebrannten Ziegel von dort zum Stapelplatz transportierte. *HL*

14/52 Dachziegel mit Einritzungen *[DH]*

J. Diedrich Siems
1883; gebrannter Ton; 39 × 25 cm
Bez.: J. Diedrich Siems. Pannen Müller zu Sch...
1883/geboren 1866/Juni 26.
Drochtersen, Klinkerwerk Rusch

Die Verladung der über die Elbe zu verschiffenden Steine und Dachpfannen erfolgte in Kehdingen, wo die Mehrzahl der Steinbrennereien im Außendeichsgelände lag, direkt vom Werk aus. Die Schiffer setzten die Ware auf eigene Rechnung ab oder erhielten einen nach je tausend Stück berechneten Frachtlohn. Auch die Bezahlung der Ziegelstreicher und Pfannenmacher wurde »pro Tausend« berechnet und erfolgte am Ende der Betriebsperiode. Von den Zieglern in besonderer Weise ausgestaltete Steine und Pfannen markieren häufig die Fertigstellung eines bestimmten Produktionsquantums bzw. den Schluß der sogenannten Kampagne. *HL*

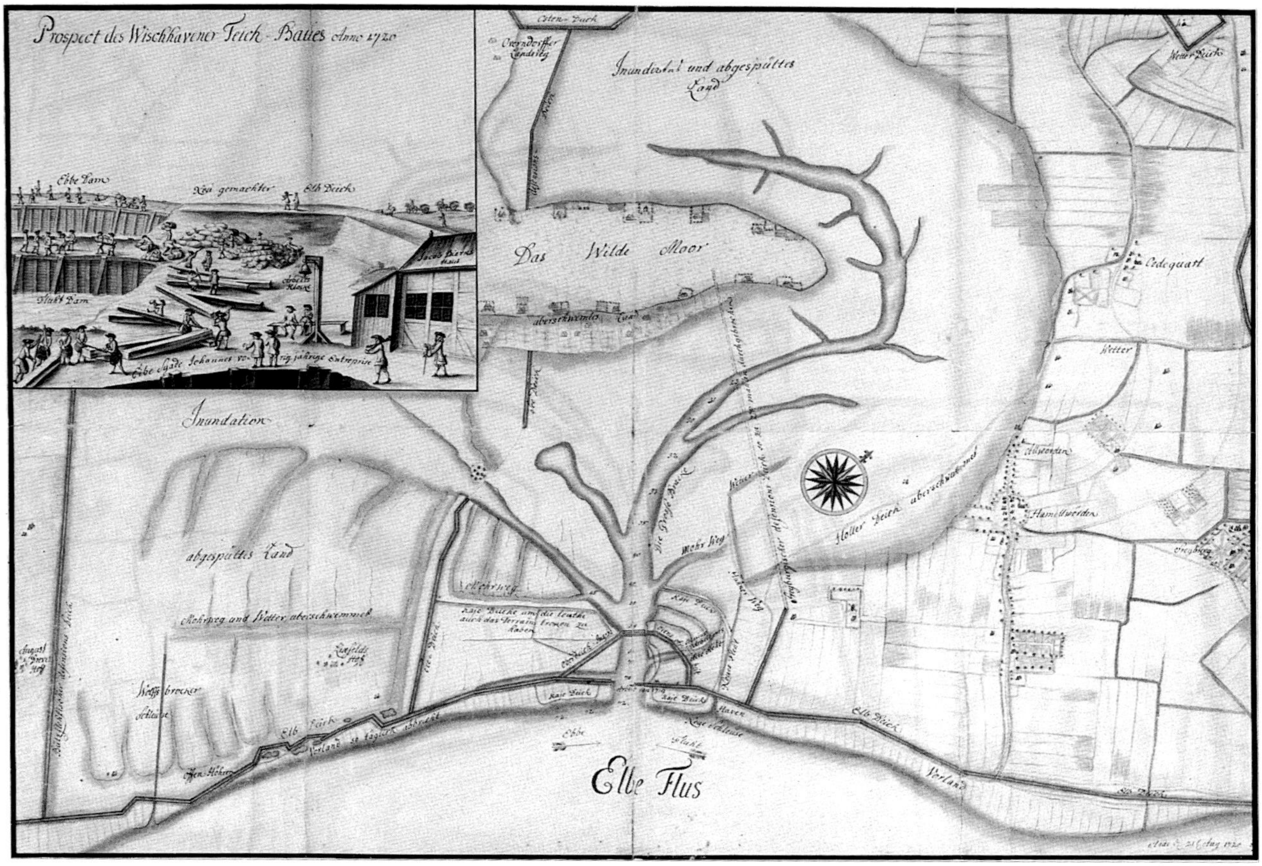

14/49

14/53 Freiburger Hafen und Werft *[DH]*

Um 1925; 2 Photographien (Reproduktionen)
(Originale: Freiburg/Elbe, Sammlung Ilse Meyer)

Die Geschichte des Fleckens Freiburg ist geprägt von seiner Lage am Elbstrom. Wiederholt verheerten Sturmfluten den Ort, und Menschen verloren ihr Leben, aber die Elbe war bis zum Bau der ersten Landstraße um 1860 der einzige Verkehrsweg. Vor dem Ersten Weltkrieg trugen 40 Freiburger Schiffe zum regen Güteraustausch zwischen Hafenstädten und Elbdörfern bei. Sie brachten zum Beispiel Ziegel aus den umliegenden Ziegeleien nach Hamburg, versorgten Fuhrbetriebe und Polizeipferde mit Stroh und Häcksel, sie segelten Torf und Mist zu den Gartenbaubetrieben der Vierlande und luden im Gegenzug Kohle, Baustoffe oder in Hamburg umgeschlagene Stückgüter. Von der Blütezeit der kleinen Frachtsegelschiffe profitierte auch der Schiffbau. Die Werft Heinrich Hatecke in Freiburg ist einer der wenigen Betriebe an der Unterelbe, die bis heute alte Traditionen des Bootsbauerhandwerks und des Holzschiffbaus bewahren.

TvE

14/54 Werkzeuge der Yacht- und Bootswerft Heinrich Hatecke *[DH]*

a) Dechsel

»Deßel«, Queraxt zum Auskehlen bzw. Glatthauen der Schiffshölzer
Stahl, Holz; L 56 cm, B 23 cm

b) »Dükhammer«

Schiffbauer-Hammer zum Versenken von Nägeln
Eisen, Holz; L 38 cm

14/53

c) Holzbohrer

Drillbohrer mit austauschbarer Bohrspitze
Stahl, Holz; L 40 cm

d) Großsäge

Große »Stichsäge«
Stahl, Wurzelholz; L 116 cm

e) »Rauhbank«

Großer Hobel
Pockholz; L 56 cm

Freiburg 1955–1965
Freiburg/Elbe, Heinrich Hatecke-Werft

Die Werkzeuge mit den Spuren jahrzehntelangen Gebrauchs wurden auf der Werft selbst hergestellt. Der Holzbohrer ist eine Lehrlingsarbeit des jetzigen Inhabers. Je nach Zweck benutzen die Bootsbauer Bohrer, Hämmer und Sägen in verschiedenen Größen und Ausführungen, dazu kamen weitere Spezialwerkzeuge wie zum Beispiel der »Mastenpaster« zum Messen des Mastdurchmessers und der »Krabber« zum Markieren der gewünschten Maße. *TvE*

KAPITEL 15

Von der Stör zur Außenelbe

Die wohlhabenden Marschhofbesitzer, auf »ihren Gütern in Wohlstand lebend, drückt Lebensnoth und schwere Arbeit ... nicht ... Ihre Kinder werden wohl erzogen, manche ihrer Söhne studieren und treten in den Staatsdienst ... und der junge Herr aus der Marsch, der aus Paris zurückgekehrt und im seidenen Schlafrock und türkischer Pfeife auf der Werft (= Warft) am Kaffeetisch sitzt, gleicht weit eher einem Löwen der Salons ... als einem Bauernsohne.«

Den sprichwörtlich gewordenen Reichtum der Marschbauern, wie ihn Theodor Mügge 1846 in seinem Reisebericht aus dem »Norden der Elbe« vermittelt, zeichnet beiderseits der Elbmündung eine nahezu bürgerliche Lebensweise und Weltoffenheit aus. Der Wohlstand, der sich auf die über Jahrhunderte betriebene Kultivierung des fruchtbaren Bodens gründete, drückte sich im 18. Jahrhundert unter anderem durch eine hochstehende, an hamburgischer Tischlerkunst orientierte Innenraumkultur, qualitätvolle Silbererzeugnisse und eine bedeutende Einfuhr holländischer Fayencewaren aus. Die Elbmarschen, bis in den Anfang unseres Jahrhunderts landwirtschaftliches Mustergebiet, konnten ihren Vorsprung gegenüber der Geest nicht behaupten, deren leichte Böden durch die moderne Agrartechnik effektiver zu bewirtschaften sind.

Die Anbindung an den Seeverkehr verhalf einzelnen Gewerbezweigen der Region zu einem bedeutenden Aufschwung. So existierte in Neuhaus an der Oste, das erst im 20. Jahrhundert seine politische und wirtschaftliche Bedeutung einbüßte, um die Mitte des 19. Jahrhunderts ein blühendes Gewerbe mit umfangreichem Überseehandel.

In der zweiten Hälfte des 19. Jahrhunderts wurde unter Ausnutzung der ergiebigen kreidezeitlichen Muschelkalkvorkommen in der Nähe von Itzehoe die Zementherstellung aufgenommen, deren Produkte ebenfalls zu einem großen Teil nach Übersee abgesetzt werden konnten. Der Bau des Lägerdorfer Kanals ermöglichte ab 1878 einen durchgehenden Transport auf dem Wasserweg über Stör und Elbe. Ähnlich günstig waren die Bedingungen für die Fabrikation von Portlandzement im linkselbischen Hemmoor. Seit dem Beginn unseres Jahrhunderts wurde mit dem Bau des Nord-Ostsee-Kanals die Umgestaltung der Elbmündung zur Industrieregion eingeleitet.

1816 hatte sich Cuxhaven als Seebad etabliert und war bereits zehn Jahre später von Hamburg aus durch die nach London und Rotterdam fahrenden »Dampfpaketboote« zu erreichen. Bald darauf liefen regelmäßig verkehrende Dampfschiffe auch das vor der Elbmündung gelegene Seebad Helgoland an. In Duhnen bei Cuxhaven entstand 1895 die Sommerkolonie einer Gruppe Karlsruher Kunstschüler. Unter dem Eindruck des rasch anwachsenden Fremdenverkehrs an der Nordsee wandten sich die Maler um 1900 stärker der Elblandschaft zu. Mit seinen ausgedehnten Watt- und Außendeichsflächen ist das Gebiet der Ostemündung heute ein wertvolles Refugium zahlreicher Vogelarten. *AF/FS*

15/1

15/1* Hochseefischkutter *[DH]*

Halbmodell
Wewelsfleth: Gustav Junge (1861–1941)
1896; Holz; Originalvitrine: 78,5 × 130 × 40,9 cm
Bez. u. r.: Entw. und angefertigt von Junge, Schiffbaumeister...
Bremerhaven, Deutsches Schiffahrtsmuseum (I/4334/88)

Seit 1859, mit Gründung einer Werft durch Christopher und Johann Junge, entwickelte sich Wewelsfleth zu einem bedeutenden Werftplatz für den mittleren Schiffbau. Neben verschiedenen Neugründungen hatte vor allem die von Jürgen Peters von 1871 Bestand. Gustav Junge, Sohn Johanns und seit 1889 Mitinhaber, machte sich international als Schiffskonstrukteur und Beförderer der Hochseefischerei einen Namen. 1880 führte er den Elbfischkutter, 1892 den ersten deutschen Motorkutter ein, dessen verbesserte Fassung mit einem »Behälter für lebende Plattfische« das Modell zeigt, das für Demonstrationszwecke angefertigt wurde. *AF*

15/2* Zementtransport auf dem Breitenburger Schiffahrtskanal *[DH]*

Um 1920 u. 1955; 2 Photographien (Reproduktionen)
(Originale: Lägerdorf, Heimatmuseum)

Otto Friedrich Alsen, der Gründervater der »Alsen'schen Portland Cement Fabrik«, erkannte schon 1866, daß das Transportsystem der neuen Zementindustrie verbessert werden müßte: »Für die Fabriken ist es eine Lebensfrage. Seit Wochen liege ich mit 28 Pferden still, weil die Wege unpassierbar sind.« 1878 wurde mit dem Kanal von Lägerdorf zur Stör eine durchgehende Schiffahrtsverbindung über die Elbe bis nach Hamburg hergestellt. Der neue, von den Grafen zu Rantzau gebaute und unterhaltene Wasserweg erleichterte den Handel mit der 50 Kilometer entfernten Großstadt und öffnete das Tor zum Export über die Weltmeere. Bis 1927 wurden die Zementschuten nur gesegelt, gestakt oder getreidelt – eins der Photos zeigt links einen leer fahrenden Ewer, während das rechte Schiff tief abgeladen zur Münsterdorfer Schleuse unterwegs ist. Später zogen Motorschiffe 100-Tonnen-Schuten im Schleppverband nach Hamburg. *TvE*

15/3 Plakat der Lägerdorfer Zementfabrik »Ed. Fewer« *[DH]*

Kiel: Lithographische Anstalt Handorff
Vor 1889; Farbdruck; 56,5 × 74,5 cm
Lägerdorf, Heimatmuseum

15/2

15/2

Die Herstellung von Portlandzement, einem veredelten Gemisch aus Ton und Kalk, begann im Raum Itzehoe im Jahre 1860, als Edward Fewer gemeinsam mit William Aspidin, dem Sohn des Erfinders, die erste Fabrik gründete. Dank des günstigen Zugangs zu den reichen Lägerdorfer Kreidevorkommen konnte die Produktion des in Holztonnen zu je 180 Kilogramm abgepackten Zements auf 40 000 Faß im Jahre 1884 gesteigert werden, aber die »Alsen'sche Portland Cement Fabrik« entwickelte sich ungleich dynamischer und produzierte bald mehr als das Achtfache der »Englischen Fabrik« von Fewer. Alsen verdrängte die Konkurrenten der Gründerjahre – Fewer wurde 1889 gekauft – und sollte zusammen mit der »Breitenburger Portland Cement Fabrik« die industrielle Nutzung der Kreidevorkommen bis in die Gegenwart bestimmen. Im Zeichen neuer Technologien und umfangreicher Rationalisierung schlossen sich beide Firmen 1972 zur »Alsen-Breitenburg Zement- und Kalkwerke GmbH« zusammen. *TvE*

15/4 Zementfaß und Zementblock mit Faßfragment *[DH]*

Fund aus dem 1912 in der Elbe gesunkenen Dampfer »Vandalia«
Holz, Eisenbänder; Zement; H 67,5 cm, Dm 41 cm; H 62 cm, Dm 38 cm; 31,5 × 23 cm
Cuxhaven, Wrackmuseum (Sa.Ba. »V.«-Nr. 53)

1977/78 erfolgte auf der Elbe die Räumung des Wracks der »Vandalia«, eines HAPAG-Dampfers, der 1912 von Hamburg kommend nach Kollision mit einem Schwimmdock bei Krautsand gesunken war. Ein Teil der Ladung des auf dem Weg nach Rio de Janeiro und Santos befindlichen Schiffes bestand aus Zementfässern, die den umfangreichen, neben der Versorgung des Hamburger Baugewerbes betriebenen Überseehandel mit niederelbischem Zement bezeugen. Noch nach dem Ersten Weltkrieg dienten Holzfässer, die bereits im Mittelalter für Handelsgüter verschiedenster Art gebräuchlich waren, der Zementindustrie als gängige Transportbehältnisse. *FS*

15/5* Lägerdorfer Kreidegrube *[DH]*

Wenzel Hablik (1881–1934)
Um 1910; Öl/Lw.; 101 × 126 cm
Bez. u. l.: WH (ligiert)
Itzehoe, Wenzel-Hablik-Stiftung (Öl 69, Gv.208)

Hablik, in Böhmen geboren, an der Wiener Kunstgewerbeschule und an der Prager Akademie zum Maler, Graphiker und Kunsthandwerker ausgebildet, kam 1907 nach Itzehoe/Holstein und wurde hier ansässig. Für die in der Nähe liegende Kreidegrube der Alsenschen Zementfabrik interessierte er sich aus zwei Gründen: Versteinerungen von Meerestieren aus der Urzeit des Kreidemeers, die hier zu finden waren, und in der Kreide eingelagerte Quarzkristalle lieferten dem Entwerfer utopischer kristalliner Architekturen Stücke für die eigene Mineraliensammlung. Zum anderen faszinierte ihn, wie der Mensch mit Hilfe der Technik die Natur unterwirft und nutzbar macht. Die Darstellung schwarzer Rauchwolken und kahler, grauüberdeckter Landschaft beinhaltet aber auch seine Kritik an der Landschaftszerstörung. *AF*

≋

15/6* Windmühlen in der Wilstermarsch bei Schotten

Friedrich Kallmorgen (1856–1924)
1911; Öl/Lw.; 100 × 135,5 cm
Bez. u. r.: Fr.Kallmorgen 1911
Hamburg, Altonaer Museum (AB 5218)

Kallmorgen malte die Feldentwässerungsmühlen an der Wettern bei dem Dorf Schotten etwa drei Kilometer westlich von Wilster. Das Land liegt hier knapp unter Meeresspiegelniveau, und einzig der Entwässerungstechnik verdankt es seine sprichwörtliche Fruchtbarkeit. Seit 1571/72 errichtete man nach holländischem Vorbild Entwässerungsmühlen mit Schaufelrädern, die das immer tiefer sackende Land trockenlegen sollten. Aber erst seit 1772 archimedische

15/5

Schrauben zum »Hochmahlen« des Wassers aus den Zuggräben in die höher gelegenen, zur Stör oder zur Elbe abfließenden Wettern eingesetzt wurden, ließ sich in großem Umfang Grünland zu Ackerland machen. Bis zur Einführung von Dampf- und Elektropumpen seit Ende des 19. Jahrhunderts kam auf jeden Hof von etwa 40 bis 55 Hektar eine Mühle. Die Anregung zu diesem Gemälde erhielt der in Altona geborene, damals in Berlin Landschaftsmalerei lehrende Kallmorgen durch Otto Lehmann, den Direktor des Altonaer Museums. *GK*

15/7* Deckelpokal für Christian IV. von Dänemark *[H]*

Jacob Mores d. Ä. (um 1540 – vor 1612)
1598; Silber, gegossen, getrieben, punziert, vergoldet; H 115 cm
Bez.: De Wilstermarsch
Moskau, Kreml Museum (MZ-394/1-2)

Der Pokal des Hamburger Meisters Mores wurde Christian IV. zu seiner Krönung 1596 gestiftet. Wie Krempe erhoffte sich Wilster einen Ausbau zum wichtigsten Festungs- und

Handelsplatz Dänemarks an der Elbe. Der kostbare Silberpokal mit einem Königsfries auf der hohen Taille und einer Plastik des Jägers Aktäon auf dem Deckel ist fast viermal so schwer wie der der Stadt Krempe. Aber auch für Wilster konnte sich Christian nicht entscheiden. 1617 gründete er Glückstadt als neuen Festungs- und Handelsplatz. Schon 1628 mußte Christian die Pokale verpfänden. Nach Archangelsk gebracht, wurden sie für den Schatz des Zaren Michail Romanow gekauft. *AF*

15/8 Truhe für Johann Ehlers

1793; Eiche; Intarsien aus Ahorn und Ebenholz;
67 × 161 × 63,5 cm
Hamburg, Altonaer Museum (1964/64)

In der Volkskunst der Elbmarschen des 17. und 18. Jahrhunderts haben bäuerliche Innenräume und Möbel der Wilstermarsch besondere Bedeutung: Die Agrarkonjunktur in der zweiten Hälfte des 18. Jahrhunderts bewirkte Umbau und Neugestaltung vieler Bauernhäuser, die mit geschnitzten Stubenpaneelen und Möbeln ausgestattet wurden. Hauptort der Produktion war der Holzimporthafen Wewelsfleth, in dem zwischen 1763 und 1850 54 Tischler ansässig waren. Stilistische Einflüsse kamen aus Hamburg (Hamburger Schapp), denn viele Tischler verbrachten dort ihre Lehrzeit; andererseits ist die Wanderung von Möbeln elbabwärts bis nach Dithmarschen belegt. *AF*

≋

15/9 Kernkraftwerk Brokdorf

München: Ernst Hirsch
1991; Video; 52 Sek.
Berlin, Deutsches Historisches Museum

Das Kernkraftwerk Brokdorf liegt etwa zehn Kilometer westlich von Glückstadt, an der Straße von Wewelsfleth nach Brokdorf, am Ufer der Elbe. Dem Fluß wird das Kühlwasser für das Kraftwerk entnommen. Nachdem die schleswig-holsteinische Landesregierung bereits 1967 beschlossen hatte, den Raum Brunsbüttel für Industrieansiedlungen nutzbar zu machen, wurde 1976 im Regionalplan für das nahegelegene Brokdorf der Bau des Kernkraftwerks vorgesehen. Die atom- und wasserrechtlichen Erörterungsverfahren bewirkten umfangreiche Einwendungen von Kernkraftgegnern und ortsansässigen Bürgern gegen das Projekt. Durch den Kampf, den Kernkraftgegner nach dem Baubeginn am 30. Oktober 1976 gegen die Polizei führten und den Versuch, das Baugelände zu besetzen, wurde Brokdorf zum Synonym für den Widerstand gegen die Kernenergienutzung. Das Kraftwerk wurde im Oktober 1986 von der PreußenElektra in Betrieb genommen, die Hamburgischen Elektrizitätswerke sind zu einem Fünftel daran beteiligt. Es wird von einem Druckwasserreaktor mit einer Leistung von 1326 Megawatt betrieben, etwa 300 Mitarbeiter sind hier beschäftigt. *AF*

15/7

15/6

15/10* Drei Transparente gegen das Kernkraftwerk Brokdorf *[DH]*

Motiv u. Beschriftungen: Faust über dem KKW, »Atomkraft? Nein Danke.«, »Atomenergie – Profit für die Industrie – Tod für die Menschen«
1976; Dispersionsfarbe auf Baumwollaken bzw. auf gelbl. Springrollo; 190 × 120 cm; 104 × 135 cm; 154 × 290 cm
Wewelsfleth, Albert Reimers und Frau

Der »Kampf um Brokdorf« am 30. Oktober 1976 war der Höhepunkt einer Serie von Einwendungsverfahren und Demonstrationen, mit denen sich ortsansässige Bürger wie auch Bürgerinitiativen und Aktionsgruppen von weit her seit 1973 gegen die Ansiedlung von Chemiefabriken und Kernkraftwerken in den Elbmarschen im Raum Brunsbüttel auf ehemals ertragreichstem Bauernland, gegen die zu erwartenden Abwassereinleitungen in die Elbe und gegen die Kernkraftnutzung im allgemeinen wandten. Demonstranten und Polizei lieferten sich um den Bauplatz des KKW Brokdorf erbitterte Schlachten. *AF*

15/11 St. Margarethen mit Ansicht des Böschhauses und des Büttlerhafens *[DH]*

H. Klinck
Um 1850; kolorierte Lithographie; 29,7 × 44,6 cm
Hamburg, Altonaer Museum (1937/198)

Nach Gründung der Oevelgönne-Neumühlener Lotsenbrüderschaft 1744 gelang 1750 die Absprache mit den Hamburger Admiralitätslotsen über ein Ablöseverfahren auf der halben Revierstrecke zwischen Glückstadt und Brunsbüttel. Alle aufkommenden Schiffe sollten hier abgegeben, die abgelösten Admiralitätslotsen nach Cuxhaven zurückbefördert werden. Als Stützpunkt bot sich das Haus des Wärters der Bößker Schleuse mit kleinem Hafen bei St. Margarethen an, das als Wartestation fungierte und zuletzt achtzig Lotsen beherbergen konnte. Mit Eröffnung des Nord-Ostsee-Kanals 1895 wurde die Station an die Kanalmündung bei Brunsbüttel verlegt. *AF*

15/12* Lotsenschoner »Elbe« *[DH]*

Carl Becker (1862–1926)
Um 1890; Öl/Lw.; 110 × 143 cm
Bez. u. l.: Carl Becker
Hamburg, Museum für Hamburgische Geschichte (1968,1)

Das Bild zeigt den Lotsenschoner »Elbe« vor der Elbmündung. Ein Versetzboot mit dem Lotsen an Bord geht gerade längsseits, nachdem vermutlich der im Hintergrund dargestellte Dampfer die Elbe hinter sich gebracht hat und in die offene See ausläuft. *CP*

≋

15/13 »Landtcarte von dem Sudertheill Dithmarschen« *[DH]*

In: Caspar Danckwerth, Newe Landesbeschreibung der zwey Hertzogtümer Schleswich und Holstein …
Johannes Mejer (1606–1674)
1652; Kupferstich; 45,7 × 32,5 cm
Hamburg, Altonaer Museum (Lz 10)

Die Karte ist enthalten in dem von König Christian IV. von Dänemark bei dem Gottorpischen Hofmathematikus Mejer in Auftrag gegebenen und in seiner Zeit unübertroffenen Kartenwerk, das der Husumer Bürgermeister und königliche Kammerherr Danckwerth herausgab. Brunsbüttel erscheint hier als kleine Elbfestung mit barocken Schanzen, die, 1627 im Dreißigjährigen Krieg von den Kaiserlichen Truppen angelegt, 1645 wieder abgetragen wurde. Da sich seit dem ausgehenden Mittelalter die Stromrinne gegen das holsteinische Ufer verlagerte, wurde der Ort zunehmend von Hochwasser bedroht. Nach den Sturmfluten 1673/74 wurde er von den Bewohnern aufgegeben und zwei Kilometer landeinwärts verlegt. Die alte Lage wäre heute in der 13,5 Meter tiefen Fahrrinne der Elbe zu suchen. *AF*

15/14 Brunsbüttel und der Nord-Ostsee-Kanal

München: Ernst Hirsch
1991; Video; 1 Min. 34 Sek.
Berlin, Deutsches Historisches Museum

Der Nord-Ostsee-Kanal ist die meistbefahrene künstliche Wasserstraße der Welt. Seine Länge zwischen der Mündung in die Ostsee bei Kiel-Holtenau und dem Mündungstrichter der Elbe in die Nordsee bei Brunsbüttel beträgt 98,7 Kilometer. Schleusen an den Kanalmündungen gleichen den Tidenhub der beiden Meere aus, der an der Mündung in die Elbe fast drei Meter beträgt. Hier führt der Kanal durch ein ehemaliges Hochmoor, das bis ins 18. Jahrhundert immer wieder von schweren Sturmfluten heimgesucht wurde. Die allmähliche Wanderung der Stromrinne der Elbe an das hol-

15/10

steinische Ufer schuf hier die bestgeeignete Stelle für die Kanalmündung. Mit dem Beschluß zum Bau des Kanals (1887–1895), der vorrangig für die Nutzung durch die deutsche Kriegsflotte gedacht war, verwirklichte Kaiser Wilhelm I. jahrhundertealte Bemühungen, Nord- und Ostsee mit einer Seestraße durch die jütische Halbinsel zu verbinden. In den Jahren 1907 bis 1914 erforderte das hohe Schiffsaufkommen eine Erweiterung des Kanals. 1967 beschloß die Landesregierung, das Gebiet um Brunsbüttel für die Industrieansiedlung zu nutzen. 1983 wurde in der Nähe das Kernkraftwerk Brunsbüttel errichtet. *AF*

15/15 Sühne und Vergleich Dithmarschens mit Herzog Adolf VIII., 21. April 1456 *[DH]*

Handschriftliche Urkunde auf Pergament; 16 Wachssiegel; 45,5 × 61 cm
Schleswig, Schleswig-Holsteinisches Landesarchiv (Urk. Abt. 1 Nr. 166)

Neben Hamburg und den wechselnden Herren in Holstein spielte Dithmarschen durch seine Lage an der Elbmündung eine wichtige Rolle in der Elbpolitik; denn die Kirchspiele des »Südstrands« konnten durch Ausnutzung des Strandrechts und Unterstützung von Seeräubern (Vitalienbrüdern)

15/12

15/17

den Handel empfindlich stören. Dithmarschen, eine durch Geschlechterverfassung regierte Bauernrepublik, gehörte schon im 11. Jahrhundert zur Grafschaft Stade und seit der Schlacht mit dem Dänenkönig Waldemar II. 1227 zum Erzbistum Bremen, dem unter anderem Einnahmen aus den Elbfähren zufielen. Während sich Hamburg mit Dithmarschen arrangierte, versuchten die Grafen von Holstein weiterhin vergeblich, das Land zu unterwerfen. Erst Adolf VIII. sicherte ihm in dem zu Itzehoe geschlossenen Vergleich seine Privilegien zu, während die fünfzehn Kirchspiele Dithmarschens, in deren Hand die Gerichtsbarkeit der föderativen Republik lag, dem Herzog »ewigen festen Frieden« versprachen und mit dieser Urkunde besiegelten. *AF*

15/16 Papst Sixtus IV. bestätigt dem Bremer Erzbischof den Besitz Dithmarschens, 14. März 1476 *[DH]*

Handschriftliche Urkunde auf Pergament; Bleisiegel; 28,8 × 50 cm
Bez. a. d. Siegel: Sixtus Papa IIII.
Schleswig, Schleswig-Holsteinisches Landesarchiv (Urk. Abt. 1 Nr. 3)

Nach dem Tod Herzog Adolfs VIII. 1459 gab Kaiser Friedrich III. dem neuen schleswig-holsteinischen Landesherrn, König Christian I. von Dänemark, Dithmarschen als Lehen. Dagegen intervenierte der Erzbischof von Bremen zusammen mit den Dithmarschern bei Papst Sixtus IV., der die Bremische Kirche 1476 in dem Besitz Dithmarschens bestätigte. Daraufhin widerrief der Kaiser 1487 die Belehnung der Herzöge von Holstein. Die Urkunde enthält gleichzeitig eine Anerkennung der republikanischen Verfassung Dithmarschens. *AF*

15/17* Hafen von Neufeld *[DH]*

Lorenz Damm
1868; Öl/Holz; 32 × 81,5 cm
Bez. u. l.: L. Damm 1868
Meldorf, Dithmarscher Landesmuseum (DLM 5844)

Neufeld liegt schon im Gebiet der Neulandgewinnung der Nordseeküste. Nach der Sturmflut vom 5./6. November 1577, die die Marschen von Holland bis Nordfriesland heimsuchte, wurde 1578 bis 1584 in Süderdithmarschen ein neuer Seedeich errichtet, der, von Marnerdeich her kommend, bei der Mündung des Neufelder Fleths die Elbe erreicht. Marne verlor durch die Eindeichung seinen Seehafen, das Fleet wurde zum Schiffahrtsweg für den Marnerkoog. Erst nach 1700 erfolgte in der Flethmündung der Ausbau des Hafens, die wenigen Häuser wurden auf dem Deich errichtet. 1856 wird Neufeld als »für Marne wichtiger, besonders für Kornversendungen sehr benutzter Elbehafen« erwähnt. Seit 1919 bedeutungslos, ist er heute nur noch Segelhafen. *AF*

≋

15/18

15/18* Familie des Vollmacht Hans Hansen im Kronprinzenkoog bei Marne

Nicolaes Peters Hermanns Sohn (1766–1825)
1796; Gouache; 45 × 58 cm
Bez. u. l.: Nach der Natur gezeichnet und gemalen von Nicolaes…
Kronprinzenkoog, Privatbesitz

Der Bevollmächtigte Hans Hansen (1758–1826) war zu seiner Zeit einer der reichsten Bauern Dithmarschens. Viel Geld hatte er vor allem bei der Besiedlung des Kronprinzenkoogs verdient, den die Regierung zwischen 1785 und 1787 eindeichte und an eine Privatgesellschaft verkaufte, an der auch Hans Hansen beteiligt war. Sie legte den Koog trocken, parzellierte ihn und verkaufte die Hofparzellen. Das Bild zeigt von links nach rechts die Ehefrau, die Nichte, den Bauern selbst, die Tochter und die Großmutter. Es entstand zehn Jahre nach der Eindeichung. Hansen war damals 38 Jahre alt, bewirtschaftete selbst seinen großen Hof im Koog, hatte die Agrarkonjunktur mit hohen Preisen für Weizen klug nutzen können und war in der Lage, sein Amt im gewählten Selbstverwaltungsgremium Süderdithmarschens auch zur Mehrung des eigenen Wohlstands zu nutzen. Nicolaes Peters stammte aus Friedrichstadt und war in Kopenhagen ausgebildet worden. Die Familie war holländischer Abstammung, der Vater Hermann angesehener Maler, Zinngießermeister und Ratsherr. Seinen Lebensunterhalt bestritt der Tier- und Blumenstückemaler vor allem mit Porträtieren. *GK*

15/19 Talerdose

Thomas von Holten (1699–1787)
Um 1760; Silber, getrieben; L 7,8 cm, Dm 4,5 cm
Bez.: Marke T VH im Oval, Beschauzeichen Glückstädter Fortuna
Hamburg, Altonaer Museum (1960/127)

Der auf dem Familienporträt des Vollmacht Hansen sichtbare Reichtum der Marschbauern wurde auch in ihren Hochzeitsgeschenken deutlich: Nur beiderseits der Niederelbe und in Dithmarschen sind mit Talern gefüllte Silberdosen dieses Typs als Verlobungs- oder Hochzeitsgeschenk des Bräutigams überliefert. Der Silberschmied des vorliegenden Exemplars war in Wilster geboren und seit 1731 in Glückstadt ansässig. Die Verzierung mit bäuerlichem Liebespaar, schnäbelnden Tauben, flammenden Herzen und verschlungenen Händen deutet auf die Bestimmung der Talerdose. *AF*

15/20 Sechs Altonaer Spezies-Taler

Altona: Königliche Münze
1788–1807; Silber; Dm je 4,1 cm
Bez.: gekröntes doppeltes Monogramm »C 7«, gekröntes Wappenschild u. Porträt König Christians VII.
Hamburg, Altonaer Museum (67a, 67b, 68, 557, 531, 446)

Als möglicher Inhalt einer Talerdose, die über Generationen weiterverwendet wurde, sind diese Taler Spiegel der Münzgeschichte im nördlichen Elberaum: Nachdem seit 1720 im königlichen Anteil der Herzogtümer Schleswig und Holstein keine Münze bestanden hatte und das Geldwesen zerrüttet war, ordnete Christian VII. von Dänemark 1771 die Gründung einer Münze in Altona an. Seit 1776 wurde hier der Species-Reichstaler zu 1¼ Reichstaler dänisch Courant geprägt, der etwa 3 Mark Hamburger Banco entsprach. 1788 wurde auf königliche Anordnung der Spezies-Taler mit der Wertangabe »60 Schilling« schleswig-holsteinisch Courant in größeren Mengen in Altona ausgemünzt und in den Herzogtümern eingeführt. Während das dänische grobe Courantgeld hier nicht mehr kursieren sollte, galt der Altonaer Spezies-Taler von nun an nicht in Dänemark und Norwegen. *AF*

≋

15/21* Neuhaus an der Oste *[DH]*

Christian Ludwig Wilhelm Heuer (1813–1890)
Um 1860; kolorierte Lithographie; 30 × 47,5 cm
Hamburg, Museum für Hamburgische Geschichte (1929,7)

Im Jahre 1404 vom Bremer Erzbischof Otto als »dat Nygehus« anstelle einer älteren »Schlickburg« an der Mündung des Flüßchens Aue in die Oste gegründet, entwickelte sich der Flecken Neuhaus als Sitz von Gericht und Verwaltungsbehörde nach dem Dreißigjährigen Krieg zum Mittelpunkt von Handel und Gewerbe für das ganze Amt. Die Heuersche Lithographie belegt das rege Wirtschaftsleben mit Ölmühle und Tabakfabrik, Werftanlagen, Raddampfer und zahlreichen Segelschiffen. In der zweiten Hälfte des 19. Jahrhunderts endete allmählich die Glanzzeit, als Straßen- und Eisenbahnbau sowie die zunehmende Verschlickung der Ostemündung dafür sorgten, daß Neuhaus abseits der Verkehrsströme zum heutigen Pensionisten- und Ferienort herabsank. *TvE*

15/22

15/21

15/22* **Plakat der Likörfabrik Ulex** *[DH]*

R. Heineke (Entwurf)
Hamburg: Drexel & Adler
Um 1880; Lithographie; 62,5 × 47 cm
Neuhaus, Likörfabrik Ulex, Inh. Kurt Schlichting

In der Glanzzeit des Fleckens an der Ostemündung betrieben Neuhäuser Unternehmer die Große Fahrt nach Übersee. Adolph Bernhard Cronemeyer, seit 1856 Inhaber der 1795 gegründeten Likörfabrik »G. F. Ulex«, bereederte zum Beispiel den Schoner »Johanne«, der 1866 bei seiner Reise in die Karibik und nach Südamerika unter anderem mit »200 Flaschen Columbia Bittern, 4000 Cuba Zigarren, 14 Himpten Äpfeln« beladen war. Vor der Rückreise aus Venezuela schrieb Kapitän Meyer: »An Bord alles wohl, Handelsartikel gehen preiswürdig ab, habe Fracht abgeschlossen von Puerto Cabello nach Hamburg für 2000 Sack Caffee + den Rest Baumwolle.«

TvE

15/23 **»Etikettenschrank«** *[DH]*

Um 1900; Holz; 160 × 80 × 30 cm
Neuhaus, Likörfabrik Ulex, Inh. Kurt Schlichting

Der Schrank erfüllt bis heute seinen Zweck als Aufbewahrungsort von Etiketten für über dreißig Likörsorten aller Geschmacksrichtungen und Alkoholgrade. Seit 1928 produzieren die Schlichtings als dritte Inhaberfamilie die traditionellen Ulex-Liköre – von der Hausmarke »Columbia Bitter« über »Cux Landfeuer« bis zum 56prozentigen »Steinbeißer«.

TvE

15/24 Vögel der Marsch *[DH]*

Brutvögel im Frühsommer: Bekassine, Kiebitz, Rotschenkel;
Durchzügler und Wintergäste: Bläßgans, Großer Brachvogel, Stockente, Zwergschwan
Tierpräparate
Balje, Natureum Niederelbe

Die Marschen der Unterelbe werden intensiv landwirtschaftlich genutzt. Dort, wo vor oder hinter dem Deich noch große, zusammenhängende Grünlandflächen ertragsschwach bewirtschaftet werden, leben im Frühsommer die Wiesenvögel. Uferschnepfe, Rotschenkel oder Kiebitz rufen an ihren Reviergrenzen. Selten meckert einmal eine Bekassine. Jedoch sind die Rindfleischpreise so niedrig, daß die Grünlandbewirtschaftung kaum mehr lohnt und die Betriebe auf Ackerbau umstellen. Die Ackerflächen bleiben im Frühling stumm. Skandinavische und westsibirische Brutvögel verweilen auf ihrem Zug nach Südwesten an der Unterelbe. In großen Schwärmen kommen die dunklen Wasserläufer bereits im Juni/Juli. Kampfläufer, Große Brachvögel, Austernfischer und andere Watvögel schließen sich im Hoch- und Spätsommer an. Im Herbst sind Enten und Gänse in Schwärmen von teilweise mehreren Tausend Tieren zu beobachten. Im Frühjahr ist der weltweit sehr seltene Zwergschwan oft zu sehen. *RK*

15/25 Vögel im Watt und am Strand der Unterelbe *[DH]*

Austernfischer, Brandente, Flußseeschwalbe, Lachmöve, Sturm-, Silber- und Zwergmöve
Tierpräparate
Balje, Natureum Niederelbe

Zweimal täglich fließt die Gezeitenwelle in die Unterelbe. Jedesmal kehrt sich die Strömungsrichtung des Wassers um. Der Tidehub beträgt drei Meter an der Mündung und dreieinhalb Meter in Hamburg. Wenn Flut und Ebbe kentern, beruhigt sich das Wasser, und die Schwebstoffe sinken zu Boden: Schlickwatt entsteht und wächst in Jahrhunderten zu nutzbarer Marsch.
Für die Schiffahrt wird eine 13,5 Meter tiefe Rinne in der Unterelbe freigehalten. Beiderseits dieses Weges sind Elbsande und Watten eine ständige Gefahr für Schiffe. Zahlreiche Wasservogelarten finden während der Ebbe im trockenfallenden Watt ihre Nahrung. *RK*

≋

15/26 Otterndorfer Silberschmiedeerzeugnisse

a)* Kaffeekanne

Peter Nicolaus Meyer (1737–1794)
1765–1770; Silber, getrieben, gegossen; H 28 cm

b) Kugelbecher mit vier Bildnissen

Vermutl. Friedrich Niefend (geb. um 1680–1731)
1710–1720; Silber, getrieben, ziseliert, graviert, teilvergoldet; H 4,7 cm, Dm 7,1 cm

c) Große Schale mit den vier christlichen Kardinaltugenden

Otto Friedrich Vollhagen (1661–1727)
Um 1695; Silber, getrieben, graviert; H 1,8 cm, Dm 32,4 cm

Hamburg, Altonaer Museum (1953/180; 1955/72; 1980/258)

Der Wohlstand der bäuerlichen Kundschaft aus den umliegenden Marschen des Landes Hadeln und Kehdingens war eine wichtige Grundlage für den Gewerbebetrieb Otterndorfs. Namentlich das Silberschmiedehandwerk der kleinen

15/26 a

Stadt an der Niederelbe erreichte im 18. Jahrhundert einen bedeutenden Umfang und brachte Erzeugnisse hervor, die sich mit südlichen Vorbildern messen konnten. Die Kaffeekanne etwa zeigt Einflüsse Augsburgs, des maßgeblichen Zentrums für Gold- und Silberschmiedearbeiten. *FS*

15/27 »Teutsch-Lateinisches Wörter-Buch« aus dem Nachlaß von Johann Heinrich Voß *[DH]*

Johann Leonhard Frisch (1666–1743)
Berlin: Christoph Gottlieb Nicolai 1741
Bez. a. d. Vorsatzblatt: J.H. und W.F.L. Voss Eutin. 1797.
Otterndorf, Stadt Otterndorf

Eine entscheidende Bereicherung seines geistigen Lebens erfuhr Otterndorf durch den aus Mecklenburg stammenden Dichter und Sprachwissenschaftler Johann Heinrich Voß (1751–1826), der 1778 in der Stadt eine erste materielle Grundlage für seine junge Ehe und Familie fand. Das aus seinem persönlichen Besitz stammende Wörterbuch aus dem Jahre 1741 weist auf seine bis 1782 ausgeübte Tätigkeit als Rektor der dortigen Lateinschule sowie auf sein Wirken als Übersetzer klassischer Texte hin. In der Stadt Otterndorf, deren landschaftliches Umfeld Voß nachhaltig beeindruckte, vollendete er unter anderem die Übersetzung der Odyssee. Später, im holsteinischen Eutin, schlossen sich weitere Homer-Übertragungen an. *FS*

15/28 Die Elbe bei Krautsand *[DH]*

Walter Bertelsmann (1877–1963)
1927; Öl/Lw.; 89 × 139 cm
Bez. u. l.: Walter Bertelsmann 1927
Lüneburg, Bezirksregierung Lüneburg (7–1/019)

Bereits vor der Entdeckung der Küstenregion zwischen Nordsee und Elbe durch eine Gruppe Karlsruher Kunstschüler ist diese reizvolle Landschaft vielfach durch norddeutsche Maler interpretiert worden, unter anderem aus dem Kreis des »Hamburgischen Künstlerclubs von 1897« oder der Worpsweder Künstlerkolonie. Diesem Umfeld gehörte auch Walter Bertelsmann an, der im Jahre 1902 nach Worpswede übersiedelte und dort Schüler von Hans am Ende wurde. Sein 1927 entstandenes Gemälde der Elbe bei Krautsand vermittelt in impressionistischer Tradition die Weite der Flußlandschaft im Übergang zur eigentlichen Küstenlandschaft. *FS*

15/29* Andenkenblatt »Unsern lieben Freunden in Neuhaus« *[DH]*

1899; aquarellierte Federzeichnung; 59 × 38 cm
Bez. mit den Namen der Maler Karl Otto Matthaei (1863–1931), Eduard Euler (1867–1931), Friedrich Mißfeldt (1874–1969, Wilhelm Laage (1868–1930), Carl Biese (1863–1926), Ernst Wiemann (1878–1912), Hermann Daur (1870–1925)
Neuhaus/Oste, Ramm's Hotel

Gegen Ende des 19. Jahrhunderts wurde die Küstenlandschaft an Nordsee und Elbmündung zum zentralen Inhalt des künstlerischen Schaffens einer Gruppe von Schülern der Karlsruher Akademie, die um ihren Lehrer Carlos Grethe zwischen 1895 und 1903 eine Sommerkolonie in Duhnen, Altenwalde und Altenbruch bildeten. Um die Jahrhundertwende war die Zahl der Badegäste in Cuxhaven und Duh-

15/29

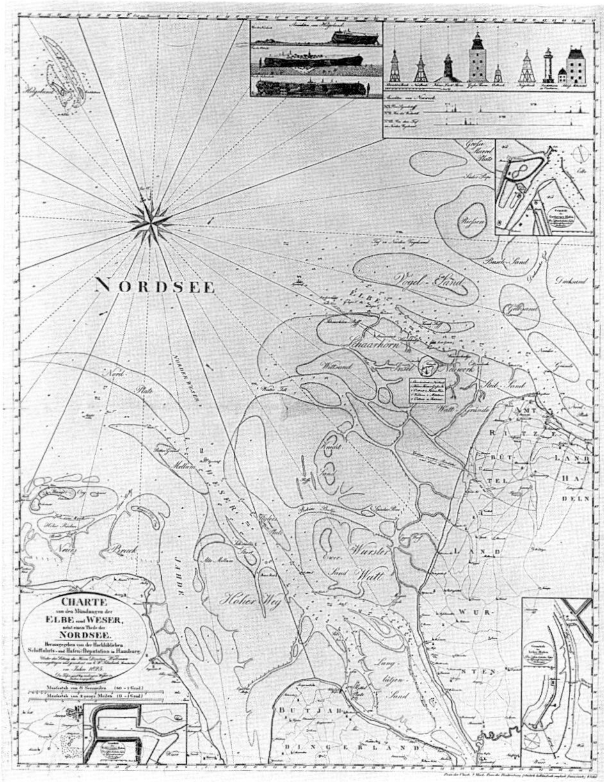

15/31

nen sprunghaft angestiegen, die Maler hatten sich deshalb in kleinere Ortschaften in der Umgebung zurückgezogen. Die den »lieben Freunden in Neuhaus« gewidmete Würdigung des Ortes an der Oste vermittelt auf pathetisch-lyrische Weise, daß sich 1899 der Schwerpunkt des Aufenthaltes bereits verlagert hatte. Das von jedem der Künstler signierte Blatt befindet sich seither in einem Neuhäuser Gasthaus.

FS

15/30 Künstlerpost aus der Duhner Malerkolonie

[DH]

17 Postkarten, 1 Brief
Wilhelm Laage (1868–1930), Hermann Daur (1870–1925), Hans Schroedter (1972–1957)
1896–1909; überwiegend Federzeichnungen u. Aquarelle
Cuxhaven, Peter Bussler

Seit dem Ende des 19. Jahrhunderts pflegten viele Künstler schriftliche Nachrichten persönlicher Art mit einer bildlichen Darstellung zu verbinden. Auch die Kunstschüler der Duhner Malerkolonie verstanden es, die Aussage der geschriebenen Mitteilung durch handgemalte Kartengrüße auf humoristische, skurrile oder liebenswürdige Art zu unterstreichen. Der auf einigen Karten Hermann Daurs auffallende Hut war Bestandteil einer nostalgischen Kostümierung, in der die Künstler gern bei besonderen Gelegenheiten auftraten und einiges Aufsehen in den Dörfern an Nordsee und Elbe erregten.

PB

≋

15/31* »Charte von den Mündungen der Elbe und Weser, nebst einem Theile der Nordsee...«

I. L. Semmelrahn nach einer Zeichnung von E.W. Schuback
1825; Kupferstich; 83,9 × 67 cm (Plr.)
Hamburg, Altonaer Museum (1955/291)

Nach ersten Stackbauten in Folge der großen Sturmflut von 1717 begann mit der 1733 durch den Hamburger Senat eingesetzten Deputation zur »Schonung der Ufer« die institutionelle Wasserbauverwaltung in Ritzebüttel. 1751 schließlich wurde Carl Ludwig von Grumckow mit der Oberaufsicht beauftragt. Nach einer von Jacob Schuback (»Vom Strandrechte«) geförderten Ausbildung nahm im Jahre 1784 Reinhard Woltmann – Strombaudirektor in Ritzebüttel von 1792 bis 1812 – seine Tätigkeit auf. Seine besonderen Verdienste bestehen vor allem im Ausbau von Hafen- und Uferschutzbauten unter Verwendung von Steinmaterial, den ersten Pegelaufzeichnungen in Hamburg und Cuxhaven sowie Messungen der Abflußgeschwindigkeit mit dem eigens entwickelten »Woltmann-Flügel«. Auf der Grundlage seiner Aufzeichnungen entstand auch die von seinem Nachfolger E.W. Schuback gezeichnete Karte der Mündungen von Elbe und Weser.

FS

15/33

15/32 Commentarius de jure littoris – Vom Strandrechte *[DH]*

Jacob Schuback (1726–1784)
Hamburg: Piscator 1761–1781
2 Bde., Halbleder
Hamburg, Staats- und Universitätsbibliothek Carl von Ossietzky (A 1955/3815)

Mit der 1299 erlangten Genehmigung zur Errichtung eines Turmes auf der Insel Neuwerk, der um 1380 seine heutige Gestalt erhielt, konnte Hamburg sich politisch an der Elbmündung etablieren. Nach erfolgreich ausgetragener Fehde gegen die Grundherren Lappe gelang es Hamburg 1394, seinen Einflußbereich durch den Kauf des Schlosses Ritzebüttel zu erweitern. In seiner Dissertation zur Rechtslage gestrandeter Schiffe bildet Jacob Schuback einige von Hamburg im Bereich der Elbmündung eingerichtete Seezeichen ab. Die in dem Werk enthaltenen Kupferstiche zeigen nicht nur so bekannte Bauwerke wie den Neuwerker Turm und die große Bake in Cuxhaven, sondern auch die wohl einzige authentische Darstellung der sogenannten Feuerblüse auf der Insel Neuwerk, die nur bis 1814 Bestand hatte. Jacob Schuback, Sohn des aus Jork stammenden Hamburger Bürgermeisters Nicolaus Schuback, wurde 1760 zum Syndicus des Hamburger Senats gewählt und war 1768 beteiligt am Zustandekommen des Gottorfer Vergleichs zwischen Dänemark und Hamburg, der die Anerkennung der Stadt als Kaiserliche Freie Reichsstadt sowie ihre territoriale Erweiterung im Stromspaltungsgebiet durch den Erwerb einiger Elbinseln beinhaltete. *FS*

15/33* Die »Alte Liebe« in Cuxhaven

Carl Becker (1862–1926)
Um 1904; Öl/Lw.; 82 × 122 cm
Bez. u. r.: Carl Becker
Hamburg, Privatbesitz

Auf seinem Gemälde der Elbmündung bildet Carl Becker jene beiden See- bzw. Wahrzeichen Cuxhavens ab, die neben dem 1802/03 anstelle der eingestürzten großen Bake erbauten Leuchtturm am bekanntesten waren: im Hintergrund die 1730 in der dargestellten Form errichtete Kugelbake, vor allem aber das 1732 auf einige ausgediente, mit Steinen beschwerte und versenkte Schiffe gegründete Anlegebollwerk »Alte Liebe«, dessen Bezeichnung auf den Namen eines der Wracks (»Oliva« bzw. »Olive«) zurückgehen soll. Bei den Booten im Vordergrund handelt es sich um Lotsenboote, die, vom Lotsenhaus an der »Alten Liebe« kommend, auf die von See her anlangenden Schiffe zuhalten. Carl Bekker, ausgebildet bei Eugen Dücker an der Düsseldorfer Kunstakademie, widmete sich wie sein Lehrer vor allem der Marinemalerei und lebte nach seinem Aufenthalt in Düsseldorf zunächst in Nienstedten an der Elbe. *FS*

15/34 Die Seezeichen von Neuwerk *[DH]*

Frontispiz in: Johann Samuel Metz, Der Nord-See-Lootse, enthaltend Anleitungen zum Einsegeln in die Häfen der Ost-Küste von England und Schottland, den Orkneys- und Shetlands-Inseln …, Hamburg 1841
Kupferstich; 19,5 × 13 cm
Hamburg, Lotsenbrüderschaft Elbe

Der Bau einer Feuerbake (Blüse) auf der Insel Nige O (Neuwerk) 1286 bis 1295 war die erste Maßnahme Hamburgs zur Bezeichnung der Elbmündung und Sicherung der Watten und Sände. 1299 gaben die Herzöge von Sachsen der Hansestadt die Erlaubnis, als neue Landmarke und Wehrturm gegen Seeräuber den im Buch des Hamburger Navigationslehrers und Steuermann-Examinators Metz abgebildeten (bis heute bestehenden) Turm zu bauen. Zwischen 1809 und 1814 wurden auf Neuwerk die ersten beiden Lampenfeuer errichtet. *AF*

15/35* Plakat für die Fahrt Hamburg – Cuxhaven – Helgoland mit dem Hamburger Schnelldampfer »Patriot«

F. W. Kähler
1889; Farblithographie; 74 × 54 cm
Hamburg, Altonaer Museum (1955/ 194,5)

Nachdem bereits 1793 der Physiker und Schriftsteller Georg Christoph Lichtenberg in dem von ihm redigierten Göttinger Taschenkalender unter der Überschrift »Warum hat Deutschland noch kein großes öffentliches Seebad?« eine Gründung in Cuxhaven angeregt hatte, erfolgte die Einrichtung des Seebades schließlich im Jahre 1816 auf Betreiben des Hamburger Senators Abendroth, der das Amt Ritzebüttel verwaltete. Aufgrund der Attraktivität seiner Umgebung und des Hafens erfreute sich das Seebad Cuxhaven vor allem bei Hamburger Gästen schon bald großer Beliebtheit. Hamburger Dampfschiffe liefen regelmäßig die »Alte Liebe« in

15/35

Cuxhaven an, und im Jahre 1834 wurde mit den Raddampfern »Elbe« und »Patriot«, dem Vorgänger des abgebildeten Schnelldampfers, ein bis nach Helgoland reichender Liniendienst eingerichtet. *FS*

15/36

15/36* Feuerschiff »Elbe 1«

Modell im Maßstab 1:50
(Original Papenburg: Werft J. L. Meyer 1938–1948)
Chr. Stürmann
Metall; 80 × 24 × 125 cm
Hamburg, Museum für Hamburgische Geschichte (1950, 161)

Seit 1948 in Dienst gestellt, blieb »Elbe 1« auf ihrer Position in der Außenelbe, bis sie 1988 durch das unbemannte Feuerschiff »Elbe« ersetzt worden ist. Ihr Richtfeuer half der Schiffahrt bei der Kursbestimmung in einem Revier, das durch gefährliche Sände und sich rasch verändernde Fahrwasserverhältnisse besondere Aufmerksamkeit erfordert. *TvE*

15/37 Ansicht der Insel Helgoland

Emil Neumann (1842–1903)
Um 1890; Öl/Lw.; 87 × 127 cm
Bez. rücks.: E.Neumann, Cassel
Hamburg, Hella Singer

Nach einhundertjähriger Zugehörigkeit zum Königreich Dänemark ging die Insel Helgoland 1814 an England über. Ihre engen Beziehungen zur Niederelberegion, insbesondere zu Hamburg, waren im frühen 19. Jahrhundert vorwiegend durch den Fischfang geprägt. Die Fischerei wurde in größerem Umfang mit Blankeneser und Finkenwerder Ewern vor der Insel in der Nordsee betrieben und führte Helgoländer Fischer mit ihrem Fang die Elbe hinauf auf den Hamburger Markt. Eine neue Qualität erhielt die Verbindung Helgolands mit dem Festland ab dem zweiten Drittel des 19. Jahrhunderts, als der touristische Verkehr in das 1826 gegründete Seebad sprunghaft anstieg. Zahlreiche Hamburger und Hamburg-Besucher nutzten die Gelegenheit zu einem Ausflug mit einem der mehrmals wöchentlich im Liniendienst verkehrenden Dampfer. Der Marinemaler Emil Neumann, Lehrer an der Kasseler Akademie, zeigt jedoch nicht den regen Fremdenverkehr am Ende des Jahrhunderts. Ähnlich wie dem bis 1897 fast ständig auf Helgoland lebenden Maler Heinrich Gätke geht es Neumann um die Darstellung der See vor der Felseninsel, die hier durch die Beleuchtung der aus der Gischt ragenden Wrackteile eine besondere Dramatik erhält. Spätere Darstellungen Helgolands sind häufig durch ihren deutsch-nationalen Inhalt gekennzeichnet. 1890 durch das Deutsche Reich von England erworben, wurde die Insel während der Flottenaufrüstung der Kaiserzeit zum Kriegshafen ausgebaut. *FS*

ANHANG

Literatur (Auswahl)

Auf die Nennung der im Aufsatzteil des Kataloges aufgeführten Titel wird an dieser Stelle verzichtet.

ELBE ALLGEMEIN

BARTOS-HÖPPNER, BARBARA: Elbsaga. Ein Fluß erzählt Geschichte, Hamburg 1985
CROPP, ALBRECHT J.: Die Elbe. Von der Quelle bis zur Mündung, Luzern (o. J.)
Die Elbe in Mythen, Märchen und Erzählungen, hrsg. von Nora Kirchner, München 1988
HESSEL, PETER (PETRUS HESSELIUS): Hertzfliessende Betrachtungen von dem Elbe-Strom..., Altona 1675, Reprint Hannover 1982
HOFFMANN, PAUL TH.: Die Elbe. Strom deutschen Schicksals und deutscher Kultur, Hamburg 1939
LINDNER, LEO G. und HANS PETER HEINRICHS: Die Elbe, Braunschweig 1991
MÜNNICH, C. H. W.: Der Elbstrom. Von seinem Ursprunge bis zu seiner Mündung in die Nordsee malerisch topographisch und historisch dargestellt, Dresden 1845, Reprint Leipzig, Frankfurt 1984
Panorama der Elbe. Ansichten des 18. und 19. Jahrhunderts, Katalog zur Ausstellung des Adalbert-Stifter-Vereins in Regensburg und Lüneburg 1987/88, München 1987
ZESEWITZ, SIGBERT, HELMUT DUNTZSCH und THEODOR GRÖTSCHEL: Kettenschiffahrt, Berlin (DDR) 1987

BÖHMISCHE ELBE

ADLER, H. G.: Die verheimlichte Wahrheit. Theresienstädter Dokumente, Tübingen 1958
ANSCHIRINGER, ANTON: Album der Industrie des Reichenberger Handelskammerbezirks, 2 Bde., Reichenberg 1858
BÖSE, OSKAR und ROLF-JOSEF EIBICHT: Die Sudetendeutschen. Eine Volksgruppe im Herzen Europas. Von der Frankfurter Paulskirche zur Bundesrepublik Deutschland, München 1989
CHROPOVSKÝ, BOHUSLAV: The Slaves their significans political and cultur history, Prag 1988
Der Elbeverein nach 25 Jahren. Bericht des Ausschusses 25.3.1901, Wien 1901
DVORSKÝ, JIŘÍ, u. a.: Die Kunst am Hofe Rudolfs II., Prag 1991
FLASAR, IVO und MARIA FLASEROVÁ: Die Wirbeltierfauna Nordwest-Böhmens. Zoologische Abhandlungen des staatlichen Museums für Tierkunde Dresden, Bd. 33, Suppl. 1975
HIEKE, A. und A. HORČIČKA: Urkundenbuch der Stadt Aussig bis zum Jahre 1526, Prag 1886
GRAETZ, H.: Volkstümliche Geschichte der Juden, 3 Bde., Leipzig 1888
HEBER, FRANZ ALEXANDER: Böhmens Burgen, Vesten und Bergschlösser, 2 Bde., Prag 1844
HOENSCH, JÖRG K.: Geschichte Böhmens. Von der slawischen Landnahme bis ins 20. Jahrhundert, München (o. J.)
KEJR, JIŘÍ: The hussit revolution, Prag 1988
KRÁSA, JOSEF: Česke Iluminovane Rukopisy 13./16. stoleti, 1990
KRAUS, ROBERT: Jahrbuch für den Stadt- und Landkreis Aussig, Aussig 1940
LIMUS, GEORG HANDSCH VON: Die Elbfischerei in Böhmen und Meißen, Prag 1933
MIKOVEC, FERDINAND B. und KARL V. ZAPP: Altertümer und Denkwürdigkeiten Böhmens, 2 Bde., Prag 1860–1865
MRÁZ, BOHUMIR: Karel Hynek Mácha – Hrady spatřene ..., 1988
MÜLLER-RÜDERSDORF, WILHELM: Das Riesen- und Isergebirge. Ein schlesisch-böhmisches Heimatbuch, Leipzig 1925
Ortslexikon der Böhmischen Länder 1910–1965, hrsg. im Auftrag des Collegium Carolinum von Heribert Sturm, München/Wien 1983
POLISENSKY, JOSEF: Documenta Bohemia bellum tricennale illustrata, 6 Bde., Prag 1971
SCHUBERT, OTTOKAR: Fischereiliches aus vergangenen Tagen, Prag 1943
SEALSFIELD, CHARLES (KARL POSTL): Österreich wie es ist oder Skizzen von Fürstenhöfen des Kontinents, Wien 1919

SEDELMEYER, KARL: Landeskunde der Tschechoslowakei, Frankfurt/M. 1973
ŠIMEK, TOMÁŠ: Hrady, Zamky a tvrze v Čechach, na Moravě a ve Slezsku, 6 Bde., Prag 1988
SOMMER, JOHANN GOTTFRIED: Das Königreich Böhmen statistisch-topographisch dargestellt, Prag 1844
STAŇKOVÁ, JITKA: Lidowé Uměni z Čech, Moravy a Slezska, 1987
STERNBERG, KASPAR: Umrisse einer Geschichte der böhmischen Bergwerke, Prag 1836

MITTLERE ELBE

800 Jahre Weinbau im Elbtal, hrsg. von der Sächsischen Winzergenossenschaft Meißen VdgB, Dresden 1988
ALEX, REINHARD und PETER KÜHN: Schlösser und Gärten um Wörlitz, Leipzig 1988
ANDERS, HELMUTH und RÜDIGER KRÜPFGANZ: Die Geschichte der Magdeburger Häfen, in: Schiffahrt und Technik, 9. Jg., Nr.6, Sept./Okt. 1990, S. 87–91
Antiquitates Tangermundenses, hrsg. von George Gottfried Küster, Berlin 1728
ASMUS, HELMUT: Geschichte der Stadt Magdeburg, Berlin 1975
Barock in Dresden, Katalog zur Ausstellung in der Villa Hügel zu Essen, Leipzig 1986
BATHE, MAX: Jerichow, die Stadt neben dem Strom, in: Jahresbericht des Altmärkischen Museums Stendal, 1956, S. 41 ff.
BLASCHKE, KARLHEINZ: Geschichte Sachsens im Mittelalter, Berlin 1990
BLASCHKE, KARLHEINZ: Sachsen im Zeitalter der Reformation, Sonderdruck des Sächsischen Heimatblatts, Dresden 1967
CROMLITZ, AUGUST VON (d. i. Carl August Friedrich von Witzleben): Romantische Wanderungen durch die Sächsische Schweiz, Leipzig 1836
CZOK, KARL: August der Starke und Kursachsen, Leipzig 1987/München 1988
DÄWERITZ, KARL: Die Geschichte des Felskletterns in der Sächsischen Schweiz, in: Tourismus. Mitteilungen der kulturwissenschaftlichen Forschung, Nr. 24, Berlin 1988
DEHIO, GEORG: Handbuch der deutschen Kunstdenkmäler. Der Bezirk Magdeburg. Neubearbeitung durch die Abteilung Forschung des Instituts für Denkmalpflege, Berlin 1975
Die Albrechtsburg zu Meißen. Festschrift anläßlich der 500-Jahrfeier des Baubeginns der Albrechtsburg, hrsg. von Hans-Joachim Mrusek, Leipzig 1972
DIETRICHS, HERMANN und LUDOLF PARISIUS: Bilder aus der Altmark, 2 Bde., Hamburg 1883
Dokumentation – Presse – Materialien, hrsg. vom Förderverein DIZ (Dokumentations- und Informationszentrum Torgau »Forst Zinna«/»Brückenkopf« e. V.), 1991
Dresdner Heide / Pillnitz / Radeberger Land, hrsg. von der Akademie der Wissenschaften der DDR (Werte unserer Heimat, Bd. 27), Berlin 1976
DROBISCH, KARL: Konzentrationslager im Schloß Lichtenburg, Cottbus 1987
Elbsandsteingebirge mit Osterzgebirge, hrsg. von Hans Brunner (Tourist Reisehandbuch), Leipzig 1990
Elbtal und Lößhügelland bei Meißen, hrsg. von der Akademie der Wissenschaften der DDR (Werte unserer Heimat, Bd. 32), Berlin 1982
ENTZELT, CHRISTOPH: Altmärkische Chronik, neu hrsg. von Hermann Bohm, Leipzig 1911
ERFURTH, HELMUT und LUTZ REICHHOFF: Dessauer Veduten, Teil I, Dessau 1987
Franz von Anhalt-Dessau. Fürst der Aufklärung 1740–1817, hrsg. von den Staatlichen Schlössern und Gärten – Wörlitz, Oranienbaum und Luisium. Katalog zur Ausstellung, Wörlitz 1990
Friedrich Wilhelm von Erdmannsdorff (1736–1800). Leben – Werk – Wirkung, hrsg. von den Staatlichen Schlössern und Gärten – Wörlitz, Oranienbaum und Luisium, Wörlitz 1987
GRIESHAMMER, RALF: Riesaer Elbbrücken aus der geschichtlichen Entwicklung, Riesa 1982
GUERICKE, OTTO VON: Geschichte der Belagerung, Eroberung und Zerstörung Magdeburg's, Magdeburg 1860
HAHN, ALFRED und ERNST NEEF: Dresden, hrsg. von der Akademie der Wissenschaften der DDR (Werte unserer Heimat, Bd. 42), Berlin 1984
HARTMANN, HANS-GÜNTHER: Pillnitz. Schloß, Park und Dorf, Weimar 1981
HERTEL, ROLF: Über die »Ichthyographie der Elbe« des Johannes Kentmann, in: Zoologische Abhandlungen, hrsg. vom Staatlichen Museum für Tierkunde in Dresden, Bd. 35, Nr. 5, Dresden 1978
JÜNGEL, KARL: Unser Heimatstrom. Die Elbe und die Umgebung Wittenbergs – einst und jetzt –, hrsg. vom Stadtgeschichtlichen Museum, Wittenberg 1988
JUNGHANS, HELMAR: Wittenberg als Lutherstadt, Göttingen 1979
KALBEN, HEINRICH DETLOFF VON: Die Altmark, München 1959
KNOBLOCH, ECKHARD: Der Binnenhafen Magdeburg – ein Güterverkehrszentrum der Zukunft, in: Schiffahrt und Technik, 9. Jg., Nr.6, Sept./Okt. 1990, S.83–91

KOHLMANN, JOACHIM-ALBRECHT: Tangermünde. Ein Besuch in der alten Elbestadt, hrsg. vom Altmärkischen Museum Stendal, 1967
KÜHNE, HEINRICH: Geschichten um Wittenberg aus alten und neueren Zeiten, hrsg. vom Stadtgeschichtlichen Museum, Wittenberg 1988
Kunst der Reformationszeit. Katalog zur Ausstellung der Staatlichen Museen zu Berlin, Berlin 1983
LEIN, KURT: Führer durch den Landschaftspark Wörlitz, 1977
Lexikon – Städte und Wappen der Deutschen Demokratischen Republik, hrsg. von Heinz Göschel, 2. Aufl., Leipzig 1984
Magdeburg, hrsg. vom Magistrat der Stadt Magdeburg, Berlin 1927
Magdeburg und seine Umgebung, hrsg. von der Deutschen Akademie der Wissenschaften zu Berlin (Werte Unserer Heimat, Bd. 19), Berlin 1972
MEICHE, ALFRED: Historisch-Topographische Beschreibung der Amtshauptmannschaft Pirna, Dresden 1927
MRUSEK, HANS-JOACHIM: Das Stadtbild von Wittenberg zur Zeit der Universität und der Reformation, hrsg. vom Stadtgeschichtlichen Museum, Wittenberg 1977
MÜLLER, OTTO: Altmark und Elbhavelland, Burg (1935)
NAUMANN, ROLF: Romanische Backsteinkirchen im Elbe-Havel-Gebiet, Genthin 1989
NEIDHARDT, HANS JOACHIM: Die Malerei der Romantik in Dresden, Leipzig/Wiesbaden 1976
NEIDHARDT, HANS JOACHIM: Schloß Pillnitz, hrsg. von den Staatlichen Kunstsammlungen Dresden, 13. Aufl., Dresden 1988
Pirna und seine Umgebung, hrsg. von der Deutschen Akademie der Wissenschaften zu Berlin (Werte der Deutschen Heimat, Bd. 9), Berlin 1965
PRIEGNITZ, WERNER: Der Markt der Frühzeit und die Gründung Otto I., Magdeburg 1965
Sachsen und die Wettiner – Chancen und Realitäten. Internationale wissenschaftliche Konferenz, Dresden vom 27. bis 29. Juni 1989, hrsg. von der Kulturakademie des Bezirkes Dresden, 1990
Sächsische Schweiz. Berichte des Arbeitskreises Sächsische Schweiz in der Geographischen Gesellschaft der DDR, Pirna 1988
SCHAAL, D.: Barocke Hoffeste in Dresden, in: Barock und Klassik. Katalog zur Ausstellung, Wien 1984
SCHMIDT, HANNS H. F.: Zwischen Elbe und Havel. Wanderungen vom Fiener Bruch bis in die Prignitz, Leipzig 1990
SCHMIDT, HANNS H. F.: Zwischen Ohre und Elbe. Wanderungen zu Dorfkirchen in der Altmark, Berlin 1990
SCHMIDT, OTTO EDUARD: Kursächsische Streifzüge, 7 Bde., Leipzig/Dresden 1902–1930
STEINER, WALTER und OTFRIED WAGENBRETH: Geologische Streifzüge. Landschaft und Erdgeschichte zwischen Kap Arkona und Fichtelgebirge, Leipzig
Um Oschatz und Riesa, hrsg. von der Akademie der Wissenschaften der DDR (Werte unserer Heimat, Bd. 30), Berlin 1977
VOGEL, RICHARD: Gebiet Königstein / Sächsische Schweiz, hrsg. von der Deutschen Akademie der Wissenschaften zu Berlin (Werte der deutschen Heimat, Bd. 1), Berlin 1957
WALTER, HANS-HENNING: Von Holzmangel, Gradierwerken und Solebädern – Streiflichter aus der Salzgeschichte Schönebecks, Schönebeck (o. J.)
Wanderatlas Sächsische Schweiz – Landschaftsschutzgebiet, 8. Aufl., Leipzig 1989
WEBER, DIETER: Festung Königstein, hrsg. vom Museum »Festung Königstein«, 2. Aufl. 1989
WEHNER, HEINZ: Die Entwicklung der Sächsischen Schweiz zum Fremdenverkehrsgebiet, in: Tourismus. Mitteilungen aus der kulturwissenschaftlichen Forschung, Nr. 24, Berlin 1988
WEINART, BENJAMIN GOTTFRIED: Topographische Geschichte der Stadt Dresden, und der um dieselbe herum liegenden Gegenden, Dresden 1777 (Reprint Leipzig 1976)
WEINHOLD, RUDOLF: Winzerarbeit an Elbe, Saale und Unstrut, Berlin 1973
WILLE, MANFRED: Der Himmel brennt über Magdeburg. Die Zerstörung der Stadt im zweiten Weltkrieg, hrsg. vom Rat der Stadt Magdeburg (o. J.)
ZOELLNER, ALFRED: Chronik der Stadt Havelberg, Rathenow 1893
250 Jahre Staatliche Porzellanmanufaktur Meißen, Meißen 1960

UNTERE ELBE

Alster, Elbe und die See. Hamburgs Schiffahrt und Hafen in Gemälden, Zeichnungen und Aquarellen des Museums für Hamburgische Geschichte, hrsg. von Jörgen Bracker und Carsten Prange, Hamburg 1981
An Niederelbe und Unterweser. Eine Archivalienausstellung zur Einweihung des neuen Archivgebäudes des Niedersächsischen Staatsarchivs in Stade (Veröffentlichungen der Niedersächsischen Archivverwaltung, Beiheft 6), Göttingen 1965
BENCARD, MOGENS und GALINA A. MARKOVA: Christian

IV's Royal Plate and his Relations with Russia, Rosenborg 1988
Berlage, Hans: Altona. Ein Stadtschicksal. Von den Anfängen bis zur Vereinigung mit Hamburg, Hamburg 1937
Bodemann, Friedrich Wilhelm: Denkwürdigkeiten der Elbinsel Finkenwerder sowie der benachbarten Eilande und Ortschaften, Harburg, Hamburg 1860
Bohmbach, Jürgen: Stader Zoll und Hamburger Stapel. Ein Abriß des Kampfes um Handel und Schiffahrt auf der Elbe vom 12. bis zum Ende des 16. Jahrhunderts, in: Stader Jahrbuch 1981, S. 39–47
Bolland, Jürgen: Die Hamburger Elbkarte aus dem Jahre 1568 gezeichnet von Melchior Lorichs, Hamburg 1964
Borrmann, Hermann: Daten zur Geschichte des Amtes Ritzebüttel und der Stadt Cuxhaven (Veröffentlichung des Archivs der Stadt Cuxhaven, Nr. 5/1982), Cuxhaven 1982
Bussler, Peter: Malerparadies auf Zeit. Duhnen, Altenwalde, Altenbruch; Cuxhaven 1986
C. F. Hansen 1756–1845 und seine Bauten in Schleswig-Holstein, hrsg. von Gerhard Wietek, Neumünster 1982
Die Goldschmiede Hamburgs, hrsg. von Erich Schliemann, 3 Bde., Hamburg 1985
Dömitz, 750 Jahre Stadt und Festung, hrsg. vom Rat der Stadt, 2. Aufl. Dömitz 1990
Elsner, Tobias von: Kaisertage. Die Hamburger und das Wilhelminische Deutschland im Spiegel öffentlicher Festkultur, Frankfurt/M., Bern 1991
Gädtgens, Paul und Gerhard Kaufmann: Die Feldentwässerungsmühle im Vierländer Freilichtmuseum Rieck-Haus in Curslack, in: Altonaer Museum in Hamburg, Jahrbuch 1968, S. 139–178
Gärten, Landhäuser und Villen des hamburgischen Bürgertums. Kunst, Kultur und gesellschaftliches Leben in vier Jahrhunderten (Aus den Schausammlungen des Museums für Hamburgische Geschichte, Heft 4), Hamburg 1975
Glückstadt im Wandel der Zeiten, 3 Bde., hrsg. von der Stadt Glückstadt, 1963–1968
Graewe, Richard: Die zweihundertjährige Geschichte der Elb-Zoll-Fregatte zu Brunshausen und ihrer Kommandanten 1650–1850, Stade 1963
Grundmann, Günther: Jenischpark und Jenischhaus, Hamburg 1957
Hamburg. Geschichte der Stadt und ihrer Bewohner, hrsg. von Werner Jochmann und Hans-Dieter Loose, Bd. 1: Von den Anfängen bis zur Reichsgründung, Hamburg 1982. Bd. 2: Vom Kaiserreich bis zur Gegenwart, Hamburg 1986
Harburg: von der Burg zur Industriestadt. Beiträge zur Geschichte Harburgs 1288–1938, hrsg. von Jürgen Ellermeyer, Klaus Richter und Dirk Stegmann (Veröffentlichungen des Helms-Museums, Nr. 52; Veröffentlichungen des Vereins für Hamburgische Geschichte, Bd. XXXIII), Hamburg 1988
Haseldorf. Das kleine Dorf am großen Strom. 800 Jahre Haseldorf 1190–1990, hrsg. von der Gemeinde Haseldorf, 1990
Helgoland. 150 Jahre Nordseebad 1826–1976. Aquarelle, Zeichnungen, Druckgraphik, Ausstellung des Altonaer Museums in Hamburg – Norddeutsches Landesmuseum in der Galerie im Fels, Helgoland 1976
Hipp, Hermann: Freie und Hansestadt Hamburg. Geschichte, Kultur und Stadtbaukunst an Elbe und Alster, Köln 1989
Hoffmann, Paul Th.: Neues Altona 1919–1929. Zehn Jahre Aufbau einer deutschen Großstadt, 2 Bde., Jena 1929
In keinem Lexikon zu finden: Die Bandreißer. Wechselausstellung in der Volkskundlichen Gerätesammlung des Schleswig-Holsteinischen Landesmuseums, Schleswig 1984
Jungblut, Christian: Es war einmal ein Fluß..., Hamburg 1983
Kaiser, Joachim: Segler im Gezeitenstrom. Die Biographie der hölzernen Ewer, Norderstedt 1974
Karting, Herbert: Schiffe aus Wewelsfleth, 3 Bde., Itzehoe 1981–1985
Kaufmann, Gerhard, Henrik Lunganini und Jürgen Meyer: Die Sammlung der Schiffsporträts (Schausammlungen des Altonaer Museums, Heft 6), Hamburg (o. J.)
Katalog der Meister des 19. Jahrhunderts in der Hamburger Kunsthalle, bearb. von Eva Maria Krafft und Carl Wolfgang Schümann, Hamburg 1968
Katalog der Meister des 20. Jahrhunderts in der Hamburger Kunsthalle, bearb. von Helga Hofmann und Janni Müller-Hauck, Hamburg 1969
Klée Gobert, Renata: Altona. Elbvororte (Die Bau- und Kunstdenkmale der Freien und Hansestadt Hamburg, Bd. 2), Hamburg 1959
Klose, Olaf und Lilli Martius: Ortsansichten und Stadtpläne der Herzogtümer Schleswig, Holstein und Lauenburg, 2 Bde., Neumünster 1962
Koenenkamp, Wolf-Dieter: Wirtschaft, Gesellschaft und Kleidungsstil in den Vierlanden während des 18. und 19. Jahrhunderts. Zur Situation einer Tracht (Schriften zur Niederdeutschen Volkskunde, Bd. 9), Göttingen 1978
Kühne, Karl B.: Seelotsen. Geschichte der Lotsenbrüderschaft Elbe 1575–1975. 400 Jahre im Dienste der Seeschifffahrt, Norderstedt 1975

LANG, AREND W.: Seekarten der südlichen Nord- und Ostsee. Ihre Entwicklung von den Anfängen bis zum Ende des 18. Jahrhunderts (Ergänzungsheft zur Deutschen Hydrographischen Zeitschrift, Reihe B, Nr. 10), Hamburg 1968

LENZ, WILHELM und RUDOLF LEMBCKE: Dat Nygehus. Aus der Geschichte und Gegenwart des Fleckens Neuhaus (Oste), Neuhaus (Oste) 1981

LÜHNING, ARNOLD: Die volkskundliche Gerätesammlung des Schleswig-Holsteinischen Landesmuseums in Schleswig, Schleswig 1972

LÜHRS, KURT: Von den Anfängen der Elbnavigation, in: Allgemeiner Haushaltungs-Kalender, Jg. 128, 1976, S. 55–65

MEYER, JÜRGEN: 150 Jahre Blankeneser Schiffahrt 1785–1935, Hamburg 1968

MÜLLER, WALTER: Die Stecknitzfahrt, in: Lauenburgische Heimat, N. F., Heft 123, 1989, S. 3–79

MÜNZING JOACHIM: Der historische Walfang in Bildern (Sammlungen des Altonaer Museums in Hamburg, Heft 13), Herford 1987

Natur und Naturzerstörung in der schleswig-holsteinischen Kunst der letzten 200 Jahre, Ausstellungskatalog, Kiel, Flensburg, Lübeck, Hamburg, 1985

OESAU, WANDA: Schleswig-Holsteins Grönlandfahrt auf Walfischfang und Robbenschlag vom 17. – 19. Jahrhundert, Glückstadt 1937

OPITZ, ECKARDT: Schleswig-Holstein. Landesgeschichte in Bildern, Texten und Dokumenten, Hamburg 1988

Ottensen. Zur Geschichte eines Stadtteils, Altonaer Museum in Hamburg – Norddeutsches Landesmuseum, 1982

Otterndorf. Kleine Stadt am großen Strom, hrsg. von Rudolf Lembcke, Hamburg 1978

RAVE, ROBERT: Das Leben auf einem Bauernhof in der Kollmar-Marsch um die Jahrhundertwende. Erinnerungen des Bauern Robert Rave in Moorhusen, Selbstverlag 1965

REINECKE, WILHELM: Geschichte der Stadt Lüneburg, 2 Bde., Lüneburg 1933

SCHLICHTING, FRANK: Haus und Wohnen in Schleswig-Holstein. Literarische Zeugnisse des 18. und 19. Jahrhunderts und die Frage ihres Realitätsgehalts (Studien zur Volkskunde und Kulturgeschichte Schleswig-Holsteins, Bd. 15), Neumünster 1985

SCHWINDRAZHEIM, HILDAMARIE: Ein Modell des Altonaer Fischmarktes in der stadtgeschichtlichen Abteilung, in: Altonaer Museum in Hamburg, Jahrbuch 1965, S. 109–142

SIERSDORFER, THEODOR: Wächter am Strom. Aus der Vergangenheit der Lotsenschiffe und Seezeichen der Außenelbe, Hamburg 1975

SUHR, CHRISTOFFER: Hamburgische Trachten, Hamburg 1838, Reprint Berlin 1908 (mit einer Einleitung von J. Heckscher)

SZYMANSKI, HANS: Der Ever der Niederelbe. Ein Beitrag zur Geschichte der deutschen Schiffahrt und zur Volkskunde Niedersachsens (Quellen und Darstellungen zur hansischen Geschichte, N. F. Bd. IX), Lübeck 1932, Reprint Hamburg 1985

TIMMERMANN, GERHARD: Das Schiffbauhandwerk. Führer durch die Schiffbauabteilung im Altonaer Museum (Schausammlungen des Altonaer Museums, Heft 1), Hamburg 1964

VOLCKENS, WILHELM und PETER HOPPE: Neumühlen und Oevelgönne. Historische Skizzen und Mittheilungen aus dem Archive der Oevelgönner und Neumühlener Lootsen-Brüderschaft, Altona 1895

Vom Fischmarkt zum Klövensteen. Altonas topographische Entwicklung, Altonaer Museum in Hamburg – Norddeutsches Landesmuseum, 1990

Von Hamburg nach Helgoland. Kunst und Kultur im 19. Jahrhundert. Ausstellung des Altonaer Museums Hamburg, Baden bei Wien 1967

Von der Schönheit des Nützlichen. 200 Jahre Kulturlandschaft Klein Flottbek, Ernst-Barlach-Haus, Hamburg 1990

WAGNER, KURT, RUDOLF MEIER und HINRICH STROH: Finkenwerder. Auf den Spuren der Vergangenheit, 2. Aufl. Hamburg 1986

Wewelsfleth. 750 Jahre Geschichte, hrsg. von der Gemeinde Wewelsfleth (Verf. Manfred Niendorf), Wewelsfleth 1988

Personenregister

Ortsregister (Städte, Flüsse, Landschaften)

Konkordanz der tschechischen und deutschen Ortsnamen

Die Namenskonkordanz ist nach dem *Ortslexikon der Böhmischen Länder 1910–1965, hrsg. im Auftrag des Collegium Carolinum von Heribert Sturm, München/Wien 1983,* überprüft worden.
Das Ortslexikon erfaßt »*den gesamten amtlichen Ortsnamenbestand von Böhmen und Mähren-Schlesien in einem Zeitraum, der infolge einschneidender politischer Veränderungen durch oftmaligen Wechsel sowohl der Ortsnamen selbst als auch ihrer Schreibweisen gekennzeichnet ist. Grundsätzlich sind alle Namen in der jeweiligen amtlichen Schreibweise wiedergegeben. Die Anordnung der Ortsnamen nach politischen und Gerichtsbezirken fußt auf der Verwaltungsstruktur der Tschechoslowakischen Republik von 1930. Damit ist einerseits für die in das 19. Jahrhundert zurückreichende Gebietsgliederung der altösterreichischen Donau-Monarchie und zum anderen für die folgende, durch die sprachlichen und administrativen Veränderungen der Jahre 1938/38, 1949, 1955 und 1960/65 bestimmte Entwicklung ein Ausgangspunkt nach rückwärts und vorwärts gegeben.*« (Aus dem Vorwort).

Jména míst byla přezkoušena podle výše uvedeného lexikonu.

Tschechisch/Deutsch

Běhání/Behein
Benešov/Bensen
Bílá hora/Weißer Berg
Bílina/Bilin
Bohušovice nad Ohří/Bauschowitz
Boletice/Politz
Bořen/Borschen
Brandýs nad Labem/Brandeis
Brno/Brünn
Bučina/Buchwald (im Böhmerwald)
Bydžovský kraj/Bidschower Kreis
Bylany/Bilan
Bynovec/Binsdorf

Černá hora/Schwarze Koppe
Česká Kamenice/Böhmisch Kamnitz
Česká Lípa/Böhmisch Leipa
České Budějovice/Budweis
České středohoří/Böhmisches Mittelgebirge
Česko-saské Švýcarsko/Böhmische Schweiz
Český Brod/Böhmisch-Brod
Český les/Böhmerwald
Čižkovice/Tschischkowitz

Dašice/Daschitz (Kreis Pardubitz)
Děčín/Tetschen
Děčínské mezihoří/Elbsandsteingebirge
Doksany/Doxan
Dvorská bouda/Hofkesselbaude
Duchcov/Dux
Duchcovsko-mostecká pánev/Dux-Brüxer Becken
Dvůr Králové/Königinhof

Harrachov/Harrachsdorf
Heřmanice/Hermanitz
Heřmanovy Sejfy/Hermannseifen
Hluboká/Frauenburg
Horní Staré Město/Oberaltstadt (bei Trautenau)
Horní Žleb/Obergrund
Hořice/Hořitz
Hostinné/Arnau
Hradec Králové/Königgrätz
Hřensko/Herrnskretschen

Cheb/Eger (Stadt)
Chlumec nad Cidlinou/Chlumetz
Choceň/Chotzen
Chomutov/Komotau
Chotěšice/Chotěschitz
Chvaletice/Chwaletitz

Jablonec nad Nisou/Gablonz a. d. Neisse
Jakuby/Jakuben
Jezeří/Eisenberg
Jičín/Gitschin
Jilemnice/Starkenbach
Jistebnice/Jistebnitz
Jizera/Iser
Jižní Čechy/Südböhmen
Josefov/Josefstadt

Kadaň/Kaaden
Kamenice/Kamnitz (Fluß)
Kamenický Šenov/Steinschönau
Karlovy Vary/Karlsbad
Kladruby nad Labem/Kladrub a. d. Elbe
Klodzko/Glatz
Kolín/Kolin (auch: Collin u. Colin)
Kostomlátky/Kostomlatek
Kramoly/Krammel

Krásné Březno/Schönpriesen
Krkonoše/Riesengebirge
Kuks/Kukus
Kutná Hora/Kuttenberg
Kyškovice/Kyschkowitz

Labe/Elbe
Labský důl/Elbgrund
Levín/Lewin
Liběchov/Liboch
Libice n. C./Libitz
Liberec/Reichenberg
Litoměřice/Leitmeritz
Litomyšl/Leitomischl
Lovoš/Lobosch (Berg)
Lovosice/Lobositz
Luční bouda/Wiesenbaude
Lukavice/Lukowitz
Lysá nad Labem/Lissa a. d. Elbe

Metuje/Mettau (Fluß)
Mělník/Melnik
Mezilesí/Mittelwalde
Mikuleč/Nikl
Mikulčice/Mikultschitz (bei Göding/Hodonín)
Mistrovice/Meistersdorf
Mladá Boleslav/Jungbunzlau
Morava/Mähren (Land), March/(Fluß)
Most/Brüx

Nakléřov/Nollendorf
Nechranice/Negranitz
Nelahozeves/Mühlhausen a. d. Moldau
Německé Kopisty/Deutsch Kopist
Nová Paka/Neu Paka
Nové Město nad Metují/Neustadt a. d. Mettau
Nový Bor/Haida
Nový Svět/Neuwelt
Nymburk/Nimburg

Obříství/Obřistwi
Ohře/Eger (Fluß)
Opatovice/Opatowitz
Orlice/Adler (Fluß)
Orlické Hory/Adlergebirge

Pardubice/Pardubitz
Petrova bouda/Petersbaude
Ploučnice/Polzen
Plzeň/Pilsen
Poděbrady/Podiebrad
Podkrkonoší/Riesengebirgsvorland
Podmokly/Bodenbach
Polabí/Böhmisches Becken
Polevsko/Blottendorf
Praha/Prag
Přelouč/Przelaucz

Rokycany/Rokytzan
Roudnice/Raudnitz
Roudníky/Raudnig
Rozvadov/Roßhaupt
Rumburk/Rumburg
Růženina hut'/Rosahütte (bei Reichenau)
Rychnov/Reichenau
Říp/Georgenberg

Sebuzín/Sebusein
Semily/Semil
Semonice/Semonitz
Severní Čechy/Nordböhmen
Skřivánkov/Lerchenfeld
Slatiňany/Slatinan
Slavkov u Brna/Austerlitz
Sněžka/Schneekoppe
Soutěsky/Edmundsklamm
Stará Boleslav/Altbunzlau
Starý Kolín/Altkolin
Středočeská vrchovina/Mittelböhmisches Bergland
Střekov/Schreckenstein
Stříbro/Mies
Svadov/Schwaden
Šluknov/Schluckenau
Špindlerův Mlýn/Spindelmühle (Spindlermühle)
Štětí/Wegstädtl

Teplice/Teplitz
Terezín/Theresienstadt
Toušeň/Tauschim
Trmice/Türmitz
Trnová/Trnowa (Kreis Prag-West)
Trutnov/Trautenau
Třebocovice pod Orebem/Hohenbruck
Týnec nad Labem/Elbeteinitz

Úpa/Aupa
Úštěk/Auscha
Ústí nad Labem/Aussig

Varvažov/Arbesau
Velké Žernoseky/Groß-Czernosek
Velký Osek/Groß-Wossek
Vltava/Moldau
Vrchlabí/Hohenelbe
Všebořice/Schöbritz
Východní Čechy/Ostböhmen
Vysoké Kolo/Hohes Rad
Vysoké nad Jizerou/Hochstadt a. d. Iser

Žalhostice/Czalositz
Žernoseky/Czernosek

Deutsch/Tschechisch

Adler (Fluß)/Orlice
Adlergebirge/Orlické Hory
Altbunzlau/Stará Boleslav
Altkolin/Starý Kolín
Arbesau/Varvažov
Arnau/Hostinné
Aupa/Úpa
Auscha/Úštěk
Aussig/Ústí nad Labem
Austerlitz/Slavkov u Brna

Bauschowitz/Bohušovice nad Ohří
Behein/Běhání
Bensen/Benešov
Bidschower Kreis/Bydžovský kraj
Bilan/Bylany
Bilin/Bílina
Binsdorf/Bynovec
Blottendorf/Polevsko
Bodenbach/Podmokly
Böhmerwald/Český les
Böhmisch-Brod/Český Brod
Böhmisch Kamnitz/Česká Kamenice
Böhmisch Leipa/Česká Lípa
Böhmische Schweiz/Česko-saské Švýcarsko
Böhmisches Becken/Polabí
Böhmisches Mittelgebirge/České středohoří
Borschen/Bořen
Brandeis/Brandýs nad Labem
Brünn/Brno
Brüx/Most
Buchwald (im Böhmerwald)/Bučina
Budweis/České Budějovice

Chlumetz/Chlumec nad Cidlinou
Chotzen/Choceň
Chotěschitz/Chotěšice
Chwaletitz/Chvaletice
Czalositz/Žalhostice
Czernosek/Žernoseky

Daschitz (Kreis Pardubitz)/Dašice
Deutsch Kopist/Německé Kopisty
Doxan/Doksany
Dux/Duchcov
Dux-Brüxer Becken/Duchcovsko-mostecká pánev

Edmundsklamm/Soutěsky
Eger (Fluß)/Ohře
Eger (Stadt)/Cheb
Eisenberg/Jezeří
Elbe/Labe
Elbgrund/Labský důl
Elbsandsteingebirge/Děčínské mezihoří
Elbeteinitz/Týnec nad Labem

Frauenberg (bei Budweis)/Hluboká

Gablonz a. d. Neisse/Jablonec nad Nisou
Georgenberg/Říp
Gitschin/Jičín
Glatz/Klodzko
Groß-Czernosek/Velké Žernoseky
Groß-Wossek/Velký Osek

Haida/Nový Bor
Harrachsdorf/Harrachov
Heřmanitz/Hermanice
Hermannseifen/Heřmanovy Sejfy
Herrnskretschen/Hřensko
Hochstadt a. d. Iser/Vysoké n. Jizerou
Hofkesselbaude/Dvorská bouda
Hohenbruck/Třebochovice pod Orebem
Hohenelbe/Vrchlabí
Hohes Rad/Vysoké Kolo
Hořitz/Hořice

Iser/Jizera

Jakuben/Jakuby
Jistebnitz/Jistebnice
Josefstadt/Josefov
Jungbunzlau/Mladá Boleslav

Kaaden/Kadaň
Kamnitz (Fluß)/ Kamenice
Karlsbad/Karlovy Vary
Kladrub a. d. Elbe/Kladruby n. Labem
Kolin (auch: Collin u. Colin)/Kolín
Komotau/Chomutov
Königgrätz/Hradec Králové
Königinhof/Dvůr Králové
Kostomlatek/Kostomlátky
Krammel/Kramoly
Kukus/Kuks
Kuttenberg/Kutná Hora
Kyschkowitz/Kyškovice

Lerchenfeld/Skřivánkov
Leitmeritz/Litoměřice
Leitomischl/Litomyšl
Lewin/Levín
Libitz/Libice n. C.
Liboch/Liběchov
Lissa a. d. Elbe/Lysá nad Labem
Lobosch (Berg)/Lovoš
Lobositz/Lovosice
Lukowitz/Lukavice

Mähren/Morava
March (Fluß)/Morava
Meistersdorf/Mistrovice
Mettau (Fluß)/Metuje
Melnik/Mělník
Mies/Stříbro
Mikultschitz (bei Göding/Hodonín)/Mikulčice
Mittelböhmisches Bergland/Středočeská vrchovina
Mittelwalde/Mezilesí
Moldau/Vltava
Mühlhausen a. d. Moldau/Nelahozeves

Negranitz/Nechranice
Neu Paka/Nová Paka
Neustadt a. d. Mettau/Nové Město nad Metují
Neuwelt/Nový Svět
Nikl/Mikuleč
Nimburg a. d. Elbe/Nymburk
Nollendorf/Nakléřov
Nordböhmen/Severní Čechy

Oberaltstadt (bei Trautenau)/Horní Staré Město
Obergrund/Horní Žleb
Obřistwi/Obříství

Opatowitz/Opatovice
Ostböhmen/Východní Čechy

Pardubitz/Pardubice
Petersbaude/Petrova bouda
Pilsen/Plzeň
Podiebrad/Poděbrady
Politz/Boletice
Polzen/Ploučnice
Prag/Praha
Przelaucz/Přelouč

Raudnig/Roudník
Raudnitz/Roudnice
Reichenau/Rychnov
Reichenberg/Liberec
Riesengebirge/Krkonoše
Riesengebirgsvorland/Podkrkonoší
Rokytzan/Rokycany
Rosahütte (bei Reichenau)/Růženina hut'
Roshaupt/Rozvadov
Rumburg/Rumburk

Schluckenau/Šluknov
Schneekoppe/Sněžka
Schöbritz/Všebořice
Schönpriesen/Krásné Březno
Schreckenstein/Střekov
Schwaden/Svadov
Schwarze Koppe/Černá hora
Sebusein/Sebuzín
Semil/Semily
Semonitz/Semonice
Slatinan/Slatiňany
Spindelmühle (Spindlermühle)/Špindlerův Mlýn
Starkenbach/Jilemnice
Steinschönau/Kamenický Šenov
Südböhmen/Jižní Čechy

Tauschim/Toušeň
Teplitz/Teplice
Tetschen/Děčín
Theresienstadt/Terezín
Trautenau/Trutnov
Trnowa (Kreis Prag-West)/Trnová
Tschischkowitz/Čižkovice
Türmitz/Trmice

Wegstädtl/Štětí
Weißer Berg/Bílá hora
Wiesenbaude/Luční bouda

Bildnachweis

Jörg P. Anders, Berlin: 7/74
Jan Brodský, Jičin: 3/6; 4/53
Soňa Divišová, Praha: 2/9; 3/85
Vlasta Dvořáková, Praha: 1/1; 2/11; 2/24; 3/12; 3/23 a; 3/46; 3/52; 3/71; 3/73; 3/82; 3/83; 4/9; 4/59
Fischer-Daber, Hamburg: 12/10; 12/24; 12/30; 12/33; 12/34; 12/39; 12/44; 12/46; 12/51; 12/56; 12/58; 12/61; 12/71; 13/44; 13/54; 15/12; 15/22; 15/36
Foto Jebramek, Altländer Archiv, Jork: 14/4
Beatrice Frehn, Ammersbek: 1/25; 11/4; 11/5; 11/12; 11/16; 11/21; 11/22; 11/23; 11/31; 12/1; 12/4; 12/5; 12/6; 12/7; 12/67; 12/69; 13/25; 13/34; 13/36; 14/3; 14/10; 14/20; 14/21; 14/25; 14/39; 14/43; 14/49; 15/10; 15/17; 15/33
Hana Jarošová, Praha: 3/28; 3/29; 4/5; 4/6
Geir S. Johannessen, Bergen: 7/61
Jürgen Karpinski, Dresden: 1/15; 1/20; 6/4; 6/8; 6/15; 6/24; 6/25; 6/27; 7/1; 7/8; 7/9; 7/19; 7/25; 7/28; 7/32; 7/45; 7/49; 7/51; 7/52; 7/54; 7/55; 7/64; 7/67; 7/71; 7/77; 8/1; 8/8; 8/10; 8/11; 8/14; 8/15; 8/16; 8/19; 8/23; 8/31; 8/37; 8/38; 8/39; 8/48; 9/2; 9/7; 9/15; 9/20; 9/21; 9/33; 9/34; 9/35; 9/42; 9/43; 9/45; 9/46; 9/47; 9/49; 9/55; 9/58; 9/66; 9/67; 9/73; 9/75; 9/76; 9/80; 10/4; 10/10; 10/14; 10/15; 10/16; 10/24; 10/25
Kiemer & Kiemer, Hamburg: 11/28; 14/13
Věra Kleknerová, Praha: 4/3
Hans-Dieter Kluge, Dessau: 9/11; 9/12
Milan Kristof, Pardubice: 2/37
R. Kursa, Litoměřice: 4/27, 4/45
Milan Lachman, Kolín: 3/48
Egbert Laska, Bremerhaven: 15/1
Jacques Lathion, Oslo: 7/62
Manfred Mahn, Hamburg: 15/5
Olsżewčzová, Praha: 3/7
Dieter Otte, Hamburg: 11/8; 12/13; 12/22; 12/45; 13/5; 13/18; 13/21; 13/24; 13/26; 13/28; 13/53; 14/11; 14/12; 14/15; 14/22; 14/30; 14/33; 14/34; 14/41; 14/48; 15/26; 15/29; 15/31; 15/35
Peter sen., Dresden: 7/73
Z. Prásek, Ústí n. L.: 1/14; 4/28; 4/41; 4/47; 4/49; 4/58; 4/61; 4/68; 4/69; 4/70
Arne Psille/Sebastian Ahlers, Berlin: 2/1; 3/11; 5/10; 7/18; 7/37; 7/66; 8/13; 8/25; 8/33; 9/1; 9/61; 9/71; 10/3
Horst Rothaug, Kiel: 6/16
Reinhard Saczewski, Berlin: 5/6
Christoph Sandig Art Photo, Leipzig: 6/17
Miloslav Šebek, Davle n. Vlt.: 2/36
Ph. Dr. Dušan Špička, Teplice: 1/21
Wolfram Schmidt, Regensburg: 2/3; 4/1
Gabriel Urbánek, Praha: 2/26; 2/36; 3/64
Elke Walford, Hamburg: 12/17, 12/57; 12/62; 13/48
Jiří Zikmund, Hradec Králové: 3/31; 3/35; 3/36; 3/37; 3/40; 3/41

Kunsthistorisches Museum, Wien: S. 111, Abb. 1
Niedersächsisches Landesmuseum, Hannover: S. 121, Abb. 2
Sächsische Landesbibliothek, Deutsche Fotothek, Dresden: S. 122–125, Abb. 3–7
ZZF, Zentrum für Foto und Film an der Universität Leipzig, Leipzig: 7/21

Die anderen Bildvorlagen wurden von den Leihgebern zur Verfügung gestellt.

UMSCHLAG
Johann Joachim Faber
»Blick über die Elbe vom hohen Ufer oberhalb Neumühlens bei Altona«
Um 1840
Hamburg, Altonaer Museum
(vgl. Katalognummer 13/26)

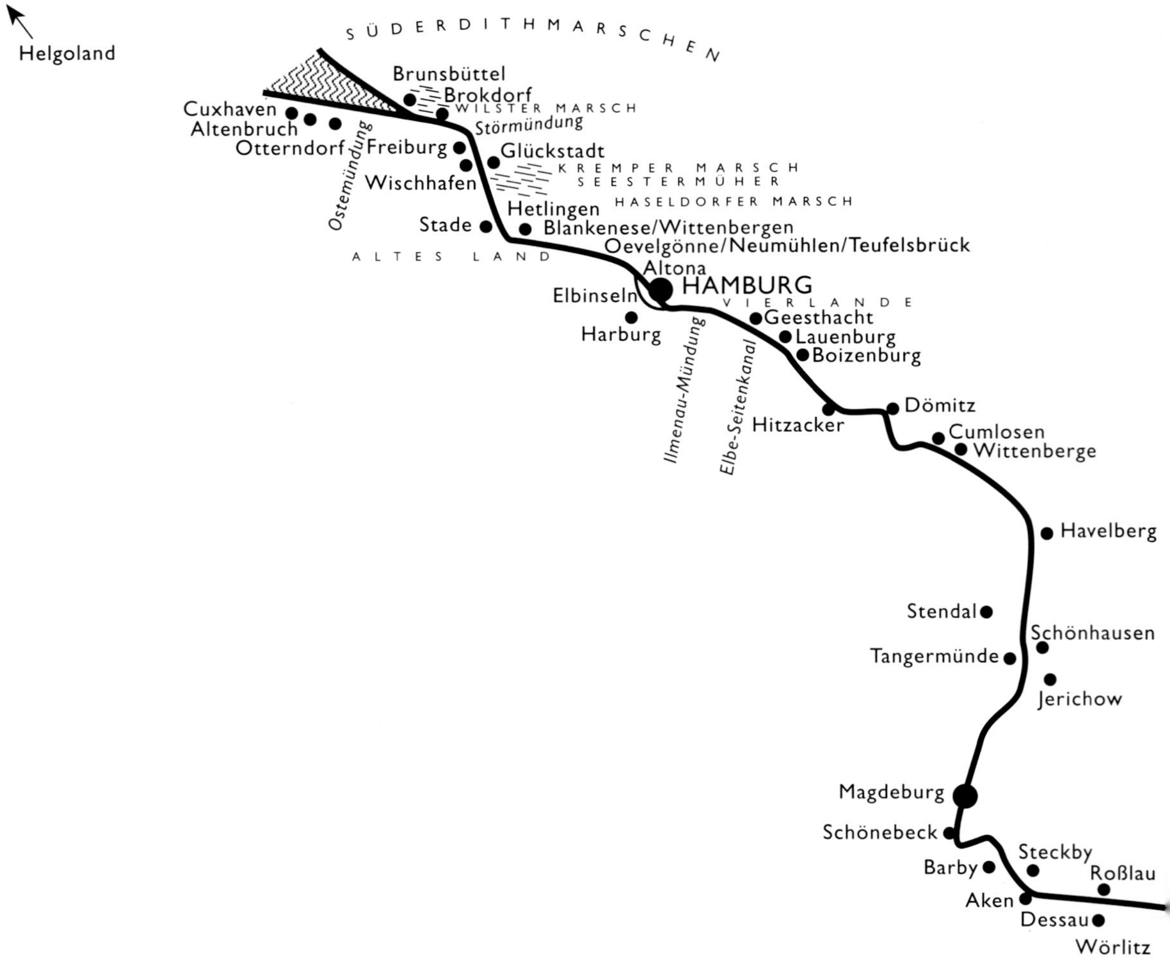
Helgoland
SÜDERDITHMARSCHEN
Brunsbüttel
Brokdorf
WILSTER MARSCH
Störmündung
Cuxhaven
Altenbruch
Otterndorf
Freiburg
Glückstadt
KREMPER MARSCH
SEESTERMÜHER
Wischhafen
HASELDORFER MARSCH
Ostemündung
Hetlingen
Stade
Blankenese/Wittenbergen
Oevelgönne/Neumühlen/Teufelsbrück
ALTES LAND
Altona
HAMBURG
Elbinseln
VIERLANDE
Geesthacht
Harburg
Lauenburg
Boizenburg
Ilmenau-Mündung
Elbe-Seitenkanal
Dömitz
Hitzacker
Cumlosen
Wittenberge
Havelberg
Stendal
Schönhausen
Tangermünde
Jerichow
Magdeburg
Schönebeck
Steckby
Barby
Roßlau
Aken
Dessau
Wörlitz

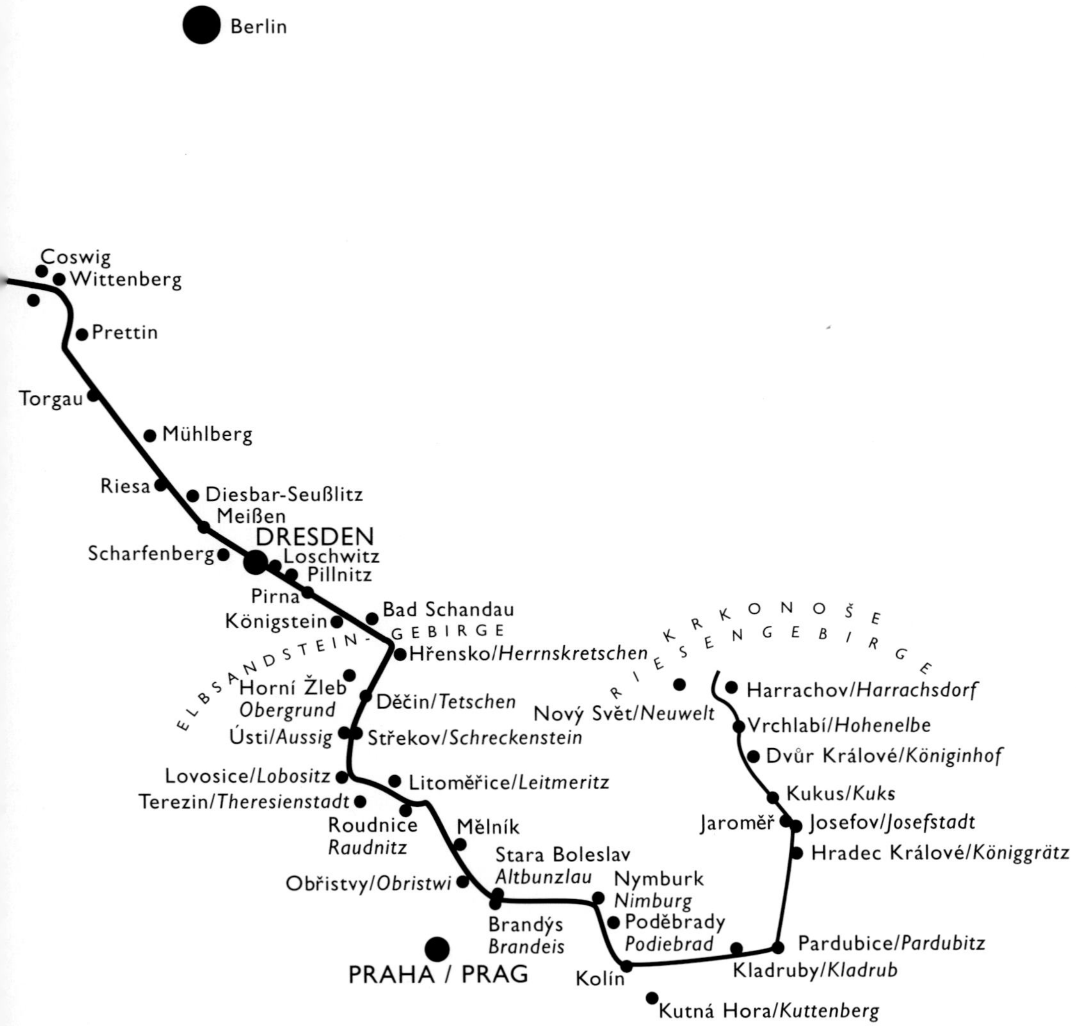
Berlin
Coswig
Wittenberg
Prettin
Torgau
Mühlberg
Riesa
Diesbar-Seußlitz
Meißen
DRESDEN
Scharfenberg
Loschwitz
Pillnitz
Pirna
Bad Schandau
Königstein
ELBSANDSTEIN-GEBIRGE
Hřensko/Herrnskretschen
Horní Žleb
Obergrund
Děčín/Tetschen
Ústí/Aussig
Střekov/Schreckenstein
Lovosice/Lobositz
Litoměřice/Leitmeritz
Terezín/Theresienstadt
Roudnice
Raudnitz
Mělník
Stara Boleslav
Altbunzlau
Obřistvy/Obristwi
Brandýs
Brandeis
PRAHA / PRAG
Nymburk
Nimburg
Poděbrady
Podiebrad
Kolín
Kutná Hora/Kuttenberg
Kladruby/Kladrub
Pardubice/Pardubitz
KRKONOŠE
RIESENGEBIRGE
Nový Svět/Neuwelt
Harrachov/Harrachsdorf
Vrchlabí/Hohenelbe
Dvůr Králové/Königinhof
Kukus/Kuks
Jaroměř
Josefov/Josefstadt
Hradec Králové/Königgrätz

EIN WORT ZUM THEMA KULTUR UND KOMMERZ.

FCA!

Die Skoda Automobile Deutschland GmbH gibt einen Teil ihrer Werbegelder für die Kulturförderung aus. Zum Beispiel zur Unterstützung der Ausstellung "Die Elbe – Ein Lebenslauf".

Wir halten das für sinnvoll, weil wir als einer der traditionsreichsten Automobilhersteller der Welt viel zur Mobilität der Menschen beigetragen haben und damit auch zur Ausweitung ihrer kulturellen Ansprüche.

Der wachsenden Nachfrage nach Kultur wollen wir mit einem wachsenden Angebot entsprechen. Das ist der Sinn unseres Engagements.

Unsere verbindende Arbeit zwischen dem Ursprungs- und Mündungsland der Elbe erklärt, warum wir gerade diese Ausstellung unterstützen.

Wir wünschen der Veranstaltung einen guten Verlauf und allen Besuchern viel Freude.

Ganz einfach gut ŠKODA
Volkswagengruppe

Skoda Kulturförderung. Eine Initiative der Skoda Automobile Deutschland GmbH, Brunnenweg 15, 6108 Weiterstadt